hänssler

Gerhard Maier

Lukas-Evangelium
1. Teil

Die Reihe des EDITION C-Bibelkommentars zum Neuen Testament wird von Dr. Gerhard Maier herausgegeben.

Die Deutsche Bibliothek – CIP-Einheitsaufnahme

Maier, Gerhard:
Lukas-Evangelium / Gerhard Maier. – Neuhausen-Stuttgart :
Hänssler.
Teil 1 1991
(Edition C : B, Bibelkommentare ; 4)
ISBN 3-7751-1614-1
NE: Edition C / B

EDITION C-Bücher
EDITION C-Bibelkommentare, B 4
Bestell-Nr. 55.904

Umschlaggestaltung: Daniel Dolmetsch
Printed in Austria

Inhaltsverzeichnis

Kurze Einleitung

1. Der Evangelist Lukas schrieb ein *Doppelwerk*, das aus Evangelium und Apostelgeschichte besteht (vgl. Apg 1,1f. mit Lk 1,1-4).

Erst die Kirche hat dieses Doppelwerk getrennt und das Johannesevangelium dazwischen geschoben, weil sie eben alle Evangelien nebeneinander haben wollte. Wir dürfen jedoch nie vergessen, daß das Lukasevangelium lediglich den ersten Hauptteil jenes Doppelwerkes darstellt.

Nimmt man Evangelium und Apostelgeschichte zusammen, dann erkennt man, daß Lukas das umfangreichste Buch des ganzen Neuen Testamentes geschrieben hat. Die Paulusschriften bestehen aus 13 Einzelbriefen, und auch die von Johannes geschriebenen Schriften (Joh Ev., Offenbarung, 3 Johannesbriefe) bleiben im Umfang hinter Lukas zurück.

2. *Wann* ist das Lukasevangelium bzw. das Doppelwerk des Lukas entstanden? Die Antwort auf diese Frage fällt in der Forschung verschieden aus.

Die Ansicht des Verfassers dieses Kommentars ist folgende:

Aus Lk 1,1-4 ergibt sich, daß Lukas nicht der erste gewesen ist, der schriftliche Notizen über Jesus zusammengestellt hat. Wahrscheinlich ist er auch nicht der erste Evangelist gewesen. Diese Auffassung wird bestätigt durch die Nachrichten der frühen Kirchengeschichte, wonach Matthäus das älteste Evangelium bildet. Da man das Matthäusevangelium in die 50er Jahre des 1. Jh. n. Chr. setzen muß, kann Lukas frühestens Ende der 50er Jahre des 1. Jh. n. Chr. sein Werk geschrieben haben.

Andererseits endet die Apostelgeschichte noch vor dem Tod des Paulus. Da Paulus irgendwann im Zeitraum 64-68 n. Chr. hingerichtet wurde, muß das lukanische Doppelwerk noch vor dem Jahre 68 n. Chr. entstanden sein.

Man kann sogar noch etwas genauer datieren. Da die Apostelgeschichte mit der zweijährigen Gefangenschaft des Paulus in Rom abschließt (Apg 28,30f) und diese zweijährige Gefangenschaft unseres Wissens ca. 62 n. Chr. zu Ende ging, wird Lukas sein Werk etwa um diese Zeit, d.h. ca 62/63 n. Chr., abgeschlossen haben. Auf alle Fälle gehört das Lukasevangelium also in die erste Hälfte der 60er Jahre des 1. Jh. n. Chr.

Diese Datierung stimmt mit anderen Beobachtungen überein. Sie erklärt, weshalb die alten Kirchenschriftsteller (z.B. Clemens von Alexandrien) das Lukasevangelium teilweise noch vor dem Markusevangelium ansetzten. Sie läßt ferner Raum für die Forschungstätigkeit des Lukas, der als Paulusbegleiter während der cäsareischen Gefangenschaft des Paulus mehr als zwei Jahre lang die Quellen im Israelland studieren konnte (vgl. Apg 24,27). Die zweijährige Gefangenschaft des Paulus in Rom (Apg 28,30f), während der ihn Lukas weiterhin treu begleitete (2 Tim 4,11), ließ noch einmal Raum für das Studium der Geschichte der Apostel. Insgesamt hatte Lukas von der Verhaftung des Paulus in Jerusalem an (d.h. seit 56/57 n. Chr.) ungefähr fünf Jahre Zeit für seine konzentrierte Arbeit. In dieser Zeit konnte er sein Doppelwerk ohne weiteres fertigstellen.

3. Was wissen wir über den *Verfasser*? Die ältesten Nachrichten aus der Kirchengeschichte, d.h. aus dem 2. und 3. Jh. n. Chr., sind sich in einem Punkt einig: Er hieß tatsächlich Lukas. Sie sind sich auch in einem zweiten Punkt einig: Dieser Lukas war der Paulusbegleiter, der uns aus Kol 4,14; 2 Tim 4,11 und Phlm 24 vertraut ist. Nach Kol 4,14 war er Arzt. Weitere Nachrichten besagen, er habe aus Antiochien gestammt und sei in Griechenland gestorben. Übrigens ist der Name »Lukas« eine Koseform des römischen Namens Lucius. Ob Lukas Judenchrist oder Heidenchrist war, wissen wir nicht mehr.

Es gibt keinen Grund, an der Verfasserschaft dieses Lukas zu zweifeln. Denn was hätte die alte Kirche dazu bewegen können, einen Nicht-Augenzeugen (Lk 1,1-4) und Nicht-Apostel, der vermutlich gar nicht aus dem Israelland stammte, zum Verfasser eines Evangeliums zu machen? Nichts, außer der Tatsache, daß er eben wirklich der Verfasser gewesen ist.

4. *Wie* hat Lukas *gearbeitet*? Kein Evangelist sagt so viel über seine Arbeitsweise wie Lukas.

Im Vorwort (Lk 1,1-4) führt er folgendes aus: Erstens geht er zurück auf Augenzeugen (1,2). Zweitens müssen diese Augenzeugen *»von Anfang an«* Jesus begleitet haben (Lk 1,2; vgl. Apg 1,21ff). Drittens müssen sie *»Diener des Worts«* gewesen sein (Lk 1,2). Diese dritte Bestimmung deutet in erster Linie auf die Mitglieder des Zwölferkreises bzw. auf die Apostel im engeren Sinne hin (vgl. Apg 6,4 mit Apg 1,21ff).

Mit diesen drei Maßstäben hat Lukas sich sehr strenge Richtlinien gegeben.

Der erste Maßstab sicherte ihm Erste-Hand-Informationen. Der zweite Maßstab bewahrte ihn vor bruchstückhaften Erkenntnissen. Denn wer *»von Anfang an«* mit Jesus gewesen ist, der hat eine Gesamtschau seines Wirkens. Der dritte Maßstab verschaffte ihm geistgeleitete Erkenntnisse und die richtige Beurteilung der Tatsachen. Denn wer ein *»Diener des Wortes«* Gottes ist, der steht unter der Leitung des Heiligen Geistes und kann alles von innen her richtig beurteilen (vgl. 1 Kor 2,13).

Das Vorwort des Evangeliums (Lk 1,1-4) legt außerdem besonderen Wert auf die *»Sorgfalt«* (V.3). Lukas will nichts Unbedachtes niederschreiben, nichts Unwahres, nichts Ungeprüftes. Im Gegenteil: Der Leser soll den sicheren »nicht wankenden« Grund des Glaubens erfahren (V.4). Lukas verbürgt sich für die Zuverlässigkeit des Berichteten. Es ist, als wolle er alle Bibelkritik von vornherein ausschließen.

Schließlich strebt Lukas eine *»gute Ordnung«* bzw. eine durchdachte Reihenfolge an (V.3). Das heißt nicht, daß alles zeitlich (chronologisch) geordnet sein muß. Im Gegenteil, das Evangelium weist selbst gelegentlich auf zeitliche Umstellungen hin (vgl. etwa 4,23 mit 4,31ff). Die thematische Ordnung kann also dem Evangelisten genauso wichtig sein wie die zeitliche. Was jeweils Vorrang hat, muß stets im Einzelfall geprüft werden. So viel aber ist in jedem Falle deutlich: Lukas hat jeden Schritt und jedes Urteil durchdacht.

Lukas gilt also mit Recht als »der« Geschichtswissenschaftler unter den Evangelisten.

5. Wo liegen die geistlichen und theologischen *Schwerpunkte* dieses Evangeliums?

5.1. Ein Schwerpunkt ist die *geschichtliche Zuverlässigkeit.* Davon haben wir soeben unter 4. gesprochen.

5.2. Ein weiterer Schwerpunkt ist die unvergleichliche *Überlegenheit Jesu über alle Herrscher dieser Welt.* Kein Augustus (2,1), kein Tiberius (3,1), kein Hoherpriester, kein römischer Statthalter und schon gar kein Herodes kann ihm das Wasser reichen.

5.3. Die unbeschreibliche Überlegenheit Jesu zeigt sich z.B. darin, daß er *Herr über alle Dämonen und Krankheiten,* ja ein *Meister der Natur* ist. Wind und Wellen, Legionen von Dämonen (8,30) und selbst der Tod (7,11ff) müssen ihm weichen. Wer ist ihm gleich?

5.4. Als der Einzigartige und Überlegene begegnet uns Jesus auch in seinem Kampf mit Satan. Lukas zeigt uns die beständigen Angriffe des Satans auf Jesus (z.B. 4,1ff.13; 22,3.31). Jesus aber ist stärker (10,18; 13,16).

5.5. Ein weiterer hervorstechender Zug des Lukasevangeliums liegt in der Betonung des Sünderheilands. Lukas ist derjenige unter den Evangelisten, der besonders viel von den Zöllnern und Zöllnerbekehrungen erzählt (vgl. 3,12f; 5,27ff; 18,9ff;19,1ff). Er berichtet auch vom Wirken Jesu unter den Samaritanern (vgl. 9,52ff; 17,11ff). Er ist derjenige, der besonders die Frauen seiner Zeit und ihre Bekehrungen erwähnt (vgl. 7,36ff; 8,1ff; 10,38ff; 11,27f; 13,10ff; 18,1ff; 23,27ff). Er ist der einzige, der die Rettung des Schächers erzählt (23,39ff). Er ist es auch, der als einziger Evangelist die berühmten Gleichnisse vom verlorenen Sohn, vom verlorenen Groschen und vom ungetreuen Haushalter bringt (15,8-16,9).

Alle diese Beobachtungen lassen sich dahin zusammenfassen, daß Jesus als der Retter der Sünder groß gemacht wird. Denn alle diese Gruppen: Zöllner, Samaritaner, Frauen und Gesetzlose, waren damals mehr oder weniger verachtet.

Aber bei alledem geht es nicht um politische, sondern um geistliche Befreiung, nämlich um die Zugehörigkeit zum Reich Gottes.

5.6. Daß Jesus eben kein Politiker, sondern ein Erlöser ist, zeigt sich noch einmal daran, daß er *alle Stände und Schichten* in gleicher Weise liebt. Er will alle in gleicher Weise einladen und fürs Gottesreich gewinnen. Wir sehen ihn beim reichen Zöllner Levi und beim reichen Pharisäer Simon gerne zu Gast (5,29ff; 7,36ff; vgl. 14,1ff). Wir sehen reiche Frauen in seiner Umgebung (8,1ff). Wir sehen ihn um den reichen Mann ebenso wie um den armen Lazarus werben (16,19ff; vgl. 12,16ff). Wir sehen ihn aber auch hinabsteigen zu den Prostituierten (7,36ff), zu den armseligsten Kranken (13,10ff; 17,11ff), zu den Rechtlosen und denen, für die zwei Heller ein Vermögen darstellten (18,1ff; 15,8ff; 21,1ff).

Jesus ist weder der Parteigänger der Armen noch der Reichen, weder der Parteigänger der Frommen noch der Unfrommen. Er ist auch kein jüdischer Nationalheld (vgl. sein Verhältnis zu den Samaritanern). Er ist vielmehr der Erlöser aller Menschen von Sünde und Tod.

5.7. Dieses Lukasevangelium ist ferner ein ausgesprochenes *Gebets-Evangelium.* Nirgends wird so viel vom Beter Jesus gesprochen wie hier (vgl. 3,21; 4,42; 5,16; 6,12; 9,18.28; 11,1 usw.). Nirgends wird aber auch so viel vom Gebet im allgemeinen gesprochen wie hier (vgl. 9,28; 11,1ff; 11,5ff; 13,6ff; 18,1ff; 18,9ff; 22,32.39; 23,34.42.46).

5.8. Kein Evangelium berichtet so viel vom Tod und vom *Schicksal nach dem Tode* wie das Lukasevangelium. Wir erfahren hier, wie eine jüdische Beerdigung verläuft (7,11ff). Wir erfahren, daß der Tod ein Schlaf ist (8,52). Wir erfahren von der Abholung in der Todesstunde (12,20). Wir erfahren, wie es in den Warteräumen nach dem Tode zugeht (16,19ff). Wir erfahren vom Ringen Jesu mit dem Tode (22,44). Wir hören vom Aufenthalt des geretteten Schächers im Paradies (23,43).

Dem Leser wird auf diese Weise klar, daß er sich auf das richtige Leben nach dem Tode einstellen muß. Rettung oder Verdammnis? – das ist auch hier die Frage.

5.9. Am Schluß sei auf die *heilsgeschichtliche Ausrichtung* des Lukasevangeliums hingewiesen.

Es beginnt am weitesten vorne, nämlich mit der Zachariasgeschichte. Es führt am weitesten in die Kirchengeschichte hinaus, nämlich durch die Verklammerung mit der Apostelgeschichte.

Es ist am universalsten aufgebaut, nämlich durch die Rückführung der Abstammungslinie bis auf Adam (3,38). Es zielt schon ausdrücklich hinaus auf heidenchristliche und evtl. heidnische Leser (vgl. Theophilus Lk 1,3; Apg 1,1).

Es legt großen Wert darauf, daß Jesus von Propheten über viele Jahrhunderte hinweg angekündigt wurde (vgl. 1,17.31ff.46ff.67ff; 2,25ff.36ff; 4,17ff). Gottes Geist, Gottes Engel, ja Gottes eigene Stimme haben ihn als den verheißenen Messias, als den verheißenen Gottessohn identifiziert (vgl. 1,31ff.41ff; 2,8ff.25ff.36ff; 3,15ff.21f; 9,28ff). Der Auferstandene selbst legt seinen gottgewiesenen Weg aus den Heiligen Schriften Israels dar (24,25ff.44ff; vgl. 9,22.31.44.51; 18,31ff). Alles ist nach Gottes Plan und Willen geschehen.

Und diese ganze Heilsgeschichte hat ihr Zentrum in dem einen, den Lukas der ganzen Welt als den Herrn und Erlöser verkündigen will: Jesus.

A. Einleitung (1,1 – 3,38)

1. Die Rechenschaft des Lukas über sein Werk (Proöemium; 1,1-4)

1,1-4: **(1) »Da ja viele den Versuch gemacht haben, einen Bericht zu verfassen über die Ereignisse, die unter uns zur Erfüllung gekommen sind, (2) wie es uns diejenigen überliefert haben, die von Anfang an Augenzeugen und Diener des Wortes gewesen sind, (3) habe auch ich den Entschluß gefaßt, sie dir, hochverehrter Theophilus, in einer geordneten Weise schriftlich niederzulegen, nachdem ich allem von Anfang an genau nachgegangen bin, (4) damit du wirklich die Zuverlässigkeit der Lehre erkennst, in der du unterrichtet worden bist.«**

Hier ist jedes Wort bis ins Feinste ausgefeilt.

In der äußeren Form knüpft Lukas an die großen Geschichtsschreiber der Griechen und der Juden an. Inhaltlich konzentriert er sich ganz und gar auf einen Punkt: die »*Zuverlässigkeit*« des überlieferten Christentums.

Wolfgang Schadewaldt, ein bekannter Philologe, hat das Anliegen des Lukas einmal so formuliert: Lukas will uns die »Wankenlosigkeit« des Evangeliums zeigen.

Kein Verfasser des NT hat so intensiv über seine Arbeit Rechenschaft gegeben wie Lukas. Es lohnt sich deshalb, dieses Vorwort Schritt um Schritt abzuklopfen.

Lukas erklärt zunächst mit aller wünschenswerten Deutlichkeit, daß er sich nicht als erster an den Versuch wage, die Jesusgeschichte zu schreiben. Im Gegenteil. Er spricht davon, daß *»ja viele den Versuch gemacht haben«* (V.1). Das ist keineswegs abwertend. Man könnte sogar übersetzen: »Sie haben die Aufgabe angepackt«. Uns erstaunt, daß es *»viele«* sind. Man darf dieses Wort aber auch nicht pressen. In der Fachsprache der Schriftsteller heißt »viele haben es versucht« so viel wie: »ich habe dabei mehrere Vorgänger gehabt«. An wen denkt Lukas? An die älteren Evangelien des Matthäus und Markus? An evangelienähnliche Schriften, die wir heute gar nicht mehr kennen? Man kann hier nur Vermutungen anstellen. Nur soviel ist klar: Der Abstand zwischen der Auferstehung Jesu und den ersten Aufzeichnungen über Jesus scheint nicht allzugroß gewesen zu sein.

Aus der Tatsache, daß er mit seinem Unternehmen nicht allein steht, schöpft Lukas Mut.

Sein Ziel ist es, »*einen Bericht zu verfassen*«. Wieder bewegen wir uns in der Fachsprache der Schriftsteller und Gelehrten. Ein »*Bericht*« ist im Unterschied zu einer lockeren Erzählung eine geordnete Darstellung. Er trägt u.U. wissenschaftlichen Charakter. Daß hier wirklich eine solche geordnete Darstellung gemeint ist, zeigt der Ausdruck »*verfassen*«. Man könnte hier auch übersetzen: »in ordnender Absicht aufzeichnen«. Mehr und mehr tritt hervor: Lukas ist kein Anekdotenerzähler, er ist ein glaubender Geschichtswissenschaftler.

Doch was war das Thema?

V.1 antwortet: Es handelt sich um »*die Ereignisse, die unter uns zur Erfüllung gekommen sind*«. »*Ereignisse*« also – Tatsachen, Fakten! Und zugleich: Vorgänge, Geschehnisse! So spricht ein Geschichtswissenschaftler, der an reale Geschichte denkt. Aber nun kommt eine neue Dimension hinzu. Ihr Stichwort heißt »*Erfüllung*«. Das bedeutet, daß eine Voraussage existierte. Die hier diskutierten Ereignisse »*kommen*« nicht aus dem blauen Himmel, sondern aus der Prophetie des AT. So verklammert Lukas im allerersten Satz seines Doppelwerks (Lk Ev und Apg) das Neue mit dem Alten Testament.

»*Unter uns*«, d.h. unter den damaligen Christen, ist fast ein Jubelruf. Denn er sagt aus, daß jetzt die Zeit des Heils da ist (vgl. 4,21), daß jetzt geschieht, was Israel seit Jahrhunderten erwartet hat (vgl. 1,68ff; 2,25ff. 36ff; 1 Petr 1,10ff).

V.2 nennt die Quellen, die Lukas benutzt hat. Auch das gehört zum Stil eines zuverlässigen Geschichtsschreibers. Das »*Wie*« am Anfang des Verses macht diese Quellen geradezu zum Maßstab.

Nun kommen zur Quellenfrage drei wichtige Aussagen. Die erste lautet: Es gibt Leute, die »*es uns überliefert haben*«. Das heißt, daß Lukas offensichtlich nicht selbst zu ihnen gehört. Er ist von anderen abhängig. Das heißt zugleich, daß Lukas zur zweiten christlichen Generation gehört und Apostelschüler, aber kein Apostel ist. Aber nun achten wir auch auf den Ausdruck »*überliefern*«. Er ist ein Ausdruck der Fachsprache. Wenn jüdische Rabbinen wichtige Lehrpunkte genau ins Gedächtnis einziseliert weitergeben, dann ist das ein »*Überliefern*«. »*Überliefert*« werden in der Welt der Bibel nicht die Anekdoten. »*Überliefert*« werden lehrmäßig festgelegte, oft sogar auswendig gelernte zuverlässige Traditionen. Darum also geht es! Nämlich um zuverlässige, vertrauenswürdige, schulmäßige Überlieferungen! (Vgl. Mk 7,13; 1 Kor 11,23; 15,3.) Damit hat Lk 1,2 für die Geschichte des Urchristentums weittragende Konsequenzen. Lk 1,2 zeigt uns nämlich, daß der Bericht von der Jesusgeschichte lehr- und schulmäßig überliefert wurde.

Die zweite Aussage lautet: Lukas bezieht sich auf solche, »*die von Anfang an Augenzeugen... gewesen sind*«. Dieses Kriterium hat sogar zwei Seiten. Es muß sich a) um »*Augenzeugen*« handeln, und b) werden nur solche Augenzeugen zugelassen, »*die von Anfang an*« dabei »*gewesen sind*«. Mit der »*Augenzeugen*«-schaft genügt Lukas höchsten historischen Ansprüchen. Z.B. bezeichnet sich Petrus in 2 Petr 1,16 als Augenzeuge. Der strenge Maßstab, »*von Anfang an*« dabei gewesen zu sein, wurde bei der Nachwahl in den Apostelkreis angelegt (Apg 1,21f). Dort werden auch zwei Namen genannt, die dieses Kriterium erfüllten: Josef Barsabbas Justus und Matthias. »*Von Anfang an*« heißt nach Apg 1,21f von der Johannestaufe an. Damit wird nun auch deutlich, was Lukas vorhat. Er will die Jesusgeschichte berichten und sie bis zu »*uns*«, d.h. bis in die zweite christliche Generation hinein, verfolgen. Damit deckt der Lukas-Prolog (1,1-4) sowohl das Evangelium als auch die Apostelgeschichte ab. Wieviel Wert die frühen Christen auf Augenzeugen legten, ergibt sich übrigens auch aus Joh 15,27; 1 Kor 15,3-8; 1 Joh 1,1ff; Hebr 2,3.

Die dritte Aussage lautet: Lukas bezieht sich auf solche, die »*Diener des Wortes gewesen sind*«. Er selbst klärt in Apg 6,4, was damit gemeint ist: nämlich die Apostel. Lukas bietet uns also verbürgte apostolische Überlieferung an. Wie klein wird damit die Zahl der verwerteten Augenzeugen, wie scharf der Maßstab, den Lukas anlegt! Die vielen Tausende, die die Speisung miterlebten, scheiden aus. Es scheiden aus die zahllosen Hörer Jesu vom See. Es scheiden aus die Massen, die Jesus in Galiläa und Jerusalem gehört und die teilweise ein oder mehrere Wunder miterlebt haben. Es scheiden aus die Jünger, die Jesus in der Mitte seines Weges verlassen haben (Joh 6,60ff). Warum das alles? Weil nur Leute, die »*Diener des Wortes*« geworden und geblieben sind, die richtige Deutung der Tatsachen bieten können. Geschichte ist immer gedeutete Geschichte. Sie setzt sich bis in die Gegenwart hinein aus zwei Elementen zusammen: Tatsachen und Deutungen. Es fragt sich immer nur, wer die richtige Deutung hat. Und da antwortete

Lukas: die Apostel. Nur wer im Heiligen Geist urteilt, urteilt richtig. Deshalb hätte ein ungläubiger jüdischer Rabbi, selbst wenn er Jesus überallhin begleitet hätte, niemals die richtige Deutung gefunden. Er hätte vor einem verschleierten Geheimnis gestanden, das er falsch erklärt hätte. Aber noch einmal: die drei Maßstäbe, die Lukas anlegt – »*Augenzeuge*«, »*von Anfang an*« dabeigewesen, »*Diener des Wortes*« = Apostel – sind die schärfsten, die man sich denken kann.

Aufgrund dessen, daß andere schon Ähnliches wagten, »*habe auch ich*«, sagt Lukas, »*den Entschluß*« zu einem solchen Unternehmen »*gefaßt*« (V.3). Er gibt hier ganz ehrlich Rechenschaft über das Zustandekommen eines menschlichen »*Entschlusses*«. Er sagt ja nicht etwa: »hat der Heilige Geist mir eingegeben...«. Interessanterweise versuchen einige Handschriften, gerade dies zu ergänzen: »haben auch ich und der Heilige Geist den Entschluß gefaßt«. Aber Lukas will hier ganz bewußt die menschliche Seite seiner schriftstellerischen Tätigkeit schildern. Daß dann Gottes Geist ihn tatsächlich bei der Ausführung leitete und seinen Entschluß bestätigte, steht auf einem anderen Blatt.

Nun stoßen wir im 3. Vers auf einen weiteren interessanten Punkt. Lukas schreibt nämlich eine Widmung. Sie gilt »*dir, hochverehrter Theophilus*«. Wer ist »*Theophilus*«? Ein »Christ von Rang« (so das Bauersche Wörterbuch zum NT)? Dafür spricht der Vergleich mit Apg 23,26; 24,2 und 26,25, wo durchweg Statthalter mit »*hochverehrter*« angeredet werden. Daß Theophilus mindestens nahe daran war, Christ zu werden, zeigt ja V.4. Es war üblich, Bücher einer bestimmten Person zu widmen. Damit ist aber keineswegs gesagt, daß sie nur für diese spezielle Person geschrieben worden wären. Es kann sich durchaus um Bücher handeln, die auch anderen Personen in vergleichbarer Lage Nutzen bringen sollen. Bei einer »hochgeehrten« Persönlichkeit sprachen die Römer von einem vir egregius. Das lebt heute noch im Italienischen fort, wo man einen Brief an »Egregio Signore« richtet.

Aber nun war das »*hochverehrt*« in der Zeit des Lukas schon zur Höflichkeitsfloskel erweitert worden. Theophilus könnte also irgend jemand gewesen sein, den Lukas schätzte, aber er müßte nicht gerade Rang und Namen gehabt haben.

Die dritte Möglichkeit ist die, in »Theophilus« einen symbolischen

Namen zu sehen. »Theophilus« heißt nämlich auf deutsch: »Liebhaber Gottes«. Dann hätte sich Lukas unter einem symbolischen Namen an alle gewandt, die den wahren Gott liebhaben.

Welche Möglichkeit trifft hier zu? Die Ausleger sind sich darin einig, daß wir keine unbedingte Gewißheit haben. Doch scheint der Vergleich mit Apg 1,1 und 23,26; 24,2 und 26,25 nahezulegen, daß es sich *nicht* um einen symbolischen Namen handelt. Vielmehr vermuten wir, daß Theophilus eine Person der Zeitgeschichte war, der Lukas zur Glaubensgewißheit helfen wollte. Ob Lukas erwartete, daß dieser Theophilus sich mit seinem Einfluß und evtl. seinem Geld dafür einsetzte, die lukanischen Schriften zu verbreiten, muß völlig offen bleiben.

Von der Widmung wechselt Lukas über auf seine Methode. Er will die in V.1 genannten Ereignisse *»in einer geordneten Weise schriftlich niederlegen«*, nachdem er *»allem von Anfang an genau nachgegangen ist«* (V.3). Hier ist beinahe jedes Wort umstritten.

Ein Stichwort tritt jedoch sogleich hervor: *»genau«*. Genau zu berichten, war seit Thukydides der Ruhm der besten griechischen Schriftsteller. Der zeitgleich mit Lukas lebende jüdische Geschichtsschreiber Josephus wollte noch »genauer« sein als die Griechen. Wer »genau« zu sein beanspruchte, der sagte damit, daß er sich dem härtesten Test stellte. Man muß dieses Wort des Lukas also ganz ernst nehmen. Einer ungläubigen oder gar spottenden Umgebung versichert er, keine Legenden oder gar Märchen zu schreiben, sondern erhärtete geschichtliche Tatsachen. Aus falscher Geschichtsschreibung kann kein echter Glaube erwachsen.

Aber was heißt nun *»in einer geordneten Weise«*? Keineswegs, daß Lukas nur im geschichtlichen Nacheinander (chronologisch) berichten will. Er kann auch eine Ordnung thematischer Art beabsichtigen, also z.B. das Wichtige voranstellen. *»Geordnete Weise«* heißt also: in wohlüberlegter Ordnung.

Lukas hat auf seine Arbeit viel Mühe verwandt. Er sagt selbst, er sei *»allem von Anfang an nachgegangen«*. Man könnte auch übersetzen: »allem von neuem nachgegangen«. Das bleibt eine sinnvolle Möglichkeit. Aber da Lukas ganz früh bei Zacharias und Elisabeth einsetzt und dann bis in die Zeit der Gefangenschaft des Paulus weiterschreitet, empfiehlt sich ein zeitlicher Sinn: *»von Anfang an«*. Nun kann das *»Nachgehen«* nur bildlichen Sinn haben. Denn Lukas war ja weder ein Jünger Jesu noch gar ein Augenzeuge der Zachariasgeschichte. Dann aber bedeutet »nachgehen« soviel wie erforschen, Quellenstudium treiben. Damit läßt uns Lukas in seine Geschichtsschreiber-Werkstatt blicken. Wie konnte er das alles so sorgfältig erforschen? Antwort: Als Paulusbegleiter, der bis zur letzten Gefangenschaft nicht von Paulus wich (2 Tim 4,11), hatte er während der langen Gefangenschaft des Paulus genug Gelegenheit. Paulus war allein 2 Jahre in Palästina in Haft (Apg 24,27). Dabei konnte Lukas alle Quellen im Israelland studieren. Nachher war Paulus volle zwei Jahre in Rom in Haft (28,30). In dieser Zeit konnte Lukas viel Material zusammentragen und sichten. Hinzu kamen die vielen Begegnungen und Gelegenheiten während der paulinischen Mission (Apg 16,11-28,31), die Lukas zahlreiche Informationen verschaffen konnten. Schließlich sind die in V.2 genannten Augenzeugen zu nennen, die Lukas bei seiner Arbeit heranzog. Insgesamt also eine günstige Quellenlage und ein guter Ausgangspunkt für sein Unternehmen!

Das Ziel seines Unternehmens ist klar. Dem Leser soll *»die Zuverlässigkeit«* der christlichen Botschaft aufgehen (V.4). Hier ist der Punkt, wo W. Schadewaldt von der »Wankenlosigkeit« des Evangeliums spricht. In der Tat ist der deutsche Begriff »Zuverlässigkeit« eher zu schwach. In Apg 5,23 bedeutet dasselbe griechische Wort die Unentrinnbarkeit, in 1 Thess 5,3 die völlige Freiheit von jeder Bedrohung. Man könnte in Lk 1,4 also geradezu übersetzen: »die Unbezweifelbarkeit«.

Was ist derart zuverlässig, unbezweifelbar? Die *»Lehre«*. Sie wird durch den Unterricht vermittelt. Aus dem Zusammenhang ergibt sich, daß die christliche Lehre damals vor allem die Lehre von Jesus war. Das bleibt auch heute noch gültig: Das Spezielle des Christentums ist nicht eine allgemeine Gottes- oder Religionslehre, sondern die Jesus-Lehre. Wir brauchen einen Jesus-Glauben.

Theophilus ist darin *»unterrichtet worden«*. Er hat also schon gewisse Kenntnisse des Christentums mitbekommen. Ob er Christ gewesen ist oder erst noch werden sollte, können wir nicht mehr sagen. Nur so viel wird deutlich: Christsein setzt einen ausreichenden Unterricht voraus. Lk 1,4 liegt also genau in der Linie des Missionsbefehls Jesu: »...Lehret sie halten alles, was ich euch befohlen habe« (Mt 28,20). Kirche ohne Lehre ist keine Kirche mehr. Man pflegte zu den Zeiten des Lukas kein weichliches Gefühlschristentum.

Das zeigt auch das letzte Stichwort aus Lk 1,1-4, das wir hier noch zu besprechen haben. Der Leser des Lukas soll nämlich *»wirklich erkennen«*, bzw. »durch und durch erkennen« (so W.Bauers Wörterbuch zum NT), was es mit dem Christentum auf sich hat. Der Christ scheut sich nicht, auch im Bereich des Denkens zu missionieren. Christ sein bzw. werden soll Theophilus nicht durch Abschaltung, sondern durch höchstmögliche Einschaltung des Verstandes. Wo ringsum alle Religionen »Erkenntnis« anbieten, da kann Theophilus »wirkliche Erkenntnis« haben – und zwar in Jesus (vgl. was Paulus, der Lehrmeister des Lukas, in 1 Kor 1,30 und Kol 2,3-9 sagt).

Vorschlag zur Bibelarbeit über Lukas 1,1-4

1. Einleitung:

a) Wir tragen zusammen, welche Meinungen es über die Entstehung der Evangelien gibt: Welche im Religionsunterricht? Welche im Konfirmandenunterricht? Welche im Erwachsenenkatechismus? usw.
b) Wir sammeln Notizen, die wir über die Entstehung der Evangelien im NT selbst finden (z.B. Joh 21,25).
c) Wir überlegen uns die passende Überschrift zu Lk 1,1-4.

Hier entscheiden wir uns für die Überschrift: »Was weiß man denn von Jesus?«

2. Durchführung: »Was weiß man denn von Jesus?«

a) Im Dschungel der Meinungen

Geradezu ein Jahrmarkt der Meinungen:
»Die Bibel ist ein vom Himmel gefallenes Buch« (Wer weiß übrigens, woher dieses Zitat stammt?) –
»Eine Reihe menschlicher Glaubenszeugnisse« (Ist das alles?) -
»Von Jesus weiß man nichts Genaues, da die Evangelien erst lange Zeit nach Jesu Tod geschrieben wurden« (Gründe dieser Ansicht?) –

»Von Jesus gab es Geheimlehren, die man heute wieder entdeckt« (Gibt es dafür Gründe?) –
Wir machen uns auf den Weg, ein fast 2000jähriges Dokument aufzuschlagen: Das Lukasevangelium.

b) Lukas geht es um Geschichte

Glaube kann mit Gefühlen nicht zufrieden sein – Warum nicht? Weil Gott Geschichte macht – Geschichte: das sind tatsächliche Ereignisse – Dazu gehört aber auch ein Zusammenhang und eine richtige Deutung dieser Ereignisse – Lukas weist auf die Erfüllung früherer Prophetie hin (»unter uns gesehen« bzw. »erfüllt«!) – Er spricht wirklich von Geschichte, und nicht von Spekulation, innerer Erfahrung, Vision u. dgl. – Auf gottgestaltete Wirklichkeit kann man bauen.

c) *Lukas hat scharfe Maßstäbe*

Augenzeugen: Nicht Zweite-Hand-Information oder gar Gerüchte – Von Anfang an: Also nicht nur bruchstückhafte Erkenntnisse, die dann nicht zusammenpassen – Echte Gotteszeugen (»Diener des Wortes«): Also Leute, die ein zutreffendes inneres Verständnis hatten – Er selbst beansprucht, mit Sorgfalt gearbeitet zu haben – Er drang als guter Geschichtswissenschaftler bis zu den Quellen vor (»alles von Anfang an« erforscht) – Er legt einen durchdachten Bericht vor – Allerdings heißt das nicht, daß er alles nur chronologisch ordnet; manchmal stellt er sein Material auch thematisch zusammen, also so, daß es sachlich zusammengehört.

d) Eine zuverlässige Basis ist sein Ziel

Christliche Lehre siedelt nicht im Gefühl – Nicht in ekstatischen Erlebnissen – Nicht in prophetischen Visionen – Sie siedelt vielmehr in zuverlässiger Offenbarung – Wir brauchen also eine zuverlässige Information: »einen sicheren Grund der Lehre« – Das ist sein Ziel – Damit stärkt er die Glaubensgewißheit

– Damit gibt er uns zugleich die notwendige Orientierung an der Person und Lehre Jesu.

(Bitte an den Schwerpunkten passende Beispiele und Bilder einsetzen!)

2. Die Ankündigung der Geburt des Täufers (1,5-25)

1,5-25: **(5) »In der Zeit des Herodes, des Königs von Judäa, lebte ein Priester namens Zacharias von der Abteilung Abija. Und er hatte eine Frau aus den Töchtern Aarons, und ihr Name war Elisabeth. (6) Sie waren aber beide gerecht vor Gott und lebten in allen Geboten und Satzungen des Herrn untadelig. (7) Und sie hatten kein Kind. Denn Elisabeth war unfruchtbar, und beide waren in vorgerücktem Alter. (8) Es geschah aber, als er den Priesterdienst in der Ordnung seiner Abteilung vor Gott versah, (9) daß er nach der Sitte der Priesterschaft durchs Los dazu bestimmt wurde, das Räucheropfer darzubringen und in den Tempel des Herrn hineinzugehen. (10) Und die ganze Menge des Volkes befand sich betend draußen zur Stunde des Räucheropfers. (11) Da erschien ihm der Engel des Herrn, und zwar zur Rechten des Räucheraltars stehend. (12) Und Zacharias erschrak, als er ihn sah, und Furcht befiel ihn. (13) Aber der Engel sagte zu ihm: Fürchte dich nicht, Zacharias! Denn deine Bitte ist erhört worden, und deine Frau, Elisabeth, wird dir einen Sohn gebären, und du sollst seinen Namen Johannes nennen. (14) Und er soll dir Freude und Jubel sein, und viele werden sich über seine Geburt freuen. (15) Denn er wird groß sein vor dem Herrn, und Wein und berauschendes Getränk wird er nicht trinken. Schon von Mutterleib an wird er von heiligem Geist erfüllt werden, (16) und viele von den Söhnen Israels wird er zum Herrn, ihrem Gott, hinwenden. (17) Und er selbst wird vor ihm hergehen im Geist und in der Kraft Elias, um die Herzen der Väter zu den Kindern hinzuwenden und Ungehorsame so lenken, daß sie den Sinn von Gerechten haben, damit er dem Herrn ein wohlvorbereitetes Volk verschaffe. (18) Aber Zacharias sagte zu dem Engel: Woran soll ich das erkennen? Ich bin ja alt, und auch meine Frau ist in vorgerücktem Alter. (19) Da gab ihm der Engel zur Antwort: Ich bin Gabriel, der vor Gott steht, und wurde gesandt, um mit dir zu reden und dir diese frohe Botschaft zu bringen. (20) Und siehe, du wirst stumm sein und nicht mehr reden können bis zu dem Tag, an dem das eintrifft, weil du meinen Worten keinen Glauben geschenkt hast, die sich doch zu ihrer Zeit erfüllen werden. (21) Und das Volk wartete auf Zacharias und wunderte sich, daß**

er so lange im Tempel blieb. (22) Als er aber herauskam, konnte er nicht mit ihnen sprechen, und sie erkannten, daß er im Tempel ein Gesicht gesehen hatte. Und er winkte ihnen zu, wobei er jedoch stumm blieb. (23) Und als die Zeit seines Dienstes um war, geschah es, daß er nach Hause zurückkehrte. (24) Nach diesen Tagen aber wurde seine Frau Elisabeth schwanger und hielt sich fünf Monate lang verborgen. Und sie sagte: (25) So hat der Herr an mir gehandelt zu der Zeit, als er sich um mich annahm, um meine Schmach unter den Menschen von mir zu nehmen.«

Lukas führt uns zunächst in eine urjüdische Geschichte hinein. Offenbar ist es unmöglich, von Jesus zu berichten, ohne die Wurzeln Israels aufzusuchen. »Das Heil kommt von den Juden« – dieser Satz Jesu bewahrheitet sich auch hier (Joh 4,22). Da Lukas von Geburt kein Jude war, wiegt sein Zeugnis umso schwerer.

Die unzähligen hebräischen Redewendungen dieses Abschnitts schimmern noch durch den griechischen Text hindurch. Lukas muß diesen Bericht – mündlich oder schriftlich – von einem Menschen mit hebräischer/aramäischer Muttersprache haben.

Wie die meisten biblischen Geschichtsschreiber beginnt Lukas mit einem Datum: »*In der Zeit des Herodes, des Königs von Judäa*« (V.5). Ganz ähnlich hat Matthäus in Mt 2,1 datiert. Gemeint ist Herodes der Große, der von 37 bis 4 v.Chr. »König« war, allerdings von Roms Gnaden. Herodes der Große regierte jedoch nicht nur über Judäa, sondern auch über Samaria, Galiläa, Gaulanitis (Golan), Trachonitis und Peräa. Warum nennt ihn Lukas dann nur den »*König von Judäa*«? Sehr wahrscheinlich deshalb, weil Zacharias und seine Familie in Judäa lebten und dort in Judäa auch die Ereignisse von Lk 1,5-25 stattfanden.

Damals »*lebte*«, so berichtet Lukas, »*ein Priester namens Zacharias von der Abteilung Abija*«. Seltsam, daß Jesu Geschichte mit einem Priester beginnt! »*Zacharias*« ist die griechische Form des gut jüdisch-hebräischen Namens »Sacharja« = »Gott gedenkt«. Dieser Name ist wie ein Symbol: »Gott gedenkt« jetzt an Israel (vgl. 1,68ff)!

Bekanntlich hatte David die Priester in 24 »*Abteilungen*« eingeteilt (1 Chr 24). Nach 1 Chr 24,10 ist die achte dieser Priester-Abteilungen die »*Abteilung Abija*«. Sie hat die babylonische Gefangenschaft überlebt (Neh 12,4.17). Wiederum wundern wir uns, daß Davids Maßnahmen und die Geschehnisse der Exilszeit die Verhältnisse zur Zeit Jesu prägen! Abija heißt übrigens: »Gott ist mein Vater«.

So wie der Priester Zacharias ein Aaronide, also ein Nachkomme Aarons, war (1 Chr 24,1), so stammte auch seine »*Frau aus den Töchtern Aarons*« = von den Aaroniden. Nach 3 Mo 21,7 mußte der Priester eine unbescholtene Frau (Jungfrau oder Witwe) heiraten. Priestertochter brauchte sie nicht zu sein. Doch galten Priestertöchter nach 3 Mo 21,9 als besonders behütet. Der Täufer Johannes ist also rein levitischer Abkunft!

Elisabeth ist wieder die griechische Form eines biblisch-jüdischen Namens. Dieser Name lautete »Elischeba«, auf deutsch etwa: »Mein Gott hat geschworen« und war der Name der Frau Aarons (2 Mo 6,23). Elisabeths Familie wollte offenbar bewußt in der Tradition Aarons stehen.

Aber nicht nur traditionelle Frömmigkeit kennzeichnete die Familie des Zacharias. Sie war vielmehr von echter persönlicher Frömmigkeit geprägt. Lukas sagt sogar: »*Sie waren beide gerecht vor Gott und lebten in allen Geboten und Satzungen des Herrn untadelig*« (V.6). »*Beide*« – was für ein Geschenk, wenn Mann und Frau an diesem Punkte einig sind! »*Vor Gott*«: Das heißt, der lebendige Gott war ihr Orientierungspunkt. »*Alle Gebote und Satzungen des Herrn*« mußten dem Priester bekannt sein. Denn »des Priesters Lippen sollen die Lehre bewahren« (Mal 2,7). Deshalb bildeten die Priester den frühesten Schriftgelehrtenstand in Israel (vgl. Esr 7,1ff; Neh 8,1ff; Sir 38,25ff). Aber was heißt: »*Sie lebten gerecht und untadelig*«? Keinesfalls so viel wie sündlos. Das ergibt sich eindeutig aus Phil 3,6, wo Paulus ebenfalls von sich sagt, er sei »nach der Gerechtigkeit, die das Gesetz fordert, untadelig gewesen«. Es ist jedoch bei Paulus klar, daß er zugleich ein Sünder war (vgl. Röm 3,1ff). Dann aber heißt »*gerecht und untadelig*«: Sie erfüllten alle äußeren Pflichten des Gesetzes und waren darauf bedacht, im Sinne des Gesetzes zu leben. Oder noch einmal anders formuliert: Wie Abraham (1 Mo 26,5) und Mose (5 Mo 4,40; 10,12) und Josef, der Mann der Maria (Mt 1,19), gehörten Zacharias und Elisabeth zu den alttestamentlichen »*Gerechten*« (vgl. noch 1 Kön 15,5; Hiob 1,1.8; Ps 119,1).

»*Und sie hatten kein Kind*« (V.7): also nicht einmal eine erbberechtigte Tochter (vgl. 4 Mo 27,1ff)! Das war in einem Volk, das mit Ps 127,3 bekannte: »Kinder sind eine Gabe des Herrn«, eine schwere Last. Zwar geht aus V.6 hervor, daß diese Kinderlosigkeit keine Folge der Sünde war (vgl. Joh 9,3). Aber wieviele Nachbarn und Bekannte mochten doch eine Sünde vermutet haben (vgl. Joh 9,1ff)! Und dennoch sind diese Worte aus Lk 1,7 seelsorgerlich hilfreich, denn sie zeigen, daß wirklich fromme Menschen oft ohne äußerlich sichtbaren Segen bleiben. Frömmigkeit ist keine Eintrittskarte zum »Erfolg«.

Zwei Gründe werden in V.7 angegeben: a) »*Elisabeth war unfruchtbar*«, b) »*beide waren in vorgerücktem Alter*«. Ähnlich wie bei Abraham und Sara (1 Mo 18,11) war also menschlich nichts mehr zu erwarten. Allerdings übertreibt die Lutherübersetzung, wenn sie von »hochbetagt« spricht. Der Urtext sagt nur: »sie waren in ihren Tagen (= in ihrem Alter) vorgerückt«. Halten wir fest, daß Elisabeth durch ihre Kinderlosigkeit in eine Linie mit Israels berühmten Frauen gestellt wird: Sara (1 Mo 11,30); Rebekka (1 Mo 25,21); Rahel (1 Mo 29,31); Simsons Mutter (Ri 13,2) und Hanna (1 Sam 1,2ff).

Nun »geschah aber« etwas ganz Neues (V.8ff). Wie so oft, beginnt auch dieses Neue relativ »harmlos«. Zacharias war »*in der Ordnung seiner Abteilung*« mit dem »*Priesterdienst*« an der Reihe. Jede der 24 Priesterabteilungen war jährlich zweimal je 1 Woche lang zum Tempeldienst eingeteilt. Wüßten wir die Einzelheiten noch, dann könnten wir evtl. sogar die Jahreszeit von Lk 1,8 bestimmen. Leider ist dies nicht mehr möglich. Jedoch läßt sich aus V.23 und 39 schließen, daß Zacharias außerhalb Jerusalems wohnte. Er mußte also für die Dauer seines Priesteramtes nach Jerusalem ziehen.

Und gerade bei diesem Jerusalemaufenthalt fiel »*das Los*« auf ihn, »*das Räucheropfer darzubringen*« (V.9). *Das Räucheropfer* wurde zweimal täglich dargebracht, am Morgen und am Abend (2 Mo 30,7f). Es bestand aus den in 2 Mo 30,34ff beschriebenen wohlriechenden Stoffen, z.B. Staktetropfen, Galbanum und Weihrauch. Die Darbringung erfolgte auf dem goldenen Räucheraltar (vgl. 2 Mo 30,1ff), der innerhalb des Tempelgebäudes, und zwar im Heiligen vor dem Vorhang zum Allerheiligsten stand (vgl. 2 Mo 30,6). Das *Räucheropfer* wurde verbrannt. Dazu mußte der Priester ins Heilige hineingehen, was Lk 1,9 so beschreibt: »*in den Tempel des Herrn hineinzugehen*«.

Nach den Angaben des Talmud durfte ein Priester während seiner ganzen Lebenszeit nur einmal das Räucheropfer darbringen (Mischna Tamid 2,5; 5,2; 6,3). Es galt als außerordentliche Auszeichnung. Wenn man zur Zeit Jesu mit ähnlichen Verhältnissen rechnen darf, dann stand Zacharias jetzt auf dem Höhepunkt seines priesterlichen

Dienstes. Dazu beachten wir noch zweierlei: a) »*nach der Sitte der Priesterschaft*« wurden solche Priesterdienste – natürlich nicht nur das Räucheropfer – ausgelost. Das »*Los*« spielte überhaupt im Priestertum eine wesentliche Rolle (vgl. 3 Mo 16,8; 1 Chr 24,5ff). b) »*Durchs Los*« redete Gott selbst (vgl. auch Est 3,7 und das Purimfest; Apg 1,23ff). Das heißt also: Gott ließ das Los auf Zacharias fallen, damit er im Tempel eine Offenbarung empfangen konnte. Eine wunderbare Geschichtslenkung!

Mit V.10 treten wir in das entscheidende Geschehen ein. Zacharias ist ins Tempelgebäude hineingegangen – offenbar allein. »*Und die ganze Menge des Volkes befand sich... draußen*« (V.10). »Volksmenge« bezeichnet die Israeliten (nicht die Priester), »*draußen*« die Vorhöfe des Tempels. Konkret gemeint ist also die Schar der israelitischen Gottesdienstbesucher im Vorhof der Männer und im Vorhof der Frauen. Diese Menge stand »*betend*« da. Die Zeit des Räucheropfers war zugleich Gebetszeit.

Es ist die »*Stunde des Räucheropfers*«. War es das morgendliche oder das abendliche Räucheropfer? Vermutlich hat Theodor Zahn recht, wenn er aus der Parallelität mit Dan 9,21 (vgl. Gabriel in V.19!) schließt, daß eher an das abendliche Räucheropfer zu denken sei. Dann wäre es etwa 15 Uhr. Genau diese Zeit ist auch in Apg 3,1 als Gebetszeit bezeugt. Sie sollte auch die Todesstunde Jesu werden (Mt 27,46).

Was tat Zacharias um diese Stunde? Das Calwer Bibellexikon (1924) beschreibt den Vorgang nach späteren jüdischen Quellen so: »nachdem die tägl. Reinigung des Räucheraltars vorgenommen war, nahm der eine der Priester Glühkohle vom Brandopferaltar (und nur von diesem, denn anderswo entnommene Kohle ist »fremdes Feuer«, 3 Mo 10,1), trug sie in einer goldenen Kohlenpfanne ... in den Tempel und schüttete sie auf dem Räucheraltar auf, betete an und ging hinaus. Der eigentlich diensttuende Priester sodann (das wäre in unserem Fall Zacharias) trug in einem Löffel ... eine Büchse ... herbei, welche das Räuchwerk enthielt. Nachdem er den Löffel einem anderen Priester gegeben, schüttete er aus der Büchse das Räuchwerk auf den Räucheraltar, breitete es auf der Glühkohle aus, so daß es verbrannte und ein feiner Rauch emporstieg, betete an und ging hinaus«. Wir bemerken noch, daß »anbeten« in diesem Zusammenhang so viel wie »sich anbetend niederwerfen« bedeutet.

Als Zacharias allein im Heiligtum war, wohl nach dem Ausschütten des Räucherwerks auf dem Räucheraltar (vgl. Offb 8,3ff), »*erschien ihm der Engel des Herrn*« (V.11). Vergessen wir nicht, daß wir uns noch in der Zeit des Alten Bundes befinden. Im Alten Bund bedeutete ein solches »*Erscheinen des Engels des Herrn*« immer wieder einen Fortschritt der Heilsgeschichte. Vgl. bei Mose 2 Mo 3,2; bei Gideon Ri 6,12; bei Josef Mt 1,20.

Zacharias konnte später den Ort genau angeben, wo er ihn erblickt hatte: »*zur Rechten des Räucheraltars stehend*«. Von Zacharias aus ist das links. Rechts vom Räucheraltar (gesehen vom Allerheiligsten her) stand im sog. »Heiligen« der goldene Leuchter (2 Mo 25,31ff; 37,17ff; 4 Mo 8,1ff), links vom Räucheraltar der Schaubrottisch (2 Mo 25,23ff; 37,10ff). Nach Lk 1,11 stand also der Engel zwischen dem Räucheraltar und dem goldenen Leuchter. Dieses »*Stehen*« in der Nähe des goldenen Leuchters erinnert uns an Sach 4,1-14. Dort sind es zwei messianische Gestalten, die neben dem goldenen Leuchter stehen. Hat also der Engel eine messianische Botschaft? Die folgenden Verse beseitigen jeden Zweifel daran. Freilich glauben mehrere Ausleger, daß die »*Rechte*« in Lk 1,11 die glückverheißende Seite bedeutet, und deshalb das Stehen des Engels zur Rechten des Räucheraltars dem Zacharias eine gute Botschaft verheißt.

Beschrieben wird der Engel nicht. Die Bibel wahrt an solchen Stellen Zurückhaltung, weil sie nicht will, daß wir in Engelverehrung verfallen (vgl. Kol 2,18; Offb 22,8f). Dafür schildert Lk 1 die klaren Worte, die der Engel sprach.

Sein erstes Wort lautete: »*Fürchte dich nicht, Zacharias!*« (V.13). Der Engel muß also zuerst die »Furcht« überwinden, die Zacharias befallen hatte (V.12). Wir lesen ja immer wieder, daß solche Begegnungen mit den Boten Gottes Furcht und Erschrecken auslösten (vgl. 2 Mo 3,6; Ri 6,22f; 13,6; Dan 8,17; 10,4ff; Apg 10,4.7).

Das zweite Engelwort kündigt eine Gebetserhörung an: »*Deine Bitte ist erhört worden, und deine Frau, Elisabeth, wird dir einen Sohn gebären*« (V.13). Erst jetzt erfahren wir mit Gewißheit, daß Zacharias und Elisabeth um einen »Sohn« gebetet haben. Wie lange, wissen wir nicht. U.U. hatten beide schon längere Zeit aufgehört zu beten, als sie zu alt wurden. Aber Gott ist groß. Er kann Gebete auch dann noch erhören, wenn schon eine lange Zeit vergangen ist und wir mit einer Erhörung gar nicht mehr gerechnet haben.

Hier fällt die Parallele zu Daniel auf (vgl. Dan 10,12), aber auch zum gottesfürchtigen Kornelius (Apg 10,4.31).

Das dritte Engelwort enthält einen Auftrag: »*Du sollst seinen Namen Johannes nennen*« (V.13). Die Ankündigung einer Geburt wird in der Bibel öfters mit dem Befehl verbunden, eine bestimmte Namensnennung vorzunehmen. so etwa bei Abraham (1 Mo 17,19) oder beim Messias (vgl. Jes 7,14; Mt 1,21; Lk 1,31). Im Falle des Johannes ist der Name symbolisch. Hebräisch heißt er: Jochanan = Gott ist gnädig. Mit Johannes soll also eine Gnadenzeit beginnen.

Das vierte Engelwort umfaßt die Verse 14-17. Hier wird gesagt, was für einen Sohn Zacharias haben wird. »*Er soll dir Freude und Jubel sein*« (V.14). Was für ein Aufatmen mag durch Zacharias gegangen sein! Es ist schade, daß viele Bibelübersetzungen diese Engelankündigung einebnen. So sagen Lutherbibel und Revidierte Elberfelder Bibel »Freude und Wonne«. Die Neue Jerusalemer Bibel spricht noch farbloser von »großer Freude«. Aber das betreffende griechische Wort meint sonst immer im NT den messianischen »Jubel«, und so muß es auch hier verstanden werden. Es häufen sich also im Zachariaserlebnis die Hinweise, daß die Geburt seines Sohnes mit messianischen Ereignissen zusammenhängt.

Genau diese Linie tritt jetzt mehr und mehr hervor. Denn nicht nur die Eltern, sondern auch »*viele*« andere »*werden sich über seine Geburt freuen*« (V.14). Dabei wissen wir nicht mehr genau, ob hier »Geburt« oder »Geschichte« übersetzt werden muß.

»*Er wird groß sein vor dem Herrn*«: Das ist eine fast unglaubliche Verheißung (V.15). Was der betrügerische Simon Magus vorgab, nämlich »ein Großer« zu sein (Apg 8,9f), das wird Johannes tatsächlich werden. Und zwar nicht nur vor den Menschen (hier vielleicht sogar weniger!), sondern auch »*vor dem Herrn*«. Dies wird durch Mt 11,11 bestätigt, wo Jesus sagt: »Unter allen, die von einer Frau geboren sind, ist keiner aufgetreten, der größer ist als Johannes der Täufer«.

»*Wein und berauschendes Getränk wird er nicht trinken*« (V.15). Das ist ein sinngemäßes Zitat aus 4 Mo 6,3. Schlagartig wird dadurch deutlich, daß dieser Johannes eine Art Gottgeweihter sein wird. Solche Gottgeweihten waren auch Simson (Ri 13-16) und Samuel (1 Sam 1,11ff), zeitweise sogar Paulus (Apg 18,18) und andere Judenchristen (Apg 21,23ff). Die Erfüllung der Prophetie des Engels finden wir in Mt 3,4; 11,18; Lk 7,33. Man beachte aber auch, daß Daniel ebenfalls auf Wein verzichtete (Dan 1,8ff). Später treffen wir in Rom Christen mit einer ähnlichen Haltung (Röm 14,21). Gehörte auch Timotheus dazu (1 Tim 5,23)? Man sollte jedenfalls die Bedeutung, die Daniel als Symbol der Gottestreue zur Zeit Jesu gehabt hat, nicht unterschätzen (vgl. noch 1 Makk 2,60ff).

»Schon von Mutterleib an wird er von heiligem Geist erfüllt werden« (V.15). Das hebt Johannes über alle Propheten des Alten Bundes hinaus (vgl. Mt 11,7ff; Lk 7,24ff). Ein Zeichen dieser Geisterfülltheit liegt in V.41 vor. Damit stellt sich die Frage, wie diese Geisterfülltheit des Täufers von Pfingsten zu unterscheiden ist. Man wird sie wohl von Jer 1,5 und Lk 1,41 her so deuten müssen, daß noch nicht die Wiedergeburt oder die Fülle des Geistes gemeint ist, sondern die spezielle Gabe eines prophetischen Geistes. Auf eine solche eingeschränkte, spezielle Gabe weist auch der Umstand hin, daß es in V.15 nicht heißt: »von« bzw. »mit dem heiligen Geist« (so fälschlich aber Lutherbibel und Neue Jerusalemer Bibel), sondern: »von« bzw. »mit heiligem Geist« (ohne Artikel!).

»Und viele von den Söhnen Israels wird er zum Herrn, ihrem Gott, hinwenden« (V.16). Das heißt, daß Johannes durch seine Bußpredigt *»viele zum Herrn«* bekehren (*»hinwenden«*) wird. Die Erfüllung dieser Weissagung schildert Mt 3,5ff; Lk 3,21.

Schließlich wird Johannes der zweite *»Elia«* sein, der in Mal 3,23f angekündigt ist (V.17). Hier schauen wir in die Endzeitweissagungen des AT hinein. Wenn es heißt: *»er selbst* (= Johannes) *wird vor ihm* (= dem Herrn) *hergehen«*, dann ist die Erfüllung von Mal 3,1 gemeint. Dort ist von einem »Boten« die Rede, der vor dem Herrn erscheinen und seinen Weg bereiten soll. Sagen wir es kurz: dort ist von dem Vorläufer des Messias die Rede. Und dieser Vorläufer des Messias also soll Johannes werden!

Sein Handeln geschieht *»im Geist und in der Kraft Elias«*. Damit erfüllt sich Mal 3,23. Damit ist aber zugleich auch klargestellt, daß es in Mal 3,23 nicht um eine Wiederbelebung des Elia geht (»ich will euch senden den Propheten Elia«), sondern um einen Elia-ähnlichen Propheten, der eben in seinem *»Geist«* und in seiner *»Kraft«* arbeitet. Auch dieser Prophet ist ein Vorläufer des Messias. Wir müssen also Mal 3,1 und 3,23 miteinander kombinieren. Das Judentum hat diese Kombination längst vollzogen gehabt. Hören wir, wie Ben Sira um 175 v.Chr. den zweiten Elia beschreibt: »Der du bestimmt bist, bereit zu sein für die Zeit, und zur Ruhe zu bringen den Zorn, bevor er entbrennt, um sich wenden zu lassen das Herz der Väter zu den Söhnen, und um wiedererstehen zu lassen die Stämme Israels« (Sir 48,10). Daß der »*Geist*« Elias weiterwirkte, sieht man schon an Elisa (2 Kön 2,9ff). Es ist der Geist eines »Propheten wie Feuer«. Und von diesem »Feuer-Geist« merkt man sowohl dem Täufer (Mt 3,7ff; 14,1ff) als auch seinen ehemaligen Jüngern (Lk 9,54f) etwas an. Die Bekehrungspredigt des Johannes hat das Ziel, »*die Herzen der Väter zu den Kindern hinzuwenden, und Ungehorsame so zu lenken, daß sie den Sinn von Gerechten haben*« (V.17). Vgl. wieder Mal 3,24; Sir 48,10. Den Erfolg sieht man an seinen Täuflingen (vgl. Lk 3,10ff; Mt 21,31f). Jedenfalls ist Buße nur dort echt, wo solch tiefsitzende Entzweiungen wie die von »*Vätern*« und »*Kindern*« überwunden werden – soviel »an uns liegt« (Röm 12,18)!

Auf diese Weise kann er »*dem Herrn ein wohlvorbereitetes Volk verschaffen*« (V.17). Israel wendet sich Gott zu, wird durch die Bußtaufe gereinigt (vgl. Hes 36,25) und ist damit »bereit«, den Messias zu empfangen. Das Stichwort »bereiten« erinnert uns an Jes 40,3. Wir müssen also nicht nur Mal 3,1 und 3,23, sondern auch beide Maleachistellen mit Jes 40,3 kombinieren. Das ist die Aufgabe, vor die uns nicht nur die Engelbotschaft in Lk 1,17, sondern auch Mk 1,2 und Joh 1,23 stellt. Jesus selbst hat diese Kombination in Mt 11,7ff; Lk 7,24ff vollzogen.

Wir halten inne und notieren noch einmal das Wesentliche der Verse 14-17: a) Es handelt sich um eine göttliche Weissagung, die ein Engel überbringt – also nicht um menschliche Sehnsüchte; b) Johannes soll wie Elia, die Spitze des israelitischen Prophetentums, wirken und demnach ein ganz »Großer« sein; c) dennoch bleibt er nur der Vorläufer des Messias, während der Messias selbst noch kommen muß; d) die Endzeitweissagungen von Jes 40 und Mal 3 erfüllen sich jetzt, die messianische Zeit bricht also tatsächlich an; e) nach dem Urteil Jesu hat Johannes seinen Elia-Auftrag und seine Vorläuferrolle voll und ganz erfüllt (Mt 11,14; 17,10ff).

Wie hat Zacharias auf diese Engelsbotschaft reagiert? Voller Zweifel. Vielleicht sollten wir bedenken, daß die Menschen des Altertums gar nicht so leichtgläubig waren, wie man heute behauptet. Auch mancher moderne Mensch würde selbst dann nichts glauben, »wenn jemand von den Toten auferstünde« (Lk 16,31).

»Woran soll ich das erkennen?« fragt *»Zacharias«* (V.18). *»Ich bin ja alt, und auch meine Frau ist in vorgerücktem Alter«*. Wir haben schon so manche Parallele zwischen Zacharias und Abraham beobachtet. Hier ist wieder eine. In 1 Mo 15,8 fragt Abraham ja genauso. Und in 1 Mo 17,17 und 18,11f glauben auch Abraham und Sara, Gott auf ihr Alter hinweisen zu müssen. Was lernen wir aus Lk 1,18? Erstens: Der Mensch meint immer, klüger als Gott zu sein. Zweitens: Er darf ganz ehrlich mit Gott reden und in der Not auch ein Zeichen erbitten (vgl. Ri 6,17ff.36ff; Jes 7,10ff; 38,7f.22). Es wäre besser gewesen, Zacharias hätte nicht nur gefragt, sondern das Zeichen auch demütig erbeten. Drittens: Gott verwirft den zweifelnden Menschen nicht einfach, sondern hat Geduld mit ihm. Das zeigen uns nun die Verse 19 und 20 ganz deutlich.

Evtl. liegt hier eine Altersabstufung vor, indem Zacharias sich als schon *»alt«*, seine Frau aber nur als *»in vorgerücktem Alter«* kennzeichnet.

In seiner *»Antwort«* (V.19-20) sagt *»der Engel«* zunächst, wer er ist. Zacharias soll nicht glauben, einer Halluzination (Einbildung) oder einem betrügerischen, bösen Engel zu erliegen. *»Ich bin Gabriel, der vor Gott steht«*. Gabriel heißt vermutlich »Held Gottes«. Er begegnet uns auch im Danielbuch (8,16; 9,21) und später bei Maria (Lk 1,26). Neben Michael (Dan 10,13ff; 12,1; Jud 9; Offb 12,7) ist er der einzige Engel, den die Bibel mit Namen nennt. In der Namensnennung der Engel unterscheidet sich die Bibel scharf von der späteren jüdischen Literatur, die massenweise Engelnamen aufweist. Die Bibel will eben die Fixierung auf Engel ausschließen. In dem Ausdruck *»der vor Gott steht«* liegt wohl die unmittelbare Beauftragung durch Gott (vgl. Tobit 12,15; Offb 8,2). *»Ich wurde gesandt, um mit dir zu reden«* erinnert uns stark an Dan 10,11. Statt *»ich wurde gesandt«* könnte man sinngemäß auch übersetzen: »Gott hat mich gesandt«. Gabriel kann eine *»frohe Botschaft bringen«*. So übersetzen wir das griechische Wort »euanggelisasthai«, dessen Hauptwort »Evanggelion« (Evangelium) lautet. Wir treten also in die Zeit des Evangeliums ein! Vgl. Mk 1,1ff.

Sodann bekommt Zacharias tatsächlich ein Zeichen: *»Du wirst stumm sein und nicht mehr reden können bis zu dem Tag, an dem das eintrifft«* (V.20). In diesem Zeichen mischen sich Gericht und Gnade auf eine seltsame Weise. Gericht ist die Stummheit, *»weil du meinen*

Worten keinen Glauben geschenkt hast, die sich doch zu ihrer Zeit erfüllen werden«. Unglaube ist in der Bibel die schlimmste Sünde (Joh 6,28f; Mk 16,16). Das »*Erfüllt werden*« stellt nach 5 Mo 18,20ff ein Zeichen echter Prophetie dar. Bei dem Ausdruck »*zu ihrer Zeit*« benutzt der Engel denselben Begriff wie Paulus in Gal 4,4: »Als die Zeit erfüllt war« und wie Markus bei der Zusammenfassung der Predigt Jesu: »Die Zeit ist erfüllt« (Mk 1,15). Gemeint ist also die messianische Zeit, die gerade jetzt mit der Verkündigung an Zacharias beginnt.

Gnade aber ist die Stummheit, weil sie a) begrenzt ist (»*bis zu dem Tag ...*«), weil sie b) für Zacharias ein gewißmachendes Zeichen darstellt, an dem er die Wahrheit erkennen kann (vgl. V.18), und weil sie c) zeigt, daß Gott die Geduld mit Zacharias nicht verloren hat, sondern das Angekündigte auch »*eintreffen*« läßt.

Inzwischen »*wartete das Volk auf Zacharias und wunderte sich, daß er so lange im Tempel blieb*« (V.21). Es konnte nicht ins Tempelgebäude hineinsehen. Es konnte allerdings die Zeit abschätzen, die das Räucheropfer normalerweise dauerte und die jetzt überschritten wurde. Man »*wartete*« jedoch »*auf*« ihn, weil man von ihm den priesterlichen Segen haben wollte (vgl. 3 Mo 9,22f; 4 Mo 6,22ff).

Gerade diesen priesterlichen Segen »*konnte*« Zacharias »*nicht*« mehr »*sprechen, als er herauskam*« (V.22). Statt dessen »*winkte er ihnen stumm zu*«. Daraus schlossen »*sie, daß er im Tempel ein Gesicht gesehen hatte*«. Für »*Gesicht*« steht ein Wort, das im NT immer ein Sichtbarmachen von Gott her bezeichnet (Lk 24,23; Apg 26,19; 2 Kor 12,1). Übrigens findet sich dieses Wort nur bei Paulus und seinem Schüler Lukas. Bei solchen Gottes-Offenbarungen muß man immer unterscheiden zwischen dem direkt Angesprochenen und den nur indirekt Beteiligten. Der direkt Angesprochene sieht und hört alles. Die indirekt Beteiligten bekommen nur einzelne Ausschnitte mit (vgl. Dan 10,7; Joh 12,28ff.; Apg 9,7; 22,9). Interessant ist weiterhin, daß die betenden Juden mit der Möglichkeit einer Gottesoffenbarung im Tempel rechneten. In der Stiftshütte erlebte ja Mose solche Gottesoffenbarungen (4 Mo 7,89), ebenso Samuel (1 Sam 3,1ff). Jesaja erlebte sie im Tempel (Jes 6,1ff). Offenbar erwarteten auch Simeon (Lk 2,25ff) und Hanna (Lk 2,36ff) dort etwas Ähnliches. Der Tempel galt ja immer noch als der Ort der Gegenwart Gottes (vgl. Hab 2,20; Joh 4,20ff).

Zacharias wartete noch die Woche ab, die seine Abteilung Dienst hatte (*»als die Zeit seines Dienstes um war«*) und *»kehrte«* dann *»nach Hause zurück«* (V.23). Er wohnte ja außerhalb Jerusalems (vgl. V.39).

In den letzten beiden Versen unseres Abschnitts lernen wir *»Elisabeth«* ein wenig kennen. Sie *»wurde«* tatsächlich *»nach«* der Heimkehr des Zacharias *»schwanger«* (V.24). Doch warum *»hielt sie sich fünf Monate lang verborgen«*? Vermutlich deshalb, weil sie es erst nach der Begegnung mit Maria (1,36.39) wagte, in der Öffentlichkeit zu erscheinen. War doch eine Schwangerschaft in diesem Alter auffallend und gefährlich und konnte viel Klatsch provozieren. In der Begegnung mit Maria lag offensichtlich für Elisabeth ein mutmachendes Zeichen, so daß sie jetzt die Öffentlichkeit nicht mehr scheute. Durch wieviele Ängste muß doch Gott seine Leute führen!

Unser Abschnitt schließt mit einem bekennenden Lobpreis der Elisabeth. Dieser 25. Vers ist fast eine Art Psalm. Überhaupt finden sich in Lk 1 und 2 eine ganze Reihe neutestamentlicher Psalmen, über die später noch zu sprechen sein wird. *»So hat der Herr an mir gehandelt«*, *»sagte«* Elisabeth. *»Der Herr«* also ist die Mitte ihres Denkens. Ihm gehört Lobpreis und Ehre. Er *»handelt«* wunderbar in unserer Geschichte. So haben später die Apostel »die großen Taten Gottes gerühmt« (Apg 2,11). Aus diesem Lobpreis erfahren wir nun auch, daß Zacharias die Elisabeth von der Engelbotschaft unterrichtet haben muß, vermutlich schriftlich (vgl. V.63). *»Zu der Zeit, als er sich um mich annahm«*: Gott bestimmt selbst die *»Zeit«* seines Helfens. In der Bibel ist Zeit nicht gleich Zeit (vgl. Dan 2,21; Gal 4,4). Auch das Sich-Annehmen um Israel beim Exodus hatte seine bestimmte Zeit (2 Mo 2,25). Ganz befreit und beglückt kann Elisabeth jetzt sagen: *»Er nahm sich um mich an, um meine Schmach unter den Menschen von mir zu nehmen«*. Hier zeigt sich klar, daß Kinderlosigkeit der Frau in Israel eine *»Schmach«* bereitete. Doch Gott hat die Geschmähten besonders lieb. Ähnlich sagte es Rahel in 1 Mo 30,23.

Bevor wir uns von dem Abschnitt Lk 1,5-25 verabschieden, halten wir noch einige Beobachtungen fest. Erstens: Die Jesusgeschichte beginnt nach Lukas im Jerusalemer Tempel. Damit ist die Weissagung von Jes 2,3 erfüllt: »Von Zion wird Weissagung ausgehen« (auch für die Heiden! vgl. Jes 42,6; 49,6) »und des Herrn Wort von Jerusalem«. Zweitens: Wenn die Geschichte der Christen im Jerusalemer Tempel beginnt, dann können die Christen Israel niemals verachten, sondern nur lieben. Und das sagt der Nichtjude Lukas! Drittens: Die Patriarchengeschichte setzt sich in Jesus bzw. Johannes fort. Man vergleiche noch einmal die Parallelen zwischen Abraham/Sara/Rahel und Zacharias/Elisabeth. Viertens: Auch die Geschichte der Richterzeit und Daniels setzt sich bei Johannes fort. Man vergleiche das Gesetz über die Gottgeweihten in 4 Mo 6, Gideon, Simson, und eben Daniel. Damit wird der Zusammenhang von Altem und Neuem Testament nachdrücklich unterstrichen.

Vorschlag zur Bibelarbeit über Lukas 1,5-25

1. Einleitung:

a) Hier sind einige Abklärungen nötig: Was war die Ordnung Abija? – Wann regierte Herodes der Große? – Was bedeutete es, von Aaron abzustammen? – Wo brachte man das Räucheropfer dar? – Wo stand der Räucheraltar? – Mit Hilfe des Kommentars abklären!
b) Unfruchtbarkeit und Verheißung der Geburt eines Kindes: Wo spielen sie in der Bibel eine Rolle? Worauf zielen solche Berichte in der Bibel?
c) Die Fülle dieses Berichtes in Lk 1,5-25 ist kaum auszuschöpfen. Je nach dem Schwerpunkt unserer Bibelarbeit oder Predigt werden wir auswählen und dementsprechend die Überschrift gestalten müssen.
d) Als Überschrift wählen wir: »Die messianische Zeit klopft an«.

2. Durchführung: »Die messianische Zeit klopft an«

a) Gottes Zeiten reifen

Erstaunlich genaue Angaben in unserem Bibelabschnitt: »Zeit des Herodes« des Großen (37-4 v.Chr.) – Ordnung Abija – »Brauch der Priesterschaft« – Privileg des Räucheropfers – Platz des Räucheraltars – Fazit: Die Bibel erzählt keine Romane, sondern Tatsachen aus Gottes Geschichte – Noch spannender: damals messianische Erwartung – Seit fast 500 Jahren

(Maleachi!) in Israel keine Propheten mehr – Aber Gott kennt die rechte Zeit (Gal 4,4)!

b) Ein Mann hört nicht auf zu dienen

Beide sind Vorbilder: Zacharias und Elisabeth! – Elisabeth sei nicht vergessen! – Aber nun fällt der Scheinwerferkegel besonders auf Zacharias – Beide fromm – Beide in der Not der Kinderlosigkeit: Frömmigkeit schützt nicht vor Nöten – Gott erprobt unseren Glauben – »Hochbetagt« (so Luthertext; bitte genauer beschreiben!): D.h. die menschliche Hoffnung ist zu Ende – Aber nicht Gottes Möglichkeiten! – Erstaunlich: Trotz aller Enttäuschungen hört Zacharias nicht auf, Gott zu dienen!

c) Gott tut Neues

Es ist *seine* Führung und Terminplanung, daß Zacharias gerade damals Tempeldienst hat – Es ist *seine* Gnade, daß der Engel erscheint – Es ist *seine* Botschaft, die der Engel auszurichten hat – Was ist sein Ziel? Daß der Vorläufer des Messias geboren werden soll! – Daß die Eltern im Gehorsam den Namen Johannes wählen – Daß endlich die messianische Zeit anbricht! – Gott tut auch darin Neues, daß er dem Zacharias ein Zeichen dafür gibt, daß wirklich Gott geredet hat – Dieses Zeichen ist gleichzeitig eine Warnung vor Ungehorsam – Gott tut auch darin Neues, daß Elisabeth ein Kind erwarten darf – Wo Gott handelt, mündet alles in den Lobpreis: »So hat der Herr an mir getan«.

3. Die Ankündigung der Geburt Jesu (1,26-38)

1,26-38: **(26) »Im sechsten Monat aber wurde der Engel Gabriel von Gott in eine Stadt Galiläas namens Nazareth gesandt, (27) zu einer Jungfrau, die einem Mann namens Josef aus dem Hause Davids anvertraut war. Und der Name der Jungfrau war Maria. (28) Und er trat bei ihr ein und sagte: Sei gegrüßt, du Begnadete! Der Herr ist mit dir! (29) Sie aber geriet bei dieser Anrede in Verwirrung und überlegte, was das für ein Gruß**

sei. (30) Und der Engel sagte zu ihr: Fürchte dich nicht, Maria! Denn du hast Gnade bei Gott gefunden. (31) Und siehe, du wirst schwanger werden und einen Sohn gebären, und seinen Namen sollst du Jesus nennen. (32) Der wird groß sein und Sohn des Höchsten genannt werden. Und Gott der Herr wird ihm den Thron Davids, seines Vaters, geben, (33) und er wird König sein über das Haus Jakob in alle Ewigkeit, und seiner Herrschaft wird kein Ende sein. (34) Da sagte Maria zu dem Engel: Wie soll das geschehen, nachdem ich von keinem Manne weiß? (35) Da gab der Engel ihr zur Antwort: Der Heilige Geist wird über dich kommen, und die Kraft des Höchsten wird dich überschatten. Deshalb wird auch das Heilige, das geboren wird, Sohn Gottes genannt werden. (36) Und siehe, Elisabeth, deine Verwandte, ist ebenfalls schwanger geworden mit einem Sohn, trotz ihres Alters, und dies ist jetzt der sechste Monat bei ihr, die man ›die Unfruchtbare‹ nennt. (37) Denn nichts ist bei Gott unmöglich. (38) Da sagte Maria: Siehe, ich bin des Herrn Magd. Mir geschehe, wie du gesagt hast. Und der Engel schied von ihr.«

Dieser Bericht ist auffallend kurz und schmucklos. Die Ankündigung der Geburt des Täufers geschah im Tempel auf dem Höhepunkt des priesterlichen Gottesdienstes. Die Ankündigung der Geburt Jesu geschieht in einem Flecken, der im ganzen AT nicht vorkommt, und in einem normalen Haus inmitten des alltäglichen Lebens. So etwas erfindet man nicht.

V.26 kennzeichnet eine Wende: »*Im sechsten Monat aber*« – das kann nur eine Wende gegenüber V.24 sein, wo von den fünf Monaten die Rede war, in denen sich Elisabeth verborgen hielt. Nun macht Gott selbst dieser Verborgenheit ein Ende. Der Täufer ist also nur ein halbes Jahr älter als Jesus.

Wiederum, wie vor einem halben Jahr, »*wurde der Engel Gabriel von Gott ausgesandt*« (vgl. V.11ff). So verknüpft sich die Geschichte des Täufers schon von Mutterleib an mit der Geschichte Jesu. Aber diesmal wird Gabriel nicht nach Judäa, sondern nach Galiläa gesandt. Die Jerusalemer verachteten die Galiläer, die sie an ihrer Sprache erkannten (Mt 26,73), vergaßen dabei aber die Weissagung aus Jes 8,23f. Gabriel kommt also »*in eine Stadt namens Nazareth*«. Nazareth war zwar klein, konnte aber dennoch als »*Stadt*« = als selbständiger Ort bezeichnet werden.

Nazareth ist nach den archäologischen Funden seit dem Ende des 3. Jahrtausends v.Chr. besiedelt gewesen. Es gehörte zum Stammesgebiet von Sebulon (vgl. Jos 19,10ff). Die Ausgrabungen zwischen der heutigen Verkündigungs- und heutigen Josefskirche geben einen Einblick in den Zustand der Ortschaft etwa zur Zeit Jesu. Danach haben die Bewohner die natürlichen Felshöhlen mitbenützt. Es scheint ein kleiner, verwinkelter Ort gewesen zu sein. Man schätzt die damalige Einwohnerzahl auf ca. 400.

Lukas berichtet von einer Einzelperson, zu der der Engel kam, nicht etwa von einer Familie oder einem Hause. Bevor er ihren Namen nennt, nennt er ihren Stand: Diese Einzelperson war *»eine Jungfrau«* (V.27, zweimal). Warum ist dies so wichtig? a) Weil man dies wissen muß, um das Folgende zu verstehen; b) weil darin die Erfüllung von Jes 7,14 liegt. Genauso wie Matthäus (Mt 1,22f) ist Lukas daran interessiert, daß Jes 7,14 in der Jesusgeschichte erfüllt wurde.

Vor dem Namen bringt Lukas sogar noch eine zweite Notiz: *»Sie war einem Mann namens Josef aus dem Hause David anvertraut«* (V.27). Da man immer wieder behauptet, Lukas habe kein Interesse an Josef, sollte man doch registrieren, daß Lukas den Namen »Josef« noch vor dem Namen »Maria« notiert. Auch darin stimmt er mit Mt 1,18ff überein. Und dieser »Josef« ist nicht irgendwer, sondern *»aus dem Hause* (= der Familie) *Davids* (vgl. wieder Mt 1,6). Was diese davidische Abstammung damals für die Juden bedeutete, können wir heute kaum mehr ermessen. Denn David war ja Träger einer Verheißungslinie, die in einen ewigen König münden sollte (vgl. 2 Sam 7,12ff; Ps 89,4ff; Am 9,11ff und andere Stellen). Während Herodes, von edomitischer Herkunft, regierte, warteten alle Juden auf einen Davidssohn, der der Messias werden sollte (vgl. im NT Joh 7,42; Röm 1,3). Josef also war Davidide. Doch wie stand es mit Maria?

Wir kehren zurück zu V.27. Am Ende sagt uns dieser Vers, daß die hier angesprochene Jungfrau Maria hieß. Eigentlich schreibt Lukas »Mariam«. Damit bleibt er dem hebräischen Namen treu, der tatsächlich Mariam = Mirjam lautete. Erste Trägerin dieses Namens in der Bibel ist Mirjam, die Schwester Moses (vgl. 2 Mo 15,20). Seltsamerweise hatte auch der nichtdavidische damalige König über Palästina, Herodes (V.5), eine Frau mit dem Namen Mariame = Maria.

Maria *»war«* dem Josef *»anvertraut«* (V.27). Dieses Wort *»anvertraut«* bedeutet mehr als das deutsche »verlobt«. Machen wir uns folgendes klar: Die jüdische Eheschließung bestand aus zwei Akten: a) Ehevertrag, b) Heimholung der Braut. War der Ehevertrag abgeschlossen, dann war das gegenseitige Verhältnis schon so bindend, daß man von »Mann« und »Frau« sprach (vgl. Mt 1,19ff). Eine Trennung konnte nur durch Tod oder Scheidung erfolgen. Im Falle des Todes des betreffenden Mannes nannte man die überlebende »Anvertraute« eine »Witwe«. Bei Maria war also der bindende Ehevertrag schon abgeschlossen. Sie galt nicht nur als »Freundin« oder »Verlobte«, sondern als die »Frau« des Josef (vgl. wieder Mt 1,19). Es fehlte allerdings noch die Heimholung ins Haus des Josef, also der Vollzug der Ehe. Mit dem Ehevertrag wurde Maria auch Davididin – was sie vorher u.W. nicht war! –, denn in Israel heiratete die Frau in die Familie des Mannes ein. Dadurch wurde auch Jesus, der im Rahmen dieser Ehe geboren wurde, ein Davidssohn.

Übrigens wird Maria der jüdischen Sitte gemäß damals etwa 14 Jahre alt gewesen sein.

Bei dieser Maria, deren Vatersname gar nicht erwähnt wird, deren Wohnung sich aber in Nazareth befand, *»trat der Engel ein«* (V.28). Man könnte auch »kam zu ihr« übersetzen. Ist das Haus gemeint? Oder das Zimmer?

Viel wichtiger ist der Gruß. Mit Recht beobachtet die Forschung, daß ein solcher Gruß bei Zacharias fehlte. Schon dieser Umstand zeigt, daß bei Maria Größeres geschehen soll. Erst recht zeigt es der Wortlaut des Grußes. Das erste Gruß-Wort ist doppelsinnig. Es heißt in der Umgangssprache *»Sei gegrüßt!«* – im Deutschen fast so viel wie »Guten Tag« (vgl. Jak 1,1). Aber zugleich heißt es im Urtext: »Freue dich!« Dieser Gruß hat im AT besondere Bedeutung. So heißt es beispielsweise in Zef 3,14f: »Freue dich ... .Der Herr, der König Israels, ist bei dir«. Gemeint ist die endzeitliche Erlösung. In Sach 2,14 lesen wir: »Freue dich ... . Denn siehe, ich komme und will bei dir wohnen, spricht der Herr«. Auch da ist die endzeitliche Erlösung gemeint, bei der Gott selbst bei seinem Volk wohnen wird. Es ist interessant, daß dasselbe Wort für »wohnen«, das hier in der griechischen Bibel steht, in Joh 1,14 für die Fleischwerdung Jesu verwendet wird. Ein aufmerksamer Hörer kann also bei dem Engelsgruß durchaus auf den Gedanken kommen, ob hier nicht messianisch-endzeitliche Töne anklingen.

Der Engel fährt fort: *»du Begnadete«* (nicht: Begnadigte!). Man könnte fast übersetzen: »du, der Gott seine Gnade zugewandt hat«. Damit wird das kommende Geschehen unter das Vorzeichen der Gnade gestellt.

Der Gruß endet mit den Worten: »*Der Herr ist*« (oder: sei) »*mit dir!*« Ob es »ist« oder »sei« heißen muß, läßt sich nicht mehr entscheiden. Wie Rut 2,4 zeigt, liegt auch in diesen Schlußworten ein Doppelsinn. Einerseits handelt es sich um einen in Israel üblichen Gruß. Andererseits geht aus den messianischen Weissagungen in Jes 7,14; Zef 3,14f; Sach 2,14; 9,9 hervor, daß die Aussage »Gott mit dir« bzw. »mit uns« ebenfalls endzeitlich-erlösenden Charakter haben kann. Zugleich wird Maria in ähnlicher Weise ermutigt wie einst Gideon (Ri 6,12).

Übrigens übersetzt die lateinische Bibel das »Sei gegrüßt« mit »Ave«, woraus das »Ave Maria« abgeleitet wurde.

Daß Maria »*bei dieser Anrede in Verwirrung geriet und überlegte, was das für ein Gruß sei*« (V.29), erstaunt uns jetzt nicht mehr. Dennoch handelt Maria »überlegt«. Das paßt gut zu dem Bild, das die Evangelien später von ihr zeichnen (vgl. Lk 2,19; Joh 2,5).

Ohne daß Maria bisher ein Wort geäußert hätte, »*sagte der Engel*« jetzt »*zu ihr: Fürchte dich nicht, Maria! Denn du hast Gnade bei Gott gefunden*« (V.30). Der »Engel« will Maria zunächst die Furcht nehmen (vgl. V.13). Er hat ja eine ausgesprochene Gnadenbotschaft für sie. »*Gnade bei Gott gefunden*« haben auch Noah (1 Mo 6,8), Mose (2 Mo 33,16ff) und Daniel (Dan 10,11f). »Wohlgefallen vom Herrn erlangt, wer fromm ist« (Spr 12,2). Gott stimmte also ihrem bisherigen Leben zu! Was in V.6 von Zacharias und Elisabeth bemerkt wurde, gilt auch von Maria. Was für eine Frau muß diese Maria gewesen sein, daß man im Alter von etwa 14 Jahren so etwas von ihr sagen konnte! Zu Josef vgl. die ähnliche Feststellung in Mt 1,19.

Schon an dieser Stelle müssen wir feststellen: Sowohl Zacharias und Elisabeth als auch Josef und Maria sind wahre »Gerechte« im Sinne des Alten Testaments gewesen. Die Geschichte Jesu beginnt bei Menschen, die es im Alten Bund ernst gemeint haben! Von daher sind die Bilder vieler Maler innerlich gerechtfertigt, die Maria bei der Verkündigung Gabriels mit einer Bibel in der Hand oder auf dem Schoß gemalt haben.

Mit dem »*Siehe*« wird die Weissagung eingeleitet, die der Engel in V.31-33 im Namen Gottes ausspricht. Es markiert die Wende zu einer neuen Zeit.

»*Du wirst schwanger werden und einen Sohn gebären*«: War das nicht die Erfüllung des Traums einer jeden jüdischen Frau? (Vgl. V.25). Und durfte Maria dadurch nicht schon in der Jugend erleben, was

Elisabeth erst im höchsten Alter zuteil wurde (V.13.24f)? Aber diese Ankündigung muß mehr meinen als das schlichte Versprechen der Nachkommenschaft. Vielleicht dachte Maria in diesem Augenblick an ähnliche Prophezeiungen über Hagar (1 Mo 16,11), Sara (1 Mo 17,16ff; 18,10ff), Simsons Mutter (Ri 13,3) oder Hanna (1 Sam 1,17). Oder dachte sie gar schon an Jes 7,14? Der Wortlaut konnte sie sehr gut an diese Stelle erinnern, und die Fortsetzung konnte diese Erinnerung an Jes 7,14 nur bekräftigen: »*Seinen Namen sollst du Jesus nennen*« (V.31).

Unglaublich, wie hier Gottes Führung erkennbar wird! Dem Josef wird ja nach Mt 1,21 genau dasselbe gesagt! Gott führte also Maria und Josef gemeinsam in die neue Zeit hinein.

Aber wenn es um die Erfüllung von Jes 7,14 geht – warum sollte dann der Name Jesus und nicht Immanuel lauten? Auch hier hilft ein Vergleich mit Mt 1,21-23: »Immanuel« ist ein geistlicher Name, der »Gott mit uns« bedeutet. Und dieser geistliche Immanuel ist Jesus tatsächlich geworden. Aber sein äußerer Name sollte »Jesus« heißen, um anzuzeigen, daß er uns von Sünden rettet und erst auf diesem Wege »Gott mit uns« sein kann! Denn Jesus heißt hebräisch »Jeschua« oder »Jehoschua« und auf deutsch: »Gott hilft« bzw. »rettet« = rettet von Sünden. Oder noch einmal kürzer formuliert: Durch seine Rettung von Sünden wird Jesus der geistliche Immanuel von Jes 7,14.

Ist die bisherige Deutung richtig, dann enthält die Engelbotschaft an Maria eine unbeschreibliche Zumutung: Noch als Jungfrau sollte sie »*schwanger werden*«. Wir werden diesem Problem weiter unten in V.34 begegnen.

Hier halten wir noch einmal fest, daß in mehreren Fällen die Geburtsankündigung mit einem göttlichen Befehl zur Namensgebung verbunden ist: So bei Ismael (1 Mo 16,11), bei Isaak (1 Mo 17,19), bei Johannes (Lk 1,13) und Jesus (Mt 1,21; Lk 1,31).

»*Der wird groß sein*« (V.32) – das war auch bezüglich Johannes gesagt (V.15). Und doch gibt es einen Unterschied, den viele übersehen. In V.15 hieß es nur: »Er wird groß sein«. Von Jesus aber heißt es: »Der wird groß sein.« »*Der*« ist betont: Gerade »der« ist der »Große«! Warum? Weil er der »*Sohn des Höchsten*« = Sohn Gottes »*genannt werden wird*«. Das konnte man von Johannes nicht sagen.

»*Und Gott der Herr wird ihm den Thron Davids, seines Vaters, geben*« (V.32): Jetzt ist jeder Zweifel daran beseitigt, daß hier tatsächlich der Messias angekündigt wird. David ist sein Vater, weil Josef –

wie Maria weiß – Davidide ist, und Maria durch ihre Heirat selbst ein Mitglied der Davidssippe geworden ist (vgl. Mt 1,1). Ein »Davids«-Sohn aber mußte der Messias nach ungezählten Weissagungen des AT sein (vgl. nur 2 Sam 7,12ff; Ps 89,1ff; 132,11; Jes 11,1ff; 55,3ff; Jer 23,5ff; Hes 34,23ff; Am 9,11; Mi 5,1ff; Hag 2,20ff). Zugleich sagt das AT, daß er der »Sohn« Gottes sein werde (Ps 2,7; 89,27f; Jes 9,5f). Jesus wird die geheimnisvolle Verbindung von Gottessohn und Davidssohn später erklären (Mt 11,25ff; 22,41ff).

»*König über das Haus Jakob*«: Im Gegensatz zu dem Edomiter Herodes soll Jesus der rechtmäßige König über Israel (= »*das Haus Jakob*«) sein. Und zwar »*in alle Ewigkeit*«. Dieses »Herrschen« (so die andere Übersetzung für »König sein«) in alle Ewigkeit wird sowohl dem Davidssohn (2 Sam 7,13; Ps 89,30ff) als auch dem Menschensohn (Dan 7,13ff) und auch dem wunderbar geborenen Messias (Jes 9,6) verheißen. In Jesus laufen also alle Linien des AT zusammen: Gottessohn, Menschensohn, Davidssohn. Das ganze Geheimnis Jesu, der wahrer Mensch und wahrer Gott zugleich ist, steckt schon in diesen Versen (vgl. noch Ps 45,7; Dan 2,44; Mi 4,7).

»*Da sagte Maria zu dem Engel: Wie soll das geschehen, nachdem ich von keinem Manne weiß?*« (V.34). Zweierlei fällt hier an Maria auf. Erstens: Ihr Glaube. Denn im Gegensatz zu Zacharias (V.18) zweifelt sie nicht daran, daß das Verkündigte eintreten wird. Sie fragt nur: »*Wie soll das geschehen?*«, weil sie sich die *Art* des Ereignisses einfach nicht vorstellen kann. Vgl. dazu die Nikodemus-Fragen in Joh 3,4 und 3,9. Zweitens fällt ihre Überlegtheit auf. Sie hat begriffen, daß Josef nicht der Vater sein soll. Gott will ein Wunder wirken. Aber »*wie*«? In diesem Zusammenhang fällt das Wort: »*Ich weiß von keinem Manne.*« In der Bibel meint ein solches »Wissen von einem Manne« bzw. »Erkennen eines Mannes« den geschlechtlichen Verkehr. Wer im AT nach Gottes Willen lebte, vollzog keinerlei Geschlechtsverkehr außerhalb der Ehe. Selbst bei Vorliegen eines Ehevertrages, der ja nur durch Scheidung oder Tod aufgehoben werden konnte, gab es keinen solchen Verkehr unter den Eheleuten – bis zu dem Zeitpunkt der Heimholung der Frau. Wenn heute behauptet wird, die Bibel verbiete den Geschlechtsverkehr unter Verlobten an keiner Stelle, dann sollten die Betreffenden doch einmal Mt 1,18ff oder Lk 1,34ff lesen.

Gabriel ergreift ein letztes Mal das Wort (V.35). Er gibt auf Marias

Frage eine Antwort. Wo Menschen reinen Gewissens und in innerer Bedrängnis fragen, dürfen sie auch mit Gottes Antwort rechnen.

Die ersten beiden Sätze in V.35 beschreiben denselben Vorgang: *»Der Heilige Geist wird über dich kommen, und die Kraft des Höchsten wird dich überschatten.«* Das ist die genaueste Auskunft, die die Heilige Schrift über das Geheimnis der Menschwerdung Jesu gibt. Aber auch sie bleibt sehr zurückhaltend. *»Der Heilige Geist wird über dich kommen«* erinnert uns an 1 Mo 1,2, wonach »der Geist Gottes über den Wassern schwebte«. So wie bei der damaligen Schöpfung, so geht es auch jetzt bei Maria um ein göttliches Erschaffen. Und ebenso wie Gott in 1 Mo 1 auf keinerlei »Material« angewiesen war, so war er jetzt auf keinen menschlichen Vater angewiesen. Wer sagt, daß die Geburt aus einer Jungfrau unmöglich sei, der macht Gott kleiner, als er in 1 Mo 1 geschildert ist. *»Die Kraft des Höchsten wird dich überschatten«* läßt sich zunächst von 2 Mo 40,35 aus verstehen. Dort wird gesagt, die Wolke habe die Stiftshütte »überschattet« (Luthertext: »die Wolke ruhte darauf«). Das bedeutete, daß Gott in der Stiftshütte war. So wird Maria gewissermaßen zur »Stiftshütte«, zum Heiligtum, in dem Gott in Gestalt seines Sohnes war. Denn *»der Höchste«* ist ja Gott, dessen *»Kraft«* unbegrenzt bleibt. Von diesem *»Überschatten«* her verstehen wir nun auch Joh 1,14 besser: »Das Wort ward Fleisch und zeltete (Stiftshütte!) unter uns.« Es fällt auf, wie eng Lukas und Johannes bei der Darstellung der Jungfrauengeburt zusammengehen. Aber auch Paulus geht in Gal 4,4 damit parallel, und sachlich auch Matthäus in 1,18ff. Jedenfalls sind sich alle Aussagen des NT darin einig, daß es sich hier um das Werk des schöpferischen Heiligen Geistes gehandelt hat. Wer die Jungfrauengeburt leugnet, der muß das ganze NT auf den Kopf stellen (vgl. noch Offb 12,1ff). Vielleicht hat der alte Ausleger Irenäus (ca. 180 n. Chr.) den Vorgang am besten zusammengefaßt, wenn er schreibt, hier sei »eine Vereinigung Gottes mit dem Menschen durch den Glauben« geschehen (gegen die Irrlehren V,1,3).

»Deshalb wird auch das Heilige, das geboren wird, Sohn Gottes genannt werden« (V.35). Für *»geboren«* kann man auch übersetzen: »gezeugt«. *»Das Heilige«* ist das Kind. Jesus wurde später mehrfach »der Heilige (Gottes)« genannt (Mk 1,24; Lk 4,34; Joh 6,69; Apg 3,14; Offb 3,7). Viel öfter noch wurde er *»Sohn Gottes genannt«*, was er selbst in Mt 22,41ff; Joh 10,31ff rechtfertigte. Der Engel will

aber nicht nur sagen, man werde Jesus eben – aus den verschiedensten Gründen – so nennen. Vielmehr will er sagen, Jesus werde mit Recht so »*genannt werden*«. Warum? Weil er in der Tat »*Gottes Sohn*« ist. Nämlich ohne menschlichen Vater, gezeugt aus dem Heiligen Geist und in Ewigkeit schon beim Vater gewesen (Joh 1,1ff), als eine Person des dreieinigen Gottes. In den Worten des Engels blitzt schon das Geheimnis der biblischen Trinität (Dreieinigkeit) auf.

Eine Bemerkung bleibt noch nachzutragen. Das »*Überschatten*« findet sich in der Septuaginta, die von den Juden ins Griechische übersetzt wurde, auch noch in Ps 91,4, wo wir im Luthertext lesen: »Er wird dich mit seinen Fittichen decken (= überschatten).« Geht man von Ps 91 aus, dann wird Maria nicht nur die wunderbare Geburt angekündigt, sondern auch der wunderbare Schutz Gottes. Man lese einmal den ganzen 91. Psalm im Blick auf Maria!

Im Gegensatz zu Zacharias hatte Maria nicht um ein Zeichen gebeten. Dennoch bekommt sie es: »*Siehe, Elisabeth, deine Verwandte, ist ebenfalls schwanger geworden mit einem Sohn, trotz ihres Alters*« (V.36). Der Engel fügt sogar hinzu: »*Dies ist jetzt der sechste Monat bei ihr, die man ›die Unfruchtbare‹ nennt.*« Die Hauptsache ist hier bestimmt das Wunder Gottes an Elisabeth, das jetzt ebenso wunderbar der Maria mitgeteilt wird, um ihren Glauben zu stärken. Aber das Nachdenken der Ausleger wurde genauso herausgefordert durch die Feststellung, daß Elisabeth eine »*Verwandte*« der Maria sei. Folglich waren auch Jesus und der Täufer verwandt. Der Vergleich mit Mk 6,4; Lk 1,58; 2,44; 14,12; 21,16; Joh 18,26; Apg 10,24 ergibt, daß es sich um eine Familien-Verwandtschaft handelt. D.h., daß Maria nicht nur dem Stamm Levi angehörte (vgl. V.5), sondern auch der Sippe, der Elisabeth entstammte. So wird ihr Besuch und ihr Aufenthalt bei Elisabeth verständlich. Jesus, obwohl nach dem Vaterrecht Judäer bzw. Davidide, hat demnach auch levitisches Erbe in sich aufgenommen. Gerne wüßte man mehr über diese Familienbeziehung. War Marias Vater aaronidischer Priester? Das ist wenig wahrscheinlich. Eher scheint ihre Mutter Aaronidin, also Priestertochter gewesen zu sein. Wieder fällt auf, daß Marias Eltern nicht erwähnt werden. Dennoch kann man aus Lk 1,36 folgende Schlüsse ziehen: a) Maria als Levitin stand besonders unter den Reinheitsgeboten (vgl. 3 Mo 21,9). Es ist also berechtigt, sie als »reine Jungfrau« zu bezeichnen. b) Maria gehörte in Nazareth eher zur gehobenen Schicht, nicht aber zur Unterschicht der Bevölkerung. Soziologisch gesprochen: Jesus stammte sowohl von Vater- als auch von Mutter-Seite her aus der gehobenen Mittelschicht.

Wir beobachten ferner, daß man Elisabeth in ihrer Umgebung »*die Unfruchtbare*« nannte: Eine Demütigung über viele Jahre hinweg.

Der Engel schließt mit den Worten: »*Denn nichts ist bei Gott unmöglich*« (noch genauer: »wird unmöglich sein« (V.37)). So preist Gabriel, ein Diener aus Gottes nächster Umgebung (vgl. V.19 und Hebr 1,14), seinen Herrn! Als Engel kennt er auch die unsichtbare Welt. Und auch dort hat er die Erfahrung gemacht: »Nichts ist bei Gott unmöglich.« Gott kann Elisabeth im Alter einen Sohn schenken. Gott kann der Jungfrau Maria ohne menschlichen Vater einen Sohn schenken. Zugleich bestätigt der Engel das in 1 Mo 18,14 zu Sara Gesagte. Selbst Propheten mußten dies lernen (Jer 32,27; Sach 8,6). Jesus hat daran angeknüpft (Mt 19,26; Mk 10,27; Lk 18,27). Im Glauben bekommen wir Anteil an dieser Allmacht Gottes: »Alle Dinge sind möglich dem, der da glaubt« (Mk 9,23). Dagegen muß unser Kleinglaube wieder und wieder lernen: Nichts ist bei Gott unmöglich. Sollten wir weniger lernbereit sein als Hiob (Hi 42,2)?

So wie der Engel bei einem Lobpreis Gottes endete, so endet auch Maria mit einem tätigen Lobpreis. Denn in ihrem Schlußwort überläßt sie sich ganz diesem großen Gott: »*Siehe, ich bin des Herrn Magd*« (V.38). Der altkirchliche Ausleger Irenäus (um 180 n. Chr.) hat diesen Vers sehr schön ausgelegt, wenn er sagt, daß hier der Gehorsam der Maria dem Ungehorsam der Eva gegenübergestellt wird (Gegen die Irrlehren, III,22,4). In dem Ausdruck »*Magd des Herrn*« steckt ein Doppeltes: a) Gott kann über sie verfügen (vgl. 1 Sam 25,40ff); b) sie will nicht nur über sich verfügen lassen, sondern Gott dienen, wie die »Knechte des Herrn« ihm gedient haben (vgl. wieder 1 Sam 25,40ff und 4 Mo 12,7; Dan 9,6; Sach 1,6). »*Mir geschehe, wie du gesagt hast*«: Auch da ist wieder beides vorhanden. Maria läßt das Wort Gottes (»*wie du gesagt hast*«) stehen, es soll sich an ihr erfüllen. Und sie findet ein volles Ja zu dem schweren Weg, den Gott auf diese Weise mit ihr geht (vgl. Spr 23,26). Gerade durch dieses Ja, durch diesen Gehorsam, will sie Gott dienen.

Erstaunlich, wie entschlossen und wie überlegt diese junge Frau spricht! Ihre Antwort auf Gottes Wort macht sie zu einem leuchtenden Glaubensvorbild. Zwar ist Maria keine »Mit-Erlöserin« geworden, wie die päpstliche Lehre es behauptet. Denn in der »Erlösung« gibt es kein »Mit« des Menschen, nur das »Allein« Gottes: »Allein aus Gnade«, »allein Christus«. Aber für die Annahme der Erlösung bleibt Maria vorbildlich.

Der Engel sagt nichts mehr. Fast kühl berichtet Lukas: »*Er schied von ihr*« (oder noch wörtlicher: »Er ging von ihr weg«). Gerade dadurch wird jedoch das Gewicht der Worte Marias unterstrichen.

Nach diesem wichtigen Abschnitt sind wieder einige Dinge zu bedenken. Erstens: Die jungfräuliche Empfängnis und Geburt Jesu geschieht in Übereinstimmung mit den alttestamentlichen Weissagungen. Die Gottesgeschichte, die im Alten Bund, ja schon bei den Patriarchen und bei der Schöpfung begonnen hatte, läuft weiter. Lukas ist also Heilsgeschichtler. Zweitens: Sein Bericht malt nicht aus, sondern bleibt bei den kargen Tatsachen. So wird z.B. das Aussehen und Weggehen des Engels, oder dessen Erscheinung, nicht ausgemalt. Drittens: Grundlage der Wunder ist die Allmacht, aber auch die Gnade Gottes (vgl. V.28 mit V.37). Deshalb ist die Leugnung der Jungfrauengeburt eine Verletzung der Ehre Gottes. Wenn heute teilweise behauptet wird, man könne doch Christ sein, ohne an die Jungfrauengeburt zu glauben, so ist das ein Unding. Denn warum sollten wir nicht an die Allmacht und Gnade Gottes glauben? Und warum sollten wir den mehrfachen Berichten der Bibel über die Jungfrauengeburt mißtrauen (vgl. Jes 7,14; 9,6; Mt 1,18ff; Lk 1,26ff; Joh 1,14; Gal 4,4; Offb 12,1ff)? Viertens: Bisher endeten alle Berichte in einem Lobpreis Gottes (vgl. V.25 und 37f). Lukas ist also ein Theologe des Lobpreises (der Doxologie). Fünftens: Ist es Zufall, daß neben Zacharias auch zwei Frauen, Elisabeth und Maria, als Glaubenszeugen herausgestellt werden? Es fällt in der Tat auf, daß bei Lukas Frauen häufig erwähnt werden (vgl. 2,36ff; 8,1ff; 10,38ff; 11,27f; 15,8ff; 18,1ff; 21,1ff; 23,27ff; Apg 1,14; 9,36ff; 16,14ff; 16,16ff; 17,34; 21,9). Diese Erwähnung geschieht nicht wegen eines »Feminismus«, sondern um die allumfassende Gnade und Erlösung deutlich zu machen. Sechstens: Maria, diese »Magd des Herrn«, hat später zuverlässige Kunde von diesen Geschehnissen geben können. Die Behauptung, darüber habe man doch nichts wissen können, stimmt also nicht.

Vorschlag zur Bibelarbeit über Lukas 1,26-38

1. Einleitung:

a) Wir verschaffen uns zunächst ein Bild von den beteiligten Menschen: Was weiß man von Maria? Was weiß man von Josef? Was weiß man von Nazareth?
b) Wir verschaffen uns möglichst auch ein Bild von den messianischen Weissagungen im AT. Wir denken dabei vor allem an Ps 2; 2 Sam 7; Jes 7; 9 und 11; Dan 7.
c) Was könnte hier die Überschrift sein? Wir wählen die Überschrift: »Gott ist alles möglich«.

2. Durchführung: »Gott ist alles möglich«

a) Gott geht ungewöhnliche Wege:

Ausgerechnet nach Nazareth! – Was war das für ein kleines Nest, im AT ganz unbekannt! – Gott kann auch Engel benutzen, wie hier den Gabriel – Maria: jung, aus unbekannten Kreisen, nicht mal die Eltern sind bekannt – Was für Verdienste hatte diese Maria bisher aufzuweisen? – Und wie heruntergekommen waren inzwischen die Davididen! – Und doch geht auch hier alles nach Gottes erstaunlichem Plan: Abstimmung auf die Schwangerschaft der Elisabeth, Erfüllung der Davidsverheißung, Erfüllung der Verheißung von Jes 8,23 – 9,1.

b) Gott bricht niemals sein Wort:

Uralte Verheißungen deuten auf den Messias: 1 Mo 49,8f; 2 Sam 7,11f; Ps 2,7; Jes 7,14; 9,5f; 11,1f; Dan 7,13f – Wie viele dachten: Das wird nie wahr – Aber Gott bricht sein Wort nicht – Er wählt die jungfräuliche Maria – Der Heilige Geist vollbringt in ihr eine Neuschöpfung, so daß ohne menschliche Vaterschaft ein Sohn geboren wird – Das Kind ist also Sohn Gottes und Gott seiner Herkunft nach – Sogar der Name wird vorgeschrieben: Jesus = Gott hilft – Er wird die Davidsweissagung verwirklichen, weil Maria durch ihre Ehe mit Josef in die Davidsfamilie eingegliedert wird – Er wird nach Dan 7,14 ein Reich ohne Ende haben – Maria bekommt durch die Schwangerschaft der Elisabeth ein Zeichen, das ihr Gewißheit verschafft – Bis heute gilt das für jeden suchenden und angefochtenen Menschen, was der Engel in V.37 sagt: »Bei Gott ist kein Ding unmöglich«.

c) *Wie gehen wir mit diesem Gott um?*

Hier ist Maria ein Vorbild – Sie beugt sich unter Gottes Willen – Sie will ihm sogar von Herzen dienen (*»Ich bin des Herrn Magd«*) – Sie wünscht, daß Gottes Plan zustande kommt (*»Mir geschehe, wie du gesagt hast«*) – Nicht der Engel ist hier das Wichtigste: er *»schied«* ohne besondere Umstände – Viel wichtiger ist, daß der Mensch wie diese Maria auf Gott schaut und Gott vertraut.

4. Die Begegnung von Maria und Elisabeth (1,39-56)

1,39-56: **(39) »Da machte sich Maria in dieser Zeit auf und eilte in das Bergland in eine Stadt Judas, (40) und kam in das Haus des Zacharias und begrüßte Elisabeth. (41) Und als Elisabeth den Gruß Marias hörte, da geschah es, daß das heranwachsende Kind in ihrem Leibe hüpfte und daß Elisabeth mit heiligem Geist erfüllt wurde. (42) Und sie rief laut aus: Gesegnet bist du unter den Frauen, und gesegnet ist die Frucht deines Leibes! (43) Und weshalb widerfährt mir das, daß die Mutter meines Herrn zu mir kommt? (44) Denn siehe, als mir der Klang deines Grußes in die Ohren drang, da hüpfte das heranwachsende Kind in meinem Leibe vor Jubel. (45) Und glücklich zu preisen bist du, daß du geglaubt hast, denn es wird sich erfüllen, was dir vom Herrn gesagt wurde. (46) Da sagte Maria: Meine Seele erhebt den Herrn, (47) und mein Geist jubelt über Gott, meinen Retter. (48) Denn er hat die Niedrigkeit seiner Magd angesehen. Denn siehe, von nun an werden mich alle Generationen glücklich preisen. (49) Denn der Mächtige hat große Dinge an mir getan. Und heilig ist sein Name, (50) und sein Erbarmen währt von Generation zu Generation bei denen, die ihn fürchten. (51) Er vollbringt**

Machttaten mit seinem Arm. Er zerstreut, die hochmütig sind in ihres Herzens Sinn. (52) Er stößt Herrscher vom Thron und erhöht Niedrige. (53) Hungernde füllt er mit Gütern, und Reiche schickt er leer zurück. (54) Er nimmt sich Israels, seines Knechtes, an, wobei er seines Erbarmens gedenkt, (55) so wie er zu unsern Vätern geredet hat, zu Abraham und seinen Nachkommen auf ewig. (56) Und Maria blieb bei ihr etwa drei Monate lang. Dann kehrte sie nach Hause zurück.«

Vorbemerkung:

Dieses Stück des Lukasevangeliums ist von der Sprache her durch und durch hebräisch. Man hat den Eindruck, daß Lukas hier eine zuverlässige schriftliche Quelle einfach ins Griechische übersetzt und in sein Evangelium aufgenommen hat. Das könnte aber schon ab V.5 der Fall gewesen sein.

Für die Forscher ist diese Feststellung deshalb so aufregend, weil damit der ganze Bericht von der Jungfrauengeburt aus dem Judenchristentum stammt. Dabei haben liberale Kritiker immer wieder behauptet, nicht schon die Judenchristen, sondern erst die Heidenchristen hätten an eine Jungfrauengeburt geglaubt!

»Da machte sich Maria auf« (V.39): So beginnen auch alttestamentliche Erzählungen (vgl. Jakob in 1 Mo 29,1 bei seinem Aufbruch nach Mesopotamien). Erstaunlich aber, daß nur *»Maria«* als die Handelnde erscheint! Nichts von den Eltern oder von einem Gespräch mit ihnen! Keine Absprache mit Josef! Im Gegenteil: Wir müssen annehmen, daß sie diesen Entschluß rasch gefaßt und in die Tat umgesetzt hat (*»eilte«*, wörtlich: »ging mit Eile«, »ging mit Hast«). Eine entschlossene und überlegt handelnde Frau, das ist Maria geblieben.

Was war ihr Ziel? *»Sie eilte in das Bergland in eine Stadt Judas«*, nämlich zu Elisabeth. Wenn man von Nazareth *»in das Bergland Judas«* zog und nicht durch Samarien reisen wollte, dann mußte man entweder von Nazareth aus die Via maris erreichen und dann auf dem Weg über die Mittelmeerküste ins Bergland Judas einbiegen; oder man mußte von Nazareth hinab nach Tiberias und auf dem Ostufer des Jordan, bzw. parallel dazu, nach Süden und dann von der Jordansenke ins Bergland aufsteigen. Den genauen Weg Marias kennen wir nicht. Mit dem *»Bergland«* und der *»Stadt Judas«* ist offenbar das gebirgige Judäa bzw. eine *»Stadt«* in diesem gebirgigen Judäa gemeint.

Nach 4 Mo 35,1ff waren die von Priestern und Leviten besiedelten Städte – insgesamt 48 – über das ganze Israelland verstreut. So wissen wir bis heute nicht, in welche judäische Stadt Maria eilte. Offensichtlich wollte sie schnell von ihrer Heimatstadt wegkommen, sich bei der frommen Elisabeth verbergen und dann abwarten, wie Gott die unglaublich komplizierte Situation lösen wird, die durch ihre Schwangerschaft entstanden ist. Vor ihr lagen ohne Gottes Eingreifen folgende Möglichkeiten: a) Nach 3 Mo 21,9 als hurende Priestertochter (?) verbrannt zu werden; b) nach 5 Mo 22,20f gesteinigt zu werden (vgl. Joh 8,3ff); c) von Josef nach 5 Mo 24,1ff mit Schimpf und Schande entlassen, d.h. geschieden zu werden; d) von Josef ohne Angabe von Gründen (»heimlich«) entlassen zu werden – als geschiedene Frau ohne große Aussichten, aber unter noch relativ milden Umständen (vgl. Mt 1,19).

Sie *»kam in das Haus des Zacharias«* (V.40). Hat sie es vorher schon gekannt? Fast scheint es so. *»Und begrüßte Elisabeth«*: Das Grüßen ist im Orient ausführlicher als bei uns. Es bedeutet einen herzlichen Austausch, der Stunden dauern kann (vgl. 2 Joh 10). V.40 sagt nicht, daß Maria nur Elisabeth begrüßt habe. Der Vers sagt aber, daß Elisabeth und nicht Zacharias das Ziel ihrer Reise war.

»Und als Elisabeth den Gruß Marias hörte, da geschah es, daß das heranwachsende Kind in ihrem Leibe hüpfte« (V.41). Für Elisabeth war das ein Zeichen, das sie selbst in V.44 gedeutet hat. Auch Rebekka sah in der Bewegung ihrer Kinder im Mutterleib ein Zeichen (1 Mo 25,22ff). Elisabeth brauchte keine Erklärung durch andere. Sie wurde vielmehr selbst *»mit heiligem Geist erfüllt«*. So sind zwei Wunder »geschehen«: a) Johannes wurde tatsächlich schon im Mutterleib vom heiligen Geist erfüllt (V.15); b) Elisabeth wurde ebenfalls in diesen Augenblicken vom heiligen Geist erfüllt. Gemeint ist beide Male ein prophetischer Geist.

Der *»laute«* Ausruf Elisabeths (V.42) ist also vom Heiligen Geist veranlaßt. Er bewirkt Worte des Lobpreises. Denn das *»Gesegnet bist du«* bzw. *»gesegnet ist ... «* bedeutet so viel wie: Gott hat gesegnet. *»Du unter den Frauen«* erinnert an Deboras Siegeslied über die Feinde Gottes (Ri 5,24). Nun wird der Messias die größten dieser Feinde, Sünde, Tod und Teufel, besiegen. *»Und gesegnet ist die Frucht deines Leibes«*: Darin steckt eine Überraschung. Elisabeth erkennt nämlich, daß Maria schwanger ist, und zwar ohne vorausgehende Erklärung, nur durch die Wirkung des Geistes Gottes. Ihr Segenswort erinnert hier auffallend an 5 Mo 28,4. Haben die Juden damals 5 Mo 28,1-14 auf die messianische Zeit gedeutet?

Elisabeth erkennt aber weit mehr als nur die Schwangerschaft Marias. Sie erkennt auch den, der bald geboren werden soll: den »Herrn«! Sie beugt sich tief vor diesem Herrn und dessen Mutter: »*Weshalb widerfährt mir das, daß die Mutter meines Herrn zu mir kommt?*« (V.43). Ihre Demut ist ein Zeichen des sie regierenden Heiligen Geistes. Halten wir hier besonders zwei Punkte fest: a) »*Mein Herr*« kann niemand anders sein als der Messias Israels (vgl. Ps 110,1); b) dieser Messias hat zwar eine menschliche »*Mutter*«, jedoch keinen menschlichen Vater. Daß er wirklich von einer menschlichen Mutter geboren wird, zeigt, daß Jesus wahrer Mensch ist und tatsächlich ins Fleisch kam. Allerdings darf man aus der »*Mutter des Herrn*« keine »Miterlöserin« machen, wie es die katholische Kirche tut. Bengel bemerkt mit Recht, hier heiße es: »Die Mutter meines Herrn, nicht: meine Herrin.«

Sie teilt Maria das Zeichen mit, das sie soeben durch die Bewegung »*des heranwachsenden Kindes*« (V.44) erlebt hat. So wurde Maria in doppelter Weise gestärkt: a) durch das Wort der Elisabeth; b) durch das Zeichen im »*Leibe*« der Elisabeth. Es sind also gewissermaßen zwei Zeugen für die Erfüllung der Engelverheißung (V.30ff) vorhanden.

Elisabeth schließt mit einer Seligpreisung der Maria: »*Glücklich zu preisen bist du, daß du geglaubt hast, denn es wird sich erfüllen, was dir vom Herrn gesagt wurde*« (V.45). Der Grund dieser Seligpreisung ist klar: Es ist der Glaube. Genauer gesagt: Es ist der Glaube, mit dem Maria dem Wort des Herrn vertraut hatte. »*Vom Herrn*« heißt eigentlich: »von seiten des Herrn«, nämlich vermittelt durch Gabriel (V.26ff). Hier wird also eindeutig festgestellt, daß Maria eine Glaubende war. Darin ist sie zum Vorbild geworden. Wir können diese Seligpreisung in übertragenem Sinne auf alle anwenden, die Gottes Wort im Glauben hören. »*Denn*« was Gott sagt, erfüllt sich. Nicht die Bibelkritik, sondern der Glaube wird am Ende recht behalten.

Diese Begegnung mit Elisabeth ist also für Maria zu einer großen Glaubensstärkung geworden. Schlatter bemerkt dazu: »Zuerst hat sie die Freundlichkeit der göttlichen Fürsorge gekostet, die ihr Erquikkung und Stärkung bereitete.« Die Krisen sollten bald folgen.

Vorschlag zur Bibelarbeit über Lukas 1,39-45

1. Einleitung:

a) Wir besinnen uns über die Rolle des Heiligen Geistes in alttestamentlicher Zeit: Wo gibt es ähnliche Vorgänge wie in Lk 1,39-45?

b) Wir stellen eine Reihe von Frauenbildnissen aus dem AT zusammen. Wo haben Frauen ähnliches erlebt und durchlitten wie Maria und Elisabeth?

c) Wieder geht es um eine passende Überschrift. Wir wählen hier die Überschrift: »Frauen als Wegweiser zu Gott«.

2. Durchführung: »Frauen als Wegweiser zu Gott«

a) Glauben halten unter schwerstem Druck

Maria unterwegs ins Bergland Judäas – Offenbar ohne Freude unterwegs – Eile als Sinnbild schwersten Druckes – Wie schwer, ein Kind zur Welt zu bringen, dessen Vater doch nicht Josef war und das überhaupt keinen menschlichen Vater hatte – Was würde man in dem Flecken Nazareth über sie sagen? – Was würden ihre nächsten Angehörigen sagen? – Was Josef? – Und doch hatte sie eine Zuflucht: das Haus des Zacharias und der Elisabeth – Wo gewähren wir Zuflucht? – Aber sie hatte noch eine andere Zuflucht: Gott – Woher wissen wir das? – Weil sie das Zeichen annimmt, das ihr Gott in Gestalt der Elisabeth gegeben hatte (V.36) – So hält sie Glauben auch unter schwerstem Druck.

b) Glauben stärken bei denen, die es nötig haben

Wir versetzen uns nun in die Lage der Elisabeth – Sie sieht ihre junge Verwandte daherkommen – Sie selbst ist beschenkt mit einem Kind – Nun macht sie als Beschenkte ihre Türe weit auf für Maria – Ja, sie erhält Gewißheit durch das werdende Kind und durch den Heiligen Geist: Maria wird den Messias gebären, von dem in Jes 7,14 die Rede ist! – Sie erfreut und stärkt Maria mit einer Seligpreisung (V.42) – Sie erzählt ihr weiter, was ihr Gott offenbart hat (V.43-44) – Sie ermutigt sie zu weiterem Glauben (V.45) – Sie weist auf den Gott hin, der sein Wort nie bricht (V.45) – Wo sind solche Leute wie Elisabeth in unserer Umgebung? – Oder sind wir selbst schon solche Wegweiser zu Gott geworden?

Den Inhalt der Verse 46-55 bildet das berühmte »Magnificat«, der Lobpreis Marias. Der Name »Magnificat« stammt aus der lateinischen Bibel (sog. Vulgata), die runde 1000 Jahre lang die verbreitetste Bibel der Christen war. Dort beginnt der Lobpreis mit den Worten: »Magnificat anima mea Dominum.«

Lk 1,46-55, also das Magnificat, hat die Christen außerordentlich beschäftigt. Im Laufe der Jahre haben sich zwei grundsätzlich verschiedene Deutungen herausgeschält. Die erste Deutung sagt: Hier ermutigt Gottes Wort die Menschen zu einer Neuordnung der irdischen Verhältnisse, ja zum Umsturz und zur Revolution. Diese Deutung wird z.B. von Thomas Müntzer, Luthers Gegner, vertreten, aber auch von Teilen der modernen Befreiungstheologie. Die zweite Deutung sagt: Hier wird das heilsgeschichtliche Handeln Gottes geschildert; nicht der Mensch, sondern Gott selbst ist der Adressat dieses Lobpreises. Diese Deutung vertreten z.B. die Alte Kirche, Luther und der Pietismus.

In diesem Kommentar ist kein Zweifel daran gelassen, daß für uns nur die zweite Deutung – also der Lobpreis des heilsgeschichtlichen Handelns Gottes – ernsthaft in Frage kommt. Als Beispiel für die von uns abgelehnte Deutung erwähnen wir die relativ gemäßigte Neue Jerusalemer Bibel (kath.). Sie erklärt: »Den Armen und Geringen wird auf Kosten der Reichen und Mächtigen geholfen« (Ausgabe von 1985, S.1460) und vermutet dann: »Lukas dürfte dieses Lied in Kreisen der ›Armen‹ vorgefunden haben, wo es vielleicht auf die Tochter Zion bezogen war; er hielt es für passend, den Lobgesang Maria in den Mund zu legen.« Aber weder hat Lukas diesen Lobgesang Maria »in den Mund gelegt«, noch ergreift hier Gott Partei in einer politisch-sozialen Auseinandersetzung zwischen reich und arm. Vielmehr stammt der Lobgesang von Maria selbst, und dieser Lobgesang rühmt die Gnade Gottes gegenüber allen, die ihm vertrauen.

Was ist nun der genaue Inhalt?

»*Da sagte Maria: Meine Seele erhebt den Herrn*« (V.46). Das ist die Sprache der hebräischen Bibel, wie alle Ausleger feststellen. Die Ausleger der Alten Kirche haben daraus sogar den Schluß gezogen, daß der Gott des AT und der Gott des NT derselbe sein müsse. Man kann aber den Bezug zum AT noch genauer angeben, denn von Anfang an weist Marias Lobgesang eine starke Übereinstimmung mit dem Lobgesang der Hanna in 1 Sam 2,1-10 auf. Er ist also ein Gebet und keineswegs ein Aufruf zur Revolution. Auch andere Bibelstellen sind mit dem Magnificat verwandt. Man vergleiche zu V.46 beispielsweise Jes 29,19 oder Ps 34,3f; 35,9. Der Schluß liegt nahe: Die junge Maria lebte in biblischer Atmosphäre. Wie Timotheus (2 Tim 3,15) kannte sie offensichtlich von Kindesbeinen an die Aussagen der Heiligen Schrift und betete mit den Worten aus den Psalmen. Es braucht uns dann nicht zu wundern, daß sie bei dieser Begegnung mit Elisabeth, inmitten der glaubenstärkenden Erfahrungen, mit Worten aus eben dieser Bibel gebetet und gelobt hat.

Ob wir ebenso tief in den Geist der Bibel eingetaucht sind?

Mit wenigen Worten – im Hebräischen sind es wohl nur drei Worte – gibt uns Maria den Schlüssel zum Verständnis ihres ganzen Lobgesanges: »*Der Herr*« ist groß – nicht irgend ein Mensch! Auch nicht sie selbst! Damit hat Maria in eigener Person aller Marienverehrung den Boden entzogen. Vorbild des Glaubens bleibt sie. Sie im Gebet anzurufen, ist verkehrt.

Übrigens könnte man statt »*erheben*« auch übersetzen: »großmachen« oder »preisen«.

»*Mein Geist jubelt über Gott, meinen Retter*« (V.47). »*Mein Geist*« und »*meine Seele*« bezeichnen beide die innere Persönlichkeit, wie sie wirklich ist. Man darf also nicht den »*Geist*« allein als das Denken oder die »*Seele*« (V.46) allein als das Empfinden bzw. das Gefühl deuten. Vielmehr umfaßt in der biblischen Sprache »Geist« und »Seele« jeweils beides, sowohl das Denken als auch das Empfinden, während das Herz eher der Sitz des Willens ist.

»*Mein Geist jubelt*«, sagt Maria. Man kann auch übersetzen: »hat gejubelt«. Jedoch geht es um eine noch fortdauernde Tatsache. Das Wort »jubeln« oder »Jubel« hat in der Bibel an vielen Orten eine sehr spezielle Bedeutung: Es meint die endzeitliche Freude. Diese Bedeutung liegt vermutlich auch hier vor. D.h. Maria freut sich über den Anbruch der göttlichen Weltvollendung. Und wieder ist es Gott, der in der Mitte ihres Lobpreises steht.

Was tut dieser Gott? Er ist »*mein Retter*«, sagt Maria. Hier wird dasselbe Wort für »*Retter*« benutzt, das später Jesus bezeichnet (vgl. Mt 1,21!) – im Deutschen früher als »Heiland« wiedergegeben. »*Mein Retter*« heißt: Gott erlöst mich aus Sünde und Finsternis, er hilft mir ganz umfassend auf allen Gebieten meines Lebens, vor allem aber bringt er mich in sein ewiges Reich. Hier spiegeln sich Jes 63,16 und Hab 3,18 ganz deutlich wider, aber auch Ps 24,5; 25,5; 35,9. Die zweite Hälfte von Lk 1,47 stimmt sogar wörtlich mit dem Schluß von Hab 3,18 in der griechischen Bibel überein.

»*Gott der Retter*«: Das also ist das Zentrum ihres Gebets. Unendlicher Jubel strömt in diejenigen hinein, die Gott als diesen Retter annehmen und anbeten. Frédéric Godet, einer der tiefsinnigsten Ausleger des 19. Jh., sagt zu unserer Stelle: »Durch ihre Anbetung bereitet sie (= Maria) Gott in ihrem eigenen Herzen und in dem der Menschen eine größere Stätte.« Wir sollten besonders beachten, daß die erste konkrete Aussage Marias von der Erlösung spricht. Wer aber Erlösung wünscht, dessen Ziel kann nicht mehr die menschliche Revolution sein (vgl. Lk 13,1ff).

Warum freut sich Maria? Weil Gott »*die Niedrigkeit seiner Magd* (= Marias) *angesehen hat*« (V.48). Statt »*ansehen*« könnte man auch übersetzen: »seine Aufmerksamkeit zuwenden«. Der Ausdruck »*Niedrigkeit*« bezeichnet hier die Demut vor Gott, die gar nichts Großes sein will. Vgl. das Wort Jesu in Mt 23,12. Diese »Niedrigkeit« ist also etwas anderes als Armut oder Unterdrükkung. Sie ist ein Ausdruck des Glaubens. Aber gerade dieser demütige Glaube erlebt die Barmherzigkeit und Gnade Gottes. So sehr wird Maria durch Gottes Gnade erhöht (vgl. wieder Mt 23,12!), daß sie »*von nun an alle Generationen glücklich preisen werden*«. Man wird also von ihr genauso reden, wie von der Frau, die in Betanien die Salbung Jesu vollzogen hat (vgl. Mt 26,13).

Ähnlich freute sich Marias Stammutter Lea in 1 Mo 29,32 und 30,13. Aber noch näher steht unserem Vers das Gelübde Hannas in 1 Sam 1,11. Man kann sich deshalb überlegen, ob Maria ihren Sohn ebenso als Gottgeweihten betrachtete wie Hanna ihren Samuel. Jedenfalls kündigt sich hier schon an, daß Jesus auch ein Prophet war.

Übrigens liegt in Lk 11,27 eine erste Erfüllung dieser Prophezeiung Marias vor.

»*Denn der Mächtige hat große Dinge an mir getan*« (V.49). Immer noch wird Gott – und Gott allein! – gerühmt. Er ist »*der Mächtige*«, dem kein Ding unmöglich ist (V.37; Mt 19,26). Über diese Macht des Herrn hat schon das AT gestaunt (5 Mo 10,21; Hiob 42,2; Ps 71,19; 126,3). Als diesen Mächtigen hat sich Gott selbst verkündigt (1 Mo 17,1). Jetzt wird Maria zur Zeugin dieser Macht. – Wir sind gut beraten, wenn wir nicht uns selbst zum Hauptthema unserer »Zeugnisse« machen, sondern »die großen Taten Gottes« rühmen (vgl. Apg 2,11).

»*Und heilig ist sein Name*« (V.49): So spricht die ehrfürchtige Liebe. Gott ist der ganz Andere (Pred 5,1), der Sündlose und ganz Reine (vgl. 1 Sam 2,2; Ps 111,9). Zu ihm kann man nur aufschauen.

Dennoch ist dieser heilige Gott zugleich der unendlich Barmherzige: »*Sein Erbarmen währt von Generation zu Generation bei denen, die ihn fürchten*« (V.50). Wie oft wurde im AT diese Barmherzigkeit Gottes besungen! Vor allem gilt dies von Ps 103, an den sich Maria vielleicht angelehnt hat. Einen zentralen Platz nimmt diese Barmherzigkeit ferner in der Selbstvorstellung Gottes nach 2 Mo 34,6f ein. Sie ist fast eine Art Glaubensbekenntnis Israels geworden (vgl. Ps 89,2f; 103,8; Jona 4,2; Nah 1,3.7). Die Formulierung »*von Generation zu Generation*« hat Maria vielleicht in Erinnerung an 2 Mo 34,7 benutzt, wo es heißt: »der da Tausenden Gnade bewahrt«. Vgl. außerdem Ps 103,17.

Maria betont aber auch, daß diese Barmherzigkeit Gottes denen gilt, »*die ihn fürchten*«. Später bestätigen die Engel in der Weihnachtsbotschaft diese Aussage (Lk 2,14; vgl. wieder Ps 103,17). Maria selbst ist so ein Mensch, der »ihn fürchtet«. D.h. sie bringt ihm Ehrfurcht entgegen. Aber ist die Barmherzigkeit Gottes denn nicht bedingungslos? Gilt sie nicht allen Menschen? Doch. Sie wird allen angeboten. Das ergibt sich eindeutig aus 1 Tim 2,4. Wer aber das Angebot dieser Barmherzigkeit ausschlägt, wer hartherzig auf seine Selbstgerechtigkeit baut, der darf sich nicht mehr auf Gottes Barmherzigkeit berufen. Er begegnet vielmehr nach eigenem Willen der Gerechtigkeit Gottes, die ihn schuldig sprechen muß. Wir dürfen diese harte Tatsache auch heute nicht verschweigen.

Halten wir noch einmal drei wichtige Aussagen der Verse 49-50 fest: Gott ist mächtig, heilig und barmherzig.

Die folgenden Verse heben noch einmal die Macht (V.51-53) und Barmherzigkeit (V.54-55) Gottes hervor.

»*Er vollbringt Machttaten mit seinem Arm*«, sagt Maria (V.51). Schon Mose und die Psalmen haben Gottes mächtigen »*Arm*« und seine »*Machttaten*« gelobt (2 Mo 15,6; Ps 89,11; 118,15). Man darf also Lk 1,51 nicht nur auf die messianische Zeit beziehen. Wohl ist diese Messiaszeit ebenfalls im Blick, aber es geht doch insgesamt um das heilsgeschichtliche Handeln Gottes, von der Patriarchenzeit über den Exodus aus Ägypten bis hin zur Weltvollendung. Der »*Arm*« ist hier wie öfters in der Bibel ein Ausdruck für das Eingreifen Gottes.

Nun werden konkrete Gesichtspunkte genannt. Sie enthüllen uns vieles über den Umgang Gottes mit seinen Gegnern, aber auch mit den Glaubenden.

»*Er zerstreut, die hochmütig sind in ihres Herzens Sinn*« (V.51): Das haben schon Israels Weisheitslehrer gelehrt (vgl. Hiob 22,29; Ps 18,28; 89,11; Spr 3,34). Ähnlich lautete die Erfahrung Hannas nach 1 Sam 2,3f. Daß Gott »*die Hochmütigen zerstreut*«, wird besonders anschaulich beim Turmbau von Babel (1 Mo 11,8). Das bedeutet nichts anderes, als daß Gott ihre Pläne scheitern läßt und sie auseinanderbläst, wie der Wind die Blätter verstreut (vgl. Ps 1,4).

Warum sagt Maria das? Denkt sie an alle ungläubigen Menschen, »Juden wie Heiden«, »welche von sich selbst etwas halten« (so F.Godet)? Denkt sie noch weiter, nämlich an »Sichtbare und unsichtbare Feinde« (so Bengel)? Oder denkt sie an »den noch regierenden Despoten Herodes«, vielleicht sogar an »den Kaiser von Rom« (so Zahn)? Oder an die zukünftigen Feinde des Messias (so Liefeld und Morris)? Uns scheint die erste Deutung die wahrscheinlichste (vgl. Dan 4,34; Sir 10,14). Sie schließt ja den Tyrannen Herodes und die römischen Herren durchaus ein. Sie schließt auch diejenigen ein, die die gläubige Maria wegen ihrer Schwangerschaft verhöhnen und anfeinden. Nicht weniger sind hier auch die Feinde Jesu angesprochen, die gegen ihn nur soviel ausrichten werden, wie ihnen Gott erlaubt. Diese Deutung auf die ungläubigen, gottfeindlichen Menschen steht in bestem Zusammenhang mit den bisherigen Versen des Lobgesangs, die immer wieder vom

Glauben gehandelt haben. Der ganze Lobgesang der Maria ist ja ein Ausdruck des Glaubens.

»Er stößt Herrscher vom Thron und erhöht Niedrige« (V.52): An dieser Stelle allerdings kann Maria speziell an Herodes und Augustus gedacht haben. Doch vermutlich ist ihr Blick über diese zeitgenössischen Beispiele hinausgegangen. Stellen wie 1 Sam 2,3ff, Hiob 5,11; Ps 147,6; Hes 21,31 und Dan 4,34 zeigen, daß alle Gottesfeinde, die in dieser Welt auftrumpfen wollen, von Gott gestürzt werden. Sehr anschaulich wird das am Sturz der Könige Nebukadnezar und Belsazar von Babel (Dan 4 und 5). Alle Weltreiche müssen einmal weichen. Dafür werden die Gläubigen mit Christus auf dem *»Thron«* sitzen und herrschen (2 Tim 2,12; Offb 3,21; 20,4ff). Es fällt auf, daß Marias Aussage in Lk 1,52 eine starke Nähe zu Dan 7 aufweist. Dort in Dan 7 wird ja prophezeit, daß das arme, niedrige, verachtete Gottesvolk auf ewig »Reich und Macht und Gewalt« empfängt (Dan 7,27). Wiederum ergibt sich, daß die *»Niedrigen«* nicht einfach politisch oder sozial Arme sind, sondern Glaubende, die in dieser Welt leiden. Der kurze Satz der Maria *»Er erhöht Niedrige«* reißt also eine ganze heilsgeschichtliche Perspektive auf.

Erstaunlich klingt dann der folgende Satz: *»Hungernde füllt er mit Gütern, und Reiche schickt er leer zurück«* (V.53). Aber auch hier bildet der Lobgesang Hannas einen Schlüssel. Dort ist Peninna die *»Reiche«* und »Satte«, Hanna die *»Hungernde«* und »Dürftige« (1 Sam 2,5ff). Stellt man daneben noch Ps 34,11; 107,9, dann wird klar: Maria lobt den Gott, der die hungernde Seele, die sich hilfesuchend an ihn wendet, sättigt. Das gilt sowohl für den leiblichen als auch für den geistlichen Hunger! Vgl. Mt 5,6. Die *»Reichen«* sind hier also das Gegenteil der betenden Armen: Sie sind diejenigen, die in dieser Welt alles haben und von Gott nichts wissen wollen. Das Bild dieser Reichen hat Jesus im Reichen Mann und Armen Lazarus und im Reichen Kornbauern unvergeßlich gezeichnet (Lk 16,19ff; 12,16ff). Am Ende bleiben sie *»leer«*; d.h. sie bekommen von Gott keine Erlösung und keine Gnade. Es geht ihnen wie dem reichen Kornbauern, dem Gott vor dem Sterben sagen mußte: »Du Narr! Diese Nacht wird man deine Seele von dir fordern, und wem wird dann gehören, was du angehäuft hast?« Er war ja »nicht reich bei Gott« (Lk 12,20f).

Am Schluß bewährt es sich, daß wir die Niedrigen und Hungrigen als die hilfesuchenden Gläubigen gedeutet haben, denn in den beiden

Schlußversen 54 und 55 spricht Maria ausdrücklich vom Gottesvolk, von Israel.

»Er nimmt sich Israels, seines Knechtes, an, wobei er seines Erbarmens gedenkt« (V.54). Offensichtlich denkt Maria hier an die bevorstehende Geburt des Messias und damit an die Zukunft. Dabei kann man doppelt übersetzen: »Israels, seines Sohnes« (vgl. Hos 11,1) oder *»Israels, seines Knechtes«*. Die Parallele in Jes 41,8ff legt aber die Übersetzung mit *»Knecht«* näher. Wenn Gott *»sich Israels annimmt«* (oder: »sich um Israel kümmert«), dann naht die Erlösungszeit, dann kommt der Messias, dann werden die Feinde des Gottesvolkes zuschanden (vgl. Ps 98,3; Jes 41,8ff). Der Grund dieser Fürsorge Gottes für sein Volk – gleichviel, ob es das Israel des Alten Bundes oder das Gottesvolk des Neuen Bundes ist – liegt niemals in *»Israels«* Verdienst. Er liegt nur in Gottes *»Erbarmen«* (vgl. 5 Mo 7,7ff; Dan 9,18). Diese Wahrheit erstreckt sich bis in unser Einzelleben hinein: »Aus Gnade seid ihr selig geworden« (Eph 2,5).

Gottes Handeln entspricht seinem Wort: *»So wie er zu unsern Vätern geredet hat, zu Abraham und seinen Nachkommen auf ewig«* (V.55). Der Hauptgedanke ist also: Gott erfüllt seine Verheißungen. Dabei ist Maria ebenso wie Paulus (Röm 9,4f) dankbar und stolz auf die Väter, d.h. die früheren Generationen Israels. Diese Väterverheißungen beginnen bei Abraham (vgl. 1 Mo 12,2f; 13,15f; 15,5; 17,3ff; 22,15ff). Sie setzen sich bei *»seinen Nachkommen«* fort (vgl. 1 Mo 26,2ff; 28,10ff; 35,1ff; 49,1ff). Ob hier auch die Davidverheißungen eingeschlossen sind (2 Sam 7,4ff; Jes 7,14; 9,5f; 11,1ff; Mi 5,1ff; Hag 2,20ff u.a.)? Jedenfalls waren diese Verheißungen nicht auf eine Zeit begrenzt, sondern galten *»auf ewig«*. Wörtlich heißt es hier »in den Äon hinein«. »Äon« bedeutet die vergangene (gesamte) Zeit der irdischen Geschichte. Maria weiß also infolge ihrer Bibelkenntnis, daß eine Reihe von Verheißungen noch unerfüllt ist, aber jetzt erfüllt werden wird. Dazu gehören z.B. das Kommen des Messias, seine Geburt aus einer jungfräulichen Mutter, die Sammlung Israels, die Freudenzeit für Israel, der endgültige Besitz des Verheißenen Landes, die Ausschaltung der gottfeindlichen Mächte und Gewalten, ein Segen für alle Geschlechter auf Erden und die Gemeinschaft von Gott und den Menschen.

Mit diesem Lobpreis der göttlichen Verheißungen schließt das Magnificat (vgl. Ps 105,8; 119,49; Mi 7,20). Ein besserer Abschluß als dieser Hinweis auf die Vertrauenswürdigkeit des göttlichen Wortes ist kaum denkbar.

Es lohnt sich, noch einen Augenblick auf dieses Magnificat zurückzublicken. Wir beobachten hier: a) den Glauben einer aufrichtig Gott dienenden jüdischen Frau; Schlatter sagt mit Recht: »So pries ein jüdisches Herz, das gläubig im alttestamentlichen Schriftwort lebte, Gott«; b) eine ganze Linie von alttestamentlichen Frauen, die uns bis heute als Glaubensvorbilder dienen können: Lea, Rebekka, Hanna, Elisabeth, Maria; c) einen Lobpreis, der tatsächlich Gott und sein Wort in die Mitte stellt, und nicht etwa einen Aufruf an Menschen, die bestehenden Verhältnisse umzustürzen; d) eine echte Prophetie der Maria, worauf schon die Lehrer der Alten Kirche (z.B. Irenäus) hinwiesen; e) eine erstaunliche Bibelkenntnis der Maria, die sich sowohl auf die prophetischen Aussagen des AT als auch auf die Väter und auf die Psalmen bezieht; f) eine nicht weniger erstaunliche Verwandtschaft mit der Verkündigung Jesu, z.B. im Vaterunser und in der Bergpredigt (vgl. Mt 6,9.10; Mt 5,3.4.6; Lk 6,20.21.22, aber auch Mt 23,12; Joh 8,56).

Mit einer kurzen Bemerkung schließt Lukas den ganzen Abschnitt V.39-56: »*Und Maria blieb bei ihr (= Elisabeth) etwa drei Monate lang. Dann kehrte sie nach Hause zurück*« (V.56).

Die Ausleger streiten darüber, ob Maria vor oder nach der Geburt des Täufers »*nach Hause zurückgekehrt*« ist. Vielleicht hat Godet recht mit der Annahme, daß es kurz nach der Geburt des Täufers gewesen ist (vgl. V.26.36.39). Aber die Bibel gibt uns darüber keine Gewißheit.

Wichtiger ist etwas anderes: Trotz aller Risiken und Gefahren »*kehrte Maria nach*« Nazareth »*zurück*«. Was für eine Entschlossenheit bei dieser jungen Frau! Jetzt mußte man allmählich ihre Schwangerschaft bemerken. Wieviel Getuschel, Häme und Ablehnung kam auf diese junge Frau zu, die ja noch im »*Hause*« der Eltern lebte! Wie sehr riskierte sie die endgültige Entfremdung, wenn nicht gar Feindschaft Josefs! Dennoch ging sie – einer der mutigsten Glaubensschritte, von denen die Bibel überhaupt berichtet.

Vorschlag zur Bibelarbeit über Lukas 1,46-56

1. Einleitung:

a) Wir lesen oder hören etwas aus der Geschichte der Magnificat-Auslegung, z.B. aus Martin Luthers Auslegung.
b) Wir suchen verwandte Psalmstellen im AT auf und überlegen, in welcher Beziehung diese Stellen zu unserem Magnificat stehen.
c) Auch hier kann man sich eine Reihe möglicher Überschriften vorstellen, z.B. »Wie lobt man Gott?« – »Wer wird von Gott beschenkt?« – »Gott ist immer noch größer!« – »Aus der Tiefe zum Lobgesang«. Wir wählen die Überschrift: »Der Atem der Freiheit«.

2. Durchführung: »Der Atem der Freiheit«

a) Freiheit vom Ich

Maria ist tief unten (kurz die Situation schildern) – Ihre Gefahr und auch unsere Gefahr ist das Schauen auf uns selbst – Maria schaut jedoch auf den Herrn – So wird die Ich-Sucht durchbrochen, auch die geistliche Ich-Sucht – So wird man frei von Selbstmitleid – So gewinnen wir einen freien Atem: »Meine Seele macht den Herrn groß!«

b) Freiheit zum Dank

Maria rühmt Gottes Eingreifen in ihrem Leben – Sie rühmt Gottes Taten – Sie rühmt, daß sie in seinen Augen so viel gilt – Ist das Danken nicht auch für uns der Weg in eine größere Freiheit?

c) Freiheit im Vertrauen

Wo haben wir vergebens auf uns selbst vertraut (Beispiele!)? – Wo haben wir vergebens auf andere Menschen oder Mächte vertraut (Beispiele!)? – Maria vertraut dem großen Gott – Das macht sie frei – Dieser große Gott ist ein heiliger Gott, der allem Bösen widersteht – Er ist ein barmherziger Gott – Aber öffnen wir uns seiner Barmherzigkeit (V.50)? – Wer hochmütig ist, geht vor ihm unter – Aber es ist Er selbst, der das Gericht an den Hochmütigen und Gottlosen vollstreckt – Nicht also Christen, Gemeinden, Kirchen, die sich so etwas anmaßen wollen! – Er bleibt Israel treu – Diesem treuen, barmherzigen, herrlichen Gott zu vertrauen, macht auch uns frei: Bei ihm sind wir geborgen, ja für alle Ewigkeit gerettet.

5. Die Geburt Johannes' des Täufers (1,57-80)

1,57-80: **(57) »Für Elisabeth kam aber die Zeit ihrer Niederkunft und sie gebar einen Sohn. (58) Und ihre Nachbarn und Verwandten hörten, daß der Herr seine große Barmherzigkeit in reichem Maße an ihr erwiesen hatte, und freuten sich mit ihr. (59) Und es geschah am achten Tage, daß sie kamen, um das Kind zu beschneiden, und sie wollten es nach dem Namen seines Vaters Zacharias nennen. (60) Seine Mutter aber entgegnete: Nein! Sondern er soll Johannes heißen. (61) Da sagten sie zu ihr: Es gibt keinen aus deiner Verwandtschaft, der so heißt. (62) Und sie fragten seinen Vater mittels Zeichen, wie er ihn genannt haben wolle. (63) Und er forderte ein Schreibtäfelchen und schrieb darauf: Johannes ist sein Name. Und sie wunderten sich alle. (64) Da wurde sein Mund auf der Stelle aufgetan, und er fand die Sprache wieder, und er redete und pries Gott. (65) Und es kam Furcht über alle Nachbarn. Und im ganzen Bergland von Judäa erzählte man sich alle diese Ereignisse, (66) und alle, die davon hörten, nahmen es sich zu Herzen und sagten: Was wird aus diesem Kind wohl werden? Es war ja die Hand des Herrn mit ihm. (67) Und Zacharias, sein Vater, wurde vom Heiligen Geist erfüllt und redete prophetisch die folgenden Worte: (68) Gelobt sei der Herr, der Gott Israels! Denn er hat besucht sein Volk und ihm Erlösung verschafft, (69) und hat uns aufgerichtet ein Horn des Heils im Hause seines Knechtes David, (70) so wie er durch den Mund seiner heiligen Propheten von alters her geredet hat: (71) Rettung von unsern Feinden und aus der Hand all derer, die uns hassen, (72) um Barmherzigkeit zu erweisen an unseren Vätern, und um zu gedenken an seinen heiligen Bund (73) und an den Eid, den er unserem Vater Abraham geschworen hat, daß er uns geben wolle, (74) ihm ohne Furcht und der Hand der Feinde entrissen zu dienen, (75) in Heiligkeit und Gerechtigkeit, vor seinem Angesicht alle unsere Tage. (76) Und**

du, Kind, wirst ein Prophet des Höchsten heißen. Denn du wirst vor dem Herrn hergehen, um seine Wege herzurichten, (77) um seinem Volk Heilserkenntnis zu geben, in Vergebung ihrer Sünden, (78) durch die herzliche Barmherzigkeit unseres Gottes, die es bewirkt hat, daß uns der Aufgang aus der Höhe besuchen wird, (79) um denen zu erscheinen, die in Finsternis und Todesschatten sitzen, und um unsere Füße zu lenken auf den Weg des Friedens. (80) Das Kind aber wuchs heran und erstarkte im Geist, und lebte in der Einsamkeit bis zu dem Tag, an dem es seinen Auftrag Israel gegenüber erhielt.«

Dieser überdurchschnittlich lange Abschnitt (34 Verse!) enthält drei Teile: a) den Bericht von der Geburt des Täufers Johannes (V.57-66), b) den Lobpreis seines Vaters Zacharias (V.67-79) und c) eine Bemerkung über die Kindheit des Täufers (V.80).

Übrigens ist das 1. Kapitel bei Lukas das längste des ganzen Evangeliums und der Apostelgeschichte.

Elisabeth hat trotz ihres Alters eine normale Schwangerschaft erlebt (V.57). Wörtlich heißt es in V.57: »*Für Elisabeth aber war die volle Zeit erreicht, daß sie gebären sollte.*«

Die Geburt »*eines Sohnes*« erfüllte die göttliche Verheißung aus V.13. Wir kennen keinen Fall aus der Bibel, in dem ein Wort Gottes nicht eingetroffen wäre.

»*Einen Sohn*«: Das ist nicht nur die Erfüllung der menschlichen Sehnsucht der Eltern. Das ist auch nicht nur die Erhörung ihrer Gebete, sondern das ist in erster Linie die Erfüllung des göttlichen Heilsplanes, der vor dem Messias einen Vorläufer erscheinen lassen will (Jes 40,3; Mal 3,1.23).

Die Sprache erinnert an 1 Mo 25,24. Und in der Tat ist der ganze Abschnitt so stark von der hebräischen Sprache geprägt, daß die Wörterbücher und Grammatiken ununterbrochen von »hebräischen« Wendungen und Formen reden.

Der Ausleger F.Godet nannte die Verse 57 und 58 »ein liebliches ... Bild aus dem israelitischen Volksleben«. In der Tat ging es in der kleinen Stadt im judäischen Bergland genau so zu wie im judäischen Bethlehem zu den Zeiten Ruts: »*Ihre Nachbarn und Verwandten hörten, daß der Herr seine große Barmherzigkeit in reichem Maße an ihr erwiesen hatte, und freuten sich mit ihr*« (V.58; vgl. Rut 4,13-17). Offensichtlich wohnten auch »*die Verwandten*« Elisabeths in derselben Stadt. Sie muß also Sitz der Priesterabteilung gewesen sein. Von daher ist es nicht abwegig, an die Umgebung Bethlehems zu denken. Denn wie hätte man beim Täufer vermuten können, daß er der Messias sei (Joh 1,20f), wenn er nicht aus der Umgebung Bethlehems gekommen wäre?

Gott kann »*seine Barmherzigkeit groß machen*«. Das ist schon bei Lot und Samuel ausgesprochen (1 Mo 19,19; 1 Sam 12,24). Das hält auch Paulus in Eph 3,20 fest, wenn er von dem Gott spricht, »*der überschwenglich tun kann über alles hinaus, was wir bitten oder verstehen*«.

Was uns erstaunt, ist der Umstand, daß die Juden der damaligen Zeit so zuversichtlich und fröhlich von Gott sprachen. Ob man im Deutschland des 20. Jh. auch aus dem Munde der »Nachbarn und Verwandten« das Lob Gottes gehört hätte?

Daran schließt sich gleich die Frage, ob das auch in der Gegenwart gilt, daß »*sich Nachbarn und Verwandte* mitfreuen«. Sicher war die Stadt Elisabeths ein kleines »Nest«, wo man sich kannte und die soziale Gemeinschaft sehr eng war. Dennoch bleibt das »Sich-Mitfreuen-Können« ein positives, beeindruckendes Bild. Ein Stück weit wird hier Röm 12,15 gelebt.

Doch vergessen wir eines nicht: Diese allgemeine Freude bedeutet auch schon eine Erfüllung der Verheißung von V.14.

»*Am achten Tag*« (V.59) mußte man nach dem Gesetz die männlichen Kinder »*beschneiden*« (3 Mo 12,3). Das ist seit Abraham so gewesen (1 Mo 17,10ff) und wurde auch bei Jesus und Paulus durchgeführt (Lk 2,21; Phil 3,5). Offensichtlich wurde die Beschneidung am Ort der Geburt vorgenommen. Nach Lk 1,59 scheint die Beschneidung von Nachbarn und Verwandten vollzogen worden zu sein (»*sie kamen, um das Kind zu beschneiden*«). Ob sonst ein Rabbi dabei sein mußte, wissen wir nicht. Hier jedenfalls war ein Priester – der Vater selbst! – anwesend.

Mit der Beschneidung war die Namengebung verknüpft (vgl. wieder 2,21). Wer nahm sie vor? Nach Rut 4,17 konnten es tatsächlich die Nachbarn sein. Nach 1 Mo 16,11; 17,19; Mt 1,21; Lk 1,31 waren es aber in der Regel die Eltern. Vermutlich hielt man bei der Geburt des Täufers den Vater nicht mehr für zuständig, weil er stumm geworden war. Deshalb scheinen Nachbarn und Verwandte die Elisabeth gedrängt zu haben (»*sie wollten es nennen*«), dem Kind den Namen des Vaters zu geben (»*sie wollten es nach dem Namen seines Vaters Zacharias nennen*«). Solche Fälle kamen vor. Johannes hätte dann »Sacharja (Zacharias) Sohn des Sacharja (des Zacharias)« geheißen. Gewöhnlicher aber war es, den Namen des Großvaters zu geben.

Schade, daß wir weder den Monat noch die genaue Jahreszahl der Beschneidung kennen. Vermutlich fällt die Geburt des Johannes jedoch in den Zeitraum 7-5 v.Chr., da er nur ein halbes Jahr älter war als Jesus (vgl. V.36).

Elisabeth weigerte sich tapfer, dem Drängen der Anwesenden nachzugeben (V.60). Warum? Warum sagt sie so entschieden: »*Nein! Sondern es soll Johannes heißen*«? Weil sie den göttlichen Auftrag von V.13 kennt. Zacharias muß ihr diesen Auftrag schriftlich mitgeteilt haben (vgl. V.63). Wiederum beeindruckt uns an Elisabeth, daß sie Gottes Wort über alle menschlichen Argumente stellt.

Noch bleiben Verwandte und Nachbarn bei ihrer Meinung. Sie berufen sich auf die Tradition: »*Es gibt keinen aus deiner Verwandtschaft, der so heißt*« (V.61). Hier prallen also Tradition und Gottes Wort aufeinander. Wir erfahren bei dieser Gelegenheit, daß auch der Großvater des Täufers nicht *Johannes* hieß. Vielmehr scheint dieser Name in der Familie des Zacharias und der Elisabeth neu gewesen zu sein.

Mitten in der lebhaften Verhandlung fragt man »*seinen Vater mittels Zeichen*, wie er ihn genannt haben wolle« (V.62). Manche schließen aus dieser Bemerkung wie die Neue Jerusalemer Bibel, daß Zacharias taubstumm gewesen sei. Davon sagt die Bibel aber nichts. Mit »*Zeichen*« kann man sogar denjenigen auffordern, sich zu äußern, der weder taub noch stumm ist. Vermutlich sah man Zacharias wegen seiner Stummheit so am Rande der Verhandlung stehen, daß man ihn nachdrücklich »*mittels Zeichen*« (oder »durch Zuwinken«) auffordern wollte, seinen Willen kundzutun.

Nun liegt die Entscheidung bei Zacharias. »*Er forderte ein Schreibtäfelchen und schrieb darauf: Johannes ist sein Name*« (V.63). Das »*Schreibtäfelchen*« war eine kleine, mit Wachs beschichtete Tafel, auf die man die Worte mit einem kleinen Schreibgriffel einritzte. Danach konnte man das Wachs wieder einebnen und auf diese Weise die Tafel immer wieder benutzen. Die Selbstverständlichkeit, mit der Zacharias ein solches Schreibtäfelchen »*forderte*«, zeigt, daß mindestens in dieser Priesterfamilie Lesen und Schreiben üblich waren. Im Hebräischen mußte Zacharias nur zwei Worte notierten: Jochanan schemo = »*Johannes ist sein Name*«.

»*Und sie wunderten sich alle*«. Dazu hatten sie Grund genug: Auch Zacharias wählte einen für die Familie ungewöhnlichen Namen. Vor allem aber mußten sie sich über die Übereinstimmung zwischen Elisabeth und Zacharias »*wundern*«. Der Vorgang von V.13ff war ihnen ja unbekannt.

»*Da wurde sein Mund auf der Stelle aufgetan, und er fand die Sprache wieder, und er redete und pries Gott*« (V.64). Am kürzesten und passendsten beurteilt F.Godet diesen Vorgang, wenn er sagt: »Der Unglaube hat ihn der Sprache beraubt, der Gehorsam gibt sie ihm wieder.« Dabei läßt die Formulierung »*sein Mund und seine Zunge wurde aufgetan*« (so wörtlich) erkennen, daß Gott heilend eingegriffen hat (vgl. Dan 10,16). Es ist für Gott kein Problem, »*auf der Stelle*« zu heilen. Er löst damit das Versprechen von V.20 ein. Für Zacharias ist es bezeichnend, daß seine ersten Worte dem Lobe Gottes gelten. Er stellt uns damit vor die Frage, ob wir ebenfalls nach ähnlichen Gnadenerfahrungen Gott in die Mitte stellen und ihm danken.

Wo Menschen den lebendigen Gott am Werk sehen, da geraten sie immer wieder in »*Furcht*«. Gerade bei den Wundererfahrungen berichtet die Bibel auffallend oft von einer solchen Furcht (vgl. nur Lk 5,26; 7,16; 8,37; Apg 2,43; 5,5; 19,17). Nicht anders ist es hier: »*Es kam Furcht über alle Nachbarn*« (V.65).

Diese Vorfälle konnten nicht verborgen bleiben. Sie wurden das Tagesgespräch jener Gegend: »*Und im ganzen Bergland von Judäa erzählte man sich alle diese Ereignisse*« (V.65). Sie hakten sich in den »*Herzen*« fest. Die Frage brach auf: »*Was wird aus diesem Kind wohl werden?*« (V.66). Die wunderbaren Umstände seiner Geburt haben dem Täufer später vermutlich rasch die Aufmerksamkeit der jüdischen Öffentlichkeit gesichert. Ob der Satz »*Es war ja die Hand des Herrn mit ihm*« noch von den Bewohnern jener Gegend gesprochen wurde oder aber von Lukas stammt, ist unsicher. Jedenfalls besagt die Redewendung »*die Hand des Herrn war mit ihm*« mehr als: »Gott beschützte ihn«. Wie Apg 11,21 zeigt, drückt diese Redewendung vielmehr aus, daß Gott mit seiner ganzen Macht und Liebe hinter ihm gestanden hat.

Vorschlag zur Bibelarbeit über Lukas 1,57-66

1. Einleitung:

a) Wir vergegenwärtigen uns noch einmal die vorausgehenden Ereignisse (Leben des Zacharias und der Elisabeth, Zacharias im Tempel, Besuch der Maria).
b) Wir orientieren uns über die damaligen jüdischen Sitten, z.B. Beschneidung am 8. Tag, Recht der Namensgebung, Schreibkultur.
c) Überschrift: Es genügt für eine packende Bibelarbeit oder Predigt sicher nicht die Überschrift der Lutherbibel: »Die Geburt Johannes des Täufers«. Was dann? Wir wählen hier die Überschrift: »Neinsagen ist nötig«.

2. Durchführung: »Neinsagen ist nötig«

a) Wir leben von Gottes Ja

Elisabeth hat lange gewartet – Sie ist Gott treu geblieben – Nun hat sie nicht nur das ersehnte Kind, sondern auch eine besondere Verheißung (vgl. V.13ff) – Andere freuen sich mit – Können wir das auch? – Sie alle wissen, daß es reine Barmherzigkeit Gottes ist – Wissen wir das auch in unseren Situationen? – Gottes Ja und Barmherzigkeit stehen über dem Leben der Elisabeth und des Zacharias – Wie kommen wir zu einem Ja Gottes über unserem Leben?

b) Wir brauchen das Nein zu allem, was gegen Gott ist

Für diese Eltern war es ganz selbstverständlich, daß das Kind beschnitten wurde – Ebenso selbstverständlich, daß sie nach dem Gesetz lebten, so gut sie konnten – Und ebenso selbstverständlich, daß sie das vermieden, was Gott nicht gefiel – Nun kommt für Elisabeth aber eine besondere Probe – Verwandte und Bekannte machen den Namensvorschlag Zacharias – Elisabeth weiß aber, daß er Johannes heißen soll (V.13) – Schweigt sie zum Vorschlag der andern? Folgt sie ihm? – Unser Bibelabschnitt berichtet ihr klares »Nein«! (V.60) – Auch Zacharias sagt hier: »Nein!« – Beide bleiben hier Gott treu – Deshalb ihr (V.63) Nein zu den Mitmenschen, auch wenn es geliebte Mitmenschen sind – Wo müssen wir unser Nein sprechen? – Uns um Gottes willen sogar von der Mitmenschlichkeit distanzieren? – Unser Leben braucht das klare Nein zu allem, was gegen Gott ist.

c) *Treue zu Gott schafft erstaunliche Frucht*

Zacharias wird geheilt – Er lobt mit der neugeschenkten Sprache Gott – Furcht bei den Nachbarn, Nachrichten ins Land – Vielleicht auch Nachdenken? – Fragen nach der Zukunft, die Gott gestaltet – Und dies alles, weil Elisabeth und Zacharias an der richtigen Stelle nein sagen konnten – Weil sie Gott treu blieben – Gibt es Ähnliches auch für uns?

Mit V.67 beginnt ein neuer Unterabschnitt. Nach dem Anfangswort von V.68 in der weitverbreiteten lateinischen Bibel nennt man die Verse 68-79 das Benedictus. Dieses Benedictus ist nach dem Lobpreis der Elisabeth in V.25 und dem berühmten Magnificat der Maria in V.46-55 der dritte »Psalm« in Lk 1. Es ist sehr interessant, daß sowohl die Ankündigung der Geburt des Täufers (1,5-25) als auch der Bericht von der Begegnung zwischen Maria und Elisabeth (1,39-56) und der Bericht von der Geburt des Täufers (1,57-80) mit einer Art Psalm – jedenfalls aber mit einem Lob Gottes – schließen. Geschichte und Lobpreis verbinden sich sehr eng im Evangelium des Lukas. Beides – die Tatsachen und das Gotteslob – ist für Lukas wichtig. Nicht eine »Theologia gloriae« (Theologie des Triumphes) vertritt Lukas, wie oberflächliche Beurteiler immer wieder meinen, wohl aber eine »Theologia benedictionis« (Theologie des Lobpreises).

»Und Zacharias, sein Vater, wurde vom Heiligen Geist erfüllt« (V.67): Zacharias erlebt dasselbe wie Elisabeth (V.41).

»Und er redete prophetisch die folgenden Worte« (V.67): In diesen Augenblicken war Zacharias ebenso *»vom Heiligen Geist erfüllt«* wie die Propheten des Alten Testaments. Auf ihn trifft also 2 Petr 1,21 zu. Doch woher wissen wir, was Zacharias *»redend weissagte«* (so wörtlich)? Hier geben die Ausleger zwei Antworten. Die eine Ant-

wort wird z.B. von der Neuen Jerusalemer Bibel vertreten: Die Verse 68-79 seien »eine Dichtung, die« Lukas dem »Zacharias in den Mund« gelegt habe; Zacharias habe sie also nie gesprochen. Die andere Antwort wird z.B. von Adolf Schlatter vertreten: »Ein weissagender Spruch von ihm (= Zacharias) ist im Kreise der Jünger aufbewahrt worden, so daß ihn uns der Evangelist wiederholen kann.« Zacharias habe also das Folgende selbst gesagt. Über die Meinung des Lukas kann kein Zweifel sein. Er geht davon aus, daß hier die eigenen Worte des Zacharias vorliegen, die in dichterische und einprägsame Form gefaßt waren. So konnte man sie im Gedächtnis behalten. Dabei vergessen wir nicht, daß sie ursprünglich in Hebräisch gesprochen waren und das Hebräische sich dem Gedächtnis noch besser einprägte als das Griechische.

Doch was war an den Worten des Zacharias *»prophetisch«*? Die Ankündigung der Messiaszeit.

Wir betrachten nun seine Worte im einzelnen:

Genauso wie Maria beginnt Zacharias mit einem Gotteslob (vgl. V.46). Die Glaubensmenschen jener Wendezeit, die vom Alten zum Neuen Bund führt, können Gott nicht genug loben für das, was sie erlebten: *»Gelobt sei der Herr, der Gott Israels!«* (V.68). Der Gott des Neuen Testaments ist kein anderer als der Gott des Alten Testaments, also *»der Gott Israels«*. So sprachen schon David und die Beter der Psalmen (1 Kön 1,48; Ps 41,14; 72,18; 89,53; 106,48).

»Denn er hat besucht sein Volk und ihm Erlösung verschafft« (V.68): *»Besuchen«* heißt hier nach biblisch-alttestamentlichem Sprachgebrauch: »sich gnädig zuwenden« (vgl. 2 Mo 4,31; Rut 1,6; Lk 7,16; 19,44). Was meint Zacharias damit? Er weiß ja aus der Engelbotschaft von V.13ff, daß sein Sohn Johannes der Vorläufer des Messias sein wird. Johannes läutet also die messianische Zeit ein. In Gestalt des Messias aber *»besucht«* Gott selbst *»sein Volk«*, d.h. zunächst einmal Israel. Dieses *»hat besucht«* ist in prophetischer Glaubensgewißheit gesprochen – deshalb die Vergangenheitsform, als ob es schon geschehen wäre.

Was ist das Zentrum des göttlichen Handelns? Die *»Erlösung«*. Das griechische Wort für »Erlösung« kann auch »Lösegeld« bedeuten. Auf diese Erlösung wartete Israel (vgl. Ps 111,9; Lk 2,38; Hebr 9,12; Mt 20,28; Mk 10,45). Ein »Lösegeld« also gibt Gott, und das bedeutet: Freiheit von Feinden, aber auch von Sünde, Schuld,

Verdammnis und Tod. Israel wird von der Versklavung durch alle irdischen und außerirdischen Mächte frei. Ein wunderbarer Satz: »*Gott hat ihm Erlösung verschafft*«! Er erinnert uns an Mt 1,21.

Der in V.68 begonnene Satz reicht bis V.75.

Als Nächstes preist Zacharias den Gott, der »*uns ein Horn des Heils* (oder: Horn der Rettung) *im Hause seines Knechtes David aufgerichtet hat*« (V.69). Hier ist es ganz klar, daß Zacharias von Jesus spricht und nicht von Johannes. Denn Johannes stammt aus dem Hause Levis, nicht – wie Jesus! – aus dem »Hause Davids«. Zacharias muß ja durch Elisabeth von der wunderbaren Schwangerschaft der Maria und von der Ankündigung Gabriels in V.26ff erfahren haben. Die Verheißungen, die Gott dem »*Hause seines Knechtes David*« gegeben hat, sind ein häufiges Thema des AT (vgl. 2 Sam 7,5ff; Ps 89,4ff; 132,17f; Jes 11,1ff; Jer 23,5ff; Hes 34,23ff; Am 9,11ff; Hag 2,20ff). Kurz formuliert: Sie besagen, daß aus Davids Familie der Messias kommt. Und gerade dieser Messias wird von Zacharias »*ein Horn des Heils* (oder Horn der Rettung)« genannt. Das Stichwort »Heil bzw. Rettung« erscheint dreimal in diesem Lobgesang (V.69.71.77)! Zusammen mit dem Stichwort »Erlösung« (V.68) bildet es also ein zentrales Thema.

Aber warum benutzt Zacharias das seltsame Wort »Horn«? Weil es im Hebräischen ein sehr geläufiges Wort ist, das die Kraft und die Macht bezeichnet (vgl. Ps 92,11; Jes 34,7; Dan 7.7ff; 8,3ff; Offb 13,1ff; 17,3). Bis heute betet der gläubige Jude im sog. Achtzehngebet (Schemone Esre): »Den Sproß Davids laß bald sprießen, und sein Horn sei erhöht durch deine Hilfe. Gepriesen seist du, Jahwe, der du sprießen lässest das Horn des Heils«. Wie tragisch, daß das Judentum in seiner Mehrheit nicht erkannt hat, daß Jesus dieses »Horn« ist, und daß es immer noch um das Kommen des Messias betet!

Gerade weil soeben von Jesus als dem »Horn des Heils« die Rede war, muß Zacharias die Treue Gottes loben. Was Gott durch Jesus dem Hause Davids schenkt, entspricht ja ganz und gar dem, was »*er durch den Mund seiner heiligen Propheten von alters her geredet hat*« (V.70). Unterstreichen wir das eine: Gott selbst redet im Alten Testament! Die Propheten sind nur sein »*Mund*«, sein Werkzeug! Hier wird uns die Inspiration der Bibel gewiß (vgl. 2 Tim 3,16; 2 Petr 1,21). Was die »*Propheten von alters her*« sind, ist uns oben schon klar geworden: Nathan ums Jahr 1000 v.Chr. (2 Sam 7,5ff); Amos um 750 v.Chr. (Am 9,11ff); Jesaja um 700 v.Chr. (Jes 11,1ff); Jeremia um 600 v.Chr.

(Jer 23,5ff); Hesekiel ab ca. 590 v.Chr. (Hes 34,23ff); Haggai ca. 520 v.Chr. (Hag 2,20ff); die Dichter der Psalmen (Ps 89; 132), u.a. Vgl. zu Lk 1,70 auch Röm 1,2; Hebr 1,1f. Wieder zeigt sich: Gottes Wort ist zuverlässig.

V.71 führt aus, was der Messias (»Horn des Heils«) bewerkstelligen wird: *»Rettung von unsern Feinden und aus der Hand all derer, die uns hassen.«* Für *»Rettung«* steht im Griechischen dasselbe Wort, das wir in V.69 mit »Heil« übersetzt haben. Der Messias ist also wirklich ein »Heil«-and. Die *»Feinde«* und Hasser sind zunächst in einem äußeren Sinn die Feinde Israels. Sind sie besiegt, wird Israel ein geradezu »salomonisches« Friedensreich erleben (vgl. 1 Kön 5,5; Ps 72,4ff). Auch das entspricht der alttestamentlichen Prophetie (vgl. Ps 44,8; Jes 9,5f; 35,4ff; 41,14; 49,25; Jer 30,10; Zef 3,15ff). Wenn man bei diesen äußeren Feinden stehen bleibt, dann muß die messianische Hoffnung in eine politische Hoffnung umschlagen. Das ist bei vielen Juden der Zeit Jesu geschehen, die auf den Kampf gegen Rom fixiert waren und Jesu Messianität daran maßen, ob er zum Aufstand gegen Rom aufrufe. Aber der Ausdruck *»Feinde«* greift viel weiter. Der »letzte Feind«, von dem die Bibel spricht, »ist der Tod« (1 Kor 15,26). Sünde, Tod und Teufel sind die schlimmsten Feinde Israels, ja die schlimmsten Feinde aller Menschen. Jesus hat zuerst diese schlimmsten Feinde durch Kreuz und Auferstehung besiegt (Kol 2,15). Erst danach wird er im Tausendjährigen Friedensreich auch die äußeren Feinde Israels ausschalten und jenen salomonischen Frieden herbeiführen (Offb 20,1ff). Die Jünger haben das lange nicht begreifen wollen (vgl. Apg 1,6). Es ist aber ganz wesentlich, daß wir beim Werk Jesu unterscheiden: a) Zuerst erfolgt der Sieg über Sünde, Tod und Teufel, also die *»Rettung«* von den geistlichen *»Feinden«*, b) danach erfolgt die Rettung von den äußeren Feinden (Offb 19-20). Wer diese Abfolge vertauscht, kann Jesus nicht mehr als den Messias anerkennen.

Noch einmal greift Zacharias auf die verbindlichen Zusagen Gottes zurück (V.72 und 73). Gott schickt ja den Messias, *»um Barmherzigkeit zu erweisen an unseren Vätern«* (V.72). Konkret besteht diese *»Barmherzigkeit«* darin, daß Gott *»an den heiligen Bund gedenkt«*, den er mit ihnen geschlossen hat (V.72). Er löst damit sein Versprechen aus 1 Mo 12,1ff; 17,3ff; 3 Mo 26,42; Jer 11,5; Hes 16,60; Mi 7,20 ein (vgl. auch Ps 105,8f; 106,45).

Schon Maria hatte diese Treue und Barmherzigkeit Gottes gelobt (V.54f).

Speziell gedenkt Gott »*an den Eid, den er unserem Vater Abraham geschworen hat*« (V.73). Gott hat es zwar nicht nötig, zu schwören. Aber sein »*Eid*« soll das Vertrauen der Menschen stärken. Hebr 6,13ff ist hier eine Art Kommentar zu unserer Stelle. »*Abraham unser Vater*« ist eine der wichtigsten Leitfiguren des jüdischen Volkes, »der Väter Israels« unter den Menschen (vgl. Ps 105,9; Lk 16,24ff; Joh 8,32ff; Röm 4,16ff; 9,5; Jak 2,21ff). In der Tat spielt Gottes »*Eid*« in der Abrahamsgeschichte eine besondere Rolle. Abraham hatte ja noch keine Bibel. So mußte ihm Gott den Glauben auf andere Weise stärken. Die Kernstelle ist hier 1 Mo 22, wo Gott nach der Opferung Israels dem Abraham einen unbeschreiblichen Segen zuschwört (1 Mo 22,16ff).

Nun beschreibt Zacharias in prophetischem Geist die Zusage Gottes genauer: »*...daß er uns geben wolle, ihm ohne Furcht und der Hand der Feinde entrissen zu dienen*« (V.73-74). Halten wir fest: Gott macht das! Nicht wir Menschen (»*er wolle uns geben*«)! Seit der Perserherrschaft diente Israel Gott mit »Furcht« (vgl. Dan 6,5ff und das Buch Ester; später 1. und 2. Makkabäerbuch). Welle um Welle der Verfolgung brandete über es hinweg. Dabei war es seine Bestimmung seit Pharaos Zeiten, Gott »*zu dienen*« (vgl. 2 Mo 4,22f). Es war zum priesterlichen Volk bestimmt (2 Mo 19,6; Mal 3,3). Gerade für den Priester Zacharias war diese Bestimmung wichtig. Sie gilt auch für die Gemeinde des Neuen Bundes (1 Petr 2,9). Ja, sie gilt sogar für die Erlösten der neuen Schöpfung (Offb 22,3).

Wann soll das geschehen? Hat sich Zacharias etwa geirrt? Noch immer werden die Juden als das Volk des Alten Bundes verfolgt. Noch immer sind die Christen als das Volk des Neuen Bundes verfolgt. Ja, man muß es nüchtern sagen: Erst nach dem Ende des Antichrists (Offb 19) wird im äußerlich-leiblichen Sinne ein solches Dienen »*ohne Furcht*« möglich sein (Offb 20,1ff). Aber was ist mit der Gegenwart? Hier bilden die Worte »*der Hand der Feinde entrissen*« einen Schlüssel. Sie erinnern nämlich aufs lebhafteste an die 7.Bitte des Vaterunsers: »Entreiße uns dem Bösen« (so wörtlich Mt 6,13). Diesem »Bösen«, dem Teufel, sind wir durch Jesu Sieg am Kreuz »entrissen«. Seitdem können wir dem Herrn dienen, ohne die Furcht, Sklaven des Bösen (Röm 7,14) sein zu müssen, und ohne die Furcht vor dem göttlichen Gericht (1 Jo 4,17: »Furcht ist nicht in der Liebe«). In diesem geistlichen Sinn hat sich die Weissagung des Zacharias heute schon erfüllt.

Wieder beobachten wir, daß die Worte des Zacharias eine Erfüllung der alttestamentlichen Verheißungen ankündigen (vgl. Ps 97,10; Mi 4,10).

Gottes Volk soll ihm dienen: a) »*In Heiligkeit und Gerechtigkeit*« (V.75). Daß dies im Neuen Bund tatsächlich geschieht, sagen uns Eph 4,24 und Tit 2,12. »Heilig« ist, wer durch Jesu Blut gereinigt wurde und ganz Gott zur Verfügung steht. »*Gerecht*« ist, wer an Jesus glaubt und dadurch mit Gott Gemeinschaft hat (vgl. Röm 5,1; 1 Kor 1,30; Tit 2,14). b) »*Vor seinem Angesicht*«: Das heißt in Gottes Gegenwart und in einer Art und Weise, die Gott bejahen kann. c) »*Alle (unsere) Tage*«: Es wird also keine Unterbrechung durch äußere oder innere Feinde mehr geben. Diese Gottesgemeinschaft ist ewig. Sie beginnt schon heute für alle, die an Jesus glauben (vgl. Mt 28,20). Auch wenn dem Zacharias alle diese Konsequenzen noch nicht bewußt waren, so hat sie doch der Heilige Geist, der durch ihn sprach (V.67), vorausgesehen und ihm in den Mund gelegt.

Bis V.75 reichte der erste Satz des Benedictus. Von V.76 bis V.79 reicht der zweite Satz:

»*Und du, Kind, wirst ein Prophet des Höchsten heißen*« (V.76). Man erlebt förmlich mit, wie Zacharias' Herz über die Rolle seines Sohnes jubelt. Viele Juden sagten ja, daß es seit Maleachi keinen wahren Propheten mehr gegeben habe (vgl. 1 Makk 4,46; 9,27; 14,41). Jetzt aber kommt wieder ein wahrer »*Prophet des Höchsten*« (= Gottes) – und das ist sein eigener Sohn!

Aber nicht nur »*ein Prophet*« ist Johannes, sondern auch der Vorläufer des Messias. Wie in Mal 3,1 und 3,23 angekündigt, soll er »*vor dem Herrn* (= Jesus) *hergehen*, um *seine Wege herzurichten*« (V.76). Dieselbe Aufgabe wird dem Rufer von Jes 40,3 zugeteilt. In diesem Zusammenhang heißt »*seine Wege herrichten*« sein Kommen geistlich vorbereiten. Wir wissen, daß das durch die Taufbewegung am Jordan geschehen ist (Mt 3,1ff; Mk 1,2ff; Lk 3,1ff; Joh 1,19ff). Zu dieser Prophetie des Zacharias in V.76 ist dreierlei anzumerken: a) Durch sie bestätigt Gott die alttestamentlichen Verheißungen in Jes 40,3ff; Mal 3,1;23f. b) Durch sie erhalten wir die richtige Deutung des »Boten« und des »Herrn« in Mal 3,1: der »Bote« ist Johannes, der

»Herr« ist Jesus. c) Ihre tatsächliche Erfüllung beweisen Stellen wie Mt 11,7ff; 14,5; 17,10ff; 21,26; Mk 11,32; Lk 7,26; 20,6; Joh 5,35.

Die geistliche Vorbereitung des Kommens des Messias beschreibt V.77. Johannes soll »*seinem* (= Gottes) *Volk Heilserkenntnis geben*«. Theodor Zahn bemerkt mit Recht zu dieser Aussage: »Die Hindernisse, die er aus dem Wege räumen soll, sind ... nicht äußerliche, politische, sondern liegen in den religiösen Zuständen des Volkes.« Wer Johannes oder Jesus zu politischen Führern macht, hat die Bibel nicht verstanden. Aber hat denn Israel nicht schon »*Heilserkenntnis*«? Allerdings. Es weiß eine Menge aus der Heiligen Schrift. Aber »*Erkenntnis*« ist in der hebräischen Sprache nicht nur ein theoretischer, sondern auch ein praktischer Begriff. Johannes soll also Israel ganz praktisch beibringen, was »*Heil*« und was »Rettung« ist (im Griechischen dasselbe Wort!). Er tut das, indem er »*Vergebung ihrer Sünden*« anbietet. Mit dieser »Vergebung ihrer Sünden« ist Johannes zum Täufer bestimmt. Denn jetzt geht es nicht mehr um Kopfwissen, sondern um praktisches Abwaschen der Sünde im Taufwasser des Jordan. Ganz Israel muß jetzt »erkennen«, daß es zuerst gereinigt werden muß, Vergebung haben muß, bevor der Messias kommen kann (vgl. Hes 36,25ff). So wie es jetzt ist, paßt es nicht zum Messias. Wie schwer wiegt doch die Sünde in Gottes Augen! Viel mehr als politische Unterdrückung. Man wird an den Satz des Kirchenlehrers Anselm von Canterbury erinnert: »Du hast noch nicht bedacht, welches Gewicht die Sünde hat.« Was würde er unserer modernen Zeit sagen?

Natürlich kann hier die »*Vergebung der Sünden*« nur mit den *vorläufigen* Mitteln des Alten Bundes praktiziert werden. Die umfassende, *endgültige* Sündenvergebung kann erst der Messias bringen (Eph 1,7). Aber durch die Johannestaufe wurde doch die Aufmerksamkeit des Volks auf die zentrale Rolle der Sündenvergebung hingelenkt.

Der letzte Blick des prophezeienden Zacharias ruht aber nicht auf seinem Sohn. Er ruht auf Gott und seinem Messias. So wie Zacharias begonnen hat, so endet er mit einem Lobpreis. Er rühmt am Schluß »*die herzliche Barmherzigkeit unseres Gottes*«, »*durch*« die alle diese Ereignisse möglich werden (V.78). Ein seltsamer Ausdruck, diese »*herzliche Barmherzigkeit unseres Gottes*«! Selten kommt die Liebe des Vaters im Himmel plastischer zum Ausdruck. Die wörtliche Übersetzung lautet hier: »Eingeweide des Erbarmens unseres Gottes.« Wir merken, daß Gott in der Bibel eine Person ist – eine Person mit Liebe,

Freude, Mitleid, heiligem Zorn und mit Gesprächsfähigkeit. Von der »*herzlichen Barmherzigkeit*« Jesu ist mit ähnlichen griechischen Worten in Mt 9,36 die Rede (»es jammerte ihn«). Der Sohn Gottes entspricht ja ganz Gott dem Vater.

Es gibt also kein Verdienst, mit dem Israel oder wir Menschen das Kommen Jesu verdient hätten. Alles ist Erbarmen, ist Gnade.

Diese Gnade konzentriert sich in einer einzigartigen Weise im Sohn Gottes, im Messias – also in Jesus. Das ist der Inhalt der zweiten Hälfte des Verses 78. Wir lesen dort, »*daß uns der Aufgang aus der Höhe besuchen wird*«.

Und nun sollten wir noch einen Augenblick bei diesem Ausdruck – dem »*Aufgang aus der Höhe*« – stehenbleiben. Die Übersetzungen sind hier verschieden: »Das aufgehende Licht aus der Höhe« (Lutherbibel), »das aufstrahlende Licht aus der Höhe« (Neue Jerusalemer Bibel), »ein aus der Höhe aufgehendes Gestirn« (Godet) u.s.w. Wir haben versucht, möglichst nahe am Urtext zu bleiben. Was können wir über die Bedeutung des »Aufgangs aus der Höhe« erfahren? Man benutzt den Ausdruck bei Gestirnen, also bei Sonne, Mond und Sternen. Wo aber ist der Messias mit solchen Gestirnen verglichen? Zunächst in 4 Mo 24,17. Dort prophezeit Bileam: »Es wird ein Stern aus Jakob aufgehen«. Diese Prophetie wurde in der Bibel zu einer Kardinalstelle. In Jes 60,1-2 lesen wir über den Messias: »Dein Licht kommt ... über dir geht auf der Herr und seine Herrlichkeit erscheint über dir« (vgl. Jes 9,1). Dementsprechend heißt es in Mal 3,20 von den Gläubigen, die das messianische Heil erleben: »Euch aber soll aufgehen die Sonne der Gerechtigkeit und Heil unter ihren Flügeln.« Ja mehr noch: Die griechische Bibel, von den Juden selbst ins Griechische übersetzt, gibt das Wort »Sproß« als Messiasbezeichnung in Jer 23,5; Sach 3,8; 6,12 mit unserem Wort »*Aufgang*« wieder! Die Bezeichnung »*Aufgang aus der Höhe*« für den Messias läßt sich sogar bis ins NT hinein verfolgen. Denn dort nennt sich Jesus selbst den »hellen Morgenstern« (Offb 22,16). Kein Zweifel also, daß wir V.78 am Ende so lesen müssen: »...daß uns der Messias besuchen wird«.

Halten wir nur noch eines fest. Mit dem Ausdruck »*Aufgang aus der Höhe*« ist klargestellt, daß der Messias von oben, vom Himmel her, kommt. A.Schlatter sagt: Er ist »ein Ewiger, der von oben her aus Gottes Nähe heraus in die menschliche Gemeinschaft herabgesandt wird«.

Der Messias also wird »*denen erscheinen, die in Finsternis und*

Todesschatten sitzen, und unsere Füße auf den Weg des Friedens lenken« (V.79). Es ist die »*Finsternis*« der Gottesferne. Dort herrschen Sünde und Tod (Röm 6,23), folglich der »*Todesschatten*«. Der Messias aber als »das Licht der Welt« (Joh 8,12) überwindet diese Feinde. Das sagen uns schon die jesajaischen Weissagungen (Jes 8,23f; 9,6; 42,6f; 60,1ff; 62,1ff). Die Evangelisten haben dann später den Weg Jesu als den des göttlichen Lichtes beschrieben (Mt 4,14ff; Joh 8,12ff; Eph 5,8.14; Tit 2,11).

Es ist kein »Zufall«, daß der Lobpreis des Zacharias mit dem Wort »*Frieden*« endet. So endet der aaronidische Segen (4 Mo 6,26); so endet der Friedenswunsch des 2. Thessalonicherbriefes (3,16), und so schließt der erste Petrusbrief (1 Petr 5,14; vgl. 2 Petr 3,14). Bei Zacharias ist ausdrücklich vom Christusfrieden die Rede. Er, Christus, ist ja selbst der Friede (vgl. Eph 2,14 mit Joh 14,27; 16,33). Und wenn »*unsere Füße auf den Weg des Friedens gelenkt werden*«, dann geht Jes 9,6 und 53,5 in Erfüllung. Dann sind wir dem Verderben von Jes 59,8; Röm 3,17 entkommen. Dann haben wir nach Röm 5,1 »Frieden mit Gott durch unsern Herrn Jesus Christus«. Es ist also viel zu oberflächlich, nur an die Abwesenheit von Krieg und Verfolgung zu denken. Vielmehr deutet der Heilige Geist, der durch Zacharias redet, auf den messianischen Frieden, der in einer ungestörten Lebensgemeinschaft mit Gott ohne Schmerz, Leid, Tränen, Sünde und Tod besteht.

Wir kommen nun zum letzten Teil des Abschnittes Lk 1,57-80, nämlich zu der Bemerkung über die Kindheit des Täufers (V.80).

Diese Bemerkung hat im AT zwei nahe Parallelen, und zwar in den Berichten über die beiden Gottgeweihten Simson (Ri 13,24f) und Samuel (1 Sam 2,26). Der Vergleich mit diesen Parallelen erlaubt den Schluß, daß Johannes ähnlich erzogen wurde wie ein Gottgeweihter (vgl. 4 Mo 6,1ff). Auf eine Art Gottgeweihten trifft auch die Bemerkung in Mt 11,18 am ehesten zu. Sodann ergibt sich aus den genannten Parallelen, daß der Täufer Johannes in einer Linie steht mit Samuel und den Propheten des Alten Testaments.

Die einzelnen Angaben sind jedoch spärlich. Was heißt: »*Das Kind erstarkte im Geist*«? Heißt es, daß es einen ungewöhnlichen menschlichen Geist, eine überragende Begabung hatte? Oder daß Gottes Geist mehr und mehr Einfluß auf es gewann (vgl. Ri 13,25; Eph 3,16)? Oder muß man beide Gesichtspunkte miteinander verbinden? Wir neigen zu Letzterem, wobei wir uns auf V.15 und 44 stützen können.

Später lebte Johannes *»in der Einsamkeit«* (oder: »Einöde«, oft als »Wüste« übersetzt). Zu denken ist nicht an eine leblose Sand- oder Steinwüste, die im Israelland sowieso kaum vorkommt, sondern an eine unbesiedelte, wahrscheinlich steppenartige Gegend. Gerne wüßten wir hier mehr. War er bei einem Einsiedler, wie wenige Jahre später der jüdische Schriftsteller Josephus? War er in Qumran bei den Essenern, wie manche Ausleger glauben? War er ein Hirte wie Amos? Lebten seine betagten Eltern noch? – Niemand weiß es. Nur soviel scheint aus Lk 1,80 hervorzugehen, daß Johannes die reifere Jugend abseits von den Eltern und abseits von seiner Heimatstadt, ja sogar abseits von den Städten und Dörfern Judäas erlebte. In dieser *»Einsamkeit«* scheint er sich innerlich auf seinen Dienst vorbereitet zu haben – anders als Jesus, der in Nazareth seiner Arbeit nachging.

An irgendeinem »Tag« erhielt er *»seinen Auftrag«*, Israel auf das Kommen des Messias vorzubreiten. Es war der Tag seiner Berufung in das Prophetenamt vor der Öffentlichkeit. Auch hier bleiben die näheren Umstände im Dunkeln. Soviel aber ist klar: Die Gottesgeschichte bewegt sich rasch auf das Erscheinen des Messias zu.

In der Auslegung zählt man ca. 16 alttestamentliche Parallelen zum Lobpreis des Zacharias. Der ganze Stil ist hebräisch. War dies alles schon auf Hebräisch aufgeschrieben, als Lukas sein Evangelium begann? Auch dies bleibt uns unbekannt.

Vorschlag zur Bibelarbeit über Lukas 1,67-80

---

1. Einleitung:

a) Auch hier empfiehlt es sich, die hauptsächlichen messianischen Weissagungen des AT zusammenzustellen, damit wir den Inhalt von V.67-80 schneller und besser begreifen (vgl. V.70).

b) Welche Vorstellungen vom Messias haben *heute* Juden und Christen? Worin unterscheiden sich beide?

c) Überschriften könnten z.B. sein: »Die Erlösung naht« – »Wie Gott handelt« – »Hoffnung, die man nicht nur erhofft«. Wir wählen hier die zuletzt genannte.

2. Durchführung: »Hoffnung, die man nicht nur erhofft«

a) Die Geschichte ist voll zerbrochener Hoffnungen

Wie oft sagen wir: »Das hoffen wir!« – Aber wieviel davon wird wahr? – Was ist mit den persönlichen Hoffnungen, die wir in unserer Jugend hatten? – Was ist mit den Hoffnungen der Dichter und Philosophen? – Was ist mit den Hoffnungen des letzten Jahrhunderts? – Erhofft, aber nicht eingetreten: Ist das nicht schon häufig passiert?

b) Wo Gott ist, ist Hoffnung

Jubel des Zacharias – Geistgeschenkte Erkenntnis – Das entscheidende kleine Wörtchen »hat«: Gott »hat« besucht, Gott »hat« aufgerichtet usw. – Woher weiß das Zacharias? Durch Gottes Wunder und das vorausgehende Gotteswort! – Er sieht schon die Erfüllung nahen: Der Messias kommt – Sein eigenes Kind darf Wegbereiter sein! – Für Israel wird nun alles konzentriert auf die Erlösung von Sünde (V.77!) – Es kommt heraus aus dem Schatten von Tod, Teufel und Sünde (V.79!) – Der Gottesfriede naht – Haben wir selbst diese Erlösung? Diesen Frieden? – Wer auf Gott hofft, hofft nicht vergeblich!

c) Aus der begründeten Hoffnung wird Realität

Das Kind ist geboren – Es wächst auf – Gott bewahrt es – Noch gibt es viel zu warten – Aber gerade in der Einsamkeit reift Johannes so heran, wie Gott es will – Die Stunde seines Auftretens kommt – Haben wir selbst die Geduld, auf Gottes Eingreifen und Stunden zu warten? – Oder wollen wir schneller sein als Gott? – Wer hofft, kann warten!

6. Die Geburt Jesu (2,1-20)

2,1-7: **(1) »Es geschah aber in jener Zeit, daß eine Verordnung vom Kaiser Augustus ausging, daß der ganze Erdkreis sich in die Steuerlisten eintragen lassen solle. (2) Diese Steuerschätzung geschah zum ersten Mal, als Quirinius Stadthalter in Syrien war. (3) Und alle machten sich auf den Weg, um sich eintragen zu lassen, jeder in seine Stadt. (4) Da ging auch Josef hinauf von Galiläa, aus der Stadt Nazareth, nach Judäa in die Stadt Davids, die Bethlehem heißt, weil er aus dem Hause und Geschlechte Davids war, (5) um sich zusammen mit Maria, seiner anvertrauten Frau, die schwanger war, eintragen zu lassen. (6) Es geschah aber während ihres dortigen Aufenthalts, daß die Zeit ihrer Niederkunft kam. (7) Und sie gebar ihren ersten Sohn und wickelte ihn in Windeln und legte ihn in eine Krippe. Denn sie hatten keinen Platz in der Herberge.«**

Die Geburt Jesu wird sehr einfach geschildert. Der Sprachstil ist immer noch hebräisch und deutet auf eine alte judenchristliche Aufzeichnung hin.

»*Augustus*« kommt also in der Bibel vor! Genauso das andere lateinische Wort »Caesar« = »*Kaiser*«!

Dieser »*Kaiser Augustus*« ist 63 v.Chr. geboren, und zwar als Gaius Julius Caesar Octavianus, wobei Octavianus der Name war, unter dem er in die Geschichte eintrat. Sein Großonkel Gaius Julius Caesar, der berühmte Cäsar der römischen Geschichte und der Weltgeschichte, ebnete ihm den Weg in die Politik. Nach Cäsars Ermordung im Jahre 44 v.Chr. setzte sich Octavianus mit kluger Entschlossenheit gegen Cäsars Gegner und gegen alle Rivalen durch. Die berühmte Seeschlacht von Actium im Jahre 31 v.Chr. , in der Antonius besiegt wurde, machte Octavianus zum Alleinherrscher im Römischen Reich. Im Jahre 27 v.Chr. verlieh ihm der römische Senat den Namen »Augustus« (= der Erhabene). Von 31 v.Chr. bis 14 n. Chr., also 45 Jahre lang, regierte Augustus als erster römischer Kaiser, auch wenn die römische Republik formal noch nicht abgeschafft worden war. Alle wichtigen Ämter des Römischen Reiches waren in seiner Hand vereinigt. Augustus war das politische und das militärische Oberhaupt, dazu der Pontifex Maximus = Höchster Priester – ein Titel, den später die Päpste übernahmen. So wie Jesus König, Priester und Prophet war, so war es Augustus auf der Ebene der Weltreiche. Dies sind die größten Leistungen des Augustus: a) Er bewerkstelligte den Übergang des Römischen Reiches von der Republik zur Monarchie; b) er erweiterte die Grenzen des Reiches bis zur Donau und vorübergehend bis zur Elbe; c) er sicherte diese Grenzen auf Jahrhunderte hinaus durch ein ausgezeichnetes militärisches System; d) er brachte dem Mittelmeerraum auf Jahrhunderte Frieden durch die Pax Romana (den »römischen Frieden«), der in Rom der »Friedensaltar« (Ara Pacis) geweiht wurde; e) er suchte die Moral zu heben, vor allem durch Gesetze zum Schutze der Ehe und der alten römischen Religion; f) er führte das »Augusteische Zeitalter« herauf, in dem die großen Dichter wirkten (z.B. Vergil, Horaz), Kunst und Kultur aufblühten und Roms Glanz fast überschwenglich zunahm (z.B. durch den Bau des Pantheons).

Auf dem Höhepunkt des »Augusteischen Zeitalters« wird Jesus geboren. Augustus und Jesus – welche Gestalten treten sich hier gegenüber, obwohl sie sich persönlich nie begegnet sind! Augustus regiert das Weltreich – Jesus das Gottesreich (Joh 18,36). Hier prallen also Weltreich und Gottesreich aufeinander, wie es bereits in Dan 7 angedeutet ist. Augustus läßt seine Legionen aufmarschieren – Jesus kämpft mit dem Wort (Mt 26,53f). Augustus ist der Hohepriester des Heidentums (Pontifex Maximus) – Jesus ist der Hohepriester des lebendigen Gottes (vgl. Hebr 7). Augustus ist ein schlauer Diplomat – Jesus »lehrt den Weg Gottes recht und fragt nach niemand« (Mt 22,16). Augustus ist ein Herrscher, der »seine Völker niederhält« (Mt 20,25) – Jesus »dient« seinen Völkern und »gibt sein Leben zur Erlösung für sie« (Mt 20,28). Augustus benutzt auch die Lüge – Jesus ist die Wahrheit in Person (Joh 14,6). Augustus schafft ein menschliches Friedensreich – Jesus ein göttliches Reich (Röm 5,1; Offb 20,1ff). Augustus erwählt sich die glänzendsten Köpfe an seinen Hof – Jesus erwählt »das Geringe und das Verachtete« (1 Kor 1,28). Augustus maßt sich an, »zu sein wie Gott« (1 Mo 3,5) – Jesus ist wirklich Gott (Joh 1,1ff; 20,28; Röm 9,5).

»*In jene Zeit*«, als »*der Kaiser Augustus*« (V.1) regiert hat, führt uns Lukas mit knappen Strichen. Wir sind also zwischen 31 v.Chr. und 14 n. Chr. Das genauere Datum wird in V.2 greifbar. Es ist die Wendezeit der Weltgeschichte. Nicht umsonst datiert man im Weltmaßstab nach jener Wendezeit – entweder »vor« oder »nach« Christus. Also nicht nach Augustus – sondern nach Christus! Nach Augustus heißt nur ein Monat, nämlich der August. Die Römer benannten damals ihren Monat »Sextilis« um in den Monat August. Aber während Augustus nur der Namengeber eines Monats ist, wurde Jesus zum Namengeber der gesamten Weltgeschichte.

Damals *»ging eine Verordnung von Kaiser Augustus aus«* (V.1). Merkwürdig, wie hier Gottesgeschichte (bzw. Heilsgeschichte) und Weltgeschichte ineinandergreifen! Augustus hatte wenig Ahnung von den Juden, und schon gar nicht von Josefs Familie. Dennoch wird sein kaiserlicher Erlaß zum Anlaß, daß Jesus gemäß den prophetischen Verheißungen in Bethlehem geboren wird – und eben nicht in Nazareth! Augustus wußte nicht, daß er Gott diente. Dennoch *mußte* er Gott dienen. Das läßt sich auf alle Gottlosen erweitern. Sie wissen nicht, daß sie dem wahren Gott dienen. Aber sie *müssen* ihm dienen. Der Vorzug, den die Gläubigen haben, liegt darin, daß sie dienen *dürfen* und nicht *müssen.*

Genauer übersetzt heißt es in 2,1: *»Von seiten des Kaisers«* ging diese Verordnung aus. Er mußte die Verordnung nicht eigenständig entworfen haben. Es genügte, daß er sie unterschrieben und in Kraft gesetzt hat.

Für *»Verordnung«* steht im griechischen Urtext »Dogma«. Dieses »Dogma« bezeichnet in der Regel kein Gesetz, das durch Gesetzgebung erlassen worden wäre, sondern eine Verfügung (Erlaß, Edikt, Verordnung o.ä.), die durch einen kaiserlichen Willensakt zustande gekommen ist. Sie entspricht heute etwa einem Verwaltungsakt, hat allerdings eine größere Reichweite und greift tiefer ins politische Leben ein.

Was war der Inhalt jener *»Verordnung«*? – *»Daß der ganze Erdkreis sich in die Steuerlisten eintragen lassen solle«* (V.1). Es geht also um das Finanzaufkommen des Römischen Reiches. Es soll durch *»Steuerlisten«* gesichert und möglichst auch erweitert werden. Die römische Finanzverwaltung war ein ausgeklügeltes, großartiges System.

Zu den Einzelheiten: Für *»Erdkreis«* steht im Urtext »oikoumene«, also »Ökumene«. Das hatte damals die Bedeutung von »Zivilisation« oder »Menschheit«, wörtlich eigentlich: »bewohnte Erde«. Weil man im Mittelmeergebiet die Zivilisation mit dem Römischen Reich gleichsetzte und jenseits der römischen Grenzen nur »Barbaren«, »Unzivilisierte« vermutete, bekam das Wort »Ökumene« auch den Sinn von »Römerreich« (vgl. Apg 17,6; 24,5). »Ökumene« ist also in der Bibel grundsätzlich eine heidnische Größe. – Wir sehen jetzt, daß die gesamte Bevölkerung des Römerreiches (*»der ganze Erdkreis«* im

Sinne der Zivilisation) zur Steuer herangezogen werden sollte. Die Abwicklung dieses Verfahrens mußte Jahre beanspruchen – wir wissen heute nicht mehr, wie viele.

Was aber heißt »*sich in die Steuerlisten eintragen lassen*«? Es handelt sich um die amtlichen Steuerlisten, in die man die Personen und ihr Vermögen eintrug. Auf diese Weise schuf man eine Grundlage sowohl für die Personen- oder Kopfsteuer (Zensus) als auch für die Besteuerung der Vermögenswerte. Da Palästina seit 37 v.Chr. von Herodes d.Gr. regiert wurde, wurde die Eintragung in Palästina vermutlich von herodianischen Beamten vorgenommen.

Halten wir noch einmal fest: Lukas führt uns in die Wendezeit der Geschichte. Augustus repräsentiert das Weltreich, Jesus das Gottesreich. Von Anfang an ist die Geschichte Jesu und seiner Gemeinde also in die Weltgeschichte hineinverflochten.

»*Diese Steuerschätzung geschah zum ersten Mal, als Quirinius Statthalter in Syrien war*« (V.2). Um diesen Satz des Lukas ist der helle Streit entbrannt. Stimmt seine Angabe oder nicht? In Reclams Bibellexikon heißt es z.B.: »Quirinius, griech. Kyrenios, Publias Sulpicius Q. (6-11 n. Chr.), röm. Legat der kaiserlichen Provinz Syrien. Unter seiner Leitung fand 6 n. Chr. in Judäa-Samaria eine Steuerregistrierung statt.« Dieses Bibellexikon betrachtet also die Angabe des Lukas als falsch. Denn Jesus ist 6 n. Chr. schon mindestens 10 Jahre alt, kann also nicht 6 n. Chr. geboren sein. Hat aber Lukas recht, dann steht in diesem Bibellexikon das Falsche. Dann war nämlich Quirinius schon früher als leitender Beamter in Syrien.

Was spricht für Lukas? Erstens beruht die Angabe des obengenannten Bibellexikons und aller, die ähnliche Aussagen machen, nur auf einer Stelle des jüdischen Schriftstellers Josephus! Josephus aber verfaßte seinen Bericht später als Lukas, war also weiter von den Ereignissen entfernt. Das spricht eigentlich für Lukas. Zweitens hat unseres Wissens etwa 10/9 v.Chr. eine Steuerschätzung in Ägypten stattgefunden. Warum also nicht in einem ähnlichen Zeitraum auch in Palästina? Drittens bezeugt ein römisches Dokument (das sog. »Monumentum Ancyranum« im heutigen Ankara), daß ca. 8 v.Chr. von Augustus eine Steuerschätzung im gesamten Römerreich durchgeführt wurde. Selbst für einen Nichtchristen verdienen also die Angaben des Lukas Vertrauen.

Doch was sagt nun Lukas genau? a) Die Steuerschätzung, von der er in Kap. 2 berichtet, sei damals »*zum ersten Mal*« – oder: »als erste« – geschehen. Es folgten also noch weitere Steuerschätzungen, was auch aus römischen Nachrichten hervorgeht. b) Der verantwortliche Beamte saß »*in Syrien*«. Auch das stimmt mit den römischen Quellen überein. Denn von Syrien aus kontrollierten die Römer den von ihnen abhängigen Vasallenkönig Herodes. c) Dieser Beamte hieß »*Quirinius*«, griechisch Kyrenios oder Kyrinius. Leider wissen wir nicht mehr, wie lange er sich damals in Syrien aufhielt. Vermutlich war dies aber nach dem Jahre 10 v.Chr. der Fall. d) Für »*Statthalter*« kann man auch »führender Beamter« übersetzen.

Theophilus, der erste Adressat des Evangeliums (1,3), wird die Verhältnisse noch gekannt und deshalb auch gewußt haben, in welche Zeit die Angabe von Lk 2,2 hineingehört. Man gewinnt jedenfalls den Eindruck, daß Theophilus Römer war, weil Lukas in 2,1f vorwiegend Ereignisse und Gestalten aus der römischen Geschichte nennt (Cäsar Augustus, Quirinius, Steuerschätzung).

Mit V.3 kommen wir zu den Folgen des kaiserlichen Erlasses: »*Und alle machten sich auf den Weg, um sich eintragen zu lassen, jeder in seine Stadt*« (V.3). Mindestens im Gebiet des Herodes war es also notwendig, daß jede Familie sich im Heimatort der Väter eintragen ließ. Man hat schon gefragt, wie ein Erlaß des römischen Kaisers eine solche Gültigkeit für den König Herodes und sein Land haben konnte. Die Antwort ist einfach: Herodes war ein Vasall der Römer, und sein Gebiet bildete trotz teilweiser Selbständigkeit einen Bestandteil des Römischen Reiches. Aber warum ging »*jeder* (= jedes Familienhaupt) *in seine Stadt*«? Weil im Erlaßjahr jedes Grundstück wieder an die ursprüngliche israelitische Besitzerfamilie zurückfiel (3 Mo 25,8ff; 4 Mo 36,5ff). So blieb der Grundbesitz über Jahrhunderte sogar für diejenigen erhalten, die ausgewandert waren (vgl. Rut 4,1ff). Wollte man eine Steuerveranlagung durchführen, dann bot sich der Heimatort als Ort des Grundbesitzes geradezu an. Dort konnte man auch Zeugen u. dgl. am ehesten aufbieten. Übrigens kennen wir auch aus Ägypten den Befehl, »daß sie zurückkehren zu ihrem heimatlichen Herd«, um die Steuerschätzung durchzuführen. Allerdings liegt dieser ägyptisch-römische Erlaß rund hundert Jahre später als derjenige, von dem Lukas spricht.

Man muß sich einmal vorstellen, wie tief eine solche Steuerschätzung in das Alltagsleben eingriff. Tausende mußten *»sich auf den Weg machen«*. Die Abwesenheit konnte Wochen und Monate dauern. Kein Wunder, daß es von Dalmatien (heutiges Jugoslawien) bis nach Judäa Aufstände gegen die römischen Steuerschätzungen gab.

Aber für unser Evangelium tritt dadurch eine Tatsache in ein herrliches Licht: nämlich die Zugehörigkeit Josefs zur Davidsfamilie.

Denn genau dies ist der Grund für die Reise Josefs *»nach Bethlehem«*, *»weil er aus dem Hause und Geschlechte Davids war«* (V.4). Obwohl Lukas weder Jude noch in Palästina aufgewachsen ist, stimmen seine Angaben. Bethlehem liegt in Judäa, etwa 10 km südlich von Jerusalem. Von dort stammte *»David«* (Rut 1,22; 2,4; 4,11.21f; 1 Sam 16,1ff). Schon früh nannte man Bethlehem *»Davids Stadt«* (1 Sam 20,6). Man zog auch *»hinauf«* von Nazareth nach Bethlehem, denn Nazareth liegt etwa 350-400 m, Bethlehem dagegen etwa 750 m hoch. *»Josef«* war nach Lk 2,4 *»aus dem Hause Davids«* = aus der Familie Davids und *»aus dem Geschlechte Davids«* = aus der männlichen Abstammungslinie, die sich bis auf David zurückverfolgen ließ. Beide Familientafeln im NT (Mt 1 und Lk 3) bestätigen diese Tatsache, obwohl sie in den Einzelheiten verschieden sind. Wir müssen annehmen, daß damals noch viele Davididen in Bethlehem wohnten. Evtl. ist Josef sogar selbst in Bethlehem aufgewachsen und danach erst nach *»Nazareth«* ausgewandert. Jedenfalls aber wohnte er zum Zeitpunkt von Lk 2,4 tatsächlich in Nazareth. So läßt sich Mt 2 richtig verstehen (vgl. Mt 2,1.23). Ferner ergibt sich aus Lk 2,4 und 5, daß Josef noch Grundbesitz in Bethlehem hatte.

Für das gesamte NT ist wichtig, daß wir in Josef einen echten Nachfahren Davids vor uns haben. Denn auf diese Weise erfüllten sich die messianischen Weissagungen, die über David, seine Familie und auch über Bethlehem ausgesprochen waren (vgl. 2 Sam 7,4ff; Ps 89,4ff; Jes 7,13ff; 9,5f; 11,1ff; Jer 23,5ff; Hes 34,23ff; Am 9,11ff; Mi 5,1ff; Mt 2,5f; Joh 7,42; Röm 1,3; 9,4f; Hebr 7,1ff; Offb 22,16).

Der Hauptinhalt von V.5 steht fest: *»Maria«* reiste *»zusammen mit«* Josef nach Bethlehem. Die Ausleger schwanken aber über den Sinn der Aussage: *»seiner anvertrauten Frau«*. Hieß es im Urtext evtl. nur »mit seiner Anvertrauten«? Das legen einige alte Handschriften nahe. Aber auch dann dürfte die deutsche Übersetzung keineswegs von »seiner Verlobten« sprechen, wie es z.B. die Neue Jerusalemer Bibel und die Revidierte Elberfelder Bibel tun. Denn »Anvertraute« heißt nach jüdischem Recht: Ehefrau kraft Ehevertrages, aber noch nicht im Hause des Ehemannes lebend. Vermutlich hat der auffallende Ausdruck »seine Anvertraute (Frau)« den Sinn: Maria war noch nicht von Josef berührt, aber rechtlich eben seine Frau. Das stimmt mit Mt 1,25 bestens überein. Weshalb Josef die Maria mitnahm, wissen wir nicht mehr. Wollte er sie in »*schwangerem*« Zustand nicht alleine lassen? Wollte er sie vor dem Dorfklatsch schützen? Brauchte er sie für die Eintragung in die Steuerliste? Niemand weiß es.

»*Während ihres dortigen Aufenthalts kam die Zeit ihrer Niederkunft*« (V.6). Wörtlich heißt es in V.6: »Die Tage bis zu ihrem Gebären wurden voll« (vgl. 1,57). Benutzt Lukas hier die ärztliche Fachsprache? Wie lange der »*Aufenthalt*« in Bethlehem schon währte, wird nicht gesagt. Es kann sich um Tage, aber auch um Wochen oder gar Monate gehandelt haben.

Der siebente Vers des 2. Lukaskapitels ist weltberühmt geworden: »*Und sie gebar ihren ersten Sohn, und wickelte ihn in Windeln und legte ihn in eine Krippe. Denn sie hatten keinen Platz in der Herberge*«. Wir haben diesen Vers in der Fassung der Lutherbibel gelassen, obwohl man an der einen oder anderen Stelle auch anders übersetzen könnte.

Was ist damals geschehen? Hätte doch Lukas ein wenig ausführlicher erzählt! Aber die biblischen Evangelien schmücken nichts aus – ganz im Gegensatz etwa zum Protevangelium des Jakobus, das mit Recht nicht in die Bibel aufgenommen wurde, weil es der menschlichen Phantasie Raum gibt.

Betrachten wir nun die einzelnen Punkte. Das Kind wird »*ihr erster Sohn*« bzw. »ihr Sohn, der Erstgeborene« genannt. Diese Bezeichnung ist nur sinnvoll, wenn Maria noch andere Söhne gebar. In der Tat hatte Jesus vier leibliche Brüder, nämlich Jakobus, Josef, Simon, Judas (Mt 13,55; Mk 6,3). Außerdem hatte er mindestens zwei Schwestern (Mt 13,56; Mk 6,3). Das Einhüllen der Neugeborenen »*in Windeln*« war seit langem üblich (Hes 16,4; Weisheit 7,4).

Eine »*Krippe*« als notdürftiges Bett für ein Neugeborenes ist durchaus denkbar. Wo befand sich diese Krippe? Hier kommen hauptsächlich zwei Möglichkeiten in Frage: a) Die Krippe befand sich innerhalb eines Hauses. In Palästina kam es immer wieder vor, daß Tiere mit den Menschen unter demselben Dach hausten. Dann müßte man die Worte »*sie hatten keinen Platz*« so lesen, als ob dastünde: »Sie hatten sonst keinen anderen Platz«. b) Die Krippe befand sich in einer Höhle oder Grotte. Da die Herden im Freien waren (V.8), konnte die leerstehende Höhle, die sonst als Stall diente, durchaus als Notunterkunft in Frage kommen – lebten doch die Menschen damals auch in Nazareth teilweise in Höhlen!

Die Deutung der »*Krippe*« hängt eng zusammen mit der Deutung der Schlußworte: »*Denn sie hatten keinen Platz in der Herberge bzw. im Zimmer*«. Auch da, wo der Luthertext von einer »*Herberge*« redet, gehen die Deutungsmöglichkeiten auseinander: a) Man kann mit Schlatter von einer Herberge (oder Karawanserei) für die Durchwandernden reden, also tatsächlich von einem antiken Wirtshaus. b) Man kann das betreffende griechische Wort wie in Mk 14,14 und Lk 22,11 (Abendmahlssaal!) mit »Raum« oder »Zimmer« oder »Saal« übersetzen. – Was trifft eher zu? Trotz unserer Gewöhnung an das Wort »Herberge« sprechen die meisten Argumente für die Übersetzung »Zimmer«. Denn für »Herberge« benutzt Lukas ein anderes Wort (vgl. Lk 10,34). In Mk 14,14 und Lk 22,11 heißt das betreffende griechische Wort, das in Lk 2,7 oft mit »Herberge« übersetzt wird, tatsächlich »Raum« oder »Zimmer«. Diese Übersetzung ist aber auch in Lk 2,7 durchaus sinnvoll. Deshalb neigen wir in unserem Kommentar zu der Annahme, daß in Lk 2,7 ein Zimmer gemeint ist.

Dann wäre der Vorgang folgendermaßen: Josef und Maria wohnten in Bethlehem in einem Haus. In diesem Haus war es eng – evtl. wegen der Steuerschätzung, die viele Bethlehemiter hierher brachte. Ob dieses Haus ganz oder teilweise Josef gehörte, wie manche Ausleger vermuten (vgl. Mt 2,11), muß man gänzlich offen lassen. Als nun die Geburt des Kindes erfolgte, genügte der »*Platz*« im großen »Zimmer« wegen der Überbelegung nicht mehr. Josef und Maria wichen mit dem Neugeborenen in eine Notunterkunft aus. Eine solche Notunterkunft mußte über ein Dach verfügen. Es war also entweder ein überdachter Stall oder eine Höhle – vielleicht sogar die Höhle, die man heute in der Geburtskirche von Bethlehem zeigt. Solche Höhlen wurden oft als Ställe fürs Vieh benutzt. Interessanterweise gibt es seit dem 2. Jh. n. Chr. eine ganze Reihe von altkirchlichen Nachrichten, die tatsächlich von einer Höhle sprechen (z.B. Justin, Origenes).

Aber wenn wir auch meinen, daß es so gewesen ist, müssen wir doch noch einmal unterstreichen, daß es sich hier nur um eine Vermutung handelt.

Ganz unabhängig von allen Vermutungen steht jedoch eines fest: Der Gottessohn, der alles geschaffen hat, fand als Schöpfer *»keinen Platz«* bei den Geschöpfen. Er fand ihn nicht einmal im Israelland. Hier schon gilt der Satz des Johannes: »Er kam in sein Eigentum; und die Seinen nahmen ihn nicht auf« (Joh 1,11). Und schon bei Jesu Geburt kündigte sich symbolisch an, daß er sein ganzes Leben lang »nichts« haben würde, »wo er sein Haupt hinlege« (Lk 9,58). Es zeigt sich außerdem, daß dieser Messias »arm kommt« (Sach 9,9) und daß er ohne imponierende »Gestalt und Hoheit« ist (Jes 53,2). Was für ein Gegensatz: Dort Augustus im marmorstrotzenden Rom, hier Jesus in einem Stall oder einer Höhle! Doch gerade deshalb konnte Jesus »mitleiden mit unserer Schwachheit« (Hebr 4,15; vgl. 2,17f) – im Gegensatz zu Augustus.

Im Blick auf zahlreiche Gemälde und Ausschmückungen fügen wir aber hinzu, daß von einer Anwesenheit von Ochs oder Esel nichts berichtet wird. Eine solche Anwesenheit hat nur die Legende aus Jes 1,3 herausgelesen.

Die Verheißung, daß Maria einen Sohn gebären würde (1,31) ist also in Erfüllung gegangen. Wie ging nun Jesu Geschichte weiter? Das berichten uns die Verse 8-20:

2,8-20: **(8) »Und es waren Hirten in derselben Gegend, die lebten unter freiem Himmel und hielten in dieser Nacht Wache bei ihrer Herde. (9) Und der Engel des Herrn trat zu ihnen und die Herrlichkeit des Herrn umleuchtete sie, und sie fürchteten sich sehr. (10) Und der Engel sagte zu ihnen: Fürchtet euch nicht! Denn siehe, ich verkündige euch große Freude, die dem ganzen Volk widerfahren wird. (11) Denn euch ist heute ein Retter geboren, das ist der Messias, der Herr, in der Stadt Davids. (12) Und das soll euch das Zeichen sein: Ihr werdet ein Kind finden, das in Windeln gewickelt ist und in einer Krippe liegt. (13) Und plötzlich war bei dem Engel eine Menge himmlischer Heerscharen, die lobten Gott und sagten: (14) Ehre sei Gott in der Höhe, und auf Erden Friede bei den Menschen, denen sein Wohlgefallen gilt. (15) Und als die Engel von ihnen in den Himmel zurückkehrten, da sagten die Hirten zueinander: Laßt uns doch hinüber nach Bethlehem gehen und uns ansehen, was da geschehen ist, was der Herr uns wissen ließ. (16) Und sie kamen schnell und fanden tatsächlich Maria und Josef und das Kind, in der Krippe liegend. (17) Als sie es aber sahen, teilten sie mit, was ihnen über dieses Kind gesagt worden war. (18) Und alle, die es hörten, staunten über das, was von**

den Hirten zu ihnen gesagt wurde. (19) Maria aber bewahrte alle diese Ereignisse im Gedächtnis und bewegte sie in ihrem Herzen. 20) Und die Hirten kehrten zurück, und priesen und lobten Gott über allem, was sie gehört und gesehen hatten. Es entsprach ja dem, was zu ihnen gesagt worden war.«

Vorweg eine Bemerkung:

Alle Berichte aus der Zeit der Geburt Jesu schließen bei Lukas mit einem Lobpreis (vgl. 1,25 zu 1,5-25; 1,38 zu 1,26-38; 1,46ff zu 1,39-56; 1,67ff zu 1,57-70; 2,20 zu 2,1-20; 2,28ff bzw. 2,38 zu 2,21-40). So schließt auch der Bericht von der Geburt Jesu mit einem Lobpreis (vgl. 2,20). Lukas ist und bleibt also ein »Theologe des Lobpreises«. Wie armselig ist dagegen die moderne Theologie!

»*Es waren Hirten in derselben Gegend*« (V.8): Das ist Alltag im Israelland. »*Dieselbe Gegend*« ist die Nachbarschaft Bethlehems. Aus der weiteren Nachbarschaft stammte übrigens auch der Prophet Amos, ein Hirte aus Tekoa (Am 1,1; 7,14), das ca 10 km südöstlich von Bethlehem liegt. Man erinnere sich ferner daran, daß David »von den Schafhürden« weg erwählt wurde (2 Sam 7,8; Ps 78,70f). In der betreffenden Jahreszeit »*lebten die Hirten unter freiem Himmel*«. In welcher Jahreszeit kann das gewesen sein? Im Winter wohl kaum. Gewöhnlich waren die Herden mitsamt den Hirten von April (Passazeit) bis November draußen auf freiem Feld. In dieser Zeit also scheint Jesus geboren zu sein. Da man im Hochsommer im Israelland ungern wanderte (vgl. Lk 2,4f mit Joh 4,6), kommt das Frühjahr oder der Herbst am ehesten in Frage. Bekanntlich ist das Geburtsfest Jesu erst im 4. Jh. n. Chr. auf den 25. Dezember gelegt worden. .

Lukas sagt: »*Sie hielten in dieser Nacht Wache bei ihrer Herde*«. Evtl. saßen sie an einem kleinen Feuer, so wie sich Petrus in der Aprilnacht an einem Feuer wärmen mußte (Lk 22,55). Ergibt sich aus Lk 2,8, daß Jesus am Abend oder gar »*in dieser Nacht*« geboren wurde? Nicht unbedingt. Wir müssen diese Frage zunächst offen lassen. (vgl. noch Joh 10,1-13).

»*Und der Engel des Herrn trat zu ihnen*« (V.9): Es gab für die Hirten keine Vorbereitungszeit. Plötzlich waren sie nicht mehr allein. »*Die Herrlichkeit des Herrn umleuchtete sie*«. Wie andere Menschen bei ähnlichen Begegnungen »*fürchteten sie sich sehr*« (wörtlich:

»fürchteten sie sich mit großer Furcht«), vgl. Dan 8,17f; 10,4ff; Mk 4,41; Lk 1,11f.29; 24,4f; Apg 26,13f. Im Unterschied zu 1,19 und 1,26 ist kein Engelname angegeben. Dagegen erinnert uns die »*Herrlichkeit des Herrn*« an die Gründung des Alten Bundes beim Sinai (2 Mo 24,16). Nun steht die Gründung des Neuen Bundes nahe bevor.

Von V.10 an spielt das erklärende Gotteswort die entscheidende Rolle. Nicht die äußeren Zeichen und Erscheinungen stehen im Vordergrund, sondern das verkündigte Evangelium.

Das erste Wort aus dem Munde des Engels ist ein Trostwort: »*Fürchtet euch nicht*!« (V.10). So hat der Engel auch Zacharias und Maria getröstet (Lk 1,13.30). In diesem »Fürchtet euch nicht« steckt aber auch schon die Aufgabe: Die Hirten sollen Zeugen des göttlichen Wunders werden.

»*Siehe, ich verkündige euch große Freude*«: Das ist buchstäblich »Evangelium«. Denn für »*verkündigen*« steht im Urtext »evangelisieren«, und Evangelium ist seinem Wesen nach »*Freuden*«-Botschaft. Dasselbe Wort für »*verkündigen*« steht in der griechischen Bibel in Jes 52,7, wo es von der Endzeit heißt: »Wie lieblich sind auf den Bergen die Füße der Freudenboten (wörtlich: des Evangelisierenden), die da Frieden verkündigen, Gutes predigen, Heil (wörtlich: Rettung) verkündigen, die da sagen zu Zion: Dein Gott ist König!« Die Fortsetzung in Jes 52,8 lautet: »Deine Wächter (wörtlich: Hütende) rufen mit lauter Stimme und rühmen miteinander«. Alle wesentlichen Stichworte aus Jes 52,7-8 finden sich in Lk 2,8-20 wieder: Freudenbote, Friede, verkündigen, Rettung bzw. Retter, Herr, Hirten bzw. Hütende, rühmen. Sogar die »Berge« finden sich in Gestalt des judäischen Berglandes wieder! Man kann also sagen, daß das in Jes 52,7f Prophezeite jetzt bei der Geburt Jesu tatsächlich geschieht. Das ist so, weil Gott es so gefügt hat – und nicht, weil es der Evangelist etwa dem Jesajabuch nachgedichtet hätte!

Aber nicht nur die Hirten sollen »*Freude*« haben. Vielmehr »*wird sie dem ganzen Volk widerfahren*« (V.10). Wer ist dieses »*ganze Volk*«? Zunächst Israel. Sodann aber das Gottesvolk aus allen Völkern und Nationen (Dan 7,14; Offb 7,9). Und worin besteht die »*Freude*«? In der Sündenvergebung und der Erlösung (Mt 1,21; Offb 7,14ff). Wer Jesus nicht als seinen Retter will, wird diese Freude nie kennenlernen.

Der Kernsatz des Wortes Gottes, das der Engel überbringt, lautet: »*Denn euch ist heute ein Retter geboren*« (V.11). Da der Engel keine Romane erzählt, sondern seine Aussage in kurze schlagwortartige Sätze zusammenfaßt, sollten wir auf jedes einzelne Wort hören. »*Denn*« begründet die Freude. »*Heute*«: Dieser Klang zieht sich durchs ganze Evangelium (vgl. 4,21; 13,32f; 19,9; 23,43). Es drückt die herrliche Erfüllung der alten Prophezeiungen aus. Auch die Hirten wußten ja etwas von den alten Messiasverheißungen. »*Euch*«: Auch euch als Israeliten! Mochten die Hirten verachtet sein, so gilt ihnen doch wie dem Zöllner Zachäus: »Heute ist diesem Hause Heil widerfahren, denn auch er ist Abrahams Sohn« (Lk 19,9). »*Euch*« bezeichnet dann weiter das ganze Volk Israel und alle künftigen Gläubigen. »*Ein Retter*« (griechisch Soter) ist der Helfer (Heiland) aus allen Sünden, aus aller Knechtschaft von Tod und Teufel, ja am Ende aus allem Leiden. Merkwürdig, wie genau die Engelbotschaft von Mt 1,21 und Lk 2,11 zusammenstimmt! »*Heute ist er geboren*«: Der jüdische Tag dauert von Abend zu Abend, etwa von 18 Uhr bis wieder 18 Uhr. Erscheint der Engel in der Nacht, dann heißt »*heute*« am vorausgehenden Abend nach 18.00 Uhr oder in der schon angebrochenen Nacht. Was also in V.8 noch unklar war, wird in V.11 klar: Jesus ist abends oder nachts geboren. »*Geboren*« umschließt seine ganze Menschwerdung. Die Aussage ist hier dieselbe wie in Joh 1,14: »Das Wort ward Fleisch«. Es ist also erfüllt, was in Jes 7,14; 9,2-5; 11,1 steht (vgl. Gal 4,4). Für die Hörer nennt der Engel noch einige wichtige Kennworte: »*Es ist der Messias*«, der langerwartete Erlöser Israels; es ist »*der Herr*«, was genaugenommen auf seine Gottheit hindeutet; er wurde »*in der Stadt Davids*« = in Bethlehem geboren, was die Erfüllung von Mi 5,1f bedeutet (vgl. Mt 2,5f).

Schlatter machte die gute Beobachtung, daß offenbar in Haus und Stall niemand von der Geburt Jesu Notiz nahm, daß aber draußen bei den Hirten Gott die ersten Anbeter herbeirief. »Die Herberge bleibt finster und behielt ihre gewöhnliche Art«. So kann es um uns finster sein, während Gott schon woanders Trost und Stärkung vorbereitet.

Aber auch der Glaube der Hirten braucht Stärkung. Deshalb bietet ihnen Gottes Güte ein »*Zeichen*« an: »*Und das soll euch das Zeichen sein: Ihr werdet ein Kind finden, das in Windeln gewickelt ist und in einer Krippe liegt*« (V.12). Es fällt auf, daß das *Angebot* von »*Zeichen*« auffallend oft mit den Gesalbten des AT, aber auch mit der

Messiasprophetie verknüpft ist: So bei Saul (1 Sam 10,1f); so bei Hiskia (Jes 38,7f) und so beim Messias selbst (Jes 7,10f; Mt 2,2f). Aber was für ein Zeichen ist das bei der Geburt Jesu! Es besteht aus einem jämmerlichen Neugeborenen (so könnte man auch statt »*Kind*« übersetzen), aus »*Windeln*« und aus einer Vieh-»*Krippe*«. Also lauter Zeichen der Armut, der Demut, der bescheidensten Umstände! Wie soll das der Heiland der Welt sein? Daß wir es hier mit einem tiefen Geheimnis zu tun haben, verrät schon die Messiasprophetie in Jes 9,5: »Denn uns ist ein Kind geboren, ein Sohn ist uns gegeben, und die Herrschaft ruht auf seiner Schulter«. Andrerseits war ein Kind in einer »*Krippe*« ein außerordentlich klares Zeichen.

Was nach der Engelbotschaft von V.10-12 dann »*plötzlich*« geschah (V.13), läßt sich in menschlichen Worten schwer beschreiben. Am besten hat es wohl F.Godet erfaßt: »Plötzlich tritt eine große Schar von Engeln aus den Tiefen der uns allenthalben umgebenden unsichtbaren Welt hervor und gesellt sich zu dem, der eben mit den Hirten geredet hat.« Daß die »*Menge himmlischer Heerscharen*« wirklich aus guten Engeln Gottes bestand, ergibt sich aus V.15, sowie aus Jos 5,15; 1 Kön 22,19; Ps 103,20; Dan 7,10; Mt 26,53. Aber wieder ruht das Interesse des Lukas viel stärker auf der Botschaft als auf der wunderbaren äußeren Erscheinung. Deshalb beschreibt er die Engel nicht, sondern teilt uns mit, was »*sie sagten*«. Aber das betont dieser »Theologe des Lobpreises« doch, daß sie »*Gott lobten*«! Auch die Engel staunen. Auch sie haben auf den Messias gewartet. Auch sie sehnen sich nach der Erlösung und nach der Neuschöpfung (vgl. Röm 8,18ff; 1 Petr 1,10ff). Sie können nur loben und danken, daß Gott jetzt seinen einzigartigen Heilsplan ausführt.

Wieder stehen wir vor einem berühmten Vers, wenn wir jetzt V.14 anschauen. Wie oft ist dieses »Gloria in excelsis« (so der Anfang des Verses in Latein) vertont worden! Wie oft und wie verschieden ausgelegt worden! »*Ehre*« soll »*Gott*« zuteil werden. Ob es »*sei*« oder »*ist*« heißen muß, bleibt in der Auslegung umstritten. »*In der Höhe*«, d.h. im Himmel, empfängt Gott dieses Lob. Je näher die Geschöpfe beim Throne Gottes sind, desto mehr geben sie ihm die Ehre (vgl. Jes 6,1f; Offb 4,8f; 5,11f). »*Auf Erden* sei (oder: ist) *Friede*«: das ist der Christusfriede (vgl. Mi 5,4; Eph 2,14.17; 6,15). Es handelt sich also um denjenigen Frieden, der ein Ende der Feindschaft des Menschen gegen Gott bedeutet, und um denjenigen Frieden, der die neue Gemeinschaft mit Gott bezeichnet (vgl. Joh 14,27; 16,33; Röm 5,1). Der äußere Friede folgt ihm dann im Tausendjährigen Reich (Offb 20,1-6) und in der neuen Schöpfung (Offb 21,3f) nach. Weil es ein Christusfriede ist, breitet er sich *»bei den Menschen«* aus, *»denen sein* (= Gottes) *Wohlgefallen gilt«*. An wem hat Gott »Wohlgefallen«? An jedem, der an Jesus als seinen Retter glaubt (Joh 6,28f). Solche Gläubige gibt es nicht nur in Israel. Sie gibt es in aller Welt. Deshalb lautet der Lobgesang auch nicht: »bei den Israeliten, denen sein Wohlgefallen gilt«, sondern: *»bei den Menschen, denen sein Wohlgefallen gilt«*. Diese Erstreckung des endzeitlichen Heils auf alle Menschen wurde im AT seit langem angekündigt (Jes 42,6; 49,6; 57,19; Sach 9,10; Mal 1,11). Sie wird von den Aposteln mehrfach betont (Apg 10,34ff; Röm 10,12; Eph 2,14f). Mit diesem Christusfrieden verwirklicht sich der Friedenswunsch des Priestersegens in 4 Mo 6,26. Zugleich beginnt die Friedensherrschaft, von der in Jes 9,5f die Rede ist. Man kann auch sagen: Hier beginnt die göttliche Friedensrealität, gegen die alle menschlichen Friedensbemühungen nur Träume sind (vgl. dazu Jer 6,14; 8,11; Offb 6,4).

Was die Engel in 2,14 sagen, bestätigt übrigens den Lobpreis des Zacharias in 1,79.

Auch in V.15 schildert Lukas sehr zurückhaltend. Er faßt den Abschied der Engel in die schlichten Worte: *»als die Engel von ihnen in den Himmel zurückkehrten«* (wörtlich: »als sie von ihnen in den Himmel weggingen«). Der *»Himmel«* ist hier die unsichtbare Welt. *»Sie gingen weg«* (nicht: »sie fuhren auf«!) heißt einfach: Sie überschritten die Schwelle von der sichtbaren/hörbaren zur unsichtbaren und unhörbaren Welt.

Zurück bleiben *»die Hirten«*. Was sie *»zueinander sagen«*, wird zugleich ihr Beschluß: *»Laßt uns doch hinüber nach Bethlehem gehen und uns ansehen, was da geschehen ist, was der Herr uns wissen ließ«* (V.15). *»Bethlehem«* war also ganz in der Nähe. Sie haben begriffen, daß Gott sie etwas *»wissen ließ«* (oder: »offenbarte«). Das ist eine Auszeichnung, die in der Regel nur Propheten erfuhren. Für uns werden die Hirten zu einem dreifachen Glaubensvorbild: a) Sie staunen nicht bloß über das Wunder, sondern ziehen daraus praktische Konsequenzen; b) sie wagen etwas auf das Wort des Herrn hin; c) sie befolgen wie Nathanael den Grundsatz: »Komm und sieh!« (vgl. Joh 1,46), d.h. sie wollen Klarheit darüber haben, was an der Sache dran ist.

»*Schnell kamen sie*« nach Bethlehem »*und fanden tatsächlich*« alles so vor, wie der Engel es gesagt hatte (V.16). Das griechische Wort, das wir mit »*tatsächlich finden*« übersetzt haben, bedeutet das Auffinden oder Entdecken nach vorausgegangenem Suchen. Die Hirten hatten sich wohl noch in derselben Nacht hindurchgesucht. Das »Zeichen« von V.12, in Gestalt des »*Kindes, in der Krippe liegend*«, war nun gegeben. Folglich mußte alles andere in der Engelbotschaft auch stimmen: Retter, Messias, Herr, Davidsnachfahre. Ähnlich erging es den Magiern aus dem Zweistromland nach Mt 2,11.

Die V.17 bis 18 schildern, wie die Hirten aus Zuschauern und Zuhörern zu Zeugen werden. Sie legen innerlich einen ganz ähnlichen Weg zurück wie Nathanael nach Joh 1,45f. »*Als sie es* (= das alles) *aber sahen*«, gingen sie nicht selbstzufrieden zurück. Vielmehr »*teilten sie*« allen Anwesenden »*mit, was ihnen über dieses Kind gesagt worden war*« (V.17). D.h. sie gaben Gottes Wort, das der Engel überbracht hatte, weiter. Das hat für uns Heutige eine Wegweiserfunktion. Nicht das, was wir denken, meinen, für möglich halten, zählt, sondern das, was Gott sagt. Ein biblischer Zeuge schweigt nicht. Schließlich hat Jesus für andere mindestens dieselbe Bedeutung wie für uns. Nun gehören die Hirten selbst zu den »Freudenboten auf den Bergen, die da Frieden verkündigen, Gutes predigen und Heil verkündigen« (Jes 52,7).

Halten wir noch eines fest: Die Hirten waren Realisten. Ihr Zeugnis beruht nicht nur auf dem Hören, sondern auch auf dem »*Sehen*«. Zwar geht das Wort voraus. Aber die Erfahrung folgt dem Worte nach. In der Bibel geht es nicht um Legenden, sondern um tatsächliche Ereignisse (siehe Lk 1,1!).

Die Reaktion der Anwesenden ist »*Staunen*« (V.18). Wer sind »*alle, die es hörten*«? Auch Geburtshelfer? Freundliche Verwandte? Gäste des Hauses? Evtl. sogar Leute, die den Hirten in der Nacht oder am nächsten Tage begegneten? Vielleicht haben Bengel und Liefeld recht, wenn sie diese Hirten »die ersten Evangelisten der christlichen Zeitrechnung« nennen. Denn die Hirten waren noch vor den Magiern beim neugeborenen Jesus.

Eine Hörerin wird dabei besonders hervorgehoben. Das ist Maria (»*Maria aber ...*«, V.19). Sie scheint innerlich am meisten betroffen gewesen zu sein. Es heißt von ihr: »*Maria aber bewahrte alle diese Ereignisse* (oder: alle diese Worte) *im Gedächtnis und bewegte sie in ihrem Herzen.*« Nach der griechischen Grammatik hat sie das wieder und wieder getan, so wie das etwa die deutsche Wendung »es trieb sie um« ausdrückt. Mit Kopf und »*Herz*« war sie dabei. Hier kommen wohl verschiedene Ursachen zusammen. Erstens bewegte sie die Kette göttlicher Offenbarungen (vgl. 1,11f. 26f. 41f. 64.66; 2,8f mit 1 Mo 37,11; Dan 7,28). Zweitens erfuhr sie nach der Demütigung durch die Schwangerschaft und durch die Umstände der Geburt eine überraschende Glaubensstärkung, als die Hirten von der Offenbarung auf dem Felde berichteten. – Insgesamt wird man annehmen dürfen, daß Maria »die hauptsächliche Trägerin der Überlieferungen ist, die in diesem ersten Abschnitt des Lcev niedergelegt sind« (Zahn, Bengel). Wenn sie »*alle diese Ereignisse im Gedächtnis bewahrte*«, konnte sie später anderen, vor allem Jesus selbst, aber auch den Aposteln und dem Lukas, davon berichten.

Der Lobpreis der »Hirten« schließt diesen Bericht von der Geburt Jesu. »*Sie kehrten zurück, und priesen und lobten Gott*« (V.20). Wie wichtig das für Lukas war, sieht man an den Parallelstellen in 5,25; 7,16; 13,13; 17,15; 18,43; 23,47; Apg 11,18. Vermutlich war es nicht nur ein momentaner Lobpreis, sondern ein Gotteslob, das die nächsten Tage ausfüllte. Worüber wird Gott gepriesen? »*Über allem, was sie gehört und gesehen hatten.*« »*Hören und sehen*« macht den Zeugen. Doch verschweigen wir nicht den zweiten Grund des Lobpreises: Das Gehörte und Gesehene »*entsprach ja dem, was zu ihnen gesagt worden war*«. Lukas registriert also die Erfüllung des göttlichen Wortes (vgl. Jos 21,45; 23,14; 1 Kön 8,56). So zuverlässig ist Gott! Und diese Zuverlässigkeit wollte ja Lukas in seinem ganzen Evangelium zeigen (1,4)!

Nachbemerkung: Oft liest man bei den Auslegern, Lukas habe die Hirten deshalb so stark herausgestellt, weil sie arm und verachtet gewesen seien. Er habe auf diese Weise klargemacht, daß Jesus gerade zu den Geringen und Verachteten gesandt worden sei. Das mag stimmen. Uns scheint aber, daß man noch zwei weitere Punkte berücksichtigen muß. Zum einen stellen die Hirten bei Bethlehem die Verbindung mit der Davidsgeschichte her. Jesus als der zweite David wird in Bethlehem unter ähnlichen Umständen geboren wie der erste David, der ja bei den Schafhürden aufwuchs (1 Sam 16,11; 17,34ff; 2 Sam 7,8; Ps 78,70f). Zum andern könnte Lukas für seinen römischen Leser Theophilus einen Vergleich mit Augustus beabsichtigt haben. Der berühmte Dichter Vergil (oder Virgil, 70 v.Chr.-19 n. Chr.) hatte die Zeitenwende von einem Sohn des Augustus erwartet und u.a. die Verse gedichtet: »... aufs neue hebt an die große Folge der Zeiten ... Schon steigt ein neuer Sproß hernieder vom Himmel, dem hohen ... Endigen wird das Geschlecht von Eisen, erstehen das goldne (Geschlecht) ... Dir aber, Kind, wird die Erde als erste hinstreuen Geschenke«. Mit größter Wahrscheinlichkeit haben der gebildete Lukas und Theophilus diese Verse gekannt. Nun aber loben Engel und Menschen den Messias Jesus. Augustus starb ohne eigenen Sohn. Gottes Sohn aber ist tatsächlich geboren worden. Die jüdischen Hirten zeigen, daß Menschen bis in die hintersten und verachtetsten Winkel der Erde die wunderbare Geburt des Gottessohnes erkannten und bezeugten. Was bei Vergil ein Traum war, wurde bei Gottes Volk zur Realität. Jesus ist der wahre Retter und Universalherrscher. Ist es das, was Lukas hier zeigen wollte?

Vorschlag zur Bibelarbeit über Lukas 2,1-20

1. Einleitung:

a) Wir versuchen zunächst, uns geschichtlich zu informieren: Wer war dieser Augustus? Was bedeutet die traditionelle Übersetzung »geschätzt« in V.1? Wohin gehörte damals Palästina politisch? usw.

b) Wir überlegen, in welcher Situation sich Josef und Maria damals befanden.

c) Was sagt uns die Bibel über Engelbotschaften? Es wäre gut, wenn wir auch dazu einiges zusammenstellen könnten.

d) Bei einer so vertrauten Geschichte ist es nicht einfach, eine richtige und ansprechende Überschrift zu finden. Wir entscheiden uns hier für die Überschrift: »Ein Kind verändert die Welt«.

2. Durchführung: »Ein Kind verändert die Welt«

a) Kein Märchen, sondern Wirklichkeit

Erstaunlich viele geschichtliche Angaben: Augustus, Steuerschätzung, Quirinius, Syrien – Erstaunlich, daß das alles auf ein Gebot (Dogma!) des römischen Kaisers zurückgeführt wird, und nicht auf ein Gebot Gottes! – Doch gerade in dieser realen Geschichte handelt Gott! – Auch Augustus muß ihm dienen – Auch die Finanzgewaltigen müssen ihm dienen – Josef und Maria gar nichts Besonderes, sondern schlichte Leute, die ganz normal zur Steuerschätzung ziehen.

b) Keine Besonderheit, sondern Normalität

Normale Geburt – Überfüllte Wohnungen und Herbergen – Keinerlei Ausschmückungen des Geburtsvorgangs: weder Wunder noch besondere Auffälligkeiten – Und doch: In dieser Beugung unter die Normalität beginnt der Passionsweg des Gottessohns – Nicht Reichtum und Luxus, sondern Armut und Einfachhcit kennzeichnen den Beginn seines irdischen Weges – Gerade so kommt Gott zu uns!

c) Gott läßt uns nicht laufen, sondern verändert alles

Christus ist geboren! Dieser Jubel durchstrahlt das ganze Evangelium – Was war da eigentlich? – Hirten, eher nüchternrauhe Typen, erleben einen Engel – Sie hören seine Botschaft: Freut euch, der Messias ist da! – Uralte Weissagungen erfüllen sich jetzt: Retter, Messias, Herr, Davidssohn – Den nicht gerade Leichtgläubigen wird ein Zeichen als Glaubenshilfe geboten: Kind in der Krippe – So also kommt die Wende, die Weltveränderung: mit einem Kind in der Krippe – Lobgesang durchzieht die Schöpfung: Ehre für Gott, auf Erden Gottesfrieden – Doch welcher Mensch hat Gottes Wohlgefallen? – Wollen wir uns aus Selbstverständlichkeiten herauslösen und uns diese Frage stellen lassen (V.14)? – Die Engelbotschaft besteht den Test: Die Hirten fanden es so vor, wie es zu ihnen gesagt worden war – Gut, daß sie den Test auf die Realität gemacht haben! – Lassen wir uns selbst durch Gottes Botschaft zu einem solchen Glaubenstest bewegen? – Nun sind die Hirten überzeugt – Sie werden Missionare des Messias – Die Veränderung der Welt durch dieses Kind beginnt durch den Glauben in den Herzen.

7. Beschneidung und Darstellung Jesu (2,21-40)

Vorbemerkung:

Die Verse 40 und 52 lassen erkennen, daß hier jeweils ein Abschnitt zum Abschluß kommt. Deshalb fassen wir die Verse 21-40 zu einem einzigen geschlossenen Abschnitt zusammen, obwohl es sich um insgesamt 5 Einzelereignisse handelt: 1. Beschneidung und Namengebung (V.21); 2. Darstellung im Tempel (V.22-24); 3. Begegnung mit Simeon (V.25-35); 4. Begegnung mit Hanna (V.36-38); 5. Rückkehr nach Nazareth (V.39-40).

2,21-24: **(21) »Und als acht Tage um waren, so daß man ihn beschneiden mußte, da gab man ihm den Namen Jesus, der von dem Engel vor der Empfängnis im Mutterleib genannt worden war.«**

Wir haben schon bei der Geburt des Johannes gesehen (1,59), daß das Gesetz die Beschneidung am achten Tag forderte (1 Mo 17,10ff; 3 Mo 12,3), und daß man jüdischerseits die Namengebung mit der Beschneidung verknüpfte.

Entscheidend ist der Gehorsam der Eltern bei der Namengebung. Denn man »*gab*« dem Kind »*den Namen Jesus, der von dem Engel genannt worden war*«. Beide Eltern waren gehorsam. Josef nach Mt 1,21.25, Maria nach Lk 1,31. Bisher war in der Geburtsgeschichte immer nur vom »Kind« die Rede. Von jetzt an heißt es »*Jesus*«, auf deutsch »Gott hilft«.

(22) »Und als die Tage ihrer Reinigung nach dem Gesetz des Mose um waren, brachten sie ihn hinauf nach Jerusalem, um ihn dem Herrn dar-

zustellen, (23) entsprechend der Vorschrift im Gesetz des Herrn, die so lautet: Alles Männliche, das den Mutterschoß durchbricht, soll dem Herrn heilig heißen; (24) und um ein Opfer zu geben gemäß der Aussage im Gesetz des Herrn: ein Paar Turteltauben oder zwei junge Tauben.«

Die Geschichte Jesu ist unauflöslich mit der Geschichte der Juden und mit dem Alten Bund verflochten (vgl. Gal 4,4). Nicht umsonst bringt Lukas hier auf knappstem Raum gleich zwei Zitate aus dem Alten Testament.

Zentralpunkt dieser Verse ist die erste Reise Jesu »*nach Jerusalem*«. Wie kam es zu dieser Reise? Die ganze Familie mußte warten, bis »*die Tage*« der »*Reinigung*« Marias »*um waren*« (V.22; »*ihrer*« heißt es in der Mehrzahl, weil die ganze Familie davon betroffen war). »*Nach dem Gesetz des Mose*« war die Mutter 7+33 = 40 »Tage« lang unrein, wenn sie einen Jungen geboren hatte (3 Mo 12,1-4). In dieser Zeit mußte sie »daheimbleiben«. »Kein Heiliges soll sie anrühren, und zum Heiligtum soll sie nicht kommen, bis die Tage ihrer Reinigung um sind« (3 Mo 12,4). Maria und Josef mußten also nach der Beschneidung, die am 8.Tag während der Zeit der Unreinheit stattfand, noch ca. 5 Wochen warten, bis sie die Reise nach Jerusalem antreten konnten.

Dann aber führte sie ein doppelter Grund in das nur knapp 10 km von Bethlehem entfernte Jerusalem: a) Der erste Grund bestand darin, daß sie Jesus »*dem Herrn darstellen*« wollten (V.22). Dieses »*Darstellen*« ist für moderne Leser ein seltsames Wort. Es bedeutet eigentlich »zur Verfügung stellen« oder »zum Opfer darbringen«. Verstehen kann man diesen Vorgang nur, wenn man sich wieder ans AT erinnert. Nach dem AT gehört alle männliche Erstgeburt bei Menschen oder Vieh Gott – also auch Marias erstgeborener Sohn Jesus. Die menschliche Erstgeburt (»*das den Mutterschoß durchbricht*« = erstmals durchbricht) wurde mit Geld ausgelöst. Der Betrag hierfür war 5 Schekel (vgl. 2 Mo 13,2.12.15; 4 Mo 3,40ff; 18,5f). Diese Auslösung mußte nicht unbedingt im Tempel erfolgen. Fromme Leute nahmen sie aber im Tempel vor, vor allem, wenn dieser nicht allzuweit entfernt war. Eine solche Auslösung des Erstgeborenen im Tempel nannte man »*darstellen*«. Lukas gibt uns hier selber eine Verstehenshilfe, wenn er in V.23 sinngemäß aus 2 Mo 13,2.12.15 zitiert und hinzufügt, das sei eine »*Vorschrift im Gesetz des Herrn*« (wörtlich: »Es steht geschrieben im Gesetz des Herrn«).

b) Der zweite Grund der Jerusalemreise war das Reinigungsopfer für

Maria (V.24). Denn »*gemäß der Aussage* (wörtlich: gemäß dem Gesagten) *im Gesetz des Herrn*« mußte jede Wöchnerin »*ein Opfer geben*«, wenn die Tage der Reinigung (40 für Jungen, 80 für Mädchen) vorbei waren. Es bestand normalerweise aus einem Schaf zum Brandopfer und einer Taube zum Sündopfer. Arme Leute durften sich mit »*einem Paar Turteltauben oder zwei jungen Tauben*« begnügen, wobei die eine Taube zum Brandopfer, die andere zum Sündopfer diente (3 Mo 12,6-8). Dieses Opfer mußte im Tempel dargebracht werden. Die »*Turteltaube*« ist ein Zugvogel (Jer 8,7) und kleiner als die Haustaube. Opfertauben konnte man im Tempelgebäude kaufen (Mt 21,12; Joh 2,14.16). Wenn Josef und Maria jetzt zwei Tauben opferten, dann zeigt dies ihre momentane Armut. Die Reise nach Bethlehem hatte Geld gekostet, und Josef konnte für einige Zeit seinen Beruf nicht ausüben. Wieder zeigt es sich, daß Jesus als ein armer Messias zu seinem Volke kommt (Sach 9,9; 2 Kor 8,9).

Auf diese Weise also kam Jesus erstmals nach Jerusalem.

Halten wir noch einmal fest: Der neugeborene Jesus gehörte als Erstgeborener nach dem Gesetz Gott. Seine »*Darstellung*« bedeutete die notwendige Auslösung mit 5 Schekeln. Er, der die Menschheit auslöste, wurde also so »unter das Gesetz getan« (Gal 4,4), daß man ihn selbst mit 5 Schekeln auslösen mußte. Auch Maria, die »Begnadigte« (1,28), hatte ein Reinigungsopfer nötig. In alledem erweisen sich die Eltern Jesu als gesetzestreu. Jesus selbst ist als ein echter Jude aufgewachsen (vgl. Joh 4,22).

Die Frage, ob Maria ihren Sohn ähnlich wie Hanna als einen Gottgeweihten dem Herrn übergeben wollte (vgl. 1 Sam 1,24f), muß nach dem Zusammenhang des Evangeliums verneint werden. Jesus wuchs ganz normal zuhause auf (2,40.52) und trank auch Wein im Gegensatz zu solchen Gottgeweihten wie Johannes (vgl. Lk 7,33f). Dieses »normale« Menschsein gehört zu seiner Erniedrigung (Phil 2,6f).

2,25-35: **(25) »Und siehe, es gab in Jerusalem einen Mann namens Simeon, und dieser Mann war gerecht und fromm und wartete auf den Trost Israels, und ein heiliger Geist war auf ihm. (26) Und ihm war vom Heiligen Geist verbindlich gesagt worden, er werde den Tod nicht sehen, bevor er den Messias des Herrn gesehen habe. (27) Und er kam unter Leitung des Geistes in den Tempelbezirk. Und in dem Augenblick, als die Eltern das Kind Jesus hineinbrachten, um mit ihm nach dem Brauch des Gesetzes zu**

verfahren, (28) da nahm er es in die Arme und lobte Gott und sagte: (29) Nun läßt du deinen Knecht in Frieden sterben, wie du gesagt hast, Herr. (30) Denn meine Augen haben dein Heil gesehen, (31) das du im Angesicht aller Völker bereitet hast, (32) ein Licht zur Erleuchtung der Völker und zum Ruhm deines Volkes Israel. (33) Und sein Vater und seine Mutter staunten über das, was über ihn gesagt wurde. (34) Und Simeon segnete sie, und sagte zu Maria, seiner Mutter: Siehe, dieser ist bestimmt zum Fall und Aufstehen vieler in Israel, und zum Zeichen, dem widersprochen wird (35) – auch durch deine eigene Seele wird ein Schwert dringen – , damit die Gedanken in vieler Herzen aufgedeckt werden.«

Die Begegnung mit dem alten Simeon ist bewegend. Er stärkt die Eltern. Aber er sagt auch den schmerzensreichen Weg Jesu deutlich voraus.

Mit dem Ausdruck »*Und siehe*« (V.25) weist Lukas darauf hin, daß er nun etwas Wichtiges berichten will.

»*Es gab in Jerusalem einen Mann namens Simeon*«. »*Simeon*« ist nur der vollere Name für »Simon«, einen häufigen hebräischen Namen (vgl. 1 Mo 29,33; Lk 3,30; Apg 13,1; 2 Petr 1,1). Auch Petrus wird gelegentlich so genannt (Apg 15,14; 2 Petr 1,1). Vielleicht will Lukas durch die Vollform »Simeon« unterstreichen, daß es sich um einen echten Hebräer handelt. Er nennt den Simeon »*gerecht und fromm*« und sagt damit, daß er ein treues Glied des Alten Bundes war (vgl. Mi 7,2). Aber bei diesem Simeon kommt noch etwas Besonderes hinzu: »*Er wartete auf den Trost Israels.*« Das heißt, er vertraute wirklich auf Gott (vgl. 1 Mo 49,18; Ps 119,166; Jer 17,7), und lebte in der Erwartung der messianischen Heilszeit (vgl. Jes 40,1, 49,13; 52,9). Außerdem »*war ein heiliger Geist auf ihm*«; d.h. er hatte im Rahmen des Alten Bundes eine spezielle Geistesleitung, die aber nicht zu verwechseln ist mit der Wiedergeburt und mit dem ständigen Erfülltsein durch den Heiligen Geist, wie es nur im Neuen Bund möglich ist (vgl. Lk 3,16; Apg 2,1ff). Sagen wir es kurz: Simeon hatte eine prophetische Gabe.

Dieser Simeon hatte früher schon eine spezielle Botschaft des »*Heiligen Geistes*« empfangen (V.26). In jener Übergangszeit vom Alten zum Neuen Bund gab es zahlreiche besondere Offenbarungen Gottes durch Engel, Träume oder geistgewirkte (inspirierte) Botschaften (vgl. Mt 1,20f.; 2,1f.13.19.22; Mk 1,11f; Lk 1,11f.26f.41f.67f; 2,8f.25f.36f; Joh 1,29f). Als das Neue Testament entstand, traten jene speziellen

Botschaften zurück, ohne ganz aufzuhören (Apg 9,10ff; 10,1ff; 11,27ff; 21,9.10f.). Aber diese speziellen Botschaften haben niemals eine neue Offenbarung des *Heilsplanes* beinhaltet, sondern haben nur die persönliche Führung einzelner Menschen zum Gegenstand gehabt.

Um eine solche persönliche Führung des Simeon handelte es sich auch in V.26: »*Er werde den Tod nicht sehen, bevor er den Messias des Herrn gesehen habe.*« D.h. zu seinen Lebzeiten werde »*der Messias*« = der »Trost Israels« in Person noch kommen. Woran konnte Simeon erkennen, daß dies keine Einbildung war? An der Erfüllung (5 Mo 18,20f). Was sich nicht erfüllt, ist nicht von Gott, auch wenn die falschen Propheten in solchen Fällen tausend Ausreden gebrauchen. Deshalb war die Begegnung mit Jesus für Simeon ein Aufatmen, eine beglückende Glaubensstärkung zum »Frieden«. Übrigens kann man in V.26 statt »*ihm war verbindlich gesagt worden*« auch übersetzen: »er war inspiriert worden«, »ihm war mitgeteilt worden« (vgl. Mt 2,12.22; Apg 10,22; Hebr 8,5; 11,7; 12,25). Bengel machte zu Lk 2,26 die nachdenkliche Anmerkung: »Den Tod sehen, und den Christ des Herrn sehen – ein lieblicher Gegensatz.«

»*Unter der Leitung des Geistes*« kommt Simeon am selben Tag »*in den Tempelbezirk*« wie Jesus mit seinen Eltern (V.27). Wie uns V.37 zeigt, sammelten sich diejenigen Juden, die brennend auf den Messias warteten, gerne im Tempel. Evtl. hielten oder hörten sie Lehrvorträge in bestimmten Räumen oder Hallen des Tempels (vgl. Joh 10,23; Apg 3,11; 5,12). Und nun fügt es Gottes Geist so, daß Simeon gerade »*in dem Augenblick, als die Eltern das Kind Jesus hineinbrachten*«, auf die kleine Gruppe stieß. Äußerlich waren Josef und Maria unauffällig. Aber Simeon sah im Heiligen Geist tiefer. »Ein Mensch sieht, was vor Augen ist« (1 Sam 16,7). Aber der Heilige Geist deckt alles auf (1 Kor 2,10). Wie unauffällig die kleine Gruppe war, die wie ungezählte andere »*nach dem Brauch des Gesetzes verfahren*« wollte (V.27), sieht man an dem unbefangenen Ausdruck »*die Eltern*«. Mit der Annahme des »*Kindes Jesus*« war Josef juristisch ein Vater geworden. Warum also nicht von den »*Eltern*« sprechen? Das Wunder der jungfräulichen Geburt wird dadurch ja nicht aufgehoben.

Nach jüdischer Überlieferung wurde das Reinigungsopfer der Mutter auf der Ostseite des Tempels beim Nikanortor (in Apg 3,2 »die schöne Türe« genannt) abgegeben. Hat diese Überlieferung recht, dann geschah die Begegnung Simeons mit dem Kind Jesu beim Nikanortor im Ostteil des Tempels, nahe bei dem Ort, wo Petrus nach Apg 3 den Lahmen heilte.

Simeon »*nahm*« das jetzt ca. 6 Wochen alte Kind Jesus »*in die Arme*« (V.28). Die Ausleger haben sicher recht, wenn sie bemerken, man dürfe sich diesen Simeon nicht als zitternden, altersschwachen Greis vorstellen. Wohl war er alt, aber immer noch ein kräftiger Prophet des Herrn.

Der Lobpreis (»*er lobte Gott*«), von dem Lukas anschließend berichtet, ist unter dem Namen »Nunc dimittis« bekannt geworden. Denn so lauten die Anfangsworte von V.29 in der früher weitverbreiteten lateinischen Bibel. Nach dem Magnificat und dem Benedictus (1,46-55.68-79) ist das Nunc dimittis der dritte große Psalm in Lk 1-2. Doch vergessen wir nicht, daß auch 1,25; 1,38; 1,42-45 und 2,20 psalmartige Lobpreisungen enthielten. Rechnet man diese mit hinzu, dann ist der Simeonspsalm der siebte in Lk 1-2.

Wie in all den genannten Psalmen, so steht auch hier »*Gott*« in der Mitte. Er ist der »*Herr*« (griechisch despotes), der »Gebieter«, der »Hausherr« Israels und aller Menschen (V.29). Er regiert die Geschichte, die Zeit, und deshalb auch diesen Augenblick. Das »*Nun*« oder »Jetzt« der Erlösung ist angebrochen. Simeon weiß, daß er nun bald »*sterben*« muß. Aber es ist der Herr, der ihn »*sterben läßt*« (nicht Krankheit, Alter oder der Tod!). Und dieser Herr fügt es, daß er als Gottes »*Knecht in Frieden sterben*« kann (V.29). Was gäben ungezählte Menschen darum, wenn sie in solchem Frieden sterben könnten! Schlatter bemerkt mit Recht: »Weder das, was von nun an auf Erden geschieht, noch das, was ihn drüben erwartet, bereitet ihm Angst.« Man vergleiche damit das Sterben der gläubigen Patriarchen Abraham und Jakob (1 Mo 15,15; 46,30). Wir beachten hier noch zwei Einzelheiten. Erstens sagt Simeon wörtlich: »*Du entläßt deinen Knecht.*« Darin steckt auch der Gedanke, daß die irdische Dienstzeit mit vielen Leiden abgeschlossen, und zwar gut abgeschlossen, ist. Wie später Paulus in 2 Tim 4,7 hat Simeon ausgekämpft. Wie oft wird er gerade wegen seines Wartens auf den Messias angefochten gewesen sein! Zweitens atmet Simeon auf, daß alles so gekommen ist, »*wie du, Herr, gesagt hast*«. Er ist also keiner Einbildung erlegen, als er der Verheißung von V.26 vertraute. Wie oft denken wir bis zur

Verzweiflung darüber nach: »Ist es auch wahr, was Gott gesagt hat?« Aber immer wieder zeigt es sich, daß keines von den Worten Gottes »dahinfällt« (vgl. Jos 21,45; 23,14; Ps 33,4; Mal 3,16f).

»Denn meine Augen haben dein Heil gesehen« (V.30) – das ist das Herrlichste, was ihm im Leben passieren konnte. Nun kann er seinen Dienst abschließen, kann er sterben. Er hat *»gesehen«*, und zwar mit eigenen *»Augen«*! Es waren seine leiblichen Augen an einem ganz bestimmten Platz der Geschichte, aber auch seine geisterleuchteten Augen. Denn er sah nicht nur das kleine Kind, sondern zugleich auch seine Bedeutung. Das *»Heil«* hat ja einen Namen: Jesus! Insofern ist die Lutherübersetzung »Heiland« verständlich, wenn auch nicht korrekt. *»Heil«* wird im Hebräischen aus derselben Wortwurzel gebildet wie der Name »Jesus«. Simeon sagt zu Gott: Es ist *»dein Heil«*, also das von Gott geschaffene Heil, das Menschen nie machen könnten. Aber was Menschen nicht machen können, das können sie auch nicht kaputt machen. So ist es ein ewiges, unzerstörbares Heil. Lange schon ist es im AT angekündigt (Hi ob 19,25-27; Ps 98,2f; Jes 52,10).

Während die Umstehenden nur die relativ armen Eltern und das unscheinbare (Jes 53,2) Kind erkennen, sieht Simeon im Kind das Heil, *»das du* (Gott) *im Angesicht aller Völker bereitet hast«* (V.31). Man könnte auch übersetzen: »vor den Augen aller Völker«. Gott löst jetzt ein, was in Jes 52,10 prophezeit wurde. Noch sind – in diesem Augenblick – die Augen der Völker blind. Bald aber werden auch sie in Jesus ihren Retter erkennen. Theophilus selbst (1,3) ist dafür Zeuge. Jesus hat ja eine doppelte Aufgabe: Er ist *»ein Licht zur Erleuchtung der Völker«* (oder: zur Offenbarung an den Völkern bzw. Nationen) und zugleich *»der Ruhm deines Volkes Israel«* (V.32). Simeon sieht also ganz klar voraus, daß Heiden und Juden zusammen in Jesus ihr Heil finden. So hat es ja Jesaja angekündigt (Jes 42,6; 49,6 und 46,13), aber auch andere Propheten im AT (vgl. Zef 3,14-20). Zu sagen, Israel und die Völker hätten verschiedene Heilswege, ist von daher absurd. Ebenso wäre es falsch, zu sagen, erst Paulus habe das Geheimnis der Erlösung der Völker durch Jesus erfahren. Hier weiß es ja schon Simeon!

Um 180 n. Chr. schrieb der Bischof Irenäus von Lyon, ein Schüler von Apostelschülern, einen ausgezeichneten Kommentar zu Lk 2,29f: »Simeon bekannte das aus Maria geborene Kind Jesus, das er auf seinen Händen trug, gerade als Christus, den Sohn Gottes, das Licht der

Menschen und den Ruhm seines Israel.« Simeon hat in der Tat ein Christusbekenntnis abgelegt. Man könnte es das erste Bekenntnis des Neuen Bundes nennen.

Man kann das »*Staunen*« der Eltern verstehen (V.33). Simeon bestätigt ja, was Gabriel, was Elisabeth, was die Hirten gesagt haben. So bereitet Gott durch wunderbare Stärkungen die Eltern Jesu auf die kommenden Leiden vor. Man beachte auch, daß es *Juden* waren, die auf diese Weise in Jesus den Messias erkannten. Von »*seinem Vater*« ist hier im selben Sinne wie oben in V.27 die Rede. Gemeint ist Josef als der juristische Vater.

Doch ist die Begegnung mit Simeon noch nicht zu Ende. Vielmehr gibt der Prophet noch eine schmerzliche Weissagung über das irdische Leben Jesu. Er leitet sie ein, indem er zunächst beide Eltern (»sie«) »*segnete*« (V.34). D.h. »er spricht ihnen mit fester Zuversicht die göttliche Hilfe und Leitung zu« (Schlatter). Dann aber wendet er sich speziell an »*Maria, seine Mutter*«. Warum? Weil sie alles Folgende erlebt und deshalb besonders vorbereitet werden muß. Josef hat nach allem, was wir wissen, das öffentliche Auftreten Jesu gar nicht mehr erlebt.

»*Siehe, dieser*«: Diese feierliche Einleitung hebt Jesus über alle Zeitgenossen hinaus. »*ist bestimmt*«: Über ihm waltet eine geschichtliche Bestimmung Gottes, die kein Mensch ändern kann. Gerade so ist der Sohn fest in den Heilsplan des Vaters eingebettet. Sodann spricht Simeon zuerst von dem »*Fall vieler in Israel*«. Die Mehrheit der Juden wird also an dem Messias Jesus zu Fall kommen, wie es schon in Jes 8,14f; 28,16 prophezeit ist. Auffallend oft sind später Jesus und die Apostel darauf eingegangen (vgl. Mt 21,42f; Lk 7,23; 20,17f; Röm 9,33; 1 Petr 2,7f). »Fall« heißt in unserem Zusammenhang: Sie ärgern und stoßen sich an Jesus und lehnen ihn als Messias ab. Allerdings geschieht auch das Gegenteil: Für »*viele in Israel ist*« Jesus »*zum Aufstehen bestimmt*«. Für »*Aufstehen*« verwendet der griechische Urtext dasselbe Wort, das man sonst meistens mit »Auferstehung« übersetzt. Aber hier ist das geistliche »*Aufstehen*« gemeint, das die Aufrichtung aus Sünde und Sklaverei des Todes, dann allerdings auch die Auferstehung zum Leben, bedeutet. Diese Juden erkennen also Jesus als ihren Messias an und werden durch ihn erlöst. Auch diese Gruppe ist zahlreich (»*viele*«). Aber dadurch, daß Simeon zuerst vom »Fall« und dann erst vom »*Aufstehen*« spricht, deutet er an, daß es sich da um eine

Minderheit handelt. Halten wir allerdings fest: Juden konnten durchaus zum Glauben an Jesus kommen – und können es bis heute!

Übrigens hat der alte Kirchenlehrer Irenäus (ca 180 n. Chr.) aus Lk 2,34 die Willensfreiheit bei der Annahme oder Ablehnung Jesu abgeleitet – mit Recht.

Daß wir mit unserer Deutung, Jesus werde von der Mehrheit Israels abgelehnt, richtig liegen, zeigen die letzten Worte aus V.34. Simeon nennt hier Jesus »*ein Zeichen, dem widersprochen wird*«. Jesus ist also ein Gottes-»*Zeichen*«, sein ganzes Wirken ein einziges Gotteswunder. Aber »*Zeichen*« kann man ablehnen. Widerspruch wird Jesu durchgängige irdische Erfahrung werden. An ihm wiederholt sich Israels Widersprechen, Murren und Halsstarrigkeit gegen Gott, die wir seit der Wüstenwanderung beobachten (vgl. 4 Mo 14; Ps 78,106; Apg 7,51ff). Wie sehr haben Jesus und Paulus darunter gelitten (Joh 10,31ff; Apg 28,25ff; 1 Kor 1,23)! Es hat aber wenig Sinn, nur auf Israel zu schauen. Schauen wir besser auf das »*Widersprechen*« unseres eigenen Volkes! Es bleibt doch durch die ganze Geschichte dabei: An Jesus scheiden sich die Geister und die Wege. (vgl. Hebr 12,3).

Mit dem Sohn geht auch die Mutter den Passionsweg (V.35). Simeon gibt ihr die persönliche Weissagung: »*Auch durch deine eigene Seele wird ein Schwert dringen.*« Das ist die biblische Bezugsstelle für die vielen Kunstwerke über die »(sieben) Schwerter Mariens«. Vom »*Schwert*« ist in diesem Sinne auch in Hes 14,17 die Rede. Vom Schmerz einer Prophetenmutter spricht Jer 15,10. Maria konnte also die Worte Simeons gut verstehen. Sie erwartet ein Leiden, das Mark und Bein durchdringt (vgl. Hebr 4,12). Den Gipfel erreicht dieses Leiden am Kreuz Jesu, wo jeder Hammerschlag zum »Schwert durch die Seele Mariens« wurde (Joh 19,25ff). Vielleicht brach Maria damals seelisch und leiblich zusammen.

Aber das alles ist kein sinnloses Leiden. Durch Jesu Passion und die damit zusammenhängende Passion seiner Mutter sollen nämlich »*die Gedanken in vieler Herzen aufgedeckt werden*« (V.35). An Jesus – gerade auch im Widerspruch! – kommt heraus, welch böse »*Gedanken*« im menschlichen »*Herzen*« wohnen (vgl. Mt 15,19). Sie können so leicht mit einer Scheinfrömmigkeit zugedeckt werden. Aber Jesus der Herzenskenner »*deckt*« sie »*auf*« (vgl. Mt 9,4; Joh 2,25). Jesus gegenüber kann man nicht neutral bleiben. Entweder geht man mit ihm den schmalen Weg (vgl.

Mt 7,13f), oder man beharrt auf dem breiten Weg. In der Begegnung mit Jesus werden uns die Masken abgerissen. Hat Simeon Angst um Israel, daß er so etwas sagt?

Am Schluß der Simeonsbegegnung halten wir noch dreierlei fest: a) Simeon »ahnt« die kommende Entwicklung nicht nur, sondern er »weiß« sie durch den Heiligen Geist (V.25-27). Er handelt also als wahrer Prophet. b) Er verkündigt hier ganz klar einen leidenden Messias. Es stimmt also nicht, wenn man sagt, Israel habe nur einen triumphierenden und keinen leidenden Messias gekannt. Hat Simeon etwa schon vorher Jes 53 und Sach 12,10 durchdacht? c) Im Tempel erfährt Jesus seine erste Leidensweissagung. Im Tempel macht er in der letzten Woche seines irdischen Lebens auch die letzten Widerspruchserfahrungen (Mt 26,55).

Sofort nach der Begegnung mit Simeon kommt es auch zur Begegnung mit Hanna:

2,36-38: **(36) »Und es gab da eine Prophetin Hanna, eine Tochter Phanuels, aus dem Stamm Asser. Diese war schon hochbetagt. Sie hatte sieben Jahre mit ihrem Manne gelebt nach ihrer Verheiratung, (37) und nun war sie eine Witwe von vierundachtzig Jahren, die nicht vom Tempel wich und Tag und Nacht mit Fasten und Beten Gott diente. (38) Und zu derselben Stunde stellte sie sich mit dazu und pries Gott und redete über ihn zu allen, die auf die Erlösung Jerusalems warteten.«**

Was für eine vielgestaltige Stadt war damals Jerusalem! Hier wohnten Juden aus allen Ländern, heimgezogen ins Zion der Vorfahren (Apg 2,9). Hier fanden sich Vertreter aller jüdischen Gruppen und Parteien. Hier »*gab es*« auch Menschen wie Simeon und Hanna. Wer war diese »*Hanna*«? Ihr Name ist echt hebräisch (eigentlich »Channa«), heißt auf deutsch »Gnade« und erinnert uns an die Mutter Samuels (1 Sam 1-2). Sie kommt entweder aus einer Sippe »*Phanuel*« (vgl. Lk 1,5; 13,16; 23,28) oder sie ist die leibliche »*Tochter*« eines gewissen Phanuel. »*Tochter Phanuels*« kann beides bedeuten. »*Phanuel*« oder »Penuel« (so die Neue Jerusalemer Bibel) ist wiederum ein echt hebräischer Name, der in 1 Chr 4,4; 8,25 vorkommt und auf deutsch vielleicht »Gottes Angesicht« heißt. Es scheint sich um eine gesetzestreue jüdische Familie zu handeln. Aber nun folgt eine gewisse Überraschung. Lukas sagt nämlich, Hanna sei »*aus dem Stamm Asser*« gewesen. »*Asser*« ist nach 1 Mo 30,13 Jakobs achter Sohn und danach der achte von den zwölf Stämmen Israels. Dieser Stamm wohnte später im Hinterland von Tyrus und Akko, also ganz im Norden des Israellandes. Er wurde in den Untergang des Nordreiches im Jahre 722/721 v.Chr. hineingerissen und gehörte von da an zu den sog. »verlorenen Stämmen«. Wie kann da Hanna aus diesem Stamm Asser herkommen? Es gibt wohl nur *eine* Antwort auf diese Frage: Reste der zehn Stämme des Nordens haben sich bei der assyrischen Katastrophe um 720 v.Chr. gerettet. Aus einem solchen Rest stammte dann Hanna. Die Familie hat die Abstammungslinie treu bewahrt. Ist es so, dann müssen wir Hanna als eine Art Repräsentantin der »verlorenen« Zehn Stämme des Nordreiches betrachten. In ihrer Person huldigen auch diese Stämme dem neugeborenen Messias. Zugleich verkörpert sie die Aufgabe des Messias, auch diese »verlorenen Stämme« wieder zu sammeln und im Gottesreich zu vereinigen (vgl. Lk 13,16; 19,9; Apg 26,7). Und in der Tat wird bei den Erlösten aus Israel in Offb 7,6 auch der »*Stamm Asser*« erwähnt. So ist Hanna eine bedeutungsvolle Person.

Nun folgt eine zweite Überraschung. Lukas nennt Hanna nämlich »*eine Prophetin*«. Was heißt das? Sie ist wie Simeon (V.25f) mit einer prophetischen Gabe ausgestattet. In ihr leben Gaben der früheren Prophetinnen Israels wie Mirjam, Debora oder Hulda fort (vgl. 2 Mo 15,20; Ri 4,4; 2 Kön 22,14). Solche Gaben setzten sich in der Gemeinde Jesu fort, z.B. bei den Töchtern des Philippus (Apg 21,9). Jedenfalls ist das Urteil, das Hanna über Jesus abgab, vom Heiligen Geist inspiriert.

In V.36 und 37 vervollständigt Lukas seine Angaben. Hanna »*war schon hochbetagt*«. Nach dem Ausdruck des Urtextes ist Hanna um einiges älter als Elisabeth oder Zacharias (vgl. 1,7.18). »*Sieben Jahre hatte sie mit ihrem Manne gelebt.*« Dann starb ihr Mann. Vielleicht hat hier die Zahl »sieben« zugleich eine symbolische Bedeutung, als eine heilige Zahl, die den frommen Wandel der Hanna anzeigt. Dieser fromme Lebenswandel ergibt sich noch aus einer weiteren Bemerkung. Wo wir übersetzten »*nach ihrer Verheiratung*«, heißt es nämlich im Urtext: »seit ihrer Jungfrauschaft«. Sie ging jungfräulich in die Ehe und verheiratete sich nicht wieder. Wie das Beispiel Judits in Judit 8,2-7 zeigt, galt dies als besonders gottesfürchtig. Denn offensichtlich schloß dieser Verzicht auf eine zweite Ehe auch den Verzicht auf Kinder ein. Kinder hatte Hanna nach unserem Text nicht, ebensowenig wie Judit nach Judit 16,27f. »*Nun war sie eine Witwe von vierundachtzig*

Jahren« (V.37). Das bedeutet über 60 Jahre Witwenschaft, wenn sie mit ca 14/15 Jahren nach damaliger Sitte heiratete. Ist die Zahl »84« wieder zugleich eine symbolische Zahl, also 7 x 12, was Gottes Geist (7) in allen 12 Stämmen als Unterpfand der Sammlung Israels bedeuten könnte? Da wir mit biblisch-symbolischen Zahlen sehr vorsichtig sein sollten, lassen wir diese Frage offen. »*Sie wich nicht vom Tempel und diente Gott Tag und Nacht mit Fasten und Beten.*« Weil sie es von Herzen tat, ist auch dies ein Hinweis auf ihre echte Frömmigkeit (vgl. Ps 61,5; Judit 8,5f; 1 Tim 5,5). Solche Gestalten wie Hanna waren das Vorbild für das urchristliche Witwenamt (vgl. 1 Tim 5,3f). Vermutlich betete Hanna besonders um das Kommen des Messias (vgl. V.25f.38).

Was für wunderbare Glaubensvorbilder und Frauengestalten zeigt uns das Lukasevangelium in Elisabeth, Maria und Hanna! Was für eine Perlenkette von Glaubenszeugen haben wir an Zacharias, Josef und Simeon samt diesen Frauen!

Wenden wir uns jetzt V.38 zu. Wir lesen hier, daß Hanna »*sich zu derselben Stunde mit dazu stellte*«; d.h., daß sie zu Josef, Maria, Jesus und Simeon hinzutrat und Anteil nahm an der Prophetie Simeons. Sie bestätigte auf ihre Weise diese Prophetie, indem sie »*Gott pries*«. Genauer übersetzt: indem sie »Gott öffentlich pries bzw. dankte«. Das bedeutete nichts anderes, als daß auch Hanna in Jesus den Messias erkannte – inspiriert vom Heiligen Geist. Und ebenso wie die Hirten zog Hanna aus ihrer Erkenntnis eine Konsequenz. »*Sie redete*« nämlich »*über ihn* (= Jesus) *zu allen, die auf die Erlösung Jerusalems warteten*« (vgl. V.20). »*Sie redete*« meint nach der griechischen Grammatik: »Sie redete wieder und wieder über Jesus.« »Er« wurde tatsächlich zum Hauptthema ihrer verbleibenden Lebenszeit. Die Menschen, »*die auf die Erlösung Jerusalems warteten*«, sind nach Jes 52,9f solche Menschen, die den Messias und das endzeitliche Heil für Jerusalem und damit für ganz Israel, ja für die ganze Welt »*erwarteten*«. Also: messiasorientierte Juden. Davon war auch in 1,68 (Zacharias) und 2,25 (Simeon) die Rede. Dazu gehörten nach 23,51 auch Josef von Arimathäa und die Emmausjünger nach 24,21. Wir müssen also mit einer großen Gruppe messiasorientierter Juden zur Zeit Jesu rechnen. Sie scheinen im Tempel ein Zentrum gehabt zu haben. Hatten Sie dort vielleicht sogar eine besondere Lehrhalle bzw. Räume für ihre Zusammenkünfte?

Mit dem Lobpreis Gottes, der den Messias schickt, endet also auch die Begegnung zwischen Hanna und Jesus. Gelobt wird der Gott, »der eine neue Ordnung der Freiheit durch die neue Ankunft seines Sohnes den Menschen eröffnete« (Irenäus).

Vorschlag zur Bibelarbeit über Lukas 2,21-39

1. Einleitung:

a) Hier ist die Größe des Abschnitts ein besonderes Problem. Man könnte die Bibelarbeit/Predigt durchaus auf die Verse 21-35 oder gar 22-32 beschränken. Dennoch soll unser Vorschlag im Blick auf den gesamten Abschnitt gemacht werden, weil diese Ereignisse doch eng aufeinander bezogen sind.

b) Hier ist die alttestamentliche Information besonders wichtig. Was erfahren wir über Beschneidung und Namensgebung aus dem AT und aus dem frühen Judentum? Was über die Opfer anläßlich einer Geburt? Was heißt »darstellen« u.s.f. Der Kommentar versucht, dazu Hilfestellungen anzubieten.

c) Wenn möglich, klären wir auch die Rolle der Prophetie und des Heiligen Geistes im AT. Wo liegt der Unterschied zu den Propheten und dem Wirken des Heiligen Geistes im NT?

d) Als Überschrift wählen wir diesmal: »Im nüchternen Licht der Prophetie«.

2. Durchführung: »Im nüchternen Licht der Prophetie«

a) Nüchternheit liegt über dem Leben Jesu

Wie jeder jüdische Junge wird er nach 8 Tagen beschnitten – Ohne große Umstände erhält er seinen Namen Jesus – Und doch liegt gerade in dieser Nüchternheit etwas Heiliges, nämlich der Gehorsam der Eltern gegen Gott (»*wie er genannt war von dem Engel*«) – Ebenso nüchtern wird Marias Reinigungsopfer dargebracht, wie bei jeder gesetzestreuen jüdischen Frau – Auf derselben Linie liegt die Auslösung Jesu als der Erstgeburt nach alttestamentlichem Recht – Fast nebenbei blicken wir in die damalige Armut der Eltern hinein (Taubenopfer) – Und doch drückt sich in allem wieder die Gesetzestreue der Eltern aus – Wer an Maria und Josef denkt, kann nie wieder über die »Gesetzlichkeit« spotten!

b) Die Prophetie wirft Licht auf seinen Lebensweg

Auch diese Prophetie ist nüchtern, weil ganz auf Gott bezogen – Sie ist keine Anmaßung oder Gefühlsaufwallung – Wie lange hat Simeon auf den Messias gewartet! Nun erkennt er in dem winzigen Kind Jesus im Tempel den Messias – Der Heilige Geist hat ihn zu dieser Begegnung geführt – Er jubelt, daß er den Messias mit eigenen Augen sah! – Dabei ist es nicht nur ein Messias für Israel, sondern auch für die Völker der ganzen Welt – Er sieht aber auch den Schmerz Marias voraus – Und er weiß im Heiligen Geist, daß Israels Mehrheit sich gegen diesen Messias stellen wird – Fürwahr: ein nüchternes Licht der Prophetie.

c) Die Sehnsucht nach der Erlösung ist da

Hanna tritt als zweite Zeugin neben Simeon – Sie verkörpert als Angehörige des Stammes Asser die »verlorenen« Stämme des Nordreichs- Ihr ganzes Leben ist bestimmt von der Ausrichtung auf Gott – Und von der Sehnsucht nach der Erlösung – Wie sehr warten gerade diejenigen Israeliten, die Gottes Wort ernst nehmen, auf den Erlöser! – Sie wissen, daß sie ohne Erlösung vor Gott verloren sind – Ist nicht auch unsere Zeit eine Zeit der Sehnsucht? – Einer vielleicht unbewußten Sehnsucht nach Erlösung? – Und gerade diese Sehnsucht wird in Jesus gestillt!

Die weltgeschichtliche Bedeutung Jesu wurde also nicht nur auf dem Hirtenfeld bei Bethlehem erkannt, sondern auch in der Hauptstadt aller Prophetie, Jerusalem. Durch die prophetischen Gestalten Simeon und Hanna erkennt das messiasorientierte Judentum in Jesus den wahren Messias. In Jerusalem wird dieser Messias auch sein Werk vollenden (9,51).

2,39-40: **(39) »Und als sie alles getan hatten, was das Gesetz des Herrn vorschrieb, kehrten sie zurück nach Galiläa in ihre Stadt Nazareth. (40) Das Kind aber wuchs heran und erstarkte, wobei es von Weisheit erfüllt wurde, und Gottes Gnade war auf ihm.«**

Hier ist die Rückkehr nach Nazareth geschildert, und zwar in aller Schlichtheit. Der erstgeborene Sohn ist mit 5 Schekeln ausgelöst (V.22). Maria hat ihr Reinigungsopfer dargebracht (V.24). Die Eltern *»hatten alles getan, was das Gesetz des Herrn vorschrieb«* (V.39).

Danach *»kehrten sie zurück nach Galiläa in ihre Stadt Nazareth«*. *»Ihre Stadt«* ist es, weil beide, Josef und Maria, schon vor der Geburt Jesu dort wohnten (1,26f; 2,4).

Doch wann *»kehrten sie zurück«*? Lukas schweigt. Von Mt 2 her müssen wir vor dieser Rückkehr noch die Flucht und den Aufenthalt in Ägypten einordnen (Mt 2,13-23). Es ergibt sich dann folgende Reihenfolge der Geschehnisse: Geburt Jesu – Beschneidung – Darstellung im Tempel – Besuch der Magier (Mt 2,1f) – Flucht nach Ägypten – Rückkehr nach Nazareth. Lukas und Matthäus widersprechen sich also nicht. Keiner von beiden war verpflichtet, alle Ereignisse lückenlos darzustellen. Lukas konnte den Ägyptenaufenthalt ebensogut auslassen wie Matthäus die Verkündigung an Maria und die Anbetung der Hirten. Jeder Evangelist bietet nur eine kleine Auswahl (vgl. Joh 20,30; 21,25). In diesem Zusammenhang ist interessant, was Irenäus, Schüler von Apostelschülern, um 180 n. Chr. über das Evangelium des Lukas bemerkt: »Sehr viele und wichtige Stücke des Evangeliums wissen wir nur durch ihn, wie die Geburt des Johannes, und die Geschichte des Zacharias, die Ankunft des Engels bei Maria und den Lobpreis der Elisabeth, die Herabkunft der Engel zu den Hirten, und was diese zu ihnen gesprochen haben, das Zeugnis Hannas und Simeons über Christus, und daß er mit zwölf Jahren in Jerusalem zurückblieb, die Taufe des Johannes, und in welchem Alter der Herr getauft ist, und daß es im fünfzehnten Jahr des Kaisers Tiberius gewesen ist.« Wie man sieht, haben auch die alten Ausleger sehr wohl gewußt, daß jedes Evangelium nur eine Auswahl darstellt, jedoch keinen Anstoß daran genommen.

»Das Kind aber (= Jesus) *wuchs heran«* (V.40): Diese Aussage deckt sich wörtlich mit der Bemerkung über den Täufer in 1,80. Es fällt jedoch auf, daß bei Jesus gesagt wird, er sei *»von Weisheit er-*

füllt« worden, während es beim Täufer hieß, er »erstarkte im Geist« (1,80). Auch in Lk 2,52 ist ausdrücklich von Jesu »*Weisheit*« die Rede. Warum? Vermutlich will Lukas hier zweierlei betonen: a) Die »*Weisheit*« ist nach Jes 11,2 ein besonderes Kennzeichen des Messias, während der »Geist« bei jedem Propheten erscheint. b) Die »*Weisheit*« bedeutet eine Fülle von Offenbarung (vgl. Kol 2,3.9), während der »Geist« u.U. nur eine punktuelle Offenbarung schenkt.

»*Gottes Gnade war auf ihm.*« Auch diese Feststellung wiederholt sich in Lk 2,52, während sie beim Täufer fehlt. Sie besagt, daß Gott die ganze Entwicklung des Kindes mit seiner Gnade begleitete. Denn das ist doch das Auffallendste an Lk 2,39f: Hier wird eine normale kindliche Entwicklung geschildert. »Man sieht, daß Lukas mit der Menschheit Jesu Ernst macht. Er nimmt bei ihm ein wirkliches Wachstum im Leiblichen wie im Geistlichen an« (Frédéric Godet). Hier tritt kein »fertiger« Gottessohn vor uns. Von da aus muß man auch die Sündlosigkeit Jesu verstehen. Je nach dem Maß seiner Einsicht und seiner kindlichen Fähigkeiten hat er den Versuchungen widerstanden (Hebr 4,15). Dabei hat ihm »Gottes Gnade« geholfen. Falsch wäre es zu denken, daß er infolge der Gnade Gottes überhaupt nicht sündigen konnte. Er konnte – aber er tat es nicht, auch nicht in seinem kindlichen Stand.

8. Der zwölfjährige Jesus im Tempel (2,41-52)

2,41-52: **(41) »Und seine Eltern gingen jedes Jahr nach Jerusalem zum Passafest. (42) Und als er zwölf Jahre alt war, da gingen sie hinauf nach dem Festbrauch (43) und hatten schon die Festtage hinter sich. Doch während sie sich auf den Heimweg machten, blieb der junge Jesus in Jerusalem zurück, und seine Eltern wußten's nicht. (44) Weil sie aber annahmen, er sei bei der Reisegruppe mit dabei, legten sie eine Tagesstrecke zurück und suchten ihn dann bei den Verwandten und Bekannten. (45) Und als sie ihn nicht fanden, kehrten sie auf der Suche nach ihm nach Jerusalem zurück. (46) Und es geschah, daß sie ihn nach drei Tagen im Tempel fanden, wie er inmitten der Lehrer saß und ihnen zuhörte und Fragen an sie stellte. (47) Aber alle, die ihm zuhörten, waren fassungslos über seine verständigen Antworten. (48) Und als sie ihn sahen, waren sie wie vor den Kopf geschlagen, und seine Mutter sagte zu ihm: Kind, wie konntest du uns das antun? Sieh, dein Vater und ich haben dich mit Schmerzen gesucht! (49) Da sagte er zu ihnen: Warum habt ihr mich gesucht? Wußtet ihr**

nicht, daß ich sein muß in dem, was meines Vaters ist? (50) Aber sie verstanden das Wort nicht, das er zu ihnen sagte. (51) Und er ging mit ihnen hinab und kam nach Nazareth, und ordnete sich ihnen unter. Aber seine Mutter bewahrte alles, was geschehen war, in ihrem Herzen. (52) Und Jesus nahm zu an Weisheit und Alter und Gnade bei Gott und Menschen.«

Vorbemerkung:

Über die Kindheit Jesu ist dies der einzige Bericht in der ganzen Bibel.

Damit unterscheidet sich die Bibel vom Koran der Muslime. Denn der Koran verwertet einige Kindheitserzählungen der ketzerischen Christen, die keine wahren Berichte, sondern Legenden sind.

So sagt der junge Jesus in der 3. Sure: »Ich will euch aus Ton die Gestalt eines Vogels formen, in ihn hauchen, und er soll, auf Allahs Gebot, ein beschwingter Vogel werden« (3,50).

Woher hat dies der Koran? In der sog. Kindheitserzählung des Thomas lesen wir: Der fünfjährige Jesus »machte einen feuchten Lehmbrei und bildete daraus zwölf Sperlinge. ... Jesus aber klatschte in die Hände, rief den Sperlingen zu und sprach zu ihnen: Fliegt fort! Und die Vögel flogen schreiend auf und davon«. Weiter wird in dieser Kindheitserzählung berichtet, durch das Wort des 5jährigen Jesus sei ein anderer Knabe verdorrt. Einen anderen Knaben habe der junge Jesus ebenfalls sterben lassen. Seine Ankläger seien erblindet. Einen verunglückten Spielkameraden habe der junge Jesus wieder zum Leben erweckt usw. Das alles ist wertlose Legende.
Die Bibel dagegen ist kurz und wahrhaftig. Sie schmückt nicht aus und sie erzählt keine Legende.

Am Anfang unseres Abschnitts erwähnt Lukas, daß Jesu »*Eltern jedes Jahr nach Jerusalem zum Passafest gingen*« (V.41). Sie genügten damit der in 2 Mo 23,17; 5 Mo 16,16 vorgeschriebenen Wallfahrtspflicht. Lukas legt großen Wert darauf, daß Jesu »*Eltern*« gesetzestreu waren. Er liebt also das AT (vgl. 2,27).

Von Lk 2,41ff her wird man auch darauf schließen müssen, daß Jesus später selbst jedes Jahr zum Passafest »*nach Jerusalem*« ging. Schon deshalb darf man die Evangelien nicht dahin mißverstehen, als wäre Jesus bei seiner öffentlichen Wirksamkeit nur *ein einziges* Mal – am Todespassa – in Jerusalem gewesen.

Notieren wir noch einmal, wie wichtig gerade Jerusalem für Lukas war. Man kann Lk 1 und 2 geradezu eine Kette von Jerusalem-Reisen nennen (Zacharias in 1,8f; Jesu Eltern in 2,22f; die Familie Jesu in 2,41f). Hierin liegt auch eine Parallele zu Hanna und Samuel (1 Sam 1,7.21; 2,19). Dabei sind solche Wallfahrten nach Jerusalem keine stöhnend ertragene Gesetzeslast, sondern Ausdruck der Liebe zu der »Wohnung des Herrn« gewesen (Ps 84).

»*Als Jesus zwölf Jahre alt war*«, hielten seine Eltern immer noch an diesem »*Festbrauch*« fest (V.42). Deshalb »*gingen sie*« auch an diesem Passafest »*hinauf*«. Man sagte wie bei Bethlehem (V.4) »hinaufgehen«, weil ja Nazareth nur 350-400 m ü.M. liegt, Jerusalem dagegen ca. 750m.

Nun beachten wir besonders die Angabe über die »*zwölf Jahre*«. Mit 12 oder 13 Jahren wurde der junge Jude religionsmündig. Bis heute heißt er dann ein »Bar-Mizwah«, »Sohn des Gebotes«. Die Bar-Mizwa-Feier ist ein richtiger Einschnitt, tiefer noch als z.B. eine Konfirmation. Denn ab jetzt ist der junge Jude selbst für die Erfüllung der Gebote und für sein ganzes religiöses Leben verantwortlich. Jesus stand also auf dieser Schwelle. Vermutlich ist jene Jerusalemreise die erste gewesen, die er in religiöser Volljährigkeit gemacht hat. Ob man daraus aber ablesen kann, daß er jetzt zum ersten Mal am Jerusalemer Passa teilgenommen habe und von seinen Eltern vorher nicht mitgenommen worden wäre, ist ziemlich fragwürdig.

Der Festbesuch endete seltsam. »*Der junge Jesus blieb in Jerusalem zurück*« (V.43). Wo wir »*jung*« übersetzten, steht im Griechischen ein Hauptwort, das »Knabe« oder »Jüngling« bedeutet. Lukas formuliert hier offensichtlich sehr genau. In 2,16 hieß Jesus »Kleinkind« oder »Säugling«. In 2,40 hieß er noch »kleines Kind«. Jetzt aber ist er ein »Knabe«, ein »Jüngling«. Mit Recht bemerken die Ausleger, daß Lukas gerade auf Entwicklung und Wachstum Jesu Wert legte.

Aber nun ist er also religionsmündig und trifft die Entscheidung, in Jerusalem zu bleiben; und zwar nach Abschluß des Festbesuchs der Familie. Es heißt von den Eltern: »*Sie hatten schon die Festtage hinter sich*« (V.43). Welchen Zeitraum diese »*Festtage*« umfaßten, wissen wir nicht. U.U. war es die ganze Passawoche (vgl. 2 Mo 12,15f; 23,15; 3 Mo 23,5f; 5 Mo 16,2f). Auf diese Festwoche deutet auch der

Umstand hin, daß die galiläischen Festpilger in Reisegruppen organisiert waren (V.44). Wenn man die beschwerliche Reise von Galiläa nach Jerusalem machte, wird man kaum schon vor Ablauf der Festwoche wieder nach Hause gezogen sein.

»*Während sich die Eltern auf den Heimweg machten*«, wollte also Jesus zurückbleiben. »*Und seine Eltern wußten's nicht*«. Warum nicht? a) Weil sie den inzwischen religionsmündig gewordenen Sohn offenbar nicht auf Schritt und Tritt kontrollierten. b) Weil die Reisegruppen so groß waren, daß sein Fehlen gar nicht gleich auffiel.

Zum ersten Mal trennt sich »*Jesus*« von seinen »*Eltern*«. Den Grund dafür werden wir später erkennen. Wir vermerken hier nur so viel, daß die oft schmerzliche Lösung von der Familie für Jesus zu den Leiden seines irdischen Weges zählte, an denen er – wie der Hebräerbrief sagt – »Gehorsam (gegen Gott) gelernt hat« (Hebr 5,8). Vgl. Mt 12,46ff; Mk 3,31ff; Joh 2,3ff; 7,3ff; 19,25ff. Man kann die Frage stellen, weshalb Jesus seinen Eltern nichts sagte. Bengel verweist hier auf Ri 14,6 und 14,9. Die Bibel selbst schweigt. Aus V.49 kann man aber den Schluß ziehen, daß Jesus unter Geistesleitung handelte und hier gewissermaßen ein Zeichen seiner Unabhängigkeit von allen menschlichen Instanzen – sogar von seinen Eltern! – aufrichten mußte. Er wäre sonst nicht der geworden, der nur auf den Wink des himmlischen Vaters achtete.

»*Weil sie* (= die Eltern) *aber annahmen, er sei bei der Reisegruppe mit dabei, legten sie eine Tagesstrecke zurück und suchten ihn dann bei den Verwandten und Bekannten*« (V.44). Was für ein Vertrauen müssen Josef und Maria zu Jesus gehabt haben! Sonst wären sie nicht eine ganze »*Tagesstrecke* (wörtlich: Weg eines Tages)« weit gegangen. Offensichtlich hatten sie bisher keinerlei Anlaß, an seiner Verläßlichkeit und seinem Gehorsam zu zweifeln. Zwei weitere interessante Hinweise entnehmen wir diesem Vers: Erstens reisten die Galiläer in »*Reisegruppen*«. Das schützte sie vor Räubern und Überfällen. Öfters zogen die Galiläer über Jericho nach Peräa (Ostjordanland) und von dort über den Jordan zurück nach Galiläa (vgl. Lk 18,35f; 19,1f). Auf diese Weise umgingen sie das feindliche Samarien (vgl. Lk 9,51f) und kamen rasch ins Gebiet ihres Landesfürsten Herodes Antipas, der damals schon sowohl Peräa als auch Galiläa regierte (seit 4 v.Chr.). Darf man also annehmen, daß Josef und Maria bis Jericho gekommen waren und gerade erst die berüchtigte Räuberstraße der Maale Adummim (»Blutsteige«), von der Jesus später beim barmherzigen Samariter erzählte (Lk 10,25ff), passiert hatten? Zweitens ist in V.44 von »*Verwandten und Bekannten*« die Rede. Das zeigt, daß Josef und Maria ein gutes Verhältnis zur übrigen Familie und zu anderen Nazarenern hatten. Da Maria aus Nazareth stammte, wird man wohl bei den »*Verwandten*« in erster Linie an Marias Verwandte denken müssen.

»*Und als sie ihn nicht fanden, kehrten sie auf der Suche nach ihm nach Jerusalem zurück*« (V.45). »Nun faßte sie die Angst« (Schlatter). Für diese Rückkehr »*nach Jerusalem*« müssen wir ebenfalls einen ganzen Tag ansetzen (vgl. V.44). Nachts konnte man wegen Räubern und wilden Tieren nicht reisen.

Endlich, »*nach drei Tagen fanden sie ihn*« (V.46). Kenner nehmen an, daß sich an den Passafesten bis zu 100000 Festpilger neben den gewöhnlichen 50000 Einwohnern in Jerusalem aufhielten. Suchen und Finden war da eine schwierige Sache. Wo fanden sie ihn? »*Im Tempel.*« Und zwar zu einem Zeitpunkt, wo »*er inmitten der Lehrer saß und ihnen zuhörte und Fragen an sie stellte*«. Die »*Lehrer*« sind priesterliche Schriftgelehrte oder pharisäische Rabbinen. Jesus hat zeit seines irdischen Lebens diesen jüdischen Gesetzes-»*Lehrern*« Respekt gezollt und sie geliebt (vgl. Mt 23,2f; 13,52; Mk 5,22f; Lk 7,36; Joh 3,1f). Im Tempel waren zahlreiche Räume, ja sogar Lehrhallen (vgl. Joh 10,23; Apg 2,1f; 2,46; 3,11; 5,12). Dort traf man sich zu Lehrvorträgen und Lehrgesprächen, so z.B. vermutlich die messiasorientierten Juden (vgl. Lk 2,25f.37; Mt 26,55). Für das Judentum war es undenkbar, daß man die Liebe zu Gott nur im Gefühl lebte. Man lebte sie auch in der Lehre.

Es wird hier nichts davon gesagt, daß der zwölfjährige Jesus die Lehrer Israels belehrt hätte. Vielmehr »*hörte er*« in erster Linie »*zu*«. Sodann »*stellte er Fragen an sie*«. Beides war eine normale Tätigkeit für einen religionsmündigen, an der Heiligen Schrift und an der Lehre interessierten Juden. Dabei »*saß*« man. Man lehrte und lernte im Sitzen.

Manche Ausleger fragen, ob »*nach drei Tagen*« einen Bezug zu Ostern habe. Ein solcher Bezug scheint aber künstlich zu sein. Vielmehr handelt es sich um eine reale Zahl: Am ersten Tag wandern die Eltern Richtung Heimat, am zweiten kommen sie nach Jerusalem zurück, am dritten finden sie ihn.

Eins fällt jedoch an Jesus auf: »*seine verständigen Antworten*« (V.47). Also mußte er selbst Rede und Antwort stehen. Das war typisch für einen rabbinischen Schulbetrieb, daß Lehrer und Schüler sich gegenseitig fragten. Es heißt sogar, daß »*alle*« Zuhörer »*fassungslos waren*«. Und es ist gerade die »Einsicht«, das »*Verständnis*«, die »Weisheit«, die »Auffassungsgabe«, der »Scharfsinn« Jesu, der hier auffällt (so kann man das betreffende griechische Wort übersetzen, das wir oben mit »*verständig*« übersetzt haben). An dieser Stelle muß man sich an Jes 11,2 erinnern. Dort ist es der Messias, »auf dem ruhen wird der Geist der Weisheit und des Verstandes, der Geist des Rates und ... der Erkenntnis«. Dieser Geist zeigt sich jetzt bei Jesus in einer überwältigenden Weise – aber nicht im Protzen, sondern im demütigen Lernen. Die Fassungslosigkeit der Zeugen wird Jesus auf seinem ganzen Weg begleiten (vgl. Mt 12,23; Mk 2,12; 5,42; 6,51; Lk 4,22.32; 5,26; 8,56; Joh 7,15). Man vergleiche aber auch, was in Ps 119,98ff über die Einsicht des Gerechten gesagt ist.

In der modernen Forschung wird überlegt, ob Jesus nicht nur durch Bibelkenntnis auffiel, sondern auch durch die Schlußfolgerungen, die er aus der Schrift zog, also durch seine geistliche Schriftdeutung. Man wird diese Frage wohl bejahen müssen. Man kann weiterhin nur vermuten, daß Jesus in der Synagoge von Nazareth regelmäßigen Unterricht genoß und auch sonst in seiner Heimat alle Möglichkeiten wahrnahm, eine Kenntnis der Heiligen Schrift und der jüdischen Lehre zu gewinnen (vgl. V.40).

Die Eltern waren außerordentlich erstaunt. Und zwar weniger über sein Verständnis als über seine Trennung von ihnen. Das Griechische benutzt hier einen starken Ausdruck, den wir »*wie vor den Kopf geschlagen*« übersetzten. Es ist typisch, daß die überlegte und entschlossene Maria als erste wieder Worte findet (V.48). Vorwurfsvoll fragt sie: »*Kind, wie konntest du uns das antun? Sieh, dein Vater und ich haben dich mit Schmerzen gesucht*!« »*Kind*«, sagt sie – die Mutterliebe und Mutterangst sagt das auch zum erwachsenen Sohn. »*Mit Schmerzen*« – damit beginnt sich Simeons Weissagung von V.35 zu erfüllen. »*Dein Vater und ich*«: Als echte Jüdin, im Geist der Bibel erzogen, nennt Maria den »*Vater*« Josef an erster Stelle, auch wenn sie selbst das Wort führt. »*Wie konntest du uns das antun* (oder: Warum hast du uns das angetan?)«: Darin liegt die ganze Überraschung einer Mutter, die so etwas überhaupt nicht gewöhnt ist. Immerhin kann man Maria gut verstehen: Nicht nur einen Tag und nicht nur zwei ist Jesus jetzt zurückgeblieben, sondern »*drei*« Tage!

Auf den Vorwurf der Mutter antwortet Jesus nicht mit einem Gegenvorwurf. Er antwortet vielmehr so, wie es Gott gegenüber seinen unverständigen Leuten oft getan hat: mit einer Frage (vgl. Jona 4,4.9.11). Jesus fragt zuerst: »*Warum habt ihr mich gesucht*?« (V.49). Diese Frage setzt voraus, daß es eigentlich nur einen einzigen Ort gab, wo man ihn finden konnte: im Tempel. Genau das macht die zweite Frage Jesu klar: »*Wußtet ihr nicht, daß ich sein muß in dem, was meines Vaters ist*?« Hier sind drei Punkte entscheidend. Erstens: Über Jesu Leben liegt ein göttliches »*Muß*«. Dieses »*Muß*« bestimmt auch seinen Weg ans Kreuz (vgl. 4,43; 9,22; 13,33; 17,25; 24,7.26.44). Der Heilige Geist macht ihm klar, was er vom Vater her tun muß. So ist er durch dieses göttliche »*Muß*« auch von seinen Eltern getrennt worden – nicht etwa durch eine Laune oder Ungehorsam. Zweitens: »*Mein Vater*« ist für Jesus der Vater im Himmel. Scharf hebt dieses »*Mein Vater*« sich vom irdisch-juristischen Vater, nämlich Josef, ab. Das hat Maria bei ihren Worten »*dein Vater und ich haben dich mit Schmerzen gesucht*« nicht bedacht. Ebenso scharf hat sich Jesus in dieser Beziehung auch von seiner Mutter abgesetzt (Joh 2,4). Über den menschlichen Eltern – die Jesus geliebt hat! – steht noch der wahre »*Vater*« Jesu im Himmel. So konnte er später auch die Lehre von Mt 10,37; Lk 14,26 formulieren. Zeichenhaft wird hier in der Tempelszene klar: Dieser Messias gehorcht nicht seiner Familie, baut keine irdische Dynastie auf wie Mohammed, sondern er gehorcht allein Gott und den Weisungen seines Geistes. Drittens: »*Das, was meines Vaters ist*« kann man verschieden auslegen. Die einen sehen es lokal und beziehen es auf den Tempel. In der Tat ist der Tempel ja »meines Vaters Haus« (Joh 2,16). Die andern sehen es personal und beziehen es auf die Angelegenheiten des Vaters, z.B. Bibel und Lehre. In der Tat will Jesus ja »den Willen des Vaters tun« (Lk 22,42; Joh 4,34). Man sollte aber beides nicht auseinanderreißen. Weil Jesus den Willen des Vaters tun und die Schrift verstehen will, ist er ja im Tempel. Wir deuten also Lk 2,49 sowohl lokal als auch personal.

Auf diese Weise erfüllt Jesus Ps 26,8; 27,4; 42,5; 63,3; 84,4ff (vgl. Jona 2,5). Es kündigt sich aber auch schon Jesu Zwei-Reiche-Lehre an, mit der er Weltreich und Gottesreich unterscheidet und bei der er das, »was Gottes ist«, unterscheidet von dem, »was des Kaisers« ist (Lk 20,25).

Halten wir fest: Jesu Beziehung zum himmlischen Vater geht ihm über alles.

Wir vermuten überdies, daß der zwölfjährige Jesus in Lk 2,49 seine übernatürliche Geburt schon kannte und auch deshalb so entschieden von seinem himmlischen »*Vater*« im Unterschied zu Josef sprechen konnte. Jedenfalls »strahlt« hier »die inwendige Herrlichkeit Jesu hervor, die Herrlichkeit des Sohns, ohne Prunk, einfach, wahr, aber mit hellem Glanz« (Schlatter). Es ist bemerkenswert, daß die ersten Worte Jesu, die uns überliefert sind, sein Verhältnis zu Gott dem Vater betreffen.

Die Eltern staunten nicht nur. »*Sie verstanden das Wort nicht, das er zu ihnen sagte*« (V.50). Hier beginnt die lange Geschichte des Unverständnisses von Hörern und sogar Jüngern Jesu (vgl. Mk 4,13; 5,39f; 8,17; Lk 9,45; 18,34; Joh 2,20ff; 12,16; 14,8ff; 20,9). Man muß bei Josef und Maria allerdings berücksichtigen, daß Jesus bisher keinen Anlaß zu Tadel geboten hatte. Man muß außerdem berücksichtigen, daß sein Verhältnis zum Vater im Himmel ein Glaubensgeheimnis darstellt, das bis heute nur im Glauben verständlich wird.

Von unserem menschlichen Denken her hätte jetzt die Fortsetzung lauten müssen: »Und er ging nicht mit ihnen hinab...« Statt dessen lautet sie: »*Und er ging mit ihnen hinab und kam nach Nazareth*« (V.51). Das Bewußtsein, Gottes Sohn zu sein, motivierte Jesus zur Demut. Wer Gott verstanden hat, ordnet sich unter. So heißt es auch hier ausdrücklich: »*Und er ordnete sich ihnen unter.*« Warum können sich diejenigen so selten unterordnen, die sich Christen nennen?

Wir sollten aber doch noch einige Einzelheiten des 51.Verses betrachten; nämlich das »*Hinabgehen*« vom ca. 750 m hoch gelegenen Jerusalem zum nur 350/400 m hoch gelegenen Nazareth vgl. V.42. In dem Ausdruck »*mit ihnen*« steckt die Wiederherstellung der vollen Familiengemeinschaft. Die Worte »*nach Nazareth*« markieren Jesu bleibenden Wohnort bis zur Jordantaufe (3,21). Mit Recht heißt er deshalb »Nazarener« (vgl. Mt 2,23; Joh 19,19). »*Er ordnete sich ihnen unter*« ist im Griechischen so formuliert, daß man auch übersetzen könnte: »Er ordnete sich ihnen ständig unter.« Auch dies gilt bis zur Jordantaufe (3,21). Jesus hat also das 4. Gebot verwirklicht. Daß dies oft mit Schmerzen und innerer Überwindung geschah, läßt uns V.50 ahnen. Später ist das »Untertan sein / Sich Unterordnen« den Eltern gegenüber zu einer apostolischen Ermahnung geworden (vgl. Eph 6,1ff; Kol 3,20). »*Aber seine Mutter bewahrte alles, was geschehen war, in ihrem*

Herzen«: Heißt das, daß sich Josef anders verhielt? Nein. Es heißt nur, daß Maria besonders an die Simeonsweissagung in V.35 erinnert wurde und sie die Informationsquelle für Lukas war (vgl. V.19). Vielleicht deutet V.51 sogar darauf hin, daß Josef verhältnismäßig früh starb. Immerhin wird Josef hier das letzte Mal im Lukasevangelium erwähnt.

Der letzte Vers von Lk 2 deckt die ganze Zeit bis zu Jesu öffentlichem Auftreten (3,21) ab: »*Und Jesus nahm zu an Weisheit und Alter und Gnade bei Gott und Menschen*« (V.52).

Was ist der Inhalt dieses Verses? Das »*nahm zu*« bedeutet nach der griechischen Grammatik einen ständigen fortlaufenden Vorgang. Wir haben einen »normalen« Wachstumsprozeß vor uns. Es steckt also ein Korn Wahrheit in Bengels Bemerkung, Jesus habe »alle Altersstufen geheiligt«. An der Spitze aller Stichworte steht wie in V.40 die »*Weisheit*« als ein Kennzeichen des Messias (Jes 11,2). Es folgt das Wachsen im »*Alter*«. Zwar könnte man das griechische Wort für »Alter« auch mit »Körpergröße« übersetzen. Aber die häufigere Bedeutung ist »Alter«, und wir haben auch keinerlei Nachricht, daß Jesus besonders groß gewesen sei (vgl. Jes 52,14; 53,2). Außerdem scheint Lukas die Parallele zu 1 Sam 2,26 im Auge gehabt zu haben, wo es von Samuel heißt: »Aber der Knabe Samuel nahm immer mehr zu an Alter und Gunst bei dem Herrn und bei den Menschen.« Man muß hier bedenken, daß das Wachsen im »Alter« die Berufsfindung, die Berufsausübung, die Synagogengottesdienste, die Wallfahrten nach Jerusalem, die Fürsorge für Eltern und Geschwister und die Zunahme an Lebenserfahrung einschließt. »Ward den Menschen gleich und der Erscheinung nach als Mensch erkannt« – man muß diese Worte von Phil 2,7 einmal mit Lk 2,52 verbinden! Als Drittes ist das Wachsen »*an Gnade* (oder Gunst) *bei Gott und Menschen*« erwähnt. Wieder denken wir an Samuel in 1 Sam 2,26, aber auch an den Segen von Gottesfurcht und Frömmigkeit nach Spr 3,1ff und Röm 14,18. Wie kann der Gottessohn »*an Gnade*« bei seinem himmlischen Vater wachsen? Durch Gehorsam gegen seine Gebote (Spr 3,1ff; Hebr 5,8). Später konnte er mit Recht sagen, daß er alles erfüllt habe, was in der Heiligen Schrift steht (Mt 5,17; Joh 8,46). Und wie steht es mit der »*Gnade bei Menschen*«? Diese Bemerkung von V.52 geht über V.40 hinaus. Jesus hat sich also zunehmend auch in den Augen von Menschen bewährt – bei einem Handwerker, der leicht kritisiert wird, eine erstaunliche Feststellung. Allerdings sollte man beachten, daß hier der

Artikel fehlt. Es heißt eben nicht: »Gnade bzw. Gunst bei den Menschen«, sondern nur *»bei Menschen«*. *»Bei Menschen«* kann sehr gut einschließen, daß gesetzesverachtende Spötter ihn verlacht haben (vgl. Ps 1,1ff; 2,1ff; 73,1ff). Vielleicht ist manches von solchen Erfahrungen in die späteren Gleichnisse Jesu oder in die Erzählung vom reichen Mann und armen Lazarus eingeflossen. Wer Israels Gott ablehnt, wird jedenfalls auch Jesu Liebe und Hingabe an diesen Gott abgelehnt haben. Dennoch bleibt der Tatbestand bestehen, daß Jesus einen guten Ruf hatte. Man kann den Weg des jungen Jesus vielleicht am besten mit dem Weg des 119. Psalms vergleichen.

Das ist weit besser als die Schilderung des jungen Weltherrschers Kyrus, von dem der griechische Schriftsteller Xenophon sagte, er sei mit zwölf Jahren allen anderen Knaben überlegen gewesen.

Vorschlag zur Bibelarbeit über Lukas 2,40-52

1. Einleitung:

a) Mußte Jesus, wenn er Gottes Sohn war, überhaupt lernen? Das NT sagt auf diese Frage ja. Wir stellen mit Hilfe von Kommentar und Konkordanz solche Stellen zusammen. Sie geben uns ein Zeugnis von der menschlichen Natur Jesu.
b) Wir orientieren uns über Gebräuche und Pflichten bezüglich der Feste des Alten Bundes.
c) Für diese bekannte Geschichte lassen sich viele Überschriften denken, z.B. »Menschliche Vorstellungen und Gottes Wille prallen zusammen« oder »Jesu Liebe zum Vater im Himmel« oder »Jesus und der Tempel«. Wir wählen hier jedoch die Überschrift: »Der junge Jesus setzt seine Prioritäten«.

2. Durchführung: »Der junge Jesus setzt seine Prioritäten«

a) Die Wohltat einer Familie, die nach Gott fragt

Wir streiten viel darum, wer es leichter hat: Derjenige, der aus einer glaubensbestimmten Familie kommt, oder derjenige, der aus einer atheistischen Familie kommt – Hier geht es um das Positive in einer glaubensbestimmten Familie – Man hält sich an Israels Festordnung – Man freut sich an Gott und nimmt deshalb die Strapazen der Pilgerreise auf sich – Aber was wird Jesus tun, wenn er selber entscheiden muß? – Der Augenblick kommt, wo er religionsmündig wird, mit 12 Jahren.

b) Jesus setzt den himmlischen Vater an die Spitze

Bei Jesus gibt es keine »selbstverständlichen« Entscheidungen – Er muß als Mensch wachsen (V.40) und lernen (V.52) – Seine erste Entscheidung lautet. »Ich gehe mit« (V.42-43) – Er gibt nicht der altersgemäßen Opposition nach, die sich gegen Elternhaus, Familie, Religion und Gott wendet – Seine zweite Entscheidung lautet: »Ich bleibe beim himmlischen Vater« – Wir erleben das große Vertrauen mit, das den Eltern erlaubt, Jesus volle Freiheit zu lassen – Ein Vertrauen sogar, das nicht jeden seiner Schritte überwacht – Haben wir hier als moderne Eltern auch zu lernen? – Wir erleben aber auch den Schmerz der Eltern mit, als Jesus am Abend nicht gefunden wird – Wir gehen innerlich mit ihnen, wie sie zurückwandern nach Jerusalem – Wir erleben auch die Überraschung mit, als sie Jesus so engagiert und konzentriert in der Lehrhalle des Tempels entdecken – Wir fragen mit ihnen: »*Warum hast du das getan?*« (V.48) – Jesus ruhige Antwort: »Ich muß so handeln« – Wo er dem himmlischen Vater begegnet, da muß er hin – Er kann sich nicht den Wünschen und Vorstellungen der Menschen anpassen: auch wenn es die liebsten Menschen auf Erden sind – Unser Messias Jesus ist kein Vorspann unserer Wünsche! – Ob wir nicht selbst unsere eigenen Prioritäten überdenken sollten, und zwar im Licht der Priorität, die Jesus setzt?

c) Wo Gott an der Spitze steht, kann man den Menschen dienen

Jesus trifft auf Unverständnis – Dennoch liebt er seine irdischen Eltern weiter – Lieben wir auch dort weiter, wo man uns nicht versteht? – Die Fortsetzung »*Und er ging mit ihnen hinab*« überrascht uns – Noch mehr überrascht uns die Bemerkung

»und er war ihnen untertan« (V.51) – Er diente also seinen Eltern – Maria behielt dies alles und konnte es später den Aposteln und Evangelisten erzählen – Die einmalige Entscheidung Jesu genügte nicht – Er mußte weiter wachsen und lernen (V.52) – Aber seine Prioritäten blieben auch später so, wie sie sich bereits beim Zwölfjährigen abzeichneten – Wir lernen dabei, daß nur der Gehorsam gegen Gott es fertigbringt, daß wir auch andern richtig dienen können, ja sogar ihnen gehorsam sind – Wir überlegen: Wo ist heute unser Gehorsam gegen Gott und unser Dienst an den Menschen gefragt?

9. Die Tätigkeit Johannes' des Täufers (3,1-20)

Vorbemerkung:

Alle biblischen Evangelien sprechen in ihrer Einleitung vom Täufer (vgl. Mt 3,1ff; Mk 1,2ff; Lk 3,1ff; Joh 1,19ff). Darüber hinaus steht der Täufer auch am Beginn der apostolischen Predigt (vgl. Mt 3,1ff; Mk 1,2ff; Lk 3,1ff; Joh 1,19ff). Dabei beachten wir, daß die Evangelien keineswegs alle Taten und Reden des Täufers berichten, sondern nur das, was für die Geschichte Jesu wesentlich ist. Denn die Hauptaufgabe des Täufers war es, als Vorläufer des Messias diesem den Weg zu bahnen.

3,1-2: **(1) »Im fünfzehnten Jahr aber der Regierung des Kaisers Tiberius, als Pontius Pilatus Statthalter von Judäa war, und Herodes Tetrarch von Galiläa, und sein Bruder Philippus Tetrarch von Ituräa und Trachonitis, und Lysanias Tetrarch von Abilene, (2) zur Zeit des Hohenpriesters Hannas und Kajaphas, da geschah das Wort Gottes zu Johannes, dem Sohn des Zacharias, in der Einsamkeit.«**

Das ist die Berufung des Täufers.

Am meisten diskutiert wird das Datum, das hier von Lukas angegeben wird.

Alles hängt am *»fünfzehnten Jahr der Regierung des Tiberius«* (V.1). Für die damaligen Verhältnisse, die noch keinen Kalender gleich dem unsrigen kannten, war dies die exakteste Angabe, die Lukas liefern konnte. Sie war gerade für einen Theophilus (1,3) eine große Hilfe. Können wir sie heute noch näher bestimmen?

Exkurs: Das fünfzehnte Jahr des Kaisers Tiberius

Um das »*fünfzehnte Jahr*« näher zu bestimmen, kann man heute fünf Wege wählen. Erstens: Man geht aus von der Einsetzung des Tiberius als Mitregent des Römischen Reiches – eine Einsetzung, die Augustus 11/12 n. Chr. vorgenommen hat. Dann wäre das fünfzehnte Jahr das Jahr 25/26 n. Chr. Gegen diesen Weg spricht, daß man im Altertum unseres Wissens die Regierungsjahre des Tiberius erst vom Tode des Augustus an gerechnet hat. Zweitens: Man geht aus von gewissen Angaben des jüdischen Talmuds, wonach Regierungsjahre ab dem 1. Nisan (März/April) bestimmt worden seien. Dann wäre das fünfzehnte Jahr das Jahr vom 15. April 28 bis zum 4. April 29 n. Chr. gewesen. Gegen diesen Weg spricht die Unsicherheit über das, was die Juden in der Zeit Jesu mehrheitlich vertreten haben, und auch die Unwahrscheinlichkeit, daß Lukas und Theophilus nach solchen jüdischen Spezialverfahren gerechnet haben sollen. Drittens: Man bringt die Syrische Zählweise zur Anwendung. Hier rechnete man vom Monat Tischri (September/Oktober) an. Dann wäre das fünfzehnte Jahr des Tiberius zwischen dem 21. September 27 und dem 8. Oktober 28 n. Chr. gewesen. Da Lukas vermutlich aus Syrien stammte und die syrische Zählweise wenigstens im Orient sehr bekannt war, liegt dieser dritte Weg näher als die beiden ersten. Viertens: Man legt den julianischen Kalender zugrunde, den Cäsar in Rom einführte. Je nachdem, ob man schon das Thronbesteigungsjahr als das erste Regierungsjahr rechnet oder erst das Jahr danach, ergibt sich für das fünfzehnte Jahr entweder die Zeit vom 1. Januar bis 31. Dezember 28 n. Chr. oder die Zeit vom 1. Januar bis 31. Dezember 29 n. Chr. Dieser vierte Weg hat den Vorteil, daß er mit einem offiziell anerkannten römischen Kalender arbeiten kann. Fünftens: Man geht aus vom tatsächlichen Regierungsantritt des Tiberius am 19. August 14 n. Chr. und rechnet dann das fünfzehnte Jahr vom 19. August 28 bis zum 18. August 29 n. Chr. Auch dies war eine bei den Römern übliche Zeitrechnung.

Wie man sieht, ist das, was für Lukas und Theophilus noch klar war – nämlich die Datumsangabe – für uns nicht mehr so klar. Was läßt sich vom heutigen Standpunkt aus nun sagen? Die Wege 1 und 2 sind wenig wahrscheinlich und scheiden daher aus. Da Lukas zur römischen Geschichtsschreibung geneigt hat, kommt u.E. am ehesten der 4. oder 5. Weg in Frage. Legt man den julianischen Kalender zugrunde und rechnet man das Thronbesteigungsjahr schon als erstes Jahr, dann ergibt sich für das »*fünfzehnte Jahr*« das Jahr 28 n. Chr., also der Zeitraum vom 1. Januar bis 31. Dezember 28 n. Chr. Diese Lösung hat folgende Vorteile: a) Sie erlaubt den dreifachen Passafest-Besuch Jesu, den das JohEv voraussetzt (2,13; 6,4; 11,55); b) sie steht im Einklang mit der Zählung des Josephus (Jüdischer Krieg, II, 180); c) sie gebraucht eine gut römische Zählweise; d) sie beläßt das Todesdatum Jesu auf dem 7. April des Jahres 30 n. Chr., für das auch andere Gründe sprechen. – Andererseits steht dieser Lösung kein durchschlagendes Argument entgegen. Lk 3,23 ist mit ihr gut vereinbar (siehe die Erklärung dort).

So nehmen wir also an, daß »*das fünfzehnte Jahr der Regierung des Kaisers Tiberius*« das Jahr 28 n. Chr. meint.

Doch wer war »*Tiberius*«? Als Stiefsohn des Augustus unterwirft er zusammen mit seinem Bruder Drusus im Jahre 15 v.Chr. das Gebiet zwischen den Alpen und der Donau, kämpft 8-6 v.Chr. gegen die Germanen, erreicht beinahe die Elbgrenze, wird dann nach Armenien versetzt und schließlich 4 n. Chr. von Augustus adoptiert. Nach dem Tode des Augustus am 19. August 14 n. Chr. wird Tiberius der zweite römische »*Kaiser*« und regiert dann bis zu seinem Tode am 16. März 37 n. Chr. das Römerreich. Beliebt war er nicht. Er überließ die Zügel weithin seinem Gardekommandeur Seianus und lebte seit 27 n. Chr. zurückgezogen auf der Insel Capri. Seianus wird im Jahre 31 n. Chr. von Tiberius hingerichtet. Letzterer wurde immer mißtrauischer und seltsamer. Als er starb, soll das Volk gerufen haben: »Mit Tiberius in den Tiber«.

Neben Tiberius erwähnt Lukas in V.1 den »*Pontius Pilatus*«, der damals »*Statthalter von Judäa war*«. Pontius Pilatus trat sein Amt im Jahre 26 n. Chr. an und hatte es bis 36 n. Chr. inne. Er entstammte dem römischen Ritterstand und verdankte die judäische Statthalterschaft der Gunst des Seianus, dem ja Tiberius viel Handlungsspielraum ließ. Nach den zeitgenössischen Quellen war er habgierig und grausam. Es ist bis heute umstritten, ob sein lateinischer Titel »Präfekt« oder »Prokurator« lautete. Lukas bringt mehr Nachrichten über Pilatus als die anderen Evangelisten – ein Zeichen seiner Rücksicht auf römische Leser.

Nach Pilatus folgen in Lk 3,1 drei »*Tetrarchen*«. Das Wort »Tetrarch« oder »Tetraarch« bezeichnet eigentlich den »Herrscher über ein Viertel« und zur Zeit Jesu dann einen abhängigen Fürsten, der rangmäßig unter einem König steht. Herodes der Große, unter dem Jesus geboren wurde, war noch ein »König« gewesen. Nach seinem Tode (4 n. Chr.) teilten die Römer jedoch sein Reich unter seine Söhne auf und gaben diesen Söhnen nur noch den Titel »Tetrarch«. Zwei von diesen Herodessöhnen begegnen uns hier in Lk 3,1. Der erste ist »*Herodes*« mit dem Zunamen »Antipas« (Kurzform von Antipatros bzw. Antipater). Von 4 v.Chr. bis 39 n. Chr., also 43 Jahre lang, regierte er »*Galiläa*« und »Peräa« (das Ostjordanland, vgl. Mt 4,25; 19,1). Lukas nennt ihn nur »*Tetrarch von Galiläa*«, weil dies für die Identifizierung völlig ausreicht. Dieser Herodes bekommt im NT kein gutes Zeugnis. Er machte seinem Bruder Philippus (nicht dem Tetrarchen von Lk 3,1!) dessen Gattin Herodias abspenstig, ließ den Täufer hinrichten und wurde von Jesus in negativer Weise als »Fuchs« bezeichnet (Lk 13,32). Der zweite Herodessohn, den Lk 3,1 erwähnt, ist »*Philippus*«. Allerdings stammte Philippus von einer anderen Mutter (Kleopatra von Jerusalem) als Herodes Antipas (dessen Mutter war die Samaritanerin Malthake). Man darf diesen »*Bruder*« des Herodes namens »*Philippus*« nicht verwechseln mit einem anderen Bruder des Herodes, der ebenfalls Philippus hieß und der erste Gatte der Herodias gewesen ist. Vermutlich um eine solche Verwechslung auszuschließen, zählt Lukas seine Titel genauer auf: »*Tetrarch von Ituräa und Trachonitis*«. »*Ituräa*« leitet man vom Stamm der Ituräer ab, der wiederum auf einen gewissen Jetur zurückgeführt wird, der in 1 Mo 25,15 als Sohn Ismaels erscheint und dessen Nachkommen (1 Chr 5,19) gegen die Landnahme Israels kämpften. Es handelt sich offensichtlich um einen arabischen Stamm. Seit dem 2. Jh.v.Chr. siedelten die Ituräer in Südsyrien. Eine ihrer Städte war das berühmte Baalbek oder Heliopolis im heutigen Libanon. Die Römer verwendeten die kriegerischen Ituräer gerne als Hilfstruppen, und so finden wir auch in Mainz das Grabmal eines ituräischen Bogenschützen aus der Zeit Jesu. Die »*Trachonitis*« ist ein Gebiet im nördlichen Ostjordanland, grob gesprochen zwischen Damaskus und dem See Genezareth. In einem weiteren Sinne schließt es den Golan, das Haurangebirge und das Gebiet am Hermon ein. Manche setzen es mit dem »Baschan« des AT gleich. Berühmt wurde hier die Stadt Paneas oder Banyas, die Philippus in Cäsarea in Philippi umbenannte und in deren Nachbarschaft das Messiasbekenntnis des Petrus gesprochen wurde (Mt 16,13ff). Auch Betsaida gehörte zur Tetrarchie des Philippus. Übrigens war unser Philippus, der von 4 v.Chr. bis 34 n. Chr. regierte, kein übler Herrscher. Gelegentlich nennt man ihn den »Besten der Herodianer«.

Am wenigsten wissen wir von der zuletzt in V.1 genannten Gestalt, dem »*Tetrarchen Lysanias von Abilene*«. Er war kein Herodianer. »*Abilene*« nannte man das Gebiet um die Stadt Abila, ca. 30 km nordwestlich von Damaskus, im Süden des Antilibanon. Auf »*Lysanias*« weist eine Inschrift hin, die man in die Zeit zwischen 14 und 29 n. Chr. datiert. Aber das ist fast schon alles über diesen Lysanias. Erwähnt ihn Lukas deshalb, weil er »*Abilene*« zum alten Israelland rechnete? Oder weil Theophilus und evtl. weitere Leser sich in dieser Gegend auskannten?

Den fünf politischen Würdenträgern fügt Lukas in V.2 zwei geistliche hinzu, die allerdings zugleich politische Funktionen wahrnahmen.

Er schreibt, die Berufung des Täufers sei »*zur Zeit des Hohenpriesters Hannas und Kajaphas*« erfolgt. »*Hannas*« ist die Kurzform des Namens Hananos, hebräisch Chanani. Chanani gibt es viele im AT (1 Kön 16,1.7; 1 Chr 25,4.25; 2 Chr 16,7; 19,2; 20,34; Esr 10,20; Neh 1,2; 7,2; 12,36). Der Hannas von Lk 3,2, Sohn Sets, war eine der bedeutendsten jüdischen Figuren um die Zeitenwende. Von 6 bis 15 n. Chr. war er selbst der amtierende Hohepriester. Fünf seiner Söhne folgten ihm im Hohenpriesteramt nach. Sein Schwiegersohn »*Kajaphas*«, von dem gleich noch zu reden ist, war sogar 18 Jahre lang Hoherpriester (18-36 n. Chr.). Noch im Prozeß Jesu und in der Apostelgeschichte stellte »*Hannas*« eine Person von großem Einfluß dar (vgl. Joh 18,13ff; Apg 4,6). Als der Täufer auftrat, hatte Hannas das Amt des Hohenpriesters bereits abgeben müssen. Warum nennt ihn dann Lukas immer noch »*Hoherpriester Hannas*«? Dafür kann man drei Gründe anführen: a) Hoherpriester heißt im damaligen Sprachgebrauch auch ein Priester, der einer Hohenpriesterfamilie angehört, ohne doch als solcher zu amtieren (vgl. Apg 4,6). b) Nach jüdischer Ansicht blieb man auf Lebenszeit Hoherpriester. Die vorherige Absetzung – wie bei Hannas – änderte nichts daran. c) Bei Hannas kommt hinzu, daß er auch nach seiner Absetzung entscheidenden Einfluß auf das Hohepriesteramt ausübte, und sozusagen eine »graue Eminenz« darstellte.

»*Kajaphas*« ist der Zuname jenes Hohenpriesters, der eigentlich Josef hieß. Wie gesagt, handelt es sich um den Schwiegersohn des Hannas, der von 18 bis 36 n. Chr. amtierte. Kajaphas arbeitete eng mit Hannas zusammen (Joh 18,13ff). Über seine Rolle im Prozeß Jesu und in der frühen Apostelgeschichte vergleiche Mt 26,3ff.57ff; Joh 11,49ff; 18,12ff; Apg 4,6. Als der Täufer auftrat, war er tatsächlich der amtierende Hohepriester.

Bevor wir zur Berufung des Täufers übergehen, halten wir einen Augenblick inne. Was lernen wir aus der umständlichen Datierung in Lk 3,1-2 ? Erstens: Als sorgfältiger Geschichtsschreiber (vgl. 1,1ff) will Lukas auch eine genaue Datierung ermöglichen. Er erzählt ja keine Märchen. Zweitens: Mit seiner Datierung schließt er sich ans Alte Testament an, das ebenfalls Datierungen anbietet, um die Tatsächlichkeit des Berichteten zu unterstreichen (vgl. Jes 1,1; Jer 1,1ff; Hes 1,1ff; Dan 1,1). Lukas will also die Geschichtsschreibung des AT fortsetzen. Drittens: Lukas verbindet hier Rom (Tiberius, Pilatus) und Jerusalem (Hannas, Kajaphas), die Hauptstadt des Weltreiches und die Hauptstadt des Gottesreiches. Viertens: Er verbindet damit auch Weltgeschichte und Heilsgeschichte. Im Gang der Weltgeschichte, nicht erkennbar für die Menschen des Unglaubens, läuft der rote Faden der Heilsgeschichte weiter, bis der wiederkommende Jesus sein Werk vollendet (vgl. Lk 21,25ff). Fünftens: Im Rückblick erkennen wir, daß die Angaben des Lukas in 3,1f stimmen. Hier bewahrheitet sich also die Zuverlässigkeit der Bibel.

»*Da geschah das Wort Gottes zu Johannes, dem Sohn des Zacharias, in der Einsamkeit*« (V.2).

Dies ist der Akt der Berufung des Täufers.

Obwohl Lukas keine Einzelheiten nennt, ergeben sich einige wesentliche Züge dieses Vorgangs. Da ist einmal die Verklammerung mit den vorausgehenden Kapiteln; denn das erste Kapitel schloß ja mit der Bemerkung: Johannes »*lebte in der Einsamkeit bis zu dem Tag, an dem er seinen Auftrag Israel gegenüber erhielt*« (1,80). Jetzt wird Johannes aus dieser »*Einsamkeit*« herausgerufen. Zwar kann man das entsprechende griechische Wort auch durch das deutsche Wort »Wüste« wiedergeben, aber doch nicht ganz korrekt. Denn das Griechische hat die Grundbedeutung »Einöde« oder »*Einsamkeit*« und bezieht sich in der Regel auf das Nicht-Kulturland, was aber keinesfalls dasselbe ist wie »Wüste«. Viele denken hier an die Halbwüste des gebirgigen Ostjudäa, wie man sie östlich von Jerusalem auf dem Weg zum Jordantal erblickt. Aber Lukas nennt uns keinerlei Ortsnamen. Ferner wird »*Johannes*« feierlich als »*Sohn des Zacharias*« bezeichnet. Damit kommt noch einmal die ganze Zachariasgeschichte vor unsere Augen. Sodann benutzt Lukas für »*Wort* (Gottes)« einen griechischen Ausdruck, der sehr oft das konkrete Sprechen meint. Man kann ihn auch mit »Weisung« oder »Auftrag« übersetzen (vgl. 1,80). Johannes ist also nicht durch Nachdenken zu der Folgerung gekommen, er müsse nun in die Öffentlichkeit hinaus. Vielmehr hat er wie die alten Propheten Gottes Stimme gehört, die ihn direkt sandte (vgl. Joh 1,33). Schließlich erinnert uns die Wendung »*da geschah das Wort Gottes zu Johannes*« unmittelbar an die Prophetenberufungen des Alten Testaments (vgl. Jer 1,2; Hes 1,3; Hos 1,1; Joel 1,1; Jona 1,1; Mi 1,1; Zeph 1,1; Hag 1,1; Sach 1,1). Während seit Maleachi kein Prophet mehr in diesem Sinne aufgetreten ist (vgl. 1 Makk 4,46), steht nun Johannes als solcher auf. Wohlgemerkt: nicht aus eigener Eingebung, sondern von Gott gesandt. Lk 3,2 schildert uns also eine Prophetenberufung (vgl. 1,76).

Daran knüpfen sich zwei weitere Erkenntnisse: a) Lukas sieht die heilsgeschichtliche Linie vom Alten Bund über Johannes in den Neuen Bund weiterlaufen. b) Indem er das Kommen des Neuen Bundes auf diese Weise schildert, legt er dem Leser eine Schrift vor, die wie die Prophetenbücher des AT eine Heilige Schrift werden kann.

Auf die Berufung des Täufers folgt jetzt die Predigt des Täufers:

3,3-9: **(3) »Und er kam in die ganze Gegend um den Jordan, indem er die Taufe der Umkehr zur Vergebung der Sünden predigte, (4) so wie es geschrieben steht im Buch der Worte des Propheten Jesaja: ›Stimme eines Rufenden in der Wüste: Richtet her den Weg des Herrn, ebnet seine Pfade! (5) Jede Schlucht soll aufgefüllt werden, und jeder Berg und jeder Hügel soll erniedrigt werden, und das Krumme soll gerade und das Unebene zu ebenen Wegen werden! (6) Und alles Fleisch wird das Heil Gottes sehen.‹ (7) Er sagte also zu den Massen, die hinauswanderten, um von ihm getauft zu werden: Ihr Schlangenbrut, wer hat euch denn gezeigt, wie ihr dem kommenden Zorn entfliehen könnt? (8) Dann bringt doch Früchte, die der Umkehr würdig sind, und fangt nicht an, euch selbst einzureden: Wir haben den Abraham zum Vater! Denn ich sage euch: Gott kann dem Abraham aus diesen**

Steinen Kinder erwecken. (9) Es ist ja schon die Axt an die Wurzel der Bäume gelegt. Folglich wird jeder Baum, der keine gute Frucht bringt, herausgehauen und ins Feuer geworfen.«

Es ist richtig: Johannes hatte keinen festen Standort. Sein Tätigkeitsbereich erstreckte sich auf »*die ganze Gegend um den Jordan*« (V.3). Allerdings wird man vor allem an den »*Jordan*« zwischen dem See Genezareth und dem Toten Meer zu denken haben (vgl. Mt 3,1). In dieser »*ganzen Gegend*« wechselte er immer wieder den Aufenthaltsort (vgl. Joh 1,28 mit Joh 3,23). Nur auf eins war er angewiesen: auf das fließende Wasser. Darauf kommen wir später noch zurück.

Seine Haupttätigkeit, die ihm Gott befohlen hatte, war die Predigt (»*indem er predigte*«). Das war ja auch die Haupttätigkeit der früheren Propheten.

In der Mitte seiner Predigt aber stand etwas Neues: »*Die Taufe der Umkehr zur Vergebung der Sünden*« (V.3). Hier muß man jedes Wort auf die Waagschale legen.

»*Taufe*« heißt eigentlich »Eintauchen«, »Untertauchen«. »Getauft« wurden Menschen oder Gegenstände (vgl. Mk 7,4ff). Man tauchte den Betreffenden oder das Betreffende also ganz unter. Bis zum Täufer war es für alle jüdischen Taufgebräuche wesentlich, daß der Verpflichtete das Eintauchen bzw. die Taufe selbst vornahm. Wir machen uns das an drei Beispielen klar: a) An vielen Orten des Altertums findet man eine sog. jüdische Mikwe (Taufbad) – sogar auf Masada. Wer sich »taufen« = reinigen wollte, mußte selbst die Stufen hinuntersteigen und sich waschen. b) Naamann mußte sich auf Weisung Elisas selbst im Jordan untertauchen, um von seinem Aussatz geheilt zu werden (vgl. 2 Kön 5). c) Bei der sog. Proselytentaufe, mit der der Übertritt zum Judentum vollzogen wurde, mußte sich der Täufling selbst untertauchen. Die Gelehrtenschüler, die ihm ins Wasser folgten, »tauften« ihn nicht, sondern stellten nur die Taufzeugen dar.

Jetzt aber kommt das Neue: Bei Johannes darf man sich selbst nicht mehr taufen. Vielmehr wird man von Johannes getauft. Deshalb erhält er den Beinamen »der Täufer«. Woher kommt dieses Neue? Aus der Weissagung des Hesekiel. Dort heißt es in Hes 36,25: »Ich will reines Wasser über euch sprengen, daß ihr rein werdet.« Gott selbst muß also die Reinigung und die Taufe vornehmen. Er tut es durch Johannes. Da

Hes 36,16ff auf die Endzeit geht, macht die Johannestaufe gleichzeitig darauf aufmerksam, daß diese Endzeit jetzt begonnen hat.

Hinzu tritt eine zweite Neuheit: die enge Verknüpfung der Taufe mit der *»Umkehr«*. Sicherlich dienten auch die bisherigen jüdischen Waschungen und Taufen der Reinheit. Sie standen also auch mit der Abkehr von der Unreinheit und mit der Hinkehr zu Gott in Beziehung. Jetzt aber ist die »Umkehr« zum Hauptzweck geworden. Was heißt das praktisch? Jeder Getaufte erklärte, von den bisherigen bösen Wegen abzukehren und sich Gott ganz neu zuzukehren, um für die anbrechende Heilszeit gerüstet zu sein. Denn eben das heißt »Umkehr«: Abkehr vom Bösen und Hinkehr zu Gott. Das deutsche Wort »Bußtaufe« reicht also nicht ganz aus, weil es den Ton zu stark auf die Abkehr legt und die entschlossene Hinkehr zu wenig zum Ausdruck bringt. Besser ist es, von einer »Umkehrtaufe« oder »Bekehrungstaufe« zu sprechen.

Neu ist drittens die elementare Betonung der *»Vergebung der Sünden«*; denn die Umkehrtaufe soll ja die Vergebung der Sünden bewirken (*»zur Vergebung der Sünden«*). Im Grunde wird dadurch enthüllt, daß weder die rituelle Waschung noch der Tempelgottesdienst ausreichen, um Vergebung der Sünden zu bekommen. Das Judentum war in seiner langen Geschichte immer mehr daraufgekommen, daß trotz aller Gesetzestreue die Sünde nicht überwunden werden konnte. Paulus führt in Röm 3 kurz nacheinander 6 Schriftstellen an, aus denen hervorgeht: »Da ist keiner, der Gutes tue, auch nicht einer« (Ps 14,1-3; vgl. Ps 5,10; 10,7; 36,2; 140,4; Jes 59,7f). Über die eigene Erfahrung des Paulus vergleiche man Röm 7. Die Angehörigen der Qumran-Gemeinschaft klagten: »Meine Sünden, meine Übertretungen, meine Verfehlung samt der Verderbnis meines Herzens gehören zur Menge des Gewürms und derer, die in Finsternis wandeln.« Nun hatte Zacharias geweissagt, daß Johannes Heilserkenntnis »in der Vergebung ihrer Sünden« geben solle (1,77). Diese Weissagung geht jetzt in Erfüllung. Johannes konzentriert seine Predigt tatsächlich auf die Vergebung der Sünden und bereitet dadurch das Heilswerk Jesu in optimaler Weise vor (vgl. Apg 19,4).

Halten wir fest: Das Entscheidende bei Johannes war zunächst das Wort. Erst *»predigte«* er *»die Taufe«*, bevor er sie vollzog. Aber die Predigt sollte zur Frucht führen, d.h. zur Umkehr, die durch die Taufe sichtbar und markierbar wurde. Übrigens: Wenn Johannes die Umkehrtaufe predigte, dann muß seine Predigt mehr als ein Aufschrei, nämlich Lehrpredigt gewesen sein. Johannes war nicht nur ein begnadeter Herold, sondern auch ein begnadeter Lehrer.

Worin unterscheidet sich nun aber die Johannestaufe von der christlichen Taufe? a) Sie gehört noch zum Alten Bund, während die christliche Taufe zum Neuen Bund gehört. b) Sie schaut noch auf den kommenden Messias aus, während die christliche Taufe auf den gekommenen Messias zurückblickt und zurückgeht. c) Sie geschieht nur im Namen Gottes, während die christliche Taufe zugleich im Namen Jesu, also des dreieinigen Gottes, geschieht.

Bevor Lukas Einzelheiten aus der Predigt des Täufers schildert, konzentriert er sich drei Verse lang auf einen einzigen Zweck: Er zeigt dem Leser die Übereinstimmung zwischen der alttestamentlichen Prophetie und dem Auftreten des Täufers (V.4-6). Wer so handelt, hat eine Liebe zum AT und ist von der fortdauernden Gültigkeit des Alten Testaments überzeugt.

Lukas benutzt dazu ein langes Zitat aus Jes 40,3-5. Wie kommt er darauf? Durch den Täufer selbst. Denn dieser hat gerade mit Jes 40,3 geantwortet, als er von Jerusalemer Delegierten gefragt wurde: »Wer bist du?« (Joh 1,22f). Übrigens gibt Lukas das Zitat nach der griechischen Bibel, da diese seinen Lesern am besten bekannt war.

Das Zitat wird eingeleitet durch die Bemerkung: »*So wie es geschrieben steht im Buch der Worte des Propheten Jesaja*« (V.4). Die moderne Kritik unterscheidet den sog. Deuterojesaja, der erst im 6. Jh. v.Chr. gelebt haben soll, vom eigentlichen »*Propheten Jesaja*«, der im 8. Jh. v.Chr. lebte. Sie teilt dem Erstgenannten die Kapitel 40-55 zu. Die alte Christenheit und das frühe Judentum wissen von einer solchen Unterscheidung nichts. Sie kennen nur einen Jesaja, nämlich den aus dem 8. Jh. v.Chr. Das Buch, in dem seine Botschaften zusammengefaßt sind, nennt man »Prophet Jesaja« (Mt 3,3; Mk 1,2; Apg 8,28) oder »*Buch des Propheten Jesaja*« (Lk 4,17) oder noch vollständiger »Buch der Worte des Propheten Jesaja« (hier in Lk 3,4). Dabei wird gerade das 40. Kapitel, das die Kritik dem eigentlichen Jesaja abspricht, auf diesen alten Jesaja des 8. Jh. v.Chr. zurückgeführt.

Am Anfang des Zitats steht Jes 40,3. Dieser alttestamentliche Vers findet sich bei allen vier Evangelisten (Mt 3,3; Mk 1,3; Lk 3,4; Joh 1,23), und zwar bis auf eine geringfügige Abweichung (in Joh 1,23) mit denselben griechischen Worten. Offenbar war dies eine Kernstelle der alten Christen. Der »*Rufende in der Wüste*« ist Johannes. Das »*Herrichten der Wege des Herrn*« ist schon nach der Weissagung des Zacharias (1,76) seine Aufgabe. Sie besteht in der geistlichen Vorbereitung des Kommens »*des Herrn*«, der der Messias ist. Der Ausdruck »*ebnet seine Pfade*« besagt dasselbe. Angesprochen ist nach der Mehrzahlform »*Richtet her / ebnet*« das ganze Israel. Dadurch, daß es sich bekehrt, bereitet es das Kommen des Messias geistlich vor. Aber ist es klar, daß der, der diese Bußbewegung auslöst – also der prophetische Prediger – in erster Linie bei dieser Vorbereitung beteiligt ist? In diesem Sinne hieß es ja in Lk 1,16f, Johannes werde viele bekehren.

Noch etwas: Daß Johannes mit dem »*Herrichten des Weges*« und mit dem »*Ebnen der Pfade*« beschäftigt ist, ergibt sich daraus, daß a) der Messias wie ein König kommt, den man bestens empfängt (vgl. Sach 9.9); b) diese Ankunft nahe bevorsteht, und c) der Täufer tatsächlich der Vorläufer des Messias sein will.

In V.5 wird das Herrichten der Wege des Herrn nach Jes 40,4 mit einem Bild beschrieben, das uns an die »Königsstraßen« erinnert, die man schon zur Mosezeit im Orient antrifft. »*Schluchten*« wurden möglichst »*aufgefüllt*«, damit Menschen und Wagen die Steigungen bewältigen konnten. Erhebungen (»*jeder Berg und jeder Hügel*«) wurden möglichst »*erniedrigt*«, um ein schnelleres Vorwärtskommen zu gewährleisten. »*Das Krumme*« wurde be-«*grad*«-igt, »*das Unebene*« geglättet. In unserem Zusammenhang hat dies alles eine geistliche Bedeutung. Wo ist bei uns etwas »*krumm*«, verdreht, verkehrt, falsch? Das hier benützte griechische Wort »skoliós« dient unseren Medizinern zur Bezeichnung der Skoliose, einer Krankheit, bei der die Knochen ungesund verkrümmt sind. Wieviele geistliche Skoliosen mögen in unserem Leben sein? Man denke an Neumeisters Lied: »Jesus nimmt die Sünder an! Saget doch dies Trostwort allen, welche von der rechten Bahn auf verkehrten Weg verfallen!« (EKG 268,1). Johannes konnte noch nichts von Jesu Erbarmen sagen. Er mußte Sünde aufdecken und die Menschen mahnen, sie in Ordnung zu bringen.

Lukas dehnt als einziger Evangelist das Zitat bis Jes 40,5 aus (schon Jes 40,4 ist nur bei Lukas zu finden). Deshalb ist anzunehmen, daß ihm diese Aussage wichtig war. Sie lautet: »*Alles Fleisch wird das Heil Gottes sehen*« (V.6). Außer in Jes 40,5 treffen wir sie auch in Ps 67,3; 98,3 und Jes 52,10. Ähnliche Aussagen erstrecken sich übers ganze AT (vgl. noch Mal 1,11). Zudem werden wir an Simeons Weissagung in 2,30-32 erinnert. Was war Lukas nun so wichtig? »*Das Heil*«, dem »*alle*« Menschen (»*alles Fleisch*«) begegnen werden. Sie werden es »*sehen*«, d.h. erleben. Es heißt nicht: Sie werden es alle annehmen. Aber es ist auf jeden Fall ein universales Heil und nicht nur auf Israel beschränkt. Es ist nicht einmal auf das Römerreich begrenzt. Vielmehr sind auch die Barbaren darin eingeschlossen. So hat Lukas dem Theophilus klar gemacht: Auch du bist hier gemeint. Und der Messias, der hier kommt und »*das Heil Gottes*« in sich verkörpert, ist ein weit größerer Herrscher als der Kaiser in Rom.

Nachdem Lukas auf die Übereinstimmung zwischen der alttestamentlichen Weissagung und dem Auftreten des Täufers hingewiesen hat, bringt er Kernsätze aus der Predigt des Täufers. Woher hat er sie? Von den Jüngern des Täufers, denen diese Kernsätze geradezu schulmäßig eingeprägt wurden! Eine ganze Reihe dieser Täuferjünger sind später zu Jüngern Jesu geworden (vgl. Joh 1,35ff) und haben ihre vom Täufer empfangene Lehre der messianischen Gemeinde zur Kenntnis gebracht (vgl. Lk 11,1).

Johannes »*sagte also zu den Massen, die hinauswanderten, um von ihm getauft zu werden*« (V.7): Der Ruf des Täufers muß sich rasch verbreitet haben. Der jüdische Schriftsteller Josephus, ein Zeitgenosse des Paulus, schreibt über ihn: »Er war ein ehrenwerter Mann, der die Juden zur Tugendübung begeisterte, zur Gerechtigkeit gegeneinander, zur Frömmigkeit gegen Gott und zum Empfang der Taufe ermahnte ... Um Johannes hatten sich viele versammelt, die durch seine Worte begeistert waren« (Jüdische Altertümer, 18. Buch). Das Zusammenströmen der »Massen« wird also sowohl von den Juden als auch von den Christen bezeugt (vgl. Mt 3,5; Mk 1,5; Lk 3,7). Erstaunlich ist, daß so viele Leute »*hinauswanderten*«. Um zur Taufstelle am Jordan zu kommen – Johannes benötigte das Wasser – mußten sie oft steinige, steile, wüstenartige Wege gehen. Schaut man sich ihre Herkunft an, von der Matthäus und Markus berichten (Jerusalemer, Judäer, Leute aus der Jordangegend), dann hat man den Eindruck, daß damals die Taufstelle am südlichen Jordan, etwa im weiteren Umkreis von Jericho lag. Das Ziel der Herbeiströmenden ist es, »*von Johannes getauft zu werden*« (V.7). Man kann also annehmen, daß es sich um innerlich bewegte, bekehrungsbereite Menschen handelt. Wenn man so will, war die Gemeinde, die sich um Johannes sammelte, das wahre Israel, eine messianische Kerngemeinde.

Johannes empfing sie nicht mit Schmeichelworten: »*Ihr Schlangenbrut, wer hat euch denn gezeigt, wie ihr dem kommenden Zorn entfliehen könnt*?« (V.7). Diese Bezeichnung »*Schlangenbrut*« benutzte auch Jesus, und zwar im Blick auf Israels Führer (Mt 12,34; 23,33). Vermutlich handelt es sich um eine Bezugnahme auf die Schlange und deren Nachkommenschaft in 1 Mo 3, vor allem 3,15. Dann besagt dieser Ausdruck, daß die Angeredeten bisher vom Teufel gelenkt wurden. Sachlich dasselbe meint Jesus in Joh 8,44: »Ihr habt den Teufel zum Vater« (vgl. 1 Joh 3,8-10; Offb 2,9; 3,9). Hier wird schon das Ziel des Johannes deutlich: Er will die Menschen der Herrschaft des Satans entziehen und unter die Herrschaft Gottes stellen. Für ernsthafte Israeliten war dies ein schmerzhaftes Wort. Aber nicht der Schmerz, sondern die Heilung entscheidet über den Wert der Medizin.

Nicht einfach zu verstehen sind die Worte: »*Wer hat euch denn gezeigt* (oder: gewiesen, gelehrt), *wie ihr dem kommenden Zorn entfliehen könnt*?« (V.7). Will Johannes sagen, daß nur er allein diesen Rettungsweg aufzeigen kann? Oder will er sagen, daß Gottes Geist sie zur Taufe bewegte, und daß sie deshalb gehorchen sollten? Oder will er sagen, daß sie total verloren sind – es sei denn, sie handeln nach der Anweisung von V.8? Jedenfalls gilt es jetzt, »*dem kommenden Zorn*« des Gerichtes Gottes »*zu entfliehen*«. Man wird an Mal 3 erinnert, wo ja auch der Anbruch der Endzeit und das Gericht miteinander verbunden sind. Nicht äußeres Wohlsein und politischer Jubel verbinden sich mit der Ankunft des Messias, sondern Herzensprüfung, Scheidung und letzten Endes die Entscheidung über Seligkeit oder Verdammnis. Vom »*kommenden Zorn*« spricht das ganze NT (Röm 1,18; 2,5; Eph 5,6; Kol 3,6; 1 Thess 1,10). Wer heute diesen kommenden Zorn des Gerichtes Gottes verschweigt, handelt falsch. Wie Jes 59,5 zeigt, steht Johannes hier ganz in der Linie der »klassischen Propheten Israels« (R. Riesner).

V.8 deckt die eiserne Konsequenz auf, die sich für alle ergibt, die dem Gericht Gottes entrinnen wollen: »*Dann bringt doch Früchte, die der Umkehr würdig sind*!« Also nicht die Taufe »an sich« oder gar ein »Taufsakrament« retten – so wenig wie der Genuß des Abendmahls »an sich« rettet. Notwendig sind »*Früchte*«.

Anders formuliert: Notwendig ist ein verändertes Leben. Die »*Umkehr*« ist eine Grundsatzentscheidung: weg vom Bösen, hin zu Gott. Dieser Grundsatzentscheidung müssen die einzelnen Handlungen entsprechen, sie müssen ihrer »*würdig*« sein. Ganz schlicht ist diese Wahrheit auf dem Wandspruch enthalten, der viele Häuser ziert: »Was würde Jesus dazu sagen?«

Johannes kennt auch die Machenschaften des Bösen. Der Böse will den Juden – gerade den bibelfesten Juden! – einflüstern: »Abraham ist euer Vater, deshalb kann euch Gottes Zorn gar nicht treffen.« Der Teufel, der selbst ein Bibelkenner ist (vgl. Mt 4,6), kann dabei auf 1 Mo 12,1ff; 15,1ff und 17,1ff hinweisen, wo Abrahams Nachkommen ein ewiger Segen verheißen ist. Wie zentral der Satz: »*Wir haben den Abraham zum Vater*« in neutestamentlicher Zeit gewesen ist, ergibt sich aus Stellen wie Joh 8,33.37.39ff; Apg 7,1; Röm 4,1.12ff; 9,5.7 und 11,1; Gal 3,6ff; Hebr 2,16; 6,13ff und Jak 2,21ff. Wie positiv Jesus daran anknüpfen konnte, zeigt gerade das Lukasevangelium (13,16; 16,22ff; 19,9). Doch nun kommt das große »Aber« des Neuen Testaments: »Nicht alle, die Abrahams Nachkommen (nach dem Fleisch!) sind, sind darum seine Kinder« (Röm 9,7f). Was hier Paulus sagte, hat Johannes – beide sind Juden! – noch viel schärfer formuliert: »*Gott kann dem Abraham aus diesen Steinen Kinder erwecken*« (V.8). Die natürliche Abstammung gibt keinerlei Heilsgarantie. Weder Blutsbande noch Sakramente allein bringen uns in den Himmel. Ja, selbst wenn das ganze fleischliche Israel unterginge, wäre Gottes Heilsplan nicht zuschanden. »*Denn Gott kann dem Abraham aus diesen Steinen Kinder erwecken*«. »*Gott*« kann alles (1,37). Er ist nicht auf Menschen angewiesen. Vielleicht deutete Johannes bei »*diesen Steinen*« auf die herumliegenden Steine oder benachbarten Felshänge des Jordantales. Sein Wort war zugleich wohl ein Wortspiel: »*Steine*« (abanim) – »*Kinder*« (banim, im Aramäischen ähnlich). So prägte sich dieser Satz tief ein.

Wie dringlich die Umkehr ist, ergibt sich daraus, daß Gottes Gericht nahe ist. »*Es ist ja schon die Axt an die Wurzel der Bäume gelegt*« (V.9). Die »*Wurzeln*« sind schon aufgegraben, freigelegt, der nächste Schwung mit der »*Axt*« wird sie abtrennen. Dann erlischt das Leben »*der Bäume*«. So nah, bis auf den letzten Axtschwung gewissermaßen, ist das Gericht herangekommen. Wer hier davonkommen will, muß schnellstens umkehren! Gottes Gericht wird unbestechlich sein: »*Jeder*

Baum, der keine gute Frucht bringt, wird herausgehauen und ins Feuer geworfen.« Der Vergleich Israels mit »*Bäumen*« oder Pflanzen ist uralt (vgl. Jes 5,1ff; Jer 2,21; Ps 1,3ff). Jesus führt diesen Vergleich fort (Mt 7,16ff; 12,33ff; 15,13; Lk 13,6ff;. Joh 15,1ff). Im Hintergrund steht nicht nur die Landwirtschaft, sondern auch der Krieg, in dem es eine der härtesten Maßnahmen war, dem Feinde die Bäume »*herauszuhauen*«.

Das also war der Zielpunkt der Täuferpredigt: »Bekehrt euch, denn Gottes Gericht ist nahe« (vgl. Mt 3,2).

Wir fügen noch hinzu, daß Mt 3,7-10 und Lk 3,7-9 sich fast wortwörtlich decken – ein Beweis für die Zuverlässigkeit der Überlieferung.

Vorschlag zur Bibelarbeit über Lukas 3,1-9

1. Einleitung:

a) Wer Freude an der Geschichte hat, sollte sich die Daten von V.1-2 einmal in einer kleinen Tabelle zusammenstellen. Wir überlegen: Was haben uns diese Daten zu sagen?

b) Wir überlegen ferner: Welche Verbindungen bestehen zwischen Johannes dem Täufer und dem AT?

c) Wir klären die wichtigen Begriffe ab, z.B. »Schlangenbrut«, »künftiger Zorn«, »Buße«, ebenso die wichtigsten Bilder, z.B. Pflanzung/Baum, Feuer/abhauen.

d) Gerade bei bekannten Berichten ist das Finden einer passenden und doch einigermaßen frischen Überschrift schwierig. Wir wählen hier: »Eine seltsame Einladung«.

2. Durchführung: »Eine seltsame Einladung«

a) Seltsam – aber historisch

Weil die Bibel keine Legenden erzählt, sind ihr die Daten wichtig – Hier sind es sogar römische (Tiberius, Pontius Pilatus) und jüdische Daten (Herodes, Philippus, Lysanias, Hannas, Kajaphas) –

Glaube und Geschichte gehören für uns als Christen zusammen: Die Bibel stellt sich dem Test der Geschichtswissenschaft.

b) Seltsam – aber nicht unvorbereitet

Schon lange hatte Gottes Prophetie auf einen solchen Vorläufer des Messias hingewiesen (Mal 3,1.23f; Jes 40,3ff) – Der Vater des Johannes hatte in prophetischem Geist von solchen Ereignissen gesprochen (1,67ff) – Der Engel hatte es im Tempel angekündigt (1,8ff) – Geduldig hatte Johannes in der Wüste darauf gewartet (1,80 und 3,2) – Jetzt ruft ihn Gott hervor an die Öffentlichkeit (3,2) – Wir lernen, daß man auf Gottes Vorhersage trauen kann.

c) Seltsam – weil man bei dieser Einladung nicht einkehren, sondern umkehren muß

Zweifellos ein Riesenangebot: die Reinwaschung und die Sündenvergebung! – Zweifellos eine einmalige Konstellation für Israel: Der langangekündigte Bote des Herrn tritt auf! – Was für eine Sehnsucht, daß die Massen hinauspilgern ins heiße Jordantal! – Was für eine Bereitschaft, das Wort Gottes zu hören! – Und doch werden die Hörer mit Kindern der Schlange von 1 Mo 3 verglichen – Und doch wird vom Zorn Gottes gesprochen – Wo hört man das heute noch in all den »sanften«, oft saftlosen Predigten? – Und gleichzeitig erfolgt der lockende Hinweis auf den »Heiland Gottes« = den Messias – Wie reimt sich das alles zusammen? – Antwort: Wer umkehrt (»Buße tut«), darf in dieses messianische Reich hinein – Die Einladung wird also durch Umkehr angenommen – Dabei muß die Umkehr das Leben umgestalten (»*rechtschaffene Früchte der Buße*«) – Sie darf sich nicht nur auf fromme Vorfahren oder die Erwählung Abrahams berufen.

d) Seltsam – weil man sie entweder sofort annimmt oder gar nicht

Der Täufer ruft zur Eile: »Schon ist die Axt an die Wurzel gelegt« – Man weiß, daß der Baum ein Bild für Israel ist – So nah also ist das Gericht! – Gott wird gerecht sein – Nur die echte Frucht zählt – Das Gericht ist kein Spiel, es wird wirklich kommen – So gut wie die Hölle (»Feuer«) – Aber dieser Eilruf kommt aus der Liebe: Laßt euch jetzt retten! – Jetzt ist noch Zeit – Im Täufer ruft Gott selbst zu seinem Volk – Werden wir heute der Einladung zu Jesus folgen? – Stehen wir nicht vor einer noch dringenderen Einladung, nachdem der Messias selbst (Jesus) gekommen ist?

Auf die Predigt des Täufers folgt jetzt ein Abschnitt über die Lehre des Täufers:

3,10-14: **(10) »Und die vielen Leute fragten ihn: Was sollen wir denn tun? (11) Er gab ihnen zur Antwort: Wer zwei Untergewänder hat, gebe dem ab, der keines hat, und wer Nahrungsmittel hat, mache es ebenso. (12) Es kamen aber auch Zöllner, um sich taufen zu lassen, und sagten zu ihm: Lehrer, was sollen wir tun? (13) Er aber sagte zu ihnen: Treibt nicht mehr ein, als was euch befohlen ist. (14) Aber auch Soldaten fragten ihn: Was sollen dann wir tun? Und er sagte zu ihnen: Mißhandelt niemand und schikaniert niemand und begnügt euch mit eurem Sold!«**

Das ist eine Kette von drei Lehrbescheiden des Täufers. Johannes handelt hier wie ein Priester, der Weisung gibt (vgl. Mal 1,6ff; 2,6ff und Hag 2,10ff).

Zuerst *»fragten ihn die vielen Leute«* (V.10). Im Griechischen steht für *»die vielen Leute«* dasselbe Wort, das wir in V.7 mit »Massen« übersetzt haben. Hier geht es also um eine allgemeine und wiederholte Anfrage, nicht um eine »Standespredigt«. Diese Anfrage lautet: *»Was sollen wir denn tun?«* Sie ergibt sich aus dem drohenden Gericht, von dem der Täufer in 3,7ff sprach. Eine Gerichtspredigt kann also sehr wohl zumHeil führen (vgl. Joh 6,28; Apg 2,37; 16,30; 22,10). Diesen Leuten war die Predigt des Täufers durchs Herz gegangen.

Die Antwort ist knapp, fast trocken: *»Wer zwei Untergewänder hat, gebe dem ab, der keines hat, und wer Nahrungsmittel hat, mache es ebenso«* (V.11). Überlegen wir zuerst, was der Täufer sagt! Er wiederholt im Grunde nur, was Gesetz und Propheten schon bisher sagten (vgl. 5 Mo 15,11; Jes 58,7; Hes 18,7; Mi 6,6ff) und was auch die Weisheitslehrer des AT betonten (vgl. Spr 11,24f; 14,31; 19,17; 22,2; Pred 11,1). Er beansprucht also keine neue Offenbarung, sondern aktiviert die schon gegebene Offenbarung. Das ist Demut. Mit der Demut verbindet sich Nüchternheit. Wer nur ein *»Untergewand«* (mit dem Fremdwort: »Tunika«) hat, braucht es nicht abzugeben. Wer aber *»zwei Untergewänder hat, gebe dem eines ab, der keines hat«*. Wie einsichtig, wie schlicht! Übrigens war es bei Übernachtungen im Freien üblich, zum Schutz vor der Nachtkälte »zwei Untergewänder« zu tragen. Haben die Leute draußen bei Johannes übernachtet – was anzunehmen ist – dann sind das ganz praktische Anweisungen, die die Anwesenden binnen 5 Minuten in die Tat umsetzen konnten! Ähnlich steht es im andern Fall: *»Wer Nahrungsmittel hat, mache es ebenso.«* Wer keine Nahrungsmittel hat, muß es also nicht *»ebenso machen«*. Wieder denken wir an die hinausgewanderten Massen, wobei die einen viel Proviant hatten und die andern vielleicht gar keinen mehr. In 5 Minuten war die Täuferanweisung in die Praxis umsetzbar! Das dritte bezeichnende Merkmal neben der Demut und Nüchternheit des Täufers war die Betonung des Tuns. Barmherzige Gesinnung nützt jetzt nichts. Man braucht das barmherzige Tun! Wir werden geradezu an Gustav Werners Wort erinnert: »Was nicht zur Tat wird, hat keinen Wert.«

Nun überlegen wir aber auch, was der Täufer nicht sagt! Er sagt nicht, man solle Fellmäntel anziehen und Heuschrecken essen wie er (Mt 3,4). Er sagt auch nicht, man solle die Reichen bekämpfen und sich von ihnen holen, was man brauche. Er sagt auch nicht, man solle die Buße durch Sack und Asche beweisen. Johannes war weder ein Schwärmer, noch ein Revolutionär, noch ein Moralist. Er will nur, daß die Leute das tun, was Gott sagt – nichts anderes. Damit haben sie ihr Leben lang genug zu tun.

Der zweite Lehrbescheid des Täufers betrifft *»Zöllner«* (V.12). Wir beachten, daß in V.12 nicht von »den Zöllnern« (gegen die Lutherbibel) und schon gar nicht von »allen Zöllnern« gesprochen wird, sondern nur von »Zöllnern« ohne Artikel! Zwar bleibt es erstaunlich, daß *»auch Zöllner kamen, um sich taufen zu lassen«* (vgl. 7,29). Aber es handelt sich eben nur um eine begrenzte Anzahl. Nebenbei notieren wir, daß Lukas den Zöllnern in seinem Evangelium besondere Aufmerksamkeit schenkt (3,12; 7,29; 15,1; 18,9ff.; 19,1ff.).

Die Zöllner bewegt eine »standesgemäße« Frage: *»Lehrer, was sollen wir tun?«* Interessanterweise sprechen sie Johannes als *»Leh-*

rer« an. Hier bewährt sich unsere Auslegung, wonach es sich in Lk 3,10-14 um Lehrbescheide handelt – nicht um eine »Standespredigt«, wie oft zu lesen ist. Als wahrer Prophet ist Johannes auch ein wahrer Lehrer. Unter Umständen kommt hier sogar zum Ausdruck, daß Johannes seine Predigt durch lehrmäßige Auslegung des AT stützte. Die »*Zöllner*« befanden sich in einer schwierigen Situation. Da sie beruflich oft das Gesetz übertraten und mit Israels Feinden, den Römern, zusammenarbeiteten, stellte man sie weithin den Heiden gleich (vgl. Mt 5,46f; 18,17; Lk 18,11).

Was würde der Täufer antworten? Sollten sie ihren Beruf aufgeben? Sollte man das ganze Zollsystem abschaffen? Seine Antwort lautete ganz anders: »*Treibt nicht mehr ein, als was euch befohlen ist*« (V.13). Sowohl die verantwortlichen Zollpächter (wie z.B. Zachäus 19,1ff.) als auch die kleinen Angestellten dieser Zollpächter hatten bestimmte Richtsätze. Römer und Herodianer bedienten sich im Gebiet der Zölle nicht ihrer staatlichen Organe, sondern verpachteten die Zölle an private Unternehmer. Das Ergebnis dieses Systems war, daß jeder noch mehr herausholen wollte: der verantwortliche Zollpächter mehr als das, was er dem Staat abliefern mußte; der kleine Zollbedienstete mehr als er seinem »Oberzöllner« abliefern mußte. So schindete man die Leute und wurde verhaßt. Übrigens wurden sowohl die »Oberzöllner« als auch die »Unterzöllner« (kleine Angestellte) mit dem Namen »Zöllner« bezeichnet. Jetzt wird die Antwort des Täufers verständlich: Der kleine Angestellte soll nicht mehr »*eintreiben*«, als was er gegen Gehalt abliefern muß, und der große Zollpächter soll auch nicht mehr herauslocken, als was er für den Staat und seinen angemessenen Lebensunterhalt braucht. Den Beruf aber können sie behalten. Das System wird nicht aufgehoben. Warum nicht? Weil die Bibel von einer äußeren Revolution keine Besserung erwartet. Sie erwartet positive Veränderungen nur von einer »inneren Revolution«, der Revolution des bekehrten Herzens. Was für ein Zeugnis des Glaubens mußte es sein, wenn ein Zöllner in verführerischer Situation und vor den Augen der staunenden Kollegen tat, was ihm Gott befahl?

Der dritte Lehrbescheid betrifft »*Soldaten*« (V.14). Wiederum heißt es nicht pauschal »die Soldaten«, sondern »*Soldaten*« ohne Artikel, d.h. eine gewisse Anzahl bekehrungswilliger Soldaten. Mit

Recht bemerken die Ausleger, daß damals in Palästina das Militär normalerweise aus Nichtjuden bestand. Juden waren vom Militärdienst befreit. Wer waren also diese Soldaten? Syrer, Griechen, Araber vor allem, d.h. herodianische Söldner oder römische Hilfstruppen. Die Täuferpredigt hatte auch bei ihnen eingeschlagen. Überhaupt war der Ein-Gott-Glaube der Juden damals für viele Nichtjuden interessant, so daß sie vom missionierenden Judentum erreicht werden konnten (vgl. Mt 23,15).

Sie fragen: »*Was sollen dann wir tun*?« Ihre Frage verrät, daß sie sich ihrer Ausnahmesituation wohl bewußt waren (»*dann wir*« ist betont!). »*Mißhandelt niemand und schikaniert niemand und begnügt euch mit eurem Sold*!« ist die Antwort des Täufers. Der »*Sold*« war oft gering. Mißhandlungen und Schikanen gegenüber der Bevölkerung dienten als Erpressungsmanöver, um den Sold aufzubessern. »*Begnügt euch*« sagt der Täufer in Übereinstimmung mit der Bibel (Spr 30,8; vgl. 1 Tim 6,8). Erstaunlich, daß er nicht sagt: Gebt euren Beruf auf! Oder: Wir schaffen das Militär ab! Warum nicht? Weil jeder Staat Militär braucht, um das Leben seiner Bürger zu schützen (vgl. Röm 13,1ff). Bejaht man die staatliche Macht, dann muß man auch bereit sein, den Dienst mit der Waffe zu leisten. Aber man soll dies als einen Dienst in größtmöglicher Gerechtigkeit durchführen, nicht zur persönlichen Bereicherung. Auch Jesus hat weder den Soldatenberuf verworfen noch die Abschaffung staatlicher Macht gefordert (vgl. Mt 8,5ff; Joh 4,46ff; 18,36; 19,11).

Insgesamt muß man sagen, daß der Täufer sehr konkrete Konsequenzen der Bekehrung ausgesprochen hat. Übrigens gibt es zu Lk 3,10-14 keine Parallele bei den andern Evangelisten.

Auf die Lehre des Täufers folgt jetzt sein Christuszeugnis. Daß Lukas dieses Christuszeugnis an den Schluß der Ausführungen des Täufers stellt, bedeutet nach den Stilgesetzen der damaligen Welt, daß Lukas darin die Spitze der Tätigkeit des Täufers erblickt:

3,15-18: **(15) »Als jedoch das Volk voll Erwartung war und alle bei sich selbst über Johannes nachdachten, ob er vielleicht der Messias wäre, (16) gab Johannes ihnen allen zur Antwort: Ich taufe euch mit Wasser. Es kommt aber der, der stärker ist als ich, bei dem ich es nicht einmal wert bin, den Riemen seiner Sandalen zu lösen. Er wird euch mit dem Heiligen Geist und mit Feuer taufen. (17) In seiner Hand ist die Worfschaufel, um seine Tenne aufzuräumen und den Weizen in seine Scheune zu sammeln.**

Die Spreu aber wird er mit unauslöschlichem Feuer verbrennen. (18) Auch noch vieles andere predigte er eindringlich und verkündigte dem Volk die gute Botschaft.«

Bei diesem Bericht ergänzen sich Lukas und Johannes gegenseitig. Beide berichten von Überlegungen, *»ob Johannes vielleicht der Messias wäre«* (vgl. Joh 1,19ff).

Lukas sagt zunächst, daß *»das Volk voll Erwartung war«* (V.15). Das heißt nichts anderes, als daß in Israel damals eine starke Messias-*»Erwartung«* herrschte. Simeon und Hanna sind Zeugen dafür (2,25ff). Ferner sagt er, daß *»alle«*, die mit *»Johannes«* in Berührung kamen, *»bei sich selbst darüber nachdachten, ob er vielleicht der Messias wäre«*. Im Urtext steht für *»bei sich selbst nachdenken«* eine Wendung, die den Dialog im eigenen Herzen mit Für und Wider meint. Man sah also wohl die Gegengründe, die gegen eine Messianität des Täufers sprachen – z.B. keine Geburt in Bethlehem, keine Davidsabstammung –, aber die Erwartung eines Messias war so lebhaft, daß man auch Mängel in Kauf zu nehmen gewillt war (vgl. Mt 16,14).

Johannes macht allen Unklarheiten ein Ende (V.16). »Er bekannte und leugnete nicht«, erzählte Johannes, »und er bekannte: Ich bin nicht der Messias« (Joh 1,20). Nicht nur den Abgesandten der jüdischen Führer (Joh 1,19ff), sondern der ganzen Öffentlichkeit (*»ihnen allen«*) teilte er sein Nein mit: *»Ich taufe euch* (ja nur) *mit Wasser.«* Nach Hes 36,26f aber muß der Messias den Geist verleihen – was Johannes nicht kann. Also ist er nur der Vorläufer. An dieser Position hat Johannes sein Leben lang festgehalten (vgl. Joh 1,33; 3,27ff; Mt 11,2ff; Apg 13,25). Vergleiche noch Apg 1,5; 11,16; 19,1ff.

Johannes geht aber noch weiter. Als wahrer Prophet verkündet er das baldige Kommen des Messias. Er wird ihm weit überlegen sein: *»Es kommt aber der, der stärker ist als ich, bei dem ich es nicht einmal wert bin, den Riemen seiner Sandalen zu lösen«* (V.16). In wunderbarer Weise spielt Johannes auf die Verheißungen des AT an. Denn die Aussage *»er kommt«* erinnert an Ps 118,26, wo der Messias »der Kommende« heißt (vgl. Mt 11,3; 21,9; Lk 7,19). Und die Aussage *»er ist stärker als ich«* erinnert an Jes 9,5, wo der Messias »Gott-Held« oder »starker Gott« genannt wird (vgl. Mt 12,29; Lk 11,22). Auf jeden Fall ist der Messias als der »Herr« von Mal 3,1 stärker als ein Vorläufer (vgl. noch 1 Kor 10,22). *»Bei ihm«*, sagt Johannes, *»bin ich es nicht einmal wert, den Riemen seiner Sandalen zu lösen«*. Es ist hochinteressant, daß nach einem späteren Wort des Talmud der Schüler eines Rabbi nicht zum Auflösen seiner Sandalen verpflichtet war. Diese niederste Arbeit durfte er einem Sklaven überlassen. Aber Johannes fühlt sich *»nicht einmal wert«*, eine solche niederste Sklavenarbeit für den Messias zu leisten! »Sandalen«, damals das übliche Schuhwerk, wurden jeweils durch einen *»Riemen«* am Bein festgebunden (die Mehrzahl »Riemen« steht nicht im Urtext). Weil der Fuß mitsamt der *»Sandale«* den ganzen Dreck der Wege mitbekam, war das Ausziehen der Sandalen kein schönes Geschäft. Wer nach Jerusalem kommt, kann dort im »Schrein des Buches« Sandalen aus apostolischer Zeit besichtigen. Die Wucht, mit der dieses Täuferwort bei den Hörern einschlug, kann man z.B. daran ablesen, daß sämtliche vier Evangelisten und sogar die Apostelgeschichte (13,25) von diesem Täuferwort berichten. Demgegenüber ergibt sich die Herrlichkeit des Messias daraus, daß *»er mit dem Heiligen Geist und mit Feuer taufen wird«* (V.16). Er vermittelt also den im AT verheißenen Heiligen Geist (vgl. Jes 44,3ff; Hes 36,26f; Joel 3,1ff, sowie Apg 1,5; 11,16). Was aber bedeuten die Worte *»mit Feuer taufen«*? Die Ausleger streiten sich darüber, ob hier die Reinigung durch den Heiligen Geist oder das Gerichtsfeuer des Endgerichts gemeint ist. Wir glauben in unserem Kommentar, daß der Zusammenhang mit dem folgenden Vers auf das Gerichtsfeuer deutet. Dann aber sollten wir die Reihenfolge beachten: Zuerst kommt die Gnadengabe des Heiligen Geistes, und dann erst das Gericht. Das entspricht genau der Reihenfolge in Joh 3,17ff und 5,24ff, wo Jesus zuerst als der Retter und dann erst als der Richter kommt.

Wir fügen noch hinzu, daß hier das *»Taufen mit dem Heiligen Geist«* unmöglich eine besondere Stufe der Geistestaufe meinen kann. Vielmehr bedeutet es die gleiche Gabe des Geistes an alle zum Glauben Kommenden wie auch in Apg 2,38.

Johannes betont stark die richterliche Funktion des Messias. Man hat ihm dies öfters zum Vorwurf gemacht. Man übersieht bei solchen Vorwürfen aber zweierlei: a) daß seine Aufgabe die Bußpredigt war, b) daß er durch Gottes Geist geleitet wurde (vgl. Mt 11,9-11; 21,25ff). Ganz anschaulich malt Johannes nun den richterlichen Messias vor die Augen: *»In seiner Hand ist die Worfschaufel«* (V.17). Die *»Worfschau-*

fel« ist »eine gabelartige Schaufel, mit der das ausgedroschene Getreide gegen den Wind in die Höhe geworfen und dadurch von der Spreu gereinigt wurde« (so Walter Bauers Wörterbuch zum Neuen Testament). Der Messias gebraucht sie, *»um seine Tenne aufzuräumen* (oder: zu säubern) *und den Weizen in seine Scheune zu sammeln«*. Die *»Tenne«* ist die Welt, das *»Aufräumen«* das Endgericht, der *»Weizen«* die wahrhaft Glaubenden, die »Scheune« das Gottesreich (vgl. Mt 13,24ff.36ff.). Da die Landwirtschaft die Haupterwerbsquelle des Israellandes bildete, ist dieses Bild gut verständlich. Zu beachten ist jedoch, daß im Urtext das Wort für *»sammeln«* ein Zeitwort ist, dessen Hauptwort die »Synagoge« darstellt. So hat das Täuferwort den Doppelsinn, auf die himmlische Sammlung bzw. »Synagoge« der Erlösten hinzuweisen (vgl. Mt 24,31). *»Die Spreu aber wird er mit unauslöschlichem Feuer verbrennen«* (V.17). *»Die Spreu«* wurde in der Tat verbrannt (vgl. Mt 13,30.40). Zugleich diente die »Spreu« als Symbol für die Gottlosen (Ps 1,4ff). Diese Gottlosen wird der Messias einem *»unauslöschlichen Feuer«* überantworten. Sie gehen also der ewigen Verdammnis entgegen (vgl. Mk 9,43ff.; Jes 66,24). Das ist das letzte Täuferwort, das Lukas in seinem Evangelium überliefert. In den Hörern mußte die bange Frage aufsteigen: »Bin ich's, der da in die Verdammnis geht?«

Noch einmal weisen wir darauf hin, daß die Ankündigung des Messias durch Johannes bei allen vier Evangelisten in überraschender wörtlicher Übereinstimmung berichtet wird.

Lukas schließt unseren kleinen Abschnitt mit der Bemerkung: *»Auch noch vieles andere predigte er eindringlich«* (V.18). Lukas hat dieses *»andere«* nicht mehr dargestellt. Es kommt auch an dieser Stelle zum Ausdruck, daß jeder Evangelist nur eine Auswahl liefern kann (vgl. Joh 20,30f; 21,25). Auf den ersten Blick staunen wir, daß Lukas dann noch anfügt: *»Und er* (= Johannes) *verkündigte dem Volk die gute Botschaft.«* Was ist denn *»gut«* an dieser *»Botschaft«* des Täufers? Was ist hier »Evangelium«? Antwort: Sowohl die Möglichkeit zur Bekehrung als auch ganz speziell die Aussage, daß der Messias bald kommt. Denn der Messias bringt Heil und Erlösung (vgl. V.6 und 1,68ff; 2,10ff; 2,30f).

Nach der Berufung (V.1-2), der Predigt (V.3-9), der Lehre (V.10-14) und der Christusankündigung des Täufers (V.15-18) berichtet Lukas noch kurz vom Ende der Tätigkeit des Täufers:

3,19-20: **(19) »Herodes aber, der Tetrarch, der von ihm zurechtgewiesen wurde wegen Herodias, der Frau seines Bruders, und wegen all des Bösen, das Herodes getan hatte, (20) fügte zu allem auch noch dieses hinzu, daß er Johannes ins Gefängnis warf.«**

»*Der Tetrarch Herodes*« wird hier deutlich unterschieden von Herodes dem Großen in V.5. Es handelt sich also um jenen Sohn des großen Herodes, der nach Lk 3,1 Tetrarch von Galiläa (und Peräa) war und den Zunamen Antipas führte. Obwohl Johannes der Herkunft nach Judäer war (vgl. 1,39), muß er doch seine überwiegende Tauftätigkeit im Gebiet des Tetrarchen Herodes, also in Peräa oder Galiläa, ausgeübt haben. Dieser Herodes war also sein Landesherr. Johannes fühlte sich offensichtlich als israelitischer Prophet und als Untertan des Tetrarchen verantwortlich für das Verhalten dieses jüdischen Fürsten. Deshalb »*wies er ihn zurecht*« (V.19); also wies ihn auf Grund des gottgegebenen Gesetzes auf seine Sünden hin. Das geschah mehrfach: a) »*wegen Herodias, der Frau seines Bruders*«. Dieser Bruder hieß Philippus (vgl. Mt 14,3; Mk 6,17), war aber ein anderer als der Tetrarch Philippus von Lk 3,1. In 3 Mo 18,16 heißt es: »Du sollst mit der Frau deines Bruders nicht Umgang haben«, und in 3 Mo 20,21 heißt es: »Wenn jemand die Frau seines Bruders nimmt, so ist das eine abscheuliche Tat.« Herodes Antipas aber hatte seinem Bruder Philippus dessen Frau Herodias ausgespannt und sie geheiratet. Damit war er ein Übertreter des Gesetzes. Wir sehen hier, daß die Propheten Israels mit dem Gesetz wohl vertraut waren und daß insbesondere Johannes ein guter Gesetzeskenner und Gesetzeslehrer gewesen ist. Übrigens war »*Herodias*« selbst eine Enkelin des großen Herodes, Mutter der Salome, die später den Tetrarchen Philippus (Lk 3,1) heiratete und zweimal in ihrem Leben jeweils mit einem ihrer herodianischen Onkel verheiratet war. b) Sodann wies Johannes seinen Landesherrn »*wegen all des Bösen, das Herodes getan hatte*«, zurecht (V.18). Die Einzelheiten, auf die sich diese Aussage bezieht, sind uns nicht bekannt. Tadelte der Täufer z.B., daß das von Herodes Antipas gerade erst (17-22 n. Chr.) erbaute Tiberias gegen die religiöse Sitte auf einem alten Gräberfeld angelegt wurde (vgl. 4 Mo 19,11ff; Mt 23,27)?

Die Reaktion des Herodes Antipas bestand darin, daß er »*zu allem*« früheren Unrecht »*noch*« ein neues »*hinzufügte*« und »*Johannes ins*

Gefängnis warf« (V.20). An diesem Vorgang ist verschiedenes bemerkenswert: a) Statt sich wie David unter seine Schuld zu beugen (vgl. 2 Sam 12), verhärtet sich Herodes gegen den Bußruf des Täufers. Er übergeht damit die von Gott gebotene Chance der Bekehrung. So haben sich auch spätere Herodianer dem Bußruf des Petrus und Paulus entzogen (Apg 12,1ff; 25,13-26,32). b) Gott läßt es zu, daß sein Prophet schachmatt gesetzt wird und leidet. Mit Gott zu leben, bedeutet nicht dasselbe, wie von allen Leiden befreit zu sein. c) Durch sein Leiden tritt Johannes in die Reihe der leidenden und verfolgten Propheten Israels ein (vgl. Jer 26-39 und 43-44; Mt 5,12; 23,29ff; Lk 13,31ff; Apg 7). d) Evtl. steckt hinter der Gefangensetzung des Täufers eine politische Absicht. Der jüdische Schriftsteller Josephus, der noch ein Zeitgenosse des Paulus war, schreibt nämlich, Herodes habe befürchtet, »es möchte der so gewaltige Einfluß des Täufers auf die Menge einen Aufstand herbeiführen«. So viel Gottesfurcht war damals noch vorhanden, daß Sünden der Regierenden zu einem politischen Anstoß werden konnten!

Gesamtbiblisch muß man sagen, daß Johannes hier vorbildlich gehandelt hat. Er hat auch den Tetrarchen als einen Menschen gesehen, dem man die Chance zur Bekehrung und Vergebung der Sünden geben muß. Deshalb hat er nicht geschwiegen. Er hat ferner wie ein echter Elia (1 Kön 17 und 21) die Gottesfurcht über die natürliche Menschenfurcht gestellt. So konnte er als Prediger vor Fürstenthronen auftreten. Und er ist über alledem doch kein politisierender oder revolutionärer Theologe geworden, sondern blieb seinem Propheten- und Predigtamt treu, nur auf Wort und Gebet gestützt, und bereit, dafür zu leiden. Daß Herodes die Macht besaß, ihn einzukerkern, hat er nicht angetastet.

Übrigens wurde Johannes auf der Festung Machärus, östlich des Toten Meeres, gefangengehalten und dort später enthauptet (vgl. Mt 14,3ff; Mk 6,14ff).

Vorschlag zur Bibelarbeit über Lukas 3,10-20

1. Einleitung:

a) Wir nehmen für unsere Bibelarbeit die Abschnitte 3,10-14 und 3,15-20 zusammen und stellen sie unter den Gesichtspunkt der Verkündigung des Täufers.

b) Dadurch erhalten wir jedoch zwei Schwerpunkte, die beide bedacht werden müssen: erstens die Lehre für verschiedene Gruppen von Bekehrten, und zweitens der Hinweis auf Christus.
c) Wichtig wäre es, noch einmal die messianischen Aussagen des AT als Hintergrund für die Verse 15ff abzuklären.
d) Wir wählen hier als Überschrift: »Entscheidende Hinweisschilder«.

2. Durchführung: »Entscheidende Hinweisschilder«

a) Wer sie nicht liest, macht sie nutzlos

Das übersehene Hinweisschild (anschauliche Story als Einstieg erzählen) – Gibt es so etwas auch im geistlichen Leben? – Hier fragen die Leute: Was sollen wir tun? – Sie wollen also »lesen«, und nicht »übersehen« – Die ganze Bibel bleibt nutzlos, wenn wir nicht bereit sind zu lesen.

b) Sie zeigen praktische Wege

Der Täufer ist kein umständlicher Philosoph – Er sagt das, was die Leute ab sofort praktizieren können – Hilfe an Kleidung – Hilfe an Nahrung – Keine finanzielle Ausbeutung – Keine Soldatenwillkür – Erstaunlich aber, daß hier auch Zöllner und Soldaten kommen – Und ebenso erstaunlich, daß bekehrte Menschen auch Zöllner und Soldat bleiben können – Was für eine Nüchternheit im Vergleich zu engherzigen, extremistischen Ideologien, die wir heute erneut erleben.

c) Sie führen ins Zentrum

Was für eine Versuchung für den Täufer, sich selbst als den Messias auszugeben (V.15) – Er hat diese Versuchung bestanden – Er bekennt, daß er selbst keinen heiligen Geist und keine Wiedergeburt schenken kann – Aber der Messias wird beides schenken – Dieser Messias steht turmhoch über ihm – Er wird der Weltenrichter sein – Das trifft vom AT und von der Verkündigung Jesu her auch zu – Allerdings betont Jesus, daß er in der ersten Epoche seines Wirkens nur zur Rettung und noch nicht zum Gericht gekommen ist (Joh 3,16ff) Hier muß die Täuferbotschaft durch die Botschaft Jesu ergänzt werden – Aber entscheidend bleibt der Hinweis des Täufers, daß sich unser Heil an unserer Beziehung zum Messias entscheidet – Haben wir das selbst realisiert? – Der Täufer ging wegen seiner Überzeugung ins Gefängnis – Er führte uns ins Zentrum, nämlich zu Jesus – Und noch einmal steht die Frage vor uns: Haben wir dieses Hinweisschild namens Johannes der Täufer beachtet?

10. Die Taufe Jesu (3,21-22)

Vorbemerkung:

Lukas berichtet zuerst die Gefangennahme (V.19f) des Täufers, bevor er über die Taufe Jesu schreibt. Jedoch muß logischerweise die Taufe Jesu vor der Gefangennahme des Täufers stattgefunden haben. Das heißt klipp und klar: Lukas schreibt hier nicht in chronologischer (= zeitlicher) Ordnung, sondern in thematischer. Damit wird unsere Auslegung von 1,3 bestätigt, wo wir davor warnten, den Ausdruck »in geordneter Weise« auf die Chronologie festzulegen. Wir sagten dort, die »geordnete Weise« könne bei Lukas auch eine thematische Ordnung sein. Genau das ist jetzt der Fall.

Können wir noch den Grund erkennen, weshalb Lukas hier das zeitlich Frühere (die Taufe Jesu) nach dem zeitlich Späteren (Gefangennahme des Täufers) berichtet? Der Grund liegt sehr wahrscheinlich darin, daß Lukas von jetzt an kontinuierlich von Jesus berichten will. Sein Thema lautet also ab sofort: Jesus. Anders verfahren die übrigen Evangelisten des NT. Sie bringen später weitere Täuferberichte (Mt 14,3ff; Mk 6,14ff; Joh 3,23ff). Dazu hatten sie die Freiheit.

Dennoch gehört die Taufe Jesu noch zur Einleitung des Lukasevangeliums. Der Stammbaum in Lk 3,23ff. bedeutet einen so gewaltigen Einschnitt, daß wir erst mit diesem Stammbaum die Einleitung abschließen können.

3,21-22: **(21) »Als aber das ganze Volk getauft wurde, da geschah es, daß, während auch Jesus getauft wurde und betete, der Himmel geöffnet wurde (22) und der Heilige Geist in leiblicher Gestalt wie eine Taube auf ihn herabkam, und eine Stimme aus dem Himmel kam: Du bist mein Sohn, der geliebte, an dir habe ich Wohlgefallen.«**

Alles ist hier auf die Stimme konzentriert. Immer wieder begegnet uns Lukas ja als ein Worttheologe.

Fast nebenbei erfahren wir, daß *»auch Jesus getauft wurde«* (V.21). Lukas erzählt nicht extra wie Matthäus, Markus und Johannes, daß Jesus zur Bußbewegung am Jordan stieß. Für ihn war das ganz selbstverständlich.

Wichtiger ist schon, daß »*Jesus*« bei seiner Taufe »*betete*«. Das sagt sonst keiner der Evangelisten. Was der Inhalt des Gebets war, wissen wir nicht. Evtl. hat Jesus darin zum Ausdruck gebracht, daß er ganz den Willen des Vaters tun und alle Gerechtigkeit erfüllen wollte (vgl. Mt 3,15; 5,17ff).

Jedenfalls erscheint das Folgende wie eine Antwort auf Jesu Gebet. »*Da geschah es, daß der Himmel geöffnet wurde*« – wie in Hes 1,1! Der Mensch kann den »*Himmel*« nicht »*öffnen*«. Das kann nur Gott. Wir stehen jetzt also vor dem Handeln Gottes des Vaters. In Hes 1,1ff bedeutete das Sichöffnen des Himmels eine Berufung. Ähnlich ist es in Apg 10,11. Wozu wird dann Jesus berufen?

Das zweite Ereignis besteht darin, »*daß der Heilige Geist in leiblicher Gestalt wie eine Taube auf ihn herabkam*« (V.22). Lukas beschreibt alle diese Ereignisse – das Sichöffnen des Himmels, die Herabkunft des Geistes, die Botschaft der Stimme – als objektive Geschehnisse (»*es geschah*«). Allerdings brauchte man erleuchtete Augen, um sie wahrzunehmen. Augen, wie sie der Täufer (Joh 1,32) und Jesus (Mt 3,16; Mk 1,10) besaßen. Weil es sich um ein objektives Geschehnis handelt, wird diesen Augen der Heilige Geist »*in leiblicher Gestalt*« sichtbar. Das setzen auch die anderen Evangelisten voraus. Denn alle vier berichten, der Heilige Geist sei »*wie eine Taube« gekommen* (Mt 3,16; Mk 1,10; Joh 1,32). Dabei beachten wir, daß es nicht heißt: »als eine Taube«, sondern »*wie*«! Aber warum erinnert die leibhafte Gestalt des Geistes ausgerechnet an eine »*Taube*«? Antwort: Indem der Vater dem Geist diese Gestalt gab, erinnerte er Johannes und Jesus an 1 Mo 1,2, wo der Geist in Parallele zu einem Vogel »brütend über den Wassern schwebte«. Die alten jüdischen Rabbinen haben dies schon mit einer Taube verglichen. Daß sie eine taubenähnliche Erscheinung sahen, gab also Johannes und Jesus die Gewißheit, daß es sich um den Heiligen Geist handelte. Hinzu kommt die Erinnerung an Noahs Taube (1 Mo 8,8ff), die ein Bote des Lebens war, und an die Taube von Hld 2,12, die von der jüdischen Auslegung auf den Heiligen Geist gedeutet wurde. All dies diente also der Gewißheit. Daß aber der Geist »*auf ihn herabkam*«, bedeutet die bleibende Ausrüstung mit dem messianischen Heiligen Geist. Hier erfüllt sich Jes 11,2.

Das dritte Ereignis besteht in der »*Stimme*«, die »*aus dem Himmel kam*«. Ohne Zweifel ist es Gottes »Stimme«. Der Inhalt des Gesagten ist atemberaubend: »*Du bist mein Sohn*« ist ein Zitat aus dem messianischen Psalm 2 (2,7). Es kennzeichnet die Sohnschaft und die Einzigartigkeit des Messias. »*Der geliebte*« im Zusammenhang mit dem »Sohn« ist ein Zitat aus 1 Mo 22,2. Es kennzeichnet die einzigartige Hingabe des Sohnes durch den Vater entsprechend der Opferung Isaaks und sagt damit, daß Jesus den Opfertod sterben muß. »*An dir habe ich Wohlgefallen*« ist ein Zitat aus Jes 42,1 und kennzeichnet Jesus als den Gottesknecht, der auch die Heiden erlöst und nach Jes 53,10 sein Leben zum Schuldopfer gibt (vgl. Mt 12,17ff). Gott selbst erinnert hier den Sohn an die göttlichen Worte in 1 Mo 22, Ps 2 und Jes 42, die Jesus von seiner menschlichen Erziehung her wohlvertraut waren (vgl. 2,42ff).

Die Bedeutung dieses Vorgangs ist kaum auszuloten. Wir versuchen, das Wesentliche zusammenzustellen: a) Jesus wird hier zur öffentlichen Wirksamkeit berufen. b) Er wird zum Messias ausgerüstet. c) Er empfängt bleibend (Joh 1,32) den Heiligen Geist und damit die ständige Verbindung zum Vater. d) Er erhält die Bestätigung für die Berichte Marias und Josefs, daß er Gottes geliebter Sohn ist. e) Er erfährt, daß er sterben muß. Man kann geradezu von einem Auftrag zum Sühnetod sprechen. Seine Wirksamkeit mündet also in der Passion. f) Für ihn gelten ab jetzt sämtliche Verheißungen und Weissagungen, die sich auf den Messias beziehen.

Wann erfolgte diese Taufe Jesu? Vermutlich am Anfang der Tätigkeit des Täufers. Das wäre also in der ersten Hälfte des Jahres 28 n. Chr. gewesen.

Vorschlag zur Bibelarbeit über Lukas 3,21-22

1. Einleitung:

a) Obwohl die beiden Verse auf den ersten Blick zu wenig »Stoff« für eine Bibelarbeit bzw. Predigt enthalten, ist dieses Geschehen doch so wichtig, daß wir hier eine eigene Bibelarbeit/Predigt vorschlagen.
b) Für das Verständnis dieses Geschehens ist die Aussage der Gottesstimme zentral. Wir haben daher zu prüfen, was a) der »Sohn« bedeutet, b) der »geliebte« (so wörtlich), c) das »Wohlgefallen an dir«.
c) Nützlich ist auch der Vergleich mit den Parallelen in Mt 3,13ff, Mk 1,9ff und Joh 1,32ff.
d) Meist lautet die Überschrift hier »Die Taufe Jesu«. Wir wählen jedoch als Überschrift: »Ein Lebensauftrag«.

2. Durchführung: »Ein Lebensauftrag«

a) Dieser Lebensauftrag erwächst aus der Demut

Soll Jesus sich der Bußbewegung am Jordan anschließen? – Dagegen spricht, daß er sündlos und dem Täufer überlegen ist (vgl. Mt 3,14f) – Dafür spricht, daß der himmlische Vater selbst durch den Mund des Täufers einlädt – Dafür spricht auch, daß Jesus ja als Jude ganz in die Volksgemeinschaft Israels hineingestellt wurde – Jesus entscheidet gegen das Überlegenheitsargument und stellt sich demütig in die Volksgemeinschaft und unter die Einladung Gottes – Damit hat er schon vor der Versuchung von Lk 4,1ff die Versuchung zum Hochmut abgewehrt –

Nur so konnte er seinen Lebensauftrag am Jordan erhalten – In seiner Demut bleibt er uns Vorbild – Wo müssen wir heute auf unsern Überlegenheitsanspruch verzichten? – Lukas deutet an, woraus die Kraft zum Verzicht kommt: aus dem Gebet (V.21).

b) Dieser Lebensauftrag ist direkt von Gott

Wir können dies an drei Stellen festmachen – Zuerst an der Öffnung des Himmels – Sie bedeutet wie im AT eine Berufung – Sodann an der Herabkunft des Geistes – Sie wird auch durch Johannes bezeugt (Joh 1,32ff) – Geistverleihung bedeutet eine Dienstausrüstung – Die Ähnlichkeit mit der Taube erinnert daran, daß Jesus als Schöpfer (vgl. 1 Mo 1,2), als Friedensbringer (vgl. 1 Mo 8,8ff) und als Messias (vgl. Hld 2,12) tätig sein soll – Drittens können wir den direkten Auftrag von Gott an der göttlichen Stimme festmachen (vgl. 2 Mo 3,4ff; 1 Sam 3,4ff) – Dies bedeutet, daß sich Jesus seinen Lebensauftrag nicht selbst gesucht, sondern vom Vater im Himmel erhalten hat.

c) Dieser Lebensauftrag ist ein Sterbensauftrag

Am Anfang klingt dies alles anders: Jesu wird als Gottes Sohn angesprochen – Das bedeutet, daß er zugleich der Messias ist (vgl. Ps 2,7 mit 2 Sam 7,14) – Er wird als der »Geliebte« angesprochen, den der Vater lieb hat – Das bedeutet seine Einzigartigkeit (vgl. 1 Mo 22,2) – Kein anderer hat dieses einzigartige Verhältnis zum Vater im Himmel – Er wird als der auserwählte, längst prophezeite Gottesknecht angesprochen (vgl. das Zitat aus Jes 42,1) – Aber gerade die beiden letztgenannten Stellen, die Gott bewußt in Erinnerung ruft, deuten zugleich auf den Sühnetod hin – Denn der jesajaische Gottesknecht muß sein Leben zum Schuldopfer geben (Jes 53,10) – Und der einzige »geliebte Sohn« Abrahams mußte ebenfalls zum Opfer bestimmt werden (1 Mo 22,1ff) – Doch anders als im Falle Abrahams und Isaaks wird der Opfertod des Gottessohnes Jesus *nicht* im letzten Augenblick verhindert – Jesus mußte wirklich für uns sterben – Seine Taufe war also der Auftrag zum Sühnetod – Dazu kam Jesus in diese Welt – Wußten wir schon, daß wir Gott soviel wert sind, daß sein Sohn für uns sterben mußte?

11. Jesu Abstammungslinie (3,23-38)

Vorbemerkung:

Meist nennt man diesen Teil des Evangeliums den »Stammbaum Jesu«. Diese Bezeichnung ist aber ungenau; denn ein »Stammbaum« setzt Lückenlosigkeit voraus. Beide Stammbäume in den Evangelien besitzen aber diese Lückenlosigkeit nicht. Das zeigt z.B. die Auslassung mehrerer Könige in Mt 1,1ff. Deshalb spricht man besser von »Abstammungslinie« oder »Geschlechtsregister«.

Sodann fällt auf, daß Lukas im Unterschied zu Matthäus (Mt 1,1ff) diese Abstammungslinie verhältnismäßig spät bringt. Frederic Godet macht dazu die schöne Bemerkung: »Ehe er (= Lukas) die Schwelle überschreitet, welche die Vergangenheit der Menschheit von der neuen mit dem Auftreten Jesu beginnenden Weltzeit trennt, wirft er noch einmal einen Blick auf diese zu Ende gehende Vergangenheit und rekapituliert (= wiederholt) den Inhalt derselben in dieser Urkunde (= dem Geschlechtsregister), welche man das Totenregister der alten Menschheit nennen könnte.« In der Tat liegt hier der tiefe Einschnitt, der die Einleitung des Evangeliums vom öffentlichen Wirken Jesu trennt, gewissermaßen den Alten vom Neuen Bund. Es ist aber insofern kein »Totenregister«, als für Lukas von Adam bis zur Weltvollendung eine einzige zusammenhängende heilsgeschichtliche Linie hindurchführt. Die Generationen der Vergangenheit treten auf den Plan, weil sie auf den Erlöser Jesus gewartet haben (vgl. 2,25ff; 9,30f).

3,23a: **»Und er, Jesus, war bei seinem ersten Auftreten ungefähr dreißig Jahre alt.«**

»*Sein erstes Auftreten*« ist die Taufe. Der Ausdruck »ungefähr« zeigt, daß hier eine grobe Schätzung vorliegt. »*Ungefähr dreißig Jahre alt*« kann bedeuten, daß Jesus annähernd dreißig oder auch schon einiges über dreißig hinaus war. Ausgehend von der Berechnung des Sterns über Bethlehem (Mt 2,1ff) und von der Regierungszeit Herodes' des Großen, unter dem Jesus geboren wurde, kann man die Zeit der Geburt Jesu auf die Jahre 7-5 v.Chr. eingrenzen. Im Jahre 28 unserer Zeitrechnung, als er getauft wurde, war er dann etwa 33 bis 35 Jahre alt. Das stimmt gut mit Joh 8,57 zusammen, wo es heißt: »Du bist noch nicht fünfzig Jahre alt.« Denn damals hatte Jesus schon ca. 2 Jahre in der Öffentlichkeit gewirkt und war nach unserer Berechnung etwa 35-37 Jahre alt. Man schätzte ihn also auf ca. 40 und konnte dann sagen: »Fünfzig Jahre bist du noch nicht« (so wörtlich in Joh 8,57). Auch die alten Presbyter Kleinasiens, die den Jünger Johannes noch gesehen hatten, bezeugen, daß Jesus um die 40 Jahre alt wurde und mehr als 1 Jahr lang gepredigt hat.

Machen wir uns kurz klar, was in dieser dürren Datumsangabe steckt: Seit dem Besuch des 12jährigen Jesus in Jerusalem (2,42ff) sind über 20 Jahre vergangen. In dieser Zeit hat Jesus den Beruf eines Bauhandwerkers oder eines kleinen Bauunternehmers ausgeübt (Mk 6,3), die Mutter und mindestens sechs Geschwister (Mk 6,3) ernährt, sehr wahrscheinlich den Tod des Vaters erlebt und an seiner Stelle die Verantwortung für Familie und Betrieb übernommen. Er besuchte die Synagoge, half dort mit (Lk 4,16), gab wie jeder fromme Jude Almosen, übte Werke der Barmherzigkeit und fastete und betete (vgl. Mt 6,1ff). Auffallend ist, daß er ehelos blieb. Er studierte intensiv die Heilige Schrift (vgl. Joh 7,15 mit Ps 119). Er durchlief die Lebensalter des Kindes, der Jugend, des jungen und des reiferen Mannes. Die Lehrer der Alten Kirche bemerkten mit Recht, daß Jesus »die menschliche Natur weder verschmähte noch überholte, noch in sich das Gesetz des menschlichen Geschlechtes aufhob, sondern jedes Alter durch die Ähnlichkeit mit ihm heiligte« (so Irenäus). Am beeindruckendsten aber sind die Stille und das geduldige Bleiben in dem kleinen Nazareth und dessen Umgebung, bis er im Ruf des Täufers den Ruf des Vaters erkannte, der ihn aus Nazareth heraus und in die Öffentlichkeit rief.

Ob Lukas eine Erinnerung an die »*dreißig Jahre*« Josefs beabsichtigt hat (1 Mo 41,46), weil er in Josef ein Vorbild des Messias sah, wissen wir nicht.

3,23b-38 **(23b) »Er war, wie man meinte, ein Sohn des Josef, des Eli, (24) des Mattat, des Levi, des Melchi, des Jannai, des Josef, (25) des Mattitja, des Amos, des Nahum, des Hesli, des Naggai, (26) des Mahat, des Mattitja, des Schimi, des Josech, des Joda, (27) des Johanan, des Resa, des Serubbabel, des Schealtiel, des Neri, (28) des Melchi, des Addi, des Kosam, des Elmadam, des Er, (29) des Joschua, des Elieser, des Jorim, des Mattat, des Levi, (30) des Simeon, des Juda, des Josef, des Jonam, des Eljakim, (31) des Melea, des Menna, des Mattata, des Nathan, des David, (32) des Isai, des Obed, des Boas, des Salma, des Nachschon, (33) des Amminadab, des Admin, des Arni, des Hezron, des Perez, des Juda, (34) des Jakob, des Isaak, des Abraham, des Terach, des Nahor, (35) des Serug, des Regu, des Peleg, des Eber, des Schelach, (36) des Kenan, des Arpachschad, des Sem, des Noah, des Lamech, (37) des Metuschelach, des Henoch, des Jered, des Mahalelel, des Kenan, (38) des Enosch, des Set, des Adam, Gottes.«**

Wenige Stellen des NT sind so rätselhaft wie die beiden Geschlechtsregister in Mt 1 und Lk 3. Wir können sie bis heute nicht befriedigend erklären. Schon der vom Christentum abgefallene römische Kaiser Julian (geb. 331, gest. 363 n. Chr.) spottete, die Christen wüßten nicht einmal mehr, wie der Großvater Jesu geheißen habe.

Wie kommt es zu diesen Geschlechtsregistern? Die Antwort ist einfach: Sie stammen aus den Archiven. Daß es solche zur Zeit Jesu gab, läßt sich gut belegen. Der schon mehrfach erwähnte jüdische Schriftsteller Josephus, geb. etwa 37/38 n. Chr. (also wenige Jahre nach der Kreuzigung Jesu), gest. etwa 100 n. Chr., informiert uns über sein eigenes Geschlechtsregister »so, wie er es in den öffentlichen Tafeln aufgezeichnet fand«. Er berichtet außerdem über die jüdischen Priester, die im 1. Jh. unserer Zeitrechnung lebten: »Aus allen Ländern, in welchen unsre Priester zerstreut sind, schicken sie, zum Zweck der Eintragung ihrer Kinder in die Register, nach Jerusalem Akten, welche die Namen ihrer Eltern und Voreltern enthalten und von Zeugen unterzeichnet sind.« Register gehörten auch zu der Steuerschätzung, die nach 2,1ff in Bethlehem vorgenommen worden war. Paulus (Röm 11,1; Phil 3,5) und Hanna (Lk 2,36) müssen wenigstens Teile ihrer Geschlechtsregister gekannt haben. Wie alt diese Geschlechtsregister einzelner Familien sind, sieht man an 2 Mo 6,14ff.; Rut 4,18ff; 1 Sam 1,1; 9,1; Esr 2,59ff; Neh 7,61ff; Est 2,5f und den

Chronikbüchern. Um 450 v.Chr. gab es sogar ein »Buch des Geschlechtsregisters« in Jerusalem (Neh 7,5). Nach dem Brauch des Orients waren diese Geschlechtsregister aber nicht unbedingt lückenlos.

Wie kommt es zu den Verschiedenheiten zwischen Matthäus und Lukas, wenn doch beide Archivmaterial zur Verfügung hatten? Hier ist eine ganze Reihe von möglichen Gründen zu bedenken. Erstens ging viel Archivmaterial in der Zeit des Exils verloren. Bei einer ganzen Reihe von Rückwanderern aus Babylonien, sogar Priestern, heißt es übereinstimmend in Esr 2,62 und Neh 7,64: »Diese suchten ihre Eintragung in die Geschlechtsregister, aber sie wurde nicht gefunden.« Zweitens gab es die Einrichtung der Schwagerehe (mit dem Fremdwort Levirat) nach 5 Mo 25,5ff. Bei kinderlos Verstorbenen sollte nämlich der überlebende Bruder die verwitwete Schwägerin heiraten. Der erste Sohn aus dieser neuen Ehe galt dann als der Sohn des verstorbenen Bruders mit allen Erbrechten (vgl. Mt 22,23ff). Die Linie konnte hier entweder über den leiblichen Vater (2. Ehemann der Frau) oder über den juristischen Vater (1. Ehemann der Frau) weitergeführt werden. Drittens gab es die Möglichkeit der Adoption. Auch hier konnte die Linie entweder über den leiblichen oder über den Adoptivvater weitergeführt werden. Viertens muß man 4 Mo 27,1ff und 4 Mo 36 beachten. Nach diesen Gesetzesbestimmungen haben Töchter ohne Brüder das Erbrecht. Evtl. galten ihre Söhne dann als Nachkommen des Großvaters mütterlicherseits – und nicht nur väterlicherseits. Fünftens ist zu bedenken, daß in Israel verschiedene Namen für ein und dieselbe Person gar nicht so selten waren. So hieß der König Joahas auch Schallum (Jer 22,11), der König Jojachin auch Jechonja oder Konja (Jer 22,24; 24,1), der König Asarja auch Usija (vgl. 2 Kön 15,1 mit 2 Chr 26,1). Selbst in neutestamentlicher Zeit wurden Namen verändert, z.B. Levi in Matthäus (vgl. Mt 9,9 mit Mk 2,14).

Ziehen wir Bilanz: Es kommen mehrere Gründe in Frage, die eine Verschiedenheit der Geschlechtsregister rechtfertigen. Welche von diesen Gründen bei Lukas oder Matthäus zutreffen, wissen wir bis heute nicht. Aber die Namen beider Geschlechtsregister sind keinesfalls erfunden. Sie gehen auf Urkunden zurück. Uns scheint, daß Matthäus und Lukas verschiedene Urkunden benutzt haben, die nebeneinander in den Archiven für die Davididen aufbewahrt wurden.

Denn es ist undenkbar, daß die Davididen überhaupt keine Urkunden mehr hatten. Vielleicht deutet Lukas mit den Worten »*wie man meinte*« in V.23 sogar an, daß sein Geschlechtsregister nur von einigen, die es »*meinten*«, als richtig angesehen wurde.

Fügen wir noch folgende Beobachtungen an: a) Die frühen Christen haben die beiden »Stammbäume« nicht harmonisiert. Sie ließen beide stehen – ein Beweis für die Zuverlässigkeit, mit der die Bibel überliefert wurde. b) In wesentlichen Punkten decken sich die beiden Geschlechtsregister sogar, nämlich in der Zeit zwischen Abraham und David und bei Schealtiel und Serubbabel. Keine Abweichung liegt selbstverständlich im Bereich von Lk 3,34-38 vor, da Matthäus schon bei Abraham aufhört und nicht bis Adam geht. Die Abweichungen betreffen also nur den Teilbereich zwischen David und Josef – das ist zugleich der turbulenteste Teil der Familiengeschichte, die im Strudel der Weltgeschichte durcheinandergewirbelt sein mag. c) Der zentrale Punkt ist die Abstammung Jesu von David. Und hieran lassen wiederum beide Evangelien keinen Zweifel. d) Das aufsteigende Geschlechtsregister, das von Jesus zu Adam führt, ist bei heidenchristlichen und heidnischen Lesern vermutlich vertrauter als bei hebräisch erzogenen Lesern, die eher zu einem absteigenden Geschlechtsregister wie dem des Matthäus neigten. Dennoch gibt es auch im AT aufsteigende Geschlechtsregister (z.B. 1 Chr 6,18-23; Esr 7,1-5). e) Lukas hat 77 Glieder, Matthäus 42. Bei Matthäus ist die Zahl 42 symbolisch (1,17). Ist die Zahl 77 bei Lukas auch symbolisch? Deutet die Siebenzahl auf den Gott, der am Ende des Geschlechtsregisters steht? Auch diese Frage muß man offenlassen. f) Da man öfters glaubte, Lk 3 sei das Geschlechtsregister der Maria und Mt 1 das des Josef, müssen wir betonen, daß auch Lk 3 ein Geschlechtsregister des Josef darstellt, denn Josef hat in V.23 seinen festen Platz. Außerdem war Maria nach Lk 1,36 levitischer und nicht davidischer Abkunft. g) Gottes Geist hätte leicht dafür sorgen können, daß beide Geschlechtsregister völlig übereinstimmen. Wenn er es nicht getan hat, dann darf man daraus den Schluß ziehen, daß eine geschichtlich lückenlose Information gar nicht in Gottes Absicht gelegen hat.

Schließlich erhebt sich eine letzte Frage: Warum geht Lukas bis Adam? Weil es ihm auf den Heilsplan Gottes mit der ganzen Menschheit ankommt, die in Adam ihren gemeinsamen Ausgangspunkt hat. Also ist Jesus für die ganze Menschheit, den »ganzen Adam«, da.

Vielleicht will Lukas sogar Jesus als den »zweiten Adam« vor unsere Augen rücken, so wie es sein Lehrmeister Paulus in Röm 5,12ff getan hat.

Wir wenden uns den Einzelheiten zu:

Jesus »*war, wie man meinte, ein Sohn des Josef*« (V.23b). Also handelt es sich um das Geschlechtsregister des »*Josef*«, nicht der Maria.

In dem auffallenden Ausdruck »*wie man meinte*« steckt wahrscheinlich ein Doppeltes. Alle Welt, die von der jungfräulichen Geburt nichts wußte, sieht Jesus tatsächlich als den »*Sohn Josefs*« an. Das kommt z.B. in Mt 13,55; Lk 4,22; Joh 1,45 und Joh 6,42 deutlich zum Vorschein. Da Jesus in der Ehe Josefs geboren und von diesem als Kind angenommen war, würde er sogar nach heutigem deutschen Recht völlig legal als Josefs Sohn gelten. Nicht anders war es damals im Judentum. Evtl. sind die Worte »*wie man meinte*« aber zugleich auch auf die folgenden Aussagen zu beziehen. Lukas deutet dann an, daß er selbstverständlich die Wahrheit der Urkunden nicht überprüfen konnte, die er hier vorlegt. Er veröffentlicht aber das, was ihm unter größter Sorgfalt zugänglich war (vgl. 1,1-4).

Über die beiden letzten Worte von V.23, »*des Eli*«, haben die Ausleger besonders intensiv nachgedacht. Denn in Mt 1,16 heißt der Vater Josefs »Jakob«. Sollten die Christen der ersten Stunde wirklich nicht mehr gewußt haben, wie Josefs Vater – ein Davidide wohlgemerkt! – geheißen hat? Das ist umso unwahrscheinlicher, als bis ins 2. Jh. n. Chr. Verwandte Jesu gelebt haben, und Paulus um 55 n. Chr., nur wenige Jahre vor der Niederschrift des Lukasevangeliums, von vielen Auferstehungszeugen sprach, »die noch heute leben« (1 Kor 15,6). Schon die frühe Kirche hat jedoch eine Lösung angeboten, die einleuchtend ist. Ihr zufolge starb der in Lk 3,23 genannte Eli ohne Kinder, sein Halbbruder Jakob heiratete darauf nach den Bestimmungen des AT (5 Mo 25,5) die Witwe dieses Eli, und Jakobs erstgeborener Sohn Josef galt dann, wiederum nach den Bestimmungen des AT (5 Mo 25,6), als der Sohn des verstorbenen Eli. Die Abstammungslinie konnte in diesem Fall sowohl über Jakob (so bei Mt) als auch über Eli (so bei Lukas) weitergeführt werden. Wenn Jakob und Eli Halbbrüder waren, also eine gemeinsame Mutter, aber keinen gemeinsamen Vater hatten, dann laufen die Linien der Geschlechtsregister selbstverständlich sehr verschieden weiter, bis sie in der Exilszeit bei Serubbabel wieder zusammentreffen. Dabei hat sich die alte Kirche nicht auf Spekulationen, sondern auf Nachrichten aus der Familie Jesu gestützt (vgl. die Kirchengeschichte des Eusebius von Cäsarea, I. 7,11ff). Auch wenn wir nicht beweisen können, daß es tatsächlich so gewesen ist, so spricht doch manches für diese Erklärung.

Wenn man dagegen einwenden wollte, daß man sich so komplizierte Familienverhältnisse in der Zeit Jesu schlecht vorstellen könne, dann müßte man bedenken, daß die Verhältnisse in der Herodesfamilie, über die wir recht gut informiert sind, weitaus komplizierter waren (vgl. die Erklärungen oben zu V.19-20). Z.B. heiratete die bekannte Herodias (Mt 14,3ff; Mk 6,17ff; Lk 3,19), eine Enkelin des großes Herodes, nacheinander zwei Söhne des Herodes, also zwei ihrer Onkel, und ihre Tochter Salome wiederum einen Sohn des Herodes, also ihren Großonkel, der ebenso Philippus hieß wie ihr Vater. Hier führten also Halbbrüder, die von verschiedenen Müttern abstammten, aber den Herodes zum gemeinsamen Vater hatten, sogar denselben Namen (Philippus). Vgl. auch Mt 22,23ff.

Übrigens war »*Eli*« ein echt hebräischer Name (vgl. 1 Sam 1-4; 14,3; 1 Kön 2,27). Mit Recht hat man in der Forschung angemerkt, daß im Geschlechtsregister Jesu keine griechischen Namen auftauchen, die Familie sich also ihren jüdischen Charakter bewahrte.

Als Vater Elis wird in V.24 »*Mattat*« genannt. Manche glauben, das sei derselbe, der in Mt 1,15 Mattan genannt werde. Das ist möglich, aber nicht sehr wahrscheinlich. Der Name ist gut hebräisch, und kommt in V.29 nochmals vor. Ob er nur eine andere Form des Mattatta in Esr 10,33 darstellt, auf deutsch etwa »Gabe« (= Gottes), muß offen bleiben.

Von »Mattat« geht die Linie weiter hinauf zu »*Levi*«, einem seit dem dritten Sohn Jakobs (1 Mo 29,34) häufigen hebräischen Namen (auf dt. evtl. »Zuneigung«). Auch er taucht in V.29 noch einmal auf.

Es folgt »*Melchi*«, auf deutsch vielleicht »König« (vgl. V.28). »*Jannai*« (V.24) trägt denselben Namen wie einer der berühmtesten makkabäischen Könige, Alexander Jannai (103-76 v.Chr.). Sieben Generationen vor Jesus ist dann erneut ein »*Josef*« zu finden.

»*Mattitja*« in V.25, griechisch Mattathias, ist auch der Name des Priesters, der nach 1 Makk 2 den Aufstand gegen die Syrer begann und die makkabäische Herrschaft einleitete. Er ist nach dem Exil ein häufiger Name gewesen, meist bei Priestern und Leviten. »Amos«

weist, wie beim gleichnamigen Propheten (Am 1,1; 7,8ff), auf Judäa hin. Auch der Prophet »*Nahum*« gehört nach Judäa. Nun begegnet uns ein Nahum im Geschlechtsregister des Judäers Josef. Für »*Hesli*« haben wir kein Vorbild, auch nicht für »*Naggai*«.

Dagegen scheint »*Mahat*« in V.26 derselbe zu sein wie der Mahat von 1 Chr 6,20 und 2 Chr 29,12; 31,13 – jedes Mal ein Levitenname. Zu »*Mattitja*« in V.26 vergleiche V.25. »*Schimi*«, früher Simei in der Lutherbibel, ist sowohl ein levitischer Name (2 Mo 6,17; 4 Mo 3,18ff; Esr 10,23) als auch ein benjaminitischer (2 Sam 16,5ff; 2 Sam 19,17ff) und vielleicht ein judäischer (1 Kön 1,8). Über »*Josech*« (Nebenform von Joses?, vgl. Mk 6,3; 15,40.47) wissen wir nichts, auch nichts über »*Joda*«.

»*Johanan*« am Anfang von V.27 ist wieder ein häufiger hebräischer Name. Es fällt auf, daß er unter Davids Nachkommen in 1 Chr 3,15.24 auftaucht und auch sonst judäisch zu sein scheint (2 Kön 25,23; 2 Chr 17,15; Jer 40,8ff), aber zugleich levitisch ist (Esr 10,6; Neh 12,22.23). Von »*Resa*« wissen wir nichts.

Umso bekannter ist dagegen »*Serubbabel*« (V.27). Bei der Rückkehr aus Babylonien wurde er als Davidide der Führer der Juden, von den Persern als Statthalter von Juda eingesetzt und zum Erbauer des zweiten Tempels (Esr 2,2; 3,2ff; 4,2ff; 5,1ff; Neh 7,7; Hag 1,1; 2,20ff; Sach 4,6ff; Sir 49,11; Mt 1,12f). Sein Vater wird in Lk 3,27 »*Schealtiel*« genannt. Das geschieht in Übereinstimmung mit dem AT (Esr 3,2.8; 5,2; Neh 12,1; Hag 1,1.12.14; 2,2.23). Doch an *einer* Stelle sagt das AT, Pedaja sei Serubbabels Vater gewesen (1 Chr 3,19). Hier sehen wir noch einmal, daß der leibliche und der juristische Vater auseinanderfallen können. Evtl. hat der kinderlose Schealtiel einen Sohn seines Bruders Pedaja adoptiert, oder Pedaja heiratete auf dem Weg der Schwagerehe die Witwe des kinderlos verstorbenen Schealtiel (vgl. 5 Mo 25,5f). Auf jeden Fall treffen sich bei »*Serubbabel*« und »*Schealtiel*« die Geschlechtsregister des Matthäus (1,12) und des Lukas. Das ist auch deshalb wichtig, weil gerade »*Serubbabel*« nach den Weissagungen von Haggai und Sacharja ein Träger besonderer messianischer Verheißungen gewesen ist und dazu noch ein davidischer Prinz war (Hag 2,20ff; Sach 4,6ff).

Von da aus sind noch zwei Fragen abzuklären. Im davidischen Geschlechtsregister von 1 Chr 3 wird unter den Söhnen Serubbabels kein »*Resa*« genannt, wie er hier in Lk 3,27 als Abkömmling Serubbabels auftaucht (vgl. 1 Chr 3,19f). Aber das kann mehrere Ursachen haben. Wie wir wissen, sind die Geschlechtsregister keineswegs lückenlos. Entweder hatte Serubbabel mehr Söhne, als in 1 Chr 3,19f aufgeführt sind, oder Resa war ein Enkel, der im Hebräischen ebenfalls »Sohn« heißen kann, oder es liegt bei einem der Serubbabel-Söhne ein späterer Namenswechsel vor, oder es gibt sonst noch einen oder mehrere Gründe. Die zweite Frage betrifft Schealtiels Vater. In Lk 3,27 heißt er »*Neri*«. In 1 Chr 3,17 heißt er Jechonja. Auch hier können wir die genaue Ursache der Verschiedenheit nicht mehr aufklären. Es kann eine Generation im Geschlechtsregister ausgefallen sein oder Adoption, Namenwechsel oder eine sonstige Ursache vorliegen. Mit Recht hat man in der Forschung bemerkt, daß Lukas diese Liste unmöglich erfunden haben kann. Denn sonst hätte er nur Namen gebracht, die mit 1 Chr 3 in Übereinstimmung gewesen wären.

Die Namen »*Melchi*« (vgl. V.24), »*Addi*«, »*Kosam*« und »*Elmadam*« in V.28 sind uns allesamt unbekannt. Dagegen erinnert der letzte Name in V.28, »*Er*«, an Judas Sohn in 1 Mo 38,3ff; 46,12; 4 Mo 26,19 und 1 Chr 2,3. Auch in 1 Chr 4,21 ist »*Er*« ein judäischer Name.

»*Joschua*« (V.29), auf griechisch »Jesus«, ist seit den Tagen des Josua, Moses Nachfolger, bei allen Juden ein häufiger Name. Das gilt sogar noch für die neutestamentliche Zeit (vgl. Mt 27,16ff; Kol 4,11). Der Name Jesus taucht also schon zwischen der babylonischen Gefangenschaft und David im Geschlechtsregister auf. Ähnlich häufig ist »*Elieser*«, während »*Jorim*« wieder unbekannt ist. Zu »*Mattat*« und »*Levi*« in V.29 vgl. V.24.

Mit »*Simeon*« und »*Juda*« in V.30 stoßen wir wieder auf berühmte Namen (vgl. 1 Mo 29,33; Lk 2,25; Apg 13,1; 2 Petr 1,1 sowie 1 Mo 29,35). Ebenso mit »Josef« (1 Mo 30,22ff; 37-50). »*Jonam*« ist unbekannt. »*Eljakim*« war sogar ein davidisch-judäischer Königsname (2 Kön 23,34; 2 Chr 36,4; vgl. 2 Kön 18,18ff; Jes 22,20; 36,3ff.). Allerdings hieß so auch ein Priester in Neh 12,41.

In V.31 gehören »*Melea*« und »*Menna*« zu den ansonsten unbekannten Namen des Geschlechtsregisters. Ein »*Mattata*« erscheint auch in Esr 10,33 unter den levitischen Namen.

Einer der interessantesten Namen des ganzen Geschlechtsregisters ist jedoch »*Nathan*« in V.31. Sehr wahrscheinlich ist hier der Sohn Davids gemeint, der nach 2 Sam 5,14; 1 Chr 3,5; 14,4 in Jerusalem geboren wurde. An allen drei Stellen steht Nathan *vor* Salomo. Dabei haben beide, Nathan und Salomo, dieselbe Mutter, nämlich die berühmte Batseba. Auffallenderweise wurde dann aber der Jüngere, Salomo, König von Israel und Davids Nachfolger (1 Kön 1,11ff; 1 Chr 28,5ff). Über Nathan, den Älteren der beiden, schweigen die Geschichtsbücher. Starb er sehr jung, also noch vor Salomos Regierungsantritt? Hat Salomo seine Witwe geheiratet? Ist deren Sohn durch Adoption oder im Wege der Schwagerehe von 5 Mo 25,5f zugleich Nathans und Salomos Sohn gewesen, so daß sowohl Salomo (Mt 1,6f) als auch Nathan (Lk 3,31) im Geschlechtsregister Jesu ihren berechtigten Platz haben? Während die Geschichtsbücher schweigen, spricht eine prophetische Stelle – allerdings rätselhaft kurz. In Sach 12,12 heißt es: »Und das Land wird klagen, ein jedes Geschlecht besonders: das Geschlecht des Hauses David besonders und ... das Geschlecht des Hauses Nathan besonders«. Viele Ausleger sehen hier den Sohn Davids, den Nathan aus 2 Sam 5,14, angesprochen. Sie können aber samt und sonders nicht erklären, weshalb gerade er auf diese Weise herausgestellt wird. Es muß ja doch einen Grund gegeben haben, weshalb er in der Heilsgeschichte einen besonderen Platz erhielt. Jedenfalls gehörte Josef, aber auch Jesus, sowohl zum »Hause Davids« als auch zum »Hause Nathans«. Mehr können wir darüber nicht sagen.

Über »*David*«, den letzten Namen in V.31, braucht hier nicht viel ausgeführt zu werden. Es ist jener einzigartige König Israels, dem die Verheißung gegeben wurde, daß aus seiner Nachkommenschaft der Messias, der ewige König, hervorgehen werde (2 Sam 7; Ps 89; Jes 7,13f; 9,5f; 11,1ff). Über die davidische Herkunft Jesu nach dem Fleisch läßt das NT nicht den geringsten Zweifel (vgl. Röm 1,3).

V.32 stimmt mit Rut 4,20-22 überein. Zu »*Isai*« als dem Vater Davids vgl. 1 Sam 16,1ff; 17,12ff; Jes 11,1ff; Apg 13,22 und Röm 15,12. Kein Wunder, daß die »Wurzel Jesse« so oft von den Christen besungen wurde. Zu »*Obed*« vgl. 1 Chr 2,12. Zu »*Boas*« vgl. das ganze Büchlein Rut sowie 1 Chr 2,11f Zu »*Salma*« oder »Salmon« vgl. 1 Chr 2,11. Offensichtlich heiratete Salma die Hure Rahab. Zu »*Nachschon*« vgl. 4 Mo 1,7; 2,3; 7,11f; 10,14; 1 Chr 2,10f. Die Abfolge Nachschon – Salma- Boas – Obed – Isai deckt sich völlig mit Mt 1,4f. Nur daß Matthäus auch auf die

Frauen von Salma (= Salmon) und Boas hinweist, nämlich Rahab und Rut.

In V.33 deckt sich die Abfolge »*Amminadab*« – »*Hezron*« – »*Perez*« – »*Juda*« wiederum mit Mt 1,3f; Rut 4,18ff; 1 Chr 2,1ff., jedoch mit zwei Ausnahmen. Erstens fehlt bei Lukas der Name »Ram«. Oder sollte dieser »Ram« identisch sein mit dem »*Arni*« von Lk 3,33? Zweitens schiebt das lukanische Geschlechtsregister zwischen Amminadab und Hezron die sonst nicht bekannten »*Admin*« und »*Arni*« ein. Die genaueren Verhältnisse können wir nicht mehr aufklären. Zu »*Amminadab*« vgl. 2 Mo 6,23; 4 Mo 1,7. Eine Tochter Amminadabs war die Frau Aarons und die Stammutter aller israelitischen Hohenpriester. Exakt an diesem wesentlichen Punkt verbinden sich die beiden Stämme Levi und Juda! Zu »*Hezron*« vgl. 1 Mo 46,12; 1 Chr 2,5ff. Zu »*Perez*« vgl. 1 Mo 38,12ff; 46,12; Rut 4,18; 1 Chr 2,4ff. Die Mutter des Perez, Tamar, wird auch in Mt 1,3 erwähnt. Zu »*Juda*«, dem vierten Sohn Jakobs, vgl. 1 Mo 29,35; 37,26f; 43,8f; 44,18ff; 46,12; 49,8ff; 4 Mo 2,3ff; 10,14; Ri 1,2ff; 1 Chr 2,3ff. Juda, der Stammvater der Judäer, von dem sich auch die Bezeichnung »Juden« ableitet, stammte von Lea ab. Josef und Jesus gehören also zu den Nachkommen der verachteten Lea. Wichtig ist der Jakobssegen in 1 Mo 49, durch den Juda als derjenige bezeichnet wird, aus dem der Messias hervorgehen soll (V.8ff.). So wurde Juda zu einer zentralen Gestalt der messianischen Verheißungen.

»*Jakob*«, »*Isaak*« und »*Abraham*« in V.34 sind die berühmten Väter, deren Geschichte in 1 Mo 12-50 berichtet wird. Mt 1,2 enthält dieselbe Abfolge. Nur ist »*Abraham*« bei Matthäus als Ausgangspunkt des jesuanischen Geschlechtsregisters viel stärker betont.

»*Terach*«, »*Nahor*« (V.34), »*Serug*«, »*Regu*«, »*Peleg*«, »*Eber*«, »*Schelach*« (V.35), »*Arpachschad*« und »*Sem*« (V.36) finden wir in derselben Abfolge in 1 Mo 11,10ff; 1 Chr 1,24ff. Mit »*Sem*« ist gesagt, daß Jesus Semite war. Jeder Antisemitismus trifft deshalb auch Jesus. Jedoch fällt in V.36 ein Name auf: der des »*Kenan*«. Weder in 1 Mo 11,10ff noch in 1 Chr 1,24ff können wir ihn entdecken. Dafür entdecken wir ihn in der griechischen Bibel in 1 Mo 11,12-13. Hat sich Lukas hier auf die griechische Bibel verlassen? Oder hat er diesen »Kenan« in seinem Archiv-Dokument gefunden? Wir wissen es nicht mehr.

Mit »*Noah*«, »*Lamech*« (V.36), »*Metuschelach*«, »*Henoch*«, »*Jered*«, »*Mahalalel*«, »*Kenan*« (V.37), »*Enosch*« und »*Set*« sind wir in exakter Übereinstimmung mit 1 Mo 5,6-32, aber auch mit 1 Chr 1,1-4. Jesus ist demnach ein Nachfahre des frommen »*Henoch*«, der wie Elia eine Himmelfahrt erlebte (1 Mo 5,24; vgl. 2 Kön 2,11; Hebr 11,5) – eine seltsame Prophetie auf seine Himmelfahrt. Übrigens darf man den »*Henoch*«, den »*Metuschelach*« und den »*Lamech*« der Set-Linie nicht verwechseln mit dem Henoch, dem Metuschael und dem Lamech der Kain-Linie (1 Mo 4,17ff).

Wir stehen nun vor den vieldiskutierten Schlußworten des Geschlechtsregisters in V.38: »*des Adam, Gottes*«.

Bleiben wir zunächst bei »*Adam*«. Er ist hier unzweifelhaft eine Einzelperson und nicht, wie es im Hebräischen denkbar wäre, eine Sammelbezeichnung für die ganze Menschheit. Als Einzelperson behandelt ihn auch das Judentum (vgl. Sir 49,16 bzw. 20), sowie das NT (vgl. Röm 5,14ff; 1 Kor 15,22.45; 1 Tim 2,13f; Jud 14). Das Judentum hat eine hohe Verehrung für Adam entwickelt (vgl. wieder Sir 49,16 bzw. 20). Zugleich aber trauerte man um ihn, weil er die Sünde in die Welt brachte. Wenn Jesus durch Lk 3,38 in die Adam-Linie eingereiht wird, dann wird damit seine volle Menschheit betont. Es steckt darin sogar die Andeutung, daß Jesus in sich die gesamte Menschheitsgeschichte zusammenfaßt (Eph 1,10) und der zweite Adam ist (vgl. Röm 5,12ff).

Doch was heißt in V.38 »*Gottes*«? Im Urtext stehen nur die zwei Worte, die auf deutsch, »des Gottes« = »Gottes« bedeuten. Es steht nicht da, wie die Lutherübersetzung vermuten läßt: »Der war Gottes«. Ist hier Adam als »Sohn Gottes« bezeichnet, wie vorher im Geschlechtsregister immer der vorangehende Name den Sohn des folgenden Mannes bezeichnete? Oder wird hier nur gesagt, Adam sei aus Gottes Schöpfungshandeln hervorgegangen, ohne daß er »Gottes Sohn« im engeren Sinne ist? Aufgrund der Tatsache, daß im unmittelbar folgenden Abschnitt, nämlich in der Versuchungsgeschichte (4,1-13), Jesus als der einzige Sohn Gottes bezeichnet wird (4,3.9), glauben wir nicht, daß Adam im selben Sinne »Gottes Sohn« genannt werden soll. Wohl aber gibt es eine andere Parallele zwischen dem »Adam Gottes« und Jesus als dem Gottessohn: Beide haben ihren Ursprung ohne eine menschliche Vermittlung direkt bei Gott. Nur ist der eine (Adam) Geschöpf, während der andere (Jesus) Schöpfer ist. Aber indem Lukas auf die unmittelbare Erschaffung Adams hinweist (vgl. 1 Mo 1,26; 2,7), gibt er dem Leser eine Verstehenshilfe für das Glaubensgeheimnis, daß auch Jesus in Maria direkt und ohne die Mitwirkung eines menschlichen Vaters erschaffen wurde. Kurz gesagt: Wer die jungfräuliche Geburt bezweifelt, der bezweifelt auch die Schöpferfähigkeit Gottes. So wird durch Lk 3,23-38 beides betont: die volle Menschheit und die volle Gottheit Jesu.

Was lernen wir als Bibelleser aus Lk 3,23-38? a) Jesus ist ganz Mensch geworden und in die adamitische Menschheit eingetreten. b) Seine Gottheit und wunderbare Geburt ist dadurch nicht aufgehoben (vgl. V.23 und 38). Vielmehr verbinden sich in ihm Gottheit und Menschheit in geheimnisvoller Weise. c) Indem sein Geschlechtsregister sowohl judäische als auch levitische Namen enthält, ja sogar in der Gestalt Amminadabs die beiden Stämme Juda und Levi vereinigt (vgl. 2 Mo 6,23; 4 Mo 1,7; Lk 3,33), wird Jesus als König und Priester zugleich erkennbar. d) Indem zu seinen Vorfahren die Träger der messianischen Verheißungen gehören, vor allem Juda, David und Serubbabel, wird Jesus eindeutig als der wahre Messias bezeichnet. e) Indem Adam und Jesus den Anfang und das Ende des Geschlechtsregisters bilden, treten sie sich als der erste und der zweite Adam gegenüber. Aus dem ersten kam das Unheil. Aus dem zweiten kam das Heil. f) Diese Geschichte ist älter als diejenige Roms. Gegenüber der weltumspannenden Heilsgeschichte, in deren Mittelpunkt Jesus steht, verblaßt Rom und verblassen alle Reiche dieser Erde.

Vorschlag zur Bibelarbeit zu Lukas 3,23-38

1. Einleitung:

a) Sind Stammbäume nicht langweilig? Um dieses Vorurteil zu überwinden, sollten wir tatsächlich einmal eine Bibelarbeit/ Predigt zu Lk 3,23-38 wagen. Ein guter Einstieg könnte der Gedanke an ein Familienalbum oder eine Ahnentafel in einem Schloß sein: Wieviel an lebendiger Geschichte steckt da drin!

b) Ein besonderes Problem stellt hier die Namensfülle dar. Über Adam, Henoch, Lamech, Abraham, Isaak, Jakob, David usw. könnte man ja schon allein eine Bibelarbeit halten! Zweifellos muß man hier also besonders sorgfältig auswählen.

c) Unerläßlich ist es auch, sich mit dem Inhalt dieser Verse genau vertraut zu machen. Der Kommentar will dazu anleiten. Man sollte auch dem Vergleich mit dem Geschlechtsregister in Mt 1 und anderen Fragen nicht ausweichen.
d) Überschriften könnten z.B. sein: »Zielpunkt der Menschheit« – »Worauf läuft das AT zu?« – »Eine unbekannte Seite an Jesus« – Wir wählen hier die Überschrift: »Ein schweres Erbe«.

2. Durchführung: »Ein schweres Erbe«

a) Im engsten Kreis

Wir sagen bei manchen Kindern im Blick auf Erbgut und Umstände: »Der hat ein schweres Erbe angetreten« – Bei Jesus gilt das auch – »Er wurde gehalten für einen Sohn Josefs«: Dahinter verbirgt sich ja das Geheimnis seiner jungfräulichen Geburt – Dahinter verbirgt sich die Distanz zwischen menschlich-oberflächlichem Urteil und der realen Wahrheit – Dahinter verbergen sich Beschimpfungen gegenüber seiner Mutter, der man ein uneheliches bzw. voreheliches Kind vorwarf (vgl. Joh 8,41!) – Dahinter verbirgt sich auch der Unglaube in der eigenen Familie, z.B. bei seinen Brüdern (vgl. Joh 7,5) – Dahinter verbirgt sich eine lange Zeit der Handwerkstätigkeit, des Wartens, der Stille (vgl. 2,52) – Nein: Leicht hat es Jesus nicht gehabt!

b) Im eigenen Volk

Was für strahlende Namen tauchen da auf! – Z.B. David, Boas, Juda, Jakob, Isaak, Abraham! – Eine »Königslinie« im wahrsten Sinne des Wortes, da die Davidsfamilie ja eine Königsfamilie darstellt – Manche Einzelheiten in der Verwandtschaft unklar, wegen Namenswechsel, Leviratsehe, Adoption u.a. Gründen – Aber im ganzen doch ein beeindruckender Gleichklang mit Mt 1 (dies mit Hilfe des Kommentars kurz erklären!) – Aber neben dieser strahlenden Schauseite steht eine andere, dunkle Seite – Es ist die Seite der Schuld – Wieviel Sünde ist da im Leben der Patriarchen und der Davididen angehäuft worden! – Wir denken nur etwa an Davids Ehebruch und Blutschuld – Oder an Jakobs Betrug – Wann kommt das alles in Ordnung? – Jesus hat auch hier eine schweres Erbe angetreten – Sein Sühnetod kann auch hier alles gutmachen (vgl. Lk 9,31; Joh 8,56).

c) *In der gesamten Menschheitsgeschichte*

Lukas führt uns zurück bis zu Adam – Und wieder wird uns klar: Da stehen auf der einen Seite glänzende Namen – Z.B. Noah, Metuschelach, Henoch, Set, Adam – Und auf der anderen Seite ein Riesenberg von Schuld: Adams Sündenfall, der den Tod und den Teufel zur Herrschaft brachte – Das Rachelied Lamechs in 1 Mo 4,23f – Der betrunkene Noah (1 Mo 9,20ff) – Wer bringt das alles in Ordnung? – Und da sind wir ja noch selbst, wir Modernen, die nicht weniger Schuld haben – Am Ende aber steht das Schlüsselwort: Gott! – Gott, nicht Adam, ist das Schlußwort dieses Abschnitts auch im Urtext – Dieser Gott wird durch Jesus alle Schuld tilgen – So wird aus dem schweren Erbe ein bewältigtes Erbe.

B. Die Frühzeit des Wirkens Jesu (4,1-9,50)

Vorbemerkung:

Die Ausleger teilen das Lukasevangelium unterschiedlich ein. Wir halten das Geschlechtsregister Jesu für einen so tiefen Einschnitt, daß damit die Einleitung zu Ende gekommen ist und danach ein neuer Hauptteil des Evangeliums beginnt.

Wir nennen diesen neuen Hauptteil die »Frühzeit des Wirkens Jesu«. Denn alle vier Evangelien des NT weisen eine Fünfergliederung auf: 1) Einleitung, 2) Frühzeit des Wirkens Jesu, 3) Kämpfe und Auseinandersetzungen, 4) Passion, 5) Auferstehung.

Wir kommen jetzt also nach der Einleitung, die die ersten drei Kapitel umfaßt, zum zweiten Hauptteil des Lukasevangeliums (4,1-9,50).

1. Die Versuchung Jesu (4,1-13)

Vorbemerkung:

Daß Lukas den zweiten Hauptteil seines Evangeliums ausgerechnet mit der Versuchung Jesu beginnen läßt, ist schon erstaunlich. Ohne der Auslegung vorgreifen zu wollen, läßt sich hier der Hinweis geben, daß nach der Schlußbemerkung in V. 13 »der Teufel wich von ihm bis zur nächsten Gelegenheit« das öffentliche Wirken Jesu den Kampf gegen den Teufel und das Böse bedeutet. Gegen die Anschläge des Bösen vollendet Jesus sein Heilswerk für die ganze Welt. Er wird dadurch der Befreier von Sünde, Tod und Teufel, ein wahrer Sünderheiland.

4,1-13: **(1) »Und Jesus, voll heiligen Geistes, kam zurück vom Jordan und wurde durch den Geist in die Einöde geführt, (2) wo er vierzig Tage lang vom Teufel versucht wurde. Und er aß nichts in jenen Tagen, und als sie zu Ende gingen, hungerte ihn. (3) Da sagte der Teufel zu ihm: Wenn du**

Gottes Sohn bist, dann sprich zu diesem Stein da, daß er Brot werden soll. (4) Und Jesus antwortete ihm: Es steht geschrieben: Der Mensch lebt nicht vom Brot allein. (5) Und der Teufel führte ihn auf eine Höhe und zeigte ihm alle Reiche der Welt in einem einzigen Augenblick (6) und sagte zu ihm: Ich werde dir die Herrschaft darüber geben, und zwar vollständig, und ihre Herrlichkeit dazu, denn mir ist sie übergeben und ich gebe sie, wem ich will. (7) Wenn du nun vor mir niederkniest und mich anbetest, soll sie dir ganz gehören. (8) Und Jesus gab ihm zur Antwort: Es steht geschrieben: Du sollst den Herrn, deinen Gott, anbeten und ihm allein dienen. (9) Und er führte ihn nach Jerusalem und stellte ihn auf die äußerste Kante des Tempels und sagte zu ihm: Wenn du Gottes Sohn bist, dann stürze dich von hier hinab. (10) Denn es steht geschrieben: Seinen Engeln wird er deinetwegen befehlen, dich zu bewahren, (11) und: Sie werden dich auf den Händen tragen, damit du deinen Fuß nicht an einen Stein stößt. (12) Und Jesus gab ihm zur Antwort: Es ist gesagt: Du sollst den Herrn, deinen Gott, nicht versuchen. (13) Und der Teufel beendete alle Versuchungen und wich von ihm bis zur nächsten Gelegenheit.«

Der Bibelleser, der die Versuchungsgeschichten in Mt 4,1-11 und Lk 4,1-13 miteinander vergleicht, entdeckt bald, daß beide Evangelien eine dreifache Versuchung schildern. Beide stimmen auch in den Themen überein, die der Teufel wählt. Beide beginnen schließlich mit derselben Versuchung, nämlich der, aus Steinen Brot zu machen. An *einer* Stelle gibt es jedoch eine Abweichung: Bei Matthäus betrifft die zweite Versuchung den Sturz vom Tempel, bei Lukas dagegen die Weltreiche. Matthäus und Lukas haben also eine verschiedene Reihenfolge. Wie kann man das erklären? Hier ist zunächst mit aller Deutlichkeit zu sagen, daß die Bibel selbst keinen Grund für die Verschiedenheit der Reihenfolge angibt. Alle Gründe, die wir dafür nennen, bleiben also reine Vermutung. Schon Bengel warnte hier vor Spekulationen. Nur soviel ist klar: Die ersten Jünger waren an der Reihenfolge nicht interessiert. Das sollte auch für uns eine Warnung sein, aus der Verschiedenheit der Reihenfolge zuviel herauszulesen. Die Meinung des Verfassers dieses Kommentars ist folgende: Da nur Matthäus die Worte »dann« oder »darauf« benutzt, während Lukas alle Teile durch ein schlichtes »und« verbindet, deutet Matthäus an, daß er tatsächlich eine Reihenfolge im Auge hat. Lukas aber will gar keine zeitliche Abfolge bieten. Statt dessen stellt Lukas die in seinen Augen *schwerste* Versuchung an den Schluß. Er gliedert also sachbezogen und inhaltlich, nicht chronologisch. Die schwerste Versuchung aber scheint für ihn diejenige gewesen zu sein, in der der Teufel das Heilige, nämlich die Heilige Schrift, den Tempel und die Gottesstadt, mißbraucht.

Betrachten wir jetzt die Einzelheiten:

Der *»heilige Geist«* führte Jesus nicht »auf die Höhe«, sondern in die Tiefe (V. 1): *»Er wurde durch den Geist in die Einöde geführt.«* Die Übersetzung *»Einöde«* ist besser als die Übersetzung »Wüste«, da Jesus vermutlich Wasser zur Verfügung hatte. Wo lag diese *»Einöde«*? Nach V. 1 *»kam Jesus vom Jordan zurück«*, also von der Taufstelle (vgl. 3,3.21). Dann liegt die Annahme nahe, daß Jesus seine Versuchung am wüstenähnlichen Rand des Jordantales erlitt (vgl. Mt 4,1). Wenn es heißt: *»Er wurde durch den Geist geführt«*, dann liegt es gerade in der Absicht des Geistes, ihn durch die Versuchung zu prüfen. So also führt uns Gottes Geist in die Tiefe, damit wir erprobt werden und wachsen! Der Ausdruck *»voll heiligen Geistes«* bezieht sich auf 3,22 und macht noch einmal deutlich, daß Jesus als der Messias mit dem heiligen Geist erfüllt ist (vgl. Jes 11,2).

In der Einsamkeit *»wurde Jesus vierzig Tage lang vom Teufel versucht«* (V. 2). Es heißt nicht, daß der Teufel jeden Tag kam. Es heißt nur, daß die Versuchungszeit insgesamt *»vierzig Tage«* betrug. Drei Erkenntnisse sind bei diesem kurzen Satz wichtig. Erstens ist *»der Teufel«* (griechisch Diabolos) eine Person, die alles tut, um Jesu Heilswerk zu verhindern. Ihr Mittel ist die Versuchung. *»Versuchen«* heißt in der Bibel: den Versuch machen, jemand von Gott wegzuziehen. Dieses *»Versuchen«* geht nie von Gott aus, denn er will ja nicht, daß wir von ihm abfallen (Jak 1,13). Gott testet uns, aber das ist etwas ganz anderes und dient unserem Heil und der Glaubensstärkung. Zweitens ist Jesus »versucht wie wir« (vgl. Hebr 4,15). Es soll niemand behaupten, Jesus habe gar nicht sündigen können. Doch! Jesus konnte sündigen. Aber er tat's nicht. Der Ernst des Geschehens liegt gerade darin, daß Jesus wirklich in der Gefahr stand, vom himmlischen Vater abzufallen. Drittens hat die Zahl *»vierzig«* eine besondere Bedeutung. Sie ist, wie ein Blick auf Jon 3,4ff zeigt, u.a. die Zeit der geistlichen Bewährung. Das trifft auch hier im Falle Jesu zu.

»Und er aß nichts in jenen Tagen, und als sie zu Ende gingen, hungerte ihn« (V. 2). Die Bibel sagt tatsächlich: *»Er aß nichts.«* Sie sagt nicht: »Er konnte nichts essen«. Es war also Jesu freie Willensentscheidung, *»nichts«* zu essen. Am Ende *»jener Tage«* steht ein geschwächter Jesus, den es *»hungerte«*. Darin kommt die volle Menschlichkeit Jesu zum Ausdruck. Jesus war kein Halbmensch und kein Halbgott, sondern ganzer Gott und ganzer Mensch. Er hat deshalb Hunger und Durst ebenso erlitten, wie nur sonst ein Mensch auf dieser Erde (vgl. Mt 21,18; Joh 4,6 ff; 19,28).

»Der Teufel« wählt den Zustand fast tödlicher Schwäche zum entscheidenden Vorstoß. Vermutlich gingen in den vierzig Tagen noch andere Versuchungen voraus, die Lukas nicht erwähnt. Jetzt aber fällt die Entscheidung. *»Da sagte der Teufel zu ihm: Wenn du Gottes Sohn bist, dann sprich zu diesem Stein da, daß er Brot werden soll«* (V. 3). Der Ausdruck *»dieser Stein da«* war evtl. von einer Handbewegung begleitet (Th. Zahn). Wir sind also in einer felsigen Einöde. Möglicherweise hat der Teufel diesen Vorschlag mehrfach eingeflüstert, so daß die Mehrzahl bei Matthäus (4,3) gut erklärbar wird. Aber der Sinn hängt weder von der Einzahl noch von der Mehrzahl ab. *»Brot«* – keinen Luxus soll Jesus haben, sondern das schlichte Grundnahrungsmittel, um das wir im Vaterunser bitten. Was ist daran Schlechtes? Und genau diese Frage enthält das Teuflische der Versuchung. Der Teufel ist praktisch, vernünftig, bescheiden und doch: Er will Jesus zum Selbstbestimmenden machen. Nicht mehr der Vater soll den Augenblick bestimmen, in dem der Hunger endet, sondern Jesus soll diesen Augenblick selbst bestimmen (vgl. Joh 2,3 ff). Damit aber wäre Jesus den Weg der Emanzipation gegangen, zum Selbstversorger geworden und vom Glauben abgefallen. In diesem Sinne wird der Antichrist einmal Brot schaffen (vgl. Offb 13,15-17; 17-18).

Beachten wir noch eines: Der Teufel gebraucht die Worte *»wenn du Gottes Sohn bist«*. Sät er damit nicht den Zweifel in Jesu Herz, so wie die Schlange den Zweifel in Evas Herz säte: »Sollte Gott gesagt haben« (1 Mo 3,1)? Hat nicht Gottes Stimme bei der Taufe eindeutig gesprochen: »Du bist mein Sohn« (3,22)? Der Teufel sagt also: *»Wenn du«* es *»bist«*, dann mußt du es beweisen! Der Glaube aber sagt: Ich vertraue dem Vater und brauche es nicht erst noch zu beweisen! Interessant bleibt, daß der Teufel damit rechnet, daß Jesus mit einem einzigen Schöpferwort

(»*sprich*«) Stein in Brot verwandeln kann. Er glaubt also eher an Wunder als die liberale Theologie oder die moderne Bibelkritik.

Die Antwort Jesu auf diese erste Herausforderung in der entscheidenden Versuchung ist eigentlich überraschend (V. 4), denn er argumentiert nicht mit eigenen Überlegungen. Er benutzt sofort die Hauptbasis für jeden Gläubigen, nämlich die Heilige Schrift. »*Er antwortete ihm: Es steht geschrieben*«. In der Stunde der Schwachheit helfen keine Finessen und Raffinessen. Da hilft nur, was wirklich hält. Wir bemerken hier, daß für Jesus die Heilige Schrift des AT unverbrüchlich und zuverlässig war (vgl. Mt 5,17ff; Joh 10,35). »*Es steht geschrieben: Der Mensch lebt nicht vom Brot allein.*« Matthäus und Lukas stimmen bei dieser Aussage wortwörtlich überein. Jesus hat keine Schriftrolle bei sich. Er zitiert aus dem Gedächtnis. Sein langjähriges intensives Schriftstudium trägt Früchte (vgl. Lk 2,46ff; 4,16). Aber nun beachten wir auch die Schriftstelle, aus der er zitiert. Es ist 5 Mo 8,3, ein Rückblick Moses auf die Wüstenwanderung. Wir geben den Vers jetzt vollständig wieder: »Er demütigte dich und ließ dich hungern und speiste dich mit Manna, das du und deine Väter nie gekannt hatten, auf daß er dir kundtäte, daß der Mensch nicht lebt vom Brot allein, sondern von allem, was aus dem Mund des Herrn geht.« Dieses Zitat ist unglaublich interessant (Mt bringt es ausführlicher als Lukas). Es zeigt nämlich: a) Jesus will sich vor dem Vater demütigen; b) er will deshalb so lange hungern, bis der Vater ihn speist; c) jede eigenmächtige Selbstversorgung wäre ein Ausstieg aus dieser Demut; d) der Vater kann ihn in einem einzigen Augenblick wunderbar ernähren, so wie damals mit dem Mannawunder; e) während Israel damals murrte und versagte, will Jesus in der Gottesprüfung den Glauben bewahren und die Gebote halten (vgl. 5 Mo 8,2!); f) wichtiger als die materielle Speise ist ihm der Wille und das Wort des Vaters (vgl. 2,49; Joh 4,34); g) Jesus hält daran fest, daß er »*Gottes Sohn*« ist. Denn die Fortsetzung von 5 Mo 8,3 lautet in 5 Mo 8,5: »So erkennst du ..., daß der Herr, dein Gott, dich erzogen hat, wie ein Mann seinen Sohn erzieht.« Außerdem widerspricht Jesus dem Teufel nicht, wenn dieser ihn den »Sohn Gottes« nennt. Daß übrigens die jüdischen Lehrer zur Zeit Jesu viel über 5 Mo 8,3 nachgedacht haben, zeigt die Weisheit Salomonis in 16,26.

Ergebnis: Jesus lehnt es ab, aus Steinen Brot zu schaffen. Er tut nur, was der Vater will.

Darauf berichtet Lukas das, was Matthäus an die dritte Stelle setzt: *»Und der Teufel führte ihn auf eine Höhe und zeigte ihm alle Reiche der Welt in einem einzigen Augenblick«* (V. 5). Die Zähigkeit des *»Teufels«* ist eindrucksvoll. Er läßt nach der ersten Niederlage noch nicht nach. Wären wir doch ebenso zäh zum Guten! Eindrucksvoll ist auch seine Nachahmung Gottes. Denn wie der Geist Gottes Menschen entrücken kann (vgl. 1 Kön 18,12; 2 Kön 2,16; Hes 8,3; 37,1; 40,2; Apg 8,39), so nimmt der Teufel Jesus mit. Vermutlich geschah dies nicht leiblich, sondern wie in Hes 40,2 im Geist. So kann man es auch verstehen, daß der Teufel *»alle Reiche der Welt in einem einzigen Augenblick«* zeigen konnte. Für »Welt« steht im Urtext »ökumene«, was in der Bibel meistens die ungöttliche Menschenwelt bezeichnet. Was hat Jesus in diesem *»Augenblick«* der Versuchung wohl alles gesehen? »Alle politischen Gebilde der (damaligen) kulturellen Welt« (Th. Zahn)? Also Rom, das Perserreich, Indien, China, Äthiopien oder die Weltreiche, die noch kommen sollten, von Rom bis Rußland? Die Bibel geht nicht ins Detail.

Erneut werden wir überrascht. Und zwar diesmal durch das Angebot des Teufels: *»Ich werde* (oder: will) *dir die Herrschaft darüber geben, und zwar vollständig, und ihre Herrlichkeit dazu, denn mir ist sie übergeben, und ich gebe sie, wem ich will«* (V. 6). Weltherrschaft! Das ist des Teufels Angebot. Die Weltherrschaft wird der Messias nach Ps 2 und Dan 7 tatsächlich haben, aber von Gott. Zur Weltherrschaft fügt der Teufel noch das hinzu, was für ihn typisch ist: den Genuß. Er will ja *»ihre Herrlichkeit* (oder: Ehre, Glanz) *dazu«* geben. Und es ist völlig richtig, wenn er sein Angebot so begründet: *»denn mir (das mir ist betont!) ist sie übergeben«*. Das zeigt die Tiergestalt bzw. Götzengestalt der Weltreiche bei Daniel (7,1 ff). Das zeigt ferner die Tiergestalt des letzten, antichristlichen Weltreiches in Offb 13,1-2. Das zeigt sich auch am Namen des Teufels: »Fürst dieser Welt« (Joh 12,31; 14,30; 16,11; vgl. Eph 2,2; 6,12). Seit wann gehören die Weltreiche dem Teufel? Seit dem Sündenfall, als der Mensch dem Wort der Schlange und nicht mehr dem Wort Gottes gehorchte (1 Mo 3), unterwarf er sich dem Teufel und machte ihn zum rechtmäßigen Fürsten dieser Welt. Gott ließ diese Entscheidung des Menschen zu. Der Teufel darf seine Herrschaft bis zur letzten Rebellion von Offb 20,7 ff ausüben. Deshalb sagt der Teufel, ihm sei die Herrschaft »*übergeben*«. Was ist dann mit Gottes Herrschaft über die Welt und ihre Reiche? Gott bleibt der einzige Gott, der über allem steht. Auch der Teufel kann nur insoweit wirken, als es Gott erlaubt. Aber die direkte Herrschaftsausübung des Teufels ist schon ein Gottesgericht über die gefallene Menschheit (Röm 1,18 ff), eine Strafe für den Abfall der Menschen von Gott. Aus dieser verlorenen und versklavten Menschheit holt Jesus jetzt schon alle heraus, die ihn im Glauben annehmen (vgl. Kol 1,13f).

Der Teufel knüpft sein Angebot an eine Bedingung: »*Wenn du nun vor mir niederkniest und mich anbetest, soll sie* (= die Herrschaft) *dir ganz gehören*« (V. 7). Es ist eine feine Beobachtung der Ausleger, daß der Teufel gar nicht verlangt, als einziger angebetet zu werden. Er weist ja selbst auf den über ihm stehenden Gott hin, der ihm die Herrschaftsausübung über die gefallene Welt »*übergeben*« hat (V. 6). Aber er will *auch* Gott sein, bzw. »sein wie Gott« (1 Mo 3,5). Er teilt gern mit dem wahren Gott, wenn er nur an dessen Seite rücken darf. Hier kommt ein tiefes Gesetz der Heilsgeschichte zur Anschauung. Während die wahren Gläubigen nur den einen dreieinigen Gott anbeten können und insofern in den Augen der Welt »intolerant« sind, können die Ungläubigen alle möglichen Kompromisse eingehen, z.B. Jesus neben Buddha stellen, Horoskop und Christentum verbinden oder alle Religionen durcheinander mischen (Synkretismus).

Übrigens hat der griechische Urtext nur ein einziges Wort, wo wir in der Übersetzung zwei Worte benutzt haben, nämlich »*niederknien*« und »*anbeten*«. Es ist die auf den Knien oder im Niederfallen vollzogene Huldigung.

»*Und Jesus gab ihm zur Antwort: Es steht geschrieben: Du sollst den Herrn, deinen Gott, anbeten und ihm allein dienen*« (V. 8). Auch bei der zweiten Versuchung nimmt »*Jesus*« Zuflucht bei der Heiligen Schrift. Das »*Es steht geschrieben*« bleibt sein Fundament. Die Versuchung war schwer. F. Godet bemerkte: »Schon so manche hervorragende Männer hatten sich vom Satan durch eine solche Vorspiegelung täuschen lassen, daß er wohl hoffen konnte, auch diesmal durch dieses Mittel zu siegen.« Jesus hätte mehr bekommen können, als der Kaiser in Rom je besaß. Er wäre bedeutender geworden als Alexander, Cäsar, Augustus oder Napoleon. Er hätte die Armut in der Welt abschaffen, gerechte Gesetze einführen, Freiheit, Frieden und Gerechtigkeit verwirklichen können. Nur eins wäre er nicht geworden: das Opferlamm, das für unsere Sünden starb. Nach einer herrlichen Welt wäre für die Menschen die ewige Verdammnis gekommen. Denn Jesus wäre selbst zum Sünder geworden und hätte Sünder nicht mehr retten können.

Nun aber setzt Jesus dem Angebot des Teufels ein klares Nein entgegen. Er kombiniert nicht Gottesdienst und Teufelsdienst, sondern antwortet mit dem glasklaren Wort aus 5 Mo 6,13: »*Du sollst den Herrn, deinen Gott, anbeten und ihm allein dienen.*« Das Zitat ist sinngemäß, nicht ganz wörtlich, weil aus dem Gedächtnis, aber sachlich hundertprozentig treffend. Es stimmt bei Matthäus und Lukas wieder wortwörtlich überein. Es stammt aus demselben Kapitel, das in V. 4-5 das Glaubensbekenntnis Israels, das berühmte Schema Jisrael, enthält. Hier heißt es: »Der Herr ist unser Gott, der Herr allein.« Hätte Jesus in unserer Zeit gesprochen, dann hätten ihm viele moderne Hörer gesagt: »Wie kann man so intolerant sein – Gott allein?!« Aber der Schöpfer, der ewige Gott, hat tatsächlich Anspruch auf unser *ganzes* Leben und auf unsere *ganze* Hingabe.

Übrigens beobachten wir, daß Jesus das 5. Mosebuch für besonders wichtig hielt. Bei allen drei Anläufen des Teufels nimmt er Stellen aus diesem 5. Mosebuch. Vielleicht deshalb, weil es ihn als den »zweiten Mose« ankündigte (5 Mo 18,15)?

Die dritte Versuchung, die Lukas berichtet (bei Matthäus ist es die zweite), bringt Jesus erneut nach Jerusalem und zum Tempel. Das letzte Mal trafen wir Jesus dort als jungen Mann von zwölf Jahren (2,41 ff). Aber wie haben sich jetzt die Umstände verändert!

»*Und er* (= der Teufel) *führte ihn nach Jerusalem und stellte ihn auf die äußerste Kante des Tempels*« (V. 9). Schon zweimal hieß es vom »*Teufel*«: »*Er führte ihn*«. Das ist ein betonter Gegensatz zum »*Führen*« des Heiligen Geistes, von dem im V. 1 berichtet wurde. Darum geht es in der Tat: Wer wird letztendlich Jesus »*führen*«: der Heilige Geist oder der Teufel? Auch bei uns Menschen stellt sich diese Frage: Wer leitet uns letztendlich: der Heilige Geist oder der Teufel?

»*Jerusalem*« ist die »*heilige Stadt*« der Bibel (Mt 4,5), die Stadt des großen Gottes (Mt 5,35). Und ausgerechnet dort soll Jesus sündigen!? Der »*Tempel*« ist der Ort, wo der lebendige Gott anwesend ist (Ps 84), wo er redet (4 Mo 7,89), wo man ihn verehrt. Und ausgerechnet dort soll ihn Jesus verunehren!? Was für eine Frechheit und Anmaßung des Teufels! An seiner Anmaßung kommt das Böse heraus, an seiner

Anmaßung scheitert er schließlich auch. Die *»äußerste Kante«* heißt wörtlich im Urtext »Flügelchen«. Sehr wahrscheinlich ist die Ecke der Tempelmauer im Südosten gemeint, wo die Mauer hoch übers Kidrontal emporragt und ein steiler, langer Absturz möglich ist. Unübersehbar ahmt der Teufel mit seiner Ortswahl den Heiligen Geist nach, der laut Hes 8,3 den Propheten zum Jerusalemer Tempel brachte.

»Wenn du Gottes Sohn bist, dann stürze dich von hier hinab«, schlägt der Teufel vor (V. 9). Das setzt die leibhaftige Entrückung Jesu auf die Tempelkante voraus. Vom mutmaßlichen Ort der Versuchung aus sind es übrigens nur wenige Kilometer bis zum Jerusalemer Tempel. Sodann zeigt die Wiederholung der Anrede *»Gottes Sohn«*, daß alle drei Versuchungen Sohnesversuchungen sind. Man kann also nicht aufteilen in Menschheits-, Sohnes- und Messiasversuchung.

Das Teuflische liegt hier vor allem darin, daß der Teufel die Heilige Schrift gebraucht, besser gesagt: mißbraucht. Die heilige Stadt, der Gottesdienst, die Heilige Schrift: dies alles kann der Teufel mißbrauchen, wie z.B. auch eine Gebetsgemeinschaft. Nicht einmal die heiligsten Orte schützen vor dem Teufel. Vor dem Teufel schützt nur eines: die persönliche Nähe zum Herrn (Jak 4,7-8). Wie hohl und dennoch verführerisch klingt das *»Es steht geschrieben«* im Munde des Teufels! Hat es denn je eine Irrlehre gegeben, die sich nicht auf die Bibel berief? Der Teufel zitiert aus Ps 91, dem Psalm vom Schutze Gottes: *»Seinen Engeln wird er deinetwegen befehlen, dich zu bewahren, und: Sie werden dich auf den Händen tragen, damit du deinen Fuß nicht an einen Stein stößt«* (V. 10-11). Der Teufel zitiert also sowohl den 11. als auch den 12. Vers dieses Psalms. Bis auf die Worte *»dich zu bewahren«*, die Matthäus ausläßt, stimmt das Zitat bei Lukas und Matthäus wieder völlig überein.

Worin lag nun die besondere Verlockung dieser Versuchung? Sie lag zunächst darin, mit dem Bibelwort »ernst zu machen«. Mußte Jesus nicht eine Probe seines völligen Glaubens geben? Sie lag zweitens darin, daß Jesus seinen öffentlichen Auftritt am Tempel begonnen hätte und sich gerade dadurch als ein »heiliger« Messias hätte darstellen können. Evtl. wäre ein solches Tempelwunder gerade den messiasorientierten Juden, die sich wie Simeon und Hanna im Tempel versammelten (2,25 ff), entgegengekommen. Drittens mußte man mit den ungezählten Tempelbesuchern rechnen, die täglich zu Tausenden auf dem Tempelgelände zu finden waren. Ein solcher Sprung vom Tempel wäre ein tolles Schauwunder gewesen, das Jesus sofort die Sympathie einer großen Menge erworben hätte. Man kann aber auch nicht ausschließen, daß der Teufel als »ein Mörder von Anfang an« (Joh 8,44) ein tödliches Scheitern Jesu wünschte und ihn auf diese Weise bequem als den Messias ausschalten wollte.

Der Teufel hat lang und schmeichlerisch gesprochen. Die Antwort Jesu ist kurz (V. 12). Darin stimmen Matthäus und Lukas auch hier überein.

»Es ist gesagt«: Jesus setzt ununterbrochen die Bibel ein (hier 5 Mo 6,16). Er wird nicht »bibelmüde«. Ein Vorbild für uns! Die Formulierung *»Es ist gesagt«* zeigt, daß die Schrift das lebendige Wort Gottes ist. Was »geschrieben steht«, hat Gott *»gesagt«*. Zum zweiten Mal zitiert Jesus aus 5 Mo 6, dem Bekenntniskapitel Israels. Zugleich ist es das dritte Mal (!), daß er das 5. Mosebuch benutzt. Aber was heißt: *»Du sollst den Herrn, deinen Gott, nicht versuchen?«* Es heißt: von Gott nicht verlangen, daß er dem Menschen zu Willen ist (vgl. 5 Mo 6,16f mit 2 Mo 17,1-7). Vom Tempel zu springen, ohne daß der Vater es befohlen hat, wäre Ungehorsam. Gott zu sagen, er müsse sich jetzt, in diesem Augenblick, durch ein Wunder als Gott erweisen, wäre ebenfalls Ungehorsam. Es wäre genau jenes *»versuchen«*, das in 5 Mo 6,16 verboten wird. Wieder ist der moderne Leser gefragt: Wo willst du Gott zwingen, ein Wunder zu tun? Wo willst du selber mit Gottes Hilfe groß herauskommen? Der Teufel leugnet Gott ja nicht, dazu ist er viel zu klug. Aber er begnügt sich mit den Gaben Gottes, ohne ihn zu lieben und ohne ihm zu gehorchen.

Nachdem Jesus dreimal sein klares Nein gesprochen hat, *»beendete der Teufel alle Versuchungen«* (V. 13). Der Ausdruck *»alle«* deutet an, daß dem entscheidenden Gang schon andere Versuchungen vorangegangen sind (vgl. V. 2). Unsere spezielle Versuchungsgeschichte ist damit zu Ende. Nicht aber die Versuchung überhaupt, die Jesus in seiner irdischen Existenz erduldet hat. Denn es folgt hier der auffallende Satz: *»Der Teufel wich* (oder: ließ ab) *von ihm bis zur nächsten Gelegenheit.«* Das heißt doch: Bei der *»nächsten Gelegenheit«* (oder: nach einer Weile) kommt er als der Versucher erneut auf Jesus zu. Belege sind hier Mt 16,23; Lk 22,3.31; Joh 13,2.27. Es stimmt also, daß Jesus »in allem versucht worden ist wie wir« (Hebr 4,15). Sein Gang über die Erde war ein ständiger Kampf mit dem Teufel.

Aber diese besondere Zeit der Versuchung in der Einöde, am Anfang seines öffentlichen Auftretens, hat entscheidende Weichen gestellt. Der alte Kirchenlehrer Irenäus, ein Schüler der Apostelschüler (ca 180 n. Chr.), bemerkte zur Versuchungsgeschichte: »Die Übertretung des göttlichen Gesetzes durch Adam wurde aufgehoben durch das Gebot des Gesetzes, das der Menschensohn beobachtete, indem er das Gebot Gottes nicht übertrat.« In der Tat hat Jesus als der zweite Adam (Röm 5,12ff) die Versuchung bestanden (Hebr 4,15). Er hat damit wiedergutgemacht, was der erste Adam verbrochen hatte. Er hat sich ferner als der gehorsame Gottessohn und als der wahre Messias erwiesen (vgl. Hebr 5,8f). Kein Mohammed, kein Buddha, kein Zarathustra, kein Konfuzius war wie Jesus ohne Sünde. F.Godet bemerkt hier: »Durch lauter Zugeständnissse wäre er statt der Christ vielmehr der Antichrist geworden.« In der Tat wird der Antichrist das genaue Gegenbild Christi sein. Drittens hat sich Jesus in der Versuchungsgeschichte für den Leidensweg entschieden. Statt des Triumphes, den der Teufel anbot, wählte er die Schmach und wurde gerade dadurch zum Erlöser. Morris sagt: »It meant a cross, not a crown (Es bedeutete ein Kreuz, keine Krone).« Der Vater ließ die Versuchung zu. Aber er gab damit dem Sohn die Gelegenheit, die Probe zu bestehen und den Satan zu besiegen. Aus der Versuchungsgeschichte wurde eine Siegesgeschichte. Zugleich hat uns Jesus durch sein Verhalten ein wunderbares Vorbild gegeben, wie wir der Versuchung begegnen können. »Es gibt keine Versuchung, gegen welche die Gläubigen hier nicht Waffen und Anleitung zum Kampfe finden könnten«, sagt Bengel (vgl. 1 Tim 6,12 ff.; Hebr 5,9).

Vorschlag zur Bibelarbeit über Lukas 4,1-13

1. Einleitung:

a) Hier können wir mit einem Vergleich einsteigen, und zwar mit dem Vergleich zwischen der Versuchungsgeschichte Adams (vgl. Lk 3,38!) in 1 Mo und der Versuchungsgeschichte Jesu in Lk 4,1-13.

b) Wir orientieren uns ferner über den Schriftgebrauch Jesu. Wie setzt Jesus hier die Schrift ein? Was sagt er sonst über die Schrift (z.B. Mt 5,17ff; 12,3ff; Lk 4,16ff; 24,27.44; Joh 10,34ff)?

c) Gut wäre auch ein Überblick über die neutestamentlichen Aussagen, die den Satan betreffen. Wer ist der Teufel? Was tut er? Was ist sein Ende? Der Kommentar hilft bei dieser Orientierung.
d) Als Überschrift wählen wir: »Der Sündenfall – noch einmal aufgerollt«.

2.Durchführung: »Der Sündenfall – noch einmal aufgerollt«

a) Eine schlechte Ausgangspositnigon

Die Menschem träumen davon, daß sie noch einmal von vorne anfangen können – Alles Schlechte soll dann besser gemacht! werden – Gott eröffnet hier einen solchen Neuanfang – Wie Adam soll Jesus als Mensch die Probe der Versuchung bestehen – Aber seine Ausgangsposition ist viel schlechter – Anstelle des Paradieses hat er die Wüste um sich – Statt der Fruchtbäume die Steine – Statt Harmonie lebt er in Fasten, Schwäche und immer neuen Angriffen des Bösen.

b) Der Teufel weiß, wo er ansetzen muß

Die Versuchung des Brotes – Der Antichrist wird genügend Brot schaffen (Offb 13,1ff) – Jesus wehrt sich mit der Schrift (V.4) – Die Versuchung der Weltherrschaft – Der Antichrist wird diese Weltherrschaft und Welteinheit einst verkörpern (Offb 13,1ff) – Der Teufel kann diese Reiche aufgrund des menschlichen Sündenfalles wirklich vergeben – Er will auch nicht allein angebetet sein – Er könnte mit Gott durchaus teilen – Jesus wehrt sich erneut mit dem Wort Gottes – Die Versuchung des messianischen Schauwunders – Alle hätten Jesus als dem Messias zugejubelt – Hier setzt der Teufel als guter Bibelkenner selbst die Schrift ein – Erneut wehrt Jesus die Versuchung mit dem Bibelwort ab – Der Teufel hat die Schwäche Jesu und die allergischen Punkte beim Messias (Selbstbezogenheit, Herrschaft, Wunder) voll ausgenutzt – Er hat alle Kenntnisse und alle Intelligenz eingesetzt – Dennoch scheitert er an Jesus.

c) Den Sündenfall kann man jetzt »rückwärts lesen«

Bisher haben wir ihn immer vorwärts gelesen, d.h. es ging von einer Schuld zur andern, immer neue Sünden häuften sich an – Jetzt ist diese Fortentwicklung des Sündenfalls unterbrochen – Und zwar bei Jesus, der Adams Fall in der Versuchung wieder gutmachte, bei Jesus, der auch in der Versuchung sündlos blieb – Jetzt entwickelt sich von Jesus aus eine neue Linie: Die Tilgung der alten Schuld – Jetzt können immer mehr Menschen von ihrer Schuld frei werden (vgl. Röm 5,12ff) – Das meinen wir, wenn wir als Christen jetzt den Sündenfall »rückwärts lesen« – Wer läßt sich dazu einladen, sich an diesen Jesus anzuschließen – Dann muß der Teufel auch von uns weichen.

2. Jesus in Galiläa (4,14-15)

4,14-15: **(14) »Und Jesus kehrte in der Kraft des Geistes nach Galiläa zurück. Und die Kunde von ihm verbreitete sich in der ganzen Umgebung. (15) Und er lehrte in ihren Synagogen und wurde von allen gepriesen.«**

In diesen kurzen Sätzen berichtet Lukas zusammenfassend von der Tätigkeit Jesu in *»Galiläa«*. Alle Evangelien stimmen darin überein, daß Jesus nach der Jordantaufe zuerst einmal *»nach Galiläa zurückkehrte«* (vgl. V. 14 mit Mt 4,12 ff; Mk 1,14 ff; Joh 1,43 ff; 2,1 ff). Dies war eine Erfüllung der Weissagung von Jes 8,23-9,1.

Nach bestandener Versuchung steht »Jesus« die »Kraft des Geistes« ganz zur Verfügung. Der Heilige Geist leitet ihn und gibt ihm die »Kraft« zum Dienst (V. 14).

»Und die Kunde von ihm verbreitete sich in der ganzen Umgebung« (V. 14). Jesus erlebte gewissermaßen einen »galiläischen Frühling«: allgemeine Aufmerksamkeit, Zulauf. Ja mehr noch: *»Er wurde von allen gepriesen«* (V. 15). Matthäus berichtet in 4,23ff sachlich dasselbe.

Dabei fällt auf, daß Lukas in diesem Zusammenhang keine Wunder erwähnt. Jesu »Ruhm« basiert auf seiner Lehre: *»Und er lehrte in ihren Synagogen«* (V. 15). *»ihre«*: Das sind die *»Synagogen«* der Galiläer. Auch Matthäus hebt den ungewöhnlichen Eindruck hervor, den

Jesu »Lehre« hervorrief (vgl. Mt 7,28f). Ein wundersüchtiges Christentum war das nicht, das die Lehre mehr betonte als die Wunder!

Beachten wir noch dreierlei: a) »*Lehren*« heißt, die Heilige Schrift auslegen. Jesus war der begnadetste Schriftausleger, den es je gegeben hat (vgl. 2,41 ff). Dennoch wollen heute einige Leute die Schrift besser verstehen, als sie Jesus verstanden hat. b) Jesus liebte die jüdischen »*Synagogen.*« Sie waren für ihn ein bevorzugter Anknüpfungspunkt, so wie später für Paulus (vgl. Apg 9,20; 13,14; 14,1; 17,1f.10.17; 18,4; 19,8). Wir erinnern uns daran, daß es bald darauf judenchristliche Synagogen gab (Hebr 10,25; Jak 2,2). Wesentliche Teile des Synagogengottesdienstes wurden in die christlichen Gottesdienste übernommen, sogar in die pietistischen Gemeinschaftsstunden (Schriftlesung, Auslegung, Lied, Gebet). c) Dadurch, daß Jesus in die jüdischen Synagogen ging, machte er deutlich, daß er zunächst nur zu Israel gesandt war (vgl. Mt 10,5f; 15,24). Er war wirklich der jüdische Messias (vgl. Joh 4,22)! Er hatte am Anfang auch keine Probleme, in den Synagogen zu Wort zu kommen (vgl. V. 16f).

Jedenfalls schenkte ihm der Vater in Galiläa offene Türen.

Bald kündigen aber dunkle Wolken die bevorstehende Passion an:

3. Jesus in Nazareth (4,16-30)

Vorbemerkung:

Wann der Besuch Jesu in Nazareth erfolgte, wissen wir nicht mehr. Nur soviel ist deutlich, daß dieser Besuch erst *nach* Jesu Wirken in Kapernaum stattfand (V. 23!). Warum rückt Lukas dann den Nazareth-Bericht *vor* den Kapernaum-Bericht? Wir vermuten, daß er zuerst von der Ablehnung Jesu als einer Prophezeiung der Passion berichten wollte, um dann in Kap. 5 das Positive zu Wort kommen zu lassen. Stimmt diese Vermutung, dann hat Lukas auch hier thematisch und *nicht* zeitlich (chronologisch) geordnet, vgl. 3,21f mit 3,19f.

4,16-20: **(16) »Und er kam nach Nazareth, wo er aufgewachsen war, und ging seiner Gewohnheit gemäß am Sabbattag in die Synagoge, und stand auf, um die Schriftlesung zu halten. (17) Und man reichte ihm das Buch des Propheten Jesaja, und beim Aufwickeln der Buchrolle fand er die**

Stelle, wo geschrieben war: (18) Der Geist des Herrn ist auf mir, weil er mich gesalbt hat, um Armen die gute Botschaft zu bringen. Er hat mich gesandt, um Gefangenen die Freilassung zu verkündigen und Blinden die Wiedererlangung des Augenlichts, um Zerbrochene in Freiheit zu setzen, (19) um ein angenehmes Jahr des Herrn zu verkündigen. (20) Und er rollte das Buch zusammen und gab es dem Synagogendiener zurück und setzte sich, und aller Augen in der Synagoge waren auf ihn gerichtet.«

Dramatischer hätte ein anderer Schriftsteller auch nicht berichten können.

Jesus hat »*Nazareth*«, das hier im Urtext übrigens »Nazara« heißt, nicht ausgespart. Viele Menschen meiden ihre Vergangenheit. Jesus hat seiner Vergangenheit ins Auge geschaut. Er stellte sich dem Test dort, wo er am härtesten war, nämlich bei Verwandten, Bekannten und Freunden aus der Jugendzeit.

»*Er kam*« also »*nach Nazareth, wo er aufgewachsen war*« (V. 16). In dem Wort »*aufgewachsen*« liegt wieder die volle Menschheit Jesu. Statt »*aufgewachsen*« könnte man auch übersetzen: »erzogen«.

Dann kommt ein Satz, der auf vieles Licht wirft: »*Er ging seiner Gewohnheit gemäß am Sabbattag in die Synagoge.*« »*Seiner Gewohnheit gemäß*«, d.h. mindestens seit seiner Religionsmündigkeit (vgl. 2,41 ff), also seit mindestens 20 Jahren. Wie die Fortsetzung zeigt, hat Jesus in diesen ca. 20 Jahren aktiv am Leben der Synagoge teilgenommen. Ihr Denken war ihm vertraut, hat ihn geprägt. Da die Synagogen normalerweise pharisäisch ausgerichtet waren, hat Jesus das Denken der Pharisäer gründlich kennengelernt und weithin akzeptiert (vgl. Mt 23,2f). Wesentliche Teile der Lehre Jesu stimmen mit den Pharisäern überein: Regeln der Schriftauslegung, Schriftverständnis, Auferstehung, Eschatologie, Verhältnis zum Staat und die freie Entscheidung des Menschen für oder gegen Gott.

Übrigens läßt die Zeitangabe »*am Sabbattag*« vermuten, daß Jesus mehrere Tage in Nazareth war, eine Vermutung, die durch Mt 13,58; Mk 6,1 f erhärtet wird.

»*Er stand auf, um die Schriftlesung zu halten*« (V. 16). War auch dies seine »Gewohnheit«? Jedenfalls scheint man Jesu Meldung zur »*Schriftlesung*« als durchaus normal empfunden zu haben. Die Gewohnheiten des Paulus waren dieselben (Apg 17,2; 13,14 ff; 16,13). Zur Schriftlesung stand man also »*auf*«, während man zuvor saß. Vermutlich besaßen die Synagogen damals ein Podium und ein Lesepult zur Schriftlesung. Nach Apg 13,15.27 schloß die Schriftlesung das Mosegesetz und die Propheten ein. Mit Erlaubnis des Leiters der Synagoge durfte jeder religionsmündige Jude die Schriftlesung in der Synagoge übernehmen.

»*Man reichte ihm das Buch des Propheten Jesaja*« (V. 17). Das bedeutet, daß Jesus sich dieses Prophetenbuch nicht selbst ausgesucht hat. Das bedeutet ferner, daß Jesus sich erst nach der Tora (5 Bücher Moses)-Lesung gemeldet hat. Aus Apg 13,15 und den späteren Angaben jüdischer Quellen geht nämlich hervor, daß der Synagogengottesdienst im groben folgenden Verlauf hatte: Toralesung, Gebete, Prophetenlesung, Auslegung. Der heutige evangelische Gottesdienst geht meistenteils auf diesen Synagogengottesdienst zurück. Die Toralesung war also bereits vorbei, als Jesus die Schriftlesung übernehmen wollte. Ob damals schon die Lesung der Propheten nach einer festen Einteilung (sog. Perikopen-Ordnung) erfolgte, wissen wir nicht. Drittens bedeutet der erste Satz von V. 17, daß man damals nur einen Propheten Jesaja kannte, keinen Zweiten und Dritten Jesaja (Kap. 40-55 bzw. 56-66), wie das die heutige kritische Forschung annimmt.

»*Und beim Aufwickeln der Buchrolle fand er die Stelle, wo geschrieben war*« (V. 17): Bücher wurden damals anders fabriziert als heute. Man schrieb den Text auf längere Spalten, die nebeneinander standen, und befestigte das Ende dieses Textes an einem Stab. Dann wurde die Textrolle um den Stab herum gewickelt. Wollte man lesen, dann mußte man die betreffende »*Buchrolle*« solange »*aufwickeln*«, d.h. vom Stab abwickeln, bis man die gesuchte »*Stelle*« vor Augen hatte.

Jesus kannte sich offenbar in diesen Gebräuchen aus. Wir haben hier ein klares Zeugnis darüber, daß Jesus lesen und schreiben konnte (vgl. Joh 8,6). Er konnte aber auch Hebräisch, denn die Texte der Heiligen Schriften »*waren*« weit überwiegend in Hebräisch »*geschrieben*«.

Doch was heißt »*er fand*«? Mußte er diesen Text nach der Synagogenordnung lesen? Oder hat er ihn frei gewählt? Es gibt an diesem Punkt noch keine Gewißheit. Wir vermuten, daß die genaue Textstelle nicht vorgeschrieben war, nur das Buch des Jesaja als solches, und daß er unter der Leitung des Heiligen Geistes gerade die Stelle »*fand*«, die er im folgenden las und auslegte.

»Die Stelle«, die Jesus jetzt liest, stammt aus Jes 61,1 und der ersten Hälfte von Jes 61,2. Hinzu kommt ein Satz aus Jes 58,6 (*»um Zerbrochene in Freiheit zu setzen«*). Auf welchem Wege dieser Satz aus Jes 58 in den kleinen Abschnitt aus Jes 61 hineinkam, wissen wir nicht mehr. Waren in der damaligen Jesajarolle schon Leseperikopen zusammengestellt? Oder hat Jesus gedächtnismäßig aus Jes 58,6 ergänzt?

Wir wenden uns dem Inhalt von V. 18f zu:

»Der Geist des Herrn ist auf mir« bezieht sich schon bei Jesaja auf den Messias. Er ist ja der Träger des Heiligen Geistes (Jes 11,2; 42,1). Der Ausdruck: Der Herr *»hat mich gesalbt«* weist ebenfalls auf den Messias hin. Denn »Messias« heißt ja auf deutsch *»der Gesalbte«*; und *»salben«* bedeutet in unserem Zusammenhang die Verheißung des Geistes. Vgl. Apg 4,27; 10,38.

Die erste Aufgabe des Messias ist es, *»Armen* (ohne Artikel!) *die gute Botschaft zu bringen«*. Wörtlich heißt es: »Arme zu evangelisieren«. Wir erinnern uns, daß Jesus die Bergpredigt gerade damit beginnt (Mt 5,3; 11,5; Lk 6,20; 7,22). Es handelt sich um *»die gute Botschaft«* der Erlösung (vgl. Mt 1,21). Gemeint sind also die geistlich *»Armen«*, die aber im Laufe der Heilsgeschichte auch von allen Gebrechen des Leibes und Nöten des Lebens erlöst werden sollen (vgl. Lk 16,19 ff). Das hauptsächliche Befreiungsmittel des Messias ist also das Wort, die *»Botschaft«*, nicht eine Armee (vgl. Mt 26,53f; Joh 18,36).

Mit dem Wort wirkt der Messias auch, wenn er *»Gefangenen die Freilassung verkündigt«*. Gerade zu dieser Verkündigung ist er *»gesandt«* (vgl. 4,43). Was sind das für *»Gefangene«*? Gefangene der Sünde, des Teufels und des Todes (vgl. Röm 7,14 mit Lk 10,18f; 11,14 ff). Das Wort, das wir mit *»Freilassung«* übersetzt haben, ist im Urtext dasselbe Wort, das sonst meistens *»Vergebung«* bedeutet (z.B. in 1,77). Am Ende werden die, die Vergebung empfangen haben, die »Freigelassenen der neuen Schöpfung« sein. Weiter soll der Messias *»Blinden die Wiedererlangung des Augenlichts verkündigen«*. Das steht nach der griechischen Bibel tatsächlich in Jes 61,1. Außerdem steht es sachlich sowohl nach der hebräischen als auch nach der griechischen Bibel in Jes 35,5. Gemeint ist zunächst die geistliche Blindheit (vgl. Mt 15,14; 23,16.24.26; Joh 9,40f). Danach aber wird im Verlauf der Heilsgeschichte, nämlich in der neuen Schöpfung, auch die körperliche Blindheit beseitigt (Offb 21,4). Als Zeichen der Beseitigung aller Arten von Blindheit hat Jesus eine ganze Reihe von Blinden wieder sehend gemacht (Mt 9,27ff; 20,29ff; Mk 8,22ff; Joh 9,1ff). »*Zerbrochene in Freiheit zu setzen*«, wird als die nächste Aufgabe des Messias genannt. In Jes 58,6 bezieht sich dieser Satz auf »Versklavte«, die von menschlichen Herren gewaltsam zu Sklaven gemacht wurden. Als Messias-Aufgabe bezieht es sich auf diejenigen, die von Sünde, Teufel und Tod versklavt wurden (Röm 7,14) und die der Messias als der Stärkere (Mt 12,29) »*in Freiheit setzt*« (vgl. Joh 8,36; Kol 1,13f). Man kann ja den Messias nicht in dieselbe Linie rücken wie die gewalttätigen Herren von Jes 58,6. Wiederum ist hinzuzufügen, daß in der neuen Schöpfung alle irdischen Herrschaftsverhältnisse aufgelöst sein werden und deshalb die »*Freiheit*« von Lk 4,18 auch in einem äußeren Sinne hergestellt sein wird. Wer allerdings jetzt schon aus Lk 4,18 den Schluß zieht, Christen dürften keine irdischen Herrschaftsverhältnisse mehr anerkennen, verrückt eigenmächtig die Zeiger an Gottes Uhr und verstößt gegen Mt 22,15 ff und Röm 13,1 ff.

Schließlich prophezeit Jes 61,2, der Messias werde »*ein angenehmes Jahr des Herrn verkündigen*« (V. 19). Andere Übersetzungen sprechen vom »Gnadenjahr des Herrn«. Was verbirgt sich hinter diesem eigenartigen Ausdruck? Entschlüsselt wird er durch 3 Mo 25,10. Dort ist im Gesetz bestimmt, daß in jedem 50. Jahr die Sklaven freigelassen werden müssen. Man nannte dieses Jahr »Erlaßjahr« oder »Jubeljahr«. Wie also im Erlaßjahr die irdische Sklaverei in Israel endete, so endet im messianischen Erlaßjahr alle Sklaverei, in der die Menschen unter gottfeindlichen Mächten leiden.

Die ganze messianische Aufgabe, die Jes 61,1f und 58,6 beschreibt, besteht also darin, die Menschen von Sünde, Teufel und Tod zu befreien. Sie vollendet sich bei der Wiederkunft Jesu und beim Jüngsten Gericht, wenn Teufel und Tod der ewigen Verdammnis überliefert werden (1 Kor 15,26; Offb 19,20; 20,10.14; 21,4). »Befreiung« im biblischen Sinne heißt: Aufhebung der Sklaverei der Sünde, des Todes und des Teufels. In diesem Sinne erscheint der Messias als Befreier.

Doch wer ist dieser Messias? Voller Spannung »*richteten sich aller Augen in der Synagoge auf*« Jesus (V. 20). Soeben »*rollte er das Buch zusammen und gab es dem Synagogendiener zurück*« d.h. er wickelte den Prophetentext wieder auf den Stab. Der »*Synagogendie-*

ner« war ein Gehilfe des Synagogenvorstehers, der u.a. die Heiligen Schriften verwaltete. Er entspricht etwa einem christlichen Diakon. Nun *»setzte sich«* Jesus zurecht, um den gelesenen Text auszulegen. Auch zu dieser Auslegung war jeder religionsmündige Jude berechtigt, sofern es ihm vom Synagogenvorsteher erlaubt wurde.

4,21-22: **(21) »Und er begann, zu ihnen zu sprechen: Heute ist diese Schriftstelle erfüllt vor euren Ohren. (22) Und alle äußerten ihm Anerkennung und staunten über die begnadeten Worte, die aus seinem Munde kamen, und sagten: Ist das nicht Josefs Sohn?«**

Der Schriftlesung folgt die Auslegung. Das entspricht der Synagogen-Ordnung.

»Er begann, zu ihnen zu sprechen« setzt zweierlei voraus: a) Die Erlaubnis des Synagogenvorstehers; b) die Übersetzung aus dem alten, kaum mehr verstandenen Hebräisch in das moderne Aramäisch, das damals die jüdisch-palästinische Umgangssprache war. Jesus sprach also mindestens drei Sprachen: Hebräisch, Aramäisch und Griechisch (Joh 12,20 ff).

Lukas zitiert aus dieser Auslegung nur einen einzigen Satz: *»Heute ist diese Schriftstelle erfüllt vor euren Ohren«* (V. 21). Die Tragweite dieses Satzes wurde zunächst wohl nur geahnt, aber nicht erfaßt. Der Messias ist da! Ein messianisches *»Heute«* erklingt, das die Engelbotschaft vom Hirtenfeld wieder aufnimmt (2,11) und sich durch das ganze Evangelium hindurchzieht (5,26; 13,32f; 19,9; 23,43). Ihr müßt nicht mehr warten! Die messianische Zeit ist angebrochen! Ja, ihr seht es mit eigenen Augen und hört es mit eigenen *»Ohren«*! Wie sehr haben das die vergangenen Generationen Israels ersehnt (Mt 13,16f; Lk 10,23f)! Jetzt, *»heute«*, seid ihr im verachteten Galiläa zu Zeugen dieses Vorgangs geworden.

Dieses *»Heute«* hat für die Ohren des Theophilus einen besonderen Klang. Nicht der Kaiser in Rom, nicht der Augustus konnte das sein, was Jesus war: der göttliche Heiland.

Denn es geht um den, den die Schrift, sogar konkret: *»diese Schriftstelle«*, in Jes 61 ankündigte. Sie hat auf den Davidssohn vorausgewiesen. Und jetzt, *»heute ist diese Schriftstelle erfüllt«*. Jesus steht im Einklang mit dem Alten Testament, mit den Heiligen Schriften. Gottes Wort *»erfüllt«* sich in Jesus.

Die Konsequenzen sind auch für uns enorm. Israel bekommt keinen anderen Messias mehr. Das Warten auf einen anderen ist vergeblich. Auch die Völker bekommen keinen anderen Retter mehr. Nur ein Betrüger-Messias wird noch kommen, der Antichrist nämlich. Aber Jesus ist der eine und der einzige, der für alle Rettung, Erlösung und Befreiung bringt: für Israel und für die gesamte übrige Menschheit.

Nebenbei ergibt sich, daß Jesus Jes 58,6 und 61,1-2 messianisch deutete. Er ist der beste Ausleger aller Zeiten, der einzige fehlerlose!

Der folgende Vers (22) ist schwierig zu übersetzen. Heißt es: »*Und alle äußerten ihm Anerkennung*«? oder: »Und alle zeugten gegen ihn«? Wörtlich heißt es hier: »Und alle stellten ihm ein Zeugnis aus.« Da aber das anschließende »Staunen« in der Regel eine positive Beeindruckung wiedergibt, halten wir die erstgenannte Übersetzung »*äußerten ihm Anerkennung*« für besser. Das überraschte »*Staunen*« begleitet Jesus durch seine ganze Wirkungszeit (vgl. Mt 7,28; 19,25; 22,33; Mk 1,22; 7,37; 10,26; 11,18; Lk 2,47; 4,32). Was für ein ungewöhnlicher Schriftausleger und Prediger war er doch!

In der Mitte des 22. Verses begegnen wir erneut einem Übersetzungsproblem. Heißt es »*begnadete Worte*« oder »Worte der Gnade«? Da man in V. 22 noch mehr mit der Person Jesu und weniger mit dem Inhalt seiner Auslegung beschäftigt ist, liegt die Übersetzung »begnadete Worte« näher. Die Aussage von 2,52, Jesus habe »Gnade bei Gott und bei Menschen gefunden«, bestärkt uns in dieser Übersetzung. Dann aber sind die »*begnadeten Worte*« ein Hinweis darauf, daß Jesus der Endzeitkönig von Ps 45 (Ps 45,3) und der geistbegnadete Messias von Jes 11 (Jes 11,2; vgl. Lk 3,22) ist. Und diesen Hinweis geben potentielle Gegner, nicht etwa seine Jünger! »*Ist das nicht Josefs Sohn*?« wird in Nazareth gefragt. Man kannte doch »*Josefs*« Familie seit Jahrzehnten (vgl. Mt 13,54 ff; Mk 6,2f; Joh 6,42). Man kannte auch »*Josefs Sohn*« seit seiner Kindheit, als Dorfgenossen, als Berufstätigen, als Synagogenbesucher usw. Was ist aus diesem Nazarener inzwischen geworden? »*Josefs Sohn*« war seine bürgerlich-legitime und normale Bezeichnung. Sie hebt natürlich die Jungfrauengeburt nicht auf (vgl. Lk 1,27; 3,23; Joh 1,45; 6,42).

Nach V. 22 ist die Situation noch total offen. Staunen ist da, aber bisher kein Glaube.

4,23-30: **(23) »Und er sagte zu ihnen: Sicherlich werdet ihr mir das Sprichwort entgegenhalten: Arzt, hilf dir selber! Was nach unseren Informationen in Kapernaum geschehen sein soll, das tu auch hier in deiner Vaterstadt! (24) Darauf fuhr er fort: Amen, ich sage euch: Kein Prophet ist angenehm in seiner Vaterstadt. (25) Aber der Wahrheit gemäß sage ich euch: In den Tagen Elias gab es viele Witwen in Israel, als der Himmel drei Jahre und sechs Monate verschlossen blieb, so daß eine große Hungersnot über das ganze Land kam. (26) Aber zu keiner von ihnen wurde Elia gesandt, außer nach Sarepta bei Sidon zu einer verwitweten Frau. (27) Und viele Aussätzige gab es in Israel zur Zeit des Propheten Elisa, und keiner von ihnen wurde gereinigt, außer Naaman der Syrer. (28) Da wurden in der Synagoge alle von Wut erfüllt, als sie das hörten, (29) und sie standen auf und stießen ihn zur Stadt hinaus und brachten ihn an den Abhang des Berges, auf dem ihre Stadt erbaut war, um ihn hinabzustürzen. (30) Er aber ging mitten durch sie hindurch und wanderte weiter.«**

Der Umbruch von V. 22 zu V. 23 ff hat alle Ausleger beschäftigt. Wie kommt es von Anerkennung und Staunen zu »*Wut*« und Lynchjustiz? Aber die Lösung des Rätsels ist gar nicht so schwierig. Der schlichte »*Sohn Josefs*« wird als Messias akzeptiert, sobald er Zeichen tut. Die Frage: »*Ist das nicht Josefs Sohn*?« findet ihre natürliche, wenn auch unausgesprochene Fortsetzung in der Aufforderung, die so oft im Evangelium erklingt: »Weise dich durch Zeichen aus, dann wollen wir an dich glauben« (vgl. Mt 12,38; 16,1; 27,42; Lk 11,16.29; 23,35 ff; 1 Kor 1,22).

Jetzt verstehen wir auch, weshalb Jesus in V. 23ff von den Wundertaten der Propheten spricht. Lassen wir uns hineinnehmen in die von Spannung zitternde Diskussion, die vermutlich ein Augenzeuge überliefert hat:

»*Und er* (= Jesus) *sagte zu ihnen*« (V. 23): Da sind wir schon mitten in der Diskussion. Hat V. 21 den Spitzensatz der Auslegung Jesu gebracht und V. 22 eine Sammelnotiz über die ersten Reaktionen, so führt uns V. 23 bereits in den dramatischen Schlußteil des Geschehens hinein.

»*Sicherlich werdet ihr mir das Sprichwort entgegenhalten: Arzt, hilf dir selber*!« Wer soll sich hier »*selber helfen*«? Jesus! Und warum? Weil er den Zweifel der Nazarener heilen muß. Das kann er nur durch Beweise seiner Macht, also durch Zeichen. Hilft er sich nicht selbst durch überwältigende Zeichen, dann ist er »unten durch«, abgelehnt. Der »*Arzt*« ist also in einer verzweifelten Situation! Gut, daß er

Ähnliches schon in der Versuchungsgeschichte durchgespielt hat. Übrigens ist die Bezeichnung »*Arzt*« doppelsinnig. Zunächst geht es um ein »*Sprichwort*«: Wenn der »Arzt« bzw. ein Mensch, der beansprucht, Arzt zu sein, sich selbst gegenüber versagt, dann kann er auch andern kaum Hilfe bringen. Sodann aber ist Jesus tatsächlich ein göttlicher Arzt, der Hilfe für Geist, Leib und Seele schafft, ja, der sogar die tödlichen Wunden der Sünde heilt (vgl. Hes 34,16; Mt 9,12; 11,5; Mk 2,1 ff; Lk 10,30 ff; 17,11 ff). Wunderbar, daß auch die Gegner immer wieder die richtigen Stichworte liefern müssen!

»*Was nach unseren Informationen in Kapernaum geschehen sein soll, das tu auch hier in deiner Vaterstadt*!« (wörtlich: »Was wir als in Kapernaum geschehen gehört haben, das tu ... «). In Nazareth hat man bisher nur »*gehört*«, aber nicht gesehen. Jetzt will man auch sehen. Klar ergibt sich aus dieser Stelle, daß die Ereignisse in Kapernaum (vgl. V. 31ff) den Ereignissen in Nazareth zeitlich vorangegangen sind. Aber hat nicht Jesu »*Vaterstadt*«, in der er aufwuchs (V. 16), das Erstlingsrecht? Müßte er sich nicht »*hier*« zuerst als Messias ausweisen? So entsteht ein starker psychologischer Druck auf Jesus. Er gleicht dem Druck, den seine Mutter und seine Brüder auf ihn ausgeübt haben (Joh 2,3f; 7,3 ff). Wird Jesus diesem ständigen Druck, sich durch Zeichen und Wunder auszuweisen, widerstehen können? Durch die Pause, die Jesus offensichtlich zwischen V. 23 und 24 einlegt, wird die drohende Versuchung nur noch unterstrichen.

Jesus weist im folgenden die Versuchung, auf Wunsch von Menschen zu handeln, eindeutig zurück. Wir lesen in V. 24: »*Darauf fuhr er fort: Amen, ich sage euch: Kein Prophet ist angenehm in seiner Vaterstadt.*« Man könnte noch moderner übersetzen: »Kein Prophet wird akzeptiert in seiner Vaterstadt (oder: Heimatstadt).« Jesus beantwortet »*Sprichwort*« (V. 23) mit Sprichwort (V. 24). Eine etwas andere Form desselben Sprichworts begegnet uns in Mt 13,57; Mk 6,4 und Joh 4,44. Jesus hat eine außerordentlich lebendige und volkstümliche Redeweise besessen. Das Sprichwort von V. 24 bringt zunächst eine allgemeine Erfahrung zum Ausdruck: Je größer die Distanz, desto gerechter beurteilt man einen Menschen; je näher man ihm steht, desto mehr verzerren »Haß und Gunst« das Bild. Jedoch scheint hier auch Israels Erfahrung mit den Propheten mitzuschwingen. Jona galt offensichtlich in Ninive mehr als in seiner galiläischen Vaterstadt Gat-Hefer (vgl. das Jonabuch mit Mt 12,41 und 2 Kön 14,25ff). Für Elia und

Elisa wird Jesus gleich zwei weitere Beispiele nennen. Mose ist von den Ägyptern nie so hart angegriffen worden wie von den Israeliten (vgl. 2 Mo 14,10ff; 16,2ff; 17,2ff; 4 Mo 11,1ff; 12,1ff; 14,1ff; 16,1ff; 17,6ff; 21,4ff; Apg 7,35ff). Sollte es dem zweiten Mose, nämlich Jesus, besser gehen?

Wir beachten noch drei Einzelheiten: a) Jesus benutzt das aramäische »*Amen*«, zu deutsch: »Man kann darauf vertrauen, daß es so ist.« Dieses aramäische Amen haben die griechischen Schreiber als Teil der Muttersprache Jesu beibehalten. b) Jesus betrachtet sich nach Lk 4,24 als einen echten »*Propheten*«. c) Er achtet und liebt Nazareth als seine Heimat und »*Vaterstadt*«.

»*Elia*« ist das erste Beispiel, das nach der Erkenntnis Jesu zeigt, daß die Propheten oft außerhalb ihrer Heimat die größte Wirksamkeit entfalten. »I*n den Tagen Elias gab es viele Witwen in Israel, als der Himmel drei Jahre und sechs Monate verschlossen blieb, so daß eine große Hungersnot über das ganze Land kam*« (V. 25). Die »*drei Jahre und sechs Monate*« stehen nicht im AT (vgl. allerdings 1 Kön 18,1). War dies eine mündliche jüdische Überlieferung? Jedenfalls war es die Auslegung Jesu, und von Jesus hat es Jakobus (Jak 5,17). Auffallenderweise »*wurde Elia zu keiner von ihnen* (= den vielen hilfsbedürftigen Witwen in Israel) *gesandt*«, sondern ausgerechnet »*nach Sarepta bei Sidon zu einer verwitweten Frau*« (V. 26). Jesus bezieht sich hier auf 1 Kön 17,8ff. Danach hat »*Elia*« nicht frei gewählt, sondern »*wurde*« tatsächlich von Gott dorthin »*gesandt*«. Das Wort »*senden*« ist ein entscheidendes Stichwort. Denn auch Jesus kann nur das tun, wozu er »gesandt« ist (vgl. Jes 55,11), und nicht das, was irgendwelche Leute von ihm wünschen. Vergessen wir nicht, daß die Gegend von »*Sidon*« tatsächlich von Jesus aufgesucht und mit einer wunderbaren Heilung beschenkt wurde in Parallele zu Elia (Mt 15,21ff; Mk 7,24ff.31). Vergessen wir auch nicht, daß das Gebiet von Sidon nach Jos 19,28 zum Stammesgebiet von Asser gehörte und deshalb das legitime Wirkungsfeld der israelitischen Propheten und des Messias darstellte.

Elias Schüler »Elisa« gibt das zweite Beispiel ab (V. 27). Die einzige Aussätzigenheilung, die die Bibel von ihm erzählt, betrifft »*Naaman den Syrer*« (2 Kön 5,1ff). Obwohl es damals »*viele Aussätzige in Israel gab, wurde keiner von ihnen*« durch Elisa geheilt (vgl. 2 Kön

7,3 mit 3 Mo 13-14). Auch aus diesem Beispiel geht hervor, daß Propheten nicht immer in ihrer Vaterstadt wirken müssen. Es kommt vielmehr darauf an, wo sie Gott haben will.

»*Da wurden in der Synagoge alle von Wut erfüllt, als sie das hörten*« (V. 28). Ein Gottesdienst schützt nicht vor »*Wut*«-anfällen. Unheilige Gedanken strömen auch ins Heiligtum. Der Teufel heizt solche Situationen an. Aber warum diese »*Wut*«? Weil ihnen Jesus nicht zu Willen war. Er lehnte es ab, die nach V. 23 geforderten Wunder zu tun. Wann wird der Mensch es einmal lernen, daß Gott sich nicht nach *seinen* Vorstellungen richtet, sondern daß wir *unsere* Vorstellungen nach ihm zu richten haben?

»*Und sie standen auf und stießen ihn zur Stadt hinaus und brachten ihn an den Abhang des Berges, auf dem ihre Stadt erbaut war, um ihn hinabzustürzen*« (V. 29). Das ist Lynchjustiz. Denn es gab weder ein Gerichtsverfahren noch ein Gerichtsurteil. »*Sie standen auf*«, weil man ja in der Synagoge gewöhnlich saß (vgl. 2,46; 4,16.20). »*Sie*« sind u.a. Bekannte und Jugendfreunde. In was für haßverzerrte und gleichzeitig vertraute Gesichter mag Jesus da geblickt haben! »*Zur Stadt hinaus*« war der Weg kurz. Denn Nazareth war ja sehr klein. Nazareth ist »*auf*« einem »*Berg*«-Sattel »*erbaut*«, auch heute noch. Von einem »*Abhang*« wollte man »*ihn hinabstürzen*«. Dachte Jesus dabei an die Tempelecke, von der ihn der Teufel »*hinabstürzen*« wollte (4,9 ff)? »*Zur Stadt hinaus*«: Das war dann später der Weg zum Kreuz (Lk 23,26 ff; Joh 19,17 ff), das war ferner der Weg ins Martyrium für Stephanus (Apg 7,57 ff). Doch warum »*hinabstürzen*«? Warum die Todesstrafe? Zweifellos wegen Lästerung wie bei Stephanus. Wer behauptete, der Messias zu sein, ohne sich durch Zeichen und Wunder auszuweisen, war in ihren Augen ein falscher Messias und deshalb ein Gotteslästerer. Auf Gotteslästerung aber stand die Todesstrafe (3 Mo 24,16). Evtl. sollte das Hinabstürzen die Steinigung einleiten. Ähnlich kam später Jesu Bruder Jakobus in Jerusalem ums Leben.

Der Abschluß des Berichts bleibt geheimnisvoll. Lukas schreibt ganz knapp: »*Er aber ging mitten durch sie hindurch und wanderte weiter*« (V. 30). Ob dieses Hindurchschreiten aufgrund eines Unsichtbarkeitswunders möglich war (vgl. Joh 8,59; 10,39; 12,36) oder infolge der Ausstrahlung seiner Persönlichkeit, wissen wir nicht. Nur soviel ist sicher: Die Zeit seiner Passion war noch nicht gekommen. Der Vater schützte ihn, wie es in Ps 91,11ff verheißen ist. So erfüllte sich in Nazareth gerade der Psalm, mit dem der Teufel bei der Versuchung Mißbrauch getrieben hatte (V.10f). Wenn die Nazarener Augen im Kopf gehabt hätten, hätten sie den göttlichen Schutz als ein Zeichen der Messianität Jesu erkennen können.

Überraschend schlicht heißt es *»und er wanderte weiter«* (eigentlich nur: »und er ging«). Aus der Grammatik des Urtextes ergibt sich, daß eine länger dauernde Tätigkeit gemeint ist, bei der Jesus vermutlich als eine Art Wanderlehrer unterwegs war (vgl. V. 14f). Wieviel Mut, wieviel Treue, wieviel Vertrauen enthält dieses kleine Sätzchen! Es wäre gut, wenn auch wir nach Niederlagen in Treue unsere Arbeit fortsetzen würden, statt uns in Schrecken versetzen oder in die Resignation treiben zu lassen.

Blicken wir noch einmal zurück. Was lernen wir aus Lk 4,16-30? Erstens: Jesus handelt nur auf göttliche Anweisung. Er unterwirft sich weder dem Versucher noch den erwartungsvollen Menschen. Zweitens: Er gibt sich klar als der Messias zu erkennen. Die »Ich bin«-Worte stehen also sachlich nicht nur im Johannesevangelium, sondern auch in den anderen Evangelien. Drittens: Als der Messias ist er zugleich ein Prophet, der dem Elia oder Elisa in nichts nachsteht. Viertens: Jesus liest seinen Auftrag und seinen Weg vom Alten Testament ab, vor allem von den Prophetengeschichten. Deshalb weiß er auch, daß sein Weg ein Leidensweg sein wird (vgl. 24,27.44). Fünftens: Von Anfang an schwebt über ihm die Todesdrohung (vgl. Mk 3,6; Joh 5,18). Israels Mehrheit, sogar frühere Freunde, lehnen ihn ab.

Vorschlag zur Bibelarbeit über Lukas 4,16-30

1. Einleitung:

a) Zunächst informieren wir uns über den Ablauf eines Synagogengottesdienstes (Hinweise in Lexika und im Kommentar).
b) Sodann verschaffen wir uns einen Einblick in die Geschichte von Nazareth (wieder Lexika und Kommentar benutzen).
c) Wir überlegen den alttestamentlichen Hintergrund der Verse 25-27, also die Elia- und Elisa-Geschichte.
d) Bei der Wahl des Themas kann man wieder verschieden akzentuieren: »Die Aufgabe des Messias« oder »Der Augenblick der

Erfüllung ist da« oder »Ablehnung – soll das Jesu Schicksal sein?« usw. Wir wählen für unseren Vorschlag »Ein provozierender Messias«.

2. Durchführung: »Ein provozierender Messias«

a) *Wofür Nazareth offen war*

Es war Jesu Heimat, jahrzehntelanger Wohnsitz, bis vor kurzem noch Arbeitsplatz (Nazareth auch ein bißchen geschichtlich und archäologisch schildern) – Nun war er am Jordan gewesen – Er hatte in Kapernaum unerhörte Dinge getan (V.23) – Er war dabei, berühmt zu werden – Was würde er die Nazarener sehen lassen? – Alles strömte in die Synagoge.

b) *Wofür Jesus offen war*

Es gibt auch gute Gewohnheiten: Seine war es, in die Synagoge unter Gottes Wort zu gehen – Er war offen für die Führung des Vaters – Er meldete sich ganz normal zum Lesen und wollte gar nichts aus sich machen – Da traf er ausgerechnet auf die Jesajastelle – War das die Führung des Vaters? Ja! – Er liest den bekannten messianischen Abschnitt aus Jes 61 und 58 und sagt: *»Heute«, »heute ist dieses Wort der Schrift erfüllt vor euren Ohren«* – Was ist damit eigentlich gesagt? – Gesagt ist damit: Jesus vertraut dem Wort Gottes in der Bibel – Er ist ein Messias des Wortes – Er will Erlösung bringen – Sein Programm ist also die Befreiung von Schuld, Sünde, teuflischen Bindungen – Nicht aber Aufstand gegen Rom – Nicht aber Errichtung eines gewaltsamen messianischen Reiches.

c) *Wofür Nazareth nicht offen war*

Seine Auslegung erhält ein gutes Zeugnis – Aber wie wird man mit seiner armen Herkunft (»Josefs Sohn« V.22) fertig? – Kann er ein überzeugendes Wunder anbieten? – Die Verweigerung eines Wunders macht die Nazarener betroffen – Der Verweis auf Gottes Gnadenhandeln außerhalb Israels macht sie wütend – Daß Jesus sich ihren Erwartungen so provozierend entgegenstellt und ihre Wünsche ablehnt, erfüllt sie mit rasendem Zorn – Nur die göttliche Bewahrung rettet Jesus vor einem Lynchmord – Wir stehen vor der Frage: Provoziert uns dieser Messias Jesus auch? – Wo läuft er unseren modernen Erwartungen zuwider? – Oder können wir Jesus danken, daß er gerade *so* ist und gerade *so* handelt?

4. Jesus in Kapernaum (4,31-44)

4,31: **»Und er kam herab nach Kapernaum, einer Stadt in Galiläa. Und er lehrte sie jeweils am Sabbat.«**

Die Erklärung, die Lukas zu Kapernaum abgibt: es sei *»eine Stadt in Galiläa«*, zeigt, daß er für nichtjüdische Leser schreibt. Denn jüdischen Lesern hätte man nicht erst erklären müssen, wo *»Kapernaum«* liegt.

Inzwischen ist uns auch klar, daß Jesus *»nach Kapernaum kam«*, bevor er den Besuch in Nazareth machte (vgl. V.23).

Aber nun gibt uns die Wendung *»er kam herab nach Kapernaum«* doch zu denken. *»Kapernaum«* liegt unten am See Genezareth. Aber von wo *»kam Jesus herab«*? Die Antwort kann nur lauten: aus dem höher gelegenen Galiläa, genauer gesagt: aus Nazareth und Kana (vgl. Mt 4,13; Joh 2,1ff). Ferner kann man aus Mt 4,13 und Joh 2,12 schließen, daß Jesus regelrecht von Nazareth nach Kapernaum umzog. Die Bemerkung *»er lehrte sie jeweils am Sabbat«* (V. 31) deutet ebenfalls darauf hin, daß Kapernaum für längere Zeit zum Wohnort Jesu wurde. Das *»Lehren am Sabbat«* fand in der Synagoge statt (Mk 1,21) und verlief jeweils ähnlich wie in Lk 4,16ff.

»Kapernaum«: was für ein Name in den Evangelien! Eigentlich hieß der Ort Kfar-Nahum = »Nahums-Dorf«. Der Ort liegt am Nordwestufer des Sees Genezareth, nahe der Jordaneinmündung. Da die Grenze zwischen Herodes Antipas und Philippus bei dieser Jordaneinmündung verlief, ist Kapernaum damals eine Art Grenzstadt gewesen. Das erklärt die Anwesenheit von Zöllnern und von Militär (vgl. Mt 8,5ff; 9,9ff). Auch der Fischfang spielte eine gewisse Rolle (vgl. Mk 1,29ff). Hierher übersiedelte Petrus nach sei-

ner Heirat (vgl. Joh 1,44 mit Mk 1,29ff). Hier entstand ein Zentrum des Wirkens Jesu. Die Zahl seiner Wunder in Kapernaum wissen wir gar nicht mehr (vgl. Mt 8,5ff; 9,1ff; 9.9ff; 11,20ff; 17,24ff; Mk 1,21ff; 2,1ff; 9,33; Lk 4,31ff; 7,1ff; Joh 4,46ff; 6,17ff). Die enge Beziehung Jesu zu Kapernaum wird nirgends deutlicher als in Mt 9,1, wo Kapernaum seine »eigene Stadt« genannt wird.

In dieses Kapernaum also, dessen Ruinen heute noch eindrücklich sind, führt uns Lukas mit V. 31. Er berichtet dann in V. 32-44 fünferlei: a) Die Wirkung der Lehrtätigkeit Jesu (V. 32); b) die Heilung eines Besessenen (V. 33-37); c) die Heilung der Schwiegermutter des Petrus (V. 38-39); d) weitere Heilungen (V. 40-41); e) Jesu zeitweiliger Weggang von Kapernaum (V. 42-44).

4,32: **»Und sie waren ganz erstaunt über seine Lehre, denn seine Verkündigung geschah in Vollmacht.«**

Die Wirkung der »*Lehr*«-Tätigkeit Jesu ist ein allgemeines und großes »*Erstaunen*« (vgl. V. 22 sowie Mt 7,28f; 13,54; 22,33; Mk 1,27; 6,2; 11,18; Joh 7,46).

Beachten wir noch einmal, worüber man staunte: »*über seine Lehre*«. Es heißt hier nicht: »über seine Wunder«. Jesu Wort war wichtiger als seine Wunder.

Doch was war das Besondere daran? Rhetorik? Nein. Philosophische Tiefe? Nein. Demagogie? Nein. »*Seine Verkündigung geschah in Vollmacht*«, das war das Besondere. Obwohl kein ordinierter Rabbi, besaß Jesus eine einzigartige »*Vollmacht*« oder »Autorität«. Es war die Autorität des Gottessohnes, der das vollgültige Wort des Vaters überbrachte (vgl. Jer 23,29; Lk 24,19; Hebr 1,1ff).

4,33-37: **(33) »Und in der Synagoge war ein Mensch, der den Geist eines unreinen Dämonen hatte. Und er schrie mit lauter Stimme auf: (34) Oh nein! Was haben wir mit dir zu schaffen, Jesus von Nazareth? Bist du gekommen, um uns zu verderben? Ich weiß, wer du bist: Der Heilige Gottes! (35) Da wandte sich Jesus gegen ihn und sagte: Schweig und fahre aus von ihm! Und der Dämon warf ihn unter sie zu Boden und fuhr aus von ihm, ohne ihm zu schaden. (36) Da ergriff sie alle ein Schrecken, und sie redeten untereinander und sagten: Was ist das für ein Wort? Denn mit Vollmacht und Kraft gebietet er den unreinen Geistern und sie fah-**

ren aus! (37) Und die Kunde von ihm verbreitete sich in der ganzen Gegend.«

Wieder führt uns Lukas in die »*Synagoge*« (V. 33). Fast könnte man sagen, daß die Synagoge die Wiege der messianischen Gemeinde war. Die Synagoge von Kapernaum, um die es in Lk 4,33ff geht, stand wohl damals schon auf demselben Platz, auf dem man heute die Reste zweier Synagogen aus dem 3./4. und aus dem 2. Jh. n. Chr. besichtigen kann. Wer nach Israel reist und Kapernaum besucht, möge sich also an Lk 4,33ff erinnern!

Dort, so erzählt Lukas, »*war ein Mensch, der den Geist eines unreinen Dämonen hatte*« (V. 33). Die Ausleger bemerken, daß man diesen »*Menschen*« heute sehr wahrscheinlich als geisteskrank bezeichnen würde. Jedoch ist Besessenheit, die hier in Lk 4,33 vorliegt, etwas anderes als Geisteskrankheit. Das Wesen der Besessenheit besteht darin, daß man gegen seinen natürlichen Willen dem Bösen bzw. einem »*Dämon*« gehört, der den Betreffenden ruiniert. Das Neue Testament rechnet ganz selbstverständlich mit der Existenz von Dämonen. Sollen wir das auch tun? Die Antwort kann nur Ja lauten. Denn die Bibel weiß besser Bescheid als der Mensch, auch als der moderne Mensch. Jedoch sollten wir uns hüten, vorschnell von Dämonen zu sprechen oder gar überall Dämonen am Werk zu sehen. Diese Dämonen-Mode führt u.U. dazu, daß man selbst unter den Einfluß unguter Geister gerät.

Warum war ein von »*unreinen Dämonen*« besessener »*Mensch*« überhaupt in der Synagoge? Nun, weil der arme Mensch spürt, daß dort die Heilung nahe ist, und weil das Böse selbst vom Göttlichen fasziniert wird. Bis heute haben seelisch Leidende einen auffallenden Zug zu gottesdienstlichen Versammlungen.

Beim Anblick Jesu »*schrie der*« betreffende »*Mensch mit lauter Stimme auf*«. Aus V. 34 ergibt sich, daß es die »*Stimme*« des Dämonen war, die aus dem geplagten Menschen »*schrie*« (vgl. Mt 8,29).

»*O nein!*« (V. 34) ist ein Protestschrei gegen die Anwesenheit Jesu. Im Griechischen lautet dieser Ruf »Éa!« Das heißt wörtlich: »Laß es!« oder »Hör auf!« Seltsamerweise geht der Dämon zur Mehrzahl über: »*Was haben wir mit dir zu schaffen*?« Man kann diese Mehrzahl eigentlich nur so verstehen, daß dieser Dämon sich als Vertreter all der Dämonen fühlt, die damals durch das Kommen Jesu beunruhigt wurden. Sie wollen von »*Jesus*« in Ruhe gelassen werden, nichts mit ihm »*zu schaffen haben*«. Daraus ergibt sich eine höchst interessante Information: Mit ihrer übermenschlichen Einsicht erkennen die Dämonen, daß Jesus ihnen überlegen ist und daß er gekommen ist, »um die Werke des Teufels zu zerstören« (1 Joh 3,8). Mit anderen Worten: Zwischen Jesus und dem Teufel ist der Entscheidungskampf um diese Erde im Gange (vgl. V. 13). Wer nur von Gott und den Menschen redet, ohne die Existenz des Teufels miteinzubeziehen, der verkennt die Situation, in der wir leben.

Der Dämon nennt »*Jesus*« »*Nazarener*« bzw. »*von Nazareth*« stammend (vgl. Mk 1,24). Das stimmt ja auch insofern, als Jesus den Großteil seiner irdischen Lebensgeschichte in Nazareth verbracht hat. Aber steckt in dieser Bezeichnung nicht noch etwas mehr? Sie erinnert doch an die »Nasiräer«, die Gottgeweihten des AT wie Simson (Ri 13-16), die zugleich Gotteskämpfer waren! Und sie erinnert gleichzeitig an den »*Nezer*«, den Sproß aus der Wurzel Isais (Jes 11,1; vgl. Mt 2,23), der zum Messias bestimmt ist.

»*Bist du gekommen, um uns zu verderben*?« (V. 34) fragt der Dämon. Er sieht das Ende des teuflischen Treibens auf Erden voraus (vgl. Offb 12,12).

Geradezu triumphierend ruft er aus: »*Ich weiß, wer du bist: Der Heilige Gottes*!« Noch vor den Jüngern sprechen die Dämonen das Messiasbekenntnis (vgl. Joh 6,69). Sie erkennen Jesus rascher als die Menschen, sogar die gläubigen Menschen. »*Der Heilige Gottes*« ist im AT zunächst die Bezeichnung des Hohenpriesters (Ps 106,16). Insofern aber der Messias zugleich ein priesterliches Amt hat, wird die Bezeichnung auch auf ihn angewandt (vgl. Mk 1,24; Joh 6,69; Apg 3,14; 1 Joh 2,20; Offb 3,7). Wahrscheinlich nimmt der Dämon diesen Messiastitel des »Heiligen« auf, weil er weiß, daß Gottes Heiligkeit der absolute Gegner jeder Unreinheit ist und damit auch seiner eigenen Unreinheit (V. 33). Er erkennt in Jesus also den für ihn tödlichen Gegner. Das alles ist ein wunderbares Beispiel zu Jak 2,19, wonach »es die Teufel auch glauben und zittern«.

Man kann sich die Spannung in der Synagoge vorstellen. Wie wird Jesus auf diese Herausforderung antworten? »*Da wandte sich Jesus gegen ihn*« (V. 35). Statt »*sich gegen ihn wenden*« könnte man auch übersetzen: »anfahren«, »streng ansprechen«, »strafen«. Jesus weicht also dem Kampf nicht aus. Er übersieht auch nicht hilflos den gequälten Menschen. Vielmehr vollzieht er in einzigartiger Vollmacht die Austreibung. »*Jesus sagte: Schweig und fahre aus von ihm*!« An dieser Stelle gibt es keine Diskussion. Ein knappes Befehlswort, im Aramäischen vielleicht drei Worte, das genügt. Wie hilflos wirken wir da mit unseren Diskussionen! »*Und der Dämon warf ihn mitten unter sie zu Boden und fuhr aus von ihm, ohne ihm zu schaden.*« Nüchtern, fast medizinisch trocken berichtet Lukas von diesem Geschehen. »*Der Dämon*« muß den Besitz dieses Mannes aufgeben. Er darf den bisher Besessenen nicht einmal verletzen, obwohl er ihn »*mitten unter*« den Anwesenden »*zu Boden warf*«. Wo Jesus seine Macht ausübt, hat der Teufel nichts mehr zu sagen bis heute.

Die Reaktion der Synagogenbesucher bestand in staunendem »*Schrecken*« (V. 36). Der Gottesdienst ist unterbrochen. Alles redet »*untereinander*« und durcheinander. Der aufmerksame Leser kann allerdings auch hier manches lernen. Die Juden fragten ja nicht: »Was ist das für ein Wunder?«, sondern: »*Was ist das für ein Wort*?« Wir würden heute sagen: »Was für ein Wort hat dieser Jesus?« »*Denn mit Vollmacht und Kraft gebietet er den unreinen Geistern und sie fahren aus.*« Das »*Wort*« Jesu stand also im Zentrum ihrer Gedanken. Auf diese Weise werden wir daran erinnert, daß nach der Bibel alles aus dem göttlichen Wort hervorgeht. Allerdings: Jesus hat ein Wort, in dem »*Vollmacht und Kraft*« steckt.

Das bringt uns unweigerlich auf die Frage: Wie ist das mit unserem Wort heute? Ist es nicht häufig kraftlos? Vollmachtlos? Allerdings. In diesem Zusammenhang sollten wir an einige Dinge denken: Erstens sind Jesu Worte und Taten dazu da, daß sie die Messianität Jesu aufdecken. Denn nach dem AT mußte er als Messias ein einzigartig vollmächtiges Wort haben (vgl. 5 Mo 18,15; Jes 11,2; 42,6f; 61,1ff; Joh 20,31). Die Gemeinde Jesu aber ist dazu da, daß sie die Sündenvergebung in die Welt hinausträgt, und nicht dazu, daß sie den Menschen groß und mächtig erscheint (vgl. Joh 20,23; 2 Kor 4,7ff; 12,5ff). Zweitens vertrauen wir viel zu sehr auf eigene Anstrengungen statt auf das Wort und die Kraft Jesu (vgl. Mt 8,8; Lk 5,5). Drittens reden wir oft nicht das, wozu uns Jesus gesandt hat, sondern über irgendwelche Dinge, die uns gerade beschäftigen, ohne daß wir dafür Verheißungen hätten. Zu letzteren gehören z.B. politische Themen wie das Überleben von Erde und Menschheit (gegen 2 Petr 3,13). Unsere Vollmachtlosigkeit liegt also teils in unserem Ungehorsam, teils in dem von Gott beschlossenen Niedrigkeitsweg der Gemeinde. Was davon zutrifft, ist jeweils im Einzelfall zu prüfen.

»Und die Kunde von ihm verbreitete sich in der ganzen Gegend« (oder: Umgebung, V. 37). Damit schließt der Bericht von der Heilung des Besessenen. Jesu Popularität wächst. Alle vier Evangelien lassen erkennen, daß Jesu Popularitätskurve am Anfang seines Wirkens am höchsten war (vgl. Mt 4,24; 9,26.31; Joh 6,66). Die von Lukas erwähnte »Gegend« bezeichnet vermutlich Galiläa und das nördliche Ostjordanland.

Im dritten Einzelbericht aus Kapernaum erfahren wir etwas über die Heilung der Schwiegermutter des Petrus:

4,38-39: **(38) »Als er aber von der Synagoge aufbrach, ging er in Simons Haus. Simons Schwiegermutter aber hatte hohes Fieber, und sie baten ihn für sie. (39) Und er trat an ihr Kopfende und gebot dem Fieber, und es verließ sie. Und sofort stand sie auf und versorgte sie.«**

Matthäus, Markus und Lukas berichten diesen Vorfall in ganz ähnlicher Weise.

Der Gottesdienst in der »*Synagoge*« wurde nach dem Vorfall von V. 33-37 »in den üblichen Formen« (Zahn) zu Ende gebracht. Dann *»brach Jesus von der Synagoge auf«* und *»ging«* in das nur wenige Schritte entfernte *»Haus«* des Petrus (V. 38). Die Reste dieses Hauses sind bis heute sichtbar. Schon im 2. Jh. n. Chr. haben die Christen in diesen Resten eine Gedenkstätte eingerichtet. Man fragt sich, wie Jesus samt einigen Jüngern (Mk 1,29) dort Platz finden konnte, vollends wenn man bedenkt, daß in diesen Häusern normalerweise Großfamilien hausten. Da gleich darauf *»Simons* (= des Petrus) *Schwiegermutter«* erwähnt wird, hat man den Eindruck, daß dieses Haus ursprünglich den Schwiegereltern des Petrus gehörte und Petrus erst nach seiner Heirat von Betsaida dorthin umgezogen ist (Joh 1,44). Allerdings bleibt es möglich, daß Petrus oder sogar dessen Vater dieses Haus erworben haben und Petrus dann seine verwitwete Schwiegermutter bei sich aufgenommen hat. Jedenfalls wurde dieses Haus für die kommende Zeit zur »Residenz« Jesu. Wer heute durch Kapernaums Straßen geht und sich diesem Hause nähert, geht buchstäblich in den Fußstapfen Jesu.

Gerade am Tag der Heilung des Besessenen *»hatte Simons* (= des Petrus) *Schwiegermutter hohes Fieber«*. Auch in der Umgebung Jesu hörten die Krankheiten nicht auf. Ebensowenig hören sie in seiner Gemeinde auf (vgl. 1 Tim 5,23; Jak 5,13ff). *»Und sie baten ihn für sie«*: Das ist konkrete Fürbitte. Die heutige Gemeinde verfährt nicht anders. Echte Fürbitte läßt es aber ganz in der Hand Jesu, was er tun will. Sie macht keine Vorschriften.

Übrigens betrachten manche Forscher den Ausdruck *»hohes Fieber«* als typischen medizinischen Fachausdruck. Ist diese Auffassung richtig, dann hätten wir in diesem Bericht einen Hinweis darauf, daß Lukas Arzt gewesen ist (Kol 4,14).

Was tat Jesus? *»Er trat an ihr Kopfende und gebot dem Fieber«* (V. 39). Statt: »Er trat an ihr Kopfende« übersetzen manche: »Er beugte sich über sie«. Aber letzteres ist vom Sinn der griechischen Worte weiter entfernt. Die Berührung der Hand übergeht Lukas (vgl. Mt 8,15; Mk 1,31). Wichtiger ist ihm, daß Jesus *»dem Fieber gebot«*. Damals war hohes Fieber schwer zu heilen, u.U. tödlich (vgl. Joh 4,52; Apg 28,8). Jesus erweist sich auch hier als der Herr über körperliche Krankheiten, nicht nur bei Besessenheit. Auf sein Wort hin *»verließ«* das Fieber die Schwiegermutter des Petrus. Was Jesus genau gesagt hat, wissen wir nicht. Es muß ein kurzer Befehl gewesen sein. Die Stelle sagt auch nichts darüber, ob Jesus hinter dem Fieber einen Krankheitsdämon oder Engel sah. Denn als Meister der Natur gebietet er dem Sturm, dem Meer, der Krankheit, dem Tod, und alle müssen ihm gehorchen. Allerdings ergibt sich aus dem Gesamtzusammenhang der Bibel, daß hier keine neutralen Naturkräfte walten, sondern überall Engelmächte am Werk sind. So erklärt sich auch das Befehlswort Jesu am besten (*»er gebot«*). Jedenfalls sind uns hier keine weiteren Spekulationen erlaubt.

Die wunderbare Herrschermacht Jesu zeigt sich auch an den Folgen. Denn Simons Schwiegermutter *»stand sofort auf und versorgte sie«* (V. 39). Sie brauchte keine Genesungszeit. Für *»versorgen«* steht im Griechischen »diakonein«, das Ursprungswort für »Diakonie«. Hier hat es offenbar den konkreten Sinn von *»versorgen«*, nämlich kochen, bewirten, ernähren und andere Hausfrauenarbeit tun. Doch darf man die geistliche Wirklichkeit des »Dienenwollens« darüber nicht vergessen. Außerdem zeigt die griechische Grammatik, daß die geheilte Frau über einen langen Zeitraum hinweg »diente«. Man wird sie als Glaubende, ja geradezu als ein Modell der späteren »Diakonin« oder »Diakonisse« betrachten dürfen. Wieviel hat Jesus bei seiner irdischen Tätigkeit solchen Frauen zu danken gehabt (vgl. Mt 27,55; Mk 15,41; Lk 8,3)!

In Umrissen ergibt sich jetzt schon das Bild ortsansässiger Jüngergemeinden. Denn Menschen wie etwa die Familienangehörigen des Petrus wanderten zwar nicht mit Jesus, glaubten aber an ihn.

4,40-41: **(40) »Bei Sonnenuntergang aber führten alle, die mit mancherlei Krankheiten Behaftete hatten, diese zu ihm. Und er legte jedem einzelnen von ihnen die Hände auf und heilte sie. (41) Aber auch Dämonen fuhren von vielen aus, wobei sie schrien und sprachen: Du bist der Sohn Gottes! Und er wandte sich gegen sie und ließ sie nicht reden, denn sie wußten, daß er der Messias war .«**

Der vierte Einzelbericht aus Kapernaum betrifft also eine Reihe von weiteren Heilungen.

Was für ein seltsamer Abend war das in Kapernaum! Nach der Tageshitze wagten sich die Leute wieder aus den schattigen Häusern und Höfen. Da erlebten sie merkwürdige Prozessionen. Aus Familien, »*die mit mancherlei Krankheiten Behaftete hatten*«, »*führte*« man jetzt, »*bei Sonnenuntergang*«, »*diese*« Kranken »*zu*« Jesus (V. 40). Blinde, Lahme, Taube, Arthritis- und Polyarthritis-Kranke, Fieberbehaftete – was das nicht alles gewesen sein mag. Ein Elendszug der gefallenen Schöpfung! Man kommt wohl aus zwei Gründen »*bei Sonnenuntergang*«: a) damit die Sonne den Kranken nicht mehr schaden kann; b) damit die Sabbatbeschränkungen wegfallen. Denn der Sabbat endete abends mit Sonnenuntergang.

Mit einzigartiger Liebe wandte Jesus sich ihnen zu. »*Jedem einzelnen von ihnen legte er die Hände auf.*« Evtl. war damit auch persönliche Seelsorge verbunden. Mit einzigartigem Erfolg war er tätig. »*Er heilte sie*«, sagt der Bericht schlicht. Hier wird klar, daß Jesus der Arzt für Geist, Leib und Seele ist.

»*Aber auch Dämonen*« mußten Jesus weichen (V. 41). Daß Lukas die Kranken von den Besessenen unterscheidet, ist interessant. Denn hier zeigt es sich, daß für die Apostel Krankheit und Besessenheit keineswegs dasselbe waren, und daß demnach keineswegs jede Krankheit auf einen Dämon zurückgeführt wurde. Interessant ist ferner, was die Dämonen »*schrien und sprachen: Du bist der Sohn Gottes*!« Sie »*wußten*« außerdem, »*daß er* (= Jesus) *der Messias war*«. Wie der Dämon von V. 34 waren sie also in der Lage, sowohl Jesu Gottessohnschaft als auch seine Messianität zu erkennen (vgl. Jak 2,19). Beides bekannten sie früher als die Jünger (vgl. Mk 3,11f; Lk 9,18 ff). Warum befahl ihnen dann Jesus, zu schweigen (»*er ließ sie nicht reden*«)? Weil er keine Verkündigung der guten Nachricht durch die Dämonen wollte. Nur Glaubende sollten sie verkündigen. Dämonen hätten in den Hörern ungute Motive erzeugt und mit Falschem vermischt (vgl. Apg 16,16ff).

Jesu zeitweiliger Weggang von Kapernaum wird dann in einem fünften Einzelbericht des Lukas erzählt:

4,42-44: **(42) »Bei Tagesanbruch aber verließ er die Stadt und ging an einen einsamen Ort. Und die Volksmenge suchte ihn und drang bis zu ihm vor und versuchte ihn festzuhalten, damit er nicht von ihnen wegginge. (43) Er aber sagte zu ihnen: Auch den andern Städten muß ich die frohe Botschaft vom Reich Gottes bringen, denn dazu bin ich gesandt. (44) Und er predigte überall in den Synagogen Judäas.«**

Am Tag nach den vielen wunderbaren Heilungen (V. 40f) tut Jesus etwas, was ein ehrgeiziger Mensch wohl kaum getan hätte. Er verläßt nämlich ganz rasch die Stadt, in der er so vieles vollbracht hatte. Statt einer Siegesfeier, statt einer Rede, statt weiterer Bewunderung »*verließ er die Stadt*« (= Kapernaum), und zwar »*bei Tagesanbruch*«, in aller Frühe (vgl. Mk 1,35). »*Er ging an einen einsamen Ort*« wie Mk 1,36 zeigt, ganz allein. Jesus wollte in der Einsamkeit beten (Mk 1,35; vgl. Mt 14,13; Mk 6,46; 14,32; Lk 5,16; 6,12; 9,18; Joh 11,54). Jetzt, nach dem »Erfolg«, ist das Gebet besonders nötig. Er braucht die Weisung des Vaters für seine weitere Tätigkeit. Er braucht die Bewahrung vor dem Stolz. Wo der »*einsame Ort*« lag, wissen wir nicht mehr. Jedoch kann er nach Ausweis des folgenden Satzes nicht allzuweit entfernt gewesen sein.

»*Die Volksmenge*« (wörtlich: »die Massen«) begriff seine Sehnsucht zu beten nicht. Mit Ausdauer »*suchte sie ihn*«, dies der Sinn der griechischen Grammatik. Benötigte sie weitere Heilungen? Wollte sie ihn beehren? Wollte sie Kapernaum zu einem messianischen Wallfahrtsort machen? Jedenfalls wollte sie nicht, »*daß er von ihnen weg-ginge*«. Seltsam, daß der Mensch diese Neigung zur Aktivität, zur ruhelosen Fortsetzung hat. Etwas innerlich verarbeiten liegt ihm nicht. Vermutlich hat es in dem brodelnden Kapernaum viel Rennen und Reden, aber wenige Bekehrungen gegeben (vgl. Mt 11,20 ff; Lk 10,13 ff).

Die Suche hatte Erfolg. »*Die Volksmenge drang bis zu ihm vor.*« Er war also nicht allzu weit weg. Interessanterweise beteiligten sich nach Mk 1,36f Petrus und die anderen Jünger an dieser Suche. Sie waren also geistlich nicht reifer als die Bewohner von Kapernaum. Man vgl. den Vorgang von Joh 6,23ff. Mit welcher Geduld muß Jesus seine Jünger bis heute erziehen!

Deutlich und liebevoll erklärt Jesus, weshalb er Kapernaum jetzt verlassen muß: »*Auch den andern Städten muß ich die frohe Botschaft vom Reich Gottes bringen, denn dazu bin ich gesandt*« (V. 43). Keine menschliche Sympathie, kein Erfolgserlebnis kann ihn in Kapernaum festhalten. Als Messias gehört er ganz Israel. Bestimmend für sein Leben ist das göttliche »*Muß*«, das sich aus dem Heilsplan Gottes ergibt. Aber was er »*muß*«, tut Jesus gern (Joh 4,34). »Wozu er »*gesandt*« ist, weiß er a) aus der Heiligen Schrift, und b) aus dem Gebet, das die Menge ja nicht liebt. Als Inhalt seiner Verkündigung bezeichnet Jesus »*die frohe Botschaft vom Reich Gottes*«, wörtlich: »das Reich Gottes evangelistisch verkündigen«. Kein Wort von dem, was heute auf christlichen Konferenzen als Thema der Mission verkündigt wird: Befreiung der Völker, bewaffneter Kampf gegen die Unterdrücker, Parteinahme für die Armen, revolutionäre Umverteilung von Macht und Besitz. Jesus hat eine ganz andere Stoßrichtung: die Menschen aus der Verdammnis des ewigen Gerichts zu befreien, sie zu Kindern Gottes zu machen und zu Teilnehmern am ewigen Gottesreich. »*Frohe Botschaft*« ist seine Verkündigung, weil sie die Chance eröffnet, an diesem ewigen Gottesreich teilzunehmen und das ewige Leben mitsamt der Erlösung zu empfangen. Und nicht um ein irdisches »*Reich*«, um irdische Herrschaftsverhältnisse geht es, sondern um »*Gottes Reich*«, das »ohne Zutun von Menschenhänden« kommt (Dan 2,45). Jesus ist ein Messias des Worts, nicht der Waffen.

Genau so ist er uns schon in V. 18-19 begegnet.

Der Schlußvers bestätigt unsere bisherige Auslegung: Wieder sehen wir Jesus als Prediger. Genauer gesagt: als Wanderprediger. »*Er predig-*

te überall in den Synagogen Judäas« (V. 44). Dieser winzige Satz hat drei Besonderheiten. a) Wir haben in unserer deutschen Übersetzung das Wort »überall« eingesetzt, weil die griechische Grammatik den Sinn hat: *»er predigte fort und fort.«* b) Das Wort *»Judäa«* wird in vielen alten Handschriften durch das Wort »Galiläa« ersetzt. Warum? Weil doch Jesus erst mit Lk 9,51 nach »Judäa« im engeren Sinne aufbricht! Er blieb also bis 9,50 in Galiläa. Trotzdem müssen wir an dem Wort »Judäa« festhalten. Lukas benutzt es nämlich hier nicht in dem engeren Sinn, sondern als Bezeichnung für ganz Palästina wie in Lk 23,5. Für den römischen Leser Theophilus (1,3) war eben Palästina = Judäa! c) Jesu Anknüpfungsort blieb die *»Synagoge«* (vgl. V. 15). Die Gemeinde Jesu entstand also nicht aus der Feindschaft gegen die Synagoge, sondern in der Fortsetzung der Synagoge. Wenn wir heute die Synagogen in Kapernaum, Chorazin oder auf dem Golan besuchen, sollten wir an diese Liebe Jesu zur Synagoge denken!

Was lernen wir aus Lk 4,31-44? a) In Kapernaum häuften sich die Ereignisse der Jesuszeit. Kapernaum war wirklich so etwas wie Jesu »messianische Hauptstadt«, soweit es seine Tätigkeit in Galiläa betrifft. b) Die Zahl der Wunder, insbesondere der Heilungen Jesu, ist sehr hoch und gar nicht mehr feststellbar (vgl. V. 40-41). c) Begeisterung, Sympathie oder Interesse für Jesus sind nicht dasselbe wie Nachfolge oder Bekehrung. d) Jesus hört nur auf die Weisung des Vaters (V. 42ff) und macht sich nicht abhängig von menschlichen Meinungen. e) Jesus ist stärker als der Satan (V. 33ff). f) Jesus ist ein Messias des Wortes und der Erlösung von Schuld, Sünde und Tod, nicht aber ein Messias der politischen Befreiung und des bewaffneten Kampfes.

Vorschlag zur Bibelarbeit über Lukas 4,31-44

1. Einleitung:

a) Wir nehmen diesen verhältnismäßig großen Abschnitt zusammen, um ein möglichst umfassendes Bild von der Tätigkeit Jesu in der Frühzeit seines Wirkens zu bekommen.
b) Dementsprechend sollte man versuchen, die großen Linien herauszuarbeiten, und nicht zu sehr in Einzelheiten stecken bleiben.

c) Wichtig wäre es u.a., den Rhythmus Jesu in der Abfolge von Stille und Aktivität, Einsamkeit und Evangelisation zu entdecken.
d) Als Überschrift könnte man sich hier vorstellen: »Jesus will uns etwas geben«. Doch bitte weitere Möglichkeiten überlegen!

2. Durchführung: »Jesus will uns etwas geben«

a) Jesus hat das wegweisende Wort

Viele »Worte« in dieser Welt – Leider auch zu viele kirchliche Worte und Resolutionen – Jeder beansprucht, das wegweisende Wort zu haben – Jesus aber hat es wirklich: das wegweisende Wort – Das hängt an seiner Vollmacht, die eine göttliche ist – Hinter seiner Botschaft steckt also göttliche Kraft – Das liegt auch am Inhalt: Nur Jesus kann uns sagen, wie man in den »Himmel« (= Gottes Reich) kommt – Beispiele aus der Praxis einschalten! – Kapernaum als seine »Kanzel« – Überall in der Bibel ist das Wort wichtiger als das Wunder – Das wollen wir auch im Folgenden nicht vergessen – Haben wir selbst schon Jesu Wegweisung befolgt?

b) Jesus hat die Kraft, uns vom Satan zu lösen

Wir erklären kurz, was die dämonische Besessenheit in V.33 bedeutet – Seltsam, daß die bösen Mächte so schnell begreifen, wer Jesus ist – Noch schneller als die Jünger! – Jesus genügt ein einziger Befehl, um die böse Macht zu vertreiben – Deshalb überlegen die Anwesenden mit Recht: »Was ist das für ein Wort?« – Mit Recht überlegen sie auch, wer dieser Jesus ist – Jesus kann uns noch heute von allen Bindungen frei machen (wieder ein Beispiel aus der Praxis einschalten).

c) Jesus hat die Kraft, uns von Krankheit zu befreien

Seltsam, daß Petri Schwiegermutter gerade in den Tagen und Stunden krank wird, in denen Jesus in Kapernaum wirkt! – Wir lernen daraus, daß der Teufel dort am aggressivsten ist, wo er die größten Einbrüche erleidet – Wir lernen ferner daraus, daß auch gläubige Menschen und Familien nicht von Jammer und Krankheit verschont bleiben – Fürbitte war hier wichtig! – Wieder hilft Jesus mit einem einzigen Befehl! – Auch Krankheiten müssen ihm gehorchen! – Wo ist ein solcher Herr wie ER! – Man bringt viele Kranke – Nicht ein einziges Mal ist Jesus ratlos – Dennoch bedenken wir: Jesus hat nicht einfach alle Krankheiten ausgerottet – Er half dort, wo man im Glauben zu ihm kam – Und er setzte nur Zeichen! – Erst in der Neuschöpfung werden alle Krankheiten verschwunden sein (Offb 21,4).

d) Jesus braucht die Stille

Er war kein Dauerredner, Dauerheiler, Daueraktivist – Nach V.42 brauchte er die Stille, die Einsamkeit – Wie ist das bei uns? – Gerade auch bei uns »vollaktiven« Christen? – Selbst die Jünger mußten ihn suchen (vgl. Mk 1,36f) – Er ließ sich auch nicht festhalten – Er ist ein Messias, der nicht von menschlichen Wünschen dirigiert wird – Wer Christus nachfolgen will, braucht einen ähnlichen Rhythmus von Stille und Aktivität – Gerade indem Jesus das vorlebte, hat er uns beschenkt, hat er erneut uns »etwas gegeben«.

5. Der Fischzug des Petrus (5,1-11)

Die Überschrift »Fischzug des Petrus« hat sich bei uns eingebürgert. Manche Übersetzungen und Kommentare sprechen hier auch von einer Berufung der ersten Jünger.

5,1-11: **(1) »Es geschah aber, als die Volksmenge sich um ihn drängte und dem Wort Gottes lauschte, daß er am See Genezareth stand (2) und zwei Boote am See festgemacht sah. Die Fischer aber waren ausgestiegen und wuschen ihre Netze. (3) Da stieg er in eins der Boote, das Simon gehörte, und bat ihn, ein Stück weit vom Land hinauszufahren. Dann setzte er sich und lehrte die Volksmenge vom Boot aus. (4) Als er aber aufgehört hatte zu reden, sagte er zu Simon: Fahr hinaus bis dahin, wo es tief wird, und dann laßt eure Netze zum Fischfang ins Wasser! (5) Und Simon gab**

zur Antwort: Meister, wir haben uns die ganze Nacht hindurch abgemüht und haben nichts gefangen. Aber auf dein Wort hin will ich die Netze auswerfen! (6) Und sie taten es und fingen eine große Menge Fische, und ihre Netze wollten zerreißen. (7) Und sie winkten ihren Teilhabern im anderen Boot zu, sie sollten kommen und ihnen helfen. Und sie kamen und füllten beide Boote voll, so daß sie zu sinken drohten. (8) Als das Simon Petrus sah, fiel er Jesus zu Füßen und sagte: Geh weg von mir, Herr! Denn ich bin ein Sünder. (9) Denn Schrecken hatte ihn und alle mit ihm erfaßt über den Fischfang, den sie gemacht hatten, (10) ebenso auch Jakobus und Johannes, die Söhne des Zebedäus, die Geschäftspartner des Simon waren. Und Jesus sagte zu Simon: Fürchte dich nicht! Von nun an wirst du Menschenfischer sein. (11) Und sie brachten die Boote ans Land und verließen alles und folgten ihm nach.«

Lukas greift gewissermaßen mitten in die Wanderpredigt Jesu hinein. Soeben noch hat Jesus überall gepredigt. Auch jetzt predigt er (V. 1). Der Fischzug des Petrus ist also nur eine Art Einzelszene aus der Wanderschaft Jesu. Den Ort kennen wir nicht mehr. Evtl. handelt es sich um die Küste zwischen Tabgha und Kapernaum.

»Es geschah aber, als die Volksmenge sich um ihn drängte und dem Wort Gottes lauschte« (V. 1): Am Anfang erlebte Jesus eine Massenbegeisterung. *»Die Volksmenge«* kann nicht nahe genug an *»ihn«* heranrücken. Was war der Grund? Hier waren es jedenfalls nicht die Heilungen. Den Grund bildete vielmehr die Predigt. Sie riß die Leute mit, ebenso wie in der Synagoge von Kapernaum (4,32; vgl. 4,22). Dabei redete Jesus nicht von Spezialerleuchtungen. Er sagte *»Gottes Wort«*. Sicher sprach er auch vom Reich Gottes (vgl. 4,43) und vom Messias. Aber die Basis bildete die Heilige Schrift.

»Daß er am See Genezareth stand«: Hier war er gerne (vgl. Mt 13,1 ff; Mk 2,13; 4,1). Wie gesagt, könnte es an der Küste zwischen Tabgha und Kapernaum gewesen sein. Jedenfalls deutet das Boot des Simon Petrus (V. 3) auf die Nähe zu Kapernaum. Zweierlei ist in V. 1 noch erstaunlich: a) Jesus *»stand«*, denn normalerweise saß der Lehrer (4,20). Offenbar nötigte die große Zuhörerschar zum Aufstehen. b) Jesus lehrte im Freien. Ordinierte Rabbinen taten das eigentlich nicht. Aber er suchte eben die verlorene Masse, wo er sie treffen konnte. Seine Predigt *»am See«* ist also Ausdruck seiner suchenden Retterliebe.

Bei der Überlegung, wie er der evtl. ständig anwachsenden Menge gerecht werden könne, *»sah Jesus zwei Boote«*, die *»am See festge-*

macht« waren (V. 2). Die zugehörigen *»Fischer waren ausgestiegen und wuschen ihre Netze«*. Die Szene ist trotz der Knappheit der Schilderung voller Leben. Volk, Boote, See, Netze waschende Fischer: hier pulst noch heute spürbare Realität. Die »Netze« sind übrigens Schleppnetze für den Fang in tiefem Wasser (vgl. V. 4).

»Da stieg er in eins der Boote, das Simon gehörte« (V. 3): Am einfachsten ist die Erklärung, wenn man annimmt, daß Jesus den *»Simon«* = Petrus schon kannte. Das war nach Joh 1,40ff tatsächlich der Fall und ergibt sich noch einmal aus Lk 4,38f. Wie sich Bekanntschaft und Berufung in die Nachfolge zueinander verhalten, wird später zu klären sein. Als Bekannter konnte Jesus den Simon auch bitten, *»ein Stück weit vom Land hinauszufahren«*. Die Sprache ist hier so fachmännisch, daß man annehmen muß, Lukas habe von Seefahrt einiges verstanden (vgl. Apg 27-28).

»Dann setzte er sich und lehrte die Volksmenge vom Boot aus«: Wenn man an die halbkreisförmigen Buchten zwischen Tabgha und Kapernaum denkt, kann man sich dies alles eindrücklich vorstellen. Das Wasser trägt den Schall. Die halbkreisförmige Bucht verstärkt ihn. So kann man *»vom Boot aus«* bestens sprechen und eine große *»Volksmenge«* erreichen. Jesus braucht jetzt nicht mehr zu stehen, sondern kann nach der üblichen Sitte im Sitzen (*»er setzte sich«*) sprechen. *»Er lehrte«*: Das macht jetzt völlig klar, daß Jesus die Heilige Schrift auslegte. Es gab schon damals handliche Exemplare, die man leicht mitnehmen konnte. Hatte Jesus ein solches Exemplar bei sich? Oder lehrte er auswendig, so wie jüdische Schüler die ganze Schrift auswendig konnten? Übrigens lehrte Jesus auch nach Mt 13,2; Mk 4,1 vom Boot aus.

An einem bestimmten Punkt pflegte Jesus seine Verkündigung zu beenden. Er war kein Dauerredner (vgl. Mt 7,28; 11,1; 13,53; 19,1; 26,1; Lk 7,1).

Aber nun erkannte er im Heiligen Geist, daß er noch einen Auftrag des Vaters auszuführen hatte. *»Als er aber aufgehört hatte zu reden, sagte er zu Simon: Fahr hinaus bis dahin, wo es tief wird!«* (V. 4). *»Simon«* Petrus, der Bootseigentümer (V. 3), soll also auf die Höhe des Sees *»hinausfahren«*. Wieder erstaunt die fachmännische Sprache. Draußen kann man die eine gewisse Wassertiefe benötigenden Schleppnetze einsetzen: *»Und dann laßt eure Netze zum Fischfang ins Wasser!«* Jesus will offensichtlich mitfahren. *»Ihr«* aber müßt handeln! Wer sind sie? Offenbar die ganze Bootsbesatzung. Nur aus Mt 4,18; Mk 1,16 können wir entnehmen, daß auch Andreas, der Bruder Simons, mit dabei war. Denn sehr wahrscheinlich betreffen Mt 4,18-22 und Mk 1,16-20 dasselbe Ereignis.

»*Simon*« protestiert: »*Meister, wir haben uns die ganze Nacht hindurch abgemüht und haben nichts gefangen*« (V. 5). Den Grund des Protests beschreibt ein Kenner so: »Die besten Fänge wurden nachts im tiefen Wasser gemacht; tagsüber wurde nur im seichten Gewässer gefischt« (I.H.Marshall). Wenn die Bootsbesatzung sich »*die ganze Nacht hindurch*« ohne Ergebnis »*abgemüht*« hat, wie soll sie jetzt am Tage noch einmal in die Arbeit einsteigen? Wie will der Nazarener aus dem Bergland und der Nichtfachmann Jesus wissen, was zu tun ist? Aber hier entscheidet nicht das Wissen, sondern der Gehorsam. Daß Petrus in ganz anderen Dimensionen denken kann, zeigt die Anrede: »*Meister*«. Man gebrauchte sie z.B. für bewährte Rabbinen, für militärische Befehlshaber oder leitende Beamte. Petrus ist also voll Respekt. Er hat ja Jesus am Jordan (Joh 1,40ff) und in Kapernaum (Lk 4,38f) längst kennengelernt. So überwindet er seinen eigenen Protest und sagt das berühmte Wort: »*Aber auf dein Wort hin will ich die Netze auswerfen*« (wörtlich: »zum Fang herablassen«). »Ich«: Das heißt, er ist der verantwortliche Chef in diesem kleinen Fischereibetrieb. »*Auf dein Wort hin*«: Das heißt, er braucht kein Zeichen, Jesu »Wort« genügt ihm. »*Die Netze auswerfen*«: Das heißt, er tut genau das, was Jesus befohlen hat. Vgl. dazu Mt 8,8ff.

Dieser Petrus fordert den heutigen Leser heraus. Wo haben wir auf Jesu bloßes Wort hin gehandelt? Wo haben wir auf Zeichen verzichtet? Wo haben wir unsere Besserwisserei zurückgesteckt? Sind nicht auch wir Christen der Meinung, manches besser zu wissen als die Bibel?

Was nun folgt, beschreibt Lukas wieder sehr kurz und dramatisch: »*Und sie taten es*«, die Bootsbesatzung zog also mit! »*und fingen eine große Menge Fische, und ihre Netze wollten zerreißen*« (V. 6). Jesus ist also der Meister der Natur. Ob er das Kommen der »*Fische*« voraussah oder ob sie auf sein Wort hin herbeikamen, bleibt offen. Das Ergebnis zählt. Es ist so überwältigend, daß »*ihre Netze zerreißen wollten*«. Immerhin halten wir das eine fest: ohne Gehorsam (»*sie taten es*«) hätten sie kein Wunder erlebt. Sind Wunder bei uns so selten, weil auch der Gehorsam so selten geworden ist?

Die Bootsbesatzung des Petrus hat Sorge, ob sie den Riesenfang allein ans Ufer schleppen kann. In Ufernähe, im seichten Wasser, kommen die Schleppnetze, die jetzt tief liegen, nicht mehr ohne weiteres durch. So »*winkten sie ihren Teilhabern im andern Boot zu, sie sollten kommen und ihnen helfen*« (V. 7). Wer diese »*Teilhaber*« sind, erfahren wir aus V. 10: Jakobus und Johannes. Diese beiden sind die Juniorchefs in einem ähnlichen Fischereibetrieb, wie ihn Petrus hat. Das Wort »*Teilhaber*« scheint anzudeuten, daß man Fischfang in Genossenschaften betrieb. Mehrere mittelständische bzw. handwerkliche Betriebe scheinen sich zusammengetan zu haben. Das erleichterte z.B. das Ausbringen und Einholen von Schleppnetzen wie in unserem Fall. »*Und*« tatsächlich »*kamen*« die Teilhaber »*und füllten beide Boote voll, so daß sie zu sinken drohten*« (V. 7.). Im seichten Wasser, in der Nähe des Ufers, mußte man also den Inhalt der Schleppnetze an Bord nehmen (»*sie füllten beide Boote voll*«).

Mit V. 8 kommen wir an den entscheidenden Wendepunkt des Geschehens. »*Petrus*« erkennt, daß Jesus mehr ist als ein Rabbi, mehr als ein Prophet. Es ist nicht einmal das Wunder selbst, das ihn in die Knie zwingt. Es ist die Erkenntnis, daß er »*ein Sünder*« ist, während Jesus sündlos und heilig (vgl. V. 34) ist. Zwar wird es noch nicht ausgesprochen, aber es ist doch schon die stille Voraussetzung: Jesus hat göttliche Würde. Die Anrede »*Herr*« wird ja in Israels Heiligen Schriften sehr oft auf Gott bezogen. Gott und ein Sünder aber passen nicht zusammen. So »fiel Petrus« , hier feierlich mit beiden Namen »*Simon Petrus*« genannt, im Angesicht all dieser Ereignisse (»als er sah«: Jesu Verkündigung, Jesu Befehl, den wunderbaren Fischzug) »Jesus zu Füßen«. Es ist der erste Fußfall, von dem wir im Lukasevangelium erfahren. Und er gilt nicht dem Kaiser in Rom, nicht irgendeinem der Weltherrscher (vgl. 4,5ff). Er gilt dem »*Meister*«, dem »*Herrn*« aller Herren: Jesus. Aber Petrus will keine Huldigung anbringen, keine seine Karriere fördernde Bitte aussprechen. Statt dessen »*sagte er: Geh weg von mir, Herr*!« Sie sind beide noch im Boot. Jesus soll ihn also verlassen. Nicht mehr ins schwiegerelterliche Haus nach Kapernaum kommen. Nicht mehr seine Freundschaft in Anspruch nehmen. »*Geh weg*« (oder: »Geh hinaus« = aus dem Boot): so hart spricht Petrus. Und er begründet seine Worte selbst: »*Denn ich bin ein Sünder.*« Denkt Petrus an 2 Mo 33,20, wo Gott sagt: »Kein Mensch wird leben, der mich sieht«? Denkt er an die vielen Aussagen der Bibel, wonach Menschen Gott nicht schauen dürfen (vgl. 1 Mo 32,31; Ri 6,22f; 13,22f; Jes 6,5; 33,14)? Dann könnten wir seine Worte am ehesten begreifen. Dann wäre aber auch klar, daß er Jesus als Gott betrachtet hat. »*Ich bin ein Sünder*«: Das bedeutet eine tiefe Demütigung. Denn dies sagt der fromme Petrus, der sich am Jordan von Johannes taufen ließ (Joh 1,35ff); der fromme Petrus, dessen Haus sich Jesus als Zentrale erwählt hatte. Und gerade der fromme Jude Petrus macht hier reinen Tisch, indem er sagt: »*Ich bin ein Sünder.*« Nach seiner eigenen Einschätzung ist er nicht besser als Zachäus (19,7) oder der Zöllner im Tempel (18,13). Mag die Bootsbesatzung doch zuhören!

Und wieder muß sich der heutige Leser fragen: Wo habe ich meine Sünde eingestanden? Wo sie vor Gott bekannt? Wo ist mir klargeworden, daß ich bei Gott keinerlei Ansprüche habe, weil ich ein Sünder bin?

Petrus erlebte den »*Fischfang*« nicht als Gnade oder Segen, sondern als »*Schrecken*« (V. 9). Das heißt, er erlebte ihn als Gegenwart Gottes, die den sündigen Menschen im Gericht verzehrt. »*Allen*« anderen, die »*mit ihm*« waren, ging es ebenso (vgl. 1,12; 4,36).

Zwei, die besonders beeindruckt waren, werden erwähnt: »*Jakobus und Johannes, die Söhne des Zebedäus*« (V. 10). Neben Petrus und Andreas werden sie die führenden Jünger Jesu (vgl. Mt 17,1; Mk 5,37; Lk 9,54; Joh 21,2; Apg 3,1; Gal 2,9; Offb 1,9). Nun erleben wir ihre Berufung in die Jüngerschaft (vgl. Mt 4,21f; Mk 1,19f). Wir erfahren, daß sie »*die Geschäftspartner des Simon waren*« (V. 10). Das Genossenschaftswesen ist also älter als das Neue Testament. Auch »*Jakobus*«, der als der ältere hier zuerst genannt wird, und »*Johannes*«, der der bedeutendere von ihnen wurde, verstanden, daß Gottes Gegenwart (»Schechina« sagt der Jude) in der Gestalt Jesu unter ihnen wohnte. »*Schrecken hatte*« auch sie »*erfaßt*« (V. 9).

Jesu Reaktion ist total anders, als Petrus erwartet haben mochte. Unendlich barmherzig »*sagte er zu Simon: Fürchte dich nicht!*« (V. 10). In der Bibel signalisiert dieser Zuspruch, daß Gott mit dem Betreffenden noch etwas vorhat. Im Falle des Petrus ist dies eine spezielle Aufgabe: »*Von nun an wirst du Menschenfischer* (wörtlich: ein Menschen Fangender) *sein.*« Ein Berufselement des Petrus bleibt; er wird auch künftig »*Fischer sein*«. Seine Person wird nicht ausgewechselt. Jesus knüpft an die natürliche Begabung als »Fischer« an.

Als solcher kommt Petrus nach Rom. Als (Menschen-)Fischer erleidet er dort den Märtyrertod. Als Fischer ist er unter dem »Petersdom« begraben. Aber es geht jetzt um einen geistlichen Fang: »*Menschenfischer*«. D.h. Petrus wird Missionar. Als solchen treffen wir ihn in 1 Kor 9,5 und Gal 2,11ff, ja schon in Apg 9,32ff und 10,1ff Größer noch ist die Verheißung von Mt 16,18f. Eine unglaubliche Perspektive tut sich vor Petrus auf! Warum? Weil er bekannt hat, »*ein Sünder*« zu sein. »Den Demütigen gibt Gott Gnade«, wie Petrus schreibt (1 Petr 5,5).

Wir haben hier also die Berufung des Petrus vor uns. Lukas beschreibt sie in 5,1ff ausführlich, während sie Matthäus und Markus nur knapp berichten (Mt 4,18 ff; Mk 1,16 ff).

Aber konnte Petrus diese Verheißung überhaupt verstehen? Antwort: Ja. Denn schon im AT ist der »*Menschenfischer*« als der endzeitliche Missionar angekündigt (Jer 16,16; Hes 47,10; vgl. Mt 13,47 ff). Hochinteressant ist übrigens im Griechischen die Wortbedeutung von »*Menschenfischer*«: Im Urtext heißt es ganz wörtlich »lebend fischen« oder »fürs Leben fischen«.

Das Wichtigste an V. 11 ist die Mehrzahlform: »*Sie brachten die Boote ans Land und verließen alles und folgten ihm nach.« Also auch Jakobus und Johannes! Also auch Andreas!* (vgl. Mt 4,18 ff; Mk 1,16 ff). Jede Umkehr besteht aus Abkehr und Hinkehr. Die Abkehr heißt hier: »*Sie verließen alles*« (vgl. Mt 19,27; Lk 5,28; 14,33; 18,28). Die Hinkehr heißt: »*sie folgten ihm nach.*« »*Alles*« haben sie verlassen: die Boote, die Fischergenossenschaft, den bisherigen Beruf, den Vater, die Ehefrauen, Häuser, die Familien, den Besitz, die bisherige Heimat. Lohnte sich das? Ja, weil sie »*Jesus nachfolgten*«. Denn wer ihn, Jesus, den Sohn Gottes, hat, der hat das Leben (1 Joh 5,12). Nachfolge kann man nicht »zusätzlich« ableisten. Nachfolge ist das Leben. »Ein Nachfolger Christi ist ein Christ«, sagte Hans Schlaffer in der Reformationszeit.

Und noch einmal erheben sich vor dem heutigen Leser einige Fragen: Ist er bereit, Jesus an die erste Stelle in seinem Leben zu setzen? Muß er alles zurückzustellen, um das ewige Leben zu gewinnen? Oder wieviel muß Gott noch in seinem Leben tun, um ihn an den Punkt von Lk 5,11 zu bringen?

Halten wir das Ergebnis fest: In Lk 5,1-11 wird geschildert, wie Petrus, Jakobus, Johannes und Andreas in die Jüngerschaft berufen werden. Petrus, aber auch die andern (vgl. Mt 4,18ff; Mk 1,16ff), treten unter eine riesige Verheißung: Sie werden »Menschenfischer« sein, d.h. Menschen fürs ewige Leben und für das Reich Gottes gewinnen.

Vorschlag zur Bibelarbeit über Lukas 5,1-11

1. Einleitung:

a) Hier ist es besonders wichtig zu überlegen: Worauf will dieser Abschnitt hinaus? Wir sollten hier deutlich machen, wie ein Mensch zum Mitarbeiter Jesu wird.
b) Notwendig ist auch die Erfassung des Lebensganges des Petrus: Erste Bekanntschaft mit Jesus am Jordan (Joh 1,41f) – jetzt Berufung in die Jüngerschaft als Mitarbeiter Jesu – später Wahl in den Zwölferkreis (Lk 6,12ff) usw.
c) Gut wäre auch eine Vertrautheit mit dem Leben am See und mit dem Fischfang. Kommentar und Lexika zu Rate ziehen!
d) Viele Möglichkeiten einer Überschrift bieten sich an: »Du bist gemeint!« – »Konsequenzen eines Fischzugs« – »Das Wort ernstnehmen« usw. Wir wählen als Überschrift »Beauftragt«.

2. Durchführung: »Beauftragt«

a) Beauftragung beginnt beim Ruf

Jesus kann allen das Wort Gottes sagen – Das fasziniert die Menschen: Erstaunlicherweise kommen sie wegen des Worts, und nicht wegen des Wunders (V.1!) – Nach dem Hören kommt das Nachdenken – Jesus redet nicht ständig, sondern schafft die Möglichkeit, still zu werden und in der Stille die Konsequenzen zu ziehen (V.3-4) – Doch nun kommt in V.4 das spezielle Wort an Simon – Nicht Simon Petrus beginnt dieses Gespräch, sondern Jesus – Das ist ein geistliches Gesetz der Bibel: Unser Auftrag beginnt mit dem Reden Jesu.

b) Beauftragung fordert unser Vertrauen heraus

Simon ist Fachmann und muß von daher Jesu Wort als seltsam, ja als falsch empfinden – Aber er kennt Jesus schon vom Jordan her – Er hat schon Vertrauen und Respekt gewonnen – Jetzt bleibt er auf dieser Vertrauenslinie: »*Auf dein Wort*« hin will er dem »*Meister*« gehorchen – Wo ist bei uns eine solche Offenheit für das Wort Jesu, eine solche Wagnisbereitschaft und ein solches Vertrauen?

c) Beauftragung setzt Reinigung voraus

Das Wunder des Fischzugs – Alles staunt – Die Reaktion von Simon Petrus aber ist für den modernen Leser ganz überraschend: »*Geh weg von mir!*« – Was steckt dahinter? – Die Erkenntnis der eigenen Sünde gegenüber dem göttlichen, sündlosen Jesus – Damit auch die Erkenntnis, zu einer wahren Gemeinschaft mit diesem Jesus nicht fähig zu sein – Der ehrfürchtige Schrecken vor der Göttlichkeit Jesu – Doch Jesus tröstet ihn: »*Fürchte dich nicht!*« – Aber Aussprechen unserer Schuld und Erkenntnis unserer Unwürdigkeit sind bis heute wesentliche Elemente unserer Beauftragung -Wer meint, er sei ohne Sünde, und wer meint, eine Zierde für Jesus zu sein, ist untauglich für die Mitarbeitermannschaft Jesu.

d) Beauftragung beruht auf der Verheißung

»*Du wirst Menschen fangen*« (V.10) – Das ist Auftrag zur Mission – Das ist Anknüpfung an den bisherigen Beruf (Petrus als Fischer) – Das ist aber auch Erfüllung endzeitlicher Verheißung (Jer 16,16) – Vor allem aber ist es Zusage: »*Du wirst*«!, nicht bloß eine Vermutung: »*Ich hoffe, du wirst...!*« – Weil Jesus uns eine Verheißung gibt, können wir seine Mitarbeiter sein, voller Freude – Ist uns schon klar, wo unser persönlicher Platz in der Mitarbeiterschaft Jesu ist?

6. Die Heilung eines Aussätzigen (5,12-16)

Auch Matthäus (8,1-4) und Markus (1,40-45) berichten diese Heilung, wobei Matthäus den kürzesten Bericht schreibt. Auf jeden Fall gehört dieses Ereignis in die Frühzeit Jesu.

5,12-16: **(12) »Und es geschah, als er in einer der Städte war siehe, da war ein Mann voll Aussatz. Als der Jesus sah, fiel er auf sein Angesicht und bat ihn: Herr, wenn du willst, kannst du mich reinigen. (13) Und er streckte die Hand aus und berührte ihn und sagte: Ich will es, werde rein! Und sofort wich der Aussatz von ihm. (14) Und er befahl ihm, mit niemand darüber zu reden: Sondern geh hin und zeige dich dem Priester und bring ein Opfer dar für deine Reinigung, so wie es Mose geboten hat, ihnen zum Zeugnis. (15) Aber die Rede von ihm verbreitete sich desto mehr, so daß große Volksmassen zusammenströmten, um zuzuhören und von ihren Krankheiten geheilt zu werden. (16) Er aber zog sich immer wieder in die Einsamkeit zurück und betete!«**

Diese Heilung ist eingebettet in die Wanderpredigt. Die Wortverkündigung bleibt also immer das erste (vgl. auch Apg 6,4).

»*Es geschah, als er in einer der Städte war*«, eben zur Verkündigung des Reiches Gottes (vgl. V. 12 mit 4,43f). Welche »Stadt« war es? Nach Mt 8,1ff; Mk 1,40ff jedenfalls nicht Kapernaum. War es Chorazin? War es Betsaida? Vgl. Mt 11,20ff; Lk 10,13 ff. Jedenfalls war die Entfernung nach Kapernaum nicht allzu groß (vgl Mt 8,1 ff mit Mt 8,5 ff).

»*Siehe, da war ein Mann voll Aussatz*« (V. 12, griechisch »lepra«). Wer aussätzig war, mußte außerhalb der Ortschaften wohnen (4 Mo 5,2 ff), »zerrissene Kleider tragen und das Haar lose und den Bart verhüllt, und rufen: Unrein, unrein!« (3 Mo 13,45). D.h. der Betreffende war von jeder menschlichen Gemeinschaft, auch der Familie, und von jedem Gottesdienst ausgeschlossen. Die Not war unvorstellbar.

Der Kranke erblickte den durchwandernden Jesus (»*Als der Jesus sah*«). Trotz des Gebots, sich von anderen Menschen wegen der Ansteckungsgefahr fernzuhalten (vgl. 17,12f.), wagte er es, auf Jesus zuzutreten. »*Er fiel auf sein Angesicht und bat ihn: Herr, wenn du willst, kannst du mich reinigen.*« Im Orient »*fiel*« man bei Bitten nieder und berührte mit dem »*Gesicht*« den Boden. Das sollte die Not und dazu die Hochachtung vor dem Höhergestellten ausdrücken.

Was für ein vorbildliches Gebet! Die Anrede »*Herr*« läßt Jesus die volle Souveränität. »*Wenn du willst*« erinnert an das Gethsemanegebet (22,42). Der Kranke läßt es Jesus frei, was er tun will. Jesu Wille und nicht sein eigener Wille entscheidet. Vergleiche auch das Vaterunser (Mt 6,10). Aber das Vertrauen des Kranken ist unbegrenzt. Jesus kann alles: »*Du kannst mich reinigen.*« Sogar der Aussatz muß schwinden, wenn Jesus es befiehlt. Immer mehr wird uns beim Lesen des Evangeliums klar: Jesus ist der Meister über die Natur, der Herr über Satan und die Dämonen, der Arzt für jede Krankheit.

Ohne Angst vor Ansteckung »*streckte Jesus die Hand aus und berührte ihn*« (V. 13). Warum macht Jesus so etwas? Genügt nicht ein Wort von ihm? Natürlich würde ein einziges Wort genügen (vgl. V. 5). Aber die Berührung gibt dem Kranken eine doppelte Gewißheit, a) daß Jesus sich ihm voll und ganz zuwendet, b) daß Jesus stärker ist als die ansteckende Krankheit.

Dann aber folgt der königliche Befehl Jesu: »*Ich will es, werde rein*!« – »*Ich will es*« ist die Antwort auf »*wenn du willst*« in V. 12. Jesus handelt wie ein König, dessen Wille alles erreicht, was er sich vornimmt. »*Werde rein*!« ist ein Befehl, der a) die Krankheit vertreibt und b) dem erschöpften Leib befiehlt, wieder heil zu werden. Tatsächlich »*wich der Aussatz sofort*«. Wörtlich heißt es sogar: »ging von ihm weg« wie eine Person, wie eine persönliche Macht, die in der Gegenwart Jesu nichts mehr verloren hat. So stark ist Jesus! Und wieder ist klar, daß Jesus kam, um Satan und Tod zu besiegen. Wo der Kaiser von Rom irdische militärische Siege feiert, da feiert der Messias viel größere, nämlich himmlische und geistliche.

»*Und er befahl ihm, mit niemand darüber zu reden*« (V. 14). Was soll dieses Gebot? Es findet sich häufig in den Evangelien (vgl. Mt 9,30; Mk 1,34; 3,12; 5,43; 7,36; 8,26.30; 9,9; Lk 8,56; 9,21). Die Religionsschüler und Theologiestudenten kennen es unter dem Stichwort »Messiasgeheimnis«. Das bedeutet nach vielen Auslegern: Jesus wollte noch nicht der Messias sein; erst die Gemeinde habe ihn dazu gemacht. Die Gemeinde habe also solche Verbote, »mit jemand darüber zu reden«, nachträglich in die Berichte eingefügt, um zu erklären, warum die jüdischen Augen- und Ohrenzeugen noch nichts von einem Messiasanspruch Jesu gehört hätten. Diese Theorie entlarvt sich durch ihre Künsteleien selbst. Was aber dann? Alle diese Verbote finden sich nur *vor* der Auferstehung. *Nach* der Auferstehung jedoch sollen die Jünger frei über dies alles reden (Mk 9,9). Das heißt: Jesus wünschte vor seinem Kreuzestod noch keine Missionspropaganda; denn bis zum Kreuz stand er ja in der Versuchung, abzufallen. Erst als er sagen konnte: »Es ist vollbracht« (Joh 19,30), hatte er sich bewährt und konnte von da an als der Messias verkündigt werden. Vor dem Kreuzestod aber sollen die Menschen in der direkten Begegnung mit ihm und nicht durch Missionspropaganda zum Glauben kommen.

Im Falle des Aussätzigen kommt ein weiterer Gesichtspunkt hinzu: Jesus testete durch dieses Verbot seinen Glauben.

Getestet wurde sein Glaube aber auch durch die folgende Anordnung: »*Geh hin*« – hier wechselt der Lukasbericht zur direkten Rede — »*und zeige dich dem Priester und bring ein Opfer dar für deine Reinigung.*« Gerade das, sagt Jesus nach allen drei Evangelienberichten (Mt 8,4; Mk 1,44; Lk 5,14), hat ja »*Mose geboten*«. Man vgl. dazu 3 Mo 14,1ff. Das »*Opfer für die Reinigung*« betrug demnach zwei männliche Lämmer plus ein einjähriges Schaf plus drei Zehntel Mehl plus ein Becher Öl. War man arm, dann genügten als Opfer ein männliches Lamm plus ein Zehntel Mehl plus ein Becher Öl plus zwei Tauben. Der »*Priester*« aber war nach 3 Mo 13 und 14 sowohl zur Feststellung des Aussatzes als auch zur Feststellung der Heilung befugt. Er fungierte demnach als oberste Gesundheitsbehörde.

Der Gang nach Jerusalem soll nach dem Willen Jesu »*ihnen zum Zeugnis*« dienen (V. 14). Was heißt das? Daß allen anwesenden Priestern und allen sonstigen Anwesenden (»*ihnen*«!) klar wird, daß Jesus sogar vom Aussatz heilen kann. Damit aber »setzt er Gebundene in Freiheit« (4,18). Dann ist es mindestens möglich, daß er der Messias ist (vgl. Mt 11,5). Der Geheilte soll ihnen also ein »*Zeugnis*« über die Messianität Jesu verschaffen. So vereinigen diese Heilungen beides: a) Sie helfen den geplagten Menschen, denen sonst niemand helfen kann; b) sie bezeugen, daß Jesus wirklich der Messias ist (Mt 11,2ff; Joh 10,37f; 20,30f). Wunder aber ersetzen noch nicht den Glauben. Sie sind lediglich *Hilfen zum Glauben*.

Die Bedeutung von Lk 5,14 ist damit noch nicht erschöpft. Vielmehr enthält der Befehl, nach Jerusalem zu gehen, drei weitere wichtige Punkte: Erstens spricht Jesus hier ganz positiv von »*Mo-*

se«. Das stimmt mit den übrigen Aussagen Jesu bestens überein, in denen Mose immer wieder gelobt und gewürdigt wird (vgl. Mt 23,2; Joh 3,14; 5,45ff; 7,19ff). Jesus hat sich nie als ein Kritiker des Mose verstanden (auch nicht in Mt 19,3ff!). Zweitens spricht Jesus hier positiv vom »*Priester*«. Er hat die Priester und den Tempel wertgeachtet (vgl. Mk 11,15ff). Das zeigt, daß Jesus kein Revolutionär war. Vielmehr ordnete er sich den staatlichen Organen unter. Es gibt keinen einzigen Aufruf Jesu gegen die römische Besatzungsmacht oder gegen die jüdischen Behörden. Dadurch, daß Jesus den Geheilten zum Priester schickt, bejaht er auch das Amt des Priesters für seine Zeit (vgl. Mt 22,15ff; Lk 13,1ff; 17,14; Joh 18-19). Drittens zeigt sich hier die gesetzestreue Praxis Jesu. So wie Jesus selbst das Gesetz hielt (vgl. Mt 5,17; Joh 8,46), so soll es auch der Geheilte halten. Dieser Sachverhalt erinnert uns daran, daß Jesus nicht wegen Gesetzesbruch, sondern wegen seiner Aussage, Gottes Sohn zu sein, hingerichtet wurde.

Jesus wollte keine Propaganda. Doch das Gegenteil trat ein: »*Die Rede von ihm verbreitete sich desto mehr*« (V. 15). Wer daran schuld war, sagt Lukas nicht. Markus dagegen gibt Auskunft: Es war der Geheilte selbst (Mk 1,45). Er hat also seinen Glaubenstest nicht bestanden.

Infolgedessen »*strömten große Volksmassen zusammen, um zuzuhören und von ihren Krankheiten geheilt zu werden*« (V. 15).

So etwas ist mehrfach passiert (vgl. Mt 9,31; Mk 7,36; Lk 4,14.37). Es ist aber typisch für Lukas, daß er zuerst vom »*Zuhören*« spricht. Denn das Wort rangiert in seinem Evangelium vor dem Wunder.

Am Ende unseres kleinen Berichtes in Lk 5,12-16 steht kein triumphierender Jesus. Hier steht ein einsamer und betender Jesus vor uns: »*Er aber zog sich immer wieder in die Einsamkeit zurück und betete*« (V. 16). Warum? Der Ausleger F.Godet bemerkte vor 100 Jahren: Jesus wollte »seine Thätigkeit vor aller geistigen Entartung ... bewahren, indem er einen Teil seiner Zeit der inneren Sammlung und dem Gebet widmete .... Das Gebet war das Gegengewicht, welches er allen Gefahren entgegenstellte, die fortwährend von innen oder von außen sein Werk bedrohten«. Dem ist wenig hinzuzufügen. Jesu Vollmacht in der Predigt, in der Seelsorge und im Wunder hing am Gebet. Er war verführbar wie wir und konnte die falschen Erwartungen, die ihn zum Nationalhelden und zum Revolutionär machen wollten, nur durchs

Gebet bekämpfen und überwinden. Er brauchte Zeit und »*Einsamkeit*«. Wohin er auch immer kam, er kam aus der Stille. Was für ein Unterschied zu den Triumphatoren der Weltreiche! (vgl. Mt 14,23; Mk 1,35; Lk 6,12; 9,18.28; 11,1).

Vorschlag zur Bibelarbeit über Lukas 5,1-11

1. Einleitung:

a) Wir erarbeiten die soziale und religiöse Situation, in der sich damals die Aussätzigen befanden.
b) Wir fragen nach dem Vorbildhaften: Wo ist das Gebet des Aussätzigen für uns vorbildlich? Wo ist das Schweigegebot Jesu für uns auch heute noch eine Hilfe? Wo ist der geistliche »Rückzug« Jesu für uns ein Vorbild? Kann im Gehorsam gegenüber Moses Gebot für uns etwas Vorbildliches liegen?
c) Wir stoßen hier nach 3,21 und 4,42 erneut auf den Beter Jesus. Es wäre schön, wenn wir die Bedeutung des Gebets für Jesus ein wenig nachgehen können.
d) Als Überschrift schlagen wir vor:»Der Mensch braucht körperliche und geistliche Hilfe«.

2. Durchführung: »Der Mensch braucht körperliche und geistliche Hilfe«

a) Die eigene Kraft versagt

Hier ist ein Aussätziger – Nach dem alten israelitischen Recht ist er vom gesellschaftlichen und religiösen Leben ausgeschlossen – Sogar von der Familie – Vielleicht hat dieser Aussätzige sein Leben tapfer zu bewältigen versucht – Aber nun schreit er um Hilfe – Wo sind wir selber hilfsbedürftig? – Haben wir auch jemand, an den wir uns um Hilfe wenden können?

b) Wir können nicht Gott unseren Willen aufzwingen

Das ist das Vorbildhafte, daß dieser Aussätzige sagt: *»willst du«!* – Er befiehlt Jesus nicht zu helfen – Er überläßt alles dem Willen Jesu und das heißt zugleich: dem Willen Gottes – Wo wollten wir selbst Gott etwas befehlen? – Oder sind wir geistlich schon so weit, daß wir ebenfalls sagen können: »wenn du willst«? – Aber wir können vertrauen und alles auf eine Karte (Jesus) setzen – So sagt dieser Aussätzige: *»Du kannst mich reinigen«* – Wo haben wir auch so gesprochen?

c) Körperliche und geistliche Hilfe kommt in jeder Beziehung durch Jesus

Das Wunder der Heilung – Aber die körperliche Heilung ist mit geistlichen Vorgängen engstens verknüpft – Z.B. mit dem Gehorsam des Aussätzigen, der zum Priester muß – Z.B. mit dem Schweigenkönnen (hier versagt aber der Aussätzige nach Mk 1,45!) – Jesus ist kein politischer Revolutionär und hält sich deshalb an die alttestamentliche Ordnung *(»zeige dich dem Priester und opfere«)* – Er gibt seine Hilfe nicht durch äußeren Umsturz, sondern durch die innere Veränderung des Menschen – Er macht den bisher Aussätzigen gerade innerhalb der bestehenden Strukturen zu seinem Zeugen – Die Heilung des Mannes ist erst abgeschlossen, wenn er auch die geistliche Hilfe angenommen und erfahren hat – Dann ist er wirklich Zeuge – Jesu eigenes Gebet ist uns noch einmal ein Hinweisschild, daß wir geistlich mit Gott eins werden müssen – Haben wir *beides* schon im eigenen Leben erfahren: Die körperliche *und* die geistliche Hilfe durch Jesus?

7. Die Heilung eines Gelähmten (5,17-26)

Berühmt geworden ist diese Geschichte unter dem Namen »Die Heilung des Gichtbrüchigen«.

Sie wird in drei Evangelien erzählt (Mt 9,1-8; Mk 2,1-12; Lk 5,17-26). Dabei ist der Bericht des Lukas am ausführlichsten.

5,17: **»Und es geschah an einem der Tage, daß er lehrte, und daß Pharisäer und Gesetzeslehrer dasaßen, die aus allen Dörfern Galiläas und Judäas und aus Jerusalem gekommen waren. Und die Kraft des Herrn war dabei, so daß er heilen konnte.«**

Das folgende Ereignis »*geschah an einem der Tage*« in der Frühzeit des Wirkens Jesu. Sowohl Lukas als auch Matthäus und Markus lassen deutlich erkennen, daß diese Heilung an den Anfang des Wirkens Jesu gehört.

»*Er lehrte*«: Jesus ist bei seiner typischen Tätigkeit (vgl. 4,15.31f; 5,1). Man könnte meinen, er sei in einer Synagoge, wenn nicht Mk 2,1ff deutlich machen würde, daß Jesus sich in einem Privathaus in Kapernaum aufhält.

Unter den Hörern sind »*Pharisäer und Gesetzeslehrer*« – mit einem Wort: pharisäische Schriftgelehrte. Die Pharisäer hatten weitaus mehr Offenheit für Jesus als beispielsweise die Sadduzäer. »*Sie waren aus allen Dörfern Galiläas und Judäas und aus Jerusalem gekommen.*« Hier fällt auf, daß von »*Dörfern*« die Rede ist. Man muß jedoch damit rechnen, daß es a) in den größeren jüdischen Dörfern Synagogen gab und daß b) auch in den kleineren Ortschaften Mitglieder der pharisäischen Genossenschaften lebten. Warum aber sind Leute »*aus Jerusalem*« da? Vermutlich haben solche Geheilte wie derjenige aus V. 12-16 den Ruf Jesu bis nach Jerusalem getragen. Außerdem wanderte Jesus mehrere Male nach Jerusalem, was allerdings nur Johannes berichtet (vgl. Joh 2,13ff; 5,1ff; 7,10ff). Sollte Jesu Lehre evtl. offiziell geprüft werden?

Seltsam ist der Schlußsatz von V. 17: »*Und die Kraft des Herrn* (= Gottes) *war dabei, so daß er heilen konnte.*« Offensichtlich bekam Jesus vom Vater die »*Kraft zu heilen*« nicht immer gleich. Vielmehr rüstete ihn der Vater für besondere Augenblicke auch mit besonderer Kraft aus. Die Weisung zu solchen Wundertaten erhielt Jesus im Gebet (vgl. V. 16). Vgl. 6,19; 8,46.

5,18-19: **(18) »Und siehe, Männer bringen auf einem Bett einen Menschen, der gelähmt war, und suchten ihn hineinzuschaffen und vor ihm niederzulegen. (19) Und da sie wegen der Menge keinen Weg fanden, auf dem sie ihn hätten hineinschaffen können, stiegen sie aufs Dach und ließen ihn durch die Ziegel hinunter mitsamt der Liege, mitten hinein gerade vor Jesus.«**

Der Bericht wird hier ganz lebhaft. Gegenwartsform (»*bringen*«) und Vergangenheitsform wechseln sich ab. Der Satzbau ist semitisch wie in V. 17. Vermutlich haben diejenigen Ausleger recht, die annehmen, Lukas habe hier eine mündliche oder sogar schriftliche Vorlage aus dem Judenchristentum vor sich gehabt.

Während der Verkündigung Jesu (V. 17) tauchen »*Männer*« auf, die »*auf einem Bett einen Menschen bringen*«. Nach Mk 2,3 waren es vier »*Männer*«. Für »Bett«, »Liege«, »Lager« und »Bahre« hat das Griechische ein und dasselbe Wort. Vermutlich bestand das »Bett« aus einer zusammenrollbaren Matte (V. 24f). »*Gelähmte*« gab es damals in Massen (vgl. Mt 4,24; 8,5f; Apg 8,7; 9,33). Mehrmals nahmen die Träger des Gelähmten einen Anlauf, um »*ihn hineinzuschaffen*«. Das heißt, sie wollten ins Innere des Hauses gelangen, wo Jesus lehrte. Ihre Absicht war, »*ihn vor ihm* (= Jesus) *niederzulegen*«. Das »*Niederlegen*« bedeutet praktisch die Bitte um Heilung. Die Männer – einschließlich des Gelähmten? – vertrauten also darauf, daß Jesus die Macht zur Heilung besaß.

Die »*Menge*« versperrte den »*Weg*«. Wer die engen Gäßchen des alten Kapernaum sieht, kann sich dies ohne weiteres vorstellen. Aber die Männer waren zäh, weil sie große Hoffnungen in Jesus setzten. So »*stiegen sie aufs Dach*« (V. 19). Das war auf zweierlei Weise möglich: Entweder stiegen sie die Außentreppe hinauf, die vom Erdboden direkt aufs Dach führte, oder sie kamen über ein oder mehrere Nachbardächer.

Die Zähigkeit dieser Männer überwand auch das Hindernis der Dach-Abdeckung: »*Sie ließen ihn durch die Ziegel hinunter mitsamt der Liege.*« Weil in Mk 2,4 vom »Ausgraben« des Daches die Rede ist, konstruieren viele Ausleger einen Widerspruch zwischen Markus und Lukas. Markus berichte von einem Lehmdach, wie es im Israelland üblich gewesen sei, das man habe durchgraben können. Lukas berichte fälschlicherweise von einem Ziegeldach, wie es in der griechischen Welt üblich gewesen sei; dieses habe man nicht durchgraben, sondern nur abdecken können.

Die Annahme eines Widerspruchs ist aber unbegründet, denn a) wissen wir nicht, ob das Wort »ausgraben« nicht auch auf Ziegeldächer anwendbar war; b) wissen wir nicht, ob damals nicht schon solche Ziegeldächer auch im Israelland verbreitet waren; c) ist eine Schicht Ziegel über einem Lehmdach durchaus vorstellbar.

Wir gehen also davon aus, daß Lukas gegenüber Markus insofern genauer berichtet, als er von »*Ziegeln*« spricht. Die Männer räumten diese Ziegel beiseite und »*ließen den Gelähmten mitsamt der Liege*« (mit Stricken?) durch die entstandene Öffnung hinab. Offensichtlich besaß das Haus nur ein einziges Stockwerk. So landete der durch das Dach Herabgelassene exakt »*vor Jesus*«. Und weil Jesus in einem mit Menschen gefüllten Raum saß, kam der Gelähmte »*mitten*« in sie »*hinein*«.

Es wird still geworden sein in jenem Raum. Man spürt im Bericht die Spannung unter den Anwesenden: Was würde nun geschehen?

5,20-26: **(20) »Und als er ihren Glauben sah, sagte er: Mensch, deine Sünden sind dir vergeben. (21) Da begannen die Schriftgelehrten und die Pharisäer zu überlegen: Wer ist der, der da Gotteslästerungen ausspricht? Wer kann Sünden vergeben außer Gott allein? (22) Jesus aber erkannte ihre Überlegungen und gab ihnen zur Antwort: Was überlegt ihr in euren Herzen? (23) Was ist leichter? Zu sagen: Deine Sünden sind dir vergeben? Oder zu sagen: Steh auf und geh umher? (24) Damit ihr aber wißt, daß der Menschensohn Vollmacht hat, Sünden auf der Erde zu vergeben sagte er zu dem Gelähmten: Ich sage dir, steh auf und nimm deine Liege und geh nach Hause! (25) Und sofort stand er auf vor aller Augen, nahm, worauf er gelegen hatte, ging nach Hause und pries Gott. (26) Und Fassungslosigkeit packte alle, und sie priesen Gott und wurden voller Furcht und sagten: Heute haben wir Ungeheuerliches gesehen!«**

In die Spannung hinein sagt Jesus nur den kurzen Satz: »*Mensch, deine Sünden sind dir vergeben*« (V. 20). Er sagt tatsächlich »*sind vergeben*«, d.h. sie sind Vergangenheit. In der grammatischen Form »*sind vergeben* (worden)« ist auch angedeutet, daß Gott selbst sie vergeben hat.

Bevor wir weitergehen, halten wir dreierlei fest: a) Nur Gott kann Sünde vergeben. Die Überlegungen der Schriftgelehrten in V. 21 müssen also notwendigerweise kommen. Ja, Jesus hat sie geradezu herausgefordert. b) Jesus gibt der Sündenvergebung Priorität vor der Heilung. In der Tat ist es wichtiger, Vergebung der Sünden zu haben, als gesund zu sein. c) Die Anrede »*Mensch*« ist offenbar bewußt gewählt. Sie läßt erkennen, daß Jesus jeden Menschen als Sünder betrachtet, während er selbst als der sündlose Gottessohn diesen Menschen gegenübertritt.

Lukas nennt auch den Grund, der Jesus zu diesem Satz bewegt hat: »als er ihren Glauben sah«. Alle drei evangelischen Berichterstatter haben diesen Satz in wörtlicher Übereinstimmung! »*Glaube*« bewegt also Jesus zur Hilfe. Das ist bis heute so geblieben. Jeder Glaube erhält vom Herrn eine angemessene Antwort. Hier ist es ein »Mehrzahl-Glaube«: die Träger, vielleicht auch der Kranke selbst, sind Glaubende. Bei den Trägern kann man von einem »Für-Glauben« sprechen, d.h. einem Glauben, der für andere (hier: für den Kranken) glaubt. Auf jeden Fall üben sie praktische Fürbitte. Wie weit reicht ein solcher »Für-Glaube« und eine solche »Für-Bitte«? Bis zur Sündenvergebung zugunsten dessen, für den man glaubt und bittet. Das ist z.B. für Eltern wichtig, die für ihre Kinder glauben und bitten. Für-Glaube und Für-Bitte reichen aber niemals so weit, daß sie die Glaubensentscheidung eines anderen Menschen ersetzen könnten. Durch *meinen* Glauben oder *mein* Gebet kann also kein anderer, nicht einmal mein eigenes Kind, ins Reich Gottes kommen. Denn die Rettung aus dem Gericht und das Geschenk des Reiches Gottes muß persönlich angenommen werden (vgl. Mk 16,16).

Wir kommen also durch Lk 5,20 und die Parallelstellen auf ganz entscheidende Punkte unseres christlichen Glaubens. Wir lernen auch aus Lk 5,20, daß »*Glaube*« u.U. sichtbar ist, z.B. an bestimmten Äußerungen unserer Praxis (vgl. Jak 2,18).

Nach diesem Vorgang ist es klar, daß die »*Schriftgelehrten und die Pharisäer zu überlegen begannen*« (V. 21). Ob schweigend oder hörbar, kann hier offen bleiben. Mt 9,3f und Mk 2,6 ff deuten allerdings auf ein schweigendes Nachdenken. Ihre Frage lautet: »*Wer ist der, der da Gotteslästerungen ausspricht?*« Sie denken also nicht über die Möglichkeiten eines Wunders nach und auch nicht darüber, ob der Gelähmte diese oder jene Sünde begangen habe. Sie sind voll konzentriert auf den einen: Jesus. »*Wer ist der?*« das ist immer wieder die erstaunte Frage, wenn man es mit Jesus zu tun bekommt (vgl. 7,19; 8,25). »*Er spricht Gotteslästerungen aus*«: Das ist ihr Tatbestand. Denn nach ihrer Auffassung kann keiner »*Sünden vergeben außer Gott allein*«. Diese Auffassung ist gut begründet durch 2 Mo 34,6f; Ps 103,3; 130,4; Jes 43,25; 55,7. Mit einem Wort: Sie haben recht. Aber wenn Jesus »*Gott*« ist? Dann hat Jesus recht. So kommen wir auf den Kern des Persongeheimnisses Jesu.

Wir halten nur noch fest, daß der Vorwurf der »*Gotteslästerung*« Jesus bis in den Prozeß hinein begleitete und dann zu seiner Hinrichtung führte (vgl. Lk 7,48f; Joh 10,33; Mt 26,65; vgl. 3 Mo 24,16).

»*Jesus erkannte ihre Überlegungen*« vermutlich im Heiligen Geist (vgl. Mt 12,25; 16,8; 22,18; Lk 6,8; 9,46f; 11,17; Joh 2,24f; 6,61 mit Jes 11,2). Er ging direkt auf ihre Überlegungen ein »*und gab ihnen zur Antwort*« (V. 22): »*Was ist leichter? Zu sagen: Deine Sünden sind dir vergeben? Oder zu sagen: Steh auf und geh umher*?« (V. 23). Diese Frage läßt nur eine Beantwortung zu: Keines von beiden »*ist leichter*«. Beides ist gleich schwer. Bei beidem bleibt allerdings auch ein Unsicherheitsfaktor zurück: Körperliche Heilungen vollbringt auch der Teufel (vgl. Mt 24,24; 2 Thess 2,9; Offb 13,12ff). Man ist allein aufgrund von Heilungen also nicht ohne weiteres sicher, *wer* da gehandelt hat. Sodann könnte die Sündenvergebung ja auch nur behauptet werden, ohne im Himmel Realität zu sein. Wie gewinnt man hier Klarheit? Nur durch das Experiment der Jesusnachfolge (Joh 7,17).

Ist aber beides echt und wahr, dann ist beides eine Tat Gottes: Sowohl die Vergebung als auch die Heilung. Denn Gott ist der Arzt für Leib und Seele (2 Mo 15,26).

Bedeutet nun nicht schon die Tatsache, daß Jesus ihre »*Herzens*«-Überlegungen »*erkannte*«, einen Hinweis darauf, daß er Gott ist (nach 1 Sam 16,7; 1 Chr 28,9; Lk 16,15)?

Dramatisch schildert Lukas in V. 24 den Fortgang. Er wechselt hier ganz plötzlich von der direkten Rede zur Form des Berichts.

»*Damit ihr aber wißt, daß der Menschensohn Vollmacht hat, Sünden auf der Erde zu vergeben*« (V. 24): Jesus will also den anwesenden Schriftgelehrten Ge-«*wiß*«-heit verschaffen. Warum? Damit er keinen Prozeß an den Hals bekommt? Das dürfte kaum der Grund gewesen sein. Denn Jesus ging später ganz bewußt in den Tod. Dann bleibt aber nur die andere Erklärung übrig: Weil er diese Schriftgelehrten liebte. Er wünschte, daß sie zur richtigen Erkenntnis ihres Messias kämen. Das ist heute noch das treibende Motiv für die christliche Mission unter Juden.

Erkenntnis brauchen sie darüber, »*daß der Menschensohn Vollmacht hat, Sünden auf der Erde zu vergeben*«. Hier muß man genau zuhören. Jesus sagt weder: »der Messias« noch: »der Davidssohn«. Denn beide können keine Sünden vergeben, weil sie königlich-politische Gestalten sind. Dagegen ist der »*Menschensohn*« nach Dan 7,13 eine himmlische Gestalt. Sie bezeichnet sehr exakt den vom Himmel gekommenen Gottessohn (vgl. Joh 3,13). Und dieser kann »*Sünden vergeben*«, weil er Gott ist! Er kann es »*auf der Erde*«, weil er auf die Erde herabgekommen ist.

Jesus will ihnen dafür ein Zeichen geben. Zeichen sind Glaubenshilfen (vgl. Joh 5,36; 10,37f). So »*sagte er zu dem Gelähmten: Ich sage dir, steh auf und nimm deine Liege und geh nach Hause*!« (V. 24). Manche Ausleger vermuten, das griechische Wort für den »*Gelähmten*« gehöre in die Fachsprache der Mediziner. Jedenfalls aber ist das »*Ich sage dir*« von einzigartiger Souveränität (vgl. Mt 5,22 ff). Jesus bittet nicht wie die »wundertätigen« Rabbinen: »Herr, heile du ihn!« Sondern er hat selbst in diesem Augenblick die göttliche Kraft der Heilung (V. 17). »*Steh auf*!« so wird Jesus einst auch die Toten rufen (vgl. Joh 11,43). Weder Tod noch Krankheit können ihm widerstehen, wenn er befiehlt: »*Steh auf*!« Zugleich aber wird der Wille des Kranken miteinbezogen. Er soll wirklich aufstehen, und das Heil mit diesem Glaubensschritt annehmen. Ganz ähnlich wird es ein wenig später am Teich Betesda sein (vgl. Joh 5,8). »*Nimm deine Liege*!« Der soeben Geheilte wird verantwortlich gemacht. Dieses kleine Stück Arbeit »*nimm*!« zeigt nicht nur die Heilung. Es ist auch ein Symbol für das Aufräumen mit der Vergangenheit. »*Geh nach Hause*!« (wörtlich: »geh in dein Haus«): Jesus zieht ihn aus der Masse heraus. Zuerst gehört er an seinen Platz in die Familie und soll dort ein Zeugnis ablegen. Die nächstliegenden sozialen Bindungen sollen zuerst wiederaufgebaut werden. Zu Hause kann er sich auch am ehesten über das Geschehen geistlich klarwerden.

Lukas berichtet in äußerster Knappheit, was nach dem Machtwort Jesu geschah. »*Und sofort stand er auf*« (V. 25): Das ist alles, was er über ein schier unglaubliches Wunder sagt. Als wäre der Mann gar nie gelähmt gewesen! So groß also ist Jesu Vollmacht. Sie entspricht dem Schöpfungswort in 1 Mo 1 und bringt eine neue Existenz hervor. »*Vor aller Augen*«: Dutzende von Kapernaumern wurden zu Augenzeugen. »*Er nahm, worauf er gelegen hatte.*« Was bisher trug, wird jetzt getragen. »*Er ging nach Hause*«: Sein erster Akt war ein Gehorsamsakt. »*Er pries Gott*«; also wußte er, daß Jesus von Gott gesandt war. Er hatte für seinen Lobpreis einen doppelten Grund: Er hatte ja sowohl die äußere Heilung als auch – an erster Stelle! – die Vergebung seiner Sünden empfangen. Ähnliches geschieht in Joh 5,8 ff.

»*Fassungslosigkeit packte alle*« (V. 26): Für »*Fassungslosigkeit*« steht im Urtext »Ekstase«. Das Normalbewußtsein reichte nicht mehr aus, um das Geschehen zu erfassen. »*Sie priesen Gott.*« Ob auch die pharisäischen Schriftgelehrten, bleibt offen. Aber diejenigen, die hier »*priesen*«, hielten es für ein echtes Gotteswunder, nicht für ein teuflisches oder dämonisches Wunder (vgl. dagegen Mt 12,24). Mit der Einschätzung als ein Gotteswunder hängt auch das Nächste zusammen: »*Sie wurden voll Furcht.*« Denn seit dem Sündenfall fürchtet sich der Mensch, wenn Gott gegenwärtig ist (vgl. 1 Mo 3,8). Aus den vermutlich vielen Reaktionen greift Lukas eine heraus: »*Heute haben wir Unglaubliches gesehen*!« Für »*Unglaubliches*« steht im Urtext »Paradoxes«. D.h., es überstieg alles Begreifen. Paradox ist es, daß ein Sünder ohne Verdienst Vergebung erhält. Paradox ist es zweitens, daß ein Gelähmter durch ein bloßes Machtwort auf der Stelle die Gesundheit erhält. Dieser Jesus paßt in keine Schablone. Er ist nirgends einzuordnen. Alle weltlichen Messiasse, selbst die Machthaber Roms, sind winzig klein gegen ihn! Vgl. 7,16; 18,43.

Halten wir noch einmal die wesentlichen Ergebnisse aus dem Studium von Lk 5,17-26 fest: a) Jesus ist der göttliche Menschensohn. b) Weil er göttlich ist, kann er Sünde vergeben und von jeder Krankheit heilen. c) Jesus sprengt das Maß aller menschlichen Vorstellungen.

Vorschlag zur Bibelarbeit über Lk 5,17-26

1. Einleitung:

a) Im Evangelienvergleich stellen wir zunächst einmal fest, wo die besonderen Züge des lukanischen Berichtes liegen.
b) Wir sollten aber nicht zu sehr in den geschichtlichen Fragen stecken bleiben. Vielmehr überlegen wir: Wo spricht uns diese Geschichte heute besonders an? Was hat sie in unsere weitgehend entchristlichte Umgebung hinein zu sagen?
c) Wir begegnen hier dem »Rätsel« Jesus. Wie wurde er von den verschiedensten Juden seiner Zeit beurteilt? Welchen Glauben forderte er?

d) Die Überschrift wird auch in diesem Falle durch unsere vorangehenden Gespräche mit Glaubenden und Nichtglaubenden in und außerhalb der Gemeinde geprägt sein. Wir entschließen uns bei unserem Vorschlag für die Überschrift: »Das ist wirklich unglaublich«.

2. Durchführung: »Das ist wirklich unglaublich«

a) Ein »unglaublicher« Mann – dieser Jesus

Wie viele behaupten heute, »Unglaubliches« leisten zu können oder »unglaubliche« Fähigkeiten zu haben! – Hier ist einer, von dem am Ende gesagt wurde: »Wir haben heute Paradoxes bzw. seltsame Dinge gesehen« (V.26) – Warum? Weil *»die Kraft des Herrn mit ihm war«* (V.17) – Äußerlich aber war er unscheinbar: Er lehrte ganz verständlich vor aller Augen und Ohren (V.17) – Er war auch keiner, der furchteinflößend war. Im Gegenteil: Er stand selbst unter mißtrauischer Überwachung (V.17).

b) Ein »unglaublicher« Glaube – diese Träger

Da ist die dichte Menge, da ist »Belagerungszustand« – Vier Männer wagen dennoch den Vorstoß zu Jesus – Sie glauben, daß er den Gelähmten heilen kann – Sie glauben, daß er barmherzig ist – Ihr Glaube überwindet Blockaden – Sie steigen aufs Dach – Sie öffnen die Decke – Sie bringen die Matte herunter vor die Füße Jesu – Unser Glaube braucht also keineswegs an Hindernissen zu scheitern! – Ja, man kann den Glauben sogar an manchen Weichenstellungen unseres Lebens sehen – Wie hätten wir uns damals verhalten?

c) Ein unglaubliches Doppelgeschenk

Jesus tut etwas völlig Unerwartetes – Er geht zunächst auf die Krankheit überhaupt nicht ein – Er geht im ersten Augenblick nicht einmal auf den kranken Menschen ein – Er *»sieht«* nämlich zunächst »*ihren Glauben*« an (V.20) – Das gilt auch für uns: Zuerst interessiert sich Jesus für unsern Glauben – Dann vergibt er dem Mann die Sünde – Damit erklärt er, Gott zu sein – Denn Sünden vergeben kann nur Gott: Da haben die Schriftgelehrten recht! – Damit erklärt er zugleich, daß die Sündenvergebung wichtiger ist als die äußere Heilung – Haben wir das selbst schon begriffen? – Nun will Jesus die anwesenden Juden, auch seine Gegner, gewinnen – Deshalb, und nicht nur aus Barmherzigkeit, bietet er ein Wunder als Glaubenshilfe an – Haben wir selbst schon verstanden, daß erlebte Wunder zum Glauben an Jesus führen sollen? – Mit einem einzigen Befehl heilt er den kranken Mann! – Jeder kann das sehen, sogar Ungläubige! – Doppelt beschenkt war also dieser Mann: mit der Vergebung und mit der körperlichen Heilung! – Er lobte Gott – Mündet unser Leben auch im Lob Gottes?

8. Die Berufung des Levi (5,27-32)

Diese Berufung wird im NT drei Mal erzählt (Mt 9,9-13; Mk 2,13-17; Lk 5,27-32). Johannes erzählt sie nicht, vielleicht deshalb, weil er bei den anderen Evangelien schon alles genügend berichtet fand.

5,27-28: (27) »**Und danach ging er weg und sah einen Zöllner namens Levi am Zollhaus sitzen und sagte zu ihm: Folge mir nach! (28) Und er verließ alles und stand auf und folgte ihm nach.**«
In zwei knappen Versen (für Matthäus genügt sogar 1 Vers!) gelingt es Lukas, den Kern des Vorgangs zu schildern.
Jesus »*ging weg*« vom Ort der Heilung des Gelähmten (V. 27), d.h., er verließ Kapernaum. Beim Weggang von Kapernaum »*sah er einen Zöllner am Zollhaus sitzen*«. Vermutlich lag dieses »*Zollhaus*« an der ufernahen (Mk 2,13f) Straße von Kapernaum nach Betsaida, denn dort verlief die Landesgrenze zwischen Herodes Antipas und Philippus. Hier lohnte sich die Errichtung einer Zollstelle.

Der »*Zöllner*«, dem wir hier begegnen, war kein Oberzöllner wie Zachäus (vgl. Lk 19,2). Er war vielmehr ein normaler Zollbeamter.

Nun müssen wir zu dem Stichwort »*Zöllner*« zwei Bemerkungen machen. Erstens: Die »*Zöllner*« nennt unser Standardwörterbuch zum Neuen Testament (Walter Bauer) »eine bes. verhaßte u. verachtete

Menschenklasse«. Das galt für den ganzen Orient. Das galt besonders aber für die Juden. Denn die Zöllner arbeiteten mit den ebenfalls verhaßten Herodianern und Römern zusammen, und verunreinigten sich laufend durch den gesellschaftlichen Verkehr mit den Heiden. Das drückt sich dann aus in der stehenden Formel »Zöllner und Sünder« bzw. »Heiden und Zöllner« (vgl. Mt 5,46f; 9,10; 11,19; 18,17; 21,31f; Lk 15,1). Zweitens: Lukas hat eine besondere Liebe zu den Zöllnern und spricht oft von ihnen (vgl. 3,12; 5,29f; 7,29.34; 15,1; 18,10ff; 19,1ff). Warum? Weil Lukas uns vor allem den Sünderheiland groß macht. Jesu Erbarmen über die Zöllner war deshalb ein wichtiges Thema für Lukas.

Der Zöllner trug den Namen *»Levi«*. Markus 2,14 sagt dasselbe. Matthäus schweigt über den Namen Levi. Statt dessen spricht er von einem Mann, der später den Namen »Matthäus« erhielt (vgl. auch Mt 10,3). Die ältesten Nachrichten der frühen Kirche sagen uns, daß dieser Levi = Matthäus derselbe sei, der das Matthäus-Evangelium geschrieben habe. Diese Nachrichten sind vertrauenswürdig. Wir fügen nur hinzu, daß der Name *»Levi«* uralt ist und öfters einen Leviten charakterisiert. War dieser Levi = Matthäus ein dem Gesetz untreu gewordener Levit? Wir wissen es nicht.

Jesus *»sagte zu ihm: Folge mir nach!«* Das ist die Berufung in die Jüngerschaft. Ob oder was Jesus bei dieser Gelegenheit sonst noch sagte, bleibt völlig im Dunkeln. Alle drei Evangelisten, die von dieser Berufung erzählen, haben wortwörtlich nur diesen einen Ruf überliefert: *»Folge mir nach!«*

»Und er verließ alles und stand auf und folgte ihm nach« (V. 28). Die Parallele zu 5,11 ist auffallend. Sie sagt aus, daß auch dieser Levi ein echter Jünger Jesu geworden ist und in dieselbe Kategorie gehört wie Petrus, Jakobus und Johannes. D.h., Levi wurde ein Mitglied des Zwölferkreises (vgl. Mt 10,3). Jesus benannte ihn um in »Matthäus« = »Gabe Gottes«. Der Name »Gabe Gottes« zeigt, daß Jesus hier auf einen Wink des Vaters hin handelte und in Levi einen Menschen sah, den der Vater ihm »gegeben hat« (vgl. Joh 6,37.39; 17,11f). Deshalb also die schnelle Berufung.

Aber was heißt das nun inhaltlich? Wir lesen hier: *»Er verließ alles.«* Das heißt: Er gab augenblicklich seinen bisherigen Beruf auf, *»verließ«* den bisherigen Freundeskreis, den bisherigen Wohnort, *»verließ«* offensichtlich auch die Familie und brach radikal mit dem bisherigen Lebenswandel. Das »*verließ*« ist die Abkehr von bösen Wegen (vgl. Jon 3,8; Mt 12,41) und damit ein Grundvorgang der Bekehrung, die sich ja aus Abkehr und Hinkehr zusammensetzt. Wir lesen weiter: »*Er stand auf.*« Das bedeutet doch, daß er augenblicklich seinen Platz am Zollhaus aufgab. Als Zöllner bestimmte er seine Arbeitszeit selbst und konnte also mit Fug und Recht sofort »*aufstehen*« und mit Jesus ziehen. Schließlich lesen wir: »*Er folgte ihm nach.*« In einer wunderbaren Einheit enthält dieses »*Nachfolgen*« beides: das leibhaftige Hinter-Jesus-drein-Gehen und die geistliche Nachfolge in der Schülerschaft Jesu. »Nachfolge« ist die Hinkehr zu Jesus.

So beantworten uns die Verse Lk 5,27 und 5,28 musterhaft die Frage: »Wie wird man ein Christ?« Antwort: Durch Ruf und Nachfolge. Voraus geht der göttliche Ruf: »*Folge mir nach*!« D.h. voraus geht das Wort. Dieses Wort macht uns zur menschlichen Antwort frei. Und das heißt wiederum: Das göttliche Wort muß im Glauben angenommen und in Nachfolge umgesetzt werden: »*Und er folgte ihm nach.*« Alles andere, was sonst noch genannt wird, auch die Taufe, ist nur ein Teil dieser Nachfolge. Weil Gottes Wort Priorität hat, ist Nachfolge nie ein Verdienst. Aber weil es um die umfassende Nachfolge geht, genügt auch kein »toter« Glaube, kein pures Lippenbekenntnis. Nötig ist vielmehr der lebendige Glaube (Gal 5,6; Jak 2,14ff), der Frucht bringt (Gal 5,22ff), der praktische Konsequenzen hat so wie es Luther formulierte: »Der Glaube ist ein lebendig, (ge)schäftig Ding.«

5,29-32: **(29) »Und Levi veranstaltete ein großes Mahl für ihn in seinem Hause, und es gab eine große Menge von Zöllnern und anderen, die mit ihnen zu Tische lagen. (30) Da murrten die Pharisäer und ihre Schriftgelehrten gegenüber seinen Jüngern und sagten: Warum eßt und trinkt ihr mit den Zöllnern und Sündern? (31) Und Jesus gab ihnen zur Antwort: Die Gesunden bedürfen des Arztes nicht, sondern die Kranken. (32) Ich bin nicht gekommen, um Gerechte zu rufen, sondern um Sünder zur Umkehr zu rufen.«**

Diese Verse sind mehr als ein bloßes Anhängsel zur Berufung des Levi. Sie zeigen vielmehr die Konsequenz und den Sinn dieser Berufung. Sie geben also auch Antwort auf die Frage: Warum hat Jesus ausgerechnet einen Zöllner berufen?

Zur Konsequenz der Berufung: »*Levi veranstaltete ein großes Mahl für ihn* (= Jesus)« (V. 29). Früher hatte er nur Verwandte, Kollegen, Kumpane und Freunde »*in seinem Hause*.« Jetzt lädt er den Messias Jesus ein. Das »*große Mahl*« ist ein Festmahl, ein Freudenmahl (vgl. 1 Mo 18,2ff; Lk 14,13). Levi gibt damit zu erkennen, daß in seinem Leben die große Freude angebrochen ist. Er feiert das Fest seiner neuen Existenz in der Nachfolge Jesu. Man merkt: Die Berufung des Levi und seine Bekehrung zu Jesus hat sichtbare Konsequenzen.

Zu den Konsequenzen seiner Bekehrung gehört auch die Tatsache, »*daß es eine große Menge von Zöllnern und anderen gab, die mit ihnen zu Tische lagen*« (V. 29). Levi lud also die früheren Berufskollegen ein vermutlich in missionarischer Absicht. Sie sollten offensichtlich Gelegenheit haben, Jesus kennenzulernen. Der Ausdruck »*Zöllner und andere*« erinnert an ähnliche Wendungen wie »*Zöllner und Heiden*« oder »*Zöllner und Sünder*« (vgl. Mt 5,46f; Lk 7,34). Eine seltsam gemischte Gesellschaft! Verachtete, verhaßte Zöllner, und »*mit ihnen*« zusammen Jesus und seine Jünger! Der Ausdruck »*zu Tische liegen*« leitet sich von dem Umstand her, daß man damals ein Festmahl auf Polstern und Kissen bzw. auf einer Art Tischsofa einnahm, wobei man halb saß, halb lag.

Beim Anblick dieser gemischten Gesellschaft versteht man es, daß »*die Pharisäer und ihre Schriftgelehrten murrten*« (V. 30). Wie in V. 17 handelt es sich um Angehörige der »*pharisäischen*« Genossenschaften, vermutlich aus Kapernaum, Chorazin, Betsaida oder anderen Orten der Nachbarschaft von Kapernaum, denn wir müssen annehmen, daß Levis »*Haus*« in Kapernaum stand. »*Ihre Schriftgelehrten*« sind dann die »*Schriftgelehrten*« der pharisäischen Richtung. Es gab ja andererseits auch sadduzäische und essenische Schriftgelehrte. Manche Ausleger vermuten übrigens, daß hier Schriftgelehrte aus Jerusalem gemeint sind, die von den pharisäischen Spitzen zur Beobachtung und zur Kontrolle der Vorgänge nach Galiläa geschickt worden waren. Aber trotz dieser Spannungen bleibt es dabei, daß sich die Pharisäer am meisten für Jesus interessierten. Das bleibt ihr Ruhm (vgl. 4,15.16.31.33.44; 5,17.21).

Das »*Murren*« erfolgte nicht direkt gegenüber Jesus, sondern »*gegenüber seinen Jüngern*« (so auch Mt 9,11; Mk 2,16). Darin liegt eine gewisse Schonung. Offenbar wollte man Jesus noch nicht direkt angreifen.

Warum »*murrten*« sie? Das geht aus ihrer Frage hervor: »*Warum eßt und trinkt ihr mit den Zöllnern und Sündern*?« Das Mahl konnte am Kommen und Gehen der Eingeladenen und am ganzen Betrieb des Hauses gut beobachtet werden, ohne daß man selbst dabei sein mußte. Der Umgang Jesu mit »*Zöllnern und Sündern*« ist immer wieder aufgefallen (vgl. Mt 9,11; 11,19; Lk 7,34.39; 15,2; 19,7). Man kann auch sofort sagen, was die Pharisäer daran stören mußte. Zöllner und Sünder aßen mit ungewaschenen Händen, hielten die Speisevorschriften nicht ein (vgl. Apg 15,20 ff) und befleckten andere durch Unreinheiten aller Art. Wie konnte sich der gesetzestreue, reine Messias mit seinen reinen Jüngern an ihnen verunreinigen?

»*Jesus gab ihnen*« die »*Antwort*« selbst (V. 31). Zuerst benutzt er ein anschauliches Bild, das vielleicht ein Sprichwort gewesen ist: »*Die Gesunden bedürfen des Arztes nicht, sondern die Kranken.*« Dieses Wort setzt voraus, daß er »*Arzt*« ist wie in Kapernaum (4,23)! Er deutet damit an, daß er göttlich ist (vgl. 2 Mo 15,26). Kommt er aber als ein göttlicher Arzt zu den Zöllnern und Sündern, dann bedeutet dies, daß Zöllner und Sünder »*Kranke*« sind – an Sünden Kranke (vgl. Eph 2,5; 5,14). Darin stimmt Jesus mit den Pharisäern überein. Drittens bedeutet Jesu Wort in V. 32, daß er sie heilen will. Das heißt ganz praktisch: Er nimmt sie in seine Tischgemeinschaft auf, um sie zu bekehren. Denn der Arzt kommt nicht, um den Kranken krank zu lassen oder gar noch kränker zu machen, sondern um ihn von seiner Krankheit zu erlösen. Von da aus ist es klargestellt, daß sich Jesus nicht betrank, nicht schmutzige Witze mitmachte, sich nicht der Fresserei anschloß, sondern als wahrer Seelsorger die Anwesenden für das Reich Gottes zu gewinnen suchte. Levis Fest war ein messianisches Fest und ein Missionsfest zugleich, aber kein weltlicher Trubel mit Fressen und Saufen!

Jesu Antwort besitzt jedoch noch einen zweiten Teil, der nicht mehr bildhaft ist. Hier spricht er mit dürren Worten von seiner Aufgabe: »*Ich bin nicht gekommen, um Gerechte zu rufen, sondern um Sünder zur Umkehr zu rufen*« (V. 32). »*Ich bin gekommen*« ist so viel wie »Ich bin gesandt, und zwar vom Vater im Himmel.« »*Rufen*« ist so viel wie: »einladen ins Gottesreich«. Das also hat er auch im Hause Levis getan! Sein Ruf geht exakt an »*Sünder*«. Sie sind ja die Kranken von V. 31! Er lädt sie ein »*zur Umkehr*«, die sie in Gottes Reich bringt. »*Umkehr*« oder »Bekehrung« heißt: Abkehr vom bösen Weg und Hinkehr zu Gott. Hinkehr zu Gott ist jetzt aber, seit Gottes Sohn Mensch wurde, dasselbe wie Jesus nachfolgen. Mit einem Schlag und in seiner ganzen Größe tritt uns hier der Sünderheiland vor die Augen. »Jesus nimmt die Sünder an! Saget doch dies Trostwort allen!« (EKG 268,1). Unsere Väter hatten recht: Über der Eingangstür zum Himmel stehen dic Worte »Nur für bekehrte Sünder«.

Ein Rätsel bleibt: Was ist mit den *»Gerechten«*, die Jesus *»nicht«* einladen soll? Wer sind diese *»Gerechten«* und *»Gesunden«* von Lk 5,31-32? Es gibt darauf nur eine Antwort: Es sind diejenigen, die ohne Sünde sind. Damit stehen die Pharisäer und Schriftgelehrten vor einer ernsten Frage: Meint er mit den *»Gerechten«* uns? Sind wir ohne Sünde (vgl. Joh 9,40f)? Sind wir also nicht eingeladen? Das Rätsel löst sich, wenn man sieht, daß es keinen Menschen ohne Sünde gibt. Dann sind auch sie eingeladen, weil sie ja auch Sünder sind. Dann brauchen sie ebenfalls einen Arzt namens Jesus, den Sünderheiland. Dann haben sie aber auch keinen Grund mehr, auf die Zöllner und Sünder herabzuschauen. Jesus läßt sie mit all diesen Fragen nachdenklich stehen. Sie müssen sich jetzt vor Gott über sich selbst klar werden. Entweder sind sie echte Gerechte = Sündlose, dann sind sie bereits Mitglieder des Gottesreiches. Oder sie sind bei genauer Prüfung eben keine wahren Gerechten, dann muß Jesus sie erlösen.

Halten wir auch bei Lk 5,27-32 noch einmal das Wesentliche fest: a) Jünger wird man durch Ruf und Nachfolge. Das ist auch heute noch so. b) Echte Bekehrung hat sichtbare Konsequenzen. Sie schenkt uns vor allem ein missionarisches Herz. c) Jesus beruft bewußt einen Zöllner in seine Nachfolge, um zu zeigen, daß er Sünder erlösen will. d) Jesus erklärt hier die Aufgabe, die er als Messias hat. Sie besteht darin, Sünder zu retten und ins Reich Gottes hineinzuholen (vgl. Mt 1,21). Sie besteht nicht darin, Unreine abzustoßen oder jetzt schon die Welt zu verändern oder militärische Siege über Rom und andere Weltmächte zu feiern. Wollen wir *diesen* Jesus?

Vorschlag zur Bibelarbeit über Lukas 5,27-32

1. Einleitung:

a) Über die Zöllner kann man sich mit Hilfe der Lexika und des Kommentars zu 3,12 und 5,27 informieren.

b) Aus den verschiedenen Evangelienberichten ergibt sich ein Abriß des Lebenslaufes dieses Levi. Bitte auch den Kommentar zu 6,15 (Stichwort Matthäus) dazu einsehen!
c) Gründlich abzuklären ist Jesu Stellung zu den Zöllnern und Sündern. Wie viele nur teilweise berechtigte oder sogar falsche und schematische Vorstellungen gibt es zu diesem Thema: Jesus sei »Parteigänger« der Sünder gewesen, habe die Zöllner »höher bewertet« als die Pharisäer, habe die »Frommen« abgelehnt usw.
d) Als Überschrift wählen wir hier: »Wie kommt man in eine feste Verbindung mit Jesus?«

2. Durchführung: »Wie kommt man in eine feste Verbindung mit Jesus?«

a) Jesus spricht uns an

Das Christentum geht nicht vom Menschen aus wie andere Religionen (Beispiele bringen!) – Es geht vielmehr von Gott aus – Gottes Handeln ist immer früher als das unsere – So liegt auch hier bei Levi die Initiative bei Jesus – Er ist unterwegs – Er sieht den Levi am Zoll sitzen – Er hat im Heiligen Geist die Gewißheit, daß er diesen Mann in seine Nachfolge rufen soll – Er spricht ihn an – Davon geht alles erneuerte Leben aus: daß der Herr uns anspricht – Bei uns ist es nicht anders: Wir haben diese »Ansprache« in Gestalt der Bibel.

b) Der Mensch entscheidet sich

Levi hätte auch ablehnen oder auf die lange Bank schieben können – Er handelte ohne jeden Zwang – So ist es bis heute: Wir sind frei, wie wir auf Jesu Ruf antworten wollen – Was tat Levi nun genau? – Er machte Schluß mit dem alten Leben, sogar Beruf und Heimat (»*verließ alles*«) – Ist das bei uns auch schon der Fall gewesen? – Er machte einen neuen Schritt vorwärts (»*stand auf*«), d.h. er änderte sein bisheriges inneres und äußeres Verhalten – Ist das bei uns auch schon der Fall gewesen? –

Er folgte Jesus in einem umfassenden Sinne nach (»*folgte ihm nach*«) – Das heißt: er hörte auf Jesus, gehorchte Jesus und ging dorthin, wohin Jesus ihn führte – Wo ist das bei uns schon der Fall gewesen? – Entscheidung heißt also nicht nur: innerlich Vorsätze fassen, sondern es heißt: ganz anders leben.

c) Aus der Entscheidung wird ein lebenslanges Bleiben

Die praktische Konsequenz wird bei Levi sofort sichtbar: Er nimmt Jesus in sein Haus auf – Er lädt andere ein, um Jesus kennenzulernen – Er wird also sofort Missionar – Es ist eine Art Abschiedsmahl, denn künftig zieht er mit Jesus – Damit ist der Abschluß des alten Lebens markiert – Levi richtet sich also auf ein lebenslanges Bleiben bei Jesus ein – Jesus wird zur Erklärung durch Pharisäer und Schriftgelehrte herausgefordert – In seiner Erklärung sagt er: Ja, Levi war in Gottes Augen ein »kranker Mann« – Auch die Zöllner sind in Gottes Augen »kranke Leute« – Aber gerade deshalb brauchen sie mich als »Arzt«, damit ihr Leben neu und gesund wird – Er stellt damit die Frage an die Pharisäer und Schriftgelehrten: Wollt ihr auch gesund = neu werden? – Diese Frage geht genauso an den heutigen Leser und Hörer: Brauchst du Jesus als Arzt?

9. Die Fastenfrage (5,33-39)

Bei allen Evangelisten, die von der Berufung Levis berichten, schließt sich an diese Berufung unmittelbar die Fastenfrage an (vgl. Mt 9,14-17; Mk 2,18-22; Lk 5,33-39). Daraus kann man den Schluß ziehen, daß in der Geschichte Jesu beides bald aufeinander folgte.

5,33: **»Sie aber sagten zu ihm: Die Jünger des Johannes fasten oft und beten viel, ebenso die der Pharisäer, die deinen aber essen und trinken.«**

»*Sie*«: Das sind nach dem Zusammenhang Leute von den Pharisäern (vgl. V. 30). Ist das ein Widerspruch zu Mt 9,14, wonach die Johannesjünger zu Jesus kamen? Nein. Denn nach Mk 9,18 fragten beide bei Jesus an, sowohl die Pharisäer als auch die Johannesjünger. Matthäus zog also die eine Gruppe heraus, Lukas die andere, während Markus die andern Evangelisten schön ergänzt und von beiden spricht. Sachlich betrifft die gestellte Frage gemäß dem einhelligen Zeugnis aller beteiligten Evangelisten jedenfalls beide Richtungen, die pharisäische und die täuferische (Mt 9,14; Mk 2,18; Lk 5,33).

»*Die Jünger des Johannes fasten oft und beten viel*«: Das wird durch Lk 11,1 bestätigt. Daß Johannes regelrechte »*Jünger*« hatte, ergibt sich aus seinem Charakter als Lehrer (vgl. 3,10ff) und wird ebenfalls durch die Evangelien bestätigt (vgl. Mt 11,2ff; 14,2; Lk 7,18ff; 11,1; Joh 1,35 ff; 3,25; vgl. auch Apg 19,1ff). Zu den »*Jüngern der Pharisäer*« vergleiche Mt 22,16; Mk 2,18. Insgesamt ein sehr gutes Zeugnis, wenn man sagen kann: »*Sie fasten oft und beten viel*«! Nach Lk 18,12 fasteten die Pharisäer zweimal in der Woche.

Jetzt aber kommt eine Frage, und zwar in versteckter Form: »*Die deinen aber* (= deine Jünger) *essen und trinken*«. Das heißt doch: Sie fasten nicht! Beten sie dann auch nicht? Im AT sind Beten und Fasten fast Zwillinge (vgl. 2 Sam 12,16; Dan 9,3; Neh 9,1ff; Est 4,16; Joel 2,12; Jona 3,7f). Wer nicht fastet, scheint auch nicht zu beten. Wie steht es, Jesus, das ist nun die Frage mit deinen Jüngern? Vgl. Mt 9,14; Mk 2,18. Und wie steht es dann mit dir, dem angeblichen Messias, selbst? Es ist ja eine uralte Mode, die Schüler eines Meisters anzugreifen, wenn man diesen im Grunde selbst treffen will. So wird jetzt in Israel nach den Vorfällen von 5,27ff und 5,33 die Frage heiß diskutiert, ob Jesus der Messias sein kann, wenn er so wenig heilig ist, wenn er mit Zöllnern und Sündern ißt und wenn seine Jünger nicht fasten. Den »Schein« der Heiligkeit hat Jesus tatsächlich nie gehabt (vgl. Mt 11,19; Lk 7,34).

Wir sehen: Die Fastenfrage ist im Grunde eine Messiasfrage.

5,34-39: **(34) »Jesus aber sagte zu ihnen: Könnt ihr denn die Hochzeitsgäste fasten lassen, solange der Bräutigam bei ihnen ist? (35) Es werden aber Tage kommen, wo der Bräutigam von ihnen genommen wird, und dann werden sie fasten, in jenen Tagen. (36) Er gebrauchte ihnen gegenüber aber auch ein Gleichnis: Niemand reißt einen Flicken von einem neuen Gewand und näht ihn auf ein altes Gewand. Sonst zerreißt er das neue, und gleichzeitig paßt der Flicken vom neuen nicht zum alten. (37) Und niemand füllt neuen Wein in alte Schläuche. Sonst zerreißt der neue Wein die Schläuche und er selbst wird verschüttet und die Schläuche gehen kaputt. (38) Sondern neuen Wein muß man in neue Schläuche füllen.**

(39) Doch niemand, der alten getrunken hat, will neuen. Denn er sagt: Der alte ist bekömmlich.«

Diesmal war »*Jesus*« direkt angefragt. Direkt gibt er auch die Antwort: »*Könnt ihr denn die Hochzeitsgäste fasten lassen, solange der Bräutigam bei ihnen ist?*« (V. 34). Für »*Hochzeitsgäste*« steht im Urtext wörtlich: »Söhne des Hochzeitssaales«. Gemeint sind die dem Bräutigam am nächsten Stehenden. Wenn Jesus hier seine Jünger als »*Hochzeitsgäste*« in diesem Sinne bezeichnet, dann drückt er damit aus, daß sie ihm ganz nahe stehen. So eng also fühlt er sich mit seinen angefochtenen Jüngern verbunden! Das ist bis heute so: Wer Jesu Leute anficht, der bekommt es mit ihm selbst zu tun. Ferner steht für »*fasten lassen*« im Urtext ein Ausdruck, der soviel bedeutet wie »bewirken«, ja fast »zwingen«, daß sie fasten. So etwas bliebe eine rein äußerliche Maßnahme ohne geistliches Recht! Aber nun kommt das Entscheidende: Jesus ist nach seiner eigenen Ausdrucksweise »*der Bräutigam*«. Das ist nichts anderes als ein Bild für den Messias, mit dem die Freudenzeit anbricht. Warum soll »*denn*« die messianische Freudenzeit durch Fasten und Trauern belastet werden? Wo steht das denn in der Bibel? Ist nach der Bibel nicht vielmehr die Messiaszeit eine so fröhliche Zeit, daß man sie mit dem größten irdischen Freudenfest, der Hochzeit, vergleicht (vgl. Ps 45; Jes 61,10; 62,4f; Hos 2,21ff; Joh 3,29; Offb 19,7)? Das also ist der Sinn dieser Worte Jesu: Er ist der Messias; mit ihm ist die Freudenzeit für Israel angebrochen; seine Jünger können deshalb nicht mehr fasten. Mit ganz klaren Worten erklärt er sich zum Messias!

Beachten wir aber die feine Grenze, die in dem Wort »*solange*« liegt. Die Zeit, in der er »*bei ihnen*« = bei seinen Jüngern ist, ist demnach begrenzt. Jesus weiß ja schon seit der Taufe, daß er sterben und den Sühnetod erleiden muß. Davon spricht er jetzt noch genauer:

»*Es werden aber Tage kommen, wo der Bräutigam von ihnen genommen wird*« (V. 35). D.h. es kommt eine Zeit, in der Jesus als irdisch-leibliche Person nicht mehr bei den Jüngern ist. Noch härter: »*er wird von ihnen genommen*«, nämlich durch den Tod. Gott selbst nimmt ihn weg! Darauf hat Jesus seine Jünger beharrlich vorbereitet (vgl. Mt 16,21; 17,22f; 20,17ff; 25,1ff; 25,14ff; 26,11; Mk 14,7; Lk 17,22). Allerdings konnten sie so etwas nicht glauben (vgl. Lk 24,19ff). Lk 5,35 ist also eine Leidensweissagung. Wird dann die messianische Gemeinde aufhören, wenn der Messias stirbt? Keineswegs, sagt Jesus. »*Dann werden sie fasten*« ist seine Aussage. Die Erfüllung dieses Jesuswortes geschah auf eine doppelte Weise. Erstens »*fasteten*« und trauerten die Jünger unmittelbar nach seiner Hinrichtung (vgl. Mk 16,10ff; Lk 24,16ff; Joh 16,20ff; 20,11.19ff). Zweitens fastete die Urgemeinde wieder in Verbindung mit dem Gebet (Apg 13,2f; 14,23). Jesus hat also das Fasten nicht generell aufgehoben (vgl. auch Mt 6,16ff). Er hat es nur für die Zeit seines irdischen Wirkens aufgehoben, und zwar als ein Zeichen der Freudenzeit, die jetzt mit dem Kommen des Messias für Israel angebrochen ist. Später darf man wieder fasten.

Nun kommt ein interessanter Vorgang: »*Er gebrauchte ihnen gegenüber aber auch ein Gleichnis*« (V. 36). Das erste »*Gleichnis*« Jesu im Lukasevangelium ist ein Gleichnis »*gegenüber*« Gegnern! Aus der ganzen Fülle der Jesusgleichnisse haben wir übrigens in den Evangelien nur eine kleine Auswahl (vgl. Joh 21,25). Wozu dienen die Gleichnisse? a) Sie vermitteln eine hervorragende Anschaulichkeit. b) Sie erleichtern das Memorieren (Auswendiglernen).

»*Niemand reißt einen Flicken von einem neuen Gewand und näht ihn auf ein altes Gewand.*« Das ist klar: »*Sonst zerreißt er das neue, und gleichzeitig paßt der Flicken vom neuen nicht zum alten.*« Was soll hier jedoch der Gegensatz von »neu« und »alt«? Er kann sich nur auf die jetzige messianische Erfüllungszeit und die bisherige Wartezeit mit ihrer Fastenpraxis beziehen. Dann aber sagt Jesus: Die neue Zeit, die Messiaszeit, ist kein »*Flick*«-werk. Sie dient nicht nur der Ausbesserung der bisherigen Praxis, sondern sie ist etwas grundsätzlich Neues, das man nicht mit dem Alten vermischen darf. Das heißt: Die bisherigen Fastensitten »*passen*« nicht mehr zur Messiaszeit. Wenn man sieht, wie heute wieder Elemente des Alten Bundes eingeführt werden, z.B. Speisevorschriften zum Schweinefleisch, Halten des Sabbats u.a., dann gewinnt diese Warnung Jesu eine neue Bedeutung.

Ein zweites Gleichnis schließt sich an: »*Niemand füllt neuen Wein in alte Schläuche*« (V. 37). Jesus nimmt seine Gleichnisse aus dem praktischen Alltag. In Nazareth gab es Schneider und auch Weinbauern. Klar, was »*sonst*« passiert: »*Sonst zerreißt der neue Wein die Schläuche und er selbst wird verschüttet*«, wenn die Schläuche platzen, »*und die Schläuche gehen kaputt.*« »*Niemand*« hat etwas davon. »*Alt*« und »*neu*« deuten hier noch einmal auf die bisherige und auf die neue Zeit. Die messianische Freudenzeit paßt nicht in die Formen der bisherigen Zeit hinein. Auch nicht in die Form des vertrauten Fastens! Denn dieses Fasten war doch ein Ausdruck der Sehnsucht nach dem Messias und nach der Erlösung. Aber jetzt ist dies alles ja da: Der Messias ist gekommen und die Erlösung wird durch ihn bewirkt! Warum also noch fasten, als würde man weiterhin warten!? Wie wichtig ist das auch für heute: Wir warten nicht mehr auf einen Erlöser. Er ist ja längst gekommen!

Übrigens: Diese »*Wein-Schläuche*« bestanden aus Tierhaut von Ziegen oder Schafen. Sie waren zuerst elastisch. Im Laufe der Zeit aber wurden sie spröde und rissig. Noch heute kann man solche Schläuche in Form einer Ziege oder eines Schafes im Orient beobachten.

Mit V. 38 formuliert Jesus eine Art Generalregel: »*Neuen Wein muß man in neue Schläuche füllen.*« Angewandt auf die Fastenfrage heißt das: Die messianische Freudenzeit paßt nicht in den Schlauch der üblichen Trauer- und Fastensitten.

Nun folgt noch ein drittes Gleichnis. Lukas ist der einzige, der es der Christenheit überliefert hat. Es lautet: »*Doch niemand, der alten getrunken hat, will neuen. Denn er sagt: Der alte ist bekömmlich*« (V. 39). Übrigens weiß keiner mehr, ob das »*doch*« des Satzanfangs in den ältesten Handschriften gestanden hat oder nicht.

Gehen wir von den äußeren Beobachtungen aus. Jesus benutzt wieder die Praxis des Weinbaus als Anschauungsmaterial. »*Alter*« Wein ist abgelagert, »*ist bekömmlich*«, wird von Kennern dem »*neuen*« Wein vorgezogen. Gehen wir einen Schritt weiter: Uns fällt erneut auf, daß Jesus gerade den »*Wein*« als Bildwort benutzt. Er tut das öfters (vgl. Joh 2,1ff; 15,1ff). Warum? Weil der »*Wein*« ein Kennzeichen Israels (Jes 5,1ff), ein Kennzeichen des gottgeschenkten Friedens (1 Kön 5,5), ein Kennzeichen des Messias (1 Mo 49,11f) und ein Kennzeichen der messianischen Zeit (Joel 4,18) ist. Gerade um den Messias, der den Gottesfrieden schenkt, und um die messianische Zeit geht es jetzt.

Aber wer ist der, »*der alten Wein getrunken hat*«? Wer ist der, der den »*neuen*« Wein = die messianische Freudenzeit nicht »*will*«? Wer ist es, der die alten Gebräuche der Warte- und Trauerzeit der messianischen Freudenzeit vorzieht? Jesus sagt es nicht direkt. Aber der Hörer weiß es aus dem Zusammenhang: Es sind diejenigen, die den Messias Jesus ablehnen. Es sind diejenigen, die die alten Fastensitten vorziehen. So stellt Jesus die Frager von V. 33 selbst in Frage: Wollt ihr mich ablehnen? Wollt ihr eure alten Fastensitten der messianischen Freudenzeit vorziehen? Sie müssen sich also Jesus gegenüber entscheiden.

Zum Schluß halten wir auch noch *das* fest, was Jesus hier *nicht* sagt: a) Er sagt nicht, der Alte Bund sei ganz und gar untauglich. Es geht hier nur um das *Fasten* und nicht um den Alten Bund in seinem ganzen Ausmaß. b) Er sagt auch nicht, er bringe revolutionäre neue Formen und man müsse immer das Neue vorziehen. Er bringt nur das, was die Bibel selbst prophezeit hat: nämlich eben die messianische Freudenzeit. c) Er sagt auch nicht, viel zu beten (V. 33) sei unnütz. Vielmehr führt er die Diskussion *allein* über das Fasten. Gebetet hat er selber viel (4,42; 5,16 u.s.w.) und er wollte auch, daß seine Jünger Beter sein sollten (vgl. 11,1 ff.5 ff; 18,1 ff).

Vorschlag zur Bibelarbeit über Lukas 5,33-39

1. Einleitung:

a) Mit Hilfe der Konkordanz, der Lexika und des Kommentars informieren wir uns über die Bedeutung des Fastens im AT und im Judentum.
b) Wir klären ab, was »Hochzeit« und »Bräutigam« im endzeitlichen-messianischen Sinne im AT bedeuten (Hilfestellung im Kommentar).
c) Auch hier muß man wieder genau überlegen: Was wollte Jesus eigentlich? Er hat ja nicht das Fasten abgeschafft! Er hat ja nicht den Alten Bund beschimpft! Er hat ja nicht wie ein Revolutionär stets nur Neues gesucht! Was wollte er dann?
d) Überschrift: »Wollen wir Jesus?«

2. Durchführung: »Wollen wir Jesus?«

a) Es gibt ausgezeichnete religiöse Gewohnheiten

»Gewohnheit« ist heute meist ein negatives Wort – Aber gibt es nicht auch gute »Gewohnheiten«? – Auch im Gebiet der Religion? – Klar ist, daß regelmäßiges Gebet eine hilfreiche Gewohnheit ist – Die Bibel zeigt uns auch das Fasten als Hilfe zur Konzentration beim Gebet – Johannesjünger und Pharisäerjünger sind damals also echte Vorbilder gewesen – Auch die Jesusjünger beteten – Aber sie fasteten nicht mehr – Die Frage muß kommen: Warum fasteten sie nicht mehr? – Kann Jesus der Messias sein, wenn er bei seinen Jüngern das Fasten aufhebt?

b) Es gibt einen Maßstab für alle Gewohnheiten – nämlich den Messias Jesus

Biblische Prophetie sagt, daß Messiaszeit Freudenzeit ist – Die Messiaszeit wird mit der Hochzeit verglichen – Aber bei der Hochzeit wird nicht gefastet – Nun ist der Messias Jesus da – Folglich kann man nicht mehr fasten – Jesus hat aber das Fasten nicht abgeschafft, sondern für spätere Zeiten sogar ausdrücklich vorgesehen (V.34 und 35) – Er prophezeit hier also seinen Weggang von dieser Erde, seinen Tod und die spätere Kirchengeschichte mindestens in Andeutungen – Uns wird klar, daß alle unsere Gewohnheiten an Jesus ihren Maßstab haben – Ist das auch bei uns persönlich so (Beispiele suchen!)?

c) Ist es dieser Jesus, den wir wollen?

Viele Jesusbilder im Laufe der Geschichte (einige kurze Beispiele) – Den einen ist er zu fromm – Den andern ist er zu wenig fromm – Es geht darum, daß wir den realen, wirklichen Jesus erkennen – Hier macht er uns deutlich, daß man den Übergang vom Alten zum Neuen Bund schaffen muß – Daß man beide »Bundschließungen« nicht mischen kann – Im Grunde stellt er den Diskutierenden die Frage: Wollt ihr mich so, wie ich bin, als den Messias und Erlöser akzeptieren?

10. Ährenraufen am Sabbat (6,1-5)

6,1-5: **(1) »Es begab sich aber, daß er am Sabbat durch Getreidefelder ging, und seine Jünger rupften Ähren ab und aßen sie, indem sie sie mit den Händen zerrieben. (2) Da sagten einige von den Pharisäern: Warum tut ihr etwas, was am Sabbat nicht erlaubt ist? (3) Und Jesus gab ihnen zur Antwort: Habt ihr noch nicht einmal das gelesen, was David tat, als er hungrig war und auch seine Begleiter, (4) wie er in das Haus Gottes hineinging und die Schaubrote nahm und sie aß und seinen Begleitern gab, die nur die Priester essen dürfen? (5) Und er sagte weiter zu ihnen: Der Menschensohn ist Herr über den Sabbat.«**

Nach der Fastenfrage kommt jetzt die Sabbatfrage auf. Sie ist ernster. Fasten war im allgemeinen etwas Freiwilliges. Der »*Sabbat*« dagegen war durch die Zehn Gebote geschützt (2 Mo 20,8ff). Er wurde nach dem Exil zum Erkennungszeichen der Judenschaft (Neh 13,15ff). Wie würde Jesus, der doch der Messias sein wollte, sich zum Sabbat stellen? Jedenfalls beobachtete man ihn laufend (vgl. Mt 15,1ff). Der Druck des ständigen Kontrolliertwerdens gehört mit zum Leidensweg Jesu.

Bald zeigte sich eine Gelegenheit, Jesus auf seine Stellung zum Sabbat hin anzusprechen:

»*Es begab sich aber, daß er am Sabbat durch Getreidefelder ging*« (V. 1). War es bei Chorazin? Chorazin und seine Umgebung waren berühmt für ihren Weizen. Wenn damals die Ähren schon reif waren, mußte die Jahreszeit etwa April bis Juni sein. Vermutlich sind wir also in der Nähe des Passafestes. Da dies aber noch nicht sein Todespassa sein konnte – die Passion war noch ziemlich weit entfernt – bezeugen also auch Matthäus, Markus und Lukas, daß Jesus länger als ein Jahr wirkte. Indirekt bestätigen sie damit die Angaben des Johannes, wonach Jesus während seines öffentlichen Wirkens mehrere Passafeste erlebte (vgl. Mt 12,1-8; Mk 2,23-28; Lk 6,1-5 mit Joh 2,13ff; 6,4 ff; 11,55ff). Das Problem besteht hier aber nicht darin, daß Jesus »*ging*«. Ein »Sabbatweg« (Apg 1,12), ca. 1 km, war durchaus erlaubt.

Das Problem entstand vielmehr durch das Verhalten seiner »*Jünger*«: »*Seine Jünger rupften Ähren ab und aßen sie, indem sie sie mit den Händen zerrieben*« (V. 1). Dreierlei muß bei diesem Vorgang klargestellt werden: a) Nach 5 Mo 23,26 war das Verhalten der Jünger erlaubt. Es heißt dort: »Wenn du in das Kornfeld deines Nächsten gehst, so darfst du mit der Hand Ähren abrupfen.« Es liegt also kein Diebstahl vor. b) Das *»Zerreiben mit den Händen«* stuften die Pharisäer damals als Erntearbeit ein, die am Sabbat verboten war. c) Ein solches Zerreiben mit den Händen wird aber vom AT selbst nicht verboten. Das AT verbietet nur ganz allgemein die Arbeit am Sabbat. Es war also eine offene Auslegungsfrage, ob das Zerreiben mit den Händen unter das Arbeitsverbot von 2 Mo 20,10 fiel. Mit anderen Worten: Hier ging es nur um die »Satzungen der Ältesten« (Mt 15,2) und nicht um die Bibel.

Immerhin halten wir fest, daß Jesus durch das Verhalten *»seiner Jünger«* öfters in Not kam. Wie oft kommt er erst heute durch unser Verhalten als Christen in Not?!

»Da sagten einige von den Pharisäern: Warum tut ihr etwas, was am Sabbat nicht erlaubt ist?« (V. 2) Die Pharisäer haben also Jesus und seine Jüngergruppe durch die Getreidefelder begleitet, vermutlich zur Kontrolle. Ihre Frage richtet sich an die gesamte Jesusgruppe (*»ihr«*), obwohl Jesus selbst gar nicht am Ährenraufen beteiligt war. Sie reden von dem, *»was am Sabbat nicht erlaubt ist«*. Aber dieses *»Nicht-erlaubt-Sein«* entnehmen sie nicht der Bibel, sondern ihren eigenen pharisäischen Vorschriften (»Satzungen der Ältesten«, vgl. Mt 15,2; Joh 5,10). Die Kernfrage ist also: Wie steht der angebliche Messias Jesus zu den pharisäischen Satzungen?

»Jesus gab ihnen zur Antwort« (V. 3): *»Habt ihr noch nicht einmal das gelesen, was David tat?«* Und Jesus fährt fort, indem er auf die Geschehnisse von 1 Sam 21,1ff hinweist: *»als er hungrig war und auch seine Begleiter, wie er in das Haus Gottes hineinging und die Schaubrote nahm und sie aß und seinen Begleitern gab, die nur die Priester essen dürfen?«* (V. 3-4). Daß *»nur die Priester die Schaubrote essen dürfen«*, ergänzt Jesus als Schriftkenner aus 3 Mo 24,5ff. Da Lukas sich hier auf das Wichtigste beschränkt, und auch Jesus nur eine kurze Zusammenfassung gibt, fehlen alle weiteren Einzelheiten wie z.B. die Verhandlung zwischen David und dem Priester Ahimelech. Übrigens bedeutet das Wort *»nehmen«* im Urtext kein räuberisches Zugreifen, sondern ein schlichtes, ja dankbares Entgegennehmen (vgl. »nahm« beim Abendmahl und bei der Speisung der Fünftausend in 22,19 und 9,16).

Bevor wir auf den Inhalt des Vergleiches mit David eingehen, interessiert uns noch etwas anderes. Wir besinnen uns nämlich auf die einleitenden Worte: »*Habt ihr noch nicht einmal das gelesen*?« Es fällt geradezu auf, wie häufig Jesus solche Fragen an seine Diskussionspartner und Gegner richtete (vgl. Mt 12,5; 19,4; 21,16; Mk 12,10.26). Das besagt doch: Jesus liebt das Schriftstudium und wünscht, daß auch andere tiefer in die Schrift eindringen. Sein Hauptargument ist die Bibel. Deshalb sind die Leute Jesu immer am Schriftstudium interessiert und engagierte Bibelleser. Auch bei uns sollte das Hauptargument die Bibel sein!

Nun aber zum Inhalt dieser Jesusworte. Was besagt eigentlich dieser Vergleich mit »*David*«? Fassen wir die Antwort gleich zusammen: a) Wenn »*David und seine Begleiter*« wegen ihres Hungers sogar die im Gesetz verbotenen Schaubrote essen durften, dann dürfen seine hungrigen (Mt 12,1) Jünger erst recht die im Gesetz erlaubten (5 Mo 23,26) Ähren essen. b) Was David erlaubt war, ist erst recht dem Messias = Davidssohn erlaubt, und dieser davidische Messias ist er, Jesus, ja tatsächlich! Jesus sieht sich als Davidssohn also in einer Parallele zu dem verehrten König David. Es gibt sogar eine ganze Anzahl von Parallelen: Davids »*Begleiter*« und Jesu Jünger; der Hunger damals und der Hunger heute; das dankbare Entgegennehmen aus Gottes Reichtum damals (Schaubrot) und heute (Getreidefeld); Gott versorgte den Vorfahren David ebenso wie er jetzt den Sohn Davids versorgt!

Jesus hat damit eine doppelte Antwort gegeben. Sie lautet: a) Ich bin Davids Sohn und der verheißene Messias, für den David der Typus war, und b) weder ich noch meine Jünger haben gegen die Heilige Schrift verstoßen.

Die Debatte ist noch nicht zu Ende. Das geht aus Mt 12,5-7 und Mk 2,27 hervor, ergibt sich aber auch aus Lk 6,5. Dort heißt es bei genauer Übersetzung (weder die Lutherbibel noch die Revidierte Elberfelder Bibel lassen dies erkennen): »*Und er sagte weiter zu ihnen...*«. Aus dieser »weiteren« Diskussion haben Markus in 2,27-28 und Matthäus in 12,5-7 am ausführlichsten berichtet. Lukas gibt uns nur den Kernsatz wieder. Er lautet: »*Der Menschensohn ist Herr über den Sabbat*« (V. 5). Was besagt dieses rätselhafte Wort? Es stimmt nur unter einer einzigen Voraussetzung, daß Jesus Gott ist, denn dann steht er als der *Geber* des *Sabbats* über der *Gabe* des Sabbats. Daß Gott über der Tora und damit auch über dem Sabbat stand, war den Juden niemals zweifelhaft. Deshalb brachte man ja auch am Sabbat Opfer dar, selbst wenn dies eine erhebliche Arbeit bedeutete (Mt 12,5; vgl. 4 Mo 28,9f). Ist Jesus also

Gott, dann muß er auch über der Tora und über dem Sabbat stehen. Und genau dies will Jesus sagen. Denn der Begriff »*Menschensohn*« aus Dan 7,13 bezeichnet gerade eine göttliche Gestalt, die sündlos ist und mit dem Vater im Himmel eine Einheit bildet (vgl. Joh 10,30; 17,21). »Ich und der Vater sind eins«: Gilt dies, dann ist Jesus größer als der Sabbat, so wie er größer als der Tempel (Mt 12,6) und größer als Jona oder Salomo ist (Mt 12,41f). Ferner ist klar, daß er als der »*Herr über den Sabbat*« auch die wahre Schrifterklärung geben und den Sabbat und die Sabbatgebote am besten verstehen kann. Wie wollen da die Pharisäer mit ihm rechten?

Am Ende sehen wir, daß die Sabbatfrage ebenso eine Messiasfrage ist wie die Fastenfrage. Wollen die Pharisäer einen solchen göttlichen »*Menschen*«-Messias?

Vorschlag zur Bibelarbeit über Lukas 6,1-5

1. Einleitung:

a) Hier begegnen wir zum ersten Mal im Lukasevangelium der Sabbatfrage. Deshalb sollten wir uns zuerst über die Stellung des Sabbat im AT und im Judentum informieren (Kommentar und Lexika benutzen).

b) Ein zweiter Hauptgedanke ist der der Größe Jesu. Bisher hörten wir im Lukasevangelium : Jesus ist Gott und kann Sünde vergeben; er ist größer als Krankheitsmächte; er ist größer als Dämonen; er ist sündlos; er ist der freudenbringende Messias. Nun zeigt sich: Jesus ist auch größer als der Sabbat.

c) Hilfreich ist ferner ein Vergleich zwischen David mit den Seinen und Jesus mitsamt seinen Jüngern. Welche Parallelen ergeben sich?

d) Als Überschrift könnte man sich denken: »Kein andrer ist so wie unser Jesus«.

2. Durchführung: »Kein andrer ist so wie unser Jesus«

a) *Unser Jesus ist zuerst ein bedrängter Jesus*

Wie viele Heldengeschichten gibt es, deren Held sieghaft und unverletzlich durch alles hindurchschreitet, als könne ihm nichts passieren! – Unser Jesus ist anders – Er wird sogar beim Gang durch die Felder »beschattet« – Man sucht ihn auf Schritt und Tritt zu kontrollieren – Auch seine Jünger sind nicht immer weise gewesen – Was man die Jünger fragt, trifft auch Jesus selbst – Er, der Sündlose, steht also im Verdacht, Unrecht zu tun!

b) *Unser Jesus ist ein gewinnender Jesus*

Er beschimpft die Gegner nicht – Er haßt sie nicht – Er verachtet sie nicht – Er geht mit ihnen vielmehr aufs Wort Gottes zurück, weil er sie gewinnen will - Handeln wir auch so wie dieser Jesus? - Zugleich verteidigt er auf diese Weise seine Jünger – Er stellt sich bis heute vor uns – Aber wo stellen wir uns vor unsre Brüder? – Jesus wünscht den Gegnern ein tieferes Bibelstudium (*»Habt ihr nicht das gelesen ... ?«)* – Er geht auf David zurück – Dies geschieht hauptsächlich aus zwei Gründen: a) gehört David zu seiner Familie, b) ist David ein Typus (ein Modell) des Messias – Wir können von 5 Mo 23,26 her ergänzen (was damals ganz selbstverständlich war!): Es handelt sich beim Ährenraufen nicht um Diebstahl, sondern um die Frage der Arbeit, die am Sabbat erlaubt ist – Jesus zieht den Schluß, daß seine hungernden Jünger auch am Sabbat kraft des Vorbilds des David die Ähren ernten und die Körner essen durften – Er ist ja der Messias, der das erlauben kann, was schon ein David tun durfte – So will er also seine Gegner überzeugen.

c) *Unser Jesus ist der Schöpfer aller göttlichen Ordnungen*

Der letzte Satz (V.5) ist ein »Hammer« – Warum? Weil er Jesus als den göttlichen Menschensohn von Dan 7 ins Licht stellt – Weil er Jesus damit an die Seite des göttlichen Vaters rückt –

Weil er damit ebenso der Schöpfer der Welt ist wie der Vater im Himmel – Weil er damit gleichzeitig wie der Vater der göttliche Gesetzgeber ist, der dem Volk Israel das sog. Alte Testament gegeben hat – Als dieser Gesetzgeber kann er als einziger das Gesetz richtig verstehen – So ist er auch als einziger der richtige Ausleger des Gesetzes und der Bibel – So also haben wir den Satz: »*Der Menschensohn ist ein Herr über den Sabbat*« zu verstehen! – Damit wird uns klar, daß wir nur unter der Anleitung Jesu richtig leben können – Tun wir das auch?

11. Die Heilung der verdorrten Hand am Sabbat (6,6-11)

Weil der Sabbat wichtiger ist als das Fasten, bringt Lukas eine zweite Erzählung über Jesus und den Sabbat, nicht aber eine zweite Erörterung der Fastenfrage.

Man beachte wieder die Parallelberichte von Matthäus und Markus (Mt 12,9-14; Mk 3,1-6).

6,6-11: **(6) »Es geschah aber an einem anderen Sabbat, daß er in die Synagoge ging und lehrte. Und ein Mensch war dort, dessen rechte Hand verdorrt war. (7) Die Schriftgelehrten und Pharisäer aber behielten ihn im Auge, ob er am Sabbat heilen würde, damit sie einen Grund zur Anklage gegen ihn finden könnten. (8) Er aber kannte ihre Überlegungen. Gleichwohl sagte er zu dem Mann, der die verdorrte Hand hatte: Steh auf und stell dich in die Mitte! Und er stand auf und stellte sich hin. (9) Da sagte Jesus zu ihnen: Ich frage euch: Ist es am Sabbat erlaubt, Gutes zu tun oder Böses zu tun, ein Leben zu retten oder zugrunde zu richten? (10) Und nachdem er sie alle ringsum angeblickt hatte, sagte er zu ihm: Streck deine Hand aus! Der aber tat es, und seine Hand wurde wiederhergestellt. (11) Sie aber wurden von Wut erfüllt und besprachen sich untereinander, was sie Jesus antun könnten.«**

»*Daß Jesus in die Synagoge ging und lehrte*«, wird in der Gegend von Kapernaum geschehen sein. Vielleicht in Chorazin oder Betsaida (vgl. Lk 10,13)? Jedenfalls ist es noch immer seine Gewohnheit, »*am Sabbat in die Synagoge*« zu gehen und dort zu lehren (vgl. 4,16.31). Und dies trotz aller Mißverständnisse und Feindseligkeiten, die ihm dort begegneten! Jesus war in allem treu (Hebr 3,6), gerade auch da, wo es um das Wort des Vaters ging.

»*Dort*« begegnete ihm »*ein Mensch, dessen rechte Hand verdorrt war.*« Das heißt, sie war bewegungsunfähig (vgl. 1 Kön 13,4ff). In neutestamentlicher Zeit waren solche Erkrankungen häufig (vgl. Joh 5,3). Die Synagogenbesucher wußten um die Anwesenheit des Kranken. Aus den folgenden Versen gewinnt man fast den Eindruck, daß dieser »*Mensch*« als ein Köder in die Synagoge gebracht worden war.

Neben dem Kranken befand sich eine Gruppe im Gottesdienst, die nicht wegen des Wortes Gottes gekommen war. Sie wollte vielmehr eine Kontrolle durchführen. Den Gegenstand ihrer Beobachtung bildete Jesus, der nach seinem Verhalten der Messias sein wollte: »*Die Schriftgelehrten und Pharisäer aber behielten ihn im Auge* (oder: beobachteten ihn genau), *ob er am Sabbat heilen würde, damit sie einen Grund zur Anklage gegen ihn finden könnten*« (V. 7). Erstens: Aus diesen Angaben des Lukas kann man folgendes schließen: Die Feindschaft vieler »*Schriftgelehrter*«, sogar aus dem Bereich der »*Pharisäer*«, verstärkte sich (vgl. 5,17.21.30.33ff; 6,2). Zweitens: Bisher fanden sie keinen »*Grund zur Anklage*«. Das heißt, Jesus war bisher in ihren Augen sündlos. Erstaunlich, daß dies trotz aller Feindschaft der Fall war! Drittens: Sie vermuteten bereits, daß Jesus auch »*am Sabbat heilen würde*« (vgl. 4,31ff). Ohne Aussicht auf eine solche Heilung wären sie gar nicht gekommen. Viertens: Sie zielten bereits jetzt auf ein Todesurteil »*gegen*« Jesu. Denn auf Sabbatbruch steht nach 2 Mo 31,14ff die Todesstrafe. Matthäus und Markus berichten sogar ausdrücklich von dem Plan der pharisäischen Führer, Jesus zu töten (Mt 12,14; Mk 3,6). Bei alledem muß man freilich auch etwas anderes bedenken. Darf man den Nachrichten des Talmud trauen, dann lehrten nämlich die pharisäischen Schriftgelehrten selbst, daß bestimmte Heilungen am Sabbat erlaubt seien. So steht im Talmud etwa der Satz: »Man sei am Sabbat um Lebensrettung besorgt« (babylonischer Traktat Joma 84b), und an anderer Stelle: »Wenn schon der Opferdienst den Sabbat verdrängt, um wieviel mehr gilt dann für die Lebensrettung, daß sie den Sabbat verdrängt« (babylonischer Traktat Joma 85b). Das Problem scheint also dieses gewesen zu sein, ob man die Heilung einer verdorrten Hand, bei der ja keine Lebensgefahr bestand, auf den folgenden Tag aufschieben mußte oder ob man gleich am Sabbat heilen durfte. Mit anderen Worten: Es ging vermutlich um den richtigen Heilungstermin.

Jesus »*kannte ihre Überlegungen*« (V. 8). Ob durch menschliche Beobachtung oder durch den Heiligen Geist, muß offen bleiben (vgl. 5,22; 9,47). »*Gleichwohl sagte er zu dem Mann, der die verdorrte Hand hatte: Steh auf und stell dich in die Mitte*!« Er fürchtete die pharisäische Kontrolle nicht. Im Gegenteil: Er legte Wert darauf, daß alle zu Zeugen des Geschehens wurden. Deshalb mußte »*der Mann*« aufstehen und sich »*in die Mitte*« begeben.

Übrigens zeigt V. 8, daß man normalerweise im Synagogengottesdienst saß (vgl. 4,16).

Nun kommt eine überraschende Wendung. Jesus spricht nicht den Kranken an, sondern die anwesenden theologischen Beobachter: »*Ich frage euch: Ist es am Sabbat erlaubt, Gutes zu tun oder Böses zu tun, ein Leben zu retten oder zugrunde zu richten*?« (V. 9). Das griechische Wort für »*fragen*« meint die ernsthafte Befragung, z.B. durch einen Richter. Jesus will eine echte Auskunft. Seine Frage setzt voraus, daß es auch für ihn »*Erlaubtes*« und »Unerlaubtes« bezüglich des »*Sabbats*« gibt. Was trifft in diesem Falle nun zu? Aus dem Zusammenhang geht klar hervor, daß für ihn ein weiteres Leidenlassen, d.h. ein Aufschub der Heilung bis zum morgigen Tag, »*Böses zu tun*« bedeutet. »*Gutes zu tun*« bedeutet dagegen, gleich heute am Sabbat zu heilen. Er geht sogar noch einen Schritt weiter. Er rechnet das Heilen unter die Überschrift »*Leben retten*« und die Verweigerung des Heilens unter die Überschrift »*Leben zugrunde richten*«. Jesus denkt also von dem Zusammenhang Sabbat-Leben aus. Gottes Geschenk in Gestalt des Sabbats soll Leben fördern und nicht Leben hindern (vgl. 14,3 und 13,15f). So heiligt man den Sabbat (2 Mo 20,8ff; 5 Mo 5,12ff).

Für den modernen Leser ergeben sich von da her einige nachdenklich machende Linien. Erstens: Der wöchentliche Ruhetag ist ein echtes Gottesgeschenk. Er will unser leibliches und unser geistliches Leben fördern (vgl. Mk 2,27). Es ist also falsch, ihn zu einem Arbeitstag zu machen oder die Gottesverbindung an diesem Tage zu verachten. Zweitens: Auch für Jesus bleibt ein Unterschied zwischen »*erlaubt*« und unerlaubt. Er hebt hier weder die biblischen Sabbatvorschriften auf, noch schafft er den Sabbat ab. Er geht nicht unter die Verächter. Aber er stößt den Menschen nachdrücklich auf die Frage, wie er den Sabbat (seit seiner Auferstehung: den Sonntag) richtig begeht und richtig nützt. Dabei helfen uns nicht die pharisäischen oder sonstigen menschlichen Satzungen, sondern nur die Aussagen der Bibel. Schließlich noch eine letzte Frage: Deutet das Heilen am Sabbat symbolisch auf das Heilwerden der ganzen Schöpfung am Weltensabbat, d.h. am Abschluß der irdischen Geschichte?

Jesus wartete vergeblich auf eine Antwort. »*Nachdem er sie alle ringsum angeblickt hatte, sagte er zu ihm: Streck deine Hand aus*!« (V. 10). »*Ringsum*« schaute er sie an, weil ja der Mann mit Jesus »in die Mitte« getreten war (V. 8). Wenn die Pharisäer nach Mt 12,10 selbst die Frage stellten: »Ist's erlaubt, am Sabbat zu heilen?«, so ist dies ja auch keine Antwort. Mit Recht bemerkte F.Godet: »Niemand erhebt sich in der ganzen Synagoge, um die Stimme des Gewissens gegenüber der so einfachen Frage laut werden zu lassen.«

Nachdem es still blieb, ertönt Jesu Machtwort: »*Streck deine Hand aus*!« Wir lassen hier noch einmal F.Godet zu Wort kommen: »Jeder göttliche Befehl schließt eine Verheißung in sich, die Verheißung der zur Ausführung derselben erforderlichen Kraft.« Jesus als der Meister der Natur gebietet auch über diese Krankheit. Welcher römische Augustus oder Tiberius kann da noch mit? Dabei fällt allerdings auf: Bei dieser Heilung war die positive Einstellung zu Jesus, man kann sogar sagen: der Glaube, gleichgültig. Evtl. machte der Kranke mit den Pharisäern gemeinsame Sache. Aber darauf kam es jetzt nicht an. Es kam nur auf das eine an: den Willen Jesu als des »Herrn über den Sabbat«. Es ist der göttliche Machterweis, der hier in der Mitte steht.

Ohne weitere Umstände berichtet Lukas vom Wunder der Heilung: »*Der aber tat es, und seine Hand wurde wiederhergestellt*« (V. 10).

Was ist die Folge? Beschämung? Glaube? Wenigstens Nachdenklichkeit? Nichts von alledem. Statt dessen steigt »*Wut*« (wörtlich: »Unvernunft«) in den Schriftgelehrten und Pharisäern auf (V. 7). Ob auch bei den übrigen Anwesenden, erzählt Lukas nicht (V. 11). Diese »Wut« war mehr als eine Spontanreaktion. Sie mündete in eine Besprechung mit zielbewußten Überlegungen: »*Sie besprachen sich untereinander, was sie Jesus antun könnten*« (V. 11). Lukas ist hier der zurückhaltendste unter den Evangelisten. Alle anderen berichten von dem Vorsatz der pharisäischen Führer, Jesus zu töten (Mt 12,14; Mk 3,16; Joh 5,18).

Da nun die Einsetzung der Zwölf und die sog. »Feldrede« sich anschließen und damit eine neue Thematik auftaucht, ist es angebracht, zunächst einmal innezuhalten und auf die Ereignisse von 4,14 bis 6,11 zurückzublicken.

Es sind insgesamt zehn Ereignisse oder Berichte: der Sammelbericht über Jesu Wirksamkeit in Galiläa (4,14-15); der Bericht über Jesus in Nazareth (4,16-30); Jesus in Kapernaum (4,31-44); der Fischzug des Petrus (5,1-11); die Heilung eines Aussätzigen (5,12-16); die Heilung eines Gelähmten (5,17-26); die Berufung des Levi (5,27-32); die Fastenfrage (5,33-39); das Ährenraufen am Sabbat (6,1-5); die Heilung der verdorrten Hand, ebenfalls am Sabbat (6,6-11).

Notieren wir zu diesen zehn Berichten zunächst etwas Äußerliches: Lukas ordnet seine Darstellung anders als z.B. Matthäus. Matthäus schuf für die Frühzeit Jesu zwei große Blöcke: den Block der Lehre (»Bergpredigt« Kap. 5-7) und den Block der Wunder (Kap. 8-9). Lukas dagegen verknüpft Lehre und Wunder in vielen Einzelereignissen ohne eine solche Blockbildung. Er ist eben auch darin eher der Geschichtswissenschaftler als der systematische Lehrer.

Achten wir jetzt auf die inneren Züge: Lukas betont die Priorität des Wortes vor dem Wunder. Er zeigt Jesus ferner als den Meister der Natur, der stärker ist als Krankheit und Dämonen. Dadurch hebt er die Gottheit Jesu hervor. Er zeigt aber auch die anwachsende Feindschaft gegen ihn (4,28ff; 5,17.21ff.30ff.33; 6,2.7.11). Die Absicht, ihn zu töten, wurzelt also schon in der Frühzeit seines Wirkens. Von Anfang an ist Jesu Weg ein Passionsweg. Daran ändert auch der erstaunliche Zustrom der Massen nichts. In dieser Feindschaft meldet sich der Teufel zurück, der ihn am Ende der Versuchungsgeschichte nur »eine Zeitlang« verlassen hatte. Der Kampf zwischen dem Messias und dem Satan geht weiter.

Auch wenn die Akzentsetzungen verschieden sind, so stimmt Lukas doch in diesen Zügen mit den anderen Evangelien überein. Wir haben bisher auch in der ganzen Geschichtsdarstellung keinen Widerspruch zwischen Lukas und den anderen Evangelien entdecken können.

Vorschlag zur Bibelarbeit über Lukas 6,6-11

1. Einleitung:

a) Wie schon bei 6,1-5 informieren wir uns über den Sabbat und die Auslegung der Sabbatgebote im damaligen Judentum.
b) Wir vergleichen den Abschnitt 6,6-11 mit 6,1-5. Wo liegen die Besonderheiten von 6,6-11?
c) Wir versuchen auch, die Vorgeschichte des Prozesses gegen Jesus nachzuzeichnen: Wo beginnt die Ablehnung Jesu? Wo denken seine Gegner erstmals an einen Prozeß? Wo zum ersten Mal an seine Hinrichtung?
d) Unsere Überschrift versucht, den Gesichtspunkt der zunehmenden Angriffe gegen Jesus aufzunehmen: »Sind wir offen für Jesus?«

2. Durchführung: »Sind wir offen für Jesus?«

a) Vor-Urteile können unsere eigenen Gegner sein

An den Anfang stellen wir ein Beispiel aus der Geschichte oder aus der eigenen Erfahrung – Vorurteile sind wie Wände, die uns den Blick nehmen – Aber bitte nicht verwechseln mit begründeten Lernerfahrungen, die man nicht über Bord werfen sollte! – Hier, bei Lk 6,6-11, tritt allerdings eine schlimme Blockade ein – Jesus lehrt: Wieviel gab es dabei zu lernen! – Aber einige sind überhaupt nicht bereit zu lernen – Da ist ein Kranker, der Hilfe braucht – Aber einige sind nicht mit der Krankheit, sondern damit beschäftigt, den Helfer in einen Prozeß zu verwickeln – Wie sieht unsere persönliche Stellung zu Jesus aus?

b) Jesus wartet mit unglaublicher Geduld auf unsere Öffnung

Er erkennt die Gedanken der Gegner – Dabei müssen wir aufpassen, daß wir nicht pauschal von »den jüdischen Gegnern«

sprechen, sondern deutlich machen, daß es nur eine bestimmte Partei ist, die sich gegen Jesus wendet – Jesus scheut sich nicht, die Herausforderung anzunehmen, auch wenn er weiß, daß er am Ende sterben muß – Jesus fragt seine Gegner direkt, um sie zur Einsicht zu bewegen – Heilungen am Sabbat sind ja sogar nach dem Talmud erlaubt und waren es wohl damals auch – Warum also will man ihn verklagen? – Sein Blick ruht auf ihnen: ohne positives Echo! – Wie schade wäre es, wenn ähnliches auch bei uns der Fall wäre!

c) Und doch scheiden sich letztendlich an ihm die Geister

Jesus heilt – Er tut den Menschen wohl – Das endet aber nicht den Haß gegen ihn – Es kommt zu einer völlig anderen Reaktion: Man will gegen Jesus arbeiten – Die anderen Evangelisten sagen es noch krasser: Man will ihn töten (vgl. Mt 12,14; Mk 3,6) – So ist es bis heute geblieben: Jesus hilft allen Menschen, ist geduldig mit allen Menschen, und dennoch wird er abgelehnt, gehaßt, verfolgt – An ihm scheiden sich die Geister – Und wo stehen wir?

12. Die Einsetzung der Zwölf (6,12-16)

6,12-16: **(12) »Es geschah aber in diesen Tagen, daß er hinausging ins Bergland, um zu beten. Und er verbrachte die ganze Nacht im Gebet zu Gott. (13) Und als es Tag wurde, rief er seine Jünger zu sich und wählte zwölf von ihnen aus, denen er auch den Namen Apostel (oder: Abgesandte, Sendboten) gab: (14) Simon, den er auch Petrus nannte, und Andreas, seinen Bruder, und Jakobus und Johannes und Philippus und Bartholomäus (15) und Matthäus und Thomas und Jakobus, den Sohn des Alphäus, und Simon, den man den Zeloten hieß, (16) und Judas, den Sohn des Jakobus, und Judas Ischariot, der zum Verräter wurde.«**

Bevor wir Lk 6,12-16 näher mustern, vergleichen wir die Apostelliste des Lukasevangeliums mit den anderen Apostellisten im NT. Es existieren insgesamt vier: eine in Mt 10,1 ff., eine in Mk 3,13 ff., eine in Lk 6,12 ff. und eine in Apg 1,13. Dabei fällt zweierlei auf: a) Johannes hat keine Apostelliste. Man kann dies daraus erklären, daß er die anderen Evangelien voraussetzt und sie lediglich ergänzt. b) Obwohl Lukas auch die Apostelgeschichte verfaßt hat, bietet er dort eine andere Apostelliste als im Evangelium. Woher kommt das? Sehr wahrscheinlich waren die Listen variabel. Möglicherweise hat Lukas auch die eine oder andere Liste aus dem Gedächtnis zitiert und deshalb geringe Verschiebungen vorgenommen.

Betrachtet man diese Listen genauer, dann merkt man, daß sie dreierlei Kennzeichen haben. Erstens stehen die »bedeutendsten« Apostel stets an der Spitze: Petrus, Andreas, Jakobus und Johannes. Und weil Andreas von diesen Vieren der am wenigsten bekannte war, rückt er zweimal (Mk 3,18; Apg 1,13) an die 4. Stelle, obwohl er als Bruder des Petrus an die 2. Stelle gehört. Zweitens sind die Apostel paarweise geordnet. Die Paarbildungen können zwar wechseln, aber niemals rückt ein Name weiter weg als bis ins nächste Paar. Drittens gibt es Namensverschiedenheiten. So heißt Thaddäus einmal Lebbäus und einmal Judas, des Jakobus Sohn. Das ist bei der Häufigkeit von Namenswechseln im semitischen Bereich kein Wunder.

Wir wenden uns nun den Einzelheiten von Lk 6,12-16 zu.

Lukas gibt kein Datum für die Einsetzung der Zwölf. Er spricht nur von *»diesen Tagen«*, was ein ziemlich allgemeiner Ausdruck ist (V. 12). Genau dasselbe beobachten wir bei den anderen Evangelisten. Wir müssen uns also damit begnügen, daß die Einsetzung der Zwölf irgendwann in der Frühzeit des Wirkens Jesu stattgefunden hat, ohne daß wir ein genaues Datum wissen.

Der ganze Vorgang beginnt damit, *»daß Jesus hinausging ins Bergland, um zu beten«* (V. 12). Der Ausdruck *»hinaus«* bedeutet, daß Jesus seinen damaligen Aufenthaltsort (Kapernaum?) verließ (vgl. 4,42 sowie Mt 14,23). Sein Ziel war das *»Bergland«*, also die Einsamkeit. Jesus hat die Berge Galiläas geliebt (vgl. Mt 5,1; 8,1; 15,29). Er suchte diese Einsamkeit, *»um«* dort *»zu beten«*. Die innere Sammlung in der Einsamkeit, sein Reden unter vier Augen mit dem Vater im Himmel war sowohl eine Kraftquelle als auch eine Quelle der Orientierung und neuer Aufträge. Wir erinnern uns daran, daß Lukas den betenden Messias besonders betont (vgl. 3,21; 4,42; 5,16; 9,18.28; 11,1).

»Und er verbrachte die ganze Nacht im Gebet zu Gott« (V. 12). Zur Einsamkeit des Berglandes tritt die Einsamkeit der Nacht. Die Psalmen reden auch vom Bibelstudium und Gebet in der Nacht (Ps

1,2; 119,148). Wie wichtig war Jesus das Gebet! Wie armselig und sparsam sind wir damit!

»*Als*« die Gebetsnacht vorbei war und »*es Tag wurde, rief Jesus die Jünger zu sich*« (V. 13). Demnach warteten »*die Jünger*« ganz in der Nähe, ähnlich wie später in Gethsemane. Jesus hat im Gebet Weisung vom Vater bekommen und weiß jetzt, was er zu tun hat:

»*Er wählte zwölf von ihnen aus*« (V. 13). Die Zahl der »*Jünger*«, die in Frage kam, war größer. Man vgl. damit die Zahl der 70 Jünger in Lk 10,1. Warum nimmt Jesus nur »*zwölf*«? Die hauptsächliche Antwort ist die, daß es ihm vom Vater so befohlen wurde. Aber der biblische Vergleich ermöglicht es, einige weitere Gründe anzugeben. Einer dieser Gründe ist, daß die zwölf jüdischen Jünger später die zwölf Stämme Israels richten sollten (Mt 19,28; Lk 22,30). Ein weiterer Grund ist die Entsprechung zu Salomo, der ja ein Typus des Messias war und zwölf Amtleute hatte (1 Kön 4,7). Man denke ferner an die zwölf Kundschafter Moses in 4 Mo 13,2ff. Auch Jesus als der zweite Mose besitzt zwölf Kundschafter, die den Weg ins himmlische Jerusalem zeigen sollen. Ihre Namen werden später auf den zwölf Grundsteinen dieses himmlischen Jerusalem stehen (Offb 21,14). Wie Markus in 3,14 gibt Lk 6,13 an, daß die zwölf Erwählten von Jesus »*auch den Namen Apostel*« erhielten. Statt »*Apostel*« könnte man auch »Abgesandte« oder »Sendboten« übersetzen (vgl. wieder 4 Mo 13,2ff). Der jüdische Ausdruck für einen Apostel ist »Schaliach«, d.h. eben »Abgesandter« oder »Sendbote«. Einen Schaliach entsandten z.B. die Hohenpriester, um in Syrien ihre Gerichtsrechte auszuüben. Ein solcher Schaliach war Paulus (Apg 9,1ff). Der Schaliach Jesu soll predigen, Dämonen austreiben und heilen, wobei das Wort Priorität hat (vgl. Mt 10,1; 28,18ff; Mk 3,14f; 16,15ff; Lk 24,48f; Joh 20,21ff; Apg 1,8; 6,2ff). Gerade im Blick auf die Wortverkündigung identifiziert sich Jesus mit seinem Schaliach: »Wer euch hört, der hört mich« (Lk 10,16). Weil »Schaliach« oder »Apostel« soviel bedeuten konnte wie »Missionar«, sind viele Mitglieder der Urgemeinde »Apostel« genannt worden: Paulus (Röm 1,1); Barnabas (Apg 14,14); Andronikus (Röm 16,7); Junias (Röm 16,7); der Herrenbruder Jakobus (Gal 1,19). Auch Irrlehrer nannten sich »Apostel« (2 Kor 11,5; 12,11; Offb 2,2). Doch im engeren Sinne wurden nur die Zwölf als »Apostel« bezeichnet.

Welche Maßstäbe benutzte Jesus bei seinem »*Auswählen*«? Die Bibel nennt nur einen einzigen Maßstab. Das ist die Anweisung des

Vaters, die er im Gebet empfing. Weder Verdienst noch Begabung noch die »Berühmtheit« entschieden. Hier regierte der souveräne Wille des Vaters. Das wirft ein erstaunliches Licht auf die Berufung des Judas Ischariot. Obwohl Jesus von Anfang an wußte, daß dieser sein Verräter werden sollte (Joh 6,70f), hat er ihn zum Mitglied des Zwölferkreises gemacht, weil es ihm der Vater befohlen hatte. Gott der Vater und Gott der Sohn wußten also, was Judas tun wollte. Ja, sie hatten ihn mitsamt seinem bösen Willen in ihren Heilsplan aufgenommen. Bleibt deshalb Judas ohne Schuld? Keineswegs. Vergleiche hierzu Mt 18,7.

Mit der Einsetzung der Zwölf ist vor aller Öffentlichkeit ein Doppeltes dokumentiert: a) Die Endzeit ist angebrochen, denn die Zwölf sind ja ein Hinweis auf die Wiederherstellung der zwölf Stämme Israels. Und eben diese Wiederherstellung wurde für die Endzeit erwartet (vgl. Sir 48,10). b) Jesus ist der Messias, denn der Messias sollte ja über das wiederhergestellte Israel aus allen Stämmen regieren (vgl. Jer 23,5ff; Am 9,11ff).

In V. 14 bis 16 nennt uns Lukas die Namen der Zwölf. Da wir ihre Lebensläufe schon im Matthäuskommentar (vgl. zu Mt 10,1ff) besprochen haben, begnügen wir uns hier mit knappen Notizen.

An erster Stelle steht »*Simon*« = »*Petrus*«. (V. 14). Er bildet in sämtlichen Apostellisten die Spitze. Warum? Weil er der Sprecher der Zwölf war, später der erste Leiter der Urgemeinde in Jerusalem (Apg 1-12). Seine Berufung in die Jüngerschaft wird in allen vier Evangelien erzählt (Mt 4,18ff; Mk 1,16ff; Lk 5,1ff; Joh 1,40ff). Jesus gab ihm den Beinamen »*Petrus*«, aramäisch Kephas, deutsch Fels. Auf diesen »Felsen« gründete er nach Mt 16,18 seine Gemeinde, d.h. Petrus war der geschichtliche Ausgangspunkt der gesamten Christenheit aller Konfessionen. Dieser Petrus blieb trotz seiner Verleugnung der Leiter der nachösterlichen Gemeinde (vgl. Mt 26,69ff parr; Joh 21,15ff; Apg 1,15ff; 2,14ff; 3,1ff). Als Missionar wirkte er in Griechenland (1 Kor 1,12; 9,5) und Rom (1 Petr 5,13). In Rom starb er als Märtyrer unter dem Kaiser Nero in den Vatikanischen Gärten. Über dem Grab dieses galiläischen Fischers und Apostels erhebt sich heute der Petersdom. Petrus hatte ein beinahe unglaubliches Leben unter der Führung Jesu (Joh 21,18f).

An zweiter Stellte nennt Lukas in V. 14 »*Andreas, seinen Bruder*«. Er beläßt ihm hier den 2. Platz, obwohl er ihn in Apg 1,13 auf die 4. Stelle herunternimmt. Während Simon ein echt hebräischer Name ist (vgl. den Hohenpriester Simon in Sir 50,1ff), ist »*Andreas*« echt griechisch. In der Familie des Petrus und Andreas waren also jüdische und griechische Namen gemischt! Das hing mit der Situation von Betsaida, ihrem Heimatort (Joh 1,44), zusammen. Denn dort mischten sich jüdische und griechische Kultur. Die Brüder wuchsen demnach zweisprachig auf, waren aber echte Juden. Wir erinnern uns, daß Andreas ein Jünger des Täufers war (Joh 1,35ff), demnach ein bekehrter Jude. Er traf an jenem berühmten Nachmittag von Joh 1,39 mit Jesus zusammen und führte dann seinen Bruder Simon zu Jesus (Joh 1,40ff). Offenbar war er Mitbewohner des Hauses in Kapernaum, in dem Jesus später residierte (Mk 1,39). Er war beteiligt am Gespräch bei der Speisung der Fünftausend (Joh 6,8) und ein Vermittler zwischen den griechischen Festpilgern und Jesus (Joh 12,22). Die Berufung in die Jüngerschaft erfolgte zusammen mit Simon Petrus (Mt 4,18ff parr). Das Wort Jesu »Ich will euch zu Menschenfischern machen« (Mt 4,19 parr) galt auch ihm. In Mk 13,3 erscheint er als Mitglied des engsten Jüngerkreises. Er soll nach der Auferstehung Jesu in Kleinasien und Südrußland missioniert haben und ist zum Schutzpatron der Russen (»Andrej«) geworden.

An dritter Stelle steht in Lk 6,14 »*Jakobus*«, Sohn des Zebedäus und älterer Bruder des Johannes. Unter ähnlichen Umständen wie Petrus und Andreas in die Jüngerschaft berufen (Mt 4,21f parr), gehört er zum ersten Jüngerkreis, erlebt die Auferweckung der Tochter des Jairus mit (Mk 5,37), wird auf den Berg der Verklärung mitgenommen (Mk 9,2), befragt Jesus über die Endzeit (Mk 13,3) und wird Zeuge des Gethsemanegebetes (Mk 14,33). Seine Mutter erbat für ihn und Johannes eine Sonderstellung im Reich Gottes (Mt 20,20ff; Mk 10,35ff). Der von Jesus prophezeite Leidenskelch trifft ein: 43 oder 44 n. Chr. wird Jakobus als zweiter namentlich bekannter Märtyrer der Apostelgeschichte von Herodes Agrippa I. enthauptet (Apg 12,1f).

Auf Jakobus folgt dessen jüngerer Bruder »*Johannes*«. Er ist der sogenannte Lieblingsjünger, der beim Abendmahl an der Brust Jesu lag (Joh 13,23; 19,26; 20,2; 21,20). Mit Jakobus zusammen in ähnlicher Weise wie Petrus und Andreas berufen (Mt 4,21f parr), gehörte er wie jener zum engsten Jüngerkreis (Mk 5,37; 9,2; 13,3; 14,33). Mit Andreas zusammen hatte er Jesus schon am Jordan kennengelernt (Joh 1,39). Der stürmische Charakter der Zebedäussöhne Jakobus und Johannes führte dazu, daß ihnen Jesus den Beinamen »Donnersöhne« gab (Mk 3,17; vgl.

Lk 9,54). Nach der Auferstehung Jesu wird Johannes der zweitwichtigste Apostel der Urgemeinde nach Petrus (vgl. Joh 20,2ff; 21,2.20ff; Apg 3,1ff; 4,13ff; Gal 2,9). Johannes ist der Verfasser des Johannesevangeliums, der drei Johannesbriefe und der Offenbarung. Er betreute nach Jesu Kreuzigung dessen Mutter in seinem Hause (Joh 19,26f). Vermutlich hat Johannes, evtl. der jüngste der Zwölf, am längsten von den Mitgliedern des Zwölferkreises gelebt. Er soll noch zur Zeit des Kaisers Trajan (98-117 n. Chr., also etwa um 100 n. Chr.) gelebt haben. Die große Bedeutung, die Johannes gehabt hat, brachte es mit sich, daß er vom 4. Platz in der Apostelliste bei Matthäus und Lukas auf den 3. Platz bei Markus und sogar auf den 2. Platz in Apg 1,13 vorrückte.

Der fünfte in Lk 6,14 ist »*Philippus*«. Erstaunlicherweise nimmt Philippus in sämtlichen vier Apostellisten des NT denselben 5. Platz ein. Das ist ziemlich weit vorne. Das Johannesevangelium läßt uns noch einiges von seinem Lebenslauf erkennen. Philippus ist wie Petrus und Andreas in Betsaida aufgewachsen (Joh 1,44). Er schloß sich der Bußbewegung am Jordan an, wurde ein Jünger des Täufers und kam bereits dort unten am Jordan in die Nachfolge Jesu (Joh 1,43ff). Er gehört also zu den ältesten Jüngern Jesu. Philippus war missionarisch, klug und schriftgelehrt und brachte Nathanael zu Jesus (Joh 1,45ff). Er sprach viel mit Jesus (Joh 6,5ff; 14,8ff) und wurde vermutlich wegen seines griechischen Namens und seiner guten griechischen Sprachkenntnisse von den griechischen Festpilgern als Kontaktmann zu Jesus betrachtet (Joh 12,21ff). Er scheint mit Andreas befreundet gewesen zu sein (Joh 12,22; vgl. 6,5ff) und später ähnlich wie Andreas in Kleinasien missioniert zu haben.

Als sechster wird in Lk 6,14 »*Bartholomäus*« erwähnt. Strenggenommen ist das gar kein Eigenname, denn Bartholomäus ist nur die griechische Form für das aramäische »Bar Talmai« = »Sohn des Talmai«. Zu dem Vatersnamen »*Talmai*« vergleiche 2 Sam 3,3; 13,37. Wie aber hieß der »Sohn des Talmai« mit seinem eigenen Namen? Die alte kirchliche Überlieferung sagt uns, dieser Eigenname habe »Nathanael« gelautet. Es würde sich hier also um jenen Nathanael handeln, von dem im JohEv zweimal berichtet wird (Joh 1,45ff; 21,2). Der volle Name hieße dann: »Nathanael Bar Talmai« (»Nathanael Sohn des Talmai«), so wie bei Simon Petrus der volle Name »Simon Bar Jona« lautete (Mt 16,17; vgl. Joh 1,42). Vermutlich hat jene alte Überlieferung der Kirche recht. Wir gehen also davon aus, daß Bartholomäus derselbe ist, der bei Johannes Nathanael genannt wird. Wir haben dann einen Jünger vor uns, der früh zu Jesus stieß (Joh 1,45ff) und sich auch nach der Kreuzigung treu zum Jüngerkreis hielt (Joh 21,2). Seine Heimat war Kana in Galiläa (Joh 21,2). Seine Prominenz im Johannesevangelium erklärt es, weshalb Bartholomäus = Nathanael in drei von vier Apostellisten in der vorderen Hälfte auftaucht (Mt 10,3; Mk 3,18; Lk 6,14).

Hatten Petrus/Andreas, Jakobus/Johannes und Philippus/Bartholomäus die ersten drei Paare gebildet, so eröffnet nun »*Matthäus*« das vierte Paar (V. 15). Er ist der Verfasser des Matthäus-Evangeliums. Sein Weg ist reich an Tiefen und Höhen. Ursprünglich hieß er Levi (Lk 5,27). Sein Beruf war der Zöllnerberuf. Vermutlich ist auch Levi ein Galiläer gewesen, da er bei Kapernaum Dienst tat und offenbar in Kapernaum ein Haus besaß (vgl. Mt 9,9ff parr). Vom Zollhaus weg berief ihn Jesus in die Jüngerschaft, und er folgte dieser Berufung sofort (Mt 9,9 parr). Als Jünger führte er den neuen Namen »Matthäus« = aramäisch Mattai, auf deutsch »Gabe Gottes« (vgl. Mt 10,3). Wann und von wem ihm dieser neue Name gegeben wurde, wissen wir nicht. Alten kirchlichen Nachrichten zufolge schrieb Matthäus sein Evangelium in der Zeit, als Petrus und Paulus in Rom missionierten. Später soll Matthäus selbst noch als Missionar aus dem Israelland weggezogen sein.

Neben Matthäus tritt »*Thomas*«. Im Johannesevangelium erleben wir ihn als einen entschlossenen (Joh 11,16), nachdenklichen (Joh 14,5), nüchternen (Joh 20,24ff) und treuen (Joh 21,2) Jünger. Er hatte offenbar das Herz auf dem rechten Fleck. Schade, daß er als »ungläubiger Thomas« bekannt wurde. Er arbeitete, wie zuverlässige Nachrichten melden, später als Missionar außerhalb des Israellandes, evtl. sogar in Persien. Die heutige Mar-Toma-Kirche in Indien führt sich auf ihn zurück. Es war schon eine Überraschung, als die Portugiesen bei der »Entdeckung« Indiens unter Vasco da Gama 1498 n. Chr. an der westlichen Küste Indiens auf solche »Thomas-Christen« stießen! Wenn Thomas in Apg 1,13 auf Platz 6 der Apostelliste vorgerückt ist, dokumentiert sich darin vielleicht seine zunehmende Bedeutung im Zwölferkreis nach der Auferstehung Jesu.

An der Spitze des fünften Jüngerpaares steht in Lk 6,15 wie in sämtlichen Apostellisten des NT »*Jakobus, der Sohn des Alphäus*«. Es handelt sich also um einen zweiten Jakobus unter den Zwölf (der erste war der Zebedaide Jakobus). Sowohl »*Jakobus*« = Jakob als auch »*Alphäus*« = Chalpai oder Chalpi sind echt jüdische Namen. Von diesem »*Jakobus*« wissen wir weiter nichts, es sei denn, er wäre identisch mit »Jakobus dem Kleinen«, der in Mt 27,56; Mk 15,40; 16,1; Lk 24,10 erwähnt wird. Dann wäre seine Mutter eine treue Jüngerin Jesu aus Galiläa und auch er selbst ein Galiläer gewesen.

Zum fünften Jüngerpaar gehört sodann in Lk 6,15 »*Simon, den man den Zeloten hieß*«. Ebenso ist es in Apg 1,13. Dagegen steht in Mt 10,3 und Mk 3,18 Thadäus neben Jakobus, dem Sohn des Alphäus. Wir werden später noch darauf zurückkommen. Wie der Name Jakobus ist also auch der Name »*Simon*« zweimal im Zwölferkreis vertreten. Den zweiten Simon »*hieß man*« zur Unterscheidung von Simon Petrus »*den Zeloten*«. Die Zeloten waren die jüdischen Aufständischen bzw. Guerillakämpfer, die seit ca 40 v.Chr. gegen Rom kämpften. Diese ständige Aufstandsbewegung mündete schließlich in den schrecklichen jüdisch-römischen Krieg von 66-73 n. Chr., an dessen Ende das grauenhafte Drama von Masada stand. Unser Simon war also sehr wahrscheinlich ein aktiver Widerstandskämpfer gegen die Römer gewesen. Politisch bildete er den extremen Gegenpol zu Matthäus (Levi), der als Zöllner mit den Römern zusammenarbeitete. Daß politisch so extrem auseinanderstehende Menschen wie Simon und Matthäus sich bekehren konnten und einträchtig im Jüngerkreis Jesu zusammenlebten, ist ein echtes Wunder.

In V. 16 treffen wir auf das letzte Jüngerpaar, eingeleitet durch »*Judas, den Sohn des Jakobus*«. So wie es im Zwölferkreis zwei Simon und zwei Jakobus gibt, so gibt es auch zwei »*Judas*«. Eigenartigerweise stehen sie bei Lukas nebeneinander, wogegen Matthäus und Markus Simon den Zeloten und Judas Ischariot nebeneinander stellen (Mt 10,4; Mk 3,18). »Judas«, hebräisch »Juda«, ist im Judentum ungewöhnlich häufig. So muß man durch den Vatersnamen oder einen Beinamen den Gemeinten näher bestimmen. Auch der Vater dieses Juda = Judas trägt als »*Jakobus*« = Jakob einen echt jüdischen Namen. Über »*Judas, den Sohn des Jakobus*« gibt uns das Johannesevangelium eine nähere Notiz. Sie besagt, daß Judas nach dem Weggang des Ischariot intensiv an den letzten Gesprächen im Abendmahlssaal teilgenommen hat (Joh 14,22). Da Johannes bestätigt, daß es einen zweiten »*Judas*« im Zwölferkreis gegeben hat, ist sein Name auch durch die kritische Theologie nicht mehr zu beseitigen. Aber was ist dann mit Matthäus und Markus? Diese beiden Evangelisten schreiben statt »Judas, Sohn des Jakobus« entweder »Thaddäus« (Mt 10,3; Mk 3,18) oder »Zebedäus«. Angesichts der Sachlage müssen wir annehmen, daß »Judas« und »Thaddäus« bzw. »Zebedäus« ein und derselbe Mann sind. Diese Annahme macht keine großen Probleme, da mit Matthäus und Levi ebenfalls zwei verschiedene Namen für ein und dieselbe Person existieren und da auch Bartholomäus mit Nathanael gleichzusetzen ist. Im übrigen sind Namenswechsel im alttestamentlich-jüdischen Raum sehr häufig.

Am Schluß steht der, dem Lukas den ausführlichsten Kommentar mitgibt, nämlich *»Judas Ischariot, der zum Verräter wurde«*. Alle Apostellisten stellen diesen Jünger an den Schluß. Alle sprechen von seinem Verrat (die vierte Liste in der Apostelgeschichte scheidet hier natürlich aus, da er nicht mehr zu den Elfen von Apg 1,13 zählte). Was ist mit ihm? Wieder beschränken wir uns sehr stark: 1. Er war am Anfang wohl ein überzeugter Jünger. 2. Er genoß so viel Vertrauen von Jesus, daß er der »Finanzminister« Jesu und des Zwölferkreises wurde (Joh 13,29). 3. Dennoch wußte Jesus von Anfang an, daß er *»zum Verräter«* werden würde (Joh 6,64.70f). 4. Sein endgültiger Entschluß zum Verrat wurde erst beim Abschiedsmahl im Abendmahlssaal getroffen (Joh 13,2.26ff; vgl. aber schon Mt 26,14ff). 5. Er endete in Verzweiflung über seinen Verrat, ohne Rückkehr zu Jesus, und erhängte sich (Mt 27,3ff; Apg 1,16ff). Die Gründe für seinen Verrat liegen bis heute im Dunkeln. Der Beiname *»Ischariot«* (eigentlich Iskarioth) bedeutete vermutlich »Mann (hebräisch) aus Keriot bzw. Kariot«. Keriot lag nach Jos 15,25 im Stammesgebiet von Juda. Trifft diese Deutung zu, dann war Judas kein Galiläer, sondern ein Judäer – vielleicht der einzige Judäer im Zwölferkreis. Wenn man *»Ischariot«* als »Mann aus Keriot/Kariot« deutet, dann erklärt es sich am besten, daß auch sein Vater Simon als Ischariot (= Mann aus Keriot oder Kariot) bezeichnet wurde (vgl. Joh 6,71).

Diese Zwölf also bildeten das engste Kollegium des Messias. Man muß diese Einsetzung ins Zwölferamt scharf unterscheiden von der Berufung in die Jüngerschaft. Letztere war bei allen schon vorausgegangen (vgl. V. 13). Das Kollegium hatte einen Sprecher (Petrus), einen Finanzverantwortlichen (Judas Ischariot) und einen engeren Kreis (Petrus, Jakobus, Johannes, teilweise auch Andreas). Mit diesen Gliederungen beginnt bereits der Aufbau der messianischen Gemeinde, aus der dann die Gemeinde des Neuen Bundes hervorgehen sollte. Daß es eine Zeit ohne Ämter in der Gemeinde gegeben haben soll, ist also unrichtig.

Vorschlag zur Bibelarbeit über Lukas 6,12-16

1. Einleitung:

a) Obwohl dieser Abschnitt einen geringen Umfang hat, lohnt es sich doch, ihm eine eigene Bibelarbeit oder Predigt zu widmen. Es wäre schade, wenn er nur als Einleitung zu den folgenden Versen dienen würde.

b) Hier muß man gut abwägen, welche Gesichtspunkte in den Vordergrund gerückt werden sollen: Die Lebensgeschichte der einzelnen Jünger? Das Thema Erwählung? Das Thema des Apostelamts? Oder Jesu eigenes Handeln? Je nachdem ergibt sich dann auch die spezielle Überschrift (vgl. d).

c) Abzuklären ist in jedem Falle folgendes: Das Verhältnis der Berufung ins Zwölferamt (Apostelamt) zur Berufung in die Jüngerschaft allgemein und zur vorausgehenden Bekanntschaft z.B. am Jordan (Hinweis im Kommentar benutzen!); der Zusammenhang von Gebet und Auswahl der Zwölf (auch Judas sollte nach dem Willen Gottes des Vaters berufen werden!); die Bedeutung des Begriffes »*erwählen*« in V.13; die Bedeutung des Begriffes »*Apostel*« (vgl. auch die biblischen Lexika!).

d) Als Überschrift wählen wir für unseren Vorschlag: »Jesus legt den Grundstein für die Gemeinde des Neuen Bundes«.

2. Durchführung: »Jesus legt den Grundstein für die Gemeinde des Neuen Bundes«

a) Am Anfang steht der Wille des Vaters

Wie viele Religionen sind aus menschlichen Überlegungen hervorgegangen (Beispiele aus der Geschichte nennen!) – Ganz anders bei der christlichen Gemeinde – Hier begegnet uns kein Jesus, der eigenwillige strategische Pläne entwirft – Hier begegnet uns vielmehr ein Jesus, der betet – Einer, der die Einsamkeit sucht – Einer, der den Willen des Vaters sucht und ohne Einschränkung durchführt – Haben wir schon einmal bedacht, was es unter diesen Umständen bedeutet, zur christlichen Gemeinde zu gehören?

b) Am Anfang steht die Berufung, und nicht die Bewerbung

Heutzutage regelt sich der Arbeitsmarkt über Bewerbungen – Wie demütigend, wenn unsere Bewerbung irgendwo abblitzt! – Auch bei den jüdischen Rabbinen konnte man sich als Jünger bewerben – Wieder ist das Verfahren Jesu ein ganz anderes – Zum Apostel konnte man sich nicht bewerben – Man wurde vielmehr durch Jesus direkt berufen – Das ist die Würde der Apostel bis zum heutigen Tag: Vom irdischen Jesus direkt berufen zu sein – Es kamen damals nicht alle Jünger zum Zug – Jesus nahm als Auswahl nur zwölf – Sie wurden ohne Verdienst und eigene Würdigkeit berufen – Warum gerade zwölf? Wegen der Stämme Israels! Also in Fortsetzung der Gottesgeschichte des Alten Bundes! – Der Neue Bund ist also nicht die Konfrontation zum Alten Bund, sondern dessen Weiterführung auf einer höheren Stufe der Heilsgeschichte – Apostel sind Gesandte – Die zwölf Apostel durften also nicht für eine »eigene Firma« handeln, sondern nur als Gesandte Jesu für ihren Herrn – Und die andern Jünger durften nicht aus Eifersucht oder Enttäuschung aussteigen, weil sie jetzt nicht zu den Zwölfen gehörten! – Sind wir zu beidem bereit: niemand zu beneiden? Und: ganz dem Herrn zu dienen?

c) Jesus läßt es nicht beim Anfang bleiben

Jesus ließ es nicht beim Anfang – Sondern er ging mit jedem, der bei ihm bleiben wollte, den ganzen Weg bis zur Erfüllung des Auftrags – Daß Judas aus diesem Rahmen herausfiel, war seine eigene Schuld – Nehmen wir nur drei Beispiele aus der Reihe der Zwölf! – Zuerst Petrus: Sprecher der Zwölf, Verleugner, dann neu Aufgenommener (Joh 21,15f), erster Gemeindeleiter in Jerusalem, Missionar, Märtyrer in Rom: was für ein Leben! – Sodann Matthäus: ehemaliger Zöllner, Verfasser eines Evangeliums, auch er ein Missionar und Zeuge: was für ein Leben! – Schließlich Thomas: bereit, mit Jesus zu sterben, besonderer Zeuge der Auferstehung (Joh 20,24ff), als Missionar im Osten wahrscheinlich der Begründer der persischen und indischen Kirche: was für ein Leben! – Wenn Jesus an diesen oft so schwachen Menschen so herrlich gehandelt hat, aus ihrem Leben etwas gemacht hat, sollte er dann nicht auch in unserem Leben wunderbar handeln?

13. Jesus auf dem »Feld« (6,17-49)

Dieser Abschnitt bildet einen überdurchschnittlich großen Komplex.

In weiten Teilen entspricht Lk 6,17-49 der sog. Bergpredigt in Mt 5-7. Aber eben nur in Teilen. Denn Lukas hat viele Stücke, die Matthäus in Kap. 5-7 zusammenstellte, nicht in Kap. 6, sondern in andern Kapiteln, z.B. in Kap. 8,16; 11,1-4.9-13.34-36; 12,22-34.57-59; 13,23-27; 14,34-35; 16,13.16-18 aufgezeichnet. Woher kommt das? Eine mögliche Erklärung ist die, daß Jesus diese Worte mehrfach gesagt hat. Nichts ist natürlicher für einen Lehrer als eine solche Wiederholung. Man sollte deshalb diese Erklärung nicht verachten. Eine zweite mögliche Erklärung ist die, daß Matthäus eine thematische Zusammenstellung der Lehre Jesu in der Frühzeit vorgenommen hat, eine Zusammenstellung, die alle Lehraussagen Jesu in der Einsamkeit des Berglandes zusammenfaßt, auch wenn sie an verschiedenen Tagen vorgetragen worden sind. Die Apostel hatten die Freiheit zu solchen thematischen Zusammenstellungen. Wir neigen in diesem Kommentar zum zweiten Erklärungsversuch.

Vergleicht man die matthäische »Bergpredigt« und die lukanische »Feldrede« noch genauer miteinander, dann findet man zwar keine Widersprüche, wohl aber verschiedene und hochinteressante Akzente. Bei Matthäus ist Jesus eher der Lehrer. Bei Lukas ist Jesus eher der Herrscher, fast ein Imperator und Kaiser, der seinem Volke seine Regierungserklärung übergibt. Man wird hier an die translatio legis in den Mosaiken der alten christlichen Basiliken erinnert, die Christus das neue Gesetz an die Kirche in ähnlicher Weise überreichen lassen, wie früher die Kaiser ihre Gesetze dem Reiche gegeben hatten. Noch einmal treten Weltreich und Gottesreich einander gegenüber.

Da Lk 6,17-49 einen so weitgespannten Abschnitt darstellt, sehen wir uns genötigt, hier kleinere Unterabschnitte zu bilden.

13.1 Jesus erscheint mit dem Zwölferkreis unter dem Volk (6,17-19)

6,17-19: **(17) »Und er stieg mit ihnen herab und stellte sich auf einen ebenen Platz, und ebenso eine große Menge seiner Jünger, und eine große Masse des Volkes aus ganz Judäa und Jerusalem und der Küstengegend von Tyrus und Sidon, (18) die kamen, um ihn zu hören und von ihren Krankheiten geheilt zu werden. Auch diejenigen, die von unreinen Geistern geplagt wurden, wurden geheilt. (19) Und die ganze Menge trachtete danach, ihn zu berühren, denn eine Kraft ging von ihm aus, die alle heilte.«**

»*Er stieg mit ihnen herab*«: Das kann nur bedeuten, daß Jesus »mit« dem Zwölferkreis vom höheren Bergland ein Stück herunterkam (V. 17). »*Mit ihnen*«: Hier zeigt sich die enge Zusammengehörigkeit zwischen dem Messias und dem neugeschaffenen Zwölferkreis. Dessen erste Aufgabe war es ja nach Mk 3,14, »daß sie bei ihm sein sollten«.

Wie ein Kaiser mit Gefolge betritt Jesus »*einen ebenen Platz*«. Man hätte nie sagen dürfen, das sei ein Gegensatz zu Matthäus. Die Gegensatz-Vertreter argumentieren so: nach Matthäus sei Jesus auf einen Berg hinaufgestiegen, nach Lukas aber in eine Ebene herabgestiegen; also liege hier ein Widerspruch zwischen Lukas und Matthäus vor. Richtig ist aber folgendes: Sowohl nach Matthäus als auch nach Lukas hält sich Jesus im Bergland auf (vgl. Lk 6,12 mit Mt 5,1). In Lk 6,17 steigt Jesus keineswegs vom Bergland in eine Ebene herab, sondern nur »*auf einen ebenen Platz*« inmitten des Berglandes. Es gibt also keinen Widerspruch zwischen Matthäus und Lukas. Daß Jesus eine größere Fläche um sich herum benötigte, ergibt sich übrigens auch aus Mt 7,28, wonach viel Volk anwesend war (ebenso wie nach Lk 6,17).

»*Er stellte sich*« (andere Übersetzung: »Er machte halt«, »er blieb stehen«) bedeutet, daß Jesus noch nicht gleich lehrte. Denn zum Lehren setzte man sich (vgl. Mt 5,1; Lk 4,20; 5,3). Das Stehen Jesu ermöglichte vielmehr den besseren Zugang der Heilungsuchenden und Bittsteller. Diesen Teil der Tätigkeit Jesu anläßlich der sog. Bergpredigt hat Matthäus nicht berichtet. Deshalb ist hier die Ergänzung durch Lukas besonders wertvoll.

Um Jesus und die Zwölf stand auch *»eine große Menge seiner Jünger«* (V. 17). Noch einmal sehen wir, daß viele Jünger ins Bergland hinaufgezogen waren und daß die Zwölf nur eine ganz kleine Auswahl darstellen. Zugleich sehen wir, daß Jesu Wirksamkeit bisher großen Erfolg gehabt hat. Sonst könnte man nicht von der *»großen Menge seiner Jünger«* sprechen (vgl. Joh 6,60.66). Vielleicht übernahmen *»seine Jünger«* ähnliche Hilfsdienste wie die Jünger des Täufers am Jordan, z.B. Hinführen zu Jesus (vgl. Mt 19,13), Gebet und Fürbitte (vgl. Lk 11,1) und Ordnen der Massen (vgl. Joh 6,10).

Ferner befand sich auf dem *»ebenen Platz« »eine große Masse des Volkes«* (V. 17). Das wird von Matthäus bestätigt (Mt 7,28). Wir haben also drei konzentrische Kreise um Jesus vor uns: a) den Zwölferkreis, b) den übrigen Jüngerkreis, c) die Volksmenge, die (noch) nicht zum Jüngerkreis gehörte. Interessant ist, woher die Leute kommen: *»aus ganz Judäa und Jerusalem«*. Wie kommen gerade diese nach Galiläa? Weil man von Jesus gehört hatte? Deshalb waren evtl. die Jerusalemer in 5,17 erschienen. Oder weil Jesus schon in Jerusalem gewirkt hatte? Diese Annahme ist die wahrscheinlichere. Lukas würde, falls diese Deutung zutrifft, den Bericht des Johannes unterstützen, wonach Jesus mehrfach, und zwar auch während der Frühzeit seines Wirkens, in Jerusalem gewesen ist (vgl. Joh 2,13ff; 5,1ff; 7,10ff). Außerdem waren Leute *»aus der Küstengegend von Tyrus und Sidon anwesend«* (V. 17). Wieder kann man Matthäus (4,24) zur Unterstützung heranziehen. Die *»Küstengegend von Tyrus und Sidon«* war ja Galiläa benachbart. Es handelt sich um jene *»Küstengegend«*, die man mit dem Namen Phönizien bezeichnet bzw. die man heute zum Libanon rechnet (vgl. Mk 7,24ff). Unvorstellbar, daß diese heute so militant moslemische Gegend damals für Jesus so offen war! Wir wissen aber nicht mehr genau, ob nur Juden oder auch Heiden aus jenem Küstengebiet herbeiströmten. Mk 7,24ff scheint jedoch darauf hinzudeuten, daß Heiden zumindest beteiligt waren.

Der Grund, weshalb *»die«* Herbeiströmenden *»kamen«*, war ein doppelter: a) *»um ihn zu hören und«* b) *»um von ihren Krankheiten* *geheilt zu werden«* (V. 18). Es ist charakteristisch für Lukas, daß er das »*Hören*« vor das »*Heilen*« setzt. Für den Evangelisten hat das Wort Vorrang vor der Wunderheilung. Andrerseits ist das Zutrauen der Massen zu Jesus erstaunlich. Sie glauben, daß er ein besseres Wort hat als die übrigen Schriftgelehrten Israels (vgl. Mt 7,28f), und sie glauben auch, daß er sie von allen ihren Krankheiten heilen kann. In der Tat hat Jesus damals geheilt. Lukas greift einen der schwierigsten Fälle heraus: »*Auch diejenigen, die von unreinen Geistern geplagt wurden, wurden geheilt*« (V. 18). Die Grammatik des Urtextes macht es sogar möglich, wie folgt zu übersetzen: »wurden immer wieder geheilt«. Darin setzte sich der Kampf Jesu gegen den Satan fort, den Satan nicht gewinnen kann (vgl. 4,33ff.41 sowie Apg 10,38).

Lukas zeichnet ein ganz realistisches Bild des Glaubens der Massen: »*Und die ganze Menge trachtete danach, ihn zu berühren, denn eine Kraft ging von ihm aus, die alle heilte*« (V. 19). Wie mag es auf jenem »ebenen Platz« zugegangen sein! Stolpernde, Suchende, Hektische, Schreiende, Hoffnungsvolle? Auch hier erlaubt die Grammatik des Urtextes folgende Übersetzung: »Und die ganze Menge trachtete immer wieder danach, ihn zu berühren, denn wieder und wieder ging eine Kraft von ihm aus, die fort und fort alle heilte.« Dieser Vorgang macht uns nachdenklich. Halten wir einige Punkte fest: a) Jesus verbot der Menge ihr Verhalten nicht. b) »*Die Menge*« hatte offenbar Erfolg mit ihrem Verhalten, sonst hätte sie dies geändert oder aufgegeben. c) Daß bei Berührung eine Heilkraft von Jesus ausging, wird auch durch andere Stellen bestätigt (Mk 5,27ff; Lk 8,44ff). d) In dieser Situation auf dem »Felde« schenkte der Vater dem Sohn wieder eine besondere Heil-»*Kraft*«, ähnlich wie in 5,17. e) Erneut werden wir an 2 Mo 15,26 erinnert, wo es heißt: »Ich bin der Herr, dein Arzt.« Jesus ist also Gott und Herr (vgl. Joh 20,28). f) Ist Lukas deshalb bei der Schilderung dieser und ähnlicher Vorgänge so genau, weil er von Beruf »Arzt« war (Kol 4,14)? g) Ist das »*Berühren*« nicht abergläubisch? Vom Standpunkt einer strengen Glaubenslehre aus schon. Aber Gott sieht das Herz an (1 Sam 16,7). Und wo ein echtes Suchen ist, das sich auf Jesus richtet und in ihm den Heiland sieht, kann Gott auch an ungereinigte Praktiken anknüpfen und Erhörung schenken. Jedenfalls hat Gott der Vater den Sohn hier in aller Öffentlichkeit bestätigt (vgl. Joh 5,36f).

So also beginnt Jesus auf jenem Platz im Bergland: als der königliche Retter voller Barmherzigkeit, der alle Krankheiten und alle Dämonen überwindet. Wer ist diesem Jesus gleich?

13.2 Die Seligpreisungen (6,20-23)

6,20-23: **(20) »Und er hob seine Augen auf über seine Jünger und sagte dann: Glücklich zu preisen seid ihr Armen, denn das Gottesreich ist euer. (21) Glücklich zu preisen seid ihr, die ihr jetzt hungert, denn ihr werdet gesättigt werden. Glücklich zu preisen seid ihr, die ihr jetzt weint, denn ihr werdet lachen. (22) Glücklich zu preisen seid ihr, wenn euch die Menschen hassen und euch ausstoßen und schmähen und euren Namen als böse verwerfen um des Menschensohnes willen. (23) Freut euch an jenem Tage und hüpft! Denn siehe, euer Lohn ist groß im Himmel. Denn ihre Väter verfuhren mit den Propheten genauso.«**

Wie beim Vaterunser (vgl. Lk 11,2ff mit Mt 6,9ff) überliefert uns Lukas auch bei den Seligpreisungen eine Kurzform. Anstelle der neun Seligpreisungen bei Matthäus (Mt 5,3ff) hat er nur vier. Und auch innerhalb der Seligpreisungen bietet er den kürzeren Wortlaut. So schreibt er z.B. nur von »Armen« und nicht wie Matthäus von »geistlich Armen«. Vermutlich legte Matthäus als Lehrer einen größeren Wert auf Vollständigkeit, während Lukas von der Missionssituation her an Kurzformen gewöhnt war. Allerdings ergänzt Lukas den Matthäus in wertvoller Weise, und zwar dadurch, daß er die Seligpreisung der Weinenden notiert, die bei Matthäus fehlt. Vielleicht hat Jesus in Parallele zu den Zehn Geboten auch eine Zehnzahl von Seligpreisungen gewählt. Freilich darf man nie vergessen, daß alle Evangelisten jeweils nur eine Auswahl bieten wollen (vgl. Joh 20,30; 21,25).

Sehen wir uns die Seligpreisungen nun genauer an.

Lukas beginnt mit der Bemerkung: »*Jesus hob seine Augen auf über seine Jünger*« (V. 20). »*Seine Augen aufheben*« bedeutet in der hebräischen Sprache: sich innerlich und äußerlich auf jemand konzentrieren, sich ihm zuwenden. Jesus konzentriert sich also von jetzt an auf seine Jünger. Lukas und Matthäus stimmen hier völlig überein (vgl. Mt 5,1f). Bei beiden stellt die Bergpredigt eine Jüngerunterweisung und keine Volksevangelisation dar. Das schließt allerdings nicht aus, daß alle Anwesenden (das »Volk«) zuhören dürfen.

Die erste Seligpreisung beschreibt Lukas so: »*Glücklich zu preisen seid ihr Armen, denn das Gottesreich ist euer*« (V. 20). Halten wir gleich fest: Es geht um »*ihr*«, nämlich um die Jünger Jesu, und nicht um die »*Armen*« im politischen oder wirtschaftlichen Sinne. Armut als solche bringt noch nicht ins »*Gottesreich*«. Es besteht also kein Widerspruch zwischen Lk 6,20 und Mt 5,3.

Aber warum sind die Jünger »*arm*«? Weil sie unter Jes 61,1 f. fallen, über das Jesus in Nazareth gepredigt hat (4,17f). Sie sind durch Sünde, Tod und Teufel von Gott getrennt, ja darunter versklavt (Röm 7,14). Wer aber von Gott getrennt ist und unter seiner Sündenerkenntnis zerbricht, der ist im Sinne Jesu »arm«. Und gerade diesen Armen, Versklavten, Zerschlagenen bietet Jesus das »*Gottesreich*« an! »*Gottesreich*« heißt: »Gerechtigkeit, Friede und Freude im heiligen Geist« (Röm 14,17) und danach das ewige Leben in der neuen Schöpfung. Was für ein Aufatmen mag da durch die Jünger gegangen sein! Jesus hatte ja weit mehr zu bieten als die Überwindung der materiellen Armut.

Wir verstehen jetzt auch den Ausdruck »*Glücklich zu preisen seid ihr*«. Die gewohnte Übersetzung »selig« erweckt vielleicht doch zu sehr den Eindruck, als gehe es um ein Gefühl. Deshalb wählen wir die Übersetzung »*glücklich zu preisen*«, die dem Urtext besser gerecht wird und die die Zustimmung Gottes zu den Betreffenden zum Ausdruck bringt. Die Wurzel der »Seligpreisungen« liegt übrigens im AT (vgl. Ps 1,1; 84,5f; 112,1.5; 119,1).

Hören wir noch einmal genau auf das, was Jesus seinen »*armen*« Jüngern verspricht: »*Das Gottesreich ist euer*« (V. 20). Das bedeutet, daß sie die sichtbare und herrliche Gottesherrschaft am Ende der Zeiten erleben werden (vgl. Joh 3,3ff; Offb 19-22). Dagegen ist die Befreiung von materieller Armut auf dieser Erde nicht unbedingt eingeschlossen (vgl. allerdings 22,35). Noch viel weniger sagt Jesus, daß die Armen dieser Welt die Reichen stürzen und sich selbst an deren Stelle setzen werden (vgl. Mt 26,11; Jak 1,9; 2,5).

Übrigens macht es keine Schwierigkeiten anzunehmen, daß Jesus seine Seligpreisungen bzw. seine Erläuterungen mehrfach vortrug und dabei einmal die Form von Mt 5,3 und das andere Mal die Form von Lk 6,20 gewählt hat.

Die zweite Seligpreisung gilt den Hungernden: »*Glücklich zu preisen seid ihr, die ihr jetzt hungert, denn ihr werdet gesättigt werden*« (V. 21). Wie mag diese Seligpreisung bei den galiläischen Zuhörern eingeschlagen haben! Hunger war den Galiläern, wenigstens den ärmeren Schichten, nicht fremd (vgl. 11,5f). Aber was meinte Jesus nun wirklich? Das Schlüsselwort bildet das kleine Wörtchen »*jetzt*«. Es bezeichnet den gegenwärtigen Äon. Wer also in der gegenwärtigen Weltzeit hungert, der »*wird*« von Gott in der kommenden Weltzeit »*gesättigt werden*«. Und wieder gilt diese Verheißung nicht allen Hungernden schlechthin, sondern sehr gezielt denen, die Jesu Jünger geworden sind (»*ihr*«!).

Der Vergleich mit Mt 5,6 arbeitet das Profil dieser zweiten Seligpreisung noch schärfer heraus. Matthäus spricht ja von denen, die geistlich hungern, die also nach der Gottesgemeinschaft streben (vgl. auch Röm 5,1). Dieser Hunger ist in der Tat der schwerste. Demnach sagt Jesus: Wer geistlichen Hunger nach Gott hat, der darf diesen Hunger vollständig stillen, wenn er in Gottes Reich kommt. Daß Gott auch jetzt schon in äußeren Nöten für uns sorgt, bleibt davon unberührt (vgl. wieder 22,35 und Mt 6,33). Nur darf man aus Lk 6,21 nicht die Garantie herauslesen, daß Jesu Jünger auf dieser Erde nie mehr hungern werden.

Neben dem Vergleich mit Mt 5,6 ist der Vergleich mit dem Magnifikat besonders interessant. Er zeigt, daß Jesus in großer Nähe zum Lobgesang Marias steht (1,53). Vergleiche darüber hinaus Jes 55,1ff; Jer 31,23ff; Am 8,11; Sir 24,25ff; Offb 7,16f.

Die dritte Seligpreisung gilt den Weinenden: »*Glücklich zu preisen seid ihr, die ihr jetzt weint, denn ihr werdet lachen*« (V. 21). Warum »*weinen*« die Jünger »*jetzt*« = in dieser Weltzeit? Erstens wegen ihrer Sünde und Verlorenheit (vgl. 7,38; 18,9ff; 22,62; 2 Kor 7,8ff). Zweitens weil sie unter dem Haß der Welt zu leiden haben. Denn jede wahre Frömmigkeit muß in dieser Welt leiden (vgl. Mt 24,9ff.; Joh 15,18ff; Apg 14,22; 2 Kor 4,7ff; Offb 7,14ff). Was verspricht Jesus seinen geplagten Jüngern? Daß sie »*jetzt*« schon aufhören können zu weinen? Daß sie »*jetzt*« schon zur triumphierenden Gemeinde werden? Nein. »*Ihr werdet lachen*«, ist die Verheißung fürs kommende, sichtbare Gottesreich. Dort werden sie »voll Lachens und Rühmens« sein (Ps 126,2). Dort werden sie getröstet (Mt 5,4; Lk 16,25). Dort wird Gott selbst »alle Tränen von ihren Augen abwischen« (Offb 21,4). Dann sind das Magnifikat und die alttestamentlichen Prophezeiungen erfüllt (vgl. 1,52 und Jes 12,3; 35,10; 61,3ff). Wir begreifen: Die Seligpreisungen sind allesamt Einladungen ins Gottesreich.

Man kann sich allerdings fragen, ob nicht vielen Galiläern ein Messias lieber gewesen wäre, der gesagt hätte: »Ihr habt genug geweint, jetzt sind andere mit dem Weinen an der Reihe!« Oder: »Nehmt euer Schicksal in eure eigenen Hände, kämpft für eine neue, bessere Ordnung. Ich will euch vorangehen!« Statt dessen hat Jesus das Weinen in der gegenwärtigen Welt belassen. Aber gerade das ist so beeindruckend an Jesus, daß er sich zu allen menschlichen Wünschen und Ideologien quer stellte und nur das tat, was ihm der Vater auftrug. Hätte Israel sich damals Jesus angeschlossen, dann hätte es kein Masada erlebt.

Die vierte Seligpreisung gilt den Verfolgten: »*Glücklich zu preisen seid ihr, wenn euch die Menschen hassen und euch ausstoßen und schmähen und euren Namen als böse verwerfen um des Menschensohnes willen*« (V. 22). Von dieser Seligpreisung hört man heute am wenigsten.

Jetzt geht es nicht mehr um das allgemeine Leiden der Frommen in dieser Welt. Jetzt geht es ganz exakt um den »*Namen*« Jesus und um den »*Namen*« Christi bzw. des wahren Christen.

Die Konsequenz der Jüngerschaft wird hier ganz klar auf den Tisch gelegt: Sie bedeutet Verfolgung. Aber auch die Verheißung kommt auf den Tisch. Sie lautet: Gott stimmt dem Jünger zu (»*Glücklich zu preisen seid ihr*«!), wenn er verfolgt wird. Er hat das Wohlgefallen des Vaters im Himmel.

Weil die Verfolgung des Messias und seiner Jünger in Israel so ungeheuerlich ist, deshalb nimmt diese letzte Seligpreisung den größten Raum ein (V. 22-23). Dasselbe gilt übrigens für Matthäus (5,11-12).

Ist die Situation nicht seltsam? Da ist Jesus wie ein Kaiser mit Gefolge auf einen ebenen Platz im Bergland getreten. Er trägt gewissermaßen seine Regierungserklärung vor. Er hat Wunder getan und sich als unwiderstehlicher Herr über Krankheiten und Dämonen erwiesen. Und da redet er von der Verfolgung, die seine Jünger treffen wird! Aber so klar, wie er seinen eigenen Passionsweg vor sich sah, so klar sah er auch den Passionsweg seiner Jünger voraus. Jesus hat nie mit Illusionen geworben. Er hat die Kosten der Nachfolge stets deutlich beim Namen genannt.

Jesus spricht hier vom Haß der »*Menschen*«, also nicht nur der Juden. Überall wird man seine Jünger (»*ihr*«!) »*ausstoßen*«: bei den Juden und bei den Nichtjuden (vgl. Mt 10,22.36; Joh 9,22.34f; 12,42;

15,18ff; 16,2). Statt »*ausstoßen*« könnte man auch übersetzen: »ausschließen«, »absondern«, »ausgrenzen«. Wir müssen Abschied nehmen von dem Traum, als werde die Gemeinde Jesu die ganze Welt umgestalten. Neben das »*Ausstoßen*« tritt das »*Schmähen*«. Man wird die Ausgestoßenen also nicht in Ruhe lassen. Man wird sie beschimpfen, beschuldigen und denunzieren. Das kann zum Hindernis für diejenigen werden, die sich aus lauter Furcht nicht an die Jünger anschließen wollen (vgl. 1 Petr 4,13ff). »*Sie verwerfen euren Namen als böse.*« Hat Jesus schon vorausgesehen, daß seine Jünger im jüdischen Gebet als »Ketzer« »*verworfen*« würden, daß Christen, nur weil sie »Christen« heißen, im sozialistischen und im islamischen Staat nur eingeschränkte Rechte haben würden? Vor dem Geschick der Verwerfung bewahrt den Christen kein Fleiß, keine Anständigkeit, keine Begabung, keine Leistung, keine Geduld. Der Antichrist wird die Christen als »Sekte« beiseiteschieben (Offb 13,17).

Beachten wir aber auch die Einschränkung, die Jesus macht: Die vierte Seligpreisung gilt nur denen, die »*um des Menschensohnes willen*« = um Jesu willen verfolgt werden. Sie gilt nicht für die, die um ihrer eigenen Bosheit willen leiden (vgl. Mt 5,11; 1 Petr 2,16; 4,14ff).

Welche Verheißungen haben die Verfolgten? »*Euer Lohn ist groß im Himmel*« (V. 23). Sie werden im Gottesreich also nicht nur belohnt werden, sondern reich (»*groß*«!) belohnt werden. Wie überall im NT ist dies kein Leistungslohn, sondern unverdientes Geschenk, eine überreichliche Antwort Gottes auf ihre Treue. So »*groß*« ist dieser Lohn, daß Jesus ausrief: »*Freut euch an jenem Tag*!« Und noch drastischer: »*Hüpft*!« Jesus bezieht sich hier offensichtlich auf Mal 3,20, wo den treuen Gläubigen Israels gesagt wird: »ihr sollt herausgehen und hüpfen wie die Mastkälber.«

Da er zu Juden spricht, erinnert er sie zum Schluß noch an ihre Geschichte: »Denn ihre Väter verfuhren mit den Propheten genauso« (V. 23). »Ihre Väter« meint die Vorfahren der jesusablehnenden Juden. Diese Bemerkung ist hochinteressant. Sie deutet auf die Leidensgeschichte der wahren »Propheten« hin. Abraham (1 Mo 15,1), Mose (4 Mo 12,1ff), Elia (1 Kön 17-19), Jeremia (Jer 19,14ff; 26,1ff), Uria (Jer 26,20ff), Sacharja (2 Chr 24,20ff), und Amos (Am 7,10ff) haben so gelitten. Die Propheten selbst haben darüber geklagt (vgl. Dan 9,4ff; Sach 1,4ff; 2 Chr 36,16; Esr 9,1ff). Dagegen wurden die falschen Propheten oftmals gehätschelt (vgl. 1 Kön 16,31ff; 22,6ff; Jer

7,4ff; 8,10ff; 23,9ff). Jesus erwartet nicht, daß die jetzige Generation Israels besser sein wird als »ihre Väter« (vgl. Mt 23,29ff). Deshalb müssen auch seine Jünger leiden, die er offensichtlich auf eine Ebene mit den wahren Propheten rückt. Aber indem er diese Worte öffentlich ausspricht, will er Israel gerade zum Nachdenken bringen. Was für eine herrliche Einladung, aber auch welch tiefer Ernst steckt in diesen Seligpreisungen!

13.3 Die Weherufe (6,24-26)

Den vier Seligpreisungen entsprechen vier Weherufe. Nur Lukas überliefert diese Weherufe. Aber wir haben ja schon öfters gesehen, daß jeder Evangelist nur eine kleine Auswahl aus einem riesigen Stoff bringt. Deshalb ist es nicht verwunderlich, daß nur Lukas diese Weherufe in sein Evangelium aufgenommen hat (vgl. Joh 20,30f; 21,25).

6,24-26: **(24) »Aber weh euch Reichen, denn ihr habt euren Trost schon empfangen. (25) Weh euch, die ihr jetzt satt seid, denn ihr werdet hungern. Weh euch, die ihr jetzt lacht, denn ihr werdet trauern und weinen. (26) Weh euch, wenn alle Menschen Gutes von euch reden. Denn ihre Väter verfuhren mit den falschen Propheten genauso.«**

Bevor wir uns die Einzelheiten ansehen, werfen wir noch einen Blick auf Jes 65,13-14. Auch dort werden vier Verheißungen und vier Gerichtsworte einander gegenübergestellt. Evtl. hat sich Jesus hier an die Prophetie Jesajas angelehnt. Die Vermutung, daß sich Jesus an Jesaja angelehnt hat, verstärkt sich noch, wenn wir jetzt den Blick auf Jes 5,8ff richten. Denn dort entdecken wir sechs Weherufe, die auch inhaltlich an Lk 6,24-26 erinnern (vgl. ferner Hab 2,6ff). Übrigens hat Jesus Jes 5 intensiv studiert, wie Mt 21,33ff zeigt.

Doch was steht nun wirklich in Lk 6,24-26?

»Aber weh euch Reichen«, so beginnt die Reihe der vier Weherufe (V. 24). *»Aber«*: das reißt den Gegensatz zu den Seligpreisungen auf. Dann aber muß es sich bei den *»Reichen«* um einen geistlichen Mangel handeln. Zwar wollen wir nicht vergessen, daß die Reichen sehr häufig im Gegensatz zu Gott stehen. Deshalb gelten ihnen z.B. die Weherufe in Jes 5,8 und Hab 2,6. Aber gerade dort ist klargestellt, daß nicht im

Reichtum an sich die Sünde liegt, sondern in der Habsucht und in der Gottlosigkeit. Dasselbe gilt für das Magnifikat (1,53), dessen Nähe zu den Seligpreisungen schon mehrfach angesprochen wurde.

So wenig man also die Gefahren des Reichtums unterschätzen darf, so wenig darf man die Weherufe in eine politische Predigt ummünzen. Jesus spricht das »*Wehe*« über solche, die glauben, Gott nicht nötig zu haben, weil sie so »reich« sind. Das können sogar Leute mit unterdurchschnittlichem Einkommen sein. Jedenfalls Leute, die denken, sie kämen mit eigener Kraft durchs Leben. Oder Leute, die denken, sie seien von sich aus gerecht. »Selbstgerechte« nennt man solche Leute. Der Weheruf Jesu in Lk 6,24 steht also ganz nahe beim Urteil des Auferstandenen über Laodizea: »Du sprichst: Ich bin reich und habe genug und brauche nichts! und weißt nicht, daß du elend und jämmerlich bist, arm, blind und bloß« (Offb 3,17). Weitere Beispiele bilden der selbstgerechte Pharisäer von Lk 18,9ff oder der reiche Kornbauer von Lk 12,16ff oder auch der reiche Mann von Lk 16,19ff.

Doch was bedeutet das »*Wehe*« überhaupt? Es bedeutet ein Doppeltes: a) die Ankündigung des göttlichen Gerichts, und b) den Ausdruck tiefen Schmerzes.

Warum tun Jesus die Reichen so leid? Antwort: Er liebt die Reichen nicht weniger als die Armen. Und er sieht in prophetischer Klarheit: »*Ihr habt euren Trost schon empfangen.*« Ein unglaubliches Wort! Das heißt doch: Gott hat es euch hier im irdischen Leben so schön und tröstlich gehen lassen. Nun ist das Konto »*eures Trostes*« abgehoben. Es ist für das Gottesreich nichts mehr da. Es gibt für »*euch*« jenseits des Todes keinen »*Trost*« mehr. Wieder steht der reiche Mann aus Lk 16,19ff vor uns, zu dem Abraham sagt: »Gedenke, Sohn, daß du dein Gutes empfangen hast in deinem Leben. Lazarus dagegen hat Böses empfangen; nun wird er hier getröstet, und du wirst gepeinigt« (16,25). Vor uns steht auch das wiederholte »Sie haben ihren Lohn schon gehabt« aus der Bergpredigt (vgl. Mt 6,2.5.16 sowie Mt 5,45; 6,1). Was wäre das für ein verpfuschtes Leben, wenn wir unsern Trost hier schon weghätten!

Der zweite Weheruf gilt den Satten: »*Weh euch, die ihr jetzt satt seid*« (V. 25). Wiederum bedeutet das »*Jetzt*« die gegenwärtige Weltzeit. »*Satt*« und reich zu sein wer würde sich das nicht wünschen? Ja mehr noch: wer würde dies nicht aus Humanitätsgründen allen Menschen wünschen? Aber Jesus hat eine andere Perspektive. Der Fluchtpunkt seiner Perspektive liegt im ewigen Leben. Von da aus ist alle Sattheit gefährlich. Wer von den Satten will denn wirklich erlöst werden? Sind sie nicht im Diesseits zufrieden? Das Urtextwort für *»satt«* heißt eigentlich »gefüllt«. Wer aber voll ist, empfindet keinen Mangel mehr, auch geistlich. So können wir erneut klarstellen: Jesus gönnt uns Nahrung und Kleidung (vgl. Mt 6,25ff; Phil 4,12; 1 Tim 6,8). Über diejenigen aber, die keinen Hunger nach Gott haben und sich mit materieller Sattheit begnügen, ruft er sein *»Wehe«* aus (vgl. Paulus in 1 Kor 4,8).

Wenn Gottes Reich sichtbar hereinbricht, dreht sich auch hier alles um: *»Ihr werdet hungern.«* Sie werden wie die törichten Jungfrauen (Mt 25,1ff) und wie der reiche Mann (Lk 16,19ff) wohl noch ins Gottesreich hineinwollen – zu spät. Auch an ihnen erfüllt sich das Magnifikat: »Die Hungrigen füllt er mit Gütern und läßt die Reichen leer ausgehen« (Lk 1,53).

Der dritte Weheruf gilt den Lachenden: *»Weh euch, die ihr jetzt lacht, denn ihr werdet trauern und weinen«* (V. 25). *»Jetzt«*, also in der gegenwärtigen Weltzeit. Wer hat in dieser Welt etwas zu *»lachen«*? »Siehe, das sind die Gottlosen«, antwortet Ps 73,12, »die sind glücklich in der Welt.« Sie haben »Harfen, Zithern, Pauken, Pfeifen und Wein in ihrem Wohlleben«, antwortet Jes 5,12. Es sind Leute, sagt Amos, die »meinen, vom bösen Tag weit ab zu sein ... die ihr schlaft auf elfenbeingeschmückten Lagern und euch streckt auf euren Ruhebetten? Ihr eßt die Lämmer aus der Herde und die gemästeten Kälber und spielt auf der Harfe ... und trinkt Wein aus Schalen und salbt euch mit dem besten Öl, aber bekümmert euch nicht um den Schaden Josefs« (Am 6,3ff). Jesus selbst sagt uns von dem reichen Mann, der »alle Tage in Freuden lebte« (Lk 16,19). Die Lachenden dieser Welt sind die kühlen Gottesverächter, die rationalistischen Skeptiker, die »Lasset-uns-essen-und-trinken-denn-morgen-sind-wir-tot«-Leute (1 Kor 15,32; Jes 22,13). Ihnen prophezeit Jesus: *»Ihr werdet trauern und weinen.«* Seine Wiederkunft macht sie *»traurig«* (Mt 24,30; Offb 1,7). Sie können nur *»weinen«* über ihr verfehltes Leben, durch das sie sich selbst aus dem Gottesreich ausgeschlossen haben. Es wird das Weinen ewiger Gottesferne sein (Mt 24,51; 25,30; Offb 20,10.15). Wiederum: Es geht hier nicht um »lachende«, fröhliche Menschen. Es geht um diejenigen, die im Grunde Gott und Jesus ver–»lachen«. Jesu Bruder Jakobus hat sich aufs engste an diese Aussage angeschlossen (Jak 4,9).

Der vierte Weheruf gilt denen, die aller Welt Freund sind: »*Weh euch, wenn alle Menschen Gutes von euch reden*« (V. 26). In Entsprechung zur vierten Seligpreisung könnte man fast formulieren: »Weh euch, wenn ihr nicht verfolgt werdet.« Denn wenn die gottfeindliche Welt uns zustimmt, können wir dann noch Gottes Freund sein (vgl. Jak 4,4; 1 Joh 2,15ff; 3,13; Mt 6,24)? Das heißt nicht, daß die Jünger Streit anfangen sollen. Sind sie echt, kommt der Streit von selbst. Jesus gibt seinen Hörern ein äußerst interessantes Anschauungsbeispiel: »Denn ihre Väter (= die früheren Israeliten) verfuhren mit den falschen Propheten genauso.« Von diesen »falschen Propheten« also »redeten alle Menschen Gutes«! Sie hatten weit weniger Gegner als die echten Propheten. Man denke an Elias oder Jeremias Einsamkeit unter den vielen falschen Propheten ihrer Zeit (vgl. 1 Kön 18,1ff; Jer 20,1ff; 23,9ff; 26,7ff; 28,1ff). Man denke an die äußere Niederlage des Amos (Am 7,10ff). Oder man denke an Moses Einsamkeit (4 Mo 12,1ff) oder an die erschütternde Geschichte von Micha ben Jimla inmitten von 400 Falschpropheten (1 Kön 22,5ff). Vergleiche noch Jer 5,31; Mi 2,11.

Der heutige Hörer bzw. Leser bleibt hier wieder nachdenklich zurück. Ist es nicht unsere Bitte: »Laß mich mit jedermann in Fried und Freundschaft leben« (EKG 383,5)? Und sagt nicht die Bibel: »Jagt dem Frieden nach mit jedermann« (Hebr 12,14)? Weshalb dann dieses Wort Jesu? Weshalb sein anderes Wort: »Ich bin nicht gekommen, Frieden zu bringen, sondern das Schwert« (Mt 10,34)? Alle diese Worte lassen sich in dem einen Satz zusammenfassen: Aus *menschlichen* Gründen sollen wir Christen mit niemand Streit bekommen, aber um *Jesu* willen kommt der Streit unausweichlich in unser Leben hinein.

Vorschlag zur Bibelarbeit über Lukas 6,17-26

1. Einleitung:

a) Voraussetzung für diese Bibelarbeit bzw. Predigt ist ein Überblick über den gesamten Abschnitt 6,17-49. Die Fülle dieses Gesamtabschnitts gebietet allerdings eine Aufteilung in mehrere Bibelarbeiten/Predigten. Wir nehmen diese Aufteilung wie folgt vor: 6,17-26; 6,27-35; 6,36-42; 6,43-49.

b) Voraussetzung ist auch eine Beschäftigung mit den Parallelen bei Matthäus. Wir laufen sonst Gefahr, Akzente falsch zu setzen oder gar falsche Aussagen zu machen.
c) Sowohl bei den Seligpreisungen als auch bei den Weherufen ist es nützlich, die Verbindungslinien zum AT zu ziehen (vgl. den Kommentar). Darüber hinaus müssen wir jedoch überlegen: Was ist das Neue, das Jesus bringt?
d) Als Überschrift wählen wir: »Was bringt uns Jesus?«

2. Durchführung: »Was bringt uns Jesus?«

a) Hilfe in äußerer Not

Die Frage: »Was bringt's?« ist typisch für unsere Gesellschaft. Man darf sie ruhig auch an die Bibel stellen! – Der Zustrom bei der Bergpredigt zeigt die ungeheure Erwartung der Massen – Zunächst scheint die äußere, körperliche Not alles andere in den Hintergrund zu drängen – »*Es ging eine Kraft von ihm aus*«: Diese Kraft hatte kein anderer! – Das ist bis heute so geblieben: Die Kraft Jesu hat kein anderer – Er erbarmt sich über zahllose Menschen – Er macht Kranke gesund, er treibt Dämonen aus – Bis heute sind wir eingeladen, in allen Fällen äußerer Not zu ihm zu kommen – Aber wird er damit nicht zu einer Art »Notrufsäule«, die man wieder vergessen kann, wenn's besser geht? – Genau damit sind wir beim zweiten Punkt:

b) Die Einladung ins Gottesreich

Sie ist zwar an die Jünger gerichtet – Aber jeder hat die Möglichkeit, sein Jünger zu werden: auch heute! – Wer ist da eingeladen, wenn man genauer hinschaut? – Die Armen: das sind die, die von Gott abhängig geworden sind – Aufpassen, daß wir das nicht zu einer Sache der Finanzen oder der Politik machen! – Nicht jeder finanziell oder politisch Unterdrückte ist schon im Himmel! – Die Hungernden: sie werden im Gottesreich auch äußerlich satt; sogar jetzt schon kann Jesus auch den äußeren Mangel stillen – Aber noch wichtiger ist der Hunger nach Gott

– Die Weinenden: auch da kann Jesus schon im nächsten Augenblick helfen – Aber wieder ist im Kern das Leiden um Gottes willen (auch das Leiden an der eigenen Sündhaftigkeit) gemeint – Die Verfolgten: Aber wer von uns ist bereit, um des Glaubens willen Verfolgung zu ertragen? – Wir stehen sehr wahrscheinlich vor einer Mängelliste, wenn wir diese Punkte: arm, hungernd, weinend, verfolgt, bedenken – Aber gerade der, der seinen Mangel erkennt und davon befreit werden will, ist eingeladen – Diese Einladung oder Wegweisung ins Gottesreich ist noch wichtiger als die Hilfe in äußerer Not.

c) *Die Warnung vor dem falschen Lebenslauf*

Wer heute so predigen würde, wie Jesus in Lk 6,24-26, der würde vermutlich auf schärfste Ablehnung stoßen – Man würde ihm z.B. die Frage stellen: Soll man sich aus Angst bekehren? Macht die Kirche den Leuten vor der Hölle Angst, um ihr Schäfchen ins Trockene zu bringen? – Dennoch sollten wir auch hier auf Jesus hören: Er mahnt und warnt, um Menschen aus der ewigen Verlorenheit zu retten, die es tatsächlich gibt – Was ist ein falscher Lebenslauf, der in der Verlorenheit endet? – Es ist das Gegenbild der Seligpreisungen: unabhängig von Gott sein wollen; ohne Gotteshunger leben; die Flucht vor jedem Leiden, auch dem Leiden um Gottes willen; die Zustimmung aller suchen, statt Verfolgung auf sich zu nehmen – Es ist ein dringender Ruf der Liebe Jesu, daß wir uns nicht auf den falschen Weg begeben – Er bringt uns also geistliche Klarheit, um uns für das Gottesreich zu retten.

Seligpreisungen und Weherufe haben uns ewiges Leben oder ewigen Tod zur Wahl vorgelegt (vgl. 5 Mo 30,15ff). Im folgenden legt Jesus nun dar, was das neue Leben in der Jüngerschaft in dieser Welt bedeutet.

13.4 Das Gebot der Feindesliebe (6,27-35)

Viele haben im Gebot der Feindesliebe den Kern des Christentums gesehen. Das ist sicher falsch. Denn der Kern, oder besser: das Zentrum des Christentums ist Gottes Liebe zu uns am Kreuz. Aber auffallend bleibt dieses Gebot der Feindesliebe dennoch. Es ist weder jüdisch (vgl. Mt 5,43) noch gar mohammedanisch oder in einer der sog. Religionen dieser Welt zu finden. Es ist vielmehr ganz und gar Jesus eigen.

6,27-35: **(27) »Aber euch, die ihr hier zuhört, sage ich: Liebt eure Feinde! Tut wohl denen, die euch hassen! (28) Segnet, die euch verfluchen! Betet für die, die euch beschimpfen! (29) Dem, der dich auf die Backe schlägt, biete auch die andere dar! Und dem, der dir das Obergewand wegnimmt, überlaß auch das Untergewand! (30) Gib jedem, der dich bittet, und wer dir das Deine nimmt, von dem fordere es nicht zurück! (31) Und wie ihr wollt, daß euch die Leute tun sollen, so tut ihnen in gleicher Weise! (32) Und wenn ihr nur die liebt, die euch lieben, welche Gnade ist dann für euch zu erwarten? Denn auch die Sünder lieben solche, die sie ebenfalls lieben. (33) Und wenn ihr nur denen Gutes tut, die euch Gutes tun, welche Gnade ist dann für euch zu erwarten? Denn auch die Sünder machen es so. (34) Und wenn ihr nur denen leiht, von denen ihr es wieder zu bekommen hofft, welche Gnade ist dann für euch zu erwarten? Auch Sünder leihen Sündern, um es auf gleicher Basis zurückzubekommen. (35) Statt dessen liebt eure Feinde und tut Gutes und leiht, ohne etwas zurück zu erhoffen! Dann wird euer Lohn groß sein, und ihr werdet Söhne des Höchsten sein. Denn er selbst ist gütig gegen die Undankbaren und Bösen.«**

Hier lohnt es sich, auf den Sprachgebrauch Jesu und seinen Stil besonders zu achten. Er benutzt ganz wenig Worte, z.B. »*lieben*«, »*Feinde*«, »*Gutes tun*«, »*leihen*«, »*Sünder*«, »*Gnade*«. Außerdem wiederholt er auf engstem Raum ganze Sätze, z.B. »Welche Gnade ist dann für euch zu erwarten?« Das alles tut er wahrscheinlich deshalb, weil er diese Worte geradezu eintrichtern wollte: Die Jünger sollten sie auswendig lernen. Nicht um zu begeistern hat er gesprochen, sondern um zuverlässige messianische Lehre zu vermitteln.

Der Anfang dieser Sätze klingt eigenartig: »*Aber euch, die ihr hier zuhört, sage ich*« V. 27). Das »*Aber*« reißt einen Gegensatz auf. Ist es der Gegensatz zu denen, über die Jesus sein Wehe ausrufen mußte (V. 24ff)? Ist noch etwas anderes gesagt worden, über das Lukas nicht berichtet, das wir dagegen in Mt 5,13-20 wiederfinden? Man wird wohl beide Fragen bejahen müssen. Die Wendung *»ihr hört zu«* (das »hier« haben wir sinngemäß übersetzt, obwohl es im Urtext wörtlich nicht vorkommt) erinnert uns an das »Ihr habt gehört« in Mt 5,21ff. Jünger und Volksmenge werden hier also unter dem Begriff der »Zuhörer« zusammengefaßt. Der Ausdruck *»ich sage euch«* erinnert uns ein zweites Mal an die Bergpredigt bei Matthäus, wo es wiederholt heißt: »Ich aber sage euch« (Mt 5,21ff). Jesus spricht in der einzigartigen Autorität des Gottessohnes.

»Liebt eure Feinde!« (V. 27). Das ist das erste messianische Gebot, das Lukas notiert hat. In der Bergpredigt des Matthäus kommt es ein wenig später vor (Mt 5,43f). Außerdem arbeitet Lukas auch hier mit Kurzformen so wie z.B. bei den Seligpreisungen oder beim Vaterunser. Matthäus ist also der Ausführlichere.

»Liebt eure Feinde!«: Die Grammatik des Urtextes erlaubt es auch zu übersetzen: »Liebt sie ständig«, oder: »Liebt sie immer wieder.« *»Eure Feinde!«* Wer ist das? Nur persönliche Feinde? Es gehört schon Demut dazu zu sehen, daß man persönliche Feinde hat. Aber weiter: gemeint sind sicher auch die Verfolger der Gemeinde, von denen soeben (V. 22f) die Rede war. Für »lieben« wird ein Wort benutzt, das im NT häufig die vom Heiligen Geist geschenkte Liebe bezeichnet (Röm 5,5). Es geht also nicht um Sympathie – normalerweise sind uns Feinde nicht sympathisch – sondern um geistliche Liebe. Wie kann man praktisch lieben? Antwort: Hier wird Jesus gleich sieben Beispiele geben.

»Liebt eure Feinde!«: Diese Forderung Jesu ist radikaler als die Forderung der Nächstenliebe im AT (3 Mo 19,18). Die jüdischen Lehrer seiner Zeit erlaubten deshalb den Haß gegen die Feinde (Mt 5,43). Die Qumran-Essener sprachen sogar vom Geist des Hasses gegen die Feinde, der notwendig sei. Selbst die Weisheit des Sirachbuches spricht offen von der Abneigung gegen Edomiter, Philister und Samaritaner (Sir 50,27f). Jesus aber liebte sogar Pilatus (vgl. Joh 18,33ff) und die Samaritaner (Joh 4,4ff; 8,48) und hing für alle seine Feinde am Kreuz (Röm 5,8.10). Die Apostel haben diese Linie fortgesetzt (Röm 12,14ff; 1 Petr 2,23; 3,9ff).

Jesu erstes praktisches Beispiel lautet: *»Tut wohl denen, die euch* *hassen*!« (V. 27). Man erträgt diese Hasser nicht nur, man schweigt nicht nur über sie, sondern man »*tut*« ihnen »*Gutes*« wo man kann. Wenn die gesamte Menschheit dieses Experiment einmal acht Tage lang versuchen würde? Oder wenigstens ich selbst?

Manchmal vergleicht man 2 Mo 23,4 und Spr 25,21 mit unserer Stelle. Jedoch geht es dort nicht um Liebe, sondern um Gerechtigkeit (2 Mo 23,4) und das Vermeiden eigener Schuld (Spr 25,21). Es ist auch seltsam, daß die politisch-religiösen Befreiungsbewegungen unserer Tage die Bergpredigt zwar häufig nennen, aber dieses »*Wohltun*« an den »*Hassern*« so wenig praktizieren wie die damalige jüdische Befreiungsbewegung gegen Rom.

Jesu zweites praktisches Beispiel lautet: »*Segnet, die euch verfluchen*!« (V. 28). Wie »*segnet*« man? Durch lautes Wünschen des Segens Gottes und durch Fürbitte. Auch dadurch, daß man nicht »*Verfluchungen*« ins Gemeindegebet aufnimmt (wie sie z.B. ins jüdische Achtzehn-Gebet gegen die Ketzer aufgenommen wurden). Vgl 1 Petr 3,9; 1 Kor 4,12f.

Das dritte Beispiel lautet: »*Betet für die, die euch beschimpfen*!« (V. 28). Hier weicht die Lutherbibel zweimal vom Urtext ab. Statt »*betet*« hat sie »bittet«. Es geht aber nicht nur um spezielle Bitten, sondern um eine umfassende Aufnahme der Gegner ins Gebet. Ferner übersetzt die Lutherbibel statt »*mißhandeln*« »beleidigen«. »Beleidigen« klingt wie ein persönlicher Schimpf bzw. wie eine persönliche Ehrabschneiderei. Gemeint ist jedoch ein vorwiegend öffentliches »Bedrohen« oder »Beschimpfen«. Der Anfang der Verfolgung ist also gemeint (vgl. Mt 5,44; 1 Petr 3,16). Vielleicht hat Jesus sogar die Linie vom Herzen (»*hassen*«) über religiöse Abgrenzung (»*verfluchen*«) bis hin zur öffentlichen Verfolgung (»*beschimpfen*« oder »bedrohen«) ziehen wollen. Die christliche Reaktion auf Verfolgung heißt also: Gebet. Und umfassend formuliert heißt die christliche Reaktion auf Haß: Liebe. Soeben haben wir Gutes tun, segnen, die Fürbitte als konkrete Äußerungen und die Liebe kennengelernt. Das leuchtende Vorbild dieser Liebe bleibt Jesus selbst, der für seine Todfeinde am Kreuz gebetet hat: »Vater, vergib ihnen; denn sie wissen nicht, was sie tun!« (23,34; vgl. Jes 53,12).

Im vierten Beispiel sagt Jesus: »*Dem, der dich auf die Backe schlägt, biete auch die andere dar*!« (V. 29). »*Schlägt*« man als normaler Rechtshänder jemand »*auf die Backe*«, trifft man die linke Bakke. Wo wie in Mt 5,39 von der rechten Backe die Rede ist, die getroffen sei, muß der Gegner in höchst ehrverletzender Weise mit dem Handrücken zugeschlagen haben. Aber selbst dann gilt Jesu Gebot: »*Dem biete auch die andere dar.*« Das geschieht nicht aus Feigheit oder Zwang, sondern freiwillig und unter Verzicht auf mögliche Gegenmittel. Das »*Schlagen*« umschließt beides: körperliche Schläge und seelische Schläge. Noch einmal: Der Geschlagene verzichtet, wenn er Jesus folgt, nicht nur auf Vergeltung oder gar Rache, sondern er »*bietet*« auch Gelegenheit zu neuer Verletzung: »Du darfst noch einmal zuschlagen.« Jesus hat selbst nach seinem Wort gehandelt (vgl. Mt 27,27ff; Joh 19,1ff; 1 Petr 2,23; Jes 50,6; 53,7).

Das fünfte Beispiel Jesu lautet: »*Dem, der dir das Obergewand wegnimmt, überlaß auch das Untergewand*« (V. 29). Einer, »der das Obergewand wegnimmt«, muß ein besonders böser, gesetzesverachtender Feind sein. Denn »*das Obergewand*« (Lutherbibel ungenau: Mantel) war grundsätzlich unpfändbar bzw. mußte zum Abend als notwendiger Schutz gegen die Kälte wieder zurückgegeben werden (2 Mo 22,25; 5 Mo 24,12f). Jesus spricht hier die Sozialgesetze des AT an, die besten, die es in der Alten Welt gegeben hat. Selbst diesem gesetz- und gottlosen Feind soll man nicht nur »*das Obergewand*«, sondern »*auch das Untergewand*«, das auf dem Leib getragen wurde, »*überlassen*«. Hier wird die Feindesliebe zum unerhörten Dulden. Der Jünger verzichtet damit grundsätzlich auf die Waffen dieser Welt. Die Apostel hielten auch diese Linie durch (vgl. 1 Kor 6,7; 13,1ff; 1 Petr 2,19ff; 3,9ff; 4,12ff; Hebr 10,32ff; Offb 13,10).

Wenn der Hörer den Worten Jesu bis hierher gefolgt ist, dann sieht er sich in der Regel drei Fragen gegenüber. Die erste Frage betrifft den Vergleich mit Mt 5,40: Warum hat Matthäus zuerst vom Untergewand und danach erst vom Obergewand geschrieben, also umgekehrt wie Lukas? Abgesehen davon, daß der Sinn der Worte Jesu in beiden Fassungen derselbe bleibt, sind zwei Gründe denkbar: a) Jesus hat sein Beispiel selbst abgewandelt, so daß Matthäus die eine und Lukas die andere Form aufbewahrt hat. b) Matthäus schildert einen ganz anderen Fall, nämlich den Gerichtsprozeß, von dem Lukas schweigt, weil Lukas nur die Worte über die Gewaltanwendung des Gegners überliefern will. Ob a) oder b) zutrifft, können wir nicht entscheiden.

Die zweite Frage betrifft den Staat. Kann ein Staat so handeln, wie es Jesus sagt? Antwort: Nein. Denn der Staat ist kein Jünger. Der

Staat ist auch etwas anderes als die Gemeinde. Er ist auch in Europa mehrheitlich heidnisch. Zwar bleiben die Regierenden und alle Völker Gott verantwortlich. Zwar lenkt Gott die Geschichte der Völker und Staaten. Aber das Gesetz Jesu in Lk 6,27ff richtet sich ausdrücklich an die Jünger (»*ihr*«/»*du*«) und nicht an den Staat.

Die dritte Frage ist die schwerste: Können wir das überhaupt durchführen, was Jesus hier sagt? Als natürliche Menschen sicher nicht. Schon deshalb kommt der Staat als Empfänger dieser Gebote nicht in Frage. Jedoch ist der wiedergeborene Mensch in der Lage, nach den Geboten Jesu zu handeln. Weil wir jedoch bis zum irdischen Tod auch noch den alten Menschen in uns tragen, wird zeit unseres Lebens ein Kampf in uns stattfinden. Einmal werden wir in der Kraft des Heiligen Geistes siegreich bleiben und dann tatsächlich tun, was Jesus sagt. Ein anderes Mal wird es durch die Trägheit und das Widerstreben des Fleisches zu einer Niederlage kommen und wir werden dann eben nicht tun, was Jesus von uns fordert. Doch wenn wir »den guten Kampf gekämpft« haben (2 Tim 4,7), also an Jesu Hand geblieben sind, wird mit dem Tode alle Sünde von uns abfallen und nur noch der neue wiedergeborene Mensch vorhanden sein (Röm 7,24f).

Kehren wir für einen Augenblick zu den damaligen Jüngern zurück. Sie mußten ja klar erkennen, daß sie noch gar nicht in der Lage waren, Jesu Gebot zu erfüllen. Dann aber bahnte sich eine doppelte Erkenntnis an: a) Ihre Selbstgerechtigkeit mußte in Trümmer gehen, b) sie mußten von ihrem bisherigen Wesen erlöst werden. So sind Jesu Worte eingebettet in sein Erlösungswerk und im Blick aufs Kreuz gesprochen. Wer die Bergpredigt bzw. die Feldrede herausnimmt aus dem Weg zum Kreuz, der versteht sie nicht mehr.

Wir kommen zum sechsten Beispiel: »*Gib jedem, der dich bittet*!« (V. 30). »*Jedem*«, also auch deinem Feind! Vorausgesetzt ist, daß der Betreffende »*bittet*«. Bitten war im Orient ein offizielles, förmliches Verfahren. Es hat mit dem Bettlerwesen nur wenige Berührungspunkte, darf also nicht mit dem Straßenbetteln des Orients verwechselt werden. Zum Hintergrund gehört vielmehr 5 Mo 15,7, wo es heißt: »Du sollst deine Hand nicht zuhalten gegenüber deinem armen Bruder.« Es geht also um Fälle echter Bedürftigkeit. Hauptfall ist die Geldleihe (vgl. Mt 5,42). Fassen wir Jesu Aussage noch einmal zusammen. Echt Bedürftigen soll selbst dann geholfen werden, wenn es sich um Feinde handelt. Nicht gemeint ist die Unterstützung von Lumperei, Süchten (auch Alkohol) oder Ausnutzen der Gutmütigkeit anderer.

Das siebente und letzte Beispiel der Feindesliebe lautet: »*Wer dir das Deine nimmt, von dem fordere es nicht zurück*!« (V. 30). Der Vergleich mit Mt 5,42 und der Ausdruck »*zurückfordern*« sowie das folgende Stichwort vom »Leihen« (V. 34f) legen es nahe zu denken: Geliehenes, das wir nicht zurückgezahlt bekommen, sollen wir also fahrenlassen. Aber die Formulierung ist weit genug, um auch andere Fälle des Eigentumsverlustes einzubeziehen: z.B. Bürgschaft, Betrug, Erbangelegenheiten. »Um Geld stritt Jesus nicht«, hat Schlatter einmal gesagt. Um unser Geld sollten auch wir uns nicht verkämpfen. Gott wird für uns sorgen (vgl. Mt 6,25ff und 2 Mo 22,25; 3 Mo 25,37; 5 Mo 23,20).

In V. 31 lesen wir eine Art Generalregel: »*Und wie ihr wollt, daß euch die Leute tun sollen, so tut ihnen in gleicher Weise*!« Das ist mehr, als das geläufige Sprichwort sagt: »Was du nicht willst, daß man dir tu, das füg auch keinem andern zu.« Denn bei diesem Sprichwort geht es nur um die *Verhinderung von Untaten*. Jesus aber will die *Vollbringung guter Taten*. Während das Sprichwort beim Negativen bleibt, stößt er vor zum Positiven. Übrigens finden wir ein Wort, das dem geläufigen negativen Sprichwort entspricht, schon bei den jüdischen Weisheitslehrern vor Jesus (vgl. Tobias 4,16). Der Maßstab ist denkbar einfach. Er heißt: »Was du dir wünschst«. Wünschst du also, besucht zu werden, dann besuche andere, z.B. Kranke, Einsame, Alte, Untröstliche. Wünschst du, jemand gäbe dir 20 Mark, so gib anderen 20 Mark. Wünschst du, geehrt zu werden, dann ehre andere. Es ist dabei charakteristisch, daß Jesus nicht vom Fühlen redet, auch nicht vom Gesinntsein, sondern vom »*Tun*«. Es kommt also nicht auf das an, was du empfindest, sondern auf das, was du real tust.

Matthäus hat diese sog. »Goldene Regel« an den Schluß der Bergpredigt gestellt (7,12). Lukas hat sie mitten in die Anweisungen über die Feindesliebe hineingestellt. Beide Evangelisten ergänzen einander sehr gut. Lukas verdeutlicht im Sinne Jesu, daß die Wohltaten der Goldenen Regel auch den Feinden zugute kommen müssen. Matthäus, der Lehrer unter den Evangelisten, verdeutlicht ebenso im Sinne Jesu, daß die Goldene Regel bei allen Geboten, die sich auf Menschen beziehen, Anwendung finden soll. Die persönliche Meinung des Verfassers dieses Kommentars ist, daß Jesus die Goldene Regel mehrfach gelehrt hat. Also nicht bloß bei der Feindesliebe, auch nicht bloß am Schluß des Unterrichts im Bergland, sondern öfters. Deshalb ist sowohl die Stellung bei Lukas als auch die Stellung bei Matthäus berechtigt.

Die Verse 32 bis 34 unterstreichen samt und sonders die Notwendigkeit der Feindesliebe. Lieben die Jünger nur die, *»die sie ebenfalls lieben«*, dann bleiben sie im Rahmen des Normalen. *»Denn auch die Sünder lieben die, die sie ebenfalls lieben«* (V. 32). »Sünder« bedeutet hier: Menschen, die nach dem lebendigen Gott nicht fragen. Als Beispiele dafür nennt Jesus an anderer Stelle die Zöllner und die Heiden (Mt 5,46f). Wenn die Jünger aber im Rahmen der normalen, gottlosen Welt bleiben, *»welche Gnade ist dann für euch zu erwarten?«* (V. 32). Das heißt doch: Gott hat in diesem Falle keinen Grund mehr, ihnen seine *»Gnade«* zuzuwenden. Natürlich darf man diese Worte nicht als Ausfluß eines Leistungsprinzips verstehen. Es geht bei Gott nicht um ein Lohn-Leistungs-Prinzip. Wohl aber sind sie Ausfluß eines Verhältnisprinzips. Der, der als Gottes Kind handelt, wird von Gott auch als sein Kind behandelt, d.h. er empfängt eine besondere, allerdings *un*verdiente Gnade. Daß diese Auslegung berechtigt ist, zeigen Mt 5,45f und 5,48. Die Ausführungen des Petrus in 1 Petr 2,19ff bringen eine weitere Bestätigung.

V. 33 und 34 verstärken gerade durch bewußte Wiederholungen den Ruf, den Rahmen des Normalen zu verlassen. In V. 34 konzentriert sich Jesus aufs *»Leihen«*. Schwierig ist die Übersetzung an der Stelle, wo wir *»auf gleicher Basis«* übersetzt haben. Möglich wäre auch die Übersetzung: »das Gleiche zurückzubekommen« (so z.B. Lutherbibel, Revidierte Elberfelder Bibel). Bevorzugt man diese zweite Übersetzung, dann muß man allerdings voraussetzen, daß *»auch Sünder«*, die *»Sündern leihen«*, das AT befolgen und keine Zinsen nehmen (vgl. 2 Mo 22,24; 3 Mo 25,35f; 5 Mo 15,7ff; 23,20f). Aber kann man das wirklich voraussetzen? Wir haben unsere Zweifel daran und übersetzen deshalb lieber *»auf gleicher Basis«*, d.h. nach den üblichen Geschäftsbedingungen. Daß Jesus den Fall des »Leihens« aufgreift, zeigt uns übrigens zweierlei: a) Leihen und Geldgeschäfte spielten damals in seiner Umgebung eine erhebliche Rolle, b) Jesus bejaht das Privateigentum. Das Privateigentum ist durch die Zehn Gebote begründet und Voraussetzung für die Leihgeschäfte. Man kann noch einen Schritt weitergehen und sagen, daß Jesus auch einen rechtmäßig erworbenen Reichtum bejaht. Denn ohne einen solchen Reichtum wären Leihen und finanzielle Unterstützung nicht denkbar.

In V. 35 unterstreicht Jesus zunächst zwei Punkte, die er schon früher formuliert hat. Der erste Punkt ist der Grundsatz der Feindesliebe: »*Liebt eure Feinde*!« (vgl. V. 27). Der zweite Punkt ist das Handeln der Liebe auch dort, wo es nichts »*zurückzuerhoffen*« gibt (vgl. Lk 14,12ff). Auch keinen Dank! Von da aus richtet Jesus den Blick auf den, der nicht einmal einen Becher kalten Wassers unbelohnt läßt (Mt 10,42): nämlich auf den lebendigen Gott im Himmel. Handeln die Jünger nach dem messianischen Gebot, »*dann wird euer Lohn groß sein*« (vgl. V. 23). Jesus denkt an die göttliche Vergeltung. Dieser Gottes–»*Lohn*« geht weit über Verdienst und Erwartung hinaus. Er erreicht seine Spitze darin, daß die Jünger »*Söhne des Höchsten* (= Gottes) *sein*« werden. Die Gotteskindschaft im ewigen Gottesreich: das also ist das Ziel des Jüngerlebens! (Vgl. 20,36). Nun fügt Jesus noch einen eigenartigen Satz hinzu: »*Denn er selbst* (= Gott) *ist gütig gegen die Undankbaren und Bösen*«. Das heißt doch: Wie Gott der Vater, so müssen auch seine Kinder = die Jünger sein. Die Güte Gottes ist ein schier unerschöpfliches Thema des AT (vgl. 2 Mo 34,6; 4 Mo 14,18; Ps 25,8; 86,5; 103,8; Jona 4,2; Nah 1,3). Jesus hat sich mehrfach darauf bezogen, daß Gott so unvorstellbar »gütig« ist« (vgl. Mt 5,45; 20,15). Auch der »undankbare und böse« Mensch lebt von dieser göttlichen Güte. Genauso sollen Gottes Kinder sein: voll Liebe und Güte auch gegen Böse, Undankbare und Feinde (vgl. Lk 14,12ff; 1 Kor 13,1ff). Noch einmal wird uns klar: es geht nicht um angestrengte »Sonderleistungen« der Jünger, sondern um eine selbstverständliche Folge der Gotteskindschaft. Erschreckend wird aber auch das andere klar: Der natürliche Mensch wird diese Feindesliebe niemals verwirklichen.

Vorschlag zur Bibelarbeit über Lukas 6,27-35

---

1. Einleitung:

a) Die Worte »Nächstenliebe« und »Feindesliebe« spielen ebenso wie das allgemeine Wort von der »Liebe« eine große Rolle. Wir überlegen zunächst, was in der Bibel damit gemeint ist.

b) Wir überlegen ferner, was Jesus mit dem Ausdruck »Sünder« in diesem Abschnitt meint.
c) Wir gehen dann hinein in unsere eigene Praxis und überlegen, wie wir mit unsern eigenen Feinden in den letzten Jahren umgegangen sind. Wo hätten wir sie lieben, segnen, ihnen wohltun können? Was heißt das alles praktisch?
d) Als Überschrift wählen wir: »Wie Jesus von der Liebe spricht«.

2. Durchführung: »Wie Jesus von der Liebe spricht«

a) Liebe ist etwas, was man dem Feind antut

Am besten steigen wir hier mit einem Beispiel ein, in dem von Liebe viel die Rede ist, die Liebe aber nicht getan wird – Jesus aber will das Tun! – Bei Freunden, bei der Familie raffen wir uns dazu manchmal auf – Aber Jesus will mehr: daß wir die Feinde lieben! – Wir denken darüber nach: Wer ist zur Zeit mein Feind? Oder wie bin ich mit Feinden bisher umgegangen? – Jesus läßt es nicht bei dem Satz: »Liebt eure Feinde« – Er sagt praktische Wege dazu: »*Tut wohl denen, die euch hassen*!« – Also Freundlichkeit, ein Blumenstrauß, ein Extra für die Hasser! – Dann: »*Segnet, die euch fluchen!*« – Also Fürbitte und freundliche Worte! – Dann ganz gezielt: »*Bittet für die, die euch beleidigen!*« – Am Ende komme ich mir ganz armselig vor und kann nur fragen: Wie werde ich ein so liebevoller Mensch?

b) Liebe hat etwas mit Leiden zu tun

Einstecken können im allgemeinen nur noch Boxer und Fußballer – Aber wer steckt in der Schule, der Uni, dem Betrieb, in der Familie ein? – Dabei genügt bei Jesus das »Einstecken« nicht einmal! – Er will ein Zeugnis der Liebe durch bewußtes, liebevolles Leiden und Dulden – Der Schlag, der Raub, der Kredit: das sind seine Beispiele – Ja, am Ende soll ich mich in den andern hineindenken und nach der Regel handeln: »Wie ihr wollt, daß euch die Leute tun sollen, so tut ihnen auch!« – Wer kann das? – Jesus hat das alles gekonnt – Aber ich?

c) Die Liebe gehört mit der Gotteskindschaft zusammen

Jesus grenzt ganz klar ab: Er meint nicht die Liebe, die man unter seinesgleichen übt – Das gibt's ja auch bei den Sündern = bei den Gottlosen – Er zeichnet also keineswegs eine rabenschwarze Welt, in der es überhaupt keine Liebe gibt! – Im Gegenteil, er läßt das zunächst stehen, was man auch bei gottlosen Leuten beobachten kann – Aber er sucht die Liebe, die der vom Vater geübten Liebe entspricht – Also auch die Feindesliebe und die Liebe, die nur auf Undankbarkeit stößt – Wer diese Liebe hat, dem wird Gott reich vergelten – Jesus scheut sich nicht, so etwas zu sagen – Ja mehr noch: wer diese Liebe hat, der ist Gottes Kind – Gibt uns hier nicht Jesus einen Tip, wie wir zu dieser Liebe kommen? – Nämlich durch die Wiedergeburt, die zur Gotteskindschaft führt? – Es kann niemand leugnen: Lk 6,27-35 läßt uns mit vielen Fragen stehen – Und eine besonders wichtige dieser Fragen ist: Wie werde ich ein neuer Mensch, der zur Liebe im Sinne der Bibel überhaupt erst einmal fähig wird?

13.5 Das Gebot der Barmherzigkeit (6,36-42)

Die Feindesliebe beschreibt mehr die Tiefe unserer Liebe, die Barmherzigkeit mehr die Weite. Beide Themen, Feindesliebe und Barmherzigkeit, sind aber Entfaltungen ein und desselben Generalthemas, nämlich der Liebe.

Lukas stellt also offensichtlich bei der »Bergpredigt« die Liebe ins Zentrum.

6,36-42: **(36) »Seid barmherzig, wie euer Vater barmherzig ist! (37) Und richtet nicht, dann werdet ihr auch nicht gerichtet. Und verurteilt nicht, dann werdet ihr auch nicht verurteilt. Sprecht frei, dann werdet ihr freigesprochen werden. (38) Gebt, dann wird euch gegeben werden. Ein gutes, gedrücktes, gerütteltes, überfließendes Maß wird man euch in die Tasche geben. Denn mit welchem Maß ihr meßt, wird euch wieder gemessen werden. (39) Er sagte ihnen aber auch ein Gleichnis: Kann auch ein Blinder einen Blinden führen? Werden sie nicht beide in die Grube fallen?**

(40) Der Jünger ist nicht über dem Lehrer. Jeder aber, der vollkommen ist, wird wie sein Lehrer sein. (41) Was siehst du aber den Splitter in deines Bruders Auge, den Balken aber im eigenen Auge übersiehst du? (42) Wie kannst du zu deinem Bruder sagen: Bruder, laß mich den Splitter aus deinem Auge herausziehen, solange du selbst den Balken in deinem Auge nicht siehst? Heuchler! Zieh doch zuerst den Balken aus deinem Auge, und dann magst du zusehen, wie du den Splitter aus deines Bruders Auge herausziehst!«

»*Seid barmherzig*!« (V. 36) das ist der Generalsatz dieser ganzen Verse. Dabei könnte man genauso gut übersetzen: »Werdet barmherzig«. Noch kann Jesus die notwendige Barmherzigkeit bei seinen Jüngern nicht entdecken. Denn das menschliche Herz ist böse von Jugend auf (1 Mo 8,21). »Seid barmherzig!« Das haben die Messiasse der Gewalt niemals gesagt.

Jesus gibt den Grund und den Maßstab an: »*wie euer Vater barmherzig ist*«. Der »*Vater*« im Himmel ist also der Maßstab (»*wie*«). Vgl. 11,2.13; 12,30.32; Jak 5,11. Kinder Gottes sollen sein, »*wie*« Gott ist, sonst passen sie nicht zu ihm (vgl. noch 2 Mo 34,6; Ps 103,8).

Was Barmherzigkeit praktisch bedeutet, wird wie bei der Feindesliebe an einigen Beispielen entfaltet (V. 37ff). Mit Recht sagt Bengel: »Zur Ausübung der Barmherzigkeit haben wir täglich Gelegenheit.«

In V. 37 und 38 gibt Jesus nun vier Beispiele, zwei negative und zwei positive. Das erste negative Beispiel lautet: »*Richtet nicht, dann werdet ihr auch nicht gerichtet.*« Dasselbe steht in Mt 7,1. Mit dieser Anweisung Jesu wurde viel Mißbrauch getrieben. Das Verbot des »*Richtens*« meint erstens das unbarmherzige Richten. Deshalb steht es im Zusammenhang mit der Barmherzigkeit. Es meint zweitens die Vorwegnahme des Endgerichts durch Menschen, so, als könnten wir in den Himmel oder in die Hölle sprechen. Wir sollten jedoch barmherzig und vorsichtig bleiben und stets daran denken, daß das letzte Urteil Gott zukommt. Nicht verboten sind dagegen: a) das Prüfen, ob eine Lehre richtig oder falsch ist (vgl. Apg 17,11; 1 Thess 5,21), b) Entscheidungen und Schiedssprüche von Richtern in der Gemeinde (1 Kor 5,12; 6,1ff), c) Die Rechtsprechung des Staates, der die Gerechtigkeit wahren muß (Röm 13,3ff).

Was geschieht bei denen, die auf sündhafte Weise »*richten*«? »*Dann werdet ihr auch gerichtet*« sagt Jesus. D.h. Gott wird sie »*rich-*

ten«. Ihm steht das Endgericht zu. »*Dann*« geht es allerdings um Himmel und Hölle, wenn Gott das letzte Urteil spricht.

Das zweite negative Beispiel lautet: »*Verurteilt nicht, dann werdet ihr auch nicht verurteilt*« (V. 37). Für »*verurteilen*« steht im Griechischen ein Wort, das eigentlich »hinabrichten« bedeutet. Im NT ist es überwiegend ein negatives Wort (vgl. Mt 12,7; Jak 5,6). Im Deutschen könnte man unsere Stelle etwa so umschreiben: Fällt keine ungerechten Verdammungsurteile, sonst werdet ihr ein gerechtes Verdammungsurteil empfangen. Wiederum meint Jesus nicht, daß wir auf eine Urteilsbildung oder auf eine Ablehnung der Irrlehre verzichten sollten. Sonst könnte man ja die harten Urteile des NT über die Irrlehre überhaupt nicht verstehen (z.B. Mt 7,15ff; Röm 16,17ff). Vielmehr meint er, daß wir uns barmherzig um den Sünder bemühen (vgl. Mt 18,10ff; Jak 5,19f) und niemand vorschnell oder zu Unrecht verdammen sollten. Gehen wir auf diese Weise barmherzig mit anderen Sündern um, »*dann*« wird uns Gott im Endgericht auch gnädig sein: »*Dann werdet ihr auch nicht verurteilt.*« Jesu Bruder Jakobus hat diese Linie am striktesten eingehalten (vgl. Jak 2,13; 4,11; 5,6.9.19f). Aber auch die andern Apostel sind ihr treu geblieben (vgl. Röm 14,4; 1 Kor 4,4; 5,12).

Am Ende von V. 37 steht das erste positive Beispiel der Barmherzigkeit: »*Sprecht frei, dann werdet ihr freigesprochen werden.*« Eigentlich heißt es: »Laßt los, dann werdet ihr losgelassen werden«. Wieder ist es nicht einfach, den richtigen Sinn von »*freisprechen*« oder »loslassen« zu erfassen. Der Sinn ist nämlich ein mehrfacher: a) »freisprechen«, z.B. vor Gericht oder auch bei anklagenden Gesprächen, b) »begnadigen«, d.h. auf eine evtl. mögliche Verurteilung verzichten (Lk 23,16ff), c) einen Schuldner aus der Schuldhaft »freigeben« (Mt 18,27). Allen diesen Fällen ist eines gemeinsam: Man verzichtet auf eine weitere Strafe bzw. Verurteilung, obwohl sie möglich wäre. Aus Barmherzigkeit tut man etwas, was man bei strenger oder gar sturer Rechtsanwendung nicht tun würde. Vermutlich benutzt Jesus hier das Bildmaterial eines Strafprozesses, der mit der Urteilsbildung beginnt (»*richten*«), dann zum Urteilsspruch führt (»*verurteilen*«) und schließlich mit der Vollstreckung der Strafe endet (der Gegensatz dazu ist das »*freisprechen*« oder »loslassen«). Aber obwohl das Bildmaterial eines Strafprozesses vorliegt, schreibt Jesus eben keine neue Strafprozeßordnung, sondern wendet das ganze in einem religiösen Sinne an. »*Sprecht frei*« ist also eine Aufforderung zur Milde und zur Entschuldigung, wo es nur angeht. Rabiate Kämpfer fürs Christentum waren selten seine besten Vertreter. »Das ist der Liebe freundlich Amt, daß sie zurechtbringt, nicht verdammt« (EKG 518,3). Daß ein Messias, von dem die Pharisäer erwarteten, er werde »die Sünder vom Erbe verstoßen« (apokryphe Psalmen Salomos 17,23), so milde Töne anschlug, mußte eine Überraschung sein. Es war aber Jesu Linie in seinem ganzen Wirken (vgl. Mt 6,14; 18,21ff; Mk 11,25; Joh 8,11). »*Dann werdet ihr freigesprochen werden*«: nämlich im Endgericht. Gottes Barmherzigkeit erbarmt sich über alle, die barmherzig gewesen sind (Mt 5,7; Jak 2,13). Vgl. Jes 58,6ff.

Nun kommen wir zum zweiten positiven Beispiel der Barmherzigkeit: »*Gebt, dann wird euch gegeben werden*« (V. 38). Um das »Geben« ging es schon bei der Feindesliebe in V. 30 (vgl. Mt 5,42). Inzwischen hat Jesus das Thema von der Barmherzigkeit aufgegriffen. Gemeint ist ohne Zweifel die barmherzige Freigebigkeit. Sie arbeitet ohne Berechnung (Röm 12,8) und ist eine Säule der Diakonie (Jak 2,15ff). Wer so handelt, dem wird Gott aus seinem unendlichen Reichtum über jedes Maß hinaus wohltun: »*dann wird euch gegeben werden*«. Das gilt sowohl fürs Endgericht als auch fürs irdische Leben. Wo er Gottes Güte beschreibt, wird Jesus auffallend ausführlich: »*Ein gutes Maß wird gegeben.*« Gott ist kein betrügerischer Händler, sondern einer, der zugunsten des »Kunden« »*Maß*« und Gewicht gebraucht (vgl. das Gegenteil in Apg 18,5f). Er füllt die »*Tasche*« (das ist eigentlich der Bausch des orientalischen Obergewandes) nicht nur voll, sondern »*drückt*« so viel wie möglich hinein. Dann »*rüttelt*« er noch, daß die überreichen Gaben enger zusammenrücken und nochmals nachgefüllt werden kann. Ja, er füllt dann ein weiteres Mal nach, so daß die Tasche nicht mehr ausreicht, sondern alles »*überfließt*«. Man kann sich das am Beispiel der Rut (Rut 3,15) anschaulich vorstellen. So gut ist Gott!

Aber dann müssen seine Kinder eben zu ihm passen und genauso handeln. Deshalb gilt die allgemeine Regel: »*Mit welchem Maß ihr meßt, wird euch wieder gemessen werden*« (V. 38). Der Satz findet sich fast wörtlich auch in Mt 7,2 und Mk 4,24. Jesus hat also diesen Satz öfters angewandt (vgl. auch 2 Kor 9,6).

Übrigens sind die Worte Jesu in V. 36-38 sprachlich wunderschön geformt und sehr gut geeignet, um sie dem Gedächtnis einzuprägen.

Es lohnt sich, an dieser Stelle noch einmal über die alten Ausleger nachzudenken. Bengel betete hier: »O Gott, Du bist gnädig und vergibst einem Jeden nach seinem Verhalten. Laß mir dieses eine freundliche Rede seyn«. Und Schlatter schrieb: Gott »setzt zu unserer Härte seine Härte, zu unserem Zorn seinen Zorn, zu unserem Vergeben sein Vergeben, zu unserem Erbarmen seine Barmherzigkeit.« Godet zitiert einen Unbekannten, der gesagt habe: »Gib Gott die Hand voll, so wird er dir die seinige voll geben.«

Lukas geht nun über zu einem *»Gleichnis«*. Leider teilt er uns nicht genau mit, *wann* Jesus dieses Gleichnis *»sagte«*. Aus dem Zusammenhang kann man aber schließen, daß es in die Frühzeit gehört, als Jesus seine Jünger im Freien unterrichtete. Genau besehen entfalten die Verse 39 bis 42 sogar drei Gleichnisse. Ihnen folgen später noch drei weitere (vom Baum, vom Schatz und vom Hausbau, V. 43-49). Man könnte also den Anfang von V. 39 sinngemäß auch so übersetzen: »Er sagte ihnen aber auch in Form eines Gleichnisses«. Schon ein Blick auf 5,36 zeigt, daß Lukas die Gleichnisse Jesu sehr geliebt hat.

Das erste *»Gleichnis«*, das *»er ihnen sagte«*, ist das Gleichnis vom Blinden: *»Kann auch ein Blinder einen Blinden führen? Werden sie nicht beide in die Grube fallen?«* (V. 39). Vermutlich bezieht sich Jesus auf den Anspruch der pharisäischen Lehrer, »Sehende« zu sein. Die pharisäischen Lehrer wollten den Nichtpharisäern und Nichtjuden, die sie für *»blind«* hielten, ein Licht aufstecken (vgl. Mt 15,14; 23,16.24; Joh 9,40f; Röm 2,19f). Nun sagt Jesus: Sie sind selbst blind! Die Lehre, die seine Jünger daraus ziehen sollen, ist eine doppelte: a) Sie sollen sich nicht von den jüdischen Gesetzeslehrern leiten lassen; b) sie sollen aber auch die eigentlich geistliche Blindheit ablegen. Das geschieht dadurch, daß sie barmherzig werden. Dann werden ihnen gleichzeitig die Augen für Gottes Güte aufgehen. Dann werden sie Sehschärfe bekommen für die Not des Nächsten. Dann wird ihnen der Wille Gottes neu wichtig werden. Auch V. 39 steht noch unter der Überschrift »Seid barmherzig.« Der Leser muß sich heute wie damals fragen: Bin ich auch blind (vgl. Joh 9,40)? Bin ich auch barmherzig?

Das zweite »Gleichnis« ist das vom Jünger und vom Lehrer: *»Der Jünger ist nicht über dem Lehrer. Jeder aber, der vollkommen ist, wird wie sein Lehrer sein«* (V. 40). Vielleicht liegt hier eine Art Sprichwort vor. Jesus hat diesen Vergleich jedenfalls öfters benutzt (vgl. Mt 10,24; Joh 13,16; 15,20). Was besagt dieses Wort in unserem Zusammenhang? Mit einem deutschen Sprichwort formuliert heißt es: Wie der Lehrer, so der Schüler. Ist der Lehrer blind, wird es der Schüler auch sein. Ist der Lehrer ein Sehender und Wissender, wird es der Schüler auch sein. Sobald der »*Jünger*« = der Schüler die Spitze seiner Ausbildung erreicht hat, also »*vollkommen*« oder »ausgebildet« oder »in den gehörigen Zustand versetzt« ist, wird er ein Abbild seines »*Lehrers*« sein (»*wie sein Lehrer sein*«). Daraus ergibt sich für die Jünger Jesu wiederum eine doppelte Konsequenz: a) Sie sollen sich von den jüdischen Gesetzeslehrern lösen, da sie sonst ebenso unbarmherzig werden wie diese; b) sie sollen sich an Jesus als ihrem messianischen Lehrer orientieren. Dann werden sie ebenso barmherzig werden, wie er es ist. Jesus aber können wir, wie Bengel bemerkt, »nicht überholen«.

Das dritte »*Gleichnis*« ist das vom Splitter und vom Balken: »*Was siehst du aber den Splitter in deines Bruders Auge, den Balken aber im eigenen Auge übersiehst du*?« (V. 41). Auch da könnte ein altes Sprichwort vorliegen. Überhaupt ist es interessant, woher Jesus den Stoff seiner Gleichnisse nimmt. Zu einem guten Teil stammen sie aus dem praktischen Leben, das er in Galiläa führte: von den vielen »*Blinden*« in Städten und Dörfern, vom »*Wein*« der Bauern (5,37), von den Verhältnissen in den Synagogen (»*Lehrer*«/«*Jünger*« bzw. Schüler) und aus der Zimmermannswerkstatt (»*Splitter im Auge*«/»*Balken*«). Was für eine lebenskräftige, verständliche und doch tiefsinnige Sprache! Jeder konnte sie sich merken!

Hört man hier genauer hin, dann warnt Jesus vor einer typischen Gefahr, mit der der Teufel unsere Barmherzigkeit gefährdet: der Überheblichkeit. Kirche und Diakonie sind ständig von dieser Gefahr bedroht. Sie werden blind, selbstgerecht, herablassend; ihre Barmherzigkeit wird zum Betrieb und zur Routine. Dagegen fordert Jesus die Bereinigung eigener Fehler, bevor wir uns an die Fehler anderer machen. Hilfe ja! Aber erst wenn wir uns selber helfen lassen!

Es ist ja wahr, daß wir weit schneller den »*Splitter*« im »*Auge des Bruders*« entdecken, als daß wir den »*Balken im eigenen Auge*« wahrnehmen. »Splitterrichter« nennt man so etwas im Volksmund. Willst du auch so einer sein? fragt uns Jesus in V. 41. Mt 7,3 stimmt fast wortwörtlich damit überein.

»*Wie kannst du zu deinem Bruder sagen: Bruder, laß mich den*

Splitter aus deinem Auge herausziehen, solange du selbst den Balken in deinem Auge nicht siehst?« (V. 42). Godet trifft den Nagel auf den Kopf, wenn er vom »Ton süßlicher Besorgtheit« spricht. Wenn Seelsorge und Barmherzigkeit im Heiligen Geist getrieben werden, dann merkt man das daran, daß der Helfer selbst vom Heiligen Geist über die eigenen Sünden informiert worden ist. Aber oft behaupten die geistlich Blinden, am meisten zu sehen – was nur ein Zeichen ihrer Blindheit ist (vgl. Joh 9,40f).

»*Heuchler*!« sagt Jesus hier ohne Umschweife. Er rechnet also stets damit, daß seine Jünger zu Heuchlern werden können. »*Zieh doch zuerst den Balken aus deinem Auge, und dann magst du zusehen, wie du den Splitter aus deines Bruders Auge herausziehst*!« (V. 42). An sich könnte man auch übersetzen: » ... und dann wirst du deutlich sehen, wie du ...«. Aber diese Übersetzung paßt schlechter in den Zusammenhang als die obige. Was will Jesus also? Er will drei Schritte: a) Den »*Balken*« = die Sünde oder den Fehler bei sich selbst erkennen; b) sich selbst von Gott in Ordnung bringen lassen; c) dann anderen helfen.

Jede Barmherzigkeit an anderen setzt also voraus, daß man selbst Erbarmen von Gott empfangen hat. Auf keinen Fall will Jesus die Resignation. Ich darf mich also nicht entschuldigen und sagen: »Ich bin ja zu schlecht, um anderen zu helfen.« Auch da würde Jesus sagen: »Heuchler! Warum läßt du dich nicht in Ordnung bringen, warum nimmst du nicht Vergebung in Anspruch, damit du anderen helfen kannst?«

Wertvoll ist hier die Erklärung von Schlatter: »Wie sollen wir ... helfen? Nicht so, daß wir unsere eigene Sünde übersehen, noch auch so, daß wir sie zwar gestehen, aber Buße und Besserung nur den anderen auferlegen und uns selbst von der Zucht des göttlichen Wortes frei machen.«

Damit stehen wir am Ende des kleinen Abschnittes über die Barmherzigkeit. Nach all den reichen Meinungen wollen wir den Generalsatz nicht vergessen: »Seid barmherzig!«

Vorschlag zur Bibelarbeit über Lukas 6,36-42

1. Einleitung:

a) So erstaunlich es klingt: Dieser Bibelabschnitt gibt Gelegenheit, viele Mißverständnisse abzuklären. Z.B. das Mißverständnis, das Verbot des Richtens bedeute die Anerkennung jeder Irrlehre. Oder das Mißverständnis, unser Tun sei gleichgültig für das Ergehen in der Ewigkeit, weil es ja kein Gericht nach Verdiensten gebe.
b) Wir klären also zunächst einmal ab, was Jesus meint, wenn er von »richten«, »verdammen«, »vergeben«, »wieder messen« spricht.
c) Wir bedenken auch genau, welche Aufgaben uns in V.41/42 (Gleichnis vom Splitter und vom Balken) gestellt werden.
d) Die Überschrift der Lutherbibel »Stellung zum Nächsten« könnte man durchaus übernehmen. Wir entscheiden uns hier jedoch für die Überschrift: »Wie kommen andere Menschen mit mir zurecht?«

2. Durchführung: »Wie kommen andere Menschen mit mir zurecht?«

a) Dadurch, daß ich barmherzig bin

»Nach mir die Sintflut«: so denken viele – Andere Leute sind also nicht so wichtig – Viele treibt auch die Frage um: »Wie komme ich mit anderen Menschen zurecht?« – Jesus dreht jetzt diese Frage um, so daß sie lautet: »Wie kommen andere Menschen mit mir zurecht?« – Erste Antwort: Sei barmherzig! – Gottes Barmherzigkeit soll dein Maßstab sein (ein Beispiel dieser Barmherzigkeit aus der Bibel anführen) – Zweite Antwort: Barmherzigkeit äußert sich darin, daß du nicht richtest – Prüfen (z.B. der Irrlehre) ist erlaubt, ja notwendig – Vieles muß ich als Christ sogar ablehnen – Aber das letzte Urteil muß immer in Gottes Hand bleiben – Ebensowenig steht es mir zu, Urteile über Seligkeit und Verdammnis zu fällen – Statt dessen soll die Leitlinie sein: vergeben und geben! – Ein anderer soll Gottes Liebe an mir erkennen – Jesus fügt sogar hinzu: Gott wird sich beim Jüngsten Gericht nach meinem Verhalten richten! – Wenn ich also barmherzig bin, kommen andere Menschen gut mit mir zurecht – Bloß, wie wird man ein barmherziger Mensch?

b) Dadurch, daß ich den Weg zu Gott weiß

Heute spricht man viel vom Helfen – Aber ist es klar genug, daß ich einem andern nur dann richtig geholfen habe, wenn ich ihm den Weg zu Gott gezeigt habe! – Dazu muß ich allerdings zuerst selber diesen Weg wissen – Um es mit den Worten Jesu zu sagen: Ich muß zuerst selber ein Sehender geworden sein – Bin ich selbst »blind«, dann gehen wir am Ende beide unter (»fallen alle beide in die Grube«) – Wir kommen dabei weder an Jesus vorbei noch über Jesus hinaus – Wir müssen uns also an Jesus orientieren, wenn wir den Weg zu Gott zeigen wollen (V.40) – So kommen andere Menschen richtig mit mir zurecht.

c) Dadurch, daß ich zuerst mich selbst verbessere

Wie wenig können wir Menschen leiden, die zuerst andere kritisieren und an anderen herumdoktern wollen! – Hier zeigt Jesus erneut, was notwendig ist – Er tut es im Gleichnis vom Balken und Splitter – Wichtig ist, daß wir zunächst eine Selbstprüfung durchführen: Was fehlt mir? – Dann sollten wir bei uns selber Abhilfe schaffen – Dann aber sollten wir damit nicht egoistisch den Punkt setzen, sondern von da aus liebevoll andern helfen, wo das gewünscht wird – Es fällt auf, daß in Lk 6,39-42 soviel vom Auge und vom Sehen die Rede ist – Gibt das nicht den Zielpunkt für unser Verständnis an? Er müßte dann lauten: Am Ende sollen andere Menschen zusammen mit mir Gott erkennen – Dann sind wir alle miteinander zurecht gekommen!

13.6 Die Notwendigkeit, ein guter Mensch zu sein (6,43-45)

Viele Ausleger sehen in V. 43-45 nur eine Fortsetzung von V. 36ff. Aber nach den Geboten der Feindesliebe und der Barmherzigkeit spricht Jesus nun ein neues Thema an. Dieses Thema lautet: Die Voraussetzung der Liebe. Und diese Voraussetzung liegt darin, daß der Mensch von Herzen gut ist. Damit berühren wir eines der Geheimnisse der Bibel: Wie wird man ein guter Mensch?

6,43-45: **(43) »Denn es gibt keinen guten Baum, der faule Frucht bringt, und keinen faulen Baum, der gute Frucht bringt. (44) Denn jeder Baum wird an seiner Frucht erkannt. Man pflückt ja nicht Feigen von den Dornen und erntet auch nicht Trauben vom Dornstrauch. (45) Der gute Mensch bringt aus dem guten Schatz seines Herzens das Gute hervor, und der böse bringt aus dem bösen das Böse hervor. Denn wes das Herz voll ist, des geht der Mund über.«**

Was Jesus hier sagt, ist so selbstverständlich, daß niemand daran zweifeln wird. Aber wenn es dann um die Praxis geht, wehrt sich die menschliche Philosophie mit allen Tricks.

Aus den Parallelen in Mt 7,16-18 und 12,33-35 schließen wir, daß Jesus in der »Bergpredigt« tatsächlich so gesprochen hat, daß er aber auch später solche Sätze und Gleichnisse benutzte.

Das kleine Wort »denn« am Anfang von V. 43 schafft die Verbindung zum Vorausgehenden. Jesus spricht also wirklich von den Voraussetzungen der Liebe und sagt, daß zuerst ein guter Mensch da sein muß, bevor man Feindesliebe und Barmherzigkeit üben kann.

Das Gleichnis vom *»Baum«* und seiner *»Frucht«* kann wiederum ein altes Sprichwort darstellen. Es stammt ebenso aus dem praktischen Alltag wie die Gleichnisse vom Wein, vom Blinden, vom Jünger und vom Balken.

Klar, daß *»ein guter Baum gute Frucht bringt«*, und *»ein fauler Baum faule Frucht bringt«* (V. 43). Bei solchen Regeln schaut man natürlich auf den Durchschnitt, und nicht auf einzelne Ausnahmen, die es hie und da schon mal geben mag.

Gilt aber die Regel von V. 43, dann gilt auch der nächste Satz: *»Jeder Baum wird an seiner Frucht erkannt«* (V. 44). Wer von außen kommt und die Wurzel nicht sieht, der erkennt doch an der *»Frucht«*, woran er ist. Wo Äpfel hängen, schließt man natürlich auf einen Apfelbaum. Wendet man diesen Satz auf Christen an, dann wird er atemberaubend. Welche Früchte sieht man denn an uns? An mir? Sieht man Ehrgeiz, Wut, Scheinheiligkeit, Geiz, Neid, Haß oder Mißgunst? Man kann Lk 6,44 nicht durch den Satz aushebeln, daß wir ja alle arme Sünder seien. Zwar stimmt das. Dennoch suchen Jesus und das ganze NT eine Frucht (vgl. 3,8; 13,6ff; Gal 5,22)! Mit Recht! Warum? Weil der Heilige Geist ganz selbstverständlich Früchte in uns schafft. Glauben kann man also an seiner Ausstrahlung zumindest ein Stück weit erkennen. Wendet man den ersten Satz in V. 44 aber auf Jesu Umgebung und nicht auf die Jünger an, dann steckt darin ein ernster Vorwurf gegen die jüdischen Gesetzeslehrer, daß sie die notwendige Frucht vermissen lassen. Hier sind Jesus und der Täufer im prophetischen Geiste einig (vgl. 3,8; 13.6ff; Mt 23,3ff).

»Man pflückt ja nicht Feigen von den Dornen und erntet auch nicht Trauben vom Dornstrauch« (V. 44). So argumentierten auch die Weisheitslehrer Israels (vgl. Sir 27,7; Jak 3,12). Man muß aber schon genau lesen, um zu entdecken, daß die *»Dornen«* einerseits und die *»Feigen«* und *»Trauben«* andrerseits eine sehr spezielle Bedeutung haben können. *»Dornen«* sind die Strafe für den Abfall von Gott (1 Mo 3,18; Hiob 31,40), *»Feigen«* und *»Trauben«* dagegen sind Zeichen des Segens (4 Mo 13,23; 1 Kön 5,5; Jes 5,1ff). Sie sind auch Zeichen des Messias (1 Mo 49,11f; Ps 72,16; Joel 2,22ff; 4,18). Hört man diese Untertöne mit, dann sagt Jesus hier: Von Menschen, die unter dem Gericht Gottes stehen, könnt ihr nichts Gutes erwarten. Wenn ihr den Messias und die Segnungen der messianischen Zeit haben wollt, dann müßt ihr zu mir kommen! In der Sache entspricht also Lk 6,44 großenteils dem Jesuswort in Joh 7,37. Die Aussage von Lk 6,44 reicht bis in die heutige Zeit hinein: Alle Ideologien und menschlichen Religionen sind nur Dornen. Was man von ihnen *»pflückt«*, ist schädliche *»Frucht«*. Vgl. Mt 7,16ff.

V. 45 ist der eigentliche Zielpunkt der Verse 43-45. Man kann die Aussage Jesu auf einen kurzen Nenner bringen, der so lautet: nötig ist ein *»guter Mensch«*. Wertvolle Früchte wie z.B. Feindesliebe oder Barmherzigkeit von einem bösen Menschen zu erwarten, ist sinnlos. Dabei besteht ein Unterschied zwischen einem *»gut«*-erzogenen Menschen und einen »*gut*«-herzigen Menschen. Ersterer bleibt in der Regel innerlich »*böse*«, was von der Erziehung nur überdeckt wird. Letzterer ist im Innersten, im »*Herzen*«, gut und kann daher gar nicht anders, als auch »*das Gute hervorzubringen*«. Sein »*Herz*« gleicht einer »*Schatz*«-Kammer mit »*gutem*« Inhalt. Das merkt man besonders an seinen Worten. Worte sind die Signale des Herzens: »*Denn wes das Herz voll ist, des geht der Mund über*« (wörtlich: »Denn aus dem Überfluß des Herzens redet sein Mund«). Vgl. Mt 12,34f.

Jesus sagt an dieser Stelle noch nicht, *wie* man ein guter Mensch wird. Das sagt er erst später, und zwar mit seinen Ausführungen über die Wiedergeburt (vgl. Joh 1,12f; 3,1ff; 14,16ff; 15,26; 16,5ff; 20,22f). Aber er weckt hier in den Jüngern die Sehnsucht, ein solch guter Mensch zu werden.

Im Licht dieser Verse ist die Kirche schlecht beraten, wenn sie moralische Appelle an die Menschen richtet. Denn wie soll der Mensch Gutes tun, wenn er nicht zuvor wiedergeboren worden ist? Sie ist auch schlecht beraten, wenn sie die Zusammenarbeit aller Religionen fordert. Denn wie sollen Wiedergeborene eine wirklich tief gegründete Gemeinschaft mit Nichtwiedergeborenen praktizieren?

13.7 Die Notwendigkeit des Gehorsams (6,46-49)

Viele Ausleger und Übersetzer benutzen für Lk 6,46-49 die Überschrift »Gleichnis vom Hausbau« o.ä.. Eine solche Überschrift trifft aber nur das Bildmaterial. Dagegen handelt der Inhalt vom Tun, im Unterschied zum bloßen Hören. Deshalb wählten wir die Überschrift »Die Notwendigkeit des Gehorsams«.

6,46-49: **(46) »Was aber nennt ihr mich: Herr, Herr, und tut nicht, was ich euch sage? (47) Jeder, der zu mir kommt und meine Worte hört und sie tut – da will ich euch zeigen, wem der gleicht: (48) Er gleicht einem Menschen, der ein Haus baute und der grub und in die Tiefe ging und das Fundament auf den Felsen legte. Als aber ein Hochwasser kam, prallte die Strömung auf das Haus, und konnte es nicht erschüttern, weil es gut gebaut war. (49) Wer aber hört und nicht tut, der gleicht einem Menschen, der ein Haus auf die Erde baute, ohne Fundament. Die Strömung prallte darauf, und es stürzte sofort ein, und der Einsturz jenes Hauses war gewaltig.«**

Matthäus schließt seine Bergpredigt genauso ab wie Lukas (vgl. Lk 6,46ff mit Mt 7,21ff). Deshalb dürfen wir davon ausgehen, daß dies der Abschluß der Jüngerlehre im Bergland Galiläas war.

Es handelt sich um ein tiefernstes Wort Jesu, das vor dem bloßen Hören warnt. Bloßes Hören wäre Konsumchristentum. Es wäre der glatte Weg ins Verderben. Statt dessen will Jesus ein Handlungschristentum, das die Predigt in die Praxis umsetzt. Wer nie versucht hat, die Bergpredigt zu praktizieren, der wird auch schwer zur Erkenntnis seiner Sünde kommen (vgl. Röm 3,20).

In der Schärfe der Propheten beginnt Jesus mit der Frage: *»Was aber nennt ihr mich: Herr, Herr, und tut nicht, was ich euch sage?«* (V. 46). Die Wiederholung *»Herr, Herr«* zeigt, wie eifrig und beflissen hier vom Herrn gesprochen wird. Ist Jesus aber nur über das Hören *»Herr«*? Die Kirchengeschichte gibt unzählige lehrreiche Beispiele zu Lk 6,46/Mt 7,21. Alle Irrlehrer haben sich als Christen ausgegeben. Das war schon in der Alten Kirche so. Der Kirchenlehrer Irenäus (ca. 180 n. Chr.) bemerkte einst zu unserem Vers: Er »weist offenkundig hin auf alle Häretiker (= Irrlehrer), die nicht die Aussprüche Gottes meditieren, noch mit Werken der Gerechtigkeit sich schmücken«. Aber es geht nicht nur um die Irrlehrer. Es geht auch um solche Christen, die sich der Trägheit des Fleisches ergeben, obwohl sie die richtige Lehre haben. Wo liegt der entscheidende Punkt? *»Ihr tut nicht, was ich euch sage.«* Für *»was«* steht im Griechischen die Mehrzahl, so daß man fast übersetzen könnte: »Ihr tut nicht, was ich euch alles sage.« D.h. man tut überhaupt nicht oder tut nur teilweise, was Jesus sagt. Lippen und Herz, Lehre und Leben stimmen nicht zusammen. Erstaunlich, wie oft die Bibel dieses Thema behandelt (vgl. Mal 1,6ff; Mt 21,29ff; Lk 8,21; 12,47; Joh 7,17; 9,31; Röm 2,13; 1 Joh 2,4.17; 3,7; Jak 1,22.25; 2,14ff). Wir ziehen daraus den Schluß, daß hier eine häufige Versuchung der Leute Gottes angesprochen wird.

Hat Jesus schon Erfahrungen mit falschen *»Herr, Herr«*-Sagern gemacht? Fast möchte man es meinen, wenn man V. 47 liest: *»Jeder, der zu mir kommt und meine Worte hört und sie tut – da will ich euch zeigen, wem der gleicht.«* Die Rede ist lebendig, gewissermaßen taufrisch wie an jenem Tage in Galiläa. Das zeigt der Umbruch im Satzstil, den wir mit dem Gedankenstrich ausgedrückt haben. Hier müssen wir wieder genau zuhören. *»Jeder, der zu mir kommt«*: So spricht Jesus auch im Johannesevangelium (vgl. Joh 6,35.37.45). So spricht er aber auch in den anderen Evangelien (vgl. Mt 11,28). Er benutzt dabei die Sprache der himmlischen Weisheit, die er in seiner Person verkörpert (vgl. Spr 9,5ff). Aber das »*Kommen*« genügt nicht. Das Kommen muß vielmehr ins »*Hören*« und ins »*Tun*« münden. Wieder fällt auf, wie wichtig die »*Worte*« Jesu sind. Sie geben ja das Leben (Joh 6,68; 8,51; 14,6). Deshalb ist die Weitergabe der »*Worte*« Jesu eine zentrale Aufgabe der Jünger (Joh 17,20; Mt 28,20).

Nun will Jesus »*zeigen, wem der gleicht*«, bei dem Kommen, Hören und Tun vereinigt sind. Er nimmt dafür das berühmte Gleichnis vom Hausbau:

»*Er gleicht einem Menschen, der ein Haus baute und der grub und in die Tiefe ging und das Fundament auf den Felsen legte*« (V. 48). »*Er baute*«: Er handelt also aus eigenen Überlegungen, in eigener Verantwortung und aus freiem Willen. Mit Recht sahen hierin die Vertreter der ältesten Kirche eine Bekräftigung der biblischen Lehre vom freien Willen: »All dies beweist, daß der Mensch frei und selbständig ist, und Gott uns mit seinem Rate nur leitet, indem er uns zum Gehorsam ermahnt und vom Unglauben hinwegführt, nicht aber mit Gewalt uns zwingt« (Irenäus, ca. 180 n. Chr.). »*Ein Haus bauen*«: Häuserbauen war Jesu Handwerk (Mk 6,3). Davon verstand er etwas. »*Der grub und ging in die Tiefe*«: Man könnte hier auch übersetzen »er grub tief«. Viele Ausleger bestreiten, daß Jesus auch diese Worte gesprochen habe, weil man in Palästina nur auf die Erde gebaut und keine Baugrube ausgehoben habe. Diese Ansicht ist aber falsch. So sagt der englische Gelehrte M.J.Selman: »Die Fundamente reichten manchmal bis in den jungfräulichen Boden oder bei großen Häusern sogar bis auf das anstehende Felsgestein hinab.« Jedenfalls spricht Jesus von einem Menschen, der »*das Fundament auf den Felsen legte.*« Das macht natürlich mehr Arbeit, als wenn man an der Oberfläche bleibt. Und auch das bloße Hören ist weit einfacher als das Tun. Doch es lohnt sich, »*in die Tiefe zu gehen*« und ein »*Felsen-Fundament*« zu haben. »*Als aber*«, fährt Jesus in seinem Gleichnis fort, »*ein Hochwasser kam, prallte die Strömung auf das Haus, und konnte es nicht erschüttern, weil es gut gebaut war*« (V. 48). Bei den alten Handschriften lautet der Schluß des Verses verschieden. Einmal lesen wir: »*weil es gut gebaut war*«, ein andermal lesen wir: »denn es war auf den Fels gegründet«. Sinngemäß stimmen jedoch beide Aussagen völlig überein. Das »*Hochwasser*« hat seine Ursache nicht in einem Fluß, denn Flüsse gibt es abgesehen vom Jordan im Israelland nicht. Vielmehr hat es seine Ursache in plötzlichen Regenfällen, die Schluchten und Wadis in reißende Ströme verwandeln. Eine solche »*Strömung prallte*« also »*auf das Haus.*« Aber »*Fundament*« und Bauweise waren »*gut*« genug, so daß es die Strömung nicht einreißen, ja »*nicht*« einmal »*erschüttern konnte*«.

Ganz anders bei dem, der »*hört und nicht tut*« (V. 49). »*Der gleicht einem Menschen, der ein Haus auf die Erde baute*«. Zelte »*baut*« man auf die bloße »*Erde*«, standfeste Häuser nicht. Jesus erwähnt ausdrücklich, daß dieser zweite »*Mensch*« »*ohne Fundament*« baute. Von außen sieht man das natürlich nicht. Aber in der Stunde der Bewährung merkt man es. Der Sturzflut hält das zweite Haus nicht stand, »*es stürzte sofort ein*«. Man könnte hier auch übersetzen: »es fiel in sich zusammen« wie ein Kartenhaus. »*Der Einsturz jenes Hauses war gewaltig*«: Also war hier ein großes Haus geplant und gebaut worden. Umso schlimmer, daß man sich das Fundament erspart hatte!

So kurz diese letzten Verse der Bergpredigt sind, so dicht ist ihr Inhalt. Notieren wir uns das Wesentlichste. Zunächst und zuerst: Jesus ist mit dem bloßen Hören nicht zufrieden. Und zwar deshalb nicht, weil es uns den ewigen Tod bringt. Nicht umsonst hat man die Verse 48 und 49 auch ein »Sintflutgleichnis« genannt. Denn die Flut, von der hier die Rede ist, symbolisiert Gottes Zorn und Strafe im Endgericht (vgl. 1 Mo 6-8; Jon 2,4ff). Sie symbolisiert ferner die Feinde der Jünger, vor allem den Teufel, der uns versucht (vgl. Hiob 1,19; Ps 32,6; 69,2ff; 124,4f; 144,7). Ohne Felsenfundament sind wir in der Versuchung und im Endgericht verloren. Doch wer ist das »*Felsenfundament*«? Jesus! Von ihm heißt es ja in Jes 28,16: »Siehe, ich lege in Zion einen Grundstein, einen bewährten Stein, einen kostbaren Eckstein, der fest gegründet ist. Wer glaubt, der flieht nicht.« Vermutlich stellt Lk 6,48f eine Auslegung von Jes 28,16 durch Jesus dar. Dann verstehen wir auch leicht, was das Graben und Gründen von Lk 6,48f ist: Es ist der tätige Glaube! Wie oft haben später die Apostel von diesem tätigen Glauben gesprochen (vgl. Röm 2,17ff; Gal 5,6; Jak 1,22ff; Offb 14,13). Ebenso oft sprachen sie von der Notwendigkeit des Fundamentes (vgl. 1 Kor 3,11ff; Eph 2,20; 1 Petr 2,4ff). Man könnte andrerseits Lk 6,46-49 zusammenfassen unter der Überschrift: »Du brauchst ein Fundament« »Du brauchst Jesus«. Und noch einmal stehen wir vor der Frage: Wie gehen wir mit Jesus und seinen Worten um? Godet sagte: »Auf die Erde bauen heißt: den Willen des Herrn nur im Verstand, dem oberflächlichsten und am wenigsten persönlichen Teil unseres Ich aufnehmen, ihm aber das Gewissen verschließen und die Zustimmung des Willens, des wahrhaft persönlichen Elements unseres Wesens versagen.« Bengel sah sich zu dem Gebet gedrängt: »Herr Jesu, treibe die Macht Deines Wortes auf mein Herz, daß ich es thue, die Welt mag dazu sagen, was sie wolle.« Wie stehen wir dazu?

Jesus hat sein »Grundgesetz« damit abgeschlossen (vgl. 7,1; Mt 7,28). Haben die Anwesenden richtig zugehört, so ist jetzt ihre Selbstgerechtigkeit zerbrochen (vgl. Lk 5,8; Röm 3,20). Dann aber muß zugleich die Sehnsucht nach einem Erlöser in ihnen aufgebrochen sein. Wer dieser Erlöser ist und wie er tätig wird, das erfahren wir auf den folgenden Seiten des Lukasevangeliums.

Vorschlag zur Bibelarbeit über Lukas 6,43-49

1. Einleitung:

a) Wir fassen hier zwei Abschnitte aus der Bergpredigt zusammen, nämlich Lk 6,43-45 und Lk 6,46-49. Diese Zusammenfassung ist aber deshalb gut möglich, weil Jesus hier beide Male den Blick darauf lenkt, wie wir neue Menschen werden und dann als diese neuen Menschen nach seinen Geboten handeln können.

b) Wir sollten jedoch bei der Bibelarbeit/Predigt beide Aspekte zum Zug kommen lassen: Nach V.43-45 ist es sozusagen selbstverständlich, daß der neue, gute Mensch das Gute hervorbringt; nach V.46-49 dagegen bedarf es unserer ganzen Entschlossenheit und unseres totalen Einsatzes, um dieses Gute = Jesu Willen zu tun.

c) Die Bilder vom Bau und vom Haus sind so einleuchtend, daß man da nicht viel erklären muß. Viel schwieriger ist es, eine passende und packende Überschrift zu finden. Eine mögliche Überschrift wäre z.B.: »Herr Jesus – wo stimmt dieses Bekenntnis?«

2. Durchführung: »Herr Jesus – wo stimmt dieses Bekenntnis?«

a) Wo es selbstverständlich ist

Erzwungenes und Unrechtes spürt man in der Regel bald – Wir suchen das Echte – Vor allem in Fragen der Religion – Echte Jesusjüngerschaft heißt: ein wirklich neuer Mensch zu sein – Jesus kommt darauf von einer überraschenden Ecke her zu sprechen – Die Jünger sind schon längst von der Frage angepackt: Wer kann das alles tun, was dieser Jesus lehrt? – Jesu Überraschung besteht darin, daß er sagt: Dieses Tun ist doch ganz selbstverständlich – Unter einer Voraussetzung allerdings: daß man ein »guter Baum« ist – Der kann gar keine schlechten Früchte bringen! – Der »gute Baum« ist der gute Mensch – Der kann auch nichts Böses hervorbringen! – Nun stehen da sogenannte »Jünger«, sagen »Herr, Herr« und »Herr Jesus« und tun das gar nicht, was er sagt!! – Ist das heute anders? – So hat uns Jesus ganz konzentriert auf einen zentralen Punkt geführt: Wie wirst du ein echter Jünger = ein guter Mensch? Wie tust du so selbstverständlich, was er sagt? Dann bist du echt! – Die Bibel antwortet: Das geschieht durch Sündenvergebung und Wiedergeburt – Beides ist durch Jesu Sühnetod möglich (vgl. Joh 3,3ff; 1 Petr 1,3.18f) – Jesus zeigt hier im Grunde die Notwendigkeit seines Sühnetodes am Kreuz – Der wiedergeborene Mensch also kann sagen »Herr Jesus« und seinen Willen in der Kraft des Geistes tun, so daß es echt ist.

b) Wo es zur Praxis paßt

Jesus kommt noch einmal auf das Unechte zu sprechen – Und zwar dort, wo es besonders gefährlich ist – Die besondere Gefährlichkeit liegt dort, wo man zunächst Kennzeichen des »Echten« aufweist – Man kommt zu Jesus und man hört seine Rede – Ist nicht beides wichtig? – Vielleicht würde mancher heute sogar sagen: Wenn du zu Jesus kommst und ein Hörer des Wortes bist, dann stimmt doch alles – Mitnichten! antwortet Jesus – Warum? Weil das Tun, die Verwirklichung seiner Gebote, dazukommen muß – Dann hat unser Verhältnis zu Jesus einen festen Grund – Dann sind wir so mit ihm verbunden, daß wir in dieser Verbundenheit sogar die Stürme des Lebens überstehen – Jesusverbundenheit gibt es nur durch Praxis, durch die Handlungsgemeinschaft mit dem Herrn – Nur dann stimmt auch unser Bekenntnis »Herr Jesus«.

14. Der Glaube des Offiziers (7,1-10)

Normalerweise trägt diese Geschichte die Überschrift »Der Hauptmann von Kapernaum«. In diesem Kommentar soll jedoch nicht die menschliche Figur des Hauptmanns, sondern der entscheidende Vorgang, nämlich der Glaube an Jesus, hervorgehoben werden. Deshalb wählten wir die Überschrift »Der Glaube des Offiziers«.

Diese Geschichte findet sich zweimal im NT, einmal bei Matthäus (8,5-13) und einmal bei Lukas (7,1-10). Liberale Ausleger reden hier gerne von einem Widerspruch zwischen den beiden Evangelisten. Sie argumentieren, in Mt 8,5ff rede der Hauptmann selbst, in Lk 7,1ff nur dessen Bote. Aber Matthäus ging wie jeder Jude der damaligen Zeit von dem Grundsatz aus: »Der Bote eines Menschen ist wie dieser selbst« (vgl. Lk 10,16!). Von daher bestand gar keine Notwendigkeit, die Boten zu erwähnen, und deshalb gibt es auch keinen Widerspruch zwischen Lukas und Matthäus.

Dagegen steht in Joh 4,46-54 eine ganz andere Geschichte, die mit dem Hauptmann von Kapernaum gar nichts zu tun hat.

7,1: **(1) »Nachdem er alle jene Lehrvorträge vor den Ohren des Volkes beendet hatte, ging er nach Kapernaum.«**

Wie ein kaiserlicher Herrscher war Jesus unter seine Jünger und das Volk getreten (6,17). Er hatte ihnen sein Gesetz gegeben. Nun ist dieser Abschnitt seiner Tätigkeit »*beendet*«. (vgl. Mt 7,28; 11,1; 13,53; 19,1 ;26,1).

Normalerweise findet man in den Übersetzungen von Lk 7,1 den Ausdruck »Rede« oder »Worte«. Das entsprechende griechische Wort kann aber auch den speziellen Sinn von »*Lehrvortrag*« oder »Lehre« haben, und dieser Sinn scheint auch besser in den Zusammenhang zu passen. Übrigens sehen wir an Lk 7,1 noch einmal, daß »*das Volk*«

zuhören durfte, also bei diesen »*Lehrvorträgen*« nicht ausgeschlossen war (ebenso Mt 7,28).

Aus der Einsamkeit des Berglandes, sozusagen dem zweiten Sinai der Geschichte, »*ging Jesus*« zurück »*nach Kapernaum*«. Man ist im Zweifel, ob das entsprechende griechische Wort hier mit »hineingehen« oder mit »heimkehren« übersetzt werden muß. Beides ist möglich. Da wir nicht sicher sind, wählen wir die freie Übersetzung »*gehen nach*« (ebenso die Lutherbibel). »*Kapernaum*« war sozusagen seine galiläische Hauptstadt (vgl. die Erklärung bei 4,31).

7,2-5: **(2) »Aber ein Knecht eines gewissen Hauptmanns war krank und im Begriff zu sterben – ein Knecht, den er sehr schätzte. (3) Als er aber von Jesus hörte, schickte er Älteste der Juden zu ihm mit der Bitte, daß er kommen und seinen Knecht durchbringen möge. (4) Die aber forderten Jesus, nachdem sie bei ihm angelangt waren, dringend dazu auf, indem sie sagten: Er ist es wert, daß du ihm das gewährst. (5) Denn er liebt unser Volk, und die Synagoge hat er uns selbst erbaut.«**

Lukas bringt hier Züge, die bei Matthäus fehlen, wahrscheinlich deshalb, weil er dem Theophilus ein leuchtendes Vorbild zeigen wollte.

Der »*Hauptmann*« war kein Jude (V. 2). Das ergibt sich aus der Fortsetzung. Das müßten wir aber auch schon deshalb annehmen, weil die Juden im Römischen Reich von der Militärpflicht befreit waren. Der Hauptmann hieß im Urtext »Hundertschaftsführer«, lateinisch centurio. Er war vermutlich jedoch kein Römer. Aus der Tatsache, daß er in Kapernaum wohnte, ergibt sich vielmehr, daß er ein herodianischer Offizier war, und zwar einer, der im Dienst des Vierfürsten Herodes Antipas stand. Offenbar befand sich im Grenzort Kapernaum eine herodianische Garnison. Die Herodianer warben in der Regel Syrer oder Griechen als Offiziere an. Daß der »Hauptmann« ein Nichtjude war, macht das Vorbild für Theophilus umso eindrücklicher.

Wer ist der »*Knecht*«? Jedenfalls kein niedriger Sklave, denn Matthäus benutzt für ihn ein Wort, das auch mit »Sohn« übersetzt werden kann. Hier bei Lukas heißt es, sein Chef habe ihn »*sehr geschätzt*«. Vielleicht war er so etwas wie ein Unteroffizier. Vielleicht hatten sie manche gemeinsame Schlacht gefochten. Vielleicht war er auch der persönliche Bedienstete, ein Familienfaktotum. Wir wissen es nicht. Wir wissen nur, daß der Offizier alles daran setzte, diesen Mann am Leben zu erhalten.

Seine »*Krank*«-heit bestand nach Mt 8,6 in einer Lähmung. Nach Lk 7,2 erwartete man sein Ende.

Kannte Lukas diesen »*Hauptmann*« noch? Wollte er ihn vor Verfolgung schützen, indem er nur von dem »*gewissen Hauptmann*« sprach und seinen Namen verschwieg? Lauter offene Fragen. Jedoch muß man annehmen, daß der Erbauer der Synagoge von Kapernaum nicht vergessen war, zumindest nicht bei den damaligen Juden.

Der englische Ausleger Leon Morris notiert mit Recht, daß alle »Hauptleute« des NT (Lk 7,1ff; 23,47; Apg 10,1ff; 22,25ff; 23,17ff; 23,23ff; 24,23; 27,1ff) »Männer von Charakter« waren. Ist das auch ein Wink für Theophilus?

»*Als er aber von Jesus hörte, schickte er Älteste der Juden zu ihm mit der Bitte, daß er kommen und seinen Knecht durchbringen möge*« (V. 3). Ein Vorgang, der viel zum Nachdenken gibt. Natürlich »*hörte*« man damals viel »*von Jesus*«. Aber wer zog daraus die Konsequenz, ihn anzurufen? Auch heute hört man viel von Jesus. Aber wer ruft ihn an? Der Hauptmann wählte die wuchtigste Art und Weise, um seine »*Bitte*« anzubringen. »*Er schickte*« Fürsprecher, die seines Erachtens den größten Einfluß hatten. Wie gut, daß wir heute selbst mit Jesus reden können und keine Fürsprecher brauchen! Allerdings liegt auf der Gebetsunterstützung durch Mitchristen ein großer Segen (Mt 18,19). Seine Fürsprecher sind »*Älteste*« (ohne Artikel!) »*der Juden*«. Vermutlich handelt es sich um Mitglieder des 7-köpfigen Synagogenvorstands. Von diesem leitenden Gremium der Synagogengemeinde leiten sich später die christlichen *Ältesten*, im heutigen Sprachgebrauch etwa Kirchengemeinderäte, her. Daß Lukas von »*Ältesten der Juden*« spricht, zeigt, daß er und Theophilus schon christliche Älteste kannten. Es kann sich bei den Ältesten von Lk 7,3 aber auch um Vertreter der städtischen Behörden von Kapernaum gehandelt haben. Der Hauptmann bringt fertig, was bisher noch niemand fertig brachte: Synagogenvorstände oder Stadträte kommen bittend zu Jesus! Was ist seine »*Bitte*«? »*Daß er kommen und seinen Knecht durchbringen möge*«. Für »*durchbringen*« steht im griechischen Urtext ein Wort, das eigentlich »hindurchretten« heißt. Es ist also zugleich ein Symbol für das Hindurchretten durch das Jüngste Gericht.

Was für ein Vertrauen hat dieser Offizier! Kein Wort davon, daß er

»hoffe«, Jesus könne »unter Umständen« helfen. Keine Frage an Jesus: »Bist du dazu in der Lage?« Nein, eine ruhige Gewißheit, eine leidenschaftliche Sehnsucht, ein totales Vertrauen: »Du kannst es, tu es bitte.«

Die jüdischen Ältesten brauchten einige Zeit, um Jesus zu erreichen (*»nachdem sie bei ihm angelangt waren«* V. 4). Vielleicht hängt dies damit zusammen, daß die herodianischen Soldaten ein besonderes Quartier bewohnten (vgl. Apg 10,28f). Dann *»aber forderten sie Jesus dringend dazu auf«*, die Bitte des Hauptmanns zu erfüllen. Diese eifrige, tatkräftige Unterstützung eines Heiden durch pharisäisch geprägte Juden erstaunt uns. *»Er ist es wert«*, sagen sie. Nachher sagt der Offizier selbst: »Ich bin es nicht wert« (V. 6). Die Juden gehen vom Menschlichen aus. Der Offizier geht vom Göttlichen aus.

Zweierlei führen sie zu seinen Gunsten an: a) *»Er liebt unser Volk«* (V. 5). Das ist alles andere als selbstverständlich. Griechen, Syrer und Römer spotteten über die Juden (vgl. Pilatus in Joh 18,35 sowie die Soldaten in Mt 27,27 ff), ja haßten sie sogar. *»Unser Volk«*, sagen die jüdischen Ältesten. Damit geben sie zu erkennen, daß Jesus und das jüdische Volk untrennbar zusammengehören. Jesus tat dasselbe (Joh 4,22). Weil Jesus als Messias den Juden gehört, muß er auch den Juden als Messias verkündigt werden. b) *»Die Synagoge hat er uns selbst erbaut«* (V. 5). Wer also heute vor der *»Synagoge«* von Kapernaum steht, steht vor der Synagoge des Hauptmanns. Zeichen solcher Wohltätigkeit gegenüber dem jüdischen Glauben finden sich öfters (vgl. Apg 10,2). Die Mission seitens der Juden, von der Jesus in Mt 23,15 spricht, war doch ziemlich erfolgreich. Für die Person des Hauptmanns ergeben sich daraus zwei Schlüsse: a) Er hatte mindestens ein Interesse an der jüdischen Religion, war vielleicht sogar ein »Gottesfürchtiger«, d.h. ein glaubensmäßiger Jude ohne Beschneidung. b) Er war ziemlich wohlhabend. Daß das Evangelium nur für die Armen da sei, wie heutige Ausleger behaupten, ist demnach eine Irrlehre.

Übrigens sagten die alten Rabbinen: »Wenn jemand eine Synagoge erbaut hat, so gehört er selbstverständlich zur Synagoge!«

7,6-8: **(6) »Jesus aber ging mit ihnen. Und als er nicht mehr weit vom Haus entfernt war, schickte der Hauptmann Freunde, um ihm zu sagen: Herr, bemühe dich nicht, denn ich bin es nicht wert, daß du unter mein Dach trittst. (7) Deshalb habe ich mich auch nicht für würdig gehalten, zu dir zu kommen. Sprich nur ein Wort, dann wird mein Knecht gesund**

werden. (8) Denn auch ich bin ein Mensch, der einer Befehlsgewalt unterstellt ist, und habe Soldaten unter mir. Wenn ich dem einen sage: Geh!, dann geht er, und dem anderen: Komm!, dann kommt er, und meinem Knecht: Tu das!, dann tut er's.«

So lebensnah redet das Evangelium! Mit wenigen Sätzen gibt es uns ein Bild des Charakters und des Glaubens des Hauptmanns.

»*Jesus aber ging mit ihnen.*« Es sieht so aus, als wolle er das heidnische Haus betreten (V. 6). Gerade dazu haben ja die pharisäischen Synagogenvertreter oder Stadträte geraten! Vielleicht wußte Jesus aber auch schon im Heiligen Geist, wie die Sache ausgehen würde.

Da kommt, »*nicht weit vom Haus*« des Hauptmanns »*entfernt*«, eine zweite Delegation. »*Der Hauptmann schickte Freunde, um ihm zu sagen: Herr, bemühe dich nicht, denn ich bin es nicht wert, daß du unter mein Dach trittst*« (V. 6). Ob es jüdische oder heidnische »*Freunde*« sind, wird nicht gesagt. Aber offenbar brechen in kurzer Zeit neue und wesentliche Erkenntnisse bei diesem Offizier durch. Eine davon lautet: Jesus ist »*Herr*«! Uns scheint, daß das mehr als eine bloße Höflichkeitsanrede ist. Vielmehr ahnt oder erkennt der Hauptmann die Größe Jesu. Wie darf er als kleiner Mensch den Messias bemühen, den Gott gesandt hat! Deshalb sagt er: »*Bemühe dich nicht.*« Wie respektlos springen wir mit diesem Jesus oft um!

Eine weitere Erkenntnis heißt: »*Ich bin es nicht wert, daß du unter mein Dach trittst*« (V. 6). Genauer übersetzt: »Ich bin dafür gar nicht geeignet, daß...« Ja, das ist richtig: Ein Sünder ist »gar nicht geeignet« für die Gemeinschaft mit Gottes Sohn. Dasselbe hat Petrus in 5,8 gesagt. All dies bezeugt zugleich die Sündlosigkeit Jesu. Wir aber meinen oft, Jesus müßte uns Dankeschön sagen, wenn wir ihn für ein paar Minuten »*unter*« unser »*Dach*« bitten!

Allerdings hat diese zweite Erkenntnis auch eine juristische Seite: Der Hauptmann denkt jetzt daran, daß der Messias nach den Erwartungen der jüdischen Frommen niemals unter ein heidnisches Dach gehen darf (vgl. wieder Apg 10,13ff.28f). Heiden sind unrein! »*Deshalb*« hat er sich »*auch nicht für würdig gehalten, zu*« Jesus »*zu kommen*« (V. 7). Die beiden Delegationen waren ein Ausdruck der Bescheidenheit, nicht des Zeremoniells.

Die dritte Erkenntnis lautet: Jesus ist so groß, daß »*ein Wort*« von ihm genügt (V. 7). Es braucht weder eine Handauflegung noch die körperliche Anwesenheit. »*Sprich nur ein Wort, dann wird mein Knecht gesund*« (V. 7), oder: »muß mein Knecht gesund werden.« Das nennt man Glauben! Und wieder tritt Petrus als Zeuge neben den Hauptmann (vgl. 5,5). Heide und Jude, Offizier und Apostel sind sich darin einig: Ein einziges Wort Jesu genügt!

Und nun kommt ein Stück Farbe aus dem Leben jenes Offiziers: »*Denn auch ich bin ein Mensch, der einer Befehlsgewalt unterstellt ist, und habe Soldaten unter mir. Wenn ich dem einen sage: Geh!, dann geht er, und dem andern: Komm!, dann kommt er, und meinem Knecht: Tu das!, dann tut er's*« (V. 8). In Mt 8,9 finden sich genau dieselben Worte. Wie kommt der Offizier auf den Vergleich mit der »Befehlsgewalt«? Weil »*auch*« Jesus über alle Arten von Krankheit die »Befehlsgewalt« hat (4,38f.40f; 5,12ff.17ff; 6,6ff.18f), ja sogar über den Tod (vgl. 7,11ff). Mit einem einzigen Wort erzwingt er den Gehorsam der Krankheitserreger, der Dämonen und des Todes. Wie klein erscheint da der Kaiser von Rom mit seiner »Befehlsgewalt«, oder gar der Teilfürst Herodes!

7,9-10: **(9) »Als aber Jesus das hörte, geriet er ins Staunen über ihn. Und er wandte sich um zu der Menge, die ihm folgte, und sagte: Ich sage euch: Nicht einmal in Israel habe ich solchen Glauben gefunden. (10) Und als die Abgesandten ins Haus zurückkehrten, fanden sie den Knecht gesund.«**

Der Sohn Gottes »*geriet ins Staunen*« (V. 9) – nichts könnte den Glauben des Hauptmanns stärker hervorheben als dieser kleine Satz. »*Jesus*« macht diesen heidnischen Offizier zum Vorbild für die jüdische »*Menge, die ihm folgte*«. Wie oft schon sind Heiden sogar für die Gläubigen zum Vorbild geworden. (vgl. Jona 1,6.15ff; 3,1ff; Mt 2,1ff; 12,41f; Lk 10,25ff). Das bewahrt uns vor Hochmut. Für den Leser Theophilus jedoch ist Lk 7 ein besonderer Ansporn, diesem Offizier nachzueifern.

»*Nicht einmal in Israel habe ich solchen Glauben gefunden, sagte Jesus*« (V. 9). Es ist ein Wort der Klage, ähnlich den Worten der Propheten (vgl. Jes 7,13ff; 28,14ff; Mt 23,37ff). Zum »*Glauben*« war »*Israel*« seit jeher berufen (vgl. 1 Mo 12,1ff; 2 Mo 14,13ff u.ö.). Läßt es sich jetzt von Heiden übertreffen? Kündigt sich hier schon die Verwerfung des Messias durch Israels Mehrheit an? Noch wirbt Jesus um dieses Israel. Vgl. Mt 8,11f.

»Und als die Abgesandten ins Haus zurückkehrten, fanden sie den Knecht gesund« (V. 10). Das ist eine der klassisch knappen Stellen im Evangelium. Alles weniger Wichtige bleibt weg: Ob »die Abgesandten« auch die jüdischen Ältesten einschließen? Was man im »*Hause*« sprach? usw. Nur eins wird auf den Leuchter gestellt: »Der Knecht« ist »*gesund*«. Er ist nicht bloß auf dem Weg der Besserung. Er ist tatsächlich geheilt – »in derselben Stunde« sagt Matthäus (8,13). Lukas berichtet nicht einmal das »*Wort*«, das Jesus gesprochen hat (anders Matthäus in 8,13). Man kann es sich ja denken! Der Glaube des Offiziers hat recht behalten.

Was lernen wir aus Lk 7,1-10? 1. Christlicher Glaube ist Glaube an Jesus. 2. Wir können uns auf Jesus ganz verlassen. Bengel betete so: »Herr Jesu, wie köstlich wäre es, wenn mein Glaube in Deinen Augen größer wäre, als in meinen Augen... Was ich nicht bin, das mache aus mir.« 3. Der Glaube des Offiziers ist ein Vorzeichen der Weltmission. Für Theophilus war er eine persönliche Ermutigung. 4. Auch ein Offizier kann ein Vorbild des Glaubens sein, ja sogar ein Reicher. Den heutigen Haß der sog. Befreiungstheologie auf Reiche und Militärs kennt das NT nicht. 5. Jesus ist größer als alles: größer als alle Propheten des Alten Bundes, größer als der Kaiser von Rom, größer als alle Weltherrscher, größer als Krankheit oder Tod.

Vorschlag zur Bibelarbeit über Lukas 7,1-10

1. Einleitung:

a) Zunächst vergleichen wir Lk 7,1-10 mit Mt 8,5-13 und klären ab, weshalb in Mt 8,5ff von den jüdischen Boten nichts gesagt wird und weshalb sich die beiden Berichte dennoch nicht widersprechen.
b) Hilfreich ist ferner eine Abklärung über das damalige Militär in Galiläa (heidnisch!) und auch darüber, wieviel Glauben Jesus damals in Israel gefunden hat (verschiedene Personen und Parteien beachten!)
c) Persönlich überlegen wir, wie wir selbst bisher die Worte Jesu eingeschätzt haben: Ob uns auch ein einziges Wort genügte?

Wieviele Bibelworte wir »verbrauchen«, bis wir schließlich langsam und voller Zweifel etwas tun?

d) Bei unserer persönlichen Vorbereitung sollten wir mindestens drei Möglichkeiten für eine Überschrift zur Bibelarbeit/Predigt bereit haben. Hier wird als Überschrift gewählt: »Wieviele Worte braucht der Glaube?«

2. Durchführung: »Wieviele Worte braucht der Glaube?«

a) Der Glaube ist jedem Menschen möglich

Zum ersten Mal kommt ein Heide persönlich und direkt in Kontakt zu Jesus – Auslöser ist eine starke Not: Ein geschätzter Untergebener, vielleicht der Weggefährte vieler Jahre, ist todkrank – Hilfe gibt's weit und breit sonst nicht – Da setzt der Hauptmann alles auf eine Karte: Er kommt zu Jesus – Er tut alles, um bei Jesus »Erfolg« zu haben: Deshalb sendet er jüdische Boten – Sie sind voll Lobs und bitten Jesus sogar für den Heiden – Was kann der Mensch in seiner Not doch für phantasiereiche Wege gehen! – Das alles setzt ein Mindestmaß von Vertrauen, ja von Glauben an Jesus voraus – Indem uns die Bibel dieses Beispiel zeigt, will sie uns sagen: So ein aus der Not schreiender Glaube ist jedem Menschen möglich! – Auch mir! – Wir wollen in diesem Glauben ebenfalls den Schritt zu Jesus wagen.

b) Wahrer Glaube braucht nur ein einziges Wort

Diese Geschichte steckt voller Überraschungen – Der Hauptmann entdeckt, daß es sich für den jüdischen Messias schlecht schickt, unter das Dach eines Heiden zu gehen – So schickt er neue Boten: *»Bemühe dich nicht hierher!«* – Ihm genügt ein einziges Wort Jesu! – Das ist für uns wie ein Spiegel – Wie viele Worte brauchen wir, bis sich bei uns etwas bewegt? – Oder sagen wir sogar: Worte tun's nicht, ich brauche Zeichen und Wunder? – Dazu kommt eine ebenso große Überraschung: Jesus ging wirklich zum Hauptmann – Er war bereit, unter sein Dach zu treten – So »entgegenkommend« ist Jesus: auch bei uns! – Sollten wir uns vom Glauben dieses Offiziers beschämen lassen?

c) Glaubensboden ist kein Sand, sondern Fels

Jesus ist tief bewegt – Er denkt sofort an die Menschen, zu denen er jetzt zuerst gesandt ist: an Israel – Wo ist ein solcher Glaube in Israel? – Würde er heute nicht sagen: Wo ist ein solcher Glaube in der Kirche (in der evangelischen Kirche, in der katholischen Kirche, usw.)? – Damit sagt er auch: Dieser Heide reizt euch zur Nachahmung! – Der Offizier aber erlebt die wunderbare Heilung – Ein Wort Jesu hatte genügt, um die Krankheit zum Weichen zu bringen – Wer an Jesus glaubt, baut eben auf Fels und nicht auf Sand.

15. Die Totenauferweckung in Nain (7,11-17)

7,11-17: **(11) »Und es geschah in der Folgezeit, daß er in eine Stadt namens Nain ging. Und seine Jünger und eine zahlreiche Menge gingen mit ihm. (12) Als er sich aber dem Stadttor näherte, siehe, da trug man einen Toten heraus, den einzigen Sohn seiner Mutter, und sie war eine Witwe. Und eine große Menge aus der Stadt gab ihr das Geleit. (13) Und als der Herr sie sah, faßte ihn das Erbarmen mit ihr und er sagte zu ihr: Weine nicht! (14) Und er trat hinzu und berührte den Sarg, und die Träger blieben stehen. Und er sagte: Jüngling, ich sage dir, steh auf! (15) Da richtete sich der Tote auf und begann zu reden, und er gab ihn seiner Mutter. (16) Und Furcht packte sie alle, und sie priesen Gott und sagten: Ein großer Prophet wurde unter uns erweckt, und: Gott hat nach seinem Volk gesehen. (17) Und die Rede davon verbreitete sich über ihn in ganz Judäa und in der ganzen Umgegend.«**

»*Nain*« heißt auf deutsch »die Liebliche«. Was für ein Gegensatz zwischen dem Namen der Stadt und dem Totenzug, der aus ihrem Tor quillt! Alle Lieblichkeit der Erde kann das Todesgeschick der Geschöpfe nicht verbergen. Man fühlt sich an die berühmte Geschichte von Buddha erinnert, der als junger Prinz einem Totenzug begegnet und dadurch aufs tiefste erschüttert wird. Aber was für ein Unterschied zwischen Buddha und Jesus! Während Buddha sein Denken der Realität des Todes anpassen muß (auch er ist nur ein Mensch!), besiegt Jesus den Tod, so daß sich der Tod der Realität Jesu beugen muß.

Sehen wir uns noch ein wenig am Ort des Geschehens um.

»*Nain*« liegt nur knappe 10 km von Nazareth, der Heimatstadt Jesu entfernt. Wahrscheinlich hat Jesus schon als Handwerker in diesem Nain gearbeitet. Der Name lautet heute arabisch »Nein«. Die Lage ist schön: im Osten der fruchtbaren Jesreelebene, eigentlich schon auf der Wasserscheide zwischen Mittelmeer (Jesreelebene, Kischon) und Totem Meer (Jordan) gelegen, am nördlichen Fuß des Hügels More (arabisch Dschebel Ed-Dahi), mit Blick auf den nördlich von Nain gelegenen Tabor. Die Ruinen sind noch nicht erforscht. Interessant ist die Nähe zu Schunem (nur 5 km entfernt!), wo Elisa nach 2 Kön 4,18ff den einzigen Sohn der Schunemiterin vom Tode erweckte. Hat nicht Jesus zu Elisa ein sehr enges Verhältnis gehabt, wie seine eigenen Worte in Lk 4,27 zeigen? Nahe bei Nain liegt auch En-Dor, wo Saul die Totenbeschwörerin befragte (1 Sam 28,4ff).

Kehren wir zurück zu den Vorgängen selbst.

Lukas hat kein genaues Datum aufgeschrieben. Er spricht nur von der »*Folgezeit*« (vgl. 8,1). Gemeint ist also die Zeit, die auf die Heilung des Knechtes des Hauptmanns von Kapernaum folgte.

»*Damals ging Jesus in eine Stadt namens Nain*« (V. 11). »*Stadt*« kann im Sprachgebrauch Palästinas auch ein kleiner Ort heißen. Immerhin besaß Nain nach V. 2 ein »*Stadttor*«, deshalb vermutlich auch eine Mauer. Man muß hier allerdings noch auf Ausgrabungen warten. Kam Jesus, wie anzunehmen ist, von Kapernaum her (vgl. V. 1ff), dann benutzte er wohl die berühmte Straße, die von Damaskus über Palästina nach Ägypten führte, die sog. Via maris (»Weg am Meer«). Nain besaß jedenfalls eine Verbindung zu dieser Straße. Welche Erinnerungen an die Geschichte Israels mußten da vor den Augen Jesu gestanden haben! Er durchschritt hier das Tätigkeitsfeld des Propheten Elisa (vgl. 2 Kön 4,8ff; 8,1ff), sah das En-Dor der »Hexe«, zu der Saul in seiner Verzweiflung ging, sah das Kischontal, wo Elia die Baalspriester schlachtete, den Karmel, wo Elia um Regen bat (vgl. Lk 4,25 mit 1 Kön 17-18), den herrlichen Tabor, der Gott zujauchzt (Ps 89,13), und nun war er selbst, der Davidssohn von Ps 89 und der ewige König von Israel, der Erfüller aller Prophetie, unterwegs, um verlorene Menschen zu retten. »*Und seine Jünger und eine zahlreiche Menge gingen mit ihm*« (V. 11). So begegnet der Zug des Lebens dem Zug des Todes.

Wir sehen, daß die Aussagen bei Lk 4,43f und Mt 4,23ff; 9,35 nicht übertrieben sind. Jesus hat tatsächlich ganz Galiläa durchzogen.

»*Als er sich dem Stadttor näherte, siehe, da trug man einen Toten heraus*« (V. 12). Diese Art zu erzählen ist ganz hebräisch. Hat Lukas diesen Bericht aus einer judenchristlichen Urkunde? Das wäre jedenfalls möglich. Jesus befand sich also noch vor dem »*Stadttor*«. Das muß auch so sein. Denn man begrub die »*Toten*« außerhalb der Stadtmauer. In der Tat hat man beim heutigen Nein Gräber aus der Zeit des Neuen Testaments gefunden, die südöstlich der Ortschaft gegen den Berghang hin liegen. Sollte dort der Tote beerdigt werden?

Das ganze Gewicht der Erzählung fällt nun auf die tiefe Not, die Jesus entgegenkommt. Der Tote war »*der einzige Sohn seiner Mutter*«. Wörtlich heißt es sogar: »der einziggezeugte« oder »einziggeborene«. Es waren also keine Geschwister vorhanden, weder männliche noch weibliche. Übrigens wird dasselbe griechische Wort, das wir mit »*einzig*« übersetzten, auch auf Jesus als den einen und einzigen Sohn Gottes angewandt (Joh 1,14.18). Die Not der »*Mutter*« wurde noch dadurch verschärft, daß »*sie eine Witwe war*« (V. 12). Wer sollte nun für sie sorgen? Ohne männlichen Schutz war die Witwe im Orient oft nur ein Spielball der Interessen der menschlichen Umwelt (vgl. Ps 146,9).

Allerdings versuchten die Bewohner von Nain ihr Mitgefühl zu zeigen: »*Eine große Menge aus der Stadt gab ihr das Geleit*« (V. 12). Man wußte aus der Lebenserfahrung, was der Tod des einzigen Kindes bedeutete. Man wußte es aber auch aus der Bibel (vgl. Ri 11,34: 1 Kön 17,17ff; 2 Kön 4,18ff; Am 8,10; Sach 12,10 sowie Lk 8,42; 9,38). Außerdem bedeutete die Beteiligung an der Beerdigung eine fromme Pflicht, die im Judentum einen hohen Rang einnahm. Die Teilnahme an der Beerdigung wird im Talmud sogar höher geachtet als das Schriftstudium. Es heißt dort: »Man unterbricht das Studium der Weisung (=der Bibel), um einen Toten hinauszubringen« (babylonische Megilla 3b; vgl. Tobias 1,20.21; 2,2ff; 10ff; 12,12). Nur: Alle Tränen und alles menschliche Mitgefühl konnten der Mutter den Sohn nicht wiedergeben.

Man pflegte in Palästina die Toten noch am Sterbetag zu begraben, und zwar am Spätnachmittag. »*Als Jesus sich dem Stadttor näherte*«, nahte also schon der Abend. Jesus kam gerade am Sterbetag dieses jungen Mannes in Nain an – alles andere als ein sog. »Zufall«!

»Und als der Herr sie sah« (V. 13): Lukas liebt die Bezeichnung »Herr« (griechisch Kyrios, vgl. unser Kyrie eleison) noch mehr als die andern Evangelisten. Vielleicht deshalb, weil sich auch der Kaiser von Rom »Herr« nannte, und Lukas unterstreichen wollte, daß Jesus der wahre Herr ist. Jesu Blick fällt in göttlicher Barmherzigkeit auf die leidende Mutter. *»Ihn faßte das Erbarmen mit ihr.«* So ist Gott! Wörtlich heißt es sogar: »Ihm drehte sich das Herz bzw. ihm drehten sich die Eingeweide herum«. Betonen nicht die Gottesaussagen des AT gerade die Barmherzigkeit Gottes, z.B. in Ps 103,8: Barmherzig und gnädig ist der Herr (Vgl. 2 Mo 34,6; 4 Mo 14,18; Ps 86,15; Jona 4,2)? Wer sich auf Gottes Barmherzigkeit beruft, der findet offene Arme bei ihm (Dan 9,18).

Jesu erste Tat ist ein Trostwort: *»Weine nicht!«* (V. 13). Ohne daß sie etwas gesagt hätte und ohne daß bisher vom Glauben die Rede war, tröstet er voll Mitleid diese Mutter. Wo Jesus auftritt, heißt es: »Weine nicht!« (vgl. 8,52; Offb 5,5). Wo man aber dem Teufel folgt, ist am Ende »Heulen und Zähneklappern« (Mt 8,12; Lk 13,28 u.ö.). Es ist wiederum charakteristisch für das Evangelium, daß Jesus mit einem Wort beginnt. So wird klargestellt, daß alles mit dem Wort Gottes beginnt (vgl. 1 Mo 1,3ff).

Übrigens hat Jesus angesichts der Schrecken des Todes später selbst geweint (Joh 11,35).

Jesu zweite Tat bestand darin, daß *»er hinzu trat und den Sarg berührte«* (V. 14). Im Unterschied zu den geschlossenen ägyptischen Särgen (vgl. 1 Mo 50,26) war dieser *»Sarg«* vermutlich eine offene Bahre, auf der der Tote, eingehüllt in Leichentücher, lag (vgl. 2 Sam 3,31). Das *»Berühren«* bedeutet nach 4 Mo 19,11ff eine kultische Verunreinigung. Jesus ist aber der *»Herr«* des Gesetzes und der Sieger über den Tod. Mit seiner Berührung beginnt der Tod schon zu weichen. Deshalb machte sich Jesus nicht unrein. *»Und die Träger blieben stehen.«* So machtvoll begegnete ihnen Jesus! Wir erfahren hier etwas über den jüdischen Leichenzug: Vor dem Sarg ging die Mutter, dann folgten die Träger mit dem Sarg, und hinter dem Sarg schlossen sich die Trauergäste an.

Jesu dritte Tat war sein erweckliches Machtwort: *»Jüngling, ich sage dir, steh auf!«* (V. 14). Ganz ähnlich sprach er bei der Tochter des Jairus (Mk 5,41). Der Vergleich mit Elia und Elisa in 1 Kön 17,19ff; 2 Kön 4,32ff macht erst richtig klar, was dieses Machtwort bedeutet. Keiner von beiden nämlich, weder Elia noch Elisa, konnte ein solches Machtwort sprechen. Sie konnten »nur« Fürbitte tun. Aber Jesus ist mehr als ein menschlicher Prophet. Er ist der göttliche »*Herr*«. Dieses »Herr«-sein wird dadurch unterstrichen, daß Jesus sein »*Ich sage dir*« spricht: »*Ich*« und niemand anderes! Mir, dem Gottessohn, mußt du gehorchen und weichen! »*Steh auf*!« Das ist zunächst die Auferstehung ins irdische Leben. Später muß auch dieser »*Jüngling*« wieder sterben. Aber der alte Kirchenlehrer Irenäus (um 180 n. Chr.) hatte ganz recht, wenn er in dieser Totenauferweckung schon ein Vorzeichen der Totenerweckung beim Jüngsten Gericht sah. Vor rund 1800 Jahren bemerkte dieser alte Kirchenlehrer zu Lk 7,11ff: »So werden auch, wenn am Ende der Herr mit der Trompete des jüngsten Tages ruft, die Toten auferstehen.« In der Tat: Wer wissen will, wie es bei der Totenauferstehung am Ende der Menschheitsgeschichte zugeht, der lese Lk 7,14-15.

Woher wußte Jesus, daß er so handeln sollte? Ohne Zweifel hatte er die innere Gewißheit, daß der Vater diese Totenauferweckung wollte. Vermutlich sah er auch gerade in der Begegnung mit dem Totenzug eine äußere Fügung, die den vom Vater empfangenen Auftrag bestätigte. In dieselbe Richtung deutet Adolf Schlatter: »In der Begegnung mit dem Leichenzug liegt für ihn hier der Aufruf zur hilfreichen Tat.«

»*Da richtete sich der Tote auf*« (V. 15): So einfach wird hier berichtet. Jesu Wort genügt. Der Jüngling war wirklich »*tot*« gewesen. Aber auch Tote hören Gottes Stimme und müssen ihr gehorchen. Nun »*setzte er sich*« auf der offenen Bahre »*auf*« (so wörtlich, vgl. Apg 9,40) »*und begann zu reden*«. »*Und Jesus gab ihn seiner Mutter*«: Das ist ein wörtliches Zitat aus 1 Kö 17,23 (vgl. 2 Kön 4,36). Dieses Zitat zeigt, daß Jesus mindestens ebenso groß ist wie der größte unter den Propheten Israels, nämlich Elia. Inhaltlich bedeutet das »*Geben*«, daß die Mutter ihren Sohn ganz neu aus Gottes Hand empfängt.

»*Und Furcht packte sie alle*« nämlich »*alle*« Anwesenden (V. 16). Sie spürten die göttliche Gegenwart, die sich in Jesus verkörpert. Deshalb »*priesen sie Gott*«. Offenbar dachte niemand daran, das Geschehen auf das Konto des Teufels zu schieben (vgl. dagegen Mt 12,24ff). Daß Menschen durch Jesus zum Gotteslob finden, ist Lukas sehr wichtig gewesen (vgl. 2,20; 5,25f; 13,13; 17,15; 18,43; 23,47). Anders als der Kaiser von Rom suchte Jesus nicht seine eigene Ehre.

Interessant ist, wie Jesus hier von den Bewohnern Nains beurteilt wird: »*Ein großer Prophet wurde unter uns erweckt*« »*Gott hat nach seinem Volk gesehen*« (V. 16). »*Ein großer Prophet*«: Damit unterscheidet man Jesus ausdrücklich von »kleinen«, d.h. punktuellen Propheten. »*Groß*« ist die Kategorie eines Mose, Elia oder Elisa. Jesus könnte also ein zweiter Mose (5 Mo 18,15ff) oder zweiter Elia (Mal 3,23f) sein. Man läßt es aber bewußt noch offen, wer er ist. Die Leute von Nain waren demnach etwa auf dem Erkenntnisstand des Blindgeborenen in Joh 9,17. Vergessen wir nicht, daß viele Juden noch bis in die Passionszeit hinein Jesus für einen »*Propheten*« hielten (vgl. Mt 16,14; 21,11.46; Lk 24,19). Indem er Jesus schickte, »*hat Gott*« gnädig »*nach seinem Volk gesehen*« (V. 16). Die Aussage des Zacharias in 1,68 wird also bestätigt.

Lukas macht nun keinen Roman aus dem Geschehen, sondern gibt nur noch kurz und knapp die Folge an: »*Und die Rede* (oder Kunde) *davon verbreitete sich über ihn in ganz Judäa und in der ganzen Umgegend*« (V. 17). Aus den Zeugen des Geschehens wurden gewissermaßen Missionare. »*Ganz Judäa*« bezeichnet vermutlich das »*ganze*« von Juden bewohnte Israelland. Die »*Umgegend*« wird dann von den im Umkreis Palästinas lebenden Nichtjuden (Griechen, Syrer, Römer, Araber) gebildet (vgl. Mt 9,26; Lk 4,14.37.44: 6,17; 23,5). Alles in allem ist das Echo auf Jesu Tätigkeit erstaunlich. Jesus scheut die Öffentlichkeit nicht, und ist nicht bloß ein Geheimtip für einige Eingeweihte.

Blickt man zurück auf Lk 7,11-17, dann heben sich wichtige Ergebnisse ab: 1.) Die Wunder Jesu steigern sich bis zu einer echten Totenerweckung. 2.) Jesus ist kein isolierter Wundertäter, sondern einer, der längst zuvor angekündigt war und die Linie eines Elia und Elisa fortsetzt. 3.) Insofern ist Jesus auch der Gipfelpunkt der israelitischen Prophetie. 4.) Er erfüllt damit die jüdische Erwartung, daß der Messias den Tod besiege (vgl. Mal 3,23 mit Sir 48,1-18 und 1 Kön 17,17ff; 2 Kön 4,8ff). 5.) Jesus ist größer als orientalische Wundertäter, die Scheintote ins Leben zurückbrachten, denn der junge Mann von Nain war wirklich tot. 6.) Immer mehr zeigt sich der göttliche Charakter Jesu, dem selbst der Tod weichen muß. 7.) Mit Jesus beginnt die Neuschöpfung. Denn wie bei der ersten Schöpfung ruft sein Schöpfungswort das Leben hervor (vgl. 1 Mo 1,3).

Vorschlag zur Bibelarbeit über Lukas 7,11-17

1. Einleitung:

a) Hier ist die Verbindungslinie zum AT besonders wichtig, denn sie macht wie immer die Eigenart des Messias Jesus deutlich. Wir orientieren uns also darüber, welche Rolle die Umgebung von Nain in alttestamentlicher Zeit gespielt hat. Der Kommentar gibt erste Hinweise.
b) Das Profil Jesu wird außerdem verdeutlicht, wenn wir es mit den sog. »Religionsstiftern« der Menschheit vergleichen, z.B. Buddha, Mohammed und Konfuzius. Wie haben sie dem Tod widerstanden?
c) Wir sehen uns die Reaktion der Zeitgenossen Jesu an. Was ist daran vorbildlich? Wo ist sie mangelhaft?
d) Die Überschrift könnte sein: »Die Grenze des Todes«.

2. Durchführung: »Die Grenze des Todes«

a) Die unheimliche Gegenwart des Todes

Ist er Alltag oder grausige Ausnahme (diese Frage durch ein Beispiel einleiten)? – Der Tod hat viele Spielarten: Alltäglich wird gestorben, auch Tiere, Pflanzen, Berge müssen sterben – Unsere Umwelt stirbt – Der Tod macht so manchen Machtspruch zunichte (Beispiele der »Großen« der Geschichte) – Schrecklich, wo er uns persönlich auf den Leib rückt – Gibt es etwas, was nicht stirbt? – Ein Leichenzug also kommt aus der kleinen israelitischen Stadt Nain – Ein »tragischer« Fall: die Mutter verwitwet, der Tote der einzige Sohn, ja das einzige Kind – Tröstende Menschen sind ein Geschenk – Aber den Tod können auch sie nicht rückgängig machen.

b) Die tröstende Gegenwart Jesu

Dem Todeszug begegnet der Lebenszug – Jesus kommt mit seinen Jüngern und vielen Begleitern – Er bewegt sich in der Gegend, in der schon einmal ein Prophet Israels (Elisa, 2 Kön 4) einen Toten auferweckt hat – Er erhält vom Vater die Gewißheit, daß er hier helfen und ein Zeichen setzen soll – Ihn packt der Jammer über die von Tod geprägten Menschen, vor allem die Mutter – Er tröstet sie – Ist das alles, was Jesus zu geben hat?

c) Die Grenze des Todes heißt Jesus

Buddha floh vor dem Tod – Mohammed und Konfuzius haben keine Toten auferweckt – Jesus flieht hier nicht – Der Sarg kommt zum Stehen: auch symbolisch! – Der göttliche Jesus hat die Macht, auch Tote anzureden – Wo Jesus spricht, muß der Tod schweigen – Der Tote kehrt ins Leben zurück – Nicht alle Toten sind damit auferweckt, es wird noch weiter gestorben – Aber das Zeichen des Sieges ist aufgerichtet: Jesus ist stärker als der Tod – Die Mutter empfängt ihr Kind neu aus der Hand Jesu – Dieser Jesus wird uns einmal alle aus dem Gefängnis des Todes herausholen!

d) Wer zieht die Konsequenzen?

Die Bibel spricht von der »Furcht aller« – Man spürt, da ist eine göttliche Kraft am Wirken – Man spürt, das ist kein Rabbi, der zwar um Hilfe beten kann, der aber nicht dem Tod gebieten kann – Man sagt, Jesus sei ein »großer Prophet« – Man ahnt, daß Tage gekommen sind, wie einst zu Elisas Zeiten (2 Kön 4!) – Und doch ist dieser Jesus größer, denn er kann dem Tod gebieten, was Elisa nicht konnte – Wer also ist Jesus? – Vor dieser Frage stehen auch wir – Die Bibel antwortet: Er ist kein Religionsstifter, wie es andere Religionsstifter (Buddha, Mohammed) usw. gewesen sind, sondern er ist Gottessohn und Messias – Ziehen wir daraus die Konsequenzen? – Lassen wir uns als Jünger Jesu am Jüngsten Tage zum ewigen Leben auferwekken?

16. Jesu Verhältnis zum Täufer (7,18-35)

Das Verhältnis zwischen Jesus und dem Täufer ist aus zwei Gründen besonders wichtig: Erstens kann der Täufer als Prophet ein Urteil über Jesus abgeben, und zweitens wird hier abgeklärt, ob und in welchem Sinne Jesus der Messias ist.

Lk 7,18-35 teilt sich auf in zwei Unterabschnitte: a) die Anfrage des Täufers, ob Jesus der wahre Messias sei (V. 18-23), und b) eine Reihe von Worten, die Jesus über den Täufer und sich selbst äußert (V. 24-35).

16.1 Die Anfrage des Täufers (7,18-23)

7,18-23: **(18) »Und die Jünger des Johannes teilten ihm das alles mit. Da rief Johannes zwei seiner Jünger zu sich (19) und schickte sie zu Jesus mit der Frage: Bist du der Kommende, oder sollen wir auf einen anderen warten? (20) Als nun die Männer zu ihm gekommen waren, sagten sie: Johannes der Täufer sandte uns zu dir mit der Frage: Bist du der Kommende, oder sollen wir auf einen anderen warten? (21) Zu jener Stunde heilte er viele von Krankheiten und Plagen und bösen Geistern und schenkte vielen Blinden das Augenlicht. (22) Und er gab ihnen zur Antwort: Geht hin und teilt Johannes mit, was ihr gesehen und gehört habt: Blinde sehen wieder, Lahme gehen, Aussätzige werden rein und Taube hören, Tote werden auferweckt, Armen wird das Evangelium verkündet, (23) und glücklich zu preisen ist, wer nicht zu Fall kommt an mir.«**

Seit einiger Zeit sitzt »*Johannes*« der Täufer im Gefängnis (vgl. 3,20). Wir wissen, wo dieses Gefängnis gelegen hat: Es war Machärus, die herodianische Festung östlich vom Toten Meer. Trotz seiner Haft konnte Johannes noch Verbindung mit seinem Jüngerkreis halten. Lk 7,18 sagt kurz: »*Und die Jünger des Johannes teilten ihm das alles mit.*« »*Das alles*« bezeichnet vermutlich alle Geschehnisse seit der Verhaftung des Johannes, insbesondere die Wunder von Kapernaum (vgl. 7,1ff) und Nain (vgl. 7,11ff). Ob die »*Mitteilung*« durch einen Besuch oder über Mittelsmänner evtl. schriftlich, erfolgte, wird nicht gesagt. Interessant bleibt, daß »*die Jünger des Johannes*« noch als eine besondere Gruppe existierten. Sie waren weder samt und sonders zu Jesus übergegangen (vgl. Joh 3,23ff; Apg 19,1ff), noch hatten sie sich nach der Verhaftung ihres Meisters aufgelöst. Man hat fast den Eindruck, als sei der Täuferkreis organisiert gewesen. Lukas scheint nach Apg 19,1ff selbst noch Angehörige dieses Täuferkreises kennengelernt zu haben. Warum blieb der Täuferkreis noch so lange bestehen? Der nächste Satz deutet eine Antwort an:

»*Da rief Johannes zwei seiner Jünger zu sich und schickte sie zu Jesus*« (V. 18f). Damals waren die Haftbedingungen noch relativ angenehm (vgl. Mk 6,19f). »*Johannes*« war noch in der Lage, »*Jünger zu sich*« kommen zu lassen. Wer diese »*zwei*« Johannesjünger waren, wissen wir nicht. Offenbar handelte es sich um zuverlässige, evtl. sogar führende Persönlichkeiten aus dem Täuferkreis. Die Zahl »*zwei*« entspricht jedenfalls dem alttestamentlichen Zeugenrecht (vgl. 5 Mo 19,15). Statt »*zu Jesus*« steht in vielen alten Handschriften »*zum Herrn*« (vgl. Lutherübersetzung). Der Sinn bleibt derselbe.

Die kleine Gesandtschaft sollte Jesus eine ganz bestimmte »*Frage*« vorlegen: »*Bist du der Kommende, oder sollen wir auf einen anderen warten?*« (V. 19).Was für eine »*Frage*«! Hat nicht der Täufer die Aufgabe gehabt, Jesus als den Messias bekanntzumachen (Joh 1,31)? Warum fragt er jetzt, ob er wirklich der Messias sei? Denn »*der Kommende*« ist nach Ps 118,26 und Mal 3,1 eine Bezeichnung des Messias (vgl. auch Mt 3,11; Hebr 10,37).

In der Auslegung hat man verschiedene Antworten zu diesem Problem gegeben: a) Johannes habe nicht selbst gezweifelt, sondern nur die Zweifel seiner Jünger stillen wollen (Calvin); b) Johannes habe Jesus mit seiner Frage nur zu weiteren Werken anspornen wollen; c) Johannes habe mit der Möglichkeit gerechnet, daß Jesus nur ein erster Messias sei, dem ein zweiter (»*ein anderer*«) folgen solle (so z.B. Godet); d) Johannes sei im Gefängnis in seinem Glauben an Jesus angefochten worden. Die Antwort a) scheint sehr gekünstelt. Die Antwort b) paßt nicht, denn Jesus war ja nicht im Begriff, sein Wirken einzustellen – im Gegenteil (vgl. V. 17). Die Antwort c) widerspricht eigentlich der Fragestellung (»*du oder...*«). Die Wahrheit scheint uns deshalb bei der Antwort d) zu liegen.

Daß der Messias dem kleinen menschlichen Machthaber Herodes nicht das Handwerk legte und Johannes als seinen Vorläufer und Verwandten befreite, mußte eine schwere Anfechtung sein. Johannes war zudem ja kein wiedergeborener Mensch. Eine Wiedergeburt gibt es erst im Neuen Bund (vgl. V. 28!). So konnte er aus der Wiedergeburt auch keine Kräfte schöpfen. Außerdem hatte er in seiner Verkündigung den Messias vor allem als den Starken und als den Weltenrichter dargestellt (3,16ff). Jetzt aber zog Jesus demütig, sanftmütig und arm durchs Land. Vermutlich erkannte Johannes trotz seines prophetischen Geistes den Unterschied zwischen dem ersten erlösenden, armseligen Kommen Jesu und seiner Wiederkunft in Macht und Herrlichkeit noch nicht in allen Konsequenzen, oder es war für ihn schwer, diesen Unterschied zu akzeptieren. Freilich muß man mit Vermutungen vorsichtig sein, da die Bibel hier sehr knapp erzählt. Nur soviel ist klar: Der Glaube des Johannes droht in der Anfechtung zu zerbrechen (vgl. V. 23).

Hat aber der Täufer in seiner Anfechtung selbst an Jesus gezweifelt, dann versteht man auch, daß in seinem Jüngerkreis ähnliche Zweifel an Jesus fortlebten. Dem Verfasser dieses Kommentars scheint dies der Grund zu sein, weshalb der Täuferkreis noch so lange bestehen blieb (vgl. auch Apg 19,1ff mit Mt 28,17).

Der moderne Leser tut gut daran, hier nachdenklich zu werden. Denn wenn schon ein Johannes in Zweifel kommen konnte, dann können solche Zweifel erst recht bei uns auftreten. Und wenn schon ein Johannes nicht frei von Anfechtung blieb, dann müssen wir erst recht mit solchen Anfechtungen rechnen. Johannes ist gewissermaßen ein Spiegel der Zerbrechlichkeit und der Gefährdung des menschlichen Glaubens.

Die Abgesandten des Johannes wiederholten die »*Frage*« ihres Meisters wörtlich, »*als sie zu Jesus gekommen waren*« (V. 20). Das entspricht der damaligen Kultur und Gedächtnisleistung. Wir erkennen hier gewissermaßen wie durch einen Spalt, wie zuverlässig mündliche Überlieferungen sein konnten. Das ist nicht zuletzt auch ein Argument für die Zuverlässigkeit der Evangelien. Beachten wir noch eine Kleinigkeit: »*Die Männer*« wußten, wo Jesus zu finden war, trotz seiner Wanderungen. Auch das ist ein Zeugnis für den Bekanntheitsgrad seines öffentlichen Wirkens (vgl. V. 17).

Bevor Lukas die Antwort Jesu niederschreibt, läßt er uns einen Blick in die Situation jener Zeit tun: »*Zu jener Stunde heilte er* (= Jesus) *viele*« (V. 21). Es ist nicht mehr klar, ob man die Worte »zu jener Stunde« im engeren Sinn verstehen muß, also von der Stunde des Eintreffens der Johannesgesandten, oder aber im weiteren Sinn, also von der geschichtlichen »*Stunde*« im allgemeinen. Geschichtliche »*Stunde*«: Das könnte ein Zeitabschnitt von mehreren Tagen oder Wochen sein, so wie wir etwa von der »Stunde« der Reformation sprechen. »*Er heilte viele*«: Er war mitten drin, viele Wunder zu tun. Man beachte, daß es *nicht*: »alle« heißt. Jesus hat die Krankheit nicht abgeschafft, auch nicht bei Gläubigen (vgl. 1 Tim 5,23; Jak 5,13ff). Statt dessen werden die »*Vielen*« zeichenhaft geheilt, nämlich als vorauslaufende Zeichen des späteren Gottesreiches bzw. der späteren Neuschöpfung, in der es keine Krankheit mehr geben wird (Offb 21,4). Erneut zeigt sich Jesus als Herr über »*Krankheiten und Plagen* (=Leiden aller Art) *und böse Geister*« und Blindheit. Er handelt nicht wie die Rabbinen allein durch Fürbitte, sondern als göttlicher Erlöser durch sein Machtwort, dem alle feindlichen Leidensmächte gehorchen müssen. Insofern »*schenkte er*« tatsächlich »*vielen Blinden das Augenlicht*«.

Notieren wir noch eine Einzelheit: Noch nie hat Lukas eine spezielle Blindenheilung erwähnt. Daß er jetzt sogar von »*vielen*« Blindenheilungen spricht, bezeugt die Fülle der Wunder Jesu, aus denen die Evangelisten nur einige Beispiele auswählen konnten (vgl. Joh 20,30; 21,25). Wenn ein Evangelist also über bestimmte Wunder schweigt, wie z.B. Lukas über die Auferweckung des Lazarus, dann darf man daraus noch nicht den Schluß ziehen, er habe von dieser oder jener Begebenheit nichts gewußt. Die Evangelisten wußten mehr als sie erzählten.

Wir kommen jetzt zur Antwort Jesu. Sie beginnt mit den Worten: »*Geht hin und teilt Johannes mit, was ihr gesehen und gehört habt*« (V. 22). Diese Antwort ist schlicht und schlagend zugleich. Schlicht, weil Jesus sein Ich nicht in die Mitte stellt. Nur ganz zum Schluß erwähnt er sich selbst (in V. 23). Er »gibt« also mit seinen Wundern nicht »an«. Schlagend, weil die Johannesjünger selbst zu Augenzeugen werden. Sie sollen das sagen, »*was*« sie selbst »*gesehen und gehört haben*« (vgl. 1 Joh 1,1ff). Demnach müssen sie tatsächlich einen Teil der Wunder Jesu miterlebt haben.

Jesus nennt kurz die Realitäten: »*Blinde sehen wieder, Lahme gehen, Aussätzige werden rein und Taube hören, Tode werden auferweckt, Armen wird das Evangelium verkündet*« (V. 22). Damit erfüllen sich die Weissagungen für die messianische Zeit (vgl. Jes 26,19; 29,18; 35,5f; 42,7; 61,1ff, dazu 2 Kön 5,1ff; Sir 48,5). Mit anderen Worten: Er ist der Messias. Man kann dies sogar mit leiblichen Augen sehen.

Der letzte Satz Jesu ist Seelsorge am Täufer: »*Und glücklich zu preisen ist, wer nicht zu Fall kommt an mir*« (V. 23). Die Lutherübersetzung »wer sich nicht ärgert an mir« ist zu harmlos. Denn es geht nicht um »Ärger«. Es geht vielmehr darum, daß der Täufer im Glauben bleibt, daß er mit seinem Glauben an Jesus »*nicht zu Fall kommt*«. Wohl mag der Täufer sich vieles anders vorgestellt haben. Wohl mag die Zweifelsfrage, warum ihn Jesus denn nicht befreie, in ihm stark sein. Aber auf keinen Fall darf er den Glauben an Jesus aufgeben. Sonst setzt er sich vor Gott ins Unrecht. Gott würde ihn dann nicht mehr »*gücklich preisen.*« Vgl. Jes 8,14; Lk 2,34.

Bengel fügte hier in seine Auslegung das Gebet ein: »Herr Jesu, alles, was an Dir ist, ist gut. Alles hilft zur Besserung.«

16.2 Jesu Beurteilung des Täufers (7,24-35)

7,24-30: **(24) »Als aber die Boten des Johannes weggegangen waren, begann er, zur Menge über Johannes zu reden: Was wolltet ihr sehen, als ihr in die Einöde hinausgegangen seid? Ein Rohr, vom Wind bewegt? (25) Oder was wolltet ihr sehen, als ihr hinausgegangen seid? Einen Menschen in weichen Gewändern? Siehe, die in vornehmer Kleidung und Luxus leben, sind in den Palästen der Könige. (26) Oder was wolltet ihr sehen, als ihr hinausgegangen seid? Einen Propheten? Ja, ich sage euch: sogar mehr als einen Propheten! (27) Es ist der, von dem geschrieben steht: Siehe, ich sende meinen Boten vor dir her, der deinen Weg vor dir bereiten soll. (28) Ich sage euch, einen Größeren als Johannes gibt es unter denen, die von Frauen geboren sind, nicht. Aber der Kleinste im Gottesreich ist größer als er. (29) Und das ganze Volk, das ihn gehört hatte, und sogar die Zöllner erkannten das Recht Gottes an und ließen sich mit der Taufe des Johannes taufen. (30) Die Pharisäer aber und die Gesetzeskundigen verwarfen den Ratschluß Gottes für ihre eigene Person, als sie sich nicht von ihm taufen ließen.«**

Nach dem Zusammenhang, haben »*die Boten des Johannes*« dem Täufer tatsächlich Bericht erstattet. Nachdem sie »*weggegangen waren, begann er* (= Jesus), *vor der Menge über Johannes zu reden*« (V. 24). Warum eigentlich? Vielleicht hatte die anwesende Volks-»*Menge*« die Zweifelsfrage des Täufers mitbekommen. Deshalb konnte Jesus ein Interesse daran haben, das gegenseitige Verhältnis abzuklären und den Täufer in Schutz zu nehmen. Das bleiben jedoch Vermutungen. Die Bibel schweigt hier über die Gründe, die Jesus zum Reden veranlaßten.

Jesus erinnert seine Hörer an die jüngste Geschichte: *»Was wolltet ihr sehen, als ihr in die Einöde hinausgegangen seid?«* (V. 24). Gemeint ist *»die Einöde«* (Lutherübersetzung: »Wüste«) des Jordantales, wo Johannes taufte. Über den massenhaften Zuzug zum Täufer berichten die Evangelien an mehreren Stellen (vgl. Mt 3,5-7; Mk 1,5; Lk 3,7.15.21).

Wollten sie etwa *»ein Rohr, vom Wind bewegt«* sehen? Das im *»Winde«* schwankende Schilf-*»Rohr«* ist in der Bibel öfters ein Bild für Schwäche und Haltlosigkeit (vgl. Jes 42,3). Schilf-*»Rohr«* gab es genügend am Jordan. Wer in V 29 allerdings mit »Wüste« statt mit *»Einöde«* übersetzt, macht es dem Leser schwer, sich das Vorkommen von *»Rohr«* vorzustellen. Nein haltlos war der Täufer gewiß nicht!

»Oder«, fährt Jesus in einem packenden, aufrüttelnden Stil fort, *»was wolltet ihr sehen?«* (V. 25). Etwa *»einen Menschen in weichen Kleidern?«* Was für ein Demagoge wäre Jesus gewesen, wenn er den Einflüsterungen des Teufels (4,1ff) erlegen wäre! Statt dessen stellte er seine phantastische Redegabe voller Demut in den Dienst des Vaters. *»Menschen in weichen Kleidern«* sind nach dem Volksmund typische Vertreter der Oberschicht, die auf Erden die Macht ausüben. Lächerlich, sich so etwas von Johannes vorzustellen! Er trug ja harte, härene Kleidung (Mt 3,4). Nein, sagt Jesus, *»die in vornehmer Kleidung und Luxus leben, sind in den Palästen der Könige.«* Der Täufer dagegen ist nicht im *»Palast«*, sondern im Gefängnis, obwohl auf Machärus beides ineinanderlag.

Zu diesem 25. Vers ist noch zweierlei anzumerken. Erstens hat *»weich«* im Urtext einen bestimmten Nebenton, nämlich »weichlich«, vielleicht sogar sexuell unsittlich. Wenn Jesus dem Täufer bestätigt, gerade das Gegenteil von »weich« darzustellen, dann lobt er im Grunde seine Unbeugsamkeit, Tapferkeit und Sittlichkeit. Selbst die Anfechtung hat diesen Mann nicht weichlich gemacht. Zweitens wird hier die Distanz Jesu zu den *»Luxus«*- Gewohnheiten der Reichen und Mächtigen spürbar. Er deckt ihre Schwächen ungeschminkt auf. Und dennoch wird er niemals zum Revolutionär, ruft er niemals zum Aufstand auf. Warum? Weil keine irdische Revolution eine wesentliche

Verbesserung leistet. Nur eine himmlische »Revolution« in Gestalt von Wiedergeburt und Neuschöpfung bringt die wesentliche Wende zum Guten. Jesus hat mehr zu bieten als eine irdische Revolution!

»Oder was wolltet ihr sehen, als ihr hinausgegangen seid? Einen Propheten?« (V. 26). In der Tat hielten viele den Johannes für einen Propheten (Mt 14,5; 21,26). Und nach der Zacharias-Weissagung sollte er ja wirklich ein »Prophet des Höchsten« sein (Lk 1,76). Jesus bestätigt dies. Er setzt den Johannes sogar noch ein Stück höher an als einen gewöhnlichen Propheten: *»Ja, ich sage euch: sogar mehr als einen Propheten!«* Die prophetenlose Zeit, die in Israel rund 500 Jahre gedauert hat, nämlich seit Maleachi, ist also mit Johannes dem Täufer beendet worden (vgl. 1 Makk 4,46; 9,27; 14,41).

Woran liegt es, daß Johannes *»mehr als ein Prophet«* (oder: »etwas Größeres als ein Prophet«) ist? Jesu Antwort lautet: *»Es ist der, von dem geschrieben steht: Siehe, ich sende meinen Boten vor dir her, der deinen Weg vor dir bereiten soll«* (V. 27). Die Größe des Johannes besteht also darin, daß er der Vorläufer des Messias ist. Er läutet die messianische Zeit ein. Er bildet das Scharnier vom Alten zum Neuen Bund. Betrachtet man diesen 27. Vers genauer, dann kann man folgende Beobachtungen machen: Jesus zitiert Mal 3,1 (womit 2 Mo 23,20 teilweise übereinstimmt). Er läßt uns damit einen Blick in seine eigene Schriftauslegung tun. Nach dieser Schriftauslegung ist der *»Bote«* von Mal 3,1 der Vorläufer und der *»Herr«* von Mal 3,1 der Messias selbst. Wenn aber Johannes der Vorläufer ist, muß Jesus selbst der Messias sein. D.h. klipp und klar: Jesus erhebt vor der jüdischen Volksmenge (V. 24) den Anspruch, der Messias zu sein. Zugleich bringt er zum Ausdruck, daß die messianische Heilszeit schon angebrochen ist. Dasselbe hat er den Boten des Täufers gegenüber zum Ausdruck gebracht (V. 22). Das *»Ich«* des Sendenden in Mal 3,1 ist Gott der Vater. Und weil Gott der Vater und Jesus als Gottessohn »eins sind« (Joh 10,30), kann Jesus »vor mir« im hebräischen Text von Mal 3,1 durch »vor dir« ersetzen. Jesus fühlt sich also mit Johannes eng verbunden. Außerdem sehen wir hier die Engelbotschaft von 1,17 erfüllt.

Jesu positives Zeugnis über den Täufer erreicht seinen Höhepunkt in V. 28: *»Ich sage euch, einen Größeren als Johannes gibt es unter denen, die von Frauen geboren sind, nicht.«* Der Ausdruck *»die von Frauen Geborenen«* bezeichnet die Menschen. Jesus benutzt dabei die

Sprache der israelitischen Weisheitslehrer (vgl. Hiob 14,1f; 15,14; 25,4). Es ist aber eine sündige Menschheit, die hier angesprochen wird. Denn gebären und »*geboren*« werden sind Existenzordnungen, die erst aufgrund des Sündenfalls entstanden sind (1 Mo 3,16). Ergebnis: Jesus spricht hier von der alten Welt, nicht von der neuen, die durch die Wiedergeburt im Rahmen des Neuen Bundes erst anfangen wird. Sagen wir es kürzer: Im Alten Bund war Johannes der Größte! Vgl. die Engelbotschaft in 1,15.

Von da aus verstehen wir den folgenden Satz: »*Aber der Kleinste im Gottesreich ist größer als er*« (V. 28). Das »*Gottesreich*« bricht jetzt schon an (vgl. 4,21 und Röm 14,17). »*Kleine*« und Geringe sind Bezeichnungen für die Jünger (vgl. Mt 10,42; 18,6.10ff; Lk 17,2). Die Jünger Jesu sind also »*größer als*« Johannes. Warum? Weil sie schon die Erfüllung der messianischen Verheißungen erleben und durch die Wiedergeburt die Gotteskindschaft erwerben (vgl. Joh 3,1ff; Mt 13,17).

Diese Aussage Jesu macht uns nachdenklich. Haben wir die Würde, Jünger Jesu zu sein, eigentlich richtig geschätzt?

Um Mißverständnisse auszuschließen, sei ausdrücklich bemerkt, daß Jesus in V. 28 den Täufer *nicht* von der ewigen Seligkeit ausschließt. Faßt man »*Gottesreich*« als ewiges Leben auf, dann kann Johannes sehr wohl hineinkommen (vgl 13,28). Es geht aber in Lk 7,28 gar nicht um das ewige Leben, sondern um die Heilszeit. Und da muß man sagen: Wer in der Heilszeit ein Jünger des Messias geworden ist, der steht noch über dem Vorläufer, der diese Heilszeit gar nicht mehr ganz erleben konnte.

Jesus hat den Täufer in Schutz genommen. Er hat ihn geehrt. Aber was geschah in Israel? Jesus selbst schildert in kurzen Zügen die Geschichte der Täuferbewegung.

»*Und das ganze Volk, das ihn gehört hatte, und sogar die Zöllner erkannten das Recht Gottes an und ließen sich mit der Taufe des Johannes taufen*« (V. 29). Dasselbe besagen die Evangelistenberichte in Mt 3,1ff und Lk 3,1ff. Wichtig ist die Bemerkung, daß die Getauften »*das Recht Gottes anerkannten*«. Jesus sagt also nicht, daß sie Johannes Recht gegeben hätten, sondern Gott! Warum? Weil Gott den Täufer sandte, und der Täufer nur ein Werkzeug Gottes war. Wer der Täuferpredigt gehorchte, der gehorchte letztlich Gott. Der Mensch ist frei, »*Gottes Recht anzuerkennen*« oder nicht. Was bestimmt nun in Wirklichkeit unsere eigene Praxis?

Ganz anders als das Volk handelte die Mehrheit seiner religiösen Führer (vgl. Mt 21,25ff): »*Die Pharisäer aber*«, sagt Jesus, »*und die Gesetzeskundigen verwarfen den Ratschlag Gottes für ihre eigene Person, als sie sich nicht von ihm taufen ließen*« (V. 30). Wie groß ihre Sünde war, ergibt sich aus dem Vergleich mit Ps 33,11. Dort heißt es: »Der Ratschluß des Herrn bleibt ewiglich.« Für »*Ratschluß*« kann man auch die Begriffe »Wille« oder »Heilsplan« einsetzen. Die Mehrheit der Führer Israels lehnte sich also gegen den Heilsplan Gottes auf. Dieser Heilsplan sah vor, daß Johannes als ein zweiter Elia und als der Gottesbote von Mal 3,1.23 dem Messias den Weg bahnen sollte. Als »*Gesetzeskundige*« hätten die Betreffenden Gottes Plan und Willen ja gut aus ihrer Bibel ablesen können (vgl. Mt 2,4ff). Aber die theoretische Bildung und die Lebenspraxis fielen eben auseinander. Offensichtlich scheiterten die Gesetzeskundigen an ihrem mangelnden Sündenbewußtsein. Sonst hätten sie die Bußtaufe des Johannes gerne in Anspruch genommen. Durchstreichen konnten sie »*den Ratschluß Gottes*« natürlich nicht. Menschen können diesen Ratschluß ja nicht um eine einzige Sekunde verzögern. Aber »*für ihre eigene Person*« konnten sie aus dem Heilsplan Gottes aussteigen. Mehr sagt Jesus nicht. Vgl. Apg 13,46.

Immerhin muß der heutige Leser noch einmal überlegen: Steige ich etwa selbst aus dem Heilsplan Gottes aus?

Drei Ergebnisse von V. 24-30 sollten wir unbedingt festhalten: a) Der Täufer hat einen wichtigen Platz im Heilsplan Gottes; b) er ist der Größte des Alten Bundes, weil er dem Messias unmittelbar vorangeht; c) Jesus selbst erklärt hier, der Messias zu sein.

Bisher ging der Blick in die Vergangenheit. Nun richtet er sich auf die Gegenwart:

7,31-35: **(31) »Wem soll ich also die Menschen dieses Geschlechts vergleichen und wem sind sie gleich? (32) Sie sind Kindern gleich, die auf dem Markt sitzen und einander zurufen: Wir haben euch aufgespielt und ihr habt nicht getanzt; wir haben Klagelieder gesungen und ihr habt nicht geweint. (33) Denn Johannes der Täufer ist gekommen, ohne Brot zu essen und ohne Wein zu trinken, und ihr sagt: Er hat einen Dämon. (34) Der Menschensohn ist gekommen, ißt und trinkt, und ihr sagt: Schau, ein Fresser und Weinsäufer, ein Freund der Zöllner und Sünder! (35) Und doch ist der Weisheit von allen ihren Kindern recht gegeben worden.«**

Jesus entläßt die Menge (V. 24) nicht mit dem wohligen Gefühl: »Jetzt hat er es den Pharisäern gegeben.« Er ermahnt sie vielmehr eindringlich, selbst der »Weisheit« zu folgen. Wer diese Weisheit ist, werden wir später sehen.

In einem zündenden Redestil setzt Jesus die Fragen von V. 24-26 fort: »*Wem soll ich also die Menschen dieses Geschlechts vergleichen und wem sind sie gleich*?« (V. 31). Langweilig war Jesus nicht. Wer aber sind die »*Menschen dieses Geschlechts*?« Es sind die Zeitgenossen, mit denen Jesus in Berührung kam. D.h. es sind praktisch die Juden seiner Zeit, im Durchschnitt betrachtet. Jesus orientiert sich hier am Durchschnitt und nicht an einzelnen wie Nikodemus oder Jairus.

Jesu Urteil über seine Zeitgenossen ist unerhört scharf: Sie sind kindisch. »*Sie sind Kindern gleich, die auf dem Markt sitzen und einander zurufen: Wir haben euch aufgespielt und ihr habt nicht getanzt; wir haben Klagelieder gesungen und ihr habt nicht geweint*« (V. 32). Wie farbig ist dieses Gleichnis! »*Auf dem Markt*« der orientalischen Städte spielt sich alles Mögliche ab. Dort stehen die Arbeitsuchenden und Faulenzer (Mt 20,3); dort sitzt man zu Gericht (Apg 16,19); dort wird gepredigt und geheilt (Mk 6,56); dort wird gekauft und gefeilscht (Mk 7,4); dort ist der Spielplatz der Kinder, die hier viel Raum haben. Jesus spricht von einem Spiel, welches er vielleicht selbst als Kind auf dem Marktplatz der Stadt Nazareth mitgespielt hatte (Frederic Godet): Die Spieler teilen sich in zwei Gruppen. Die erste gibt ein Anspiel, die zweite nimmt es auf. Die erste beklagt sich nun: »*Wir haben euch aufgespielt* (oder: vorgeflötet) *und ihr habt nicht getanzt.*« Die zweite erhebt gegen die erste ebenfalls Vorwürfe: »*Wir haben Klagelieder gesungen und ihr habt nicht geweint.*« Sowohl der Versuch, eine Hochzeit zu spielen, als auch der Versuch, eine Beerdigung zu spielen, ging also fehl. Ebenso kindisch wie das empörte Geschrei (»*zurufen*«) der Kinder auf dem Marktplatz sind die Vorwürfe, die Jesu Zeitgenossen gegen ihn und den Täufer erheben.

Aus diesem Gleichnis lassen sich einige interessante Tatbestände herauslesen: a) Die Erwartungen, die man an Jesus und den Täufer richtete, sind so grundverschieden wie Hochzeit und Beerdigung; b) man erwartete, daß Jesus und der Täufer sich nach den Wünschen ihrer Mitmenschen richten würden; die Zeitgenossen wollten Anweisungen geben, und Jesus und Johannes sollten ihnen gehorchen; c) vielleicht hat man Jesus als den Freudenbringer und Johannes als den Urheber ernster Buße (»tanzen«/«weinen« bzw. Hochzeit/Beerdigung) gegeneinander ausspielen wollen (vgl Joh 5,33); d) Jesus und Johannes haben hier nicht mitgespielt.

»Denn Johannes der Täufer ist gekommen, ohne Brot zu essen und ohne Wein zu trinken, und ihr sagt: Er hat einen Dämon« (V. 33). *»Johannes«* aß Heuschrecken und wilden Honig (Mt 3,4). Als Gottgeweihter verzichtete er auf *»Wein«* (Lk 1,15; 4 Mo 6,3). Statt Verständnis für den Gottgeweihten zu haben, machen ihm viele (*»ihr sagt«*) den Vorwurf: *»Er hat einen Dämon.«* Dieser Vorwurf setzt voraus, daß Johannes noch lebt. Später machte man Jesus denselben Vorwurf (vgl. Mt 9,34; 10,25; 12,24 ff.; Mk 3,22; Joh 7,20; 8,48; 10,20). Weshalb soll Johannes *»einen Dämon haben?«* Weil man in der Wüste Dämonen vermutete? Weil er so ernst war? Weil er die eigene Genußfreude störte?

Aber auch mit Jesus ist man nicht zufrieden. *»Der Menschensohn ist gekommen, ißt und trinkt, und ihr sagt: Schau, ein Fresser und Weinsäufer, ein Freund der Zöllner und Sünder«* (V. 34). Das also hat Jesus über sich selbst gehört. Dieser kleine Vers ist unerhört brisant. Warum? Weil sich Jesus vor der ganzen Volksmenge (V. 24) eindeutig als den *»Menschensohn«* von Dan 7 bezeichnet. Wie in 5,24; 6,5.22 gibt sich Jesus als Messias zu erkennen. Sodann lebt Jesus nach seiner eigenen Aussage normal. Er *»ißt und trinkt«*, ist also kein Asket. D.h. er gebraucht Brot und Wein (vgl. V. 33) und andere Lebensmittel mit Danksagung (vgl. Kol 2,16). Nur Irrlehrer verbieten den Christen den normalen Gebrauch der üblichen Lebensmittel. Etwas anderes ist es freilich, wenn einzelne Christen bewußt auf Alkohol verzichten, um den vielen Alkoholkranken keinen Anstoß zu bieten. Dies verdient als Tat der Liebe Anerkennung und Respekt (vgl. Röm 14,21-23). Jesus beeindruckt uns jedoch nicht mit äußerlicher Heiligkeit, sondern geht mit uns den Weg eines Alltagsmenschen. Es blieb ihm auf diese Weise keine Versuchung fremd (Hebr 4,15). Die Bosheit der Zeitgenossen machte nun aus ihm einen *»Fresser und Weinsäufer«*. Sie rückte ihn mit diesem Urteil in die Nähe der ungeratenen Söhne von 5 Mo 21,20, die gesteinigt werden. Wie kommt es zu diesem Urteil? Erstens aß und trank Jesus tatsächlich mit Zöllnern und Sündern (vgl 5,29ff parr; 15,2; 19,7). Dabei ging es nicht immer ganz fein zu. Zweitens war Jesus tatsächlich *»ein Freund der Zöllner und Sünder«*. Aber doch, weil er sie retten wollte und nicht, weil er mit ihnen fressen und saufen wollte! Da sieht man, was menschliche Bosheit anrichtet. Sie knüpft an einen unleugbaren Tatbestand an, verdreht die ganze Sache aber so, daß gerade das Gegenteil von dem herauskommt, was gemeint ist. Jeder von uns kennt solche bösen Zungen. Lk 7,34 ist ein Kernbeispiel für Verleumdung und üble Nachrede. Wie mögen Jesus diese Nadelstiche geschmerzt haben! Wie geht man mit der Retterliebe des Gottessohnes um, obwohl man selbst dringend die Erlösung braucht! Was für ein Passionsweg schon jetzt für Jesus!

Übrigens sieht man hier, daß Verleumdung unser Heil verhindern kann.

Der 35. Vers gehört zu den meistdiskutierten des ganzen Evangeliums: »*Und doch ist der Weisheit von allen ihren Kindern recht gegeben worden.*« Man bekommt nur dann einen Zugang zu diesem Vers, wenn man sieht, daß diese »*Weisheit*« niemand anders ist als Jesus selbst. Denn es handelt sich um die göttliche Weisheit, die in Spr 8,22ff beschrieben wird (vgl. auch Sir 29,1ff). Diejenigen, die ihr folgen, sind nach Spr 8,32 »*ihre Kinder*« (Vgl. 1 Kor 1,24ff.30). »*Kinder*« wird deshalb auch zu einer Bezeichnung für die Jünger (Mt 18,3ff; Mk 10,24; Joh 13,33; 21,5). Jesus sagt hier also: »*Alle*« meine echten Jünger, die aus meiner Arbeit, der Arbeit des vielgescholtenen Menschensohnes, hervorgegangen sind, geben mir »*recht*«: Sie bezeugen ja meine göttliche Herkunft, meine Liebe und mein erlösendes Handeln (vgl. Joh 1, 14.16); für sie bin ich nicht ein Fresser oder Weinsäufer, sondern der Messias (vgl. Hos 14,10).

Bis heute stehen beide Möglichkeiten nebeneinander: Jesus zu beschimpfen oder Jesus nachzufolgen.

Wenn es in der Parallelstelle Mt 11,19 heißt »von ihren Werken recht gegeben worden« (statt: »*von allen ihren Kindern recht gegeben worden*«), dann ist das sachlich kein Unterschied. Denn die Werke der Weisheit = das, was sie hervorgebracht hat, sind eben ihre »*Kinder*« = die Jünger.

Schauen wir noch einmal zurück auf Lk 7,24-35. Was ergibt sich daraus? Erstens: »Diese Rede ist eine von denjenigen, welche am besten zeigen, was Jesus als Volksredner war. Der Verstand wird in Anspruch genommen, die Neugier angeregt durch die Frageform (V. 24-26 und 31), die Einbildungskraft eingenommen durch lebendige, anmutige Bilder (V. 24.25.32)«, so Frédéric Godet. Zweitens: Jesus nimmt den Täufer in Schutz. Er nennt ihn sogar den Größten im Alten Bund. Drittens: Jesus hat die Kritik am Täufer und vor allem an sich selbst aufmerksam wahrgenommen. Ständig kritisiert zu werden, es wenigen recht machen zu können, wird ein Teil seiner Passion. Viertens: Er bezeichnet sich hier als Menschensohn und göttliche Weisheit, d.h. als den von Ewigkeit her existierenden Messias (vgl. Spr 8,22ff; Dan 7,13). Wird er Glauben finden? Fünftens: Wer wahrhaft weise ist, der stimmt Jesus zu und folgt ihm nach.

Vorschlag zur Bibelarbeit zu Lukas 7,18-35

---

1. Einleitung:

a) Zunächst versuchen wir, einen Überblick über das Verhältnis des Täufers zu Jesus zu gewinnen. Der Kommentar gibt dazu eine Hilfe.
b) Gut wäre auch eine Sammlung der Argumente, die Jesus während seiner Wirksamkeit gebrauchte, um seine Messianität zu begründen.
c) Schwierig ist die Stoffülle dieses Abschnitts, den man aber doch nicht auseinanderreißen sollte. Diese Fülle nötigt uns, für die Bibelarbeit/Predigt eine Hauptlinie durchzuziehen. Wir können jedenfalls in einer Predigt nicht alle Gesichtspunkte ausschöpfen.
d) Je nachdem, wie wir unsere Hauptlinie bestimmt haben, wird die Überschrift ausfallen. Unser Vorschlag lautet: »Wer sagt uns, daß Jesus der Richtige ist?«

2. Durchführung: »Wer sagt uns, daß Jesus der Richtige ist?«

a) Darauf muß er selbst antworten

Zweifel an Jesus schildert das NT in packender Offenheit und in vielen Farben – Was heute an Zweifeln und Anfragen vorgebracht wird, hat beinahe alles schon seinen Vorgänger im NT – Beim Täufer Johannes ist es ein tiefer existentieller und geistlicher Zweifel – Vermutlich hat das Ausgeliefertsein an einen kleinen Despoten und die lange Gefängnishaft dabei eine Rolle gespielt – Warum befreit ihn der Messias nicht? – Doch Johannes bleibt an einem Punkt ein großartiges Vorbild: Er fragt Jesus selbst – Weil er gefangen ist, schickt er Boten – Auch wir sollten Jesus selbst befragen, und zwar direkt im Gebet – Jesus gab eine schlichte, überzeugende Antwort: »Sagt, was ihr gesehen und gehört habt!« – Er macht die Boten zu Augenzeugen – Jesus muß auch uns am Ende selbst die Antwort geben – Noch immer schenkt er Vergebung, geistliches Licht, geistliche Motivation, auch äußere Heilung – Aber dazu müssen wir ihn selbst besuchen!

b) Dabei sollte man allerdings auch die Zeugen ernst nehmen

Es war der Fehler der pharisäischen und schriftgelehrten Mehrheit, daß sie den Zeugen Johannes nicht ernst nahm – Johannes war von Gott gesandt, standhaft, voll Hingabe, ein echter Prophet – Ja, sagt Jesus, sogar mehr als ein Prophet, nämlich der Größte des Alten Bundes – Er war ja der Vorläufer des Messias! – Viele hörten auf ihn, sogar verachtete Zöllner – Umso schlimmer, daß die rabbinischen Führer nicht hörten – Gottes Plan konnten sie zwar nicht verhindern – Aber ihr eigenes Heil konnten sie verachten – Schade, wenn wir ähnlich handeln! – Wir sollten also diejenigen ernst nehmen, die uns von Jesus wirklich etwas sagen können, die in dieser Beziehung »Insider« sind.

c) Schließlich spielt eine Rolle, was bei Jesus am Schluß herauskommt

Manche Leute spielen mit dem Glauben – So wie die Kinder auf dem Marktplatz nach dem Gleichnis Jesu – Sie wollen ihre Ansprüche stellen, und Jesus soll sich so verhalten, wie sie es befehlen – Auf diesem Wege ist aber nicht herauszubekommen, ob »Jesus der Richtige« für mein Leben ist – Man kann auch in der Säure der Kritik alles kaputtmachen – So wurde der Täufer als Besessener kritisiert und Jesus als Fresser und Weinsäufer – Statt dessen hätte man besser gefragt: Was kommt am Schluß heraus, wenn man ein Jünger Jesu geworden ist? – Jesus sagt ganz kurz: Die Gotteskindschaft – Seine Jünger sind »Werke« und »Kinder der göttlichen Weisheit« – Ob wir das nicht auch sein sollten? – Resultat: Wer ernsthaft die Jüngerschaft wagt, der wird auch herausbekommen, daß Jesus für Leben und Sterben der richtige Helfer ist.

17. Jesus und die Sünderin (7, 36-50)

Es handelt sich hier um eine andere Begebenheit als die Salbung in Betanien. Von letzterer berichten Mt 26,6-13; Mk 14,3-9 und Joh 12,1-8. Lukas erzählt diese Salbung in Betanien nicht. Es ist also falsch, wenn verschiedene Bibeln und Übersetzungen (leider auch die Lutherbibel) Lk 7,36-50 und Mt 26,6-13 parr als Parallelen nebeneinander stellen.

Die hauptsächlichen Unterschiede zwischen der Salbung in Betanien und der Salbung von Lk 7 sind folgende: 1) Die Salbung in Betanien gehört in die letzte Passionszeit Jesu, während die Salbung von Lk 7 in die Zeit *vor* der eigentlichen Passion gehört (vgl. Lk 9,51ff). 2) Erstere geschieht in Betanien bei Jerusalem, letztere in Galiläa. 3) Erstere geschieht im Hause eines Pharisäers, letztere im Hause eines Jüngers, der »Simon der Aussätzige« genannt wird. 4) Bei ersterer weilt Jesus im Kreise von Anhängern, bei letzterer im Hause eines Mannes, der erst noch prüfen will, ob Jesus der Messias ist. 5) Bei ersterer wird Jesus von einer Jüngerin gesalbt, bei letzterer von einer Sünderin, die gerade erst zur Jüngerin wird.

7,36: **(36) »Einer der Pharisäer aber bat ihn, mit ihm zu essen. Und er ging in das Haus des Pharisäers und legte sich zu Tisch.«**

Jesus bei einem Pharisäer zu Gast! Das bedeutet hier zugleich: bei einem Reichen zu Gast. Jesus pflegte den Kontakt zu den Pharisäern und Reichen genauso wie den Kontakt zu den Armen und Allerärmsten. Es ist völlig unbiblisch, Jesus zu einem politischen Parteigänger zu machen, soll er nun ein Parteigänger der Reichen oder ein Parteigänger der Armen sein. Es fällt auf, daß gerade Lukas, der Evangelist der Armen, diese Kontakte zur pharisäischen Oberschicht mehrfach erwähnt (vgl. 11,37; 14,1).

Warum war Jesus kein politischer Parteigänger? Weil er Sünder retten wollte. Sünder aber sind wir alle: die Reichen, die Armen, die Jungen, die Alten, die Gesunden, die Kranken, die Schwarzen, die Weißen, die Frauen, die Männer, die Gescheiten und die weniger Gescheiten!

Notieren wir noch einige Einzelheiten: Die Initiative ging vom »*Pharisäer*« aus. Er war offenbar ein nach Wahrheit suchender Mann. Es heißt ferner tatsächlich: »*mit ihm zu essen*«, und nicht: »bei ihm zu essen«. »Essen mit jemand« drückt eine Mahlgemeinschaft aus, eine tiefere Beziehung, als das bei den europäischen Essenseinladungen der Fall ist. Jedenfalls folgte Jesus ohne Diskussionen der Einladung »*in das Haus des Pharisäers*«. Die Tatsache, daß der Einladende ein eigenes »*Haus*« hatte, spricht für seine Wohlhabenheit. Schließlich »*legte*« man sich damals »*zu Tisch*« und »saß« nicht »zu Tisch« (vgl. Joh 13,23); d.h. man lag auf Polstern, auf den linken Arm gestützt, während man mit dem rechten Arm zugriff und aß.

Übrigens nehmen manche Ausleger an, daß das Essen an einem Sabbat stattfand. Denn der Sabbat war ein geschätzter und häufiger Einladungstermin. Aber die Bibel sagt nichts über den Wochentag.

7,37-39: **(37) »Und siehe, eine Frau, die in der Stadt lebte, eine Sünderin, erfuhr, daß er im Haus des Pharisäers zu Tische lag, brachte ein Salbengefäß mit Salböl, (38) und trat von hinten an seine Füße heran. Darauf weinte sie und fing an, seine Füße mit Tränen zu benetzen, und trocknete sie mit den Haaren ihres Hauptes und küßte seine Füße und salbte sie mit dem Salböl. (39) Als das der Pharisäer sah, der ihn eingeladen hatte, sagte er sich: Wenn der da ein Prophet wäre, würde er wissen, wer und was für eine Frau das ist, die ihn anrührt, daß sie nämlich eine Sünderin ist.«**

Der Vorgang wird jetzt außerordentlich dramatisch. Selbst kritische Forscher sind beeindruckt von der Erzählkunst des Lukas.

»*Und siehe*« (V. 37): das Mahl wird plötzlich unterbrochen. »*Eine Frau*« tritt auf. Schade, daß Lukas ihren Namen nicht nennt! Wollte er sie durch dieses Schweigen schützen? Man dachte öfters an Maria Magdalena. Ausgeschlossen ist das nicht. Aber ehrlicherweise kann man hier nur Vermutungen anstellen, weil man es eben nicht weiß.

Wir wissen auch nicht, ob diese »*Frau*« verheiratet war (vgl. Joh

4,7ff). Nicht einmal den Namen der »*Stadt*« erwähnt Lukas. Nur dies eine, daß sie in derselben »*Stadt lebte*« wie der Pharisäer. Dafür stellt Lukas etwas anderes glasklar ans Licht: sie war »*eine Sünderin*«; d.h. sie war sehr wahrscheinlich eine Prostituierte.

Diese Frau »*erfuhr, daß Jesus im Hause des Pharisäers zu Tisch lag*« (V. 37). Darauf ergiff sie »*ein Salbengefäß mit Salböl*« und machte sich auf den Weg. Der Urtext läßt erkennen, daß sie ein halbes Vermögen mit sich trug. Prostituierte konnten auch damals reich werden. Für »*Salbengefäß*« steht hier »Alabastron«. D.h. das Gefäß war aus Alabaster, mit einem länglichen Hals, der zum Gebrauch abgebrochen wurde. Um was für eine Art von »*Salböl*« es sich dabei handelte, wird nicht gesagt. Man kann jedoch davon ausgehen, daß es sehr wertvoll war (vgl. Mk 14,3ff; Joh 12,3ff). Z.B. zahlte man damals für ein Fläschchen mit Nardenöl in Rom an die 400 Denare = 400 Tagesverdienste. In Israel hatte die Herstellung von Salben und Salböl eine lange Tradition (vgl. 2 Mo 30,22 ff.; Hld 1,12f; 4,13ff; Am 6,6; Weisheit 2,7).

Im nächsten Vers (38) treffen wir die Frau im Hause des Pharisäers. Wie kam sie hinein? Antwort: Die damaligen sozialen Sitten gestatteten bei festlichen Mahlen auch den Zutritt neugieriger Zuschauer. Die Frau hinauszuwerfen, hätte einen unangenehmen Skandal bedeutet. »*Sie trat von hinten an seine Füße heran.*« Das war ohne weiteres möglich, weil die auf Polstern liegenden Mahlteilnehmer ihre Füße vom Tisch weg nach »*hinten*« ausstreckten, d.h. in den Raum hinein. Dabei zog man die Sandalen aus.

»*Darauf weinte sie und fing an, seine Füße mit Tränen zu benetzen.*« Bevor sie die beabsichtigte Salbung durchführen konnte, brach sie in »*Tränen*« aus. Da sie sich schon über die »*Füße*« Jesu gebeugt hatte, fielen ihre Tränen auf »*seine Füße*«. Was ist hier geschehen? Die Frau muß Jesus schon vorher gekannt haben. Mehr noch: sie hatte vorher die Vergebung von ihm empfangen (V. 41ff.47). Theodor Zahn hat hier richtig beobachtet: »In dem heißen Drang, ihm die Verehrung und Liebe in auffälligster Weise zu bezeugen, durchbricht sie mit kühnem Mut die Schranken, welche gerade sie wegen ihres früheren Lebens und des ihr noch anhaftenden üblen Rufes von dem Hause des Pharisäers und den Blicken der Männer hätten fern halten können.« Wo und wie die vorausgehende Begegnung mit Jesus stattfand, was die Einzelheiten der Sündenvergebung gewesen sind, über all das schweigt Lukas. Dafür wird die verändernde Kraft der Sündenvergebung sichtbar: Liebe zu

Jesus, Reue über das bisherige Leben, tiefe Dankbarkeit, Bekennermut, Opferbereitschaft und ein total verändertes Verhalten.

Der Tränenausbruch war offensichtlich nicht geplant. »*Sie trocknete die Tränen mit den Haaren ihres Hauptes.*« Vgl. Maria in Betanien, Joh 12,3. Nach jüdischer Sitte durfte eine Frau die »*Haare ihres Hauptes*« nicht auflösen (vgl. 4 Mo 5,18; Judit 10,3ff; 1 Kor 11,5ff). Aber diese Frau handelte spontan und nach der Sprache des Herzens. Ebenso impulsiv »*küßte sie*« die »*Füße*« Jesu. Mit einer menschlichen Liebesbeziehung, wie es heute taktlose Ausleger behaupten, hat das nichts zu tun.

Erst jetzt »*salbte sie die Füße mit dem Salböl*« (V. 38, vgl. wieder Joh 12,3). Sie gab ihren vermutlich wertvollsten Besitz aus Dankbarkeit hin. Was bedeutete schon ein Jahreslohn gegen das Gewicht der Vergebung! Und daß sie ausgerechnet die Füße salbt, ist noch einmal ein Ausdruck der Demut, die es nicht wagt, das Haupt des Heiligen bzw. das Haupt des Messias zu berühren.

In V. 39 erzählt uns Lukas die Reaktion des Pharisäers: »*Als das der Pharisäer sah, der ihn eingeladen hatte, sagte er sich: Wenn der da ein Prophet wäre, würde er wissen, wer und was für eine Frau das ist, die ihn anrührt, daß sie nämlich eine Sünderin ist.*« Der »*Pharisäer*« schwieg also. Nur »*sich*« selbst suchte er den Vorgang zu erklären. Die Überlegung »*Wenn der da ein Prophet wäre*« zeigt, daß er ernsthaft daran glaubte, daß Jesus ein »*Prophet*« sein könnte, vielleicht sogar der endzeitliche, prophetische Messias von 5 Mo 18,15ff? Vgl. Mt 16,14; 21,11.46; Mk 6,15; Lk 7,16; Joh 4,19; 6,14; 7,40.52. Liest man V. 39 richtig, dann ist dieser Vers ein Beweis für die Offenheit mancher Pharisäer für Jesus. Es scheint, daß dieser Mann Jesus testen wollte, »wer er wäre« (vgl. 19,3). Aber als »*Prophet*« hätte Jesus die »Frau« natürlich durchschauen müssen (vgl. Joh 4,17ff). Und erst recht hätte er sie als Messias durchschauen müssen (vgl. Jes 11,2). In den Augen des Pharisäers verunreinigte diese »Berührung« Jesus (vgl. 3 Mo 5,2; Hag 2,13; Kol 2,21).

Jesus hat bisher geschwiegen. Er hat die Frau weder gelobt noch getadelt. Aber die Duldung der Salbung und das Sich-»anrühren«-lassen zeigen, daß er ihr innerlich zustimmte und bereit war, ihre Dankbarkeit anzuerkennen.

Zum Pharisäer aber schwieg Jesus nicht:

7,40-42: **(40) »Doch Jesus gab ihm zur Antwort: Simon, ich habe dir etwas zu sagen. Darauf sagt er: Lehrer, sag es! (41) Zwei Schuldner hatte ein Gläubiger. Der eine schuldete fünfhundert Denare, der andere fünfzig. (42) Als sie es nicht zurückzahlen konnten, schenkte er's beiden. Wer von ihnen wird ihn nun mehr lieben?«**

»Wenn der Mann eines Beweises für die prophetische Gabe Jesu bedurfte, so erhält er ihn sofort«, schrieb F.Godet mit Recht. Denn *»Jesus«* erkannte seine Gedanken und *»gab«* darauf eine exakte *»Antwort«*.

Wie Jesus diese *»Antwort«* gibt, ist meisterhaft. Jesus will den Pharisäer gewinnen, nicht herunterputzen. Deshalb spricht er ihn mit seinem Namen liebevoll, fast vertraulich an: *»Simon, ich habe dir etwas zu sagen«* (V. 40). *»Simon«* hießen damals Unzählige (vgl. Simon Petrus, Simon Zelotes und Simon den Aussätzigen, Lk 6,14f; Mt 26,6). In Simons Erwiderung ist das *»Lehrer«* sehr respektvoll. *»Lehrer«* lautet ja auf aramäisch »Rabbi«. Obwohl Jesus kein ordinierter Rabbinenschüler war, erkennt ihn Simon als den höherstehenden Lehrer an.

Das Gleichnis Jesu, das in V. 41 und 42 ohne weitere Einleitung folgt, ist so gut verständlich, daß es nicht erklärt zu werden braucht. Selbstverständlich *»liebt«* derjenige, dem zehnmal »mehr« ge*»schenkt«* wurde, den *»Gläubiger ... mehr«*. Ein *»Denar«* ist die übliche römische Silbermünze. Sie stellt den Tagesverdienst eines Arbeiters dar (vgl. Mt 20,2). Nebenbei fällt auf, daß Lukas das Wirtschaftsleben in seinem Evangelium besonders oft berücksichtigt (vgl. 15,8ff; 16,1ff.10ff; 17,7ff; 19,1ff; aber auch Mt 18,23ff).

Dennoch bleiben wir noch einen Augenblick an diesem Gleichnis stehen. Es enthüllt uns ja den Sinn der Tätigkeit Jesu nach seinen eigenen Worten! Dabei macht Jesus eine siebenfache Aussage: 1) Vergebung zu bringen ist eine zentrale Aufgabe für ihn (vgl. Mt 1,21). 2) Wir können bei Gott nicht »bezahlen«. Wir alle sind wegen unserer Schuld auf Vergebung angewiesen. 3) Jesus erwartet dafür Liebe. Für Liebe benutzt er ein Wort, das speziell die geistliche Liebe ausdrückt (griechisch agapan). 4) Auch Simon liebt ihn. Jedoch weniger als die Frau. Jesus gesteht also auch den Pharisäern eine gewisse Gottesliebe zu. 5) Der »Gläubiger«, vermutlich ein berufsmäßiger Geldverleiher, ist auffallend gut: »ein ›weißer Rabe‹ unter den Gläubigern« (so Joachim Jeremias). Dieser auffallend gute Gläubiger ist ein Bild für Gott. 6) Jesus benutzt eine sehr kühne Sprache mit Bildern aus dem Wirtschaftsleben, um eindrücklich zu predigen. Warum sind wir selbst oft so langweilige Zeugen für Gott? 7) Jesus schließt mit einer Frage, um seinen Hörer innerlich zur Erkenntnis zu führen (vgl. 1 Mo 3,9; 4,6; Jona 4,4.9.10f; Joh 18,23). Der Herr legt also Wert darauf, daß wir zur Besinnung kommen.

7,43-48: **(43) »Simon erwiderte: Ich vermute, derjenige, dem er mehr schenkte. Er aber sagte zu ihm: Dein Urteil ist richtig. (44) Und er wandte sich der Frau zu und sagte zu Simon: Siehst du diese Frau? Ich bin in dein Haus gekommen. Wasser für meine Füße hast du mir nicht gegeben. Sie aber hat meine Füße mit Tränen benetzt und mit ihren Haaren getrocknet. (45) Einen Kuß hast du mir nicht gegeben. Sie aber hat, seit ich hereinkam, unaufhörlich meine Füße geküßt. (46) Mit Öl hast du mein Haupt nicht gesalbt. Sie aber hat meine Füße mit Salböl gesalbt. (47) Deswegen sage ich dir: Ihre vielen Sünden sind vergeben, denn sie hat viel Liebe gezeigt. Wem aber wenig vergeben wird, der zeigt wenig Liebe. (48) Dann sagte er zu ihr: Deine Sünden sind vergeben.«**

Auf Jesu Frage »*erwiderte Simon*« sehr vorsichtig: »*Ich vermute, derjenige, dem er mehr schenkte*« (V. 43). Wußte der kluge Simon schon, worauf Jesu Frage hinauslief? Der »*Gläubiger*« bzw. Geldverleiher als ein Bild für Gott war im Judentum häufig. Wollte Simon sich also nur ungern selbst verurteilen? Oder zögerte er, weil Jesus immer für eine Überraschung gut war? Sein vorsichtiges Urteilen ist jedenfalls sympathisch.

Jesu Antwort kommt prompt: »*Dein Urteil ist richtig*« (bzw.: »Du hast richtig geurteilt«). Das ist gewissermaßen die Fachsprache der Gesetzeslehrer (vgl. 20,21). Jesus konnte sich gut in dieser Fachsprache der Theologen bewegen und zögerte auch nicht, gegebenenfalls einer treffenden Aussage beizustimmen (vgl. 10,28). In der Tat bedeutet Simons Aussage eine theologische Weichenstellung. Denn sie besagt ja, daß unsere Gottesliebe von der Vergebung abhängt, und nicht von den eigenen Anstrengungen. Ein Selbstgerechter kann Gott also nur wenig lieben.

Nun »*wandte sich Jesus*« zwar »*der Frau zu*«, fuhr aber fort, »*zu Simon*« zu sprechen (V. 44). Seine Frage »*Siehst du diese Frau?*« macht sie für Simon und sogar für alle Zuhörer – ob Jünger oder Nichtjünger – zum Orientierungspunkt. Simon mußte dabei bewußt werden, daß er sie noch gar nicht richtig, d.h. geistlich, gesehen hatte.

Was kann man an dieser Frau beobachten? »*Ich bin in dein Haus gekommen. Wasser für meine Füße hast du mir nicht gegeben. Sie aber hat meine Füße mit Tränen benetzt und mit ihren Haaren getrocknet*« (V. 44). Seit Abrahams Zeiten bot man den Gästen »*Wasser*« an, um die »*Füße*« zu waschen (1 Mo 18,4). Nicht daß Simon dies unbedingt hätte tun müssen! Aber wenn er Jesus wirklich mit Liebe »*in*« sein »*Haus*« aufgenommen hätte, dann hätte er ihm doch wohl »*Wasser für*« die »*Füße gegeben*«. In den Sandalen durch Staub und Dreck zu wandern, ist unangenehm. Bei der Mahlzeit, während die Sandalen abgelegt werden, wollte man doch saubere Füße haben! Ganz anders die Frau: Sie wusch Jesu »*Füße mit*« ihren »*Tränen*« und trocknete »*sie mit ihren Haaren*«. Hier war dankbare Liebe! Mehr noch: hier war Demut. Denn die Füße zu waschen, war Sklavendienst. Nicht einmal die jüdischen Jünger waren verpflichtet, ihren Rabbinen die Füße zu waschen (vgl. 1 Sam 25,41; Joh 13,5ff; 1 Tim 5,10).

Wir sollten noch beachten, daß Jesus die Einzelheiten unseres Verhaltens sehr wohl bemerkt.

»*Einen Kuß hast du mir nicht gegeben*«, sagt Jesus zu seinem Gastgeber (V. 45). Den brauchte ein Gastgeber auch nicht unbedingt zu geben. Aber eine wohltuende Geste der Freundlichkeit und Verbundenheit wäre es doch gewesen. Gerade deshalb war ja der Judaskuß so schlimm (Mt 26,48ff; Lk 22,47f). Später war »der heilige Kuß« oder der »Kuß der Liebe« bei den Christen üblich (Apg 20,37; Röm 16,16; 1 Kor 16,20; 2 Kor 13,12; 1 Thess 5,26; 1 Petr 5,14). Normalerweise küßte man beim Begrüßungskuß oder Bruderkuß die Wange (vgl. schon 1 Mo 29,11.13; 33,4; 2 Sam 15,5). Ganz anders als Simon handelte wieder die Frau: »*Sie aber hat, seit ich hereinkam, unaufhörlich meine Füße geküßt*« (V. 45). Das »*Küssen*« der »*Füße*« ist ein »Zeichen ungewöhnlicher Ehrung« (Theologisches Wörterbuch zum Neuen Testament). Die Bemerkung »*seit ich hereinkam*« darf nicht mit einer absoluten Zeitangabe verwechselt werden. Ihr Sinn ist vielmehr: »seit sie mich hier bei dir treffen konnte«. Darin liegt vermutlich die Klarstellung, daß sie Jesus erst jetzt berührt hat. Diese Klarstellung ist auch heute bei all denen notwendig, die das Handeln der Frau als menschliche Sympathie oder als geschlechtliche Liebe erklären wollen. Statt dessen muß man im Handeln der Frau ein »Zeichen der Umkehr« sehen (so das Theologische Wörterbuch zum Neuen Testament). Der unbeschreiblichen Dankbarkeit und Ehrung entspringt die Vielzahl der Küsse (»*unaufhörlich*«).

»*Mit Öl hast du mein Haupt nicht gesalbt*«, ist die dritte Feststellung, die Jesus seinem Gastgeber gegenüber trifft (V. 46). »*Öl*« bedeutet hier Olivenöl. Das war billig. Zwar mußte man das »*Haupt*« des Gastes nicht unbedingt »*salben*«. Wollte man den Gast aber ehren, dann salbte man sein Haupt (vgl. Ps 23,5; 141,5). Wieder unterscheidet sich die Frau drastisch von Simon: »*Sie aber hat meine Füße mit Salböl gesalbt.*« Wie wertvoll dieses »*Salböl*« aus Myrrhe im Unterschied zum billigen Olivenöl war, haben wir schon bei V. 37 gesehen. Und daß »*salben*« der »*Füße*« eine weit höhere Ehrung darstellte als »*salben*« des »*Hauptes*«, ist uns ebenfalls deutlich geworden. Will man den Unterschied in landläufigem Deutsch ausdrücken, dann muß man sagen: Was dem Pharisäer keine zehn Pfennige wert war, dafür hat die Frau ein Vermögen geopfert.

Nun kommt die Folgerung: »*Deswegen sage ich dir: Ihre vielen Sünden sind vergeben, denn sie hat viel Liebe gezeigt. Wem aber wenig vergeben wird, der zeigt wenig Liebe*« (V. 47). Aus der Wirkung schließt Jesus hier auf die Ursache. Die Wirkung besteht in der »*vielen Liebe*«. Die Ursache ist die Vergebung »*ihrer vielen Sünden*«. Die Vergebung geht also voraus! Jesus bestreitet auch nicht, daß bei dieser Frau »*viele Sünden*« vorlagen. Entschuldigt oder gar unter den Tisch gekehrt wird hier nichts. Aber Jesus als Gottessohn kann auch viele und schwere Sünden vergeben. Vgl. 5,17ff.

Da der Pharisäer Simon im Verhältnis zu dieser Frau »*nur wenig Liebe zeigte*«, trifft auf ihn die zweite Hälfte von V. 47 zu. Es bleibt aber die Frage noch offen, ob er überhaupt Vergebung wünscht, bzw. ob er sie annimmt. Vermutlich will ihn Jesus aus seiner Reserve hervorlocken und erst einmal zum Nachdenken über seine eigenen Sünden bringen. Ob er dann am Ende seines Nachdenkens feststellen wird, daß es wirklich nur so »*wenige*« sind? Man beachte, daß Jesus bei Simon noch nicht »vergeben worden« sagt, sondern nur vom »Vergeben« im allgemeinen, zeitlosen Sinne. Vgl. Mt 21,31.

Adolf Schlatter bemerkte einst zur Sünderin: »Vergeben ward ihr, ehe sie liebte, als sie noch nicht lieben konnte, sondern nur über sich selbst zu weinen vermochte und unter ihrer Last zerbrach.«

Der folgende Vers (48) bedeutet eine Überraschung. »*Dann sagte er* (= Jesus) *zu ihr: Deine Sünden sind vergeben.*« Ja, waren sie denn nicht schon vergeben? Warum spricht Jesus offensichtlich ein zweites Mal aus, was er schon einmal gesagt haben muß (vgl. V. 41f.)? Wer diese Fragen beantworten will, der findet im dankbaren Samaritaner von 17,15ff einen Schlüssel. Aus der Liebe der Frau schließt Jesus die Annahme der zugesagten Vergebung. Der Sinn von V. 48 ist also: Jetzt ist die Vergebung endgültig in Kraft getreten, ebenso wie der Samaritaner von 17,15ff durch seine Dankbarkeit die endgültige Hilfe gefunden hat. Was nützt denn die Zusage der Vergebung, wenn wir sie nicht annehmen? Zugleich bestätigt Jesus die frühere Zusage und setzt damit die Frau in glänzender Weise ins Recht gegenüber den innerlichen Vorwürfen des Pharisäers. Drittens aber spricht er mit solcher Vollmacht vor den Ohren der Zuhörer, daß klar wird, daß er selbst die Quelle der Vergebung ist.

Wir zitieren dazu die Bemerkung J.A.Bengels: »Die größten Sünder sind oft die herrlichsten Gefäße der Gnade geworden.«

7,49-50: **(49) »Da begannen die anderen Gäste bei sich selbst zu überlegen: Wer ist dieser, der sogar Sünden vergibt? (50) Er aber sagte zu der Frau: Dein Glaube hat dich gerettet. Geh hin in Frieden!«**

Die Überlegungen der »*anderen Gäste*« (V. 49) sind genauso verständlich wie in Mt 9,2ff; Mk 2,5ff; Lk 5,20f. »*Sünden vergeben*« darf ja nur Gott (2 Mo 34,7; 4 Mo 14,20; Ps 130,4; Jes 55,7). Die Frage: »*Wer ist dieser*?« spricht also das Problem an, ob Jesus mehr ist als ein bloßer Mensch. Die jüdischen Zeitgenossen haben sich mit der Gottessohnschaft Jesu meist intensiver befaßt als der moderne Mensch. Die Formulierung »*der sogar Sünden vergibt*« läßt das Außergewöhnliche der Erscheinung Jesu durchschimmern. Wieviel Erstaunliches tat dieser Jesus – und nun vergibt er »*sogar*« die »*Sünden*!« Das letzte Wort Jesu gilt der Frau, die Stärkung und Trost braucht: »*Dein Glaube hat dich gerettet*« (V. 50). Wie Mt 9,22; Mk 5,34; 10,52; Lk 8,48; 17,19; 18,42 zeigen, hat Jesus ein solches Wort öfters gesprochen. Lukas liebte es besonders. Aber was heißt das: »*Dein Glaube hat dich gerettet*«? Wenn ein heutiger Christ so etwas sagen würde, würden ihm viele Theologen ins Wort fallen und rufen: »Falsch! Nur Gott rettet! Nicht der Glaube!« Aber so steht es nun einmal da: »Dein Glaube hat dich gerettet.« Das bedeutet erstens: Gottes Vergebung kommt auf dem Weg des Glaubens und nicht irgendwelcher Verdienste. Das bedeutet zweitens: Die Zusage der Vergebung wird erst dann zur Lebenswirklichkeit, wenn wir sie im Glauben annehmen. Röm 3,21ff, ja die gesamte Glaubenslehre des Paulus, ist schon keimhaft in diesen Jesusworten enthalten. Das bedeutet drittens: Die Sünderin ist durch ihren Glauben zur Jüngerin geworden. Sie ist jetzt ein Mitglied des Reiches Gottes. Deshalb hat sie nun auch Frieden mit Gott (vgl. Röm 5,1) und kann wirklich *»im Frieden hingehen«*. D.h. sie kann ihren Weiterweg als gläubige, zu Jesus gehörende Frau antreten. Oder, um es mit Worten aus Kol 1,13 zu sagen: Sie ist errettet aus der Macht der Finsternis und versetzt in das Reich Jesu. Und dies alles aus *»Glauben«*! Hier enthüllt sich das Lukasevangelium als ein strahlendes Glaubensevangelium, das dem Theophilus Mut zum Glauben macht.

Bengel hat auch hier Wesentliches formuliert: »Nicht der großen Liebe, sondern dem Glauben wird das Heil zugeschrieben. Der Glaube ist die wesentliche Bedingung auf unserer Seite. Die Liebe gibt den äußerlichen Beweis für Andere.«

Ziehen wir eine kurze Gesamtbilanz aus Lk 7,36-50: 1) Die Sündenvergebung ist eine zentrale Aufgabe Jesu. 2) Jesus selbst kann Sünde vergeben, weil er nicht nur der Messias, sondern auch der Gottessohn ist. 3) Auf menschlicher Seite spielt der Glaube die entscheidende Rolle. Gerade die Sündenvergebung braucht die Annahme durch den Glauben. 4) Dieser Glaube bleibt nicht verborgen, sondern dokumentiert sich in Taten der Liebe und der Dankbarkeit. 5) Das Lukasevangelium ist somit ein Evangelium der Sündenvergebung und des Glaubens. 6) Alles mündet ein in das Gotteslob: Wer ist so groß wie Jesus?

Vorschlag zur Bibelarbeit zu Lukas 7,36-50

1. Einleitung:

a) Rein äußerlich ist zunächst das Verhältnis von Lk 7,36-50 zur Salbung in Betanien abzuklären. Beides darf nicht miteinander vermischt werden!

b) Sodann müssen alte und neue Vorurteile hinterfragt werden: Stimmt es, daß »die« Pharisäer ganz pauschal gegen Jesus waren? Stimmt es, daß Jesus die Reichen, die Oberschicht, die Pharisäer abgelehnt hat? Daß er am Konflikt mit ihnen zugrunde ging? Die Hinweise im Kommentar wollen eine erste Spur zur Antwort auslegen.
c) Kaum einmal wird die Absicht der Tätigkeit Jesu so klar wie hier. Wann hat der Mensch Frieden? Wenn er an Jesus glaubt und sich seine Sünde abnehmen läßt (V.48-50). Alles andere, was man sonst über Jesus sagt, muß sich an diesem Hauptziel der Schuldbereinigung messen lassen.
d) Man kann aus Lk 7,36-50 eine Lehrpredigt machen. Oder auch eine Bekehrungspredigt. Oder eine christologische Predigt, die Jesu Hauptziel in den Vordergrund stellt. All das sind gute Möglichkeiten. Wir entscheiden uns hier für die dritte der obengenannten und wählen deshalb die Überschrift: »Worauf wollte Jesus eigentlich hinaus?«

2. Durchführung: »Worauf wollte Jesus eigentlich hinaus?«

a) Jesus liebte unterschiedslos alle Menschen

Wie heftig wird das bestritten! – Der eine sagt, Jesus haben nur die Reichen bestärkt (den berühmten »status quo«) – Der andere sagt, Jesus sei nur für die Armen dagewesen – Der dritte sagt, Jesus sei nur für religiöse Typen von Bedeutung – Wie falsch das ist, lernen wir hier: Jesus geht gerne zum Pharisäer, den er liebt – Aber er ist genauso voll da für die Frau, die aus ihrem Unrechtsleben und ihrer Sünde heraus will.

b) Jesus wollte den Menschen die Schuld abnehmen

Wir müssen sogar vermuten, daß die Frau schon vor der Begegnung im Haus des Pharisäers durch Jesus die Vergebung ausgesprochen bekam – Jetzt will sie danken – Sie tut das in einem bis zu den Tränen gehenden Zusammenbruch und unter Hingabe ihres Vermögens – Der Pharisäer versteht das nicht, weil er eine solch tiefe Vergebung noch nicht erfahren hat – Da sagt ihm Jesus das Gleichnis von den zwei Schuldnern – Jesus bestreitet also gar nicht, daß auch der Pharisäer Simon ihn »ein bißchen« liebt – Aber weit tiefer geht die geistliche Liebe und Dankbarkeit dieser Frau – Sollte sich nicht auch Simon durch Jesus noch mehr helfen lassen, damit auch er von aller Schuld loswerden kann? – Dann würde er Jesus anders begegnen! »Wem wenig vergeben wird, der liebt wenig« (V.47) – Wie ist das eigentlich mit uns heute?

c) Jesus wollte, daß wir aus der Gewißheit der Vergebung unser Leben gestalten

Er erneuert die Zusage der Vergebung an die Frau – Er macht sie damit gewiß, nicht zuletzt nach den Turbulenzen im Hause Simons – Das alles war nur möglich, weil Jesus Gott ist – Sonst hätte er die Sünden nicht vergeben können – Er betont, daß auf menschlicher Seite der Glaube der Vergebung entspricht – Ohne Glauben an Jesus gibt es also keine Vergebung (»*Dein Glaube hat dir geholfen*«) – Aber jetzt, mit dieser gewissen Zusage und im Glauben, hat die Frau Frieden mit Gott (»*geh hin in Frieden*«) – Und in diesem Frieden kann sie nun ihr neues Leben gestalten – Wer kann uns da mehr bieten, als dieser Jesus?

18. Frauen als Jüngerinnen (8,1-3)

Von Zeit zu Zeit werden bestimmte Abschnitte der Bibel von neuem aktuell. So ist es auch mit Lk 8,1-3. Die heiße Diskussion um die Gleichberechtigung der Frau nötigt uns in diesen Tagen, erneut und vertieft auf die Botschaft der Bibel zu hören. Wie ist Jesus den Frauen seiner Zeit begegnet? Lk 8,1-3 bietet dazu eine Antwort.

8,1-3: **(1) »Und es geschah in der Folgezeit, daß er von Stadt zu Stadt und von Dorf zu Dorf zog, verkündigend und die frohe Botschaft vom Reich Gottes überbringend, und die Zwölf mit ihm, (2) und auch einige Frauen, die von bösen Geistern und Krankheiten geheilt worden waren: Maria, die man Magdalena nannte, von der sieben Dämonen ausgefahren waren,**

(3) und Johanna, die Frau des Chuzas, eines Verwaltungsbeamten des Herodes, und Susanna und viele andere, die ihnen aus ihrem Vermögen Dienste leisteten.«

Wie eindrucksvoll ist dieser Jesus, der »von Stadt zu Stadt und von Dorf zu Dorf zog« (V. 1)! Die Evangelien bringen darüber eine Menge Notizen (vgl. Mt 4,23; 9,35; Lk 4,15.43f; 7,11; 8,1; 13,22). Für Lukas scheint diese Eigenart des Lebens Jesu besonders wichtig gewesen zu sein (vgl. Lk 4,15.43f; 7,11; 8,1; 13,22; Apg 10,37f). Er erkennt hier den Sünderheiland, der alle Menschen retten will und zugleich das Urbild des christlichen Missionars.

Der Ausdruck *»in der Folgezeit«* gestattet ebensowenig wie in 7,11 eine genaue Datierung. Nur soviel ist klar, daß es sich noch um die erste Hälfte des Wirkens Jesu in Galiläa handelte (vgl. Mt 4,23 und 9,35 mit Lk 8,1 und 9,51).

Was tat Jesus damals? Wieder stellt Lukas ganz betont die Wortverkündigung an die Spitze: *»verkündigend und die frohe Botschaft* (Evangelium) *vom Reich Gottes überbringend«* (V. 1). Lukas ist eben doch ein echter Offenbarungs- und Wort-Theologe! Das Wort war ihm immer wichtiger als das Wunder. Vgl. auch Mt 4,23; 9,35; Mk 1,14.39; 6,6.

»Und die Zwölf mit ihm«: Offensichtlich ist der Zwölferkreis inzwischen fest zusammengewachsen. Er hat eine ausgeprägte Struktur gewonnen. »Mit ihm« bedeutet mehr als eine bloße Weggenossenschaft. Es bedeutet auch dieselbe Tätigkeit, wie Jesus sie ausübte. Die Zwölf sind also seine Mitarbeiter bei der Verkündigung geworden.

Überraschend ist das nicht, daß Jesus auf der Wanderschaft Jünger mit dabei hatte. Überraschend ist jedoch die Erwähnung von Jüngerinnen. Wir wissen zwar, daß manche jüdischen Frauen eine große Gelehrsamkeit besaßen. So berichtet der Talmud von der Frau eines Rabbi Elieser namens Imma Schalom, die gesetzeskundig war und einen Christen verspottete (babylonischer Traktat Schabbat 116a/116b). Wir wissen aber nichts davon, daß jüdische Rabbinen auch Frauen in ihren Jüngerkreis aufgenommen und zur Wanderpredigt mitgenommen hätten.

Doch was sagt Lukas nun genau? Er berichtet, daß *»auch einige Frauen«* mit Jesus gezogen seien, »die von bösen Geistern und Krankheiten geheilt worden waren« (V. 2). Die Angabe *»einige«* deutet auf eine Gruppe. Am Ende von V. 3 ist sogar von *»vielen anderen«* die Rede. Für *»Frau«* wird im griechischen Urtext ein Wort gebraucht, das sowohl die verheiratete als auch die unverheiratete Frau bezeichnen kann. Wir können also nicht mehr sagen, ob alle diese Frauen verheiratet waren (wie z.B. Johanna) oder nicht. Nur eines können wir sagen: daß nämlich alle oder mindestens der überwiegende Teil von ihnen *»geheilt worden waren«*. Das ist im Urtext so formuliert, daß man eine Heilung durch Gott annehmen muß. Vermutlich hat Jesus diese Heilungen an ihnen bewirkt und sie dadurch für den Glauben gewonnen. Ihr Schicksal ist also ähnlich wie das der Sünderin von 7,36ff.

Drei dieser Frauen erwähnt Lukas vielleicht deshalb namentlich, weil sie in der urchristlichen Gemeinde bekannt waren.

Der Name der ersten Frau ist weltberühmt: *»Maria, die man Magdalena nannte«* (V. 2). Sie hatte eine besondere Heilung erlebt. *»Sieben Dämonen waren von ihr ausgefahren.«* Ob diese Maria Magdalena dieselbe ist wie die große Sünderin von 7,56 ff., ist in der Forschung seit alters umstritten. U.E. besteht diese Möglichkeit, denn 8,1ff erscheint in manchen Zügen wie eine Fortsetzung von 7,36 ff. Aber irgend ein klares Zeugnis dafür gibt es nicht. *»Magdalena«* heißt im Urtext eigentlich »Magdaléné«. Vermutlich soll dieser Beiname besagen: »aus Magdala stammend«. Magdala, griechisch Taricheai, lag ca. 5 km nördlich von Tiberias und soll nach dem jüdischen Schriftsteller Josephus (37/38 bis ca. 100 n. Chr.) 40000 Einwohner gehabt haben. Es lebte vom Fischfang, vom Handel und von den reichen Ernten der Ebene von Genezareth. Maria Magdalena folgte Jesus bis zur Kreuzigung, erlebte seine Grablegung mit, wurde die erste Zeugin des Auferstandenen und überbrachte die Botschaft von der Auferstehung den Aposteln (vgl. Mt 27.56.61; 28,1; Mk 15,40.47; 16,1.9; Lk 23,49.55; 24,10; Joh 19,25; 20,1.11ff). Vermutlich gehörte sie auch zu den in Apg 1,14 erwähnten Frauen. Ein unglaublich dramatisches und reiches Leben!

Die zweite Frau heißt *»Johanna«* (V. 3). Sie kommt nur im Lukasevangelium vor (8,3; 24,10). Wie Maria Magdalena erlebte sie Kreuzigung, Grablegung und den Ostermorgen mit (23,49.55; 24,10). Johanna stammte aus der Oberschicht. Ihr Mann *»Chuzas«* wird *»ein Verwaltungsbeamter des Herodes«* genannt, d.h. des Herodes Antipas, des Landesherrn Jesu. Chuzas scheint ein nabatäischer (arabischer) oder syrischer Name zu sein. Die Herodianer hatten gerne

Nichtjuden auf ihren Vertrauensposten. Chuzas könnte ein Verwalter der herodianischen Güter, aber auch Statthalter eines Teilgebietes gewesen sein. Es fällt auf, daß Lukas im Evangelium und in der Apostelgeschichte unverhältnismäßig viele Berichte über Herodes und die Herodianer bringt (vgl. 1,5; 3,1.19; 8,3; 9,7.9; 13,31; 23,7ff; Apg 4,27; 12,1ff; 13,1; 23,35). Hatte er einen besonders guten Kontakt zu diesen Kreisen?

Susanna ist ein gut jüdischer Name; vgl. die Erzählung von Susanna und Daniel in den Apokryphen. Auf deutsch heißt Susanna »Lilie«. Weil sie lediglich in Lk 8,3 vorkommt, wissen wir nichts weiter von ihr.

Zu Maria Magdalena, Johanna und Susanna treten *»viele andere«*, die mit Jesus unterwegs waren (V. 3).

Was war ihre Aufgabe? An dieser Stelle wird der Lukasbericht noch einmal hochinteressant. Es heißt hier: »Sie leisteten ihnen aus ihrem Vermögen Dienste« (V. 3). Das Wort für *»Dienste leisten«*, oder »dienen« ist dasselbe wie bei der Schwiegermutter des Petrus (griechisch diakonein). Es handelt sich also um Arbeit und Geldzuwendungen. *»Ihnen«* bedeutet Jesus und den Zwölfen (V. 1). Aber durfte eine jüdische Frau damals so über ihre Arbeitskraft und ihr Vermögen verfügen? Antwort: Ja. Schon in alttestamentlicher Zeit sind Abigail (1 Sam 25,18ff) und die Frau von Schunem (2 Kön 4,8ff) Beispiele dafür. Ja, man muß noch mehr sagen: Indem diese galiläischen Frauen die Tradition von Abigail und von der Schunemiterin aufnehmen, zeigen sie durch ihre Praxis, daß sie Jesus für einen Propheten und Davidssohn = Messias halten! Für die Zeit Jesu und der Apostel vgl. man doch 2 Tim 3,6.

Diese Frauen aber haben nicht verkündigt, und sie wurden auch nicht in den Zwölferkreis aufgenommen.

Im übrigen zeigen die Berichte in Mt 27,55ff und Mk 15,40ff, daß die Urgemeinde noch sehr wohl wußte, daß eine Gruppe galiläischer Frauen Jesus auf seinen Wanderungen begleitete und ihn bei seiner Tätigkeit unterstützte.

Welche Erkenntnisse gewinnen wir nun aus Lk 8,1-3? Erstens: Jesus hatte auch weibliche Jünger. Das bedeutet zwar keinen Widerspruch zum Alten Testament, jedoch eine Neuerung gegenüber den anderen jüdischen Lehrern (Rabbinen) seiner Zeit. Zweitens: Diese Jüngerinnen entstammten teilweise den reichen und vornehmen Kreisen. Lukas ist also nicht nur ein Evangelist der Armen, sondern auch ein Evangelist der Reichen, weil er eben diese Tatsachen aus der Tätigkeit Jesu der Nachwelt überlieferte. Drittens: Hier wird uns Auskunft über eine wichtige Geldquelle Jesu gegeben. Man muß ja bedenken, daß weder Jesus noch die Zwölf während der evangelisierenden Wanderschaft verdienten. So war die finanzielle Unterstützung durch die Frauen eine wesentliche Hilfe. Viertens: Jesus, der Gottessohn, begibt sich bewußt in eine Armut und Abhängigkeit, in der er von den Gaben anderer lebt (vgl. Joh 13,29). Auch diese Armut und Abhängigkeit bildete einen Teil der Selbstentäußerung, von der Phil 2,7 spricht. Fünftens: Die Frau wird zweifellos gegenüber der damaligen jüdischen Sitte aufgewertet. Sie wird Jüngerin und Diakonin. Jedoch bleibt eine Grenze gewahrt: Sie wird nicht in das Leitungsamt (Apostolat) berufen. Sie hat auch damals noch keinen Verkündigungsauftrag (wie z.B. später Maria Magdalena in Joh 20,17f oder die Missionarin von Apg 18,26). Diese Beobachtungen warnen uns davor, einem modernen Trend folgend Männer und Frauen in der Gemeinde einfach gleichzusetzen.

Vorschlag zur Bibelarbeit zu Lukas 8,1-3

---

1. Einleitung:

a) Dieser Abschnitt ist zwar winzig, schneidet aber eine Menge aktueller Punkte an. Deshalb sollten wir versuchen, ihn doch einmal für sich auszulegen.

b) Machen wir uns noch einmal die wesentlichen Punkte klar: Jesus als Wanderprediger und Wanderlehrer; Jesus auf der Suche nach den verlorenen Menschen; Jesus als Prediger des Reiches Gottes; die Mitarbeit der Apostel; überraschenderweise auch mitreisende Jüngerinnen; von Jesus geheilte Frauen; die Hervorhebung der Maria Magdalena; die Verbindung zu den Herodianern über Johanna und Chuzas; der Dienst dieser Frauen für Jesus und die Zwölf.

c) Wichtig ist die Entscheidung darüber, was für eine Art von Bibelarbeit/Predigt es sein soll. Da die Stellung der Frau heute stark diskutiert wird, könnte es z.B. eine Lehrpredigt sein. Ebenso ist eine Zuspitzung auf Jesus und seine Suche nach den

Verlorenen denkbar, oder die Zuspitzung auf das Thema »Jesus und seine Mitarbeiter«.

d) Wir entscheiden uns hier für die Überschrift: »Menschen, die ihren Lebenssinn im Dienst für Jesus sehen«. Wir greifen also vor allem das in c) zuletzt genannte Thema auf.

2. Durchführung: »Menschen, die ihren Lebenssinn im Dienst für Jesus sehen«

a) Sie sind gepackt von dem, was Jesus tut

Dienen – wer will das heute noch? So stellt man in der Öffentlichkeit die Frage (ein Beispiel einsetzen!) – Hier erleben wir einmal, was Dienst nach der Bibel ist – Dieser Dienst kommt daher, daß Menschen zunächst einmal von dem gepackt sind, was Jesus selber tut – Begeisterung reicht nicht! – Jesus kam nicht, um sich Komplimente, Geld oder andere Vorteile von seiner Umwelt zu holen – Er hat selbst gedient! – Ganz praktisch so, daß er kein festes Zuhause mehr hatte – Ganz praktisch so, daß er bescheiden und unter Strapazen durch Städte und Dörfer zog – Und zugleich ohne falsche Versprechungen! – Er verkündigte das Reich Gottes, das in seiner Sichtbarkeit noch aussteht – Er wies auf das Morgen hin, ja, sagen wir es ganz direkt: Er wies auf das Jenseits hin – Er wollte Menschen aus ihrer ewigen Verlorenheit retten – Und von diesem Jesus sind seine Mitarbeiter gepackt – An diesem Dienst wollen sie sich beteiligen!

b) Sie orientieren sich an dem, was Jesus tut

Ein schlichter Satz steht da: »*und die Zwölf mit ihm*« – Und eine schlichte Bemerkung dabei: »*dazu einige Frauen*« – Was heißt »mit ihm«? – Es heißt, daß sie sich entschlossen haben, diese Reichgottesverkündigung mitzuübernehmen, und nichts anderes – Sie gehen also nicht auf ein sichtbares messianisches Reich aus – Nicht auf ein israelitisches Nationalreich – Nicht auf eine Kultur- oder Sozialrevolution – Auch sie haben nur das eine

Ziel: Menschen aus ihrer ewigen Verlorenheit zu retten – Das ist der Dienst, den Jesus bis heute vordringlich von uns sucht.

c) Sie sind bereit, ihren speziellen Platz einzunehmen

Was für eine Weite, daß hier auch Frauen dabei sind! – Sogar namentlich erwähnt! – Und was für eine Spannweite sozialer Herkünfte: von der Oberschichtvertreterin und Herodianerin Johanna bis zur ehemals dämonisierten Sünderin Maria Magdalena! – Und die mit den Zwölfen in einer Linie! – Und doch jeder an seinem Platz: Die Frauen erheben keinen Anspruch, unter den Zwölf zu sein; die Zwölf wollen nicht die Frauen aus ihrem Dienst verdrängen oder deren Dienst herabstufen – Jeder nimmt seinen speziellen Platz ein: *»dienten mit ihrer Habe«* – Die Aufhebung der Unterschiede liegt ebensowenig im Sinne der Bibel wie eine militante Frauentheologie – Der Dienst für Jesus will nicht uns selbst, sondern nur Jesus groß machen.

19. Das Gleichnis vom Sämann (8,4-15)

Für dieses Gleichnis hat sich international der Name *»Gleichnis vom Sämann«* durchgesetzt. Diesen Namen hat Jesus nach Mt 13,18 selbst geprägt. Wir bleiben deshalb auch in unserem Kommentar bei diesem Namen. Allerdings wollen wir nicht vergessen, daß Jesus bei seiner eigenen Gleichniserklärung mehr von der verschiedenen Aufnahme des Evangeliums als vom Sämann spricht.

Hier laufen Matthäus, Markus und Lukas wieder parallel (vgl. Mt 13,1-23; Mk 4,1-20; Lk 8,4-15). Man muß also bei der Erklärung alle drei Evangelien im Auge behalten.

8,4-8: **(4) »Als aber eine große Menge Volk zusammenkam, und die Leute aus allen Städten bei ihm zusammenströmten, benutzte er für seine Ansprache ein Gleichnis: (5) Der Sämann ging aus, zu säen seinen Samen. Und während er säte, fiel ein Teil auf den Weg und wurde zertreten, und die Vögel des Himmels fraßen es auf. (6) Und ein anderer Teil fiel auf den Felsen, und als es aufging, verdorrte es, weil es keine Feuchtigkeit hatte.**

(7) Und ein anderer Teil fiel mitten unter die Dornen, und die Dornen gingen mit auf und erstickten es. (8) Und ein anderer Teil fiel auf das gute Land und ging auf und brachte hundertfach Frucht. Als er das sagte, rief er aus: Wer Ohren hat zu hören, der höre!«

Was für ein phantastischer Lehrer war doch dieser Jesus! Wie anschaulich, einprägsam und packend! Niemand konnte so gut Gleichnisse »benutzen« wie er! Dabei kam niemals ein zweideutiges Wort über seine Lippen.

Noch immer zieht er in Galiläa »*eine große Menge Volk*« an. Noch immer »*strömen die Leute aus allen Städten bei ihm zusammen*« (V. 4). Der Ort, wo das geschah, wird von Lukas nicht erwähnt. Nach Mt 13,1; Mk 4,1 war es jedoch ein Platz im Freien, am See Genezareth.

»*Er benutzte für seine Ansprache ein Gleichnis*« (wörtlich: »er sagte vermittels eines Gleichnisses«). Jesus tat das oft (vgl. bisher schon 4,23; 5,34f.36ff; 6,39.41f.43f.47ff; 7,31f). Man beachte, daß in der Bibel der Ausdruck »*Gleichnis*« für jede bildhafte Rede gebraucht wird.

Wir sehen uns nun das Gleichnis an:

»*Der Sämann ging aus, zu säen seinen Samen*« (V. 5). Ein alltägliches Bild für seine Zuhörer. Viele von ihnen waren selbst in der Landwirtschaft tätig. Den Samen trug der säende Bauer in einem Bausch seines weiten Gewandes oder in einer Art Umhängetasche. Er griff mit der Hand hinein und warf den Samen auf den Acker. Vor allem Weizen und Gerste wurden auf diese Art ausgesät. Bekanntlich war Israel ein Agrarland, das hohe wirtschaftliche Überschüsse erzielte und z.T. exportierte.

»*Und während er säte, fiel ein Teil auf den Weg*« (V. 5). Der »*Weg*« kann hier ein Trampelpfad durch die Felder oder ein regulärer Weg neben dem Acker sein. Gepflügt wurde erst nach dem Säen. Jedenfalls ist der Boden beim Weg hart, so daß die Körner nicht eindringen können. Geht jemand über den Weg, werden die Körner »*zertreten*«. Die draußen lebenden Vögel (»*Vögel des Himmels*«) finden hier ihr Futter. Dieser »*Teil*« der Saat kann weder keimen noch Frucht tragen. Er ist verloren. Und zwar trotz der Qualität der Saat! Über den Sinn dieser Aussage vergleiche die Erklärung Jesu in V. 11ff.

»*Und ein anderer Teil fiel auf den Felsen*« (V. 6). Natürlich sät der Sämann nicht auf den nackten Fels. Sonst könnte es ja gar nicht »*auf-*

gehen«. Gemeint ist vielmehr der mit einer ganz dünnen Erdschicht bedeckte Fels. Diese Auslegung wird bestätigt durch Mt 13,5; Mk 4,5. Nun ist klar: Weil der Fels ganz dicht unter der Erdoberfläche liegt, kann die Saat wohl »*aufgehen*«, aber nicht genügend »*Feuchtigkeit*« finden. Die Folge ist, daß sie »*verdorrt*«. Solche Böden lassen sich z.B. bei Chorazin beobachten, aber auch sonst in Galiläa.

»*Und ein anderer Teil fiel mitten unter die Dornen*« (V. 7). »*Dornen*« ist ein Name für alle möglichen Stachelpflanzen. Sie sind in der Halbwüste und auch im Ackerland zu finden. Sie »nisten sich oft mitten im Feld so ein, daß der Bauer den Kampf aufgibt und um sie herum pflügt« (Calwer Bibellexikon). Jesus spricht hier die jungen Dornen (Flockenblume? Hauhechel?) an, die »*mit*« der Saat »*aufgehen*«, dann stärker als die Getreidehalme werden und sie am Ende »*erstikken*« (ganz wörtlich: »die Luft abschnüren«).

An drei Stellen geschah das Säen umsonst. An der vierten Stelle aber war es erfolgreich: »*Und ein anderer Teil fiel auf das gute Land*« (V. 8). »*Gut*« meint die Bodenqualität, so wie z.B. der Weizen von Chorazin bei den Rabbinen berühmt war. »*Gutes Land*« ist es aber auch deshalb, weil Feinde wie die Dornen fehlen. Dieser »*Teil*« der Saat also »*ging auf und brachte hundertfach Frucht*«. Gustav Dalman beobachtete bis zu 150 Körner aus einen Samen. Über den geistlichen Sinn vergleiche wieder die Erklärung Jesu in V. 11ff.

Die öffentliche Gleichnispredigt schließt mit dem lauten Ruf (»*er rief*«): »*Wer Ohren hat zu hören, der höre*!« (V. 8). Dieser Ruf ist typisch für Jesus (vgl. Mt 11,15; 13,9.43; Mk 4,23; Lk 14,35; Offb 2,7). Man nennt ihn den »Weckruf«. Schon dieser laute Ruf zeigt, daß Jesus das Verstehen seitens des Volkes (V. 4) ernsthaft gewollt hat. Wem die Reaktion der Hörer gleichgültig ist, der benutzt doch keinen solchen Ruf! Andrerseits ist ebenso klar, daß ein äußeres Hören noch nicht genügt. Man muß vielmehr geistliche »*Ohren haben*«, um hier richtig zu »*hören*«! Wo aber wird man geistlich? In der Nachfolge Jesu. Deshalb verstehen die Jünger auf die Dauer besser. Deshalb muß man hören, »wie Jünger hören« (Jes 50,4). Deshalb ist wahres Verstehen eine *Folge* und nicht eine *Voraussetzung* des Glaubens. Es geht nach jenem alten Kirchenlehrer, der sagte: »Ich glaube, damit ich verstehe.« Der sog. »Weckruf« ist im Endeffekt also die Aufforderung, ein Jünger Jesu zu werden.

Halten wir einige Ergebnisse fest: a) Jesus »schaut dem Volk aufs

Maul« und gebraucht eine sehr vertraute Sprache bzw. Bilderwelt. b) Jesus schließt sich mit dem Bildkreis »Säen-Saat-Dornen« usw. an die prophetische Predigt des AT an (vgl. nur Jes 32,13; 40,6ff; 55,10f; Jer 4,3f; 17,8; Hos 10,8ff). Er will also tatsächlich Prophet – besser gesagt: *auch* Prophet – sein. c) Im Mittelpunkt des Interesses steht hier das verschiedene Schicksal der Saat. Insofern ist auch der Name »Gleichnis vom vierfachen Acker« sehr berechtigt. d) Evtl. ist die Vierzahl hier symbolisch für die gesamte Menschheit bzw. die ganze Welt. Sinngemäß hieße das: So geht es in der ganzen Welt zu, wenn gepredigt wird.

8,9-10: **(9) »Es fragten ihn aber seine Jünger, was dieses Gleichnis bedeute. (10) Da sagte er: Euch ist's gegeben, die Geheimnisse des Reiches Gottes zu verstehen, die die andern nur in Gleichnissen haben, damit sie sehen und doch nicht sehen, und hören, und doch nicht verstehen.«**

Das »Fragen« der *»Jünger«* geschah abseits von der Menge (Mt 13,10; Mk 4,10), sei es in einer Pause, sei es später daheim. Für *»sie fragten«* steht nach der griechischen Grammatik eine Wortform, die auf eine mehrfache bzw. auf eine wiederholt gestellte Frage hindeutet. Die Jünger wollten also entschieden wissen, woran sie waren. Es ist bis heute ein Vorrecht der Jünger Jesu, daß sie ihn wie Freunde persönlich befragen können, z.B. im Gebet.

An dieser Stelle geht uns blitzartig der große Unterschied zwischen Jüngerbelehrung und Volksevangelisation auf. Volksevangelisation waren z.B. die öffentlichen Gleichnispredigten oder die Worte über den Täufer (7,24ff). Jüngerbelehrungen geschahen im kleinen Kreise der Jünger. Sprache und Form waren je nachdem verschieden. Allerdings darf man die Jüngerbelehrung nicht mit einer Geheimlehre verwechseln. Geheimlehre soll geheim bleiben. Die Jüngerbelehrung aber soll später in geeigneter Form an die Öffentlichkeit weitergegeben werden: »Was euch gesagt wird ins Ohr, das predigt auf den Dächern« (Mt 10,27). Das besondere Kennzeichen der Jüngerbelehrung ist also nicht das Geheimbleiben. – Sollen, sondern die Vertraulichkeit und das schon fortgeschrittene Verständnis.

Daß bei Matthäus eine andere Frage notiert ist (»Warum redest du in Gleichnissen zu ihnen?« Mt 13,10, vgl. Mk 4,10), darf uns nicht wundern. Wir sehen ja, daß Jesus mehrfach befragt wurde. Aus dem Jüngerkreis kamen also verschiedene Fragen.

Schließlich merken wir zu V. 9 noch an, daß die Jünger immer wieder Probleme hatten, Jesus richtig zu verstehen. Das Thema vom Jüngerunverständnis zieht sich durch alle Evangelien (vgl. Mt 13,10; 15,15; 16,7ff; Mk 4,10; 8,16ff; 9,32; Joh 2,22; 4,31ff; 6,60ff; 11,8; 20,9).

Jesu Antwort auf die Bitte der Jünger in V. 9 kommt wieder überraschend. Er deutet nicht sofort das Gleichnis, sondern macht zunächst eine Aussage über den Unterschied von Jüngern und Nichtjüngern. Warum? Der 10. Vers enthält die Antwort auf diese Frage:

»Euch ist's gegeben, die Geheimnisse des Reiches Gottes zu verstehen« heißt: »Gott hat es euch gegeben.« Aber wo denn? Die Antwort auf diese Frage ist so schlicht, daß sie viele Ausleger übersehen: In Jesus hat Gott *»euch«* das »Verstehen gegeben«! Das heißt zugleich: Verstehen kann man nur in der Jesus-Jüngerschaft. Wer kein Jünger ist, versteht nicht. *»Die andern haben«* deshalb diese Geheimnisse *»nur in Gleichnissen«*, die ihnen unverständlich bleiben. *»Euch ist's gegeben«*: Das ist geradezu ein endzeitlicher Jubelruf, vergleichbar dem in Mt 11,25ff!

Wer also das bessere Verstehen in der geistigen oder sonstigen Qualität der Jünger sucht, liegt schief. Er stößt auf der menschlichen Seite ja nur auf das fortlaufende Unverständnis dieser Jünger (s.oben).

Wir haben jetzt noch zu klären, was *»die Geheimnisse des Reiches Gottes«* sind. Es ist der göttliche Heilsplan, der auf die Errichtung des Reiches Gottes zielt und sich in Jesus verkörpert. Jesus kann man nur durch Jesus verstehen. *»Reich Gottes:«* Auch das kann man nur durch Jesus verstehen. Den *»andern«* bleibt all dies ein *»Geheimnis«*, an das sie alle Denkkräfte wagen und das sie doch nicht enträtseln können.

Am Ende des 10. Verses stehen seltsame Worte: *»damit sie sehen und doch nicht sehen, und hören, und doch nicht verstehen«*. Ist es also die Absicht Jesu, Menschen in die Finsternis des Unverstandes zurückzustoßen? Will er sie sogar verstocken? In Jes 6,9f stehen ähnliche Worte. Dort ist tatsächlich von einer Verstockung die Rede. Beobachtet man nun die ganze Predigttätigkeit des Jesaja, den Jesus sinngemäß zitiert, dann sieht man, daß Jesaja um das Verständnis seiner Hörer aufrichtig gerungen hat. Aber er wurde nicht gehört! Offenbar betrachtet sich Jesus selbst als einen Fortsetzer des Jesaja. Er weiß, daß es ihm ähnlich gehen wird wie jenem Propheten des Alten

Bundes. Von da aus haben wir auch einen Zugang zu diesen letzten Worten von Lk 8,10, die sich mit wenigen Abwandlungen bei Matthäus, Markus und Johannes wiederfinden (Mt 13,13; Mk 4,12; Joh 9,39; 12,38ff): a) Jesus knüpft bewußt an das Jesajabuch an, weil er sich als die endzeitliche Erfüllung der Prophetie Israels betrachtet; b) er ringt aufrichtig um das Verständnis aller Menschen, auch der *»anderen«*, die keine Jünger sind; c) er weiß aber im voraus, daß die Mehrheit Israels ihn ebenso ablehnen wird wie einst den Jesaja. Das kleine Wörtlein *»damit«* in Lk 8,10 drückt also keine Absicht, sondern eine zukünftige Folge bzw. ein Ergebnis aus. Als »Sehende« (so wörtlich) werden die Nichtjünger *»doch nicht sehen«*. Als »Hörende« werden sie *»doch nicht verstehen«*. Das alleranschaulichste, das hilfreichste rhetorische Mittel versagt bei ihnen: Das *»Gleichnis«* bleibt ihnen ein *»Gleichnis«*. Trotz aller Anstrengungen Jesu gewinnen sie keinen Einblick (vgl. Jer 5,21; Joh 6,36; 8,43; 15,24; 1 Kor 2,10ff).

8,11-15: **(11) »Das aber bedeutet das Gleichnis: Der Same ist das Wort Gottes. (12) Die aber auf dem Weg, das sind die, die es hören. Danach kommt der Teufel und nimmt das Wort von ihren Herzen, damit sie nicht glauben und dadurch gerettet werden. (13) Die auf dem Fels, das sind die, die es hören und dann mit Freuden das Wort aufnehmen. Aber sie haben keine Wurzel. Sie glauben nur auf Zeit und fallen in der Zeit der Prüfung ab. (14) Was in die Dornen fiel, das sind die, die es hören und dann in ihrem Gang von Sorgen und Reichtum und Lebensfreuden erstickt werden und nicht zur reifen Frucht kommen. (15) Was aber auf das gute Land fiel, das sind die, die in einem edlen und guten Herzen das Wort hören und es festhalten und Frucht bringen in Geduld.«**

Jesu Gleichnisdeutung, die in V. 11-15 erfolgt, ist kurz und einprägsam.

»Der Same ist das Wort Gottes« (V. 11). Jesus knüpft hier ans AT an (Jes 55,10f). Petrus führt diesen Sprachgebrauch fort (1 Petr 1,23). Weil das *»Wort Gottes«* dem *»Samen«* vergleichbar ist, spricht die Urgemeinde auch vom »Wachsen« des Wortes Gottes (Apg 6,7; 12,24; 19,20; Kol 1,6). Das Bild vom »Samen« paßt auch insofern, als es die durchdringende Kraft und die Fruchtbarkeit des Wortes Gottes zum Ausdruck bringt. Eins aber ist von vornherein klar: Ebenso wie das Schicksal des Samens hängt die Wirkung des Wortes Gottes von

der Aufnahme, vom »Ackerboden«, ab. Und gerade dies ist der Punkt, auf den Jesus jetzt eingeht:

»Die aber auf dem Weg, das sind die, die es hören. Danach kommt der Teufel und nimmt das Wort von ihren Herzen« (V. 12). Der *»Weg«* bzw. das Geschick des Samens *»auf dem Weg«* wird also mit einer bestimmten Art von Menschen gleichgesetzt. Diese Art von Menschen kann durchaus *»hören«*. Sie nimmt sich sogar Zeit dafür. Es sind also keine gleichgültigen Menschen. Aber sie sind hart wie ein festgetrampelter Weg. Warum? Weil sie das Wort Gottes nicht weit genug in ihr Herz aufnehmen. Sie versäumen es, sich zu öffnen. Aber öffnet sie dann Gott nicht mit Gewalt? Nein. Gerade nicht. Gott zwingt niemand, auch nicht zur Aufnahme seines Wortes.

Wie geht es hier weiter?

»Danach kommt der Teufel und nimmt das Wort von ihren Herzen« (V. 12). Jesus hat kein Problem, vom *»Teufel«* zu reden. Der Teufel ist für Jesus eine Person, die die Predigt begleitet, *»danach«* ihren Moment abwartet, entschlossen *»kommt«* und mit allerlei Methoden *»das Wort von den Herzen nimmt«*. Der Teufel wird also mit den *»Vögeln«* von V. 5 verglichen. Man beachte außerdem die Rolle der Vögel beim Opfer Abrahams in 1 Mo 15,11. Warum tut der Teufel das? *»Damit sie nicht glauben und dadurch gerettet werden«*, sagt Jesus (V. 12). Der Teufel ist also der Hauptfeind unseres Glaubens. Er ist zugleich der Hauptfeind unserer Rettung, unserer Seligkeit. Dem Teufel ist es nicht egal, ob jemand zum Glauben kommt. Er will dieses Gläubigwerden vielmehr mit allen Mitteln verhindern. Denn der Glaube würde den Betreffenden ebenso retten wie die große Sünderin (7,50).

Niemals geschieht also die Predigt in einem Niemandsland oder einer neutralen Zone. Wo gepredigt wird, entbrennt vielmehr ein Kampf um die Seelen. Entweder Glaube oder Unglaube: die Predigt führt zur Scheidung. Entweder folgt der Mensch Gott oder er folgt dem Teufel. Mit der Predigt des Wortes Gottes wiederholt sich noch einmal die Ursituation bzw. die Entscheidungssituation von 1 Mo 3.

Daß das Ackerfeld mit den Menschen verglichen wird, ergibt sich zweifelsfrei auch aus der zweiten Erklärung: *»Die auf dem Fels, das sind die, die es hören und dann mit Freuden das Wort aufnehmen«* (V. 13). Wir erinnern uns an den *»Fels«* aus V. 6. Die Saat auf dem Felsen, d.h. der dünnen Erdschicht über dem Felsenboden, war rasch aufgegangen und rasch wieder verdorrt. So geht's hier auch mit den Menschen. Sie

»*hören*« gut zu. Sie nehmen zunächst viel besser an als die Menschen, die mit dem harten Weg verglichen werden und die nur hören, nicht aber in ihrem Herzen aufnehmen. Evtl. sind sie beim Aufgehen der Saat = dem Wirksamwerden des Wortes Gottes die schnellsten. Vermutlich spricht Jesus hier von raschen Bekehrungen (vgl. Apg 8,14; 11,1; 17,11). »*Aber*« nun kommt der entscheidende Fehler: »*Sie haben keine Wurzel.*« Ohne Wurzel gibt es keine Wasserzufuhr in Zeiten der Dürre (vgl. V. 6). Ohne Wurzel weht der Wind die Pflanze weg. Angewandt auf die Menschen heißt das: »S*ie glauben nur auf Zeit.*« Gibt es das wirklich nach der Bibel? Ja. »*Auf Zeit*« ist dieser Glaube kaum zu unterscheiden von einem gegründeten, dauerhaften Glauben, und das heißt geistlich die Fahne nach dem Wind gehängt. Aber wie kommt man da tiefer? Wie wird man eingewurzelt? a) Indem man auf Christus und nicht auf sich selbst baut (vgl. Eph 3,17; Kol 2,7); b) indem man seinen Glauben praktiziert (Lk 6,47ff); c) indem man an der Lehre der Bibel bleibt (Kol 2,7); d) durch Leiden (Jak 1,2ff).

Es ist völlig klar, daß eine Gemeinde, die dieses Sämannsgleichnis erzählte, stets mit dem möglichen Abfall von Gemeindegliedern rechnete (vgl. 1 Tim 4,1; 2 Tim 4,3; Hebr 6,4ff; 10,26ff).

Noch eine letzte Klärung zu V. 13: Was heißt hier »*Prüfung*«? Der griechische Wortsinn umfaßt mehrere Möglichkeiten von »Prüfung«: »Erprobung«, »Versuchung«, »Anfechtung«. Das alles ist im Wort Jesu eingeschlossen. Vgl. Mt 13,21; Mk 4,17.

»*Was in die Dornen fiel*«, das betrifft eine dritte Art von Menschen (V. 14). Sie kommen noch weiter als »*die auf dem Fels*«. »*Sie hören*«. Sie nehmen auf. Sie beginnen zu reifen. Sie haben Wurzeln. Erst allmählich »*in ihrem Gang*« (wörtlich: »als Gehende«) machen sich »*Sorgen und Reichtum und Lebensfreuden*« (oder: Lebensgenüsse, Lebensvergnügungen) breit. So »*werden sie erstickt* (oder: erdrückt, zusammengeschnürt) *und kommen nicht zur reifen Frucht*«. Fruchtansätze allerdings waren genügend da. »*Sorgen*«: das ist die Not der Armen, aber auch der an den äußeren Umständen orientierten Menschen. »*Reichtum*«: das ist die Not der reichen Oberschicht. »*Lebensfreuden*«: Das ist die Verführung sowohl der Armen als auch der Reichen. Es ist die Haltung jenes »Lasset uns essen und trinken, denn morgen sind wir tot« (Jes 22,13; 1 Kor 15,32). Der westliche wie der östliche Materialismus sind nur Konsequenzen dieser Haltung. Unheimlich tragisch, wenn blühendes Glaubensleben auf diese Weise erstickt wird! Aber auch eine tiefernste Warnung für die »routinierten« Gläubigen, die meinen, ihnen könne nichts mehr passieren. Wieviel Menschen dieser dritten Art hat Jesus schon in seinen Tagen beobachtet! (Vgl. Mt 6,19ff; 19,16ff; Lk 12,13ff .16ff .22ff; 14,18ff; 16,13.19ff.; 21,34). Wir sollten mit Bengel beten: »Herr Jesu, gieb, daß Dein Wort bei mir zu reifer und reicher Frucht komme.«

Wichtig ist hier, daß wir uns bei der Lebensübergabe an Jesus von allen Bindungen lösen. Werden diese Bindungen nicht gelöst, dann entwickeln sie sich zu »*Dornen*«, die unser geistliches Leben erstikken können.

»*Was aber auf das gute Land fiel*« (V. 15): Das gibt es also auch! Die vierte Art von Menschen, nämlich die hier geschilderte, ist die der dauerhaft Gläubigen. Es »*sind die*«, sagt Jesus, »*die in einem edlen und guten Herzen das Wort hören.*« Aber ist unser »*Herz*« nicht böse (vgl. Mt 15,19)? Allerdings. Doch unter Vorbereitung durch den Geist Gottes wie bei der Lydia (Apg 16,14), unter ernsthafter Prüfung wie bei den Leuten von Beröa (Apg 17,11), kann sich der Mensch dem Wort öffnen. Man beachte, daß es bei dem »*edlen und guten Herzen*« nicht um das wiedergeborene Herz geht, sondern um das ehrlich und ernsthaft hörbereite. Fürs »*Hören*« ist dieses Herz geeignet, zu mehr noch nicht. Vom »*Hören*« geht es aber nun weiter: »*Sie halten das Wort fest.*« Das heißt, sie lassen es sich nicht vom Teufel rauben, sie bewahren es gegen andrängende Sorgen, Habgier und materialistische Neigungen, sie ziehen es willensmäßig dem Lebensgenuß vor. Sie bewahren es sogar unter Druck und Verfolgung (Offb 3,10). Dazu gehört nach dem Wortsinn auch das »*Festhalten*« der Lehre. Denn »hören« und »festhalten« sind Begriffe der Lehrüberlieferung (vgl. 1 Kor 11,2; 15,2). Sagen wir es so: Sie bleiben unter der Dauerprägung durch dieses Wort. Und jetzt, unter dieser Dauerprägung, kommt es zu einem »*Frucht bringen in Geduld*«. Das ist »*reife Frucht*« im Sinne von V. 14. Die »Geduld«, wörtlich: das »Drunterbleiben« oder die »Ausdauer«, wird von Jesus und den Aposteln stark betont (vgl. 21,19; Röm 2,7; Hebr 10,36; 12,1; Offb 3,10; 13,10; 14,12). Es fällt ja auf, daß Jesus hier nicht von einem »leuchtenden« oder »starken« oder »tiefen« Glauben redet, sondern von der »*Frucht*«, also dem Werk des Glaubens, und von der »*Geduld*«. Es gilt auch hier: »Ein Geduldiger ist besser als ein Starker« (Spr 16,32). Der Kommentar

Bengels, daß die Geduld der »Gipfel des Christentums« sei, macht uns nachdenklich.

Noch einmal: Was Jesus in Lk 8,15 sagt, ist jedem Menschen möglich. Er fragt uns: Willst du *»das gute Land«* sein? Kein Typ, keine Menschenklasse bleibt hier ausgeschlossen. Ps 119,11 und 1 Thess 2,13 bestärken uns in dieser Auslegung. Auch in Joh 15,16 sagt Jesus Ähnliches.

Was lernen wir aus diesem bei Matthäus, Markus und Lukas in großer Einmütigkeit überlieferten Gleichnis? Erstens: Da der Sämann nicht weiter erklärt wird, fällt der Akzent aufs Ackerland. Das heißt, daß die Aufnahme des Wortes im Mittelpunkt steht. Zweitens: Jesus sieht überwiegend Ablehnung voraus. Drei von vier Beispielen enden ohne einen Sieg des Wortes. Jesus ist sich also klar darüber, daß Israels Mehrheit sich gegen ihn entscheiden wird. Drittens: Jesus wirbt weiter um eine gute Aufnahme seiner Botschaft. Das zeigt, daß er niemand verstocken will und deshalb die Deutung des Verses 10 auf eine bewußte Verstockungsabsicht falsch wäre. Viertens: Der Mensch besitzt die Freiheit, das Wort Gottes anzunehmen oder nicht. Denn es hängt von ihm selbst ab, was das Wort bei ihm bewirkt: Nichts oder nur zeitweisen Glauben oder volle Frucht. Die Qualität des Wortes ist ja überall dieselbe. Fünftens: Begeisterung (*»Fels«*) und teilweise Gemeinschaft mit Gott (die Saat zusammen mit den *»Dornen«*) genügen nicht. Ein dauerhafter, geduldiger Glaube ist nötig. Sechstens: Das Gleichnis wird zur Frage an jeden Hörer oder Leser: Läßt du das Wort bei dir auch richtig wirken?

Vorschlag zur Bibelarbeit über Lukas 8,4-15

1. Einleitung:

a) Das Gleichnis vom Sämann ist sehr bekannt. Aber gerade bei »bekannten« Bibelabschnitten muß man vorsichtig sein und noch einmal genau nachfragen: Worum geht es hier eigentlich?

b) Hier sollte man sich auch über die Landwirtschaft im damaligen Israelland informieren. Dazu Kommentar und Lexika benutzen!

c) Weiter vergleichen wir mit den Parallelen in Mt 13,1f.18f und Mk 4,1f.
d) Es ist nicht gut, wenn wir hier nur Vers für Vers vorgehen. Besser ist es, gleich die Deutung Jesu mit hinzuzunehmen. Wir sind ja in der vorteilhaften Lage, daß Jesus dieses Gleichnis selber erklärt hat.
e) Als Überschrift schlagen wir vor: »Fruchtbar leben«.

2. **Durchführung: »Fruchtbar leben«**

a) Die Voraussetzungen sind da

Appelle gibt's genug in unserem Leben – Nur fehlen meistens die Voraussetzungen, um sie in die Wirklichkeit umzusetzen – Hier liegt ein anderer Fall vor: Die Voraussetzungen sind da – Warum? – Der Sämann ist »super«, d.h. unüberbietbar: Es ist Jesus selbst – Die Saat ist »spitze«, d.h. es ist nie etwas Besseres ausgestreut worden – Das Verständnis ist klar: Jesus selbst hat das Gleichnis gedeutet – Dabei wollen wir allerdings eines nicht übersehen: die Deutung erfahren nur die Jünger (V.9ff) – Aber jeder ist frei, in die Jüngerschaft Jesu einzutreten – Noch einmal: die Voraussetzungen für ein fruchtbares Leben sind hier für jeden gegeben – Und vergessen wir nicht: Sämann und Saat sind für alle vier Teile des Ackers dieselben!

b) Nun sind wir gefragt

Jesus will seinen Hörern einschärfen, daß ihnen das Wort nicht aufgezwungen wird – Es liegt an ihnen, was sie damit machen – Sind sie harter Weg, wo das Wort nicht eindringen kann und sofort vom Teufel weggenommen wird? – Sind sie Fels? Mit rascher Begeisterung und wenig Wurzel? – Sind sie Dornenbezirk? Also mit erstaunlichem Wachstum und Ausdauer, aber schließlich doch von Sorgen oder Genuß erstickt? – Sind sie gutes Land? Also Hörende, Durchhaltende, das Wort wirken Lassende und Fruchtbringende? – Das sind exakt seine Fragen auch an uns.

c) Was für Jesus »fruchtbar leben« bedeutet

»behalten in einem feinen, guten Herzen und bringen Frucht in Geduld«: so steht es da – Es ist gut, wenn wir uns noch einmal bei Jesus darüber informieren, was er unter einem fruchtbaren Leben versteht – Was man meist übersieht: Erst muß der Mensch neu werden, ein »feines, gutes Herz« bekommen – Das bekommt man durch Glauben (Bekehrung) und Wiedergeburt – Dann ist da das *»Frucht bringen«*: für Gott und für die Menschen – Das geschieht durch die Prägung vom Wort Gottes her, in dem ja Gottes Geist wirkt – Es ist also nicht unsere Anstrengung, wohl aber unsere Bereitschaft und unser Gebet gefragt – Schließlich spricht Jesus von der *»Geduld«*, wörtlich: dem »Drunterbleiben«, dem »Dranbleiben« – Erst auf lange Jahre hinaus, unter vielen Anfechtungen, Kämpfen, Enttäuschungen und oft auch Niederlagen, wächst also diese Frucht – Aber Jesus macht zugleich ein Versprehen: Sie kommt, diese Frucht, wenn wir uns wirklich von Gott und seinem Wort auf die Dauer prägen lassen.

20. Das Gleichnis von der Lampe (8,16-18)

Der Vergleich mit Mk 4,21-25 und Mt 5,15 zeigt, daß es sich hier um ein selbständiges Gleichnis handelt, und nicht nur um einen Anhang zum Gleichnis vom Sämann.

8,16-18: **(16) »Niemand zündet eine Lampe an und bedeckt sie dann mit einem Gefäß oder stellt sie unter ein Bett, sondern er stellt sie an eine geeignete Stelle, damit die Eintretenden das Licht sehen. (17) Denn es ist nichts verborgen, was nicht offenbar werden wird, und nichts geheim, was nicht bekannt wird und an den Tag kommt. (18) Seht also darauf, wie ihr hört! Denn wer da hat, dem wird gegeben. Und wer nicht hat, dem wird auch das genommen, was er zu haben glaubt.«**

Jesus greift erneut Bilder seiner vertrauten Heimat auf. Die *»Lampe«* ist die gebräuchliche kleine Öllampe. Sie wurde sogar bei Tag ange-

»zündet«, weil das Haus in Israel gewöhnlich keine ausreichenden Fenster besaß. Man *»stellte«* diese Öllämpchen in eine Wandnische oder auf einen Halter. Deshalb übersetzten wir in V. 16 mit *»geeignete Stelle«*, weil »Leuchter« für die Alltagsfälle ein viel zu bombastisches Wort ist. Wenn man von der am Tage angezündeten Lampe ausgeht, dann macht es auch keine Schwierigkeiten, *»die Eintretenden«* zu verstehen. Es sind dann die Leute, die tagsüber zu Besuch kommen und *»das Licht«* als Orientierungspunkt brauchen.

»Niemand«, sagt Jesus in V. 16, *»zündet eine Lampe an und bedeckt sie dann mit einem Gefäß«* (z.B. einem umgedrehten Krug) *»oder stellt sie unter ein Bett«*. Klar: sonst leuchtet sie nicht. Eine *»Lampe«* aber ist zum Leuchten da.

Worauf will Jesus hinaus? Sehen wir weiter zu: *»Denn es ist nichts verborgen, was nicht offenbar werden wird, und nichts geheim, was nicht bekannt wird und an den Tag kommt«* (V. 17). Diese Worte bleiben zunächst rätselhaft. Sie lassen sich ja auf vieles anwenden. Evtl. benutzte Jesus hier ein Sprichwort.

Beachten wir jetzt V. 18: *»Seht also darauf, wie ihr hört! Denn wer da hat, dem wird gegeben. Und wer nicht hat, dem wird auch das genommen, was er zu haben glaubt.«* Auf das *»Wie«* des Hörens kommt es also an! *»Seht darauf«* bedeutet die Möglichkeit jedes Menschen, sich auf die Begegnung mit dem Worte Gottes richtig einzustellen. Er kann *»darauf sehen«*, ob er *»Weg«* oder *»felsiges«* oder *»dornenbesetztes«* oder *»gutes Land«* sein will. Ist ein ernsthaftes Hören, Herzensaufnahme und Festhalten des Wortes da, dann schenkt Gott mehr und mehr Verstehen. Gott schenkt dann auch mehr und mehr Ausdauer. Am Ende wirkt Gott Frucht – das alles unter Gebet! *»Wer da hat, dem wird gegeben«* bedeutet also, daß Gott dem kleinen Anfang des Menschen beisteht, ihn immer weiter ins Glauben, Verstehen und Fruchttragen hineinführt. Erzwingen allerdings will Gott nichts! Das besagt die Voraussetzung: »wer da« (einen ernsthaften Anfang gemacht) »hat«. Wer das aber nicht tut (*»wer nicht hat«*), der erfährt auch keine Hilfe Gottes. Er verliert deshalb *»das, was er zu haben glaubt«*. Ein echter Besitz ist es ja nicht geworden! Man muß es noch schärfer sagen: Wer sich dem Wort Gottes nicht öffnet, erlebt Gottes Gericht. Gott selbst ist es, der ihm den vermeintlichen Besitz wieder nimmt.

Nun haben wir endlich einen Schlüssel zu den Versen 16 und 17. Denn wenn V. 18 vom Umgang mit dem Wort Gottes redet, dann reden auch die andern beiden Verse vom Wort Gottes. Ihr Sinn ist dann der: Jesus ist es, der die »*Lampe*« = das Wort Gottes »*anzündet*« (V. 16; vgl. Ps 119,105; 2 Petr 1,19). Er will nicht, daß es versteckt bleibt. Vielmehr soll es allen Suchenden (= »*Eintretenden*«) leuchten. Er kann es nicht »*verbergen*« oder »*geheim*« halten (V. 17), denn es drängt nach dem Willen des Vaters unaufhaltsam hinaus wie der Same aus dem Ackerboden (vgl. Jes 55,10f). Ebensowenig können oder dürfen es die Jünger »*verbergen*« oder »*geheim*« halten (vgl. Mt 10,26). Jesus lehnt also jede Geheimlehre ab. Wo das Christentum Geheimlehren verbreiten wollte, betrat es einen Fehlweg.

Im Rückblick auf V. 16-18 wird uns klar, daß Jesus ähnliche oder sogar dieselben Worte mehrfach verwandt hat (vgl. 11,33; 12,2; 19,26; Mt 5,15; 10,26; 13,12; 25,29; Joh 8,12). Man muß deshalb ihren Sinn jeweils neu aus dem Zusammenhang beurteilen. Ein Lehrer wie Jesus arbeitet mit Wiederholungen und neuen, überraschenden Zusammenstellungen.

21. Jesu Mutter und seine Brüder greifen ein (8,19-21)

Seit 3,23 hat Lukas die Familie Jesu nicht mehr erwähnt. Jetzt, in 8,19-21 werden nur noch seine Mutter und seine Brüder genannt. Daraus ergibt sich der Schluß, daß sein juristischer Vater Josef inzwischen verstorben ist. Über Jesu Beziehung zu seiner Familie werden wir bei V. 21 noch sprechen.

8,19-21: **(19) »Da kamen seine Mutter und seine Brüder zu ihm und konnten wegen der Menge nicht bis zu ihm vordringen. (20) Da wurde ihm gemeldet: Deine Mutter und deine Brüder stehen draußen und wollen dich sehen. (21) Er aber gab ihnen zur Antwort: Meine Mutter und meine Brüder sind die, die Gottes Wort hören und es tun.«**

Wir wissen nicht, wie oft Jesu »*Mutter und Brüder*« ihn besucht haben. Vermutlich öfters (vgl. Joh 2,12). Diesmal ist es aber ein besonderer Besuch. Warum, wird uns sofort deutlich werden.

»*Sie kamen zu ihm und konnten wegen der Menge nicht bis zu ihm vordringen*« (V. 19). Noch immer zieht Jesus die Massen an. Ort des Geschehens ist vermutlich Kapernaum. Das »*Kommen*« der Verwandten wäre jedenfalls nicht nötig gewesen, wenn sich das Geschehen in Nazareth abgespielt hätte. Daß die »*Mutter und seine Brüder*« gemeinsam erscheinen, muß einen wichtigen Grund haben. Mt 13,55 und Mk 6,3 nennen die Namen der »*Brüder*«: Jakobus, Josef, Simon, Judas. Es waren also vier. Sie sind Kinder Josefs und Marias und nicht etwa Vettern Jesu. Maria blieb also nach der Geburt Jesu keine Jungfrau mehr (vgl. Mt 1,25; Lk 2,7).

»*Da wurde ihm* (= Jesus) *gemeldet*« (V. 20): Das Wort »*melden*« ist ein sehr offizielles Wort. Man meldet diesen Vorgang, so wie man bei einer Behörde oder beim Kaiser Meldung macht. Evtl. hat diese Meldung ein Jünger abgegeben, der mit der Ordnung der Versammlung beauftragt war.

Der Inhalt der Meldung lautete: »*Deine Mutter und deine Brüder stehen draußen und wollen dich sehen*« (V. 20). »*Draußen*« kann sowohl außerhalb des Hauses als auch außerhalb des Zuhörerkreises bei einer Freiversammlung sein. »*Draußen*« hat hier aber auch eine symbolische Bedeutung. Denn »*Mutter und Brüder*« Jesu waren damals anderer Meinung als er (vgl. Mk 3,21; Joh 7,5). Nicht einmal die Blutsverwandtschaft mit Jesus genügt, um zum Glauben zu kommen! Wie wollen wir da heute erwarten, daß unsere Kinder und Enkel sozusagen selbstverständlich zum Glauben kommen?

»*Sie wollen dich sehen*«: Im Urtext steht hier ein Wort, das den festen Willen bekundet. Immer wieder wollten Menschen aus den unterschiedlichsten Motiven »*Jesus sehen*« (vgl. 9,9; 19,3; 23,8; Joh 12,21). Er war die Attraktion seiner Zeit! Aber »*sehen wollen*« und glauben sind eben doch zweierlei.

»*Er aber gab ihnen zur Antwort: Meine Mutter und meine Brüder sind die, die Gottes Wort hören und es tun*« (V. 21). Eine geradezu aufregende »*Antwort*«! Sie besagt, daß die Jünger die eigentliche Familie Jesu bilden, und nicht seine Blutsverwandten. Denn wer »*Gottes Wort hört und es tut*«, der ist ein wahrer Jünger (vgl. 6,47ff und Mt 7,24 ff).

Diese Antwort schließt ein, daß Jesus der Bitte »*seiner Mutter und seiner Brüder*« nicht willfährt, selbst wenn er anschließend nach draußen geht, um sie zu begrüßen. Was ist ihr Anliegen gewesen? Wir vermuten aufgrund von Mk 3,21, daß sie sein öffentliches Wirken stoppen wollten – vielleicht sogar aus Angst um ihn (vgl. hier Mk 3,6). Jesus aber sagt: Das »*Wort Gottes*« muß weiter unter die Leute.

Auch an dieser Stelle wird ganz klar, daß die Verkündigung des »*Wortes Gottes*« für Jesus bzw. für Lukas Vorrang hat, nicht aber Wunder, Zeichen und dergleichen.

Eine weitere Folgerung aus Lk 8,21 ist die, daß eben damals seine Mutter und seine Brüder *nicht* zu denen gehörten, »*die Gottes Wort hören und es tun*«. D.h. sie waren damals keine Jünger. Erst am Kreuz ist Jesu »*Mutter*« wieder eine wahre Jüngerin (vgl. Joh 19,25ff). Seine Brüder brauchten noch länger, nämlich bis zur Auferstehung (vgl. Joh 7,5 mit 1 Kor 15,7 und Apg 1,14). Wieviel Schmerz diese innere Trennung für Jesus bedeutete, läßt sich kaum ermessen. Er hat den Davidspsalm 69 an sich selbst erfahren: »Ich bin fremd geworden meinen Brüdern und unbekannt den Kindern meiner Mutter« (Ps 69,9, vgl. Ps 38,12).

Andrerseits baut Jesus seine Jüngerschaft auf dem Glauben und nicht auf einer Familiendynastie auf. Seine Jünger bilden gewissermaßen die geistliche Priesterschaft und Bruderschaft, die 5 Mo 33,9 erfüllt. Deshalb werden sie seine wahren Brüder und Schwestern (vgl. Mt 28,10; Lk 11,28; Joh 8,31ff; 15,14; 20,17; Röm 8,29; 1 Kor 15,49; Hebr 2,11ff).

Welche Konsequenzen soll der heutige Leser daraus ziehen? Erstens: Glaubensverwandtschaft ist wichtiger als Blutsverwandtschaft. Zweitens: Die Blutsverwandten werden dennoch geliebt, so wie Jesus seine Mutter noch am Kreuz geliebt hat (Joh 19,25ff). Drittens: In der Gemeinde sollen nicht die menschlichen »Beziehungen« und Rücksichten den Ausschlag geben, sondern das Wort Gottes und die glaubensmäßige Praxis (vgl. Apg 6,3).

Merken wir uns noch einen Satz von Walter Liefeld: »Stunden des Gebets und Bibellesens bringen ungehorsame Christen nicht so nahe zum Herrn, wie das Tun seiner Wahrheit sogar den einfachsten Gläubigen bringt.«

Vorschlag zur Bibelarbeit über Lukas 8,16-21

1. Einleitung:

a) Wir nehmen hier zwei Abschnitte zusammen, die jeder für sich für eine Bibelarbeit zu klein sind (das gilt wenigstens für V.16-

18). Man kann sie aber sachlich gut zusammennehmen, wenn man ein durchlaufendes Thema beachtet, nämlich das Thema: »Wie Jesus seine Jünger haben will«. Damit ist auch schon die Überschrift gegeben.

b) Nun setzt allerdings die genaue Vorarbeit ein. Wir versuchen z.B. Klarheit zu gewinnen über Licht und Leuchter im israelitischen Haus. Wir prüfen die Bedeutung der geheimnisvollen Worte: dem Habenden wird gegeben; dem Nichthabenden wird alles genommen.

c) Ein besonderes Gebiet ist die Beziehung Jesu zu seiner Familie (V.19-21). Mit Hilfe des Kommentars verschaffen wir uns auch über dieses Gebiet einen Überblick.

2. Durchführung: »Wie Jesus seine Jünger haben will«

a) Als brennende Lichter

So ist das in Palästina gewesen: Man hatte sehr kleine Öllämpchen, die aber bei Tag und bei Nacht doch das Haus hell machten – Voraussetzung war, daß man sie auf einen geeigneten Platz (»*Leuchter*«) stellte – Voraussetzung war natürlich auch, daß man sie nicht mit einem Gefäß zudeckte – Genauso will es Jesus von seinen Jüngern haben – Im Heiligen Geist brennende Leute – Auch wenn sie keine »großen Lichter«, sondern nur Öllämpchen sind – Er stellt sie schon an den richtigen Platz – Oder wollen wir uns verstecken? – Er sorgt auch , daß sie kein Teufel zudeckt – Oder decken wir uns gegenseitig zu? – Selbst das Verborgene, d.h. das speziell für die Jünger Gesagte, sollen wir weitergeben! – Wir haben als Christen also keine Geheimlehre – Sind wir solche Lichter in Wort und Tat?

b) Als ständig auf ihn Hörende

Das gibt's natürlich auch, daß man nur am Anfang des Christenlebens fragt: Was soll ich tun, Herr?, und nachher alles besser weiß – Jesus will aber, daß wir Hörende bleiben – Und zwar nicht nur Wortkonsumenten! – Sondern als solche Hörer, die im Sinne des Sämannsgleichnisses (V.4-15) Frucht bringen (V.18) – Sonst verlieren wir nach gutem Anfang alles (»*Wer nicht hat, dem wird genommen* ... ») – Wer jedoch Frucht bringt, darf immer mehr Frucht bringen (» *Wer hat, dem wird gegeben*«, V.18).

c) Als seine Familie

Eine schwere Sache, was in den Versen 19-21 geschildert wird! – Hat Jesus seine Mutter nicht lieb, kann er ein Mutterherz nicht verstehen? – Und dünkt er sich über seine Brüder erhaben? – Keine Spur – Zwar lehnt er es ab, eine Familiendynastie zu gründen: geistliche Ordnungen kommen nicht auf biologische Weise – Zwar lehnt er es außerdem ab, sich den Familienwünschen zu fügen, statt dem Vater im Himmel zu gehorchen – Aber seine Mutter und seine Brüder liebt er – Warum dann diese harten Worte? – Um eines klarzumachen: Jüngerschaft ist mehr wert als selbst fleischliche Verwandtschaft mit dem Messias! – Und daraus strahlt nun auch das Positive heraus: Seine Jünger sollen seine Familie sein! – Ob uns dieser »Familien-Adel« schon einmal richtig deutlich wurde? – So also will Jesus seine Jünger haben: als brennende Lichter, als im Hören und Tun Verbundene, als seine geschützte und geliebte Familie.

22. Die Stillung des Sturmes (8,22-25)

Hier laufen die Berichte bei Matthäus, Markus und Lukas ganz eng parallel (vgl. Mt 8,23-27; Mk 4,35-41; Lk 8,22-25). Sogar Johannes, der das Geschehen von der Sturmstillung ausläßt, berichtet von der Macht Jesu über Sturm und Wellen (Joh 6,16ff). Warum war diese Macht über Sturm und Wellen den Evangelisten so wichtig? Wir werden die Antwort am Ende der Einzelerklärung erkennen.

8,22-25: **(22) »Es geschah aber an einem der Tage, daß er und seine Jünger ein Boot bestiegen und er zu ihnen sagte: Wir wollen ans andere Ufer des Sees hinüberfahren. Und sie fuhren ab. (23) Und während sie mit dem Boot unterwegs waren, schlief er ein. Da wehte ein Wirbelsturm her-**

ab auf den See und das Wasser schlug in das Boot und es wurde gefährlich für sie. (24) Da kamen sie zu ihm und weckten ihn mit den Worten: Meister, Meister, wir gehen zugrunde! Da wurde er wach und drohte dem Wind und den Wasserwogen. Und sie legten sich, und es trat Stille ein. (25) Er aber sagte zu ihnen: Wo ist euer Glaube? Und voll Furcht und Staunen sagten sie zueinander: Wer ist denn dieser, daß er sogar den Winden und dem Wasser gebietet und sie ihm gehorchen?«

Eine genaue Datierung für diesen Vorfall gibt Lukas nicht. Er sagt nur, es sei »*an einem der Tage*« gewesen (V. 22). Nur soviel läßt sich festmachen, daß dieser Vorfall in die erste Hälfte des Wirkens Jesu gehört – eine Feststellung, die durch Matthäus (8,23ff) und Markus (4,35ff) erhärtet wird.

Lukas ist öfters so unbestimmt gewesen (vgl. 5,17; 6,12; 20,1). Diese Beobachtung warnt uns davor, das ganze Evangelium in eine zu strenge chronologische Reihenfolge bringen zu wollen.

Für die Wanderpredigt jener »*Tage*« ist es charakteristisch, daß Jesus zusammen mit »*seinen Jüngern ein Boot bestieg*« (vgl. Mt 8,23; 9,1; 14,13.34; 16,5). Seine Verkündigung erfolgte ja sowohl am Westufer als auch am Ostufer des Sees Genezareth. Wenn Jesus in Lk 8,22 den Befehl gibt: »*Wir wollen ans andere Ufer des Sees hinüberfahren*«, dann bedenkt dies vom üblichen Standort Kapernaum aus die Fahrt ans Ostufer (vgl. Mt 8,18.28; 16,5).

Das Wort für »*sie fuhren ab*« in V. 22 ist ein Fachausdruck der Seemannssprache und heißt eigentlich »sie liefen aus«. Da Lukas in Apg 13,13; 16,11; 18,21; 20,3.13; 21,1ff; 27,2.4.12.21; 28,10.11 dasselbe Wort bei Segelschiffen benutzt, liegt es nahe, auch bei dieser Fahrt an ein »*Boot*« zu denken, das Segel setzen konnte evtl. neben den Rudern. Das kürzlich am See Genezareth gefundene Boot aus der Jesuszeit hatte offenbar sowohl Ruder als auch Segel und kann uns als gute Anschauungshilfe dienen.

Während der Fahrt »*schlief Jesus ein*« (V. 23). Diese kurze Bemerkung bringt zwei Dimensionen ans Licht. Die erste Dimension betrifft seine Menschlichkeit. Jesus war müde geworden. Markus erzählt ja, daß diese Überfahrt noch am Abend nach der Gleichnisverkündigung erfolgte (Mk 4,35). Die Evangelien zeichnen uns ein wahrheitsgemäßes Bild von einem ganz menschlichen Jesus, der müde wird (Lk 8,23), der durstig und hungrig ist (Joh 4,6 ff.), der weint (Joh 11,35) und dessen Seele zittert und zagt (Joh 12,27; Lk 22,43f). Die zweite Dimension betrifft sein Vertrauen zum Vater. Jesus konnte sich in seine Hand legen und getrost einschlafen. Erfüllt vom Heiligen Geist, haben die Jünger später ähnliches erlebt (vgl. Apg 12,6).

»Da wehte ein Wirbelsturm herab auf den See« (V. 23). Das ist eine typische Situation für die dortige Gegend. »Der See Genezareth ist von hoch aufragenden Bergen mit engen Tälern umgeben, durch die bis heute gelegentlich heftige Fallwinde hindurchjagen« (I.H.Marshall). Gustav Dalman schreibt aus eigener Beobachtung (1921): »Die Schiffer fürchten den Westwind, der sich schon mittags auf den See senken kann. Sie halten zuweilen inne und lauschen, ob er nicht schon in der Höhe vernehmbar ist, ehe er auf die Wasserfläche herabkommt, wie es auch bei Lk 8,23 vom Sturme heißt.« *»Und das Wasser schlug in das Boot und es wurde gefährlich für sie.«* Von »großer Gefahr« (so Lutherbibel und Neue Jerusalemer Bibel) steht nichts da. Aber es reicht auch so. Wenn es für seegewohnte Berufsfischer (Petrus, Andreas, Jakobus, Johannes) *»gefährlich wurde«*, dann war die Lage außerordentlich schwierig.

Dem nachdenklichen Leser drängt sich hier eine Erkenntnis auf: Auch wenn Jesus mit im Boot ist, bleiben die Jünger von Anfechtung und Gefahr nicht verschont. So ist es bis heute geblieben. Daß eine Kirche oder Gemeinde in Not gerät, zeigt noch lange nicht, daß sie ohne Jesus ist. Umgekehrt gilt, daß eine »glücklich« lebende Kirche oder Gemeinde noch lange keine Garantie dafür besitzt, daß Jesus mit ihr ist (vgl. Offb 3,1).

»Da kamen sie zu ihm und weckten ihn« (V. 24): Trotz des Getöses von Sturm und Wellen hatte Jesus weitergeschlafen. Zum Kissen, auf dem er schläft, und zu dem vermutlich abgedeckten Heckraum vergleiche Mk 4,38. Wenn Jesus in einem separaten abgedeckten Heckraum schlief, ist *»zu ihm kommen«* bzw. »zu ihm treten« besonders verständlich. In jenen Augenblicken verwirklichte Jesus Davids Abendgebet: »Ich liege und schlafe ganz mit Frieden; denn allein du, Herr, hilfst mir, daß ich sicher wohne« (Ps 4,9). Die griechische Grammatik zeigt uns übrigens, daß es mit dem Wellengang und der Gefahr schon eine ganze Weile gedauert hatte, ehe die Jünger sich entschlossen, Jesus zu wecken.

»Sie weckten ihn mit den Worten: Meister, Meister, wir gehen zugrunde!« (V. 24). Die Worte *»wir gehen zugrunde«* sind in allen drei Evangelienberichten genau gleich. Der mehrfache Zuruf *»Meister, Mei-*

ster!« spiegelt die Angst und die Not. »*Meister*« ist ein für Lukas typisches Wort (vgl. 5,5; 8,45; 9,33.49; 17,13). Es wird in der griechischen Sprache sowohl für Lehrer als auch für politische Entscheidungsträger, z.B. Inspektoren oder Gouverneure, gebraucht. Auf aramäisch sagten die Jünger vermutlich »Rabbi« (vgl. Mk 4,38). Die verschiedenen Zurufe »Herr« (Mt 8,25) oder »Rabbi« (Mk 4,38; Lk 8,24) stammen von verschiedenen Jüngern. Was für ein Zutrauen zu Jesus! Man hätte ihn nicht geweckt, wenn man ihm nicht die Hilfe zugetraut hätte.

»*Da wurde er wach und drohte dem Wind und den Wasserwogen*« (V. 24). Was für ein majestätischer Jesus! Im Vergleich zum römischen Kaiser, den man zum Himmel erhob, ist er unvergleichlich größer. Ihm gehorcht die gesamte Schöpfung. »*Er wurde wach*« (nicht wie viele Bibelübersetzungen: »Er stand auf«), erkannte die Situation und erbarmte sich »*über die Not seiner Jünger.*« »*Drohen*« ist ein feierliches Wort. Es meint die Ausübung des göttlichen Herrenrechts, das Jesus ebenso wie dem Vater über alle Naturgewalten zusteht. So wie der Vater Wasser und Meer »schalt« (vgl. 2 Sam 22,16; Ps 18,16; 65,8; 89,10; 104,7; 106,9), so »schalt« (andere Übersetzung statt »bedrohte«) der Gottessohn »*Wind und Wasser*«. »*Und sie legten sich*«: wie im Alten Bund die Naturgewalten und Willensmächte der Schöpfung sich dem Vater beugen mußten. Man vergleiche im AT etwa Psalm 107,29. Die »*Stille*«, die auf Jesu Machtwort hin »*eintrat*«, entspricht der respektvollen Stille, mit der die entfesselten Wellen in Ps 107,29f dem Wort Gottes gehorchten. Hier erfüllten sich Ps 65,8: »Du stillst das Brausen des Meeres« und sogar ein ganzer Abschnitt aus Ps 107: »Die mit Schiffen auf dem Meer fuhren ... und wußten keinen Rat mehr, die dann zum Herrn schrien in ihrer Not, und er führte sie aus ihren Ängsten und stillte das Ungewitter, daß die Wellen sich legten und sie froh wurden, daß es still geworden war ...« (Ps 107,23-30).

Mit dem Stichwort »*Stille*« ist der Bericht des Lukas noch nicht zu Ende. Vielmehr erwähnt er, daß Jesus die Jünger gefragt habe: »*Wo ist euer Glaube*?« (V. 25). In Mt 8,26 und Mk 4,40 finden wir sinngemäß dieselbe Frage, aber noch viel schärfer formuliert. Mit der äußeren Rettung ist es also nicht getan. Vielmehr vermißt Jesus den Glauben, der doch nach V. 13 und 16 auch in der Anfechtung die Geduld bewahren sollte. Ein solcher Glaube fehlt bisher bei den Jüngern!

Die Jünger blieben die Antwort schuldig. Statt dessen fragten sie »*voll Furcht und Staunen: Wer ist denn dieser*?« (V. 25). Es kommt zu einem Gespräch unter ihnen über diese Frage (»*zueinander*«). Damit haben sie den springenden Punkt erwischt. Denn die Stillung des Sturmes bedeutet die Offenbarung des Geheimnisses Jesu.

Sehen wir uns jetzt die Einzelheiten von V. 25 an. »*Furcht und Staunen*« ist die natürliche Reaktion der Menschen in der Bibel, wenn sie Gott begegnen – gerade auch beim Wunder (vgl. Mk 1,27; 4,41; Lk 1,12.29.65; 2,9; 4,36; 5,26; 7,16; 9,43). Bei der Sturmstillung spürten also die Beteiligten, daß eine göttliche Kraft in Jesus wohnte. Weiter fällt auf, daß das Staunen in erster Linie seiner Person galt: »*Wer ist denn dieser?*« Wir müssen immer wieder durch alle Lebenserfahrungen hindurch zu der Frage vorstoßen: Was ist das für ein Herr? Was ist das für ein Gott? Schließlich wird hier das Befehlswort Jesu gerühmt, nicht aber irgendeine magische Kraft o.ä: »*Er gebietet ... sie gehorchen*«. Auch hier ist das Wort das Wichtigste. Jesu Wort reicht völlig aus, er braucht keine Zauberprozeduren (vgl. 5,5).

Blicken wir noch einmal zurück. Was zeigt uns dieses Ereignis der Sturmstillung? a) Jesus ist mächtiger als Sturm und Wellen. Er ist wirklich Herr und Meister der Natur. b) Man darf dieses Ereignis aber auch geistlich deuten. Das heißt, daß Kirche und Gemeinde immer wieder durch Stürme gehen werden, aber Jesus sich als der Stärkere erweisen wird. c) Jesus besitzt diese Macht, weil er Gott ist. Das Wunder der Sturmstillung stellt ein Offenbarungswunder dar, weil es Jesus als Gott enthüllt. Denn er, der Gottessohn, vollbringt dasselbe wie Gott im AT (vgl. wieder Ps 18,16; 65,8; 89,10; 104,7; 106,9; 107,23ff; Jes 51,10f). d) Nach der Bibel ergeben sich solche Geschehensabläufe nicht durch neutrale Naturgesetze, sondern durch das Handeln von Willensmächten, die Gott gehorchen müssen. Gott kann jederzeit in die Raum-Zeit-Welt eingreifen. e) Wir als die Jünger Jesu haben einen armseligen Glauben. Wir bleiben also darauf angewiesen, daß der Herr immer wieder unseren Glauben stärkt. f) Für Jesus war die Glaubensfrage mindestens ebenso wichtig wie die Sturmstillung. Er hilft gerne auch aus der Not. Aber er will auch, daß wir vertrauen lernen.

Ein besonderes Problem bildet die Reihenfolge der Geschehnisse. Widersprechen sich die Evangelien nicht, wenn Lukas und Markus zuerst die Sturmstillung und dann die Glaubensfrage Jesu berichten, Matthäus aber umgekehrt? Antwort: Nein, denn sehr wahrscheinlich wollte keiner der Evangelisten die genaue zeitliche Reihenfolge angeben. Wenn überhaupt einer chronologisch (= zeitlich) schildern wollte, dann höchstens Matthäus. Wenn nun aber die Reihenfolge keine Rolle spielte, dann ergibt sich für uns eine doppelte Schlußfolgerung: a) Die Bibel läßt die Frage nach dem zeitlichen Ablauf offen. Sie beantwortet nicht alle Fragen des Wissensdurstes oder der Neugierde. b) Beide Anordnungen, einmal die Glaubensfrage an der Spitze (Mt) und einmal die Sturmstillung (Mk und Lk), haben ein tiefes geistliches Recht. Denn es gibt Fälle im Leben, wo Gott zunächst einmal äußerlich hilft, bevor er die Glaubensfrage stellt. Und es gibt andere Fälle im Leben, wo Gott zuerst nach unserem Glauben fragt, bevor er äußerlich eingreift.

»*Wer ist dieser?*«: Mit der Frage gehen wir nun in die nächsten Abschnitte hinein.

Vorschlag zur Bibelarbeit über Lukas 8,22-25

---

1. Einleitung:

a) Am besten beginnt man auch hier mit den äußeren Umständen: z.B. dem See und seinen Wetterbedingungen, den damals benutzten Booten.

b) Das Zweite sollte eine kritische Selbstreflexion sein: Wo waren wir mit Jesus zusammen und erstickten doch schier an der Angst? Wo sahen wir in den Stürmen des Lebens nur noch auf die Winde und Wogen und nicht mehr vertrauend auf den Herrn? Wir können auch anders herum fragen: Wo hat uns Jesus das letzte Mal durch seine Größe überrascht?

c) Den Evangelienvergleich nicht vergessen! Auch die verschiedene Reihenfolge der Erzählungen ernsthaft überlegen (wieder versucht der Kommentar eine Hilfe zu geben).

d) Schier unzählige Überschriften sind hier denkbar. Wir wählen die schlichte Überschrift: »Einer, der die Stürme stillt«.

2. Durchführung: »Einer, der die Stürme stillt«

a) *Der nächste Sturm kommt gewiß*

So gewiß wie am See Genezareth – Das kann der Kenner ohne weiteres nachvollziehen: plötzliche Windwirbel, vor allem im Frühjahr, gefährliche Situation für die Boote draußen – Lukas schreibt hier so vorbildlich wie ein Geograf! – Stürme gibt's aber nicht nur am See Genezareth – Stürme kennt auch die Kirche: Verfolgung und, schlimmer noch, die Verführung – Stürme kennt das christliche Einzelleben: Geldsorgen, Berufssorgen, Familiennöte, Anfechtungen, Anfeindungen, elende Mißverständnisse – Die Bibel hat uns diese Geschichte aufbewahrt, um uns vorbeugend zu orientieren und zu helfen.

b) *Kommt auch gewiß unser Ruf zu Jesus?*

Das wirft uns schier um: Jesus im Boot, und dennoch kommt der Sturm! – Ja, das ist bei uns nicht anders – Gotteskindschaft hört ja nicht auf, wenn Stürme kommen – Er schläft: Kümmert er sich nicht drum? – Auch uns erscheint das oft so – Aber diese Jünger gingen zu Jesus, schrien zu ihm um Hilfe – Was tun wir in solchen Situationen? – Kommen wir nur zum Nachbarn, zum zwischenmenschlichen Telefon, zum Staat und seinen Ämtern? – Was tut die Kirche? – Holt sie Spezialisten, stellt sie Programme auf? – Oder gehen wir zu Jesus, als Kirche und als Einsame?

c) *Jesus hat auch die Stürme in seiner Gewalt*

»*Da stand er auf*«: Noch nie hat Jesus einen Hilferuf seiner Leute auf die Seite geschoben – Als Gottessohn ist er Herr über Wind und Wellen – Er befiehlt und sie schweigen – Wo Jesus kommt, wird es still – Es gibt keinen Lebenssturm in Kirche, Gemeinde und Einzelleben, den er nicht in seiner Gewalt hätte – Da können wir vertrauen, auch wenn er seinen Schweigebefehl noch nicht gegeben hat – Da steht allerdings auch die Frage: »*Wo ist euer Glaube?*« – Jesus tut nach allen drei berichtenden Evangelien beides: Er stillt die Elemente und er fragt nach dem Glauben der Jünger – Er tut einmal dieses und einmal das andere zuerst: gerade so, wie wir es brauchen – Aber wir sollten auch seiner Frage stillhalten – Doch damit ist der Bibelbericht noch nicht zu Ende! – Es kommt zum Schluß das Staunen über Jesus – Haben wir das gelernt? – Oder haben wir's inzwischen wieder verlernt? – Unser Blick soll immer fester auf diesem Jesus ruhen, der so groß und herrlich ist!

23. Die Heilung eines besessenen Gergeseners (8,26-39)

Matthäus spricht von zwei Besessenen (8,28-34), Markus und Lukas erwähnen nur einen (Mk 5,1-20; Lk 8,26-39). Wie bei der Blindenheilung vor Jericho (Mt 20,29ff parr) legt Matthäus Wert auf die genaue Zahl der Geheilten, während Markus und Lukas typische Einzelfälle herausgreifen. Markus und Lukas widersprechen also Matthäus nicht, aber wir brauchen die Ergänzung durch Matthäus, wenn wir die genaue Zahl erfahren wollen.

8,26: **»Und sie fuhren hin ins Land der Gergesener, das Galiläa gegenüberliegt.«**

Nach V. 22 waren Jesus und seine Jünger zum Ostufer unterwegs. Nun kommen sie in einer Gegend an »*Land*«, die »*Galiläa gegenüberliegt*«. Insoweit ist alles klar.

Aber wo war das nun genau? Die alten Handschriften bieten in allen Evangelien drei Möglichkeiten an: »*Gergesener*«, »Gadarener« und »Gerasener«. »Gerasa« und damit das »Land der Gerasener« ist am wenigsten wahrscheinlich. Denn »Gerasa«, das heutige Dscherasch in Jordanien, liegt ca. 60 km vom See entfernt. Auch Gadara ist noch ca. 10 km vom See entfernt. So deutet alles auf den Namen Gergesa bzw. »*Gergesener*«, der später durch die bekannteren Ortsnamen Gadara/Gadarener bzw. Gerasa/Gerasener ersetzt wurde. Heute heißt Gergesa bei den Arabern El-Kursi. Ausgrabungen haben dort alte Kirchen, die bis ins 5. Jh. n. Chr. zurückreichen, zutage gefördert. Der Steilhang mit den zahlreichen Höhlen paßt ausgezeichnet zu Lk 8,26ff parr, ebenso die alte

Hafenanlage. Manche Forscher vermuten, daß der Name Gergesa mit den in 5 Mo 3,14; Jos 12,5 erwähnten Geschuritern zusammenhängt, die in jener Gegend wohnten. Sicher ist das aber nicht.

Halten wir fest: Nach der Sturmstillung landeten Jesus und seine Jünger sehr wahrscheinlich bei Gergesa = El Kursi.

8,27-31: **(27) »Als er aber an Land stieg, begegnete ihm ein Mann aus der Stadt, der von Dämonen besessen war. Schon seit langem trug er keine Kleider mehr und blieb in keinem Haus, sondern lebte in den Grabanlagen. (28) Als er Jesus sah, schrie er auf und fiel vor ihm nieder und rief laut: Was habe ich mit dir zu schaffen, Jesus, du Sohn Gottes, des Höchsten? Bitte, quäle mich nicht! (29) Denn er hatte dem unreinen Geist geboten, von dem Menschen auszufahren. Denn seit langem hatte ihn der in seine Gewalt gebracht. Und man hatte ihn mit Ketten und Fußfesseln gebunden und unter Bewachung gestellt. Aber er zerriß die Fesseln immer wieder und wurde von dem Dämon in die Einöde getrieben. (30) Da fragte ihn Jesus: Wie heißt du? Er sagte: Legion. Denn viele Dämonen waren in ihn gefahren. (31) Und sie baten ihn, er solle ihnen nicht befehlen, in die Unterwelt zu verschwinden.«**

Der »*Mann*«, der Jesus »*aus der Stadt begegnete*« (V. 27), stammte wohl aus der Stadt Gergesa, kam aber nicht aus der Stadt, sondern vielmehr aus den benachbarten »*Grabanlagen*« (vgl. Mt 8,28; Mk 5,2).

Die Bibel sagt, er sei »*von Dämonen besessen*« gewesen. Bis heute gibt es Fälle dämonischer Besessenheit. Es gehört aber geistliche und seelsorgerliche Reife dazu, um einen solchen Fall zu erkennen. Die Gabe der Austreibung besitzt nicht jeder (vgl. 1 Kor 12,9f.28 mit Mt 17,19f). Erfahrungsgemäß ist es besser, wenn bei der Seelsorge an Besessenen mehrere reife Christen zusammenwirken, ebenso bei einer Austreibung (vgl. Mt 17,16 und entsprechend Jak 5,14f). Das Kennzeichen der Besessenheit ist, daß jemand keinen eigenen Willen mehr entwickeln kann und willenloses Werkzeug der dämonischen Kräfte wird, gewissermaßen als »Besitz« des Bösen existiert.

Der Betreffende war »*schon seit langem*« nackt (»*er trug keine Kleider mehr*«, vgl. Mk 5,15). Es litt ihn »*in keinem Haus*«. Vielmehr »*lebte er in den Grabanlagen*«. Diese sind etwas anderes als unsere normalen Friedhofsgräber. Es sind z.B. in den Felsen gehauene Gräber mit einer oder mehreren Kammern bzw. ausgebaute Grabhöhlen. Dort war man vor der Witterung ein wenig geschützt. Eine Verunreinigung durch die Toten war auch für die Heiden in gewisser Weise gegeben, wenn auch weniger stark als für die Juden (vgl. 4 Mo 19,11ff). Nach dem Zusammenhang war der in Lk 8,26ff geschilderte Besessene ein Heide. Denn Gergesa zählte zum Gebiet der griechischen Dekapolis (vgl. Mk 5,20). Zieht man Mk 5,5 mit heran, dann erkennt man, daß sich die Grabanlagen am Abhang der Gergesa benachbarten Höhen befanden.

Wie ein Blick auf Jes 65,4 lehrt, stellte dieser Besessene (zusammen mit seinem in Mt 8,28ff erwähnten Leidensgefährten) geradezu das Urbild eines unreinen Menschen dar. Aber warum fuhr Jesus überhaupt ans Ostufer bei Gergesa, wenn es doch heidnisch war? Antwort: Weil es nach 4 Mo 34 ein Israel zugesprochenes Land war, auf das der Messias Anspruch hatte.

»*Als er Jesus sah, schrie er auf und fiel vor ihm nieder*« (V. 28). F.Godet bemerkte einst zu Lk 8,28: »Es ist dies ohne Zweifel eine der größten Gefahren, in denen Jesus sich während seines Lebens befunden hat; er steht einer ungezügelten, sozusagen tierischen Gewalt gegenüber.« Darin hat Godet recht. Es gehörte mit zur Niedrigkeit des Sohnes Gottes, daß er allen möglichen gefährlichen und peinlichen Situationen ausgesetzt war.

Darauf gebot Jesus den Dämonen, auszufahren. Wir werden dies bei V. 29 besprechen.

Nach dem Befehl Jesu passierte etwas ganz Ungewöhnliches. Es kam zu einem Zwiegespräch zwischen den Dämonen und Jesus. Wir wissen die Gründe nicht mehr, weshalb Jesus dieses Zwiegespräch zuließ. Wollte er seinen Jüngern die Realität des Bösen zeigen? Wollte er seinen Sieg demonstrieren? Wollte er den Zusammenhang zwischen dem Bösen und dem Tod aufzeigen?

Jedenfalls »*rief*« die dämonische Macht »*laut*« aus dem Munde des gequälten Menschen: »*Was habe ich mit dir zu schaffen, Jesus, du Sohn Gottes, des Höchsten*?« (V. 29). Die Dämonen erkennen sofort, mit wem sie es zu tun haben. Sie kennen nicht nur den Namen »*Jesus*«, sondern sie wissen auch, daß er wirklich der »*Sohn Gottes*« ist (vgl. Mt 4,3ff; Mk 1,24; 3,11; Lk 4,34.41; Apg 19,15; Jak 2,19). Sie sehen also klarer als die liberale Theologie oder der Islam. Aber sie wollen mit dem Gottessohn nichts zu tun haben. Der Ausdruck »*Was habe ich mit dir zu schaffen*«

bedeutet eine bewußte Trennung (vgl. Ri 11,12; 1 Kön 17,18; 2 Kön 3,13; 9,18ff; 2 Sam 16,10; 19,23; 2 Chr 35,21; Lk 4,34). Warum? Die Antwort liegt in der »*Bitte, quäle mich nicht!*« Das griechische Wort für »quälen« bezeichnet vor allem die Folter bei der gerichtlichen Untersuchung oder die seelische Pein. Beides trifft hier in geistlichem Sinne zu. Jesus ist der Richter über die dämonischen Gewalten, und sie leiden darunter, daß sie in ihm dem Reinen und Sündlosen begegnen, das sie längst verloren haben. »*Quäle mich nicht*!« heißt also: »Laß mich in Ruhe bis zum Endgericht!« (vgl. Mt 8,29).

Erst nachträglich gibt V. 29 die Begründung für den Schrei der dämonischen Macht: »*Denn er (= Jesus) hatte dem unreinen Geist geboten, von dem Menschen auszufahren*«. Man nennt diese Art zu erzählen gelegentlich den »hebräischen nachholenden Stil«. Hatte Lukas hier einen judenchristlichen schriftlichen Bericht? Dämonenaustreibungen hatte Jesus schon früher vorgenommen (4,33ff.41; 6,18).

Was bewegte Jesus zu seinem Eingreifen im Fall des Gergeseners? Vor allem sein Erbarmen. »*Denn seit langem* (oder: zu vielen Zeiten) *hatte ihn der* (= der unreine Geist) *in seine Gewalt gebracht. Und man hatte ihn mit Ketten und Fußfesseln gebunden und unter Bewachung gestellt. Aber er zerriß die Fesseln immer wieder und wurde von dem Dämon in die Einöde getrieben*« (V. 29). Gerade der Umstand, daß man »*in die Gewalt*« des Dämons »*gebracht*« wird, ist ein Kennzeichen der Besessenheit. Es handelt sich um den gewaltsamen Zugriff einer fremden Macht (vgl. dasselbe griechische Wort in Apg 6,12; 19,29; 27,15). Viele Forscher setzen dies gleich mit einer psychischen Krankheit. Doch sollte man hier vorsichtig sein. Nicht jede Besessenheit ist zugleich eine psychische Krankheit, und nicht jede psychische Krankheit ist zugleich eine Besessenheit. Man darf die Dinge nicht vermischen. Der Besessene entfaltete eine ungewöhnliche körperliche Kraft, wie man das auch in anderen Fällen beobachtet (z.B. Apg 19,16). Zwar versuchte man mehrfach, ihn selbst und andere zu schützen, indem man ihn in Handschellen (»*Ketten*«) »und *Fußfesseln*« legte, ja sogar »*unter Bewachung*« stellte. Vielleicht war dies ein Akt der Fürsorge seiner Familie, von der in V. 39 die Rede ist. Aber alle diese Versuche scheiterten. »*Immer wieder zerriß er die Fesseln*« und floh aus dem Ort. Es ist erschütternd zu lesen, wie er »*von dem Dämon in die Einöde*«, d.h. in menschenleere Gefilde, »*getrieben wurde*«. Die dämonische Macht ist lebensfeindlich. So ist ja auch der Teufel, der hinter ihr steht, »ein

Mörder von Anfang an« (Joh 8,44). Wir werden die Verbindung des Bösen zum Tod gleich noch besser kennenlernen.

»*Da fragte ihn Jesus: Wie heißt du?*« (V. 30). Wozu stellte Jesus diese Frage? Z.T. glaubt man, er habe sich mit dem Namen eine Zaubermacht über den Dämon verschaffen wollen. Aber diese Annahme ist ganz unsinnig, da die Überlegenheit Jesu vom Dämon von Anfang an anerkannt wird (V. 28). Wollte er seinen Jüngern einen Einblick in das Wesen des Bösen verschaffen? Oder wollte er dem besessenen Menschen das Bewußtsein für seine Lage öffnen? Vielleicht trifft beides zu. Jedoch bleiben wir in dieser Beziehung auf Vermutungen angewiesen.

Die Antwort des bösen Geistes lautete: »*Legion*«. Der Name wechselt bei den alten Handschriften zwischen »Legion« und »Legeon«. Gemeint ist aber immer dasselbe, nämlich der größte römische Truppenverband. Eine solche römische »*Legion*« umfaßte ca. 4000 – 6000 Mann. Sie entspricht etwa einer modernen Division. Der Begriff »*Legion*« für eine starke Heeresmacht ist als Fremdwort ins Aramäische (Mt 26,53!) und Griechische übernommen worden. Wenn der böse Geist sich mit dem Namen »*Legion*« vorstellt, dann bringt er zum Ausdruck, daß er einen starken dämonischen Heeresverband darstellt. Genau das besagt auch der Kommentar des Evangelisten Lukas: »*Denn viele Dämonen waren in ihn gefahren*« (V. 29; vgl. V. 2).

Daß ein Mensch von einer Mehrzahl von Dämonen zugleich besessen werden kann, sagt Jesus selbst (vgl. Mt 12,45; Lk 11,26 mit Mk 16,9; Lk 8,2).

Weil es eben viele Dämonen waren, »*baten sie ihn*« alle, »*er solle ihnen nicht befehlen, in die Unterwelt zu verschwinden*« (V. 31). Nur »*bitten*« können sie. Denn Jesus ist uneingeschränkter Herr über sie. Aber sie wollen »*nicht in die Unterwelt verschwinden.*« Hier wird ein winziger Spalt in die außerirdische Welt geöffnet. Die Bibel ist ja sonst sehr zurückhaltend im Blick auf solche außerirdischen Vorgänge und Verhältnisse. Was ist die »Abyssos« (griechisch), die wir mit »*Unterwelt*« übersetzt haben? Sie ist der Herkunftsort der Heuschrekken von Offb 9,1ff, des bösen Engelfürsten Abaddon (Offb 9,11), des Antichrist (Offb 11,7; 17,8) und das Gefängnis des Satans (Offb 20,1ff) sowie der fernste Ort der Toten (Röm 10,7). Mit einem Wort: Sie ist der außerirdische Bereich der gottfeindlichen bösen Mächte. Nach dem Urtext ist dieser Bereich nicht räumlich »unten«, wie es der deutsche Begriff auszudrücken scheint, sondern in einem geistlichen Sinne »untere Welt«.

Und warum wollen die Dämonen gerade dorthin nicht zurück, wohin sie eigentlich gehören? Warum suchen sie so gerne lebendige Menschen als ihren Wohnort (vgl. Mt 12,43ff)? Weil dort keine Ruhe, keine wahre Heimat, kein Leben ist. Das Böse kann niemals zur Ruhe, zum Frieden und zum Leben führen (vgl wieder Mt 12,43ff; Lk 11,24ff). Sogar seinesgleichen wird ihm zur Last.

8,32-33: **(32) »Es war aber dort eine große Schweineherde, die am Berg weidete. Und sie baten ihn, er solle ihnen erlauben, in jene Schweine zu fahren. Und er erlaubte es ihnen. (33) Die Dämonen fuhren von dem Menschen aus und in die Schweine, worauf die Herde den Steilhang hinab in den See stürmte und ertrank.«**

Daß »*dort eine große Schweineherde war*« (V. 32), zeigt noch einmal, daß es sich um ein überwiegend heidnisches Gebiet handelte. Denn für die Juden waren Schweinefleisch und Schweinehaltung verboten (vgl. 3 Mo 11,7; Jes 65,4; 66,17). Das »*Weiden*« einer »*Schweineherde am Berg*« ist durchaus nichts Ungewöhnliches. Man kann so etwas bis heute z.B. im Allgäu beobachten.

Die Dämonen sind nicht blind. Sie erkennen die Situation. Wird sie der Jude Jesus nicht verschonen, wenn sie in die unreinen Tiere fahren? Jedenfalls »*baten sie ihn, er solle ihnen erlauben, in jene Schweine zu fahren*« (V. 32). Jesus »*erlaubte es*«. Aber es gab keine Bewegung der Dämonen, die er nicht kontrollierte.

»*Die Dämonen fuhren von dem Menschen aus und in die Schweine, worauf die Herde den Steilhang hinab in den See stürmte und ertrank*« (V. 33). Das alles ist Realität, in knappen Strichen geschildert. Südlich von El-Kursi (= Gergesa) gibt es mehrfach einen solchen »Steilhang«, der nicht allzuweit vom »See« entfernt ist. Gustaf Dalman dachte an einen nach seinen Angaben 44 m hohen Abfall bei Moka Edlo, 2 km südlich von der Uferebene von Gergesa. »*Die Herde ertrank*«, nicht die Dämonen! Die Dämonen töteten also die Tiere. Das Hinabstürmen der Schweine wurde vermutlich durch den Schrecken verursacht, den das Hineinfahren der Dämonen in den Tieren auslöste. Markus sagt, es seien etwa 2000 Schweine gewesen (Mk 5,13).

Jesus muß diese Entwicklung der Dinge vorausgewußt haben.

Noch einmal erhebt sich die Frage: Warum erlaubte er es? Zunächst ist zu bedenken, daß die Schweine nicht besessen wurden. »Um moralisch besessen zu werden, muß man ein moralisches Wesen sein«, bemerkte F. Godet mit Recht. Weiter ist zu bedenken, daß die Heilung eines Menschen in Gottes Augen kostbarer ist als das Leben von 2000 Tieren – auch wenn die Tiere in der Bibel keineswegs verachtet werden (vgl. Ps 8,5ff; Mt 15,26 und 5 Mo 25,4). Drittens zeigte Jesus den Jüngern und allen Anwesenden, wie Satan und seine Gehilfen stets den Tod bringen (vgl. Joh 8,44). Wenn schon Tiere leiden müssen, wenn sie unter die Herrschaft des Bösen geraten, um wieviel mehr dann der Mensch? Der Mensch hat ja nicht nur ein äußeres, körperliches Leben zu verlieren, sondern eine Seele, die in Ewigkeit verloren gehen kann (vgl. Mt 16,26; 10,28). Hinzu kommt eine vierte Überlegung: Der bisher besessene Mensch bekam durch diesen Vorfall ein sehr eindringliches Zeichen dafür, daß die Dämonen ihn wirklich verlassen hatten. Fünftens kann man vermuten, daß Jesus durch die Vernichtung der Schweine, die ja unreine Tiere waren (3 Mo 11,7), die Reinigung des ursprünglich israelitischen Landes auf dem Ostufer (vgl. 4 Mo 34,11f) symbolisieren wollte, bzw. die Errichtung des neuen Israels durch den Messias. Als Messias wirkte er ja in all den Gebieten, die Gott nach 4 Mo 34 für Israel vorgesehen hatte.

Fragt man aber zum Schluß, wo die Dämonen geblieben sind, dann muß man antworten: Wir wissen es nicht. Nur soviel läßt sich dem Evangelium entnehmen, daß sie am Leben blieben, während die Tiere starben.

Doch wie reagieren jetzt die betroffenen Menschen?

8,34-39: **(34) »Als aber die Hirten sahen, was geschehen war, flohen sie und brachten die Nachricht davon in die Stadt und in die Bauernhöfe. (35) Da gingen die Leute hinaus, um zu sehen, was geschehen war. Und sie kamen zu Jesus und fanden den Menschen, von dem die Dämonen ausgefahren waren, angezogen und vernünftig zu den Füßen Jesu sitzen. Da fürchteten sie sich. (36) Da berichteten ihnen diejenigen, die es gesehen hatten, wie der Besessene gerettet worden war. (37) Da ersuchte ihn die ganze Bewohnerschaft von Gergesa und den umliegenden Orten, sie zu verlassen. Denn sie waren von großer Furcht befallen. Er aber bestieg ein Boot und kehrte zurück. (38) Jedoch bat ihn der Mann, von dem die Dämonen ausgefahren waren, daß er mit ihm zusammenbleiben dürfe.**

Aber Jesus schickte ihn weg mit den Worten: (39) Kehre zurück in dein Haus und erzähle, wieviel Gott an dir getan hat! Und so ging er weg und verkündete in der ganzen Stadt, wieviel Jesus an ihm getan hatte.«

Es gab also Beobachter, für den Untergang der Schweineherde, sogar gute Beobachter. Nämlich »*die Hirten*«. Ihre Reaktion heißt: Flucht (V. 34). Schreck, Angst vor dem Verlust der anvertrauten Tiere, die Furcht, selbst von Dämonen verfolgt zu werden – all das mag mitgespielt haben. »*Sie brachten die Nachricht davon in die Stadt und in die Bauernhöfe*« (V. 34). Offensichtlich gehörte die große Herde von rund 2000 Stück (Mk 5,13) verschiedenen Eigentümern in Gergesa (»*Stadt*«) und auf den Landgütern der Umgebung (»*Bauernhöfe*«). Sie war also eine Sammelherde, für die einige Hirten gemeinsam angestellt waren. Diese Hirten hafteten natürlich für die Herde. So ganz nebenbei erfahren wir auch etwas über die Sozialstruktur am Ostufer des Sees Genezareth. Um Siedlungen mit einem festen Ortskern, evtl. sogar Befestigungen (»*Städte*«), lagerten sich »*Bauernhöfe*«, besser: Landgüter, im modernen Sprachgebrauch: »Farmen«. Das ist typisch für die orientalische und mittelmeerische Kultur. Und noch etwas fällt auf: Lukas benutzt mehrfach den Ausdruck »*was geschehen war*« oder »das Geschehnis«, »der Vorfall«. Das zeigt, daß er auch hier der Historiker ist, der Wert auf eine mit den Tatsachen übereinstimmende, wahre Darstellung legt (vgl. 1,1ff; 19,3). Es kann überhaupt kein Zweifel sein, daß Lukas an die Tatsächlichkeit des Berichteten geglaubt hat.

Informiert durch die Hirten, »*gingen die Leute hinaus, um zu sehen, was geschehen war*« (V. 35). Dieser Satz macht es glasklar deutlich, daß die Heilung nicht in Gergesa selbst stattgefunden hat, sondern in dessen Umgebung. Man kann sich die Sache z.B. so vorstellen, daß Jesus bei Gergesa landete, in der Nähe des Berges mit den vielen Höhlen, an dessen Hang sich die byzantinische Erinnerungskapelle befindet, den Besessenen heilte, und ein Stück weiter südlich die Herde in den See stürzte. Jetzt also kommen Gergesener und benachbarte Bauern zum Schauplatz der Heilung (nicht zum Schauplatz des Ertrinkens der Schweine!). »*Sie kamen zu Jesus und fanden*« den Geheilten »*angezogen und vernünftig zu den Füßen Jesu sitzen*« (V. 35). Den Geheilten erkannte man ohne Probleme. Er stammte ja aus Gergesa (V. 27). Doch welche Überraschung! Er war jetzt »*angezogen*«. Vorher war er nackt gewesen. Er war jetzt »*vernünftig*« = geistig und seelisch gesund.

Vorher war er irr, sogar gemeingefährlich. Er saß jetzt *»zu den Füßen Jesu«*. Vorher hatten ihn weder Ketten noch Bewacher gebändigt.

Dieser Wechsel der Verhältnisse war unheimlich. Er ließ auf das Eingreifen einer Gottheit schließen. So *»fürchteten sich«* die herbeiströmenden Leute (V. 35).

Augenzeugen *»berichteten ihnen, wie der Besessene gerettet worden war«* (V. 36). Mit oder ohne Willen werden sie Missionare. Im Grund treffen wir hier sogar drei Gruppen von Missionaren: die Hirten (V. 34), die Augenzeugen (V. 36) und der Geheilte selbst (V. 39). Man kann sogar vermuten, daß Lukas bei diesen Botschaftern im Heidenland auch an die kommende Weltmission dachte.

Daneben fällt wiederum auf, welch großen Wert Lukas auf die Augenzeugen (*»die es gesehen hatten«*) legt (vgl. 1,1ff).

Was danach geschieht, ist für den Leser bedrückend: *»Da ersuchte ihn die ganze Bewohnerschaft von Gergesa und den umliegenden Orten, sie zu verlassen«* (V. 37). Man befahl nicht, sondern *»ersuchte«*. Denn Jesus erschien ihnen als unheimlich und überlegen. Was war der Grund dieser Bitte? Lukas sagt: *»Denn sie waren von großer Furcht befallen«*. Aber wovor fürchteten sie sich? Vor weiterem Besitzverlust? Vor einer magischen Kraft in Jesus, die sozusagen superdämonisch war (vgl Mt 12,24)? Die Juden galten im Altertum als hervorragende Magier und Zauberer (vgl. Mt 12,24ff; Apg 8,9ff; 13,6ff; 19,13ff). Oder fürchteten sie sich vor dem messianischen Anspruch Jesu, der ihr Land gemäß 4 Mo 34 wieder jüdisch machen wollte?

Offensichtlich stritt Jesus nicht mit ihnen. Wir lesen von keiner Diskussion. Markus und Lukas berichten vielmehr (Mk 5,18; Lk 8,37), daß Jesus still *»ein Boot bestieg und zurückkehrte«*.

Unsere Geschichte endet also tragisch. Sie findet nur teilweise ein Happy-End. Gergesa hat sich gegen Jesus entschieden. Ein abreisender Jesus war ihnen wichtiger als ein ankommender oder wiederkommender.

So ist es durch die ganze Weltgeschichte hindurch. Einzelne, aber auch ganze Völker, können Jesus ablehnen. Die Menschen entscheiden hier aus freiem Willen. Will man, daß er wegbleibt, dann bleibt er weg.

Erst als Weltenrichter läßt sich Jesus nicht mehr abspeisen oder wegschicken. Dann müssen wir ihm begegnen, müssen wir Rechenschaft geben. Ob wir wollen oder nicht. Dann werden wir still sein und schweigen, wenn er das Urteil spricht.

Hier jedoch war, um ein schönes Wort von F. Godet zu zitieren, »noch Gnadenzeit, und die Gnade bietet sich bloß an«.

Ganz anders als seine gergesenischen Mitbürger entschied sich der Geheilte. Er *»bat«* Jesus, *»daß er mit ihm zusammenbleiben dürfe«* (V. 38). Eine wunderbare Formulierung! Wörtlich lautet sie: »daß er mit ihm zusammen sein dürfe«. Der Ausdruck *»mit ihm zusammen sein«* bezeichnet die Jüngerschaft (vgl. Mk 3,14). Der Geheilte will also ein Jünger werden. Aber es liegt noch mehr in diesem Ausdruck. Wie bei den Aposteln in Mk 3,14 ist zugleich die ununterbrochene Gemeinschaft mit Jesus gemeint, die dann auch unter der Verheißung Jesu steht: »Ich bin bei euch alle Tage« (Mt 28,20). Es ist dem Geheilten gleichgültig, wo Jesus hingeht. Er will nur *»mit ihm zusammenbleiben«*. Dafür opfert er Heimat, Familie und berufliche Zukunft. Man könnte auch heute Christsein nicht besser ausdrücken als durch diesen Willen, *»mit ihm zusammenbleiben zu dürfen«*. Übrigens steht für *»bat«* im Urtext eine grammatische Form, die das wiederholte, inständige Bitten bedeutet.

»Aber Jesus schickte ihn weg« (V. 38): Ist das nicht unvorstellbar hart? Soeben normal geworden und dann sofort verzichten? Soeben Jesus kennengelernt und sofort aus seiner heilbringenden, lebenbringenden Gemeinschaft ausscheiden? Jesus ist kein sanfter Beruhiger und Heiler. Er ist der Herr unseres Lebens, der auch Schweres fordern kann.

Allerdings geht der Geheilte mit seiner Bitte nicht einfach leer aus. Vielmehr gibt ihm Jesus einen sinnvollen, schönen Auftrag: *»Kehre zurück in dein Haus und erzähle, wieviel Gott an dir getan hat!«* (V. 39). Der Geheilte hat also ein *»Haus«*! Das heißt, er hat eine Familie. Sie soll er nicht verlassen. Stattdessen soll er *»erzählen«*, d.h. in seiner Familie ein Zeugnis ablegen. Und zwar darüber, *»wieviel Gott an«* ihm *»getan hat«*. Hätte dieses Ereignis nicht tatsächlich stattgefunden, dann hätte er auch nichts erzählen können. Statt *»erzählen«* könnte man auch »beschreiben« übersetzen: Der Geheilte soll also wahrheitsgemäß berichten, nicht Romane erzählen. Das Hauptwort zu »erzählen« ist der »Bericht«, den sich Lukas in 1,1 selbst zum Ziele setzt.

Jesus will sich nicht selber groß machen. Er will den Vater im Himmel ehren. Deshalb soll der Geheilte von *»Gott«* berichten. Dieser Gott greift ein in unsere Welt und in unser Leben. Deshalb kann man auch sagen, was und »*wieviel er getan hat*«.

Ein beeindruckender Missionsauftrag! (Vgl. Mt 8,4). Wird dieser Auftrag erfüllt, dann wird der Name des Gottes Israels auch unter den Heiden im Sinne von Mal 1,11 verherrlicht: »Vom Aufgang der Sonne bis zum Niedergang ist mein Name herrlich unter den Heiden.«

Was tut der Geheilte? »*Und so ging er weg*« – gehorchte also dem Auftrag Jesu! – »*und verkündete in der ganzen Stadt, wieviel Jesus an ihm getan hatte*« (V. 39). Dieser Mann ist für uns ein dreifaches Vorbild: a) Er verzichtet auf den Wunsch, mit Jesus ans Westufer zu fahren, und hält sich ganz gehorsam an Jesu Wort. b) Er wird »*in der ganzen Stadt*« zum Missionar. Eingeschlossen ist seine eigene Familie. Er hat sich aber nicht auf seine Familie beschränkt. Im Grunde beginnt hier schon ein Stück Weltmission (vgl. Mk 5,20). c) Er verkündet »*Jesus*«. Damit ist klar, daß Jesus und Gott zusammengehören. Wer Jesus liebt, der liebt ja zugleich auch den Vater. Der Geheilte handelte hier keineswegs ungehorsam, sondern in tiefer geistlicher Erkenntnis.

Viele Ausleger überlegen, warum Jesus den Geheilten am Ostufer zurückließ. Die Antwort kann nur lauten: Weil er dort einen missionarischen Auftrag für ihn hatte. Darüber hinaus kann man nur mit Walter Liefeld unterstreichen: »Jesus hat für verschiedene Gläubige verschiedene Wege.«

Schlußbilanz: Jesus als der Messias und Gottessohn ist auch den schlimmsten dämonischen Mächten überlegen. Es gibt niemand, der sich mit ihm vergleichen kann. Zugleich setzt sich hier sein Kampf gegen den Satan fort.

Vorschlag zur Bibelarbeit über Lukas 8,26-39

1. Einleitung:

a) Bei diesem Bibelabschnitt steigen wir so ein, daß wir uns einen Überblick über die Aussagen des NT zu den Dämonen verschaffen (wieder Kommentar und Lexika benutzen). Insbesondere überlegen, wie das Verhältnis Jesu zu diesen finsteren Gewalten gewesen ist.

b) Sodann klären wir ab, wo diese Begebenheit stattfand (Gerasa? Gadara? besser Gergesa = El Kursi). Inwiefern gehörte diese Gegend überhaupt zum Israelland?
c) Gibt es noch andere Geschichten, in deren Verlauf Jesus abgelehnt wurde? Und wie ist das heute? Wo wird Jesus heute abgelehnt?
d) Für die Überschrift sollten wir uns wieder mehrere Möglichkeiten nebeneinanderlegen. Wir schlagen hier vor: »Der Helfer Jesus wird abgelehnt«.

2. Durchführung: »Der Helfer Jesus wird abgelehnt«

a) Der Böse erniedrigt uns

Es gibt nicht nur »das« Böse, es gibt auch »den« Bösen, den Teufel, mit seinem Heer von Dämonen – Allerdings sollte man nicht vorschnell alles »dämonisch« nennen – Aber hier haben wir es ohne Zweifel mit dem Heer der bösen Gewalten und Gestalten zu tun – Ihre Herrschaft ist brutal und macht den Menschen zum Tier: Wohnung in den Grabhöhlen, Verlust der menschlichen Gemeinschaft, nackt, geplagt, selbstzerstörerisch, in die Wüste getrieben – Wo immer wir dem Bösen mit seinen Lockungen folgen, werden wir am Ende erniedrigt – Hier kommt noch dazu, daß sich das alles in dem nach 4 Mo 34 verheißenen Israelland abspielt, das Jesus als sein Eigentum (er ist ja der Messias Israels!) besucht.

b) Jesus holt uns aus der Erniedrigung heraus

Der Böse spürt, daß Jesus ihm die Beute entreißen will – Er erkennt in Jesus den Größeren und Göttlichen – Er enthüllt sich vor den Jüngern und allen Anwesenden mit seinem Namen Legion – Er bittet um Weiterexistenz in nach der Bibel unreinen Tieren – Jesus durchschaut ihn und gewährt ihm dennoch seine Bitte, sehr wahrscheinlich, um allen Anwesenden Klarheit über das Wesen des Bösen zu verschaffen – Selbst die Tiere gehen im Griff des Bösen unter – Dann nicht erst recht der Mensch? –

Doch nun der entscheidende Punkt: Jesus heilte diesen armen Menschen durch seine wunderbare Kraft – Er holt uns aus jeder Erniedrigung heraus.

c) Wir haben die Möglichkeit, diesen Helfer Jesus abzulehnen

Unglaubliche Reaktionen dort am Ostufer des Sees! – Hirten werden Verkündiger – Menschen werden zu Augenzeugen der Heilung – Menschen bekommen Erstehandinformationen und treten Jesus selbst gegenüber – Sie haben die Wohltaten Jesu in intensivster Weise vor Augen – Sie spüren seine göttliche Macht (»*sie erschraken*«, V.35) – Und dann schicken sie Jesus fort – Er geht ohne Diskussion – Nur der Geheilte will bei ihm bleiben – Doch der muß als Missionar am Ostufer zurückbleiben – Ist das nicht zugleich unglaublich aktuell? – Menschen sehen, wie Jesus ein neues Leben schenkt, Wunder tut, Familien heilt, Gemeinden lebendig macht, aus Suchtproblemen herausholt – Dennoch lehnen sie ihn ab – Er läßt sich ja ohne Diskussionen fortschicken – Wir können nur beten: Herr, bleibe bei mir!

24. Die Auferweckung der Tochter des Jairus und die Heilung einer blutflüssigen Frau (8,40-56)

Drei Evangelisten (Mt, Mk, Lk) berichten darüber. Und in allen drei Berichten sind die beiden Vorgänge ineinander verwoben. Wir können daraus den Schluß ziehen, daß sie auch im Leben Jesu miteinander verbunden waren.

Matthäus erzählt am kürzesten (9 Verse gegen 23 bei Markus und 17 bei Lukas). Er ist überhaupt der knappste Erzähler unter allen Evangelisten, weil er als Lehrer möglichst viel Lehrstoff unterbringen wollte. Vgl. Mt 9,18-26 mit Mk 5,21-43 und Lk 8,40-56.

8,40-42a: **(40) »Als Jesus zurückkam, empfing ihn die Menge. Denn sie hatten alle schon auf ihn gewartet. (41) Und siehe, da kam ein Mann namens Jairus. Der war ein Synagogenvorsteher. Und er fiel Jesus zu Füßen und bat ihn, in sein Haus zu kommen. (42a) Denn er hatte eine Tochter, sein einziges Kind, von etwa zwölf Jahren, und die lag im Sterben.«**

Am Westufer »*empfing* Jesus« eine »*Menge*« Menschen (V. 40). Man nahm an, daß er bald wieder »*zurück*« sein würde. Denn sein Hauptquartier war ja Kapernaum am Westufer. Die Bemerkung »*Sie hatten alle schon auf ihn gewartet*« macht uns nachdenklich. Welche Motive bewogen diese Menschen, hoffnungsvoll und mit Ausdauer auf ihn zu »*warten*«? Und welche Motive bewegen uns heute, mit Jesus in Kontakt zu treten? Außerdem steht die erwartungsvolle Haltung der Galiläer am Westufer in einem deutlichen Kontrast zu den Leuten am Ostufer, die Jesus weggeschickt hatten. So geht es heute noch: die einen schicken Jesus weg, während die andern schon auf ihn warten.

Übrigens zeigen Mt 9,1 und Mk 5,21, daß das Seeufer nahe bei Kapernaum der Schauplatz des Geschehens von Lk 8,40 war.

Eine Begegnung rückt nun ins Scheinwerferlicht der Erzählung: die Begegnung mit Jairus. »*Und siehe, da kam ein Mann namens Jairus*« (V. 41). »*Jairus*« bzw. »Jáiros« ist die griechische Form des alttestamentlichen Jair, auf deutsch etwa: »Gott wird erleuchten«. Auch im Leben unseres Jairus wird es hell werden. Ein Jair war 22 Jahre lang Richter Israels (Ri 10,3ff). Nach ihm sind die »Dörfer Jairs« im Ostjordanland benannt (Ri 10,4; 4 Mo 32,41; 5 Mo 3,14). Evtl. ist auch unser Jairus ein Manassiter gewesen. Ferner hieß der Vater (oder ein Vorfahr) Mordechais in der Estergeschichte ebenfalls Jair (Est 2,5). Unser Jairus »*war ein Synagogenvorsteher*«. D.h. er war der Leiter oder einer von mehreren Leitern einer Synagoge. Zu seinen Aufgaben gehörte die Leitung des Gottesdienstes und die Einteilung derer, die das Gebet oder die Schriftlesung oder die Auslegung übernahmen. Stand seine Synagoge in Kapernaum, wie wir annehmen müssen, dann bildete er einen Teil der Führungsschicht von Kapernaum. Außerdem kann man mit Bestimmtheit sagen, daß er ein Pharisäer war.

Ausgerechnet dieser Synagogenleiter »*kam*« zu »*Jesus*«, »*fiel ihm zu Füßen und bat ihn, in sein Haus zu kommen*« (V. 41). Der Fußfall bedeutete eine Handlung der Demut. Jedoch ist nach dem Urtext klar, daß er in unserem Fall keine Anbetung darstellte (vgl. auch Mt 17,14; Mk 7,25). Den Mann bewegte die Not. Es bewegte ihn wohl auch die Überzeugung, daß Jesus der Messias sei. Er »*bat*« inständig. Darüber hinaus wird hier zweierlei erkennbar: a) Sogar hochangesehene Pharisäer Galiläas beurteilten Jesus positiv. Vgl. dazu den Simon von

7,36ff und ferner Joh 12,42. b) Jairus hatte ein ungewöhnliches persönliches Vertrauen zu Jesus.

V. 42 reißt mit wenigen Worten die Not auf: »*Denn er hatte eine Tochter, sein einziges Kind, von etwa zwölf Jahren, und die lag im Sterben*«. Für »*einzige*« steht im Urtext dasselbe Wort, das Jesus als den »eingeborenen« oder »einziggeborenen« Sohn des Vaters bezeichnet. Dreimal hat es Jesus im Lukasevangelium mit Krankheit und Tod von »*einzigen*« Kindern zu tun (7,12; 8,42; 9,38). Als einziges Kind war diese Tochter des Jairus voll erbberechtigt (vgl. 4 Mo 27,1ff; 36,1ff). Sie trug die Hoffnung der Familie. Mit zwölf Jahren stand sie kurz vor der Heirat, war vielleicht schon versprochen. Sollte sie sterben? Jairus weiß als einzige Hilfe nur noch Jesus (vgl. Mt 9,18; Mk 5,23).

8,42b-48: **(42b) »Als er aber hinging, erdrückten ihn die Massen beinahe. (43) Und eine Frau, die seit zwölf Jahren den Blutfluß hatte, die ihr ganzes Vermögen für Ärzte aufgewendet hatte und doch von niemand geheilt werden konnte, (44) trat von hinten an ihn heran und berührte die Quaste seines Obergewandes, worauf ihr Blutfluß sofort zum Stillstand kam. (45) Da sagte Jesus: Wer ist es, der mich berührt hat? Als aber alle es abstritten, sagten Petrus und die mit ihm waren: Meister, der Volksauflauf drängt und drückt dich. (46) Jesus aber sagte: Es hat mich jemand berührt, denn ich merkte eine Kraft von mir ausgehen. (47) Als die Frau sah, daß es nicht verborgen blieb, kam sie zitternd hervor und fiel vor ihm nieder und berichtete vor dem ganzen Volk, warum sie ihn berührt hatte und wie sie sofort geheilt worden war. (48) Da sagte er zu ihr: Meine Tochter, dein Glaube hat dich gerettet. Geh hin in Frieden!«**

Jesus »*ging*« also »*hin*« in das Haus des Jairus. Ist unsere Vermutung richtig, daß Jairus in Kapernaum lebte, dann muß Jesus in der Nähe von Kapernaum gelandet sein. Jesus scheint keinen Moment gezögert zu haben. Er ist auf der Stelle bereit zu helfen und hat vom himmlischen Vater auch die Gewißheit, daß er helfen kann.

»*Die Massen erdrückten ihn beinahe*« (V. 42b). Der Urtext sagt drastisch: »Die Massen waren dabei, ihn zu ersticken.« Wer die engen Gassen des ausgegrabenen Kapernaum gesehen hat, der kann sich davon leicht eine Vorstellung machen.

Auf dem Weg zu Jairus passierte etwas Ungewöhnliches: »*Eine Frau, die seit zwölf Jahren den Blutfluß hatte, ... trat von hinten an ihn heran und berührte die Quaste seines Obergewandes*« (V. 43-44). Um die Situation zu verstehen, lohnt sich ein Blick ins AT. Dort finden wir die Gesetzesbestimmung: »Wenn eine Frau den Blutfluß eine lange Zeit hat, ... so wird sie unrein, solange sie ihn hat« (3 Mo 15,25). Alles, worauf sie sitzt oder liegt, und jeder, der sie selbst oder ihr Lager anrührt, wird unrein (3 Mo 15,26ff). Die Frau, von der die Evangelien hier berichten, ohne ihren Namen zu nennen, war also elend dran. Nahm sie es mit dem Gesetz ernst, dann durfte sie keinen Menschen berühren und nicht in die Synagoge, nicht in den Tempel, nicht auf den Markt gehen. Kein Wunder, daß »*sie ihr ganzes Vermögen für Ärzte aufgewendet hatte*« (V. 43), um von ihrem Elend loszukommen. Es ist unsicher, ob die Worte von »*ihr ganzes ... aufgewendet hatte*« im Urtext gestanden haben. Aber selbst wenn sie fehlten, sind sie sinngemäß berechtigt. Es ist doch klar, daß die Frau mit allen Mitteln danach trachtete, wieder gesund zu werden. Leider »*konnte sie von niemand geheilt werden*« (V. 43). Der Ausdruck »*Blutfluß*« bezeichnet krankhafte Blutungen.

Bengel bemerkte vor über 200 Jahren: »Lukas ist, als Arzt, recht offenherzig.« Seit Bengels Zeit und auch seit der Zeit Jesu sind allerdings zwei Dinge gleichgeblieben: Es gibt Fälle, an denen die »*Ärzte*« scheitern, und es gibt Krankheiten, die unser »*ganzes Vermögen*« kosten. Jakobus hat doch recht: »Was ist euer (menschliches) Leben? Ein Rauch seid ihr« (Jak 4,14).

Die Frau handelte heimlich. Sie benutzte das unglaubliche Gedränge (V. 42b), »*trat von hinten an ihn heran und berührte die Quaste seines Obergewandes*« (V. 44). Das vorschriftsmäßige jüdische Obergewand, eine Art Mantel, besaß vier Zipfel. An jedem Zipfel war mit einer Schnur aus blauem Purpur eine Quaste bzw. Troddel befestigt (4 Mo 15,37ff; 5 Mo 22,12; vgl. Sach 8,23). Jesus hielt sich auch hier an die Vorschriften des AT und trug deshalb dasselbe Obergewand (vgl. neben Lk 8,44 par noch Mt 14,36 par). Der Sinn dieser Quasten bestand übrigens darin, an Gottes Gebote zu erinnern (4 Mo 15,39f).

Hier stellen sich zwei Fragen: a) Warum tat die Frau das? Antwort: Es war damals eine weit verbreitete Ansicht, daß man durch die Berührung von Kleidern wundertätiger Männer gesund werden könne (vgl. Mt 14,36; Mk 3,10; 6,56; Apg 5,15; 19,11f). Nach heutigen Maßstäben wäre dies Aberglaube. b) Wie konnte sie so etwas tun? Sie verunreinigte ja Jesus (3 Mo 15,25ff)! Antwort: Sie verheimlichte ihr

Leiden. Nur deshalb konnte sie sich der Menge anschließen. Nur deshalb konnte sie bis zu Jesus vordringen.

Aber gerade letzteres gibt uns einen tiefen geistlichen Einblick. Was unrein war, wurde nämlich durch Jesus rein. Und umgekehrt: Er, der Reine, nahm die Unreinheit auf sich und wurde um unseretwillen unrein. Hier vollzog sich buchstäblich Jes 53,4: »Er trug unsere Krankheit und lud auf sich unsere Schmerzen.«

»*Sofort kam ihr Blutfluß zum Stillstand*« (V. 44). Gott ließ sich durch das Verhalten dieser Frau rühren, weil er ihr aufrichtiges Herz und ihre Not kannte. Wir erleben es im NT ja öfters, daß Gott sogar am Aberglauben anknüpft, wenn nur das Herz aufrichtig ist (z.B. Mt 2,1ff; Apg 19,11f). Die Worte »*ihr Blutfluß kam zum Stillstand*« stammen nach Meinung der Forscher aus der medizinischen Fachsprache.

»*Da sagte Jesus: Wer ist es, der mich berührt hat?*« (V. 45). Jesus hat die Berührung also sofort registriert. Obwohl ihn alle Anwesenden fortwährend drängten und stießen! Sie »*alle aber*« sagten, sie seien es nicht gewesen. »*Petrus und die mit ihm waren*«, d.h. wohl die begleitenden Jünger, haben eine rasche Erklärung: »*Meister, der Volksauflauf drängt und drückt dich*« (V. 45). Sie wollen damit vorsichtig andeuten, Jesus habe eine unsinnige Frage gestellt. Wie oft wissen es seine Jünger besser bis zum heutigen Tag! Bei dieser Gelegenheit zeigt es sich auch, daß Petrus der Sprecher der Jünger war.

Wir fügen hier hinzu, daß es umstritten ist, ob die Worte »*und die mit ihm waren*« wirklich im Urtext standen. Die meisten alten Handschriften enthalten jedoch diese Worte. Deshalb wurden sie von uns (anders als in der Lutherbibel) beibehalten.

Jesus blieb fest: »*Es hat mich jemand berührt, denn ich merkte eine Kraft von mir ausgehen*« (V. 46). Mit dieser vom Vater geschenkten »*Kraft*« hatte er seine Erfahrungen (vgl. 5,17; 6,19). Er war sich also über folgendes im klaren: a) Jemand hatte ihn gezielt »*berührt*«; b) dieser Jemand suchte bei ihm Heilung; c) diese bisher unbekannte Person besaß Vertrauen zu ihm. Nun wollte er die betreffende Person kennenlernen und mit ihr reden.

Die hartnäckige Nachfrage Jesu machte der Frau klar, daß die Sache »*nicht verborgen*« bleiben konnte (V. 47). »*Zitternd*« tat sie den Schritt in die Öffentlichkeit, was natürlich eine große Demütigung bedeutete. »*Sie fiel vor*« Jesus »*nieder und berichtete vor dem ganzen Volk, warum sie ihn berührt hatte und wie sie sofort geheilt worden war«*. In diesem Moment wußte sie noch nicht, was Jesus tun würde. Dennoch blieb sie bei der Wahrheit.

Jesus handelt mit wunderbarer Barmherzigkeit. Er hat keinen Tadel, keine Kritik; nur Trost, nur Verheißung. »*Er sagte zu ihr: Meine Tochter, dein Glaube hat dich gerettet*« (V. 48). »Meine Tochter« ist die freundliche, ja liebevolle Anrede seitens eines Höhergestellten (vgl. Mk 2,5; Lk 13,16). »*Glaube*« nennt er das Verhalten der Frau, weil er das Herz ansieht, und nicht die äußerliche Praxis. Wie weit haben es da manche Theologen mit ihrem »chemisch reinen« Glauben und ihrer fabelhaften Theorie bis zum wirklichen Vertrauen dieser Frau! Jesus benutzt offenbar bewußt das doppelsinnige Wort »*retten*«: »*Dein Glaube hat dich gerettet.*« Er will damit sagen: Dein Glaube hat dich a) von der Krankheit befreit, und b) in eine Lebensverbindung mit mir gebracht. Genau dasselbe sagte er zu der Sünderin in Lk 7,50. Wir haben schon einmal bemerkt, daß bei Jesus der Glaube eine zentrale Rolle spielt und alles das vorbereitet wird, was Paulus in Röm 3,20ff über den Glauben sagt. Nun heißt es: »*Geh hin in Frieden.*« Dieser alttestamentliche Friedensgruß, der im modernen »Schalom« weiterlebt (vgl. Ri 18,6; 1 Sam 1,17; 2 Sam 15,9; 1 Kön 22,17) hat bei Jesus eine besondere Bedeutung. Er bedeutet nämlich, daß zwischen dem betreffenden Menschen und Gott wahrer »*Friede*« herrscht, daß Gottes Zorn über diesem Menschen beendet ist, und daß er frohen Herzens der Zukunft entgegen-»*gehen*« kann.

So also schließt der Bericht von der blutflüssigen Frau.

8,49-56: **(49) »Während er noch redet, kommt jemand vom Synagogenvorsteher und sagt: Deine Tochter ist gestorben. Bemühe den Lehrer nicht mehr! (50) Jesus aber, der es gehört hatte, antwortete ihm: Fürchte dich nicht! Glaube nur, dann wird sie gerettet! (51) Als er aber zum Haus gekommen war, ließ er niemand mit hineingehen außer Petrus und Johannes und Jakobus und den Vater und die Mutter des Mädchens. (52) Alle aber weinten und betrauerten sie. Er jedoch sagte: Weint nicht! Denn sie ist nicht gestorben, sondern sie schläft. (53) Da verlachten sie ihn, weil sie ja wußten, daß sie gestorben war. (54)Er aber ergriff ihre Hand und rief: Mädchen, steh auf! (55) Da kehrte ihr Geist zurück und sie stand auf der Stelle auf. Und er befahl, man solle ihr zu essen geben. (56) Und ihre Eltern gerieten außer sich. Er aber gebot ihnen, niemand zu sagen, was geschehen war.«**

Was für ein Ereignis! Und wieviele Rätsel in diesem Bericht!
Die Spannung erhöht sich noch dadurch, daß Lukas in der Gegenwartsform berichtet: »*Während er noch redet, kommt jemand vom Synagogenvorsteher*« (V. 49). Es ist »*jemand*« aus dem Haus des »*Synagogenvorstehers*«. Wer ihn schickte, wissen wir nicht. Der Synagogenvorsteher Jairus jedenfalls befindet sich in der Begleitung Jesu.

Die Botschaft des Mannes ist niederschmetternd, fast brutal: »*Deine Tochter ist gestorben. Bemühe den Lehrer nicht mehr!*« (V. 49) In der Tat: Wer kann da noch helfen? Der Tod hat Leben und Hoffnung gelöscht. Was soll man hier noch Jesus »*bemühen*«? Im Urtext steht hier ein Wort, das »ermüden«, »plagen«, »behelligen«, »belästigen«, »bemühen« bedeuten kann (vgl. 7,6). Also: Es ist schade um jede Minute, die Jesus weiter mit diesem Fall verbringt. Interessant übrigens, daß Jesus schlechthin »*der Lehrer*« heißt. In pharisäischen Kreisen hatte »Lehrer« und »Rabbi«, einen hohen Klang. Jesus wird mit großem Respekt behandelt, obwohl er nicht ordiniert und nicht Schüler eines bestimmten Rabbi ist.

Die Antwort »*Jesu*« ist königlich (V. 50). Es ist die Antwort des Gottessohnes, der mächtiger ist als der Tod. Er »*hatte gehört*«, was der Bote sagte. Bevor Jairus etwas sagen konnte oder wollte, richtete Jesus das Wort an ihn (= Jairus): »*Fürchte dich nicht! Glaube nur, dann wird sie gerettet*« (V. 50). Jesus will ihm die Furcht vor dem Tode nehmen. Jairus selbst muß jetzt gar nichts tun: »*Nur glauben*«! Aber wie schwer wiegen diese Worte in einer solchen Situation. »Nur«: als ob »glauben« so leicht wäre! Tun wir das denn heute in *unserer* Situation: »*nur glauben*«? Also alles andere aus Kopf und Herz verbannen? Doch ohne glauben = vertrauen geht es nicht. Wieder sehen wir die zentrale Rolle, die der Glaube in der Jesusverkündigung spielt (vgl. 7,50; 8,25.48). Vertraut Jairus, »*dann wird*« seine Tochter »*gerettet*« = ins Leben zurückkehren. Doch wem vertrauen? Die Antwort ist hier klar: Jesus vertrauen (vgl. Mt 8,8ff).

Jairus tat es. Woher wissen wir das? Aus der schlichten Tatsache, daß Jesus seinen Weg bis »*zum Haus*« des Jairus fortsetzte (V. 51).

Doch warum »*ließ Jesus niemand mit hineingehen außer Petrus und Johannes und Jakobus und den Vater und die Mutter des Mädchens*«? (V. 51) »*Petrus und*« die beiden Zebedäussöhne »*Johannes und Jakobus*« waren auch die einzigen Jünger, die auf dem Berg der Verklärung mit dabei waren (Mt 17,1; Mk 9,2; Lk 9,28), sowie die einzigen Gebetszeugen von Gethsemane (Mt 26,37; Mk 14,33). Offenbar bildeten diese drei den engsten Kreis der Jüngerschaft. Gelegentlich stieß Andreas als vierter zu ihnen (Mk 13,3). Hier drückt sich eine gewisse Rangordnung aus. Jesus mutete es den übrigen Mitgliedern des Zwölferkreises zu, diese Rangordnung anzuerkennen. Es gehört also zu unserer geistlichen Reife, daß wir solche geistlichen und weltlichen Leitungsorgane bejahen und unterstützen (vgl. Apg 23,3-5; Röm 13,1-7; 1 Thess 5,12; 1 Petr 2,13-17; Hebr 13,17). Übrigens dienten die drei anwesenden Jünger damals auch als die drei nötigen Zeugen im Sinne der alttestamentlichen Rechtsordnung (5 Mo 17,6; 19,15; Hebr 10,28). Das Dabeisein der Eltern, also des »*Vaters*« Jairus und der »*Mutter des Mädchens*«, ist eine besondere Barmherzigkeit, die den Glauben der Eltern festigen soll. Weder Elia noch Elisa hatten bei ihren Totenerweckungen die Eltern dabeisein lassen (vgl. 1 Kön 17,19ff; 2 Kön 4,33ff).

Im Haus herrschte die Totenklage. »*Alle weinten und betrauerten*« die jugendliche Tote (V. 52). Damals erfolgte die Bestattung in der Regel noch am Todestag. So mußte die Totenklage rasch eingeleitet werden. Das griechische Wort für »*betrauern*« heißt eigentlich: »sich vor Trauer an die Brust schlagen«. Grund genug bestand dafür: Ein junges Leben, Stütze der Hoffnung und der Familie, evtl. an der Schwelle zur Heirat! Das Unnatürliche des Todes greift besonders bei jung Verstorbenen ans Herz.

Der Herr des Lebens, Jesus, »*jedoch sagte: Weint nicht! Denn sie ist nicht gestorben, sondern sie schläft*« (V. 52). »*Weint nicht!*«: Die ganze Heilsgeschichte ist ein Kampf gegen die Tränen, die die Menschen in einer gefallenen Welt vergießen müssen (vgl. Jes 25,8; Lk 7,13; Offb 5,5; 7,17; 21,4). Tränen gibt es erst, seit es den Tod gibt (Jes 25,8), d.h. seit dem Sündenfall. Würde Jesus nur menschliches Mitleid äußern, dann wären die Worte »*Weint nicht!*« lediglich eine Vertröstung, ein billiger Trost. Aber hinter seinen Worten steht göttliche Macht, und deshalb sind sie ein echter Trost auch für uns heute. Doch wie sollen wir seine Äußerung: »*Sie ist nicht gestorben, sondern sie schläft*« verstehen? Bedeutet das, daß sie scheintot war? Die Annahme eines Scheintodes würde aber dem ganzen Zusammenhang und überdies den Parallelen in Joh 11,11ff; Lk 7,11ff widersprechen. Was dann? Der Ausdruck »schlafen« bezeichnet in der Bibel bekanntlich sehr oft den Zustand, in dem sich die Verstorbenen befinden (vgl. neben 1 Thess 5,10 noch Mt

27,52; Joh 11,11; 1 Kor 7,39; 11,30; 15,6.51; 1 Thess 4,13ff.). Er paßt ja auch sehr gut, weil er den Zustand vor dem »Auferstehen« bezeichnet (vgl. hier Dan 12,2.13). Gemeint ist also der Zwischenzustand zwischen Tod und Auferstehung, in dem es eine eingeschränkte Fortexistenz des Menschen gibt. Jesus bestätigt diesen Zwischenzustand an mehreren Stellen (Lk 8,52 parr; 16,19ff.; 23,43; Joh 11,11). Der Sinn seiner Aussage in V. 52 ist also: »Das Mädchen ist wohl tot. Aber es existiert fort, und ich kann sie in dieses Leben zurückholen = aufwecken.«

»Da verlachten sie ihn, weil sie ja wußten, daß sie gestorben war« (V. 53). Leon Morris bemerkt, daß dies der einzige Fall im NT sei, bei dem im Urtext das Wort *»verlachen«* bzw. »auslachen« vorkommt. Ausgelacht wird also nur Jesus! Das Lachen mag verschiedene Gründe gehabt haben: bei den Angehörigen als ein Lachen der Verzweiflung, bei den Profis der Klagezeremonie (vgl. Mt 9,23; Mk 5,38) als ein Ausdruck der Verachtung oder des Unglaubens oder einfach der Vernunft. Wir halten jedoch fest, daß die Eltern und die drei begleitenden Jünger nach dem Zusammenhang dieses Bibelabschnitts nicht zu den Lachenden gehörten (vgl. Mt 9,23ff; Mk 5,38ff). Gemeinsam ist aber allen Anwesenden das Wissen (*»sie wußten«*), daß das Mädchen tatsächlich *»gestorben war«*. Damit ist die Annahme eines Scheintodes noch einmal widerlegt.

Die Wunder Jesu verliefen nie schematisch. In diesem Fall schickte Jesus alle aus dem Sterbezimmer hinaus, mit Ausnahme der Eltern und der drei Jünger (vgl. Mt 9,25; Mk 5,40). Dann *»ergriff er«* die *»Hand«* der Toten (V. 54). Ähnliches geschah in anderen Fällen (vgl. Mt 8,15; Mk 9,27). Darauf sprach er die Tote an: *»Mädchen, steh auf!«* Vgl. dazu Lk 7,14; Apg 9,40. Weil Tote fortexistieren, bleiben sie für Gott ansprechbar. Jesu göttlicher Ruf erreichte also auch diese Tote. Selbst im Totenreich gilt das Wort aus Jes 59,1: »Des Herrn Arm ist nicht zu kurz, daß er nicht helfen könnte.«

»Da kehrte ihr Geist zurück« beschreibt die Wiederkehr des Lebens im irdischen Sinne (V. 55). Das Mädchen mußte später wieder sterben, ebenso wie Lazarus und der Jüngling von Nain. Die Worte *»ihr Geist kehrte zurück«* beschreiben also nicht das ewige Leben. Sie entsprechen 1 Kön 17,22 und 2 Kön 4,34. Biblisch betrachtet ist es so, daß sich beim Sterben die innere Persönlichkeit (*»Geist«*) und der Leib voneinander trennen. Deshalb bezeichnet die Wiederkehr des Geistes in den Leib die Wiederbelebung. Es ist Gottes Sache, ob er

den »*Geist*« aus dem Leib herausruft oder in den Leib wiederkehren läßt und damit Tote wieder lebendig macht. Dieses Wunder offenbart also die Göttlichkeit Jesu (vgl. 1 Mo 2,7; Ps 90,3; 146,4 mit 1 Kön 17,22; 2 Kön 4,34). Es ist jetzt eindeutig festgestellt: Jesus ist mächtiger als der Tod. Er zwingt den Tod zur Herausgabe des Mädchens.

»*Auf der Stelle*« (= sofort) »*stand sie auf*« (V. 55). Sie verließ das Sterbebett. Jesu nächster Schritt ist von unüberbietbarer Nüchternheit: »*Er gebot ihnen, man solle ihr zu essen geben*« (V. 55). Damit erreicht er zweierlei: a) die leibliche Stärkung, b) die Wiederaufnahme in die menschliche Gesellschaft. Es ist interessant, daß gerade der Arzt Lukas diese Einzelheit berichtet. Leon Morris bemerkt mit angelsächsischem Realitätssinn: »Selbst im Augenblick eines unglaublichen Wunders übersieht Jesus die Bedeutung praktischer Einzelheiten nicht«.

Man versteht, daß »*die Eltern außer sich gerieten*« (V. 56). Auch die Jünger waren tief beeindruckt, wie die dreifache Schilderung in Mt 9,18ff; Mk 5,21ff; Lk 8,40ff verrät. Allerdings hatten sie schon einmal eine Totenauferweckung miterlebt (7,11ff). Immerhin muß man sehen, daß der Arzt Lukas besonders von dem Thema »Sterben-Tod-Auferstehung« bewegt wird (vgl. Lk 7,11ff; 8,40ff; 12,16ff; 16,19ff; 23,39ff; 24,13ff).

Warum »*aber gebot*« Jesus »*ihnen*«, d.h. den Eltern , »*niemand zu sagen, was geschehen war*«? (V. 56). Ähnliche Mahnungen ziehen sich durch verschiedene Evangelien (vgl. Mt 8,4; 9,30; 12,16; Mk 1,43f; 3,12; 7,36; 8,26.30; 9,9; Lk 5,14; 8,56; 9,21). Aber konnte denn die Rückkehr ins Leben bei diesem zwölfjährigen Mädchen überhaupt verborgen bleiben? Natürlich nicht. Aber Jesus wollte, daß die Tatsachen für sich sprechen sollten. Er wollte keine Propaganda durch Jairus und seine Frau. Und wieder muß man fragen: Warum nicht? Der Schlüssel zur Antwort liegt in Mk 9,9: Jesus wollte zuerst seine messianische Aufgabe vollenden (vgl. Joh 19,30), bevor man ihn missionarisch verkündigte. Denn bis zum Kreuzestod stand er in der Gefahr, von Gott abzufallen (vgl. Hebr 5,8). Erst nach dem Kreuzestod war die Verkündigung durch die Jünger freigegeben. Aus diesen Zusammenhängen kann man schließen, daß Jairus und seine Frau Jünger Jesu geworden sind.

Halten wir noch einmal fest: a) Jesus ist mächtiger als der Tod; b) Lk 8,40ff ist zugleich ein Symbol der Auferstehung, bei der alle Toten dem Ruf Jesu gehorchen müssen (vgl. Lk 8,54; Joh 11,43 mit Joh 5,25ff).

Vorschlag zur Bibelarbeit über Lukas 8,40-56

1. Einleitung:

a) Die große inhaltliche Fülle dieses Berichtes, der eigentlich ein Doppelbericht ist, macht es notwendig, für eine klare Gliederung und die Herausarbeitung einiger Hauptgedanken zu sorgen.
b) Noch einmal haben wir Anlaß, das Verhältnis Jesu zu den Pharisäern und zur Synagoge zu überdenken. Denn Jairus ist ja Synagogenvorsteher.
c) Wichtig ist das Stichwort »glauben«. Was lernen wir persönlich aus dieser Glaubensgeschichte? Wir überlegen ferner: Welche Rolle spielt bei Jesus der Glaube? Auch bei den Heilungsberichten? An wen sollen wir glauben?
d) Wieder begegnet uns Jesus als Sieger über den Tod (vgl. 7,11ff und Joh 11). Wie stehen wir Christen eigentlich zum Tod?
e) Als Überschrift schlagen wir vor: »Der Glaube an Jesus hilft«.

2. Durchführung: »Der Glaube an Jesus hilft«

a) Jeder darf zu Jesus kommen

Was ist das für ein Unterschied! – Soeben wurde Jesus von den Gergesenern abgelehnt und weggeschickt – Jetzt aber stehen die Menschen erwartungsvoll an der Landestelle – Einer hat ein besonders großes und bedrückendes Anliegen; Jairus – Seine Tochter, sein einziges Kind, fast im Heiratsalter, liegt todkrank – Er bahnt sich den Weg zu Jesus: gerade er, der Pharisäer, der angesehene Mann (aus Kapernaum), der Synagogenvorsteher! – Da wird uns klar: Jeder darf zu Jesus kommen, ob reich oder arm, ob Pharisäer oder Zöllner, ob Mann oder Frau usw. – Und da ist diese Frau mit einem zwölfjährigen, bisher unheilbaren Leiden – Da ist die Not, die das Vermögen verbraucht und beinahe zur Lüge nötigt – Da ist das Zittern: Wie kann ich zu diesem berühmten Jesus kommen? – So rührt sie nur die Quasten seines Gewandes an – Aber auch sie darf kommen – Es liegt also nicht an Gott oder Jesus, daß nicht alle zu ihm kommen – Es liegt an uns, ob wir's tun! – So also fängt der Glaube an!

b) Jedem Glaubenden wird geholfen

Was ist das für ein Wunder, das die Frau erlebt – Wir sind uns darüber klar, daß das mit unsern äußeren Leiden nicht immer so verläuft – Aber zu seiner geistlichen Rettung bekommt jeder Mensch unter allen Umständen die nötige Hilfe vom Herrn – Zurück zu der Frau: Sie muß jetzt doch mit Jesus reden! – Jesus läßt sich durch keinen Einwand abhalten, diese Frau zu suchen und in eine persönliche Beziehung zu ihm hereinzuholen – Die Frau bezeugt vor allen Anwesenden ihre Heilung – Sie redet mit Jesus – Und da kommt erst der geistliche Durchbruch: *»Meine Tochter, dein Glaube hat dir geholfen«* – *»Meine Tochter«*, das ist die geistliche Gemeinschaft mit Jesus – *»Dein Glaube«*, das ist der Glaube an Jesus – *»Hat dir geholfen«*, das meint mehr als äußere Gesundung – Das meint, daß die Frau durch Jesus eine neue Gemeinschaft mit Gott bekommen hat. Deshalb hat sie jetzt Frieden – So ist das bis heute: Jedem Glaubenden wird geholfen.

c) Der Glaube an Jesus überwindet sogar den Tod

Wieder machen wir uns klar, daß die Auferweckung der Tochter des Jairus ein Zeichen ist, das eine anschauliche Botschaft an alle Menschen sein soll – Noch sind nicht alle Toten im Israelland auferweckt! – Aber wir blicken durch dieses Zeichen bis zum Ende der menschlichen Geschichte, wo einmal der Tod von aller Beute lassen muß – Was ist also damals geschehen? – Das Mädchen stirbt – *»Mach den Meister* (Jesus) *nicht müde«*, sagen die Leute – Doch Jesus sagt: *»glaube nur«* – Bis heute ist das eine dringliche Anweisung Jesu: Halte den Glauben an mich durch, auch wenn alles dagegen spricht! – Nur drei Zeugen nach alttestamentlichem Recht sind dabei, weil Jesus kein Spektakel will – Das unterscheidet ihn von vielen heutigen »Heilern« – Jesus wird ausgelacht – Diese Menschen glauben also mehr an den Tod, als an Jesus – Hat sich das heute geändert? – Und dennoch besiegt Jesus den Tod und weckt das Mädchen vom Tode auf – Der Glaube seitens der Eltern hat also sogar den Tod überwunden – Weil es eben ein Glauben an Jesus war, der stärker ist als der Tod – Dieser Jesusglaube wird niemals zuschanden – Er wird auch die Auferstehung zum ewigen Leben am Ende unserer Geschichte erleben – Machen wir uns Mut: Der Glaube an Jesus hilft!

25. Die Mission der Zwölf in Israel (9,1-6)

Auch da berichten Matthäus, Markus und Lukas gemeinsam (vgl. Mt 9,35ff; 10,5ff; Mk 6,7ff) Überdies ordnen sie die Aussendung der Zwölf in dieselbe Zeit ein, nämlich in die Frühzeit Jesu.

Man muß diese Missionsbemühung in Israel unterscheiden von der allgemeinen Weltmission. Diese konnte erst nach Kreuz und Auferstehung richtig beginnen (vgl. Mt 28,18ff parr). Vor Kreuz und Auferstehung aber war Jesus nur gesandt »zu den verlorenen Schafen des Hauses Israel« (Mt 15,24; vgl. Röm 15,8). Israel sollte zuerst umworben und eingeladen werden. Diese Richtlinie galt auch für die Jünger. Man darf also den speziellen Missionsbefehl für Israel, der noch in die Zeit vor der Kreuzigung gehört, nicht vermischen mit der späteren Weltmission.

9,1-6: **(1) »Er rief aber die Zwölf zusammen und gab ihnen Kraft und Vollmacht über alle Dämonen und zur Heilung von Krankheiten. (2) Und er sandte sie aus, um das Reich Gottes zu verkündigen und die Kranken zu heilen, (3) und sagte zu ihnen: Nehmt nichts mit auf den Weg, weder Stab noch Reisesack noch Brot noch Geld noch zwei Untergewänder. (4) Und in dem Haus, in das ihr einkehrt, dort bleibt und von dort zieht weiter. (5) Und wo man euch nicht aufnimmt, da geht fort aus der betreffenden Stadt und schüttelt den Staub von euren Füßen zum Zeugnis gegen sie. (6) Da zogen sie hinaus und verteilten sich auf die Dörfer, wobei sie das Evangelium verkündigten und überall heilten.«**

Es ist schon ein bewegendes Geschehen, wie da die messianischen Jünger durch die Dörfer ziehen, um Israel für seinen Messias zu gewinnen. Über ihnen liegt ein Hauch von Freude und Frische.

Die Initiative lag jedoch ganz bei Jesus: »*Er rief die Zwölf zusammen*« (V. 1). Ziel der »*Zusammen*«-kunft war die Instruktion über den Auftrag und die notwendige Ausrüstung: »*Er gab ihnen Kraft und Vollmacht über alle Dämonen und zur Heilung von Krankheiten.*« Wenn es in 4,36 heißt, Jesus selbst habe »*Kraft und Vollmacht*« gehabt, dann ist klar, daß die Jünger sein verlängerter Arm sind. Dabei ist die »*Kraft*« die Fähigkeit zum Wunder (vgl. 5,17; 8,46), während die »*Vollmacht*« die von Gott verliehene Autorität darstellt. Weil nur Jesus beides »*geben*« kann, bleiben die Jünger total von ihm abhängig. Sowohl die Kraft als auch die Vollmacht sind auf den konkreten Auftrag begrenzt. Überschreiten die Jünger eigenmächtig diese Grenze, dann verlieren sie beides.

»*Und er sandte sie aus*« (V. 2): Das griechische Wort für »*aussenden*« heißt »apostellein«, das Hauptwort dazu lautet »apostolos«. Deshalb heißen die Zwölf auch die »Apostel« (auf deutsch: »Gesandte«). Ihr Auftrag ist nun ein doppelter: Sie sollen a) »*das Reich Gottes verkündigen*« und b) »*die Kranken heilen*« (V. 2). Das ist genau das, was Jesus selbst getan hat (vgl. Mt 4,23; 9,25; Lk 4,15.43f; 8,1). Dabei beachten wir die Reihenfolge. Zuerst kommt die Verkündigung, dann erst die Krankenheilung. Das Lukasevangelium hat die von Jesus befohlene Priorität des Wortes vor dem Wunder beharrlich beibehalten. Lukas ist ein echter Worttheologe. Wenn ferner die Jünger der verlängerte Arm Jesu sind, dann ist es auch klar, daß sie nicht sämtliche »*Kranke*« in Israel »*heilen*« sollten, sondern nur die, die ihnen der Vater im Himmel vor die Füße legte. Krankenheilungen aber waren für Israel etwas Wichtiges, weil die Propheten gesagt hatten, der Messias werde die Kranken heilen (vgl. Jes 29,18f; 35,5f). Hätten Jesus und seine Jünger keine Kranken geheilt, dann hätte Israel in Jesus nicht den Messias erkennen können (vgl. 7,18ff). In der späteren Weltmission spielen dagegen die Krankenheilungen eine geringere Rolle (vgl. Mt 28,18ff; Mk 16,15ff; Lk 24,47ff; Joh 20,21ff; Apg 1,8).

Die äußere Ausstattung der Jünger ist armselig. »*Jesus sagte zu ihnen: Nehmt nichts mit auf den Weg*« (V. 3). »*Weder Stab noch Reisesack*« ist erlaubt. Damit sind sie ärmer als Jakob (1 Mo 32,11), Gehasi (2 Kön 4,29) oder die Exodus-Generation (2 Mo 12,11). Der »*Stab*« ist übrigens kein idyllischer Wanderstab, sondern der dringend notwendige Stock, mit dem man Hunde vertreibt und sich den Weg bahnt. Der »*Reisesack*« (Lutherbibel u.a.: »Tasche«) diente dem Proviant und wurde z.B. von Hirten oder Wanderpredigern getragen. Also nicht einmal Reiseproviant für die Jünger! Auch »*Brot*« und »*Geld*« sind nicht erlaubt. Dabei wäre das Geld so nötig gewesen, wenn man schon auf Brot und Reiseproviant verzichten mußte. Wer sollte die Apostel dann mit Nahrung versorgen? Barmherzige Leute, die sie aufnahmen und auf die sie vertrauen mußten (vgl. Mt 10,10 und 4 Mo 18,31 mit Lk 22,35). »*Noch*« nicht einmal »*zwei Untergewänder*« waren erlaubt. Bei längerer Abwesenheit nahmen vorsorgliche Leute zwei Untergewänder mit, schon wegen der Kälte der Nächte (vgl. Lk 3,11). Auch diese Vorsorge wird den Aposteln also aus der Hand geschlagen.

Und warum diese Kargheit? a) Um den Glauben zu schulen (vgl. V. 4 und 10,7). b) Um die Mission schnell und beweglich zu machen. Jesus weiß, daß die Zeit in Galiläa abläuft (vgl. 9,51). Deshalb will er vorher noch möglichst viele Galiläer erreichen.

Bevor wir zu V. 4 kommen, müssen wir noch ein Problem ansprechen, das sich aus dem Vergleich der Evangelien ergibt. Nach Mk 6,8 erlaubte nämlich Jesus die Mitnahme eines Stabes (»nichts mitzunehmen auf den Weg als allein einen Stab«), während in Mt 10,10 und Lk 9,3 die Mitnahme eines Stabes verboten wird. Eine Lösung dieses Problems ist in mehrfacher Weise denkbar: a) Markus erlag einem Hör- oder Gedächtnisfehler. Er selbst war ja kein Augen- und Ohrenzeuge wie Matthäus. Gott hätte dann bei der Niederschrift durch Markus nicht eingegriffen, weil wir ja einen solchen Hör- oder Gedächtnisfehler leicht durch Matthäus und Lukas korrigieren können. b) Jesus beließ denen, die schon einen Stock besaßen, diesen Stock. Das könnte z.B. auf Petrus zutreffen, der der Gewährsmann des Markus war. Den anderen verbot er, sich erst noch Stöcke zu besorgen. Dann wären sowohl Mt/Lk als auch Mk im Recht. Eine solche Auslegung würde durch Mt 10,9 und Lk 22,38 gestützt (vgl. Mt 26,52). Wir wissen nicht mehr, was im Falle des Stabes zutrifft. Deshalb lassen wir das Problem offen. Der Sinn der Aussage wird im übrigen nicht verändert, gleichgültig, ob nun der Stab in die Aufzählung von Lk 9,3 parr hineingehört oder nicht.

Drei Punkte regelt die Missionsinstruktion Jesu nach Lk 9,1ff: a) das Ziel der Mission (verkündigen und heilen), b) die Ausstattung der Missionare (»Nehmt nichts mit«), und c) die Missionsstrategie. Letztere bildet nun den Inhalt von V. 4 und 5:

»Und in dem Haus, in das ihr einkehrt – dort bleibt« (V. 4). »Haus« ist hier mehr als ein Gebäude. Es bezeichnet zugleich die Familie. Und das *»Einkehren«* ist mehr als ein Gruß oder eine Erfrischungspause. Es bezeichnet die gastliche Unterkunft (vgl. Apg 16,15). Sinngemäß sagt also Jesus: Dort, wo ihr eine gastfreundliche, vielleicht sogar glaubensbereite Familie getroffen habt, *»dort bleibt«*. In dem Befehl *»bleibt!«* steckt ein scharfer Gegensatz zum herumziehenden und herumbettelnden Wanderpredigertum. Die Mission Jesu geht von einem Kern, einer Zelle, aus. Die Sammlung steht immer vor der Sendung, der Kern immer vor dem großen Kreis. Das ist auch außerhalb Israels gültig geblieben (vgl. wieder Apg 9,43; 16,15; 17,7; 18,1-3; 20,8ff). Es wäre heute gut, wenn wir uns an diese Dinge zurückerinnerten. Vergessen wir aber auch die Fortsetzung nicht: *»Und von dort zieht weiter«* (so die bessere Übersetzung gegenüber der Lutherbibel). Das heißt doch: Belästigt die Gastgeber nicht länger als unbedingt nötig, setzt euch nicht ins weiche Nest, sondern sorgt für den Fortgang der Mission. Jetzt ist auch die Frage der Versorgung geklärt: Die Missionare leben von dem, was ihnen im Gastgeberhaus zufließt, weil Gott die Herzen der Gastgeber dazu bereit gemacht hat. Sie leben also buchstäblich von einem Gotteslohn wie die Leviten (vgl. Mt 10,10 mit 4 Mo 18,31).

Was geschieht, wenn in einer Ortschaft niemand bereit ist, die Jünger-Missionare aufzunehmen? Auch dafür hat Jesus eine »Amtsvorschrift« (F. Godet): *»Und wo man euch nicht aufnimmt, da geht fort aus der betreffenden Stadt«* (V. 5). Der Befehl ist hart, aber heilsam. Sonst verbeißen sich die Missionare in aussichtslose Situationen, rennen gegen verschlossene Türen, wo doch daneben offene sind (vgl. Offb 3,7f mit Apg 14,27; 1 Kor 16,9; 2 Kor 2,12; Kol 4,3). Um den ganzen Ernst der Ablehnung deutlich zu machen, sollen sie *»den Staub von«* ihren *»Füßen schütteln«*, damit ein sichtbares *»Zeugnis gegen«* die Bewohner *»jener Stadt«* (so wörtlich) aufgerichtet wird. Niemand soll später das Blut der Unbekehrten von der Hand der Missionare fordern (vgl. Hes 3,16 ff. sowie Mt 10,18; 24,14). Paulus hat es später tatsächlich so gemacht (Apg 13,51; 18,6). Überhaupt hat man den Eindruck, daß Paulus diese Missionsinstruktion kannte und befolgte (vgl. Ap 13,51; 16,15; 17,7; 18,1ff.6; 20,8ff; 1 Kor 16,9; 2 Kor 2,12; Kol 4,3).

Zweierlei wollen wir im Blick auf Lk 9,5 noch beachten: a) Mit dem Jünger nimmt man Jesus selber auf bzw. lehnt ihn ab: *»Wer euch hört, der hört mich; und wer euch verachtet, der verachtet mich«* (Lk

10,16). b) Die Hörer handeln aus freier Willensentscheidung. »Das Evangelium drängt sich nicht auf« (F. Godet).

Voll Freude und Engagement »*zogen sie* (= die Apostel) *hinaus und verteilten sich auf die Dörfer*« (V. 6). Die Übersetzung »*verteilten sich auf die Dörfer*« wird nicht nur vom Urtext, sondern auch von Mk 6,7 gefordert, wonach die Jünger-Missionare »je zwei und zwei« gingen. Daß sie »*auf die Dörfer zogen*«, bedeutet keine Flucht vor der Stadt, sondern die aufopferungsvolle Bemühung, den letzten Winkel Galiläas zu erreichen.

Sie taten dort, was ihr Auftrag war: »*Sie verkündigten das Evangelium und heilten überall*« (V. 6). An den Aposteln lag es also nicht, wenn später Israels Mehrheit Jesus ablehnte (vgl. Mk 6,12f).

In Lk 10,1ff unternimmt Jesus einen zweiten Missionsfeldzug, um Israel für sich zu gewinnen.

26. Die Stellung des Herodes Antipas zu Jesus (9,7-9)

Lukas bietet mehr Nachrichten über die Herodianer als alle anderen Evangelisten (vgl. 1,5; 3,1.19; 8,3; 9,7-9; 13,31ff; 23,7-15; Apg 4,27; 12,1ff.11ff; 13,1; 25,13ff; 26,1ff). So ist auch Lk 9,7-9 ausführlicher als die Parallelstellen Mt 14,1f; Mk 6,14-16. Woher Lukas seine guten Informationen hat, wissen wir nicht (von Chuzas Lk 8,3 oder von Manaen Apg 13,1?).

9,7-9: **(7) »Aber der Tetrarch Herodes hörte von allem, was geschah, und befand sich in großer Unsicherheit, weil von einigen gesagt wurde: Johannes ist von den Toten auferstanden, (8) von andern: Elia ist erschienen, von wieder andern: einer von den alten Propheten ist auferstanden. (9) Herodes aber sagte: Johannes habe ich selbst enthauptet. Wer ist dann der, über den ich solche Dinge höre? Und er suchte nach Wegen, ihn einmal zu sehen.«**

Um es vorwegzunehmen: Die Begegnung zwischen Herodes und Jesus kam erst in der Passionswoche zustande (23,6ff). Warum sie nicht früher stattfand, wissen wir nicht. Genierte sich Herodes, eine Predigt Jesu zu hören? Oder hielt er sich aus politischen Gründen aus dem Problemfeld »Jesus von Nazareth« völlig heraus?

Es handelt sich jedenfalls um »*Herodes*« Antipas, den Sohn von Herodes d. Großen, der von 4 v.Chr. bis 39 n. Chr. Galiläa und Peräa als »*Tetrarch*« (dt. Vierfürst) – also nicht als König! – regierte. Als Landesherr Jesu »*hörte er*« natürlich »*von allem, was geschah*« (V. 7). Der Nachrichtendienst war damals nicht schlechter als heute, evtl. allerdings langsamer.

Die empfangenen Nachrichten versetzten ihn »*in große Unsicherheit*«. Sie resultierte aus den verschiedenen Bewertungen der Person Jesu. »*Von einigen wurde gesagt: Johannes ist von den Toten auferstanden*« (V. 7; vgl. Mk 6,14). Herodes selbst scheint dieser Annahme zugestimmt zu haben (Mt 14,2; Mk 6,16). Eine solche Annahme ist nur verständlich, wenn man an eine Auferstehung der Toten glaubt und zugleich mit einem Wiederkommen früherer Propheten rechnet. Das geschah vor allem im Umkreis der Pharisäer (vgl. Apg 23,8). Der Edomiter Herodes hat demnach pharisäische Lehrmeinungen akzeptiert. Vgl. ferner Lk 9,19.

»*Von andern wurde gesagt: Elia ist erschienen*« (V. 8). Die Erwartung eines zweiten »*Elia*« war damals weit verbreitet (vgl. Sir 48,10; Mt 16,14 parr; 17,10ff par; 27,47ff; Lk 1,17; Joh 1,21). Sie gehörte insofern zur messianischen Sehnsucht, als ja dieser Elia aufgrund von Mal 3,1.23f ein Wegbereiter des Messias sein sollte. Man sieht hier, welch tiefe Wirkungsgeschichte der Prophet Maleachi gehabt hat. Wer in Jesus den zweiten »*Elia*« sah, der maß ihm immerhin eine messianische Bedeutung bei, auch wenn er hier nur als der Vorläufer des Messias und nicht als der Messias selbst gesehen wurde.

»*Von wieder andern wurde gesagt: einer von den alten Propheten ist auferstanden*« (V. 8). »*Einer von den alten Propheten*«: das kann ein zweiter Elia, ein zweiter Mose (vgl. 5 Mo 18,15ff), ein zweiter Jeremia (vgl. 2 Makk 2,4ff), oder sonst ein wiederauftretender Prophet des Alten Bundes sein. Erneut beweist das NT, daß damals solche Erwartungen in Israel gepflegt wurden (vgl. Mt 16,14; 17,10ff; 21,11.46; Lk 7,16.39; 9,19; 24,19; Joh 4,19; 6,14; 7,40; 9,17). Alle diese Erwartungen haben zweierlei gemeinsam: a) Sie rechnen mit der Nähe des Messias, b) sie bestätigen die außerordentliche Wertschätzung Jesu im Volk.

»*Unsicherheit*« wird Herodes bescheinigt (V. 7). Was war denn seine eigene Position? »*Herodes aber sagte: Johannes habe ich selbst enthauptet. Wer ist dann der, über den ich solche Dinge höre?*« (V. 9). »*Selbst enthauptet*« heißt: Ich habe »*selbst*« den Befehl zu seiner

Enthauptung gegeben (vgl. Mt 14,3ff; Mk 6,17ff; Lk 3,19f). Mit Recht sagen die Ausleger zu dieser Stelle, hier schimmere das schlechte Gewissen des Herodes durch. Doch bleibt er in tiefem Zweifel über Jesus: »*Wer ist dann der?*« Diese Zweifel werden auch in der Passionswoche nicht gelichtet (23,6ff). War es in der Passionswoche für Herodes schon zu spät, um sich zu bekehren? Hat Jesus deshalb zu diesem Zeitpunkt geschwiegen (23,9)? Wie geheimnisvoll sind die Wege der Menschen vor Gott und wie armselig unter dem Gesichtspunkt der Ewigkeit ist dieser Herodes, der die Pracht so liebte, ja so protzte (Mk 6,21ff) Es wäre schade, wenn wir selbst nicht über die Frage hinauskämen: »*Wer ist denn dieser?*«

Wie Herodes »*nach Wegen suchte, ihn einmal zu sehen*« (V. 9, vgl. 23,8), wissen wir nicht. Hätte er ernstlich gewollt, hätte er Erfolg gehabt. Denn Jesus entzog sich keinem suchenden Menschen (vgl. 7,36). Aber Herodes wechselte offenbar seine Meinungen wie ein Chamäleon die Farbe. Schon in 13,31ff treffen wir ihn als Gegner Jesu (vgl. Mt 14,12f). Wer Gott nicht fürchtet, muß Menschen fürchten und deshalb seine Fahne nach dem Wind hängen. Das armselige Bild des Herodes, der widerrechtlich den Thron einnahm, der eigentlich dem Davididen und damit Jesus gebührte, hat vermutlich auf die Jesusworte in Mt 20,25 und Lk 13,32 eingewirkt.

Fazit: Die Stellung des Herodes Antipas zu Jesus schwankte, blieb aber in der Distanz. So hat Herodes die Chance verspielt, durch Jesus zum Heil zu kommen.

Vorschlag zur Bibelarbeit über Lukas 9,1-9

1. Einleitung:

a) Der Vorschlag dieses Kommentars ist, die beiden Abschnitte Lk 9,1-6 und 9,7-9 für Bibelarbeit und Predigt zusammenzunehmen. Die Gründe dafür sind praktischer Art: 1) ist Lk 9,7-9 für eine eigenständige Bibelarbeit zu klein, 2) sollte Lk 9,7-9 nicht einfach ausgelassen werden, 3) enthält das Lukasevangelium die Aussendung der Siebzig als eigenen Abschnitt (10,1-12), so daß die Aussendung der Zwölf durchaus zusammen mit einem anderen Abschnitt behandelt werden kann.

b) Dann aber muß man das durchlaufende Thema für V.1-9 suchen. Es besteht darin, daß V.7-9 ein Echo auf die Wirksamkeit Jesu und seiner Jünger in Israel darstellt.
c) Abzuklären sind drei Bereiche: 1) der Zusammenhang zwischen Jesu eigener Tätigkeit und dem Auftrag der Zwölf, 2) das Verhältnis zwischen dieser Aussendung der Zwölf und dem allgemeinen Missionsbefehl des auferstandenen Jesus, 3) das Verhältnis des Lukasevangeliums zu den Herodianern. Denn Lukas schreibt am meisten über Herodes und die Herodianer. In allen drei Fragestellungen versucht der Kommentar eine Hilfe zu geben.
d) Als Überschrift schlagen wir vor: »Es gibt eine Nachricht, die man nicht nur hören sollte«.

2. Durchführung: »Es gibt eine Nachricht, die man nicht nur hören sollte«

a) Sie stammt vom einzigen, lebendigen Gott selbst

Nachrichten? Davon gibt es viele – Viele kann man wieder vergessen – Viele braucht man gar nicht zu hören – Hier ist eine, die man hören und besser auch nicht vergessen sollte – Halten wir fest: Sie ist damals nur für Israel bestimmt gewesen – Aber ihre Grundzüge sind später in den allgemeinen Missionsbefehl eingegangen, der heute noch gilt – Dabei ist eines wichtig: Sie stammt vom lebendigen Gott selbst – Jesus hat den Auftrag an die Zwölf erteilt – Jesus hat dies in Einigkeit mit dem Vater im Himmel getan – Er hat zwei Punkte in die Mitte gestellt: Evangeliumsverkündigung und Krankenheilung – Beides waren nach Jes 61 (vgl. Lk 4,16f!) Kennzeichen des Messias – Es geht also darum, Jesus als den Messias mitsamt seinen Gaben in Israel bekannt zu machen – Müssen da nicht die Türen weit offen sein? – Auch bei uns, sofern uns diese Botschaft selbst betrifft?

b) Sie ist dringlich

Seltsam, was die Jünger alles nicht mitnehmen dürfen: Stab, Stecken, Tasche, Brot, Geld, kein zweites Hemd – Doch das alles klärt sich, wenn man sieht: Hier liegt der Nachdruck auf der Schnelligkeit der Nachricht – Jesu Zeit vor der Kreuzigung ist begrenzt – Ganz Israel soll die Nachricht hören – Es eilt! – Da muß alles weg, was die Schnelligkeit der Boten hindert – Allerdings: Das alles ist zugleich Glaubensprüfung! – Denn wer soll die menschlich mittellosen Boten versorgen? – Auch das hat Jesus geregelt: Gott läßt sie barmherzige Familien finden, die sie aufnehmen und versorgen – Aber noch einmal staunen wir: Es dient der Schnelligkeit der Botschaft, wenn die Jünger nicht überall in den Häusern herumziehen, sondern von *einem* festen Punkt aus wirken – Bei Ablehnung aber soll man keine Zeit mit zwecklosen Versuchen verlieren – Dann heißt es die Ablehnung ins Gedächtnis einbrennen, Zeugnis ablegen (»*Staub von den Füßen schütteln*«) und weiterziehen – Es ist ein Stadt und Land, ja ganz Israel umfassendes Missionsprogramm – Haben wir begriffen, daß auch wir die Sache mit Jesus nicht auf die lange Bank schieben können?

c) Sie braucht nicht nur Gehör, sondern auch Annahme

Gerade das wird am Landesherrn klar: an Herodes – Er bekommt alles mit – Vielleicht wird er jetzt sogar durch die Jünger Jesu neu erreicht – Er wird unruhig, weil er weiß, daß das alles mit dem ewigen Leben zu tun hat – Deshalb auch mit seiner eigenen Zukunft – Der eine sagt dies, der andere das: Was soll er glauben? – Der Schluß unserer Geschichte ist erschütternd: »*Er begehrte, Jesus zu sehen*« – Ja, warum kam er denn nicht zu Jesus? – Hätte er ihn eingeladen, wäre Jesus auch zu ihm gekommen – Jesus liebte Herodes nicht weniger als die andern verlorenen Menschen – Herodes hörte die Nachricht – Aber er tat das Wichtigste nicht: sie annehmen – Wie steht das mit mir? Mit dieser Frage entläßt mich dieser Bibelabschnitt.

27. Die Speisung der Fünftausend (9,10-17)

Hierzu gibt es in jedem neutestamentlichen Evangelium einen Bericht (vgl. Mt 14,13-21; Mk 6,30-44; Joh 6,1-15).

Die Zeit dieser Speisung läßt sich durch folgende Beobachtungen näher eingrenzen: a) Der Bericht fällt bei allen vier Evangelisten in die erste Hälfte des Evangeliums. b) Die Speisung findet in der Nähe eines Passafestes statt. Das sagt Joh 6,4 mit dürren Worten. Das läßt sich ferner aus dem »grünen Gras« von Mk 6,39 erschließen. Denn grünes Gras gibt es am Ostufer des Sees Genezareth nur im Frühjahr oder im Herbst. c) In die Nähe eines Passafestes deutet endlich auch die inhaltliche Verwandtschaft, die die Speisung mit dem Exodus verbindet.

Steht also die Nähe zum Passafest fest, so kann es sich doch andererseits unmöglich um das Todespassa Jesu handeln. Dieses folgt ja in allen vier Evangelien erst in großer Entfernung. Wir müssen also den Schluß ziehen: Nach allen vier Evangelien hat Jesus mindestens zwei Passafeste während seiner öffentlichen Wirksamkeit erlebt. Daraus ergibt sich der weitere Schluß, daß Jesus nach sämtlichen vier Evangelien länger als ein Jahr öffentlich gewirkt hat. Insofern spielt die Speisung der Fünftausend auch für die Chronologie des Lebens Jesu eine wichtige Rolle.

9,10-11: **(10) »Und die Apostel kehrten zurück und erzählten Jesus, was sie alles getan hatten. Da nahm er sie mit und zog sich nach einer Stadt namens Betsaida zurück, wo sie für sich sein konnten. (11) Aber die Leute erfuhren es und folgten ihm. Und er nahm sie auf und sprach zu ihnen über das Reich Gottes und heilte diejenigen, die einer Heilung bedurften.«**

Wir erinnern uns an die Aussendung der Zwölf (V. 1-6). Nun *»kehrten die Apostel zurück und erzählten Jesus, was sie alles getan hatten«* (V. 10). Der Ausdruck *»was alles«* bedeutet entweder »wie vieles« oder »wie Großes« oder (wie wir meinen) beides zugleich (vgl. 10,17 und Mk 6,30).

Erstaunlicherweise wird Jesu Antwort – jedenfalls in Worten! – nicht dargestellt. Man hat fast den Eindruck, daß Jesus ähnlich zurückhaltend reagierte wie in 10,20. Die Apostel mußten immer wieder vor ihrem Ehrgeiz bewahrt werden (vgl. Mt 18,1ff; 20,20ff).

Dagegen schildert Lukas die anschließende Reaktion Jesu, die schon auf das Gelände der späteren Speisung führt: »*Da nahm er sie* (= die Apostel) *mit sich und zog sich nach einer Stadt namens Betsaida zurück, wo sie für sich sein konnten*« (V. 10). Wo Jesus bisher gewesen war, als die Apostel missionierten, wissen wir nicht. Nach Mt 14,1ff scheint in jenem Zeitraum der Mord an Johannes dem Täufer stattgefunden zu haben (vgl. auch Lk 9,7ff im Verhältnis zu Lk 9,1ff). Jedenfalls »*nahm*« Jesus die Apostel aus seinem bisherigen Aufenthaltsbereich fort und »*mit sich*« in eine andere Gegend. »*Er zog sich*« nämlich zusammen mit ihnen »*nach einer Stadt namens Betsaida zurück*«. Gemeint ist jenes »*Betsaida*«, das in der Nähe der Jordanmündung lag und schon zum Gebiet des Philippus, also nicht mehr zum Gebiet des Herodes Antipas gehörte. In Betsaida war Jesus vor den schlauen Anschlägen des Herodes sicher (vgl. 13,31f). »*Betsaida*« war übrigens die Heimat von Petrus, Andreas und Philippus (Joh 1,44; 12,21). Es wird im NT mehrfach erwähnt und hat einige Wunder Jesu gesehen (vgl. Mt 11,21; Mk 6,45; 8,22; Lk 9,10; 10,13). Aber nun wird aus dem Zusammenhang ganz klar, daß Jesus nicht in die »*Stadt*« selbst wollte. Denn seine Absicht war es ja, einen Ort zu finden, »*wo sie für sich sein konnten*«. Und nach Matthäus und Markus wollte er eine »einsame Stätte« aufsuchen (Mt 14,13; Mk 6,32). Mk 6,31 macht überdies klar, daß er für seine Jünger eine Zeit der Besinnung und der Ruhe wünschte. Alle diese Beobachtungen deuten darauf hin, daß er die Nachbarschaft von Betsaida, d.h. die Ufergegend südöstlich davon, ansteuerte und nicht die Stadt selbst. Später wird das durch die Erzählung des Lukas bestätigt (V. 12f).

»*Aber die Leute erfuhren*« von der Abfahrt Jesu (V. 11). Wenn 13 Männer mit dem Boot abfuhren (so nach Mt 14,31; Mk 6,32), war dies leicht zu entdecken. Wir nehmen an, daß die Abfahrt von Kapernaum aus geschah. Die Nachricht kann sich wie ein Lauffeuer am West- und Nordufer verbreitet haben. »*Sie folgten ihm.*« Noch immer ist die Anziehungskraft Jesu groß. Ja, sie erreichte damals einen Höhepunkt.

Jesus hätte wahrlich Grund genug gehabt, zu sagen: »Laßt mich für diesmal in Ruhe. Wir alle haben eine Pause nötig.« Das Gegenteil geschieht: »*Er nahm sie auf*« (V. 11). Offenbar sah er in ihrem Kommen eine Führung des Vaters und erhielt die innere Gewißheit, daß er sich ihnen widmen sollte. Matthäus und Markus erzählen von dem Erbarmen, das Jesus bei ihrem Anblick packte (Mt 14,14; Mk 6,34). Ludwig Schneller schreibt aus eigener Lokalkenntnis über den möglichen Ablauf: »Als er (Jesus) ins Tal hinabblickte, sah er am Ufer eine gewaltige Menge von Norden herkommen ... Sie überschritten die Jordanbrücke, eilten an Bethsaida vorbei, folgten südlich dem Fußpfad am Ufer und kamen endlich nach wohl drei Stunden an der Stelle an, wo das Schiff angebunden lag ... Das war bei glühender Hitze keine geringe Anstrengung.« Jedenfalls lag die Stätte des Geschehens südöstlich von Betsaida, nicht allzuweit vom Wadi Es-Samach entfernt. *»Und er sprach zu ihnen über das Reich Gottes und heilte diejenigen, die einer Heilung bedurften«* (V. 11). Predigen und Heilen blieben also die beiden Grundelemente seiner Tätigkeit. Und nach wie vor hatte das Wort den Vorrang vor dem Wunder.

Stellt man die Frage, warum die Menschen nicht wie in 8,40 am Westufer auf die Rückkehr Jesu warteten, sondern ihm ans Ostufer nachzogen, dann lautet die Antwort: Jesus zog sich ja aus dem Gebiet des Herodes Antipas zurück, und es war bei der politisch gefährlichen Lage (nach dem Mord am Täufer!) unsicher, wann und ob er überhaupt wieder dahin zurückkehrte.

9,12-17: **(12) »Aber der Tag fing an, sich zu neigen. Da kamen die Zwölf herbei und sagten zu ihm: Schick die Leute weg, damit sie in die umliegenden Dörfer und Bauernhöfe gehen und dort einkehren und Verpflegung auftreiben. Denn wir sind hier an einem einsamen Ort. (13) Da sagte er zu ihnen: Gebt ihr ihnen doch zu essen! Sie sagten: Wir haben nicht mehr als fünf Brote und zwei Fische, es sei denn, daß wir uns auf den Weg machen und für alle diese Leute Essen kaufen. (14) Denn es waren etwa fünftausend Männer. Da sagte er zu seinen Jüngern: Laßt sie sich in Gruppen zu je fünfzig lagern! (15) Und sie machten es so und ließen alle sich lagern. (16) Da nahm er die fünf Brote und die zwei Fische und blickte auf zum Himmel und sprach den Segen über ihnen, und brach sie und gab sie den Jüngern, damit diese sie den Leuten austeilten. (17) Und sie aßen und wurden alle satt. Und man hob auf, was sie an Brocken übriggelassen hatten -zwölf Körbe voll.«**

»Aber der Tag fing an, sich zu neigen« (V. 12): Die Speisung der Fünftausend fand also gegen Abend statt (vgl. Mt 14,15; Mk 6,35). Doch hat die biblische Aussage an dieser Stelle vermutlich auch einen

geistlichen Sinn. Denn für Jesus kommt bald das Ende seiner irdischen Tätigkeit, der Abend und »die Nacht, da niemand wirken kann« (Joh 9,4; 12,35; 13,30; 14,30).

»Da kamen die Zwölf herbei« (V. 12): Die Apostel machten sich also Sorgen. Der Ausdruck *»die Zwölf«* zeigt, daß der Zwölferkreis schon fest installiert war.

Ihre Lösung sieht so aus: *»Schick die Leute weg, damit sie in die umliegenden Dörfer und Bauernhöfe gehen und dort einkehren und Verpflegung auftreiben«* (V. 12). *»An«* jenem *»einsamen Ort«* am Ostufer des Sees, südöstlich von Betsaida, gab es weder *»Verpflegung«* noch Schutz vor der Nachtkälte. Das griechische Wort für *»einkehren«* ist das Zeitwort zu der Unterkunft der Josefs-Familie, von der in der Weihnachtsgeschichte (2,7) die Rede ist.

Der Vorschlag, *»die Leute«* wegzuschicken, zeugt von Nüchternheit. Er beinhaltet aber zugleich, daß Jesus nicht in der Lage sei, an dieser konkreten Stelle zu helfen.

Jesus weigert sich, dem Vorschlag der Zwölf zu folgen. *»Er sagte zu ihnen: Gebt ihr ihnen doch zu essen!«* (V. 13). Das kleine Wort *»ihr«* ist betont. Jesus sagt also: Jetzt seid *»ihr«* an der Reihe! *»Gebt«* ihr *»doch«* die notwendige Hilfe! Johannes erzählt, Jesus habe schon in diesem Augenblick gewußt, was er tun wollte (Joh 6,6). Aber zuerst muß klargestellt werden, wie weit die Möglichkeiten der Jünger reichen. Diese Möglichkeiten sind begrenzt. *»Sie sagten: Wir haben nicht mehr als fünf Brote und zwei Fische, es sei denn, daß wir uns auf den Weg machen und für alle diese Leute Essen kaufen«* (V. 13). Die Zahl der Brote und der Fische hatten sie zuvor durch Erkundigungen festgestellt (Mk 6,38). Alle Evangelien stimmen in den Zahlen überein (vgl. V. 13 mit Mt 14,17; Mk 6,38; Joh 6,9).

Spätestens an dieser Stelle fällt die Verwandtschaft zwischen der Speisung der Fünftausend und der wunderbaren Speisung durch Elisa in 2 Kön 4,42-44 auf. Dort sagt der Prophet, der zwanzig Gerstenbrote erhalten hat, zu seinem Diener (= Jünger): »Gib's den Leuten, daß sie essen!« Sein Diener aber sprach: »Wie soll ich davon hundert Mann geben?« Auch dort reichten die vorhandenen Lebensmittel nicht aus.

Was besagt diese Verwandtschaft mit Elisas Speisung? Daß Jesus sich als die Fortsetzung der israelitischen Propheten betrachtet, ja sogar als deren Gipfel. Davon werden wir gleich noch mehr hören.

Für runde *»fünftausend Männer«* (V. 14) sind fünf Brote und zwei

Fische in der Tat zu wenig. Daß nur die *»Männer«* erwähnt werden, und zwar wieder in *allen* Evangelien, bedeutet keine Gleichgültigkeit gegen die Frauen, sondern hängt einfach von dem Umstand ab, daß damals nur wenige Frauen und Kinder den beschwerlichen Marsch zum Ostufer antraten (Mt 14,21).

»Da sagte er zu seinen Jüngern: Laßt sie sich in Gruppen zu je fünfzig lagern!« (V. 14). Dieser Satz ist ein Schlüsselsatz. Denn die Einteilung in *»Lager«* gehört zu den zentralen Vorgängen des Exodus (4 Mo 2,1ff). In 4 Mo 2,2 lesen wir den Befehl Gottes: »Die Israeliten sollen sich gegenüber der Wohnung des Gesetzes und rings um sie her lagern.« Jesus nimmt jetzt gewissermaßen den Platz der Stiftshütte ein. Um ihn lagert sich das Israel des Neuen Bundes. Ferner erinnern die *»Gruppen«* oder Tischgemeinschaften an die militärischen »Gruppen« der Exoduszeit. Markus berichtet hier vollständiger als Lukas, nämlich von »Hundert«- und »Fünfzig«-schaften (Mk 6,40; 4 Mo 31,14ff). Möglicherweise verstand sich Jesus auch in einem geistlichen Sinne als »Zeichen« oder »Feldzeichen«, um das sich Israel lagern sollte (vgl. 4 Mo 2,2 und 21,8f mit Lk 9,14 parr und Joh 3,14f). Kurz und gut: Wenn die Jünger unter den Anwesenden eine »Lager«-Ordnung herstellen sollen, dann erinnern sie an den Exodus und die damalige Befreiung aus der Knechtschaft. Die Folgerung liegt nahe, daß Jesus jetzt als der Befreier aus der Knechtschaft von Sünde, Tod und Teufel wirken und den neuen Exodus ins himmlische Jerusalem leiten will.

Nach der Ausführung dieses Befehls (*»Und sie machten es so und ließen alle sich lagern«*, V. 15) *»nahm Jesus die fünf Brote und die zwei Fische«* (V. 16). Erstaunlich! Er sagte nicht: »Das ist zu wenig.« Er sagte auch nicht: »Weg mit diesem bißchen, hier wird einzig und allein auf ein radikales Wunder gesetzt.« Vielmehr knüpft Jesus dankbar an das Vorhandene an. Niemals hat Jesus eine Gabe des Vaters weggeworfen. Er unterscheidet sich an dieser Stelle von allen Schwärmern, die die einfachen und normalen Dinge verachten.

Dann *»blickte er auf zum Himmel und sprach den Segen über ihnen«* (V. 16). Der vertrauende, kindliche Blick zum Vater (*»zum Himmel«*) begegnet uns bei Jesus öfters (vgl. Mk 7,34; Joh 11,41; 17,1 und Ps 121,1; 123,1). Er zeigt den Anwesenden, daß er alles von oben, d.h. vom Vater, erwartet. *»Den Segen sprechen«* ist ein Ausdruck für das jüdische Tischgebet (vgl. 1 Sam 9,13; Mt 26,26; Mk 14,22; Lk 22,19; 24,30; 1 Kor 11,24; Apg 27,35). Die Worte *»über ih-*

nen« beziehen sich auf die Brote und Fische. Die Betonung des Segensspruches erinnert uns an das Passafest, bei dem nach der alten jüdischen Liturgie mehrfach der Segensspruch über Wein, Brot und allen Speisen gesprochen wurde (Mischna Pesachim X,1ff).

»Er brach sie«: Das bezieht sich auf die Brote. Man aß in der Regel flache, pizzaförmige Brote, die man vor dem Essen in Stücke *»brach«* (vgl. 24,30.35; Apg 27,35).

Jesus hat die Brote nicht selbst verteilt. Vielmehr *»gab er sie den Jüngern, damit diese sie den Leuten austeilten«* (V. 16). Diese Einbeziehung der Jünger hat eine Bedeutung. Sie zeigt, daß der Messias durch Mitarbeiter wirken will. Sie zeigt außerdem, daß er wie Mose beim Exodus besonders berufene Helfer an seiner Seite hat (vgl. 2 Mo 18,13ff; 4 Mo 11,16ff). Exodus und Passa, das sind also wichtige Bezugspunkte für das Verständnis der Speisung der Fünftausend.

Der dritte wichtige Bezugspunkt bleibt das Wunder der Speisung durch Elisa in 2 Kön 4,42ff. Das wird durch den Ausgang unserer Geschichte klar. Wir lesen in V. 17: *»Und sie aßen und wurden alle satt. Und man hob auf, was sie an Brocken übriggelassen hatten zwölf Körbe voll.«* Dieser Bericht erinnert unmittelbar an 2 Kön 4,43f, wo es heißt: »Man wird essen, und es wird noch übrigbleiben. Und er legte es ihnen vor, daß sie aßen; und es blieb noch übrig nach dem Wort des Herrn.« Was bedeutet die enge Verwandtschaft zwischen 2 Kön 4,42ff und Lk 9,12ff? Sie bedeutet, daß Jesus mit seinen Wundern die Propheten übertrifft. Denn er speiste 5000 Mann, während Elisa nur 100 Mann speiste. Elisa hatte 20 Brote, Jesus nur 5. Das Zahlenverhältnis beträgt bei Elisa 1:5, bei Jesus aber 1:1000.

Aber diese Beobachtung der Verwandtschaft zwischen Jesus und Elisa ist noch nicht alles. Vielmehr müssen wir jetzt feststellen, daß Jesus in unglaublicher Fülle gibt. Er schenkt mehr als die bloße Sättigung. Jeder Apostel bringt noch einen großen, festen Trag-*»Korb«* mit Brocken zurück. Solche Trag-*»Körbe«* benutzte man für längere Gänge über Land. Sie gehörten offenbar zur Ausrüstung des am Ostufer zusammenströmenden Volkes, auch wenn sie vorher leer gewesen waren. Überfluß ist also bei Jesus getreu seiner in Joh 10,10 berichteten eigenen Aussage. Und gerade dieser Überfluß ist wieder ein typisches Zeichen für den Messias (vgl. Joel 4,18; Am 9,13).

Nur eins wird nicht gesagt: *wie* diese wunderbare Speisung zustande kam. Über den Einzelheiten des Vorgangs bleibt ein Geheimnis.

Aus diesem Abschnitt lernt man vieles. Zunächst und zuerst: Jesus ist Gott. So wie nur Gott das Manna des Exodus geben konnte (2 Mo 16,13ff; Ps 78,24), so konnte nur der Gottessohn Jesus die wunderbare Speise geben (vgl. Joh 6,32). Zweitens: So wie damals Israel beim Exodus versammelt wurde, so versammelt jetzt Jesus das endzeitliche Israel des Neuen Bundes zum Einzug ins himmlische Jerusalem. Drittens: Als Messias versorgt er die Seinen, und zwar in Fülle und Überfluß. Viertens: Er übertrifft sogar die größten Propheten des Alten Bundes, Mose, Elia (vgl. 1 Kön 17,13ff) und Elisa (2 Kön 4,42ff). Fünftens: Auch das Israel des Neuen Bundes hat seine Ordnung und seine Ämter (»*sich lagern*«, »*Gruppen*«, die Jünger als Austeilende). Sechstens: Es bleibt eine schlichte Tatsache, daß Danken »das Mittel ist, mehr zu erhalten« (F. Godet).

Wer Wunder überhaupt leugnet, wird auch dieses leugnen. Es stimmt aber nachdenklich, wenn ein so begabter Lukas-Ausleger wie Frédéric Godet hier anmerkte: »Ich glaube nicht, daß es unter den Wundern Jesu ... eines giebt, welches besser beglaubigt wäre, als dieses«.

Vorschlag zur Bibelarbeit über Lukas 9,10-17

1. Einleitung:

a) Erneut ist die Verbindungslinie zum AT wichtig. Aus ihr ergibt sich, daß es nicht nur um die Stillung des Hungers der Fünftausend geht, sondern um die endzeitliche Erlösung, den Exodus zum himmlischen Jerusalem.

b) Wir machen uns ferner mit der wirtschaftlichen und politischen Situation am Ostufer vertraut. Erst daraus wird die Bitte der Zwölf verständlich (Kommentar auswerten!).

c) Sorgfältig vergleichen wir wieder die Parallelberichte bei Matthäus, Markus und Johannes.

d) Bei so bekannten Erzählungen ist es erfahrungsgemäß schwierig, eine zum Text passende und dennoch nicht abgedroschene Überschrift zu finden. Unser Vorschlag: »Bei Jesus hat man genug«.

2. Durchführung: »Bei Jesus hat man genug«

a) Die eigenen Taten sind nicht so wichtig

Die Überschrift »Bei Jesus hat man genug« ist doppelsinnig – Wenn wir sagen: »Bei dem und dem habe ich genug«, dann kann das heißen: »Ich will nichts mehr mit ihm zu tun haben« – Bei unserer Überschrift geht es aber um etwas anderes: Er, Jesus, gibt so viel, daß daneben nichts anderes mehr wichtig ist – Nicht einmal die eigenen Taten und Leistungen! – Wieviel werden die Apostel von diesen ihren Taten und Erlebnissen und Erfahrungen berichtet haben – Jesus aber nimmt sie zu sich und führt sie in die Stille – Wir kommen in die Gegend von Betsaida (nicht direkt in die Stadt).

b) Nicht einmal bei den Jüngern hat man genug

Jesus schickt die überraschend Gekommenen nicht weg – Sie haben die Sehnsucht, ihn selbst aufzusuchen – Und den, der ihn selbst will, schickt Jesus niemals weg – Er predigt und heilt: Es ist sein stetiger Dienst, und er hat nicht das Bestreben, ständig Abwechslungen und Neuheiten zu bieten – Dann kommt der Abend – Die Zwölf haben ihre eigene Lösung für diesen Abend und die kommende Nacht: Schick sie weg! – Einerseits imponiert uns ihre Nüchternheit – Andererseits wird, wie so oft im Evangelium, klar (vgl. 9,40!), daß nicht einmal die Jünger die ausreichende Hilfe geben können – Sie können mit fünf Broten und zwei Fischen nicht sattmachen – Ist das nicht auch symbolisch für uns? – Wir sollten uns an Jesus selbst halten, und nicht nur von Kirche und Gemeinde sprechen bzw. von dorther etwas erwarten.

c) Aber bei Jesus ist genug für Leib und Seele

Jesus läßt in Gruppen lagern – Das erinnert an die Lagerordnung beim Exodus (vgl. 4 Mo 2) – Will Jesus jetzt an den neuen Exodus, heraus aus der Gefangenschaft von Sünde, Tod und Teufel erinnern? – Die Nähe von Passa (Joh 6,4) spricht dafür, denn Passa ist Gedenken an Exodus und Erlösung – Jesus knüpft demütig an dem an, was der Vater schon bereitgestellt hat: fünf Brote und zwei Fische – Er blickt zum Himmel, dankt, bricht und gibt – Das erinnert an die Passaliturgie – Die Brotvermehrung kommt aus dem Danken! – Ist das nicht auch ein Symbol für unser Leben? – Die Jünger werden bewußt als Mitarbeiter eingesetzt: Auch das ist ein Wink für die Zukunft – Alle werden satt: Jesus hat genug für den Leib – Es bleiben noch zwölf Körbe übrig – Das ist Fülle: Jesus hat genug! – Das ist aber auch ein Hinweis, daß die Endzeit schon begonnen hat, in der ja die zwölf Stämme Israels gesammelt werden sollen – So hat Jesus auch genug für die Seele: Er führt uns in einem neuen, geistlichen Exodus hinein ins Reich Gottes, in dem die Fülle der Erlösung ist.

28. Das Messiasbekenntnis des Petrus im Namen der Jünger (9,18-21)

Auffallenderweise hat hier Lukas den kürzesten Bericht. Alle vier neutestamentlichen Evangelien berichten vom Messiasbekenntnis (Mt 16,13-20; Mk 8,27-30; Lk 9,18-21; Joh 6,67-71). Aber Lukas ist eben zusammen mit Markus der kürzeste. Den Grund dafür kennen wir nicht.

In der Sache stimmen jedoch alle vier Evangelisten überein.

9,18-21: **(18) »Und es geschah, während er allein im Gebet verharrte und nur seine Jünger mit ihm zusammen waren, daß er ihnen die Frage stellte: Wer sagen die Leute, daß ich sei? (19) Sie gaben zur Antwort: Johannes der Täufer, andere Elia, und wieder andere, daß einer der alten Propheten auferstanden sei. (20) Da sagte er zu ihnen: Ihr aber, wer sagt ihr, daß ich sei? Petrus gab zur Antwort: Der Messias Gottes. (21) Da gebot er ihnen mit allem Ernst, dies niemand zu sagen.«**

Dieser Vorgang ereignete sich nach Auskunft des Matthäus und Markus bei Cäsarea Philippi, d.h. beim heutigen Banyas nahe der Jordanquelle (Mt 16,13; Mk 8,27). Lukas übergeht den Ortsnamen. Statt dessen bringt er die wertvolle Nachricht, daß Jesus dort *»allein im Gebet* *verharrte«* (V. 18). Was besagt diese Nachricht? Offenbar war Jesus angefochten von dem Wirrwarr der Meinungen, die sich über seine Person gebildet hatten (vgl. V. 18-20). Er brauchte jetzt innere Gewißheit und die Unabhängigkeit von allen menschlichen Meinungen. Diese suchte er im »*Gebet*« (vgl. Joh 6,15). Dabei handelte es sich nicht um ein Fünf-Sekunden-Gebet, sondern um ein längeres, ausdauerndes Gebetsringen. Wo wir »*er verharrte*« übersetzten, steht im Urtext wörtlich: »während er ein Betender war«. Das Stichwort »*allein*« bezeichnet die Gebetseinsamkeit, eine Einsamkeit abseits der Massen, allerdings in Anwesenheit der Jünger. Es heißt ja ausdrücklich, daß »(nur) *seine Jünger mit ihm zusammen waren*«.

Was für ein Gegensatz zu den vorigen Versen! Dort umbrandeten ihn die Massen anläßlich der Speisung der Fünftausend (V. 12ff). Jetzt ist er in der Einsamkeit, und nur die kleine Schar der Jünger um ihn. Vielleicht waren sogar nur die Zwölf bei ihm. Jesus brauchte diese Einsamkeit zum Beten. Er war kein Daueraktivist. Und wir haben schon öfters beobachtet, daß Lukas uns Jesus gerade als Beter schildert (vgl. 3,21; 4,42; 5,16; 6,12). Wieviel könnten wir von diesem Lebensstil Jesu lernen!

Jesus »*stellte ihnen* (= seinen Jüngern) *die Frage: Wer sagen die Leute, daß ich sei?*« (V. 18). Nachher wird er sie fragen: »*Wer sagt ihr, daß ich sei?*« (V. 20). Es sollte immer ein Unterschied sein zwischen den Jesusaussagen der Jünger und den Jesusaussagen der »*Leute*«!

Aber nun ist ganz klar, daß Jesus hier »*die Frage*« umtreibt, für wen man ihn hält. Hat Israel ihn als den Messias erkannt? Es ist unbegreiflich, daß die moderne kritische Theologie das Messiasbewußtsein Jesu leugnen konnte (gegen Lk 9,18ff ; Mt 22,41ff parr u.a. Stellen). Um diesen Punkt ging es offensichtlich auch in seinem »*Gebet*«.

»*Johannes der Täufer*«, lautet die erste »*Antwort*« der Jünger (V. 19). Daß man Jesus für den wiedererstandenen »*Täufer*« hielt, haben wir schon in V. 7 erfahren. Eine »*andere*« Meinung über Jesus ging dahin, daß er »*Elia*« sei (V. 19). Ohne Zweifel ist hier der wiedergekehrte zweite Elia von Mal 3,23f gemeint. Eine dritte Meinung besagte, er sei »*einer der alten Propheten*« (V. 19). All dies wurde uns schon in V. 7 und 8 mitgeteilt, wo auch ein Kommentar zu diesen Meinungen zu finden ist. Bringen wir die verschiedenen Aussagen der »*Leute*« auf einen Nenner: Sie alle stimmen darin überein, daß Jesus ein Prophet und demnach etwas Besonderes sei (vgl. Mt 21,11.46; Lk

7,16.39). Für etwas Gewöhnliches hat man Jesus nicht gehalten. Außerdem gingen diese »*Leute*« von der Möglichkeit der Auferstehung aus. Vgl. noch Mt 16,14.

Nun kommt aber die Frage, die Jesus viel stärker beschäftigt hat als die Frage nach der Meinung der Leute: »*Ihr aber, wer sagt ihr, daß ich sei?*« (V. 20). Sind seine Jünger auch der Meinung, er sei ein Prophet oder der Vorläufer des Messias (Elia)? Oder sind sie innerlich davon überzeugt, daß er der Messias selber ist?

»*Petrus*« ergreift im Namen der Jünger das Wort. Er ist offensichtlich der Sprecher der Jüngerschaft und des Zwölferkreises.

Seine »*Antwort*« ist bei Lukas ganz kurz: »*Der Messias Gottes*« (V. 20). Auch Markus (8,29) und Johannes (6,69) sind ähnlich kurz. Matthäus hat die Antwort des Petrus ausführlicher festgehalten: »Du bist der Messias, der Sohn des lebendigen Gottes« (16,16). »*Der Messias Gottes*«: Das heißt nichts anderes, als daß Jesus der in der Heiligen Schrift angekündigte Messias ist (vgl. 2,11.26) Durch verschiedene Stufen hat sich dieses Bekenntnis organisch gebildet (vgl. Mt 14,33; Joh 4,29; 7,26 ff.; 7,41; 9,22). Jetzt wird es ruhig, ausgereift, im Gebet bestätigt, ausgesprochen. Diese Juden, die sich als Jünger um Jesus gesammelt hatten, sind sich also darüber klar geworden: Jesus ist mehr als ein Prophet oder ein Vorläufer des Messias, er ist der Messias selbst. Ihre Meinung ist eine andere als die allgemeine Meinung der Leute.

Man kann die Bedeutung dieses Durchbruchs kaum überschätzen. Ohne Waffen, ohne Propaganda, ohne Druck, allein auf Grund innerer Gewißheit wird Jesus als der Messias erkannt. Jesu Wirken ist nicht umsonst gewesen. Seine Einladung zum Glauben und sein geduldiges Warten hat Frucht getragen.

Was Lukas aus der Reaktion Jesu berichtet, ist außerordentlich überraschend: »*Da gebot er ihnen mit allem Ernst, dies niemand zu sagen*« (V. 21). Was »*niemand zu sagen*«? Daß er der Messias sei! Aber warum wollte Jesus ausgerechnet dieses nicht? Mk 9,9 läßt uns den Grund erkennen: Vor der Vollendung seines Werkes durch Kreuz und Auferstehung war es ja ungewiß, ob er am Ende nicht doch abfallen und der List des Teufels erliegen würde. Erst wollte er seine messianische Tätigkeit erfolgreich abschließen, bevor man ihn – und dann mit vollem Recht! – als den Messias verkündigen konnte.

Welchen Kampf die Fortsetzung seiner messianischen Tätigkeit bedeutete, das machen die folgenden Verse erst recht deutlich.

29. Erste Leidensankündigung und Leidensnachfolge (9,22-27)

V. 21 und 22 bilden im Urtext einen einzigen Satz. Es wäre von daher empfehlenswert, sie nicht auf zwei verschiedene Abschnitte aufzuteilen. Wenn wir dennoch eine solche Aufteilung vornehmen, so deshalb, weil das Thema von V. 22 so neu und einschneidend ist, daß es einen eigenen Abschnitt rechtfertigt.

9,22: **»Und er sagte: Der Menschensohn muß viel leiden und von den Ältesten und Hohenpriestern und Schriftgelehrten verworfen werden und getötet werden und am dritten Tage auferweckt werden.«**

Dies ist die erste Leidensankündigung, der weitere folgen (vgl. 9,31.44; 12,50; 17,25; 18,32ff sowie Mt 16,21; Mk 8,31).
Weil wir als Christen schon jahrhundertelang an diese Leidensweissagungen gewöhnt sind, erfassen wir das Ungeheuerliche, das in ihnen liegt, nur schwer. Man stelle sich einmal vor, was es für die Jünger bedeutete, daß der Messias hingerichtet werden sollte! Derselbe Messias, der stärker war als der Tod! Derselbe, den sie als Herrn und Meister der Natur, ja als eine göttliche Person kennengelernt hatten!

Es liegt hier eine echte Prophetie Jesu vor.

Beachten wir folgende Einzelheiten: Jesus benutzt seine Lieblingsbezeichnung »*Menschensohn*«. Gerade darin kommt die ungeheure Spannung zum Ausdruck, denn der »Menschensohn« aus Dan 7,13 ist ja ein göttliches Wesen. Und das soll »*leiden*« und sterben? Ja sogar »*viel leiden*«! Leiden aber kann der Messias nur, weil er von den Führern Israels »*verworfen wird*«. »*Verworfen*« heißt: wie ein unbrauchbarer Stein auf die Seite geräumt werden, d.h. als Messias nicht anerkannt werden (vgl. Mt 21,42; Mk 12,10; Lk 20,17; Apg 4,11; 1 Petr 2,4ff). Offensichtlich bezieht sich Jesus hier auf Ps 118,22. Jesus hat die Führer Israels näher beschrieben. Es handelt sich a) um die »*Ältesten*«, d.h. um die Mitglieder des Hohen Rates, des leitenden jüdischen Gremiums mit insgesamt 71 Mitgliedern; b) um die »*Hohenpriester*«, d.h. um diejenigen Priester, die einer der Hohenpriesterfamilien angehörten (vgl. Apg 4,6); c) um die »*Schriftgelehrten*«, d.h. um die jüdischen Gesetzeskundigen und Rabbinen, die meistens pharisäischer Herkunft waren.

Seltsam, daß gerade die Gesetzeskundigen in Israel in ihrer Mehrheit (nicht alle!) den Messias verwerfen sollten! Wie blind sind doch oft gerade religiöse und geistliche Führer (vgl. Joh 9,40f; Röm 2,19ff)! Aber nicht nur verworfen, sondern auch *»getötet«* soll Jesus werden. Über die Todesart sagt die erste Leidensweissagung noch nichts. Jedoch ist schon an die erste Leidensweissagung die Weissagung von der Auferstehung angeschlossen: Jesus soll *»am dritten Tage auferweckt werden«*. Woher weiß er das Datum *»am dritten Tag«*? Aus der Prophetie Hoseas (Hos 6,2) und Jonas (Jona 2,1). Vgl. Mt 12,39f. Es heißt übrigens *»auferweckt werden«*, und nicht: »auferstehen« (gegen die Lutherbibel). *»Auferweckt werden«* bedeutet: »Gott der Vater wird ihn vom Tode auferwecken.«

Nun fehlt uns noch das kleine, aber bedeutungsvolle Wort *»er muß«*. Im Urtext steht hier ein Ausdruck, der das göttliche Muß bezeichnet, also die Notwendigkeit des göttlichen Heilsplanes. Weil es der Erlösungswille des Vaters notwendig macht, muß der Gottessohn sterben. Billiger konnten wir nicht von der Sünde befreit, billiger nicht aus den Fängen des Teufels und des Todes losgekauft werden (vgl. 1 Petr 1,18f). Die Notwendigkeit des göttlichen Heilsplanes hat schon lange zuvor ihren Niederschlag in der biblischen Prophetie gefunden. Vgl. zu *»leiden«* Ps 22,2ff; 69,2ff; Jes 53,3ff, zu *»verworfen werden«* Ps 118,22; Jes 53,2f, zu *»getötet werden«* Jes 53,10, zu *»auferweckt werden«* Ps 16,10f; Jes 53,10ff; Hos 6,2; Jona 2,1.

Werden die Jünger diese Prophezeiung Jesu akzeptieren? Müssen sie dann nicht selbst den Leidensweg gehen? Die folgenden Verse enthalten eine Antwort.

9,23-27: **(23) »Er sagte aber zu allen: Wenn mir jemand nachfolgen will, der verleugne sich selbst und trage sein Kreuz täglich und folge mir nach! (24) Denn wer sein Leben retten will, der wird es verlieren. Wer aber sein Leben verliert um meinetwillen, der wird es retten. (25) Denn welchen Nutzen hat ein Mensch, wenn er die ganze Welt gewinnt, dafür aber sich selbst verliert oder für sich Schaden nimmt? (26) Denn wer sich meiner und meiner Worte schämt, dessen wird sich auch der Menschensohn schämen, wenn er in seiner Herrlichkeit und der Herrlichkeit des Vaters und der heiligen Engel kommen wird. (27) Ich sage euch aber in Wahrheit: Es gibt unter denen, die hier stehen, einige, die den Tod nicht schmecken werden, bis sie das Reich Gottes sehen.«**

Zum leidenden Messias gehört eine leidende Gemeinde. Durch Leiden zur Herrlichkeit: dieser Grundsatz der früheren Bibelausleger hat immer noch Gültigkeit.

Aus V. 23 entnehmen wir, daß Jesus eine größere Jüngerschar um sich hat als beim vorausgehenden Messiasbekenntnis, denn *»er sprach zu allen«* (vgl. Mk 8,34).

Die Bedingungen der Jüngerschaft sind eindeutig: *»Wenn mir jemand nachfolgen will, der verleugne sich selbst«* (V. 23). Das heißt, daß der eigene Wille nicht mehr den Ausschlag geben darf. Ein anderer zieht die Spur: Jesus. Deshalb ist von *»nachfolgen«* (wörtlich: »hinter mir drein gehen«) die Rede. Wir erinnern uns an Dora Rappards Lied: »Vor meines Herzens König leg eine Gab ich hin. Und ist's auch arm und wenig, ich weiß, es freut doch ihn. Es ist mein eigner Wille. Den geb ich in den Tod.« Man darf aber Selbstverleugnung nicht mit Selbsthaß oder Unehrlichkeit verwechseln. Der Wille des himmlischen Vaters also entscheidet.

Das zweite Erfordernis lautet: *»der trage sein Kreuz täglich«* (V. 23). *»Sein Kreuz«*! Also nicht Jesu Kreuz! Denn unser Kreuz erlöst nicht. Es bedeutet nur die persönliche Bewährung der Jüngerschaft. *»Kreuz«* ist ein Ausdruck für den »gekreuzigten« Eigenwillen. Das ist aber auch ein Ausdruck für alle Last, die die Jüngerschaft mit sich bringt. *»Täglich«* steht hier: Das heißt, die Frage stellt sich jeden Tag, ob ich meinen Willen neu in Gottes Willen lege und ob ich von neuem bereit bin, um Jesu willen zu leiden.

Die dritte Bedingung lautet: *»Der folge mir nach!«* (V. 23). Das heißt, ein Jünger soll wirklich den Fußstapfen Jesu folgen und nicht unterwegs liegenbleiben oder ausscheren. Jeder Jünger darf um die Kraft beten, täglich neu nachzufolgen. Man denke an die Nachdichtung dieser Jesusworte im Gesangbuch: »Ein böser Knecht, der still mag stehn, sieht er voran den Feldherrn gehn!« (EKG 256,4).

Bedenkt man den Inhalt von V. 23, dann drängen sich sofort zwei Erkenntnisse auf: a) Matthäus, Markus und Lukas berichten diese Worte fast genau gleich (Mt 16,24; Mk 8,34; Lk 9,23). Das zeugt von der Wucht, mit der sie damals bei den Jüngern einschlugen. b) Jesus hat sich nicht gescheut, über die hohen Kosten der Nachfolge zu sprechen. Er hatte kein süßliches Evangelium zu verkünden. Wie oberflächlich sind da oft unsere Predigten! Aber wo Liebe ist, da ist auch Wahrheit.

Die Bedeutung dieser Jesusworte zeigt sich auch an ihrer Wiederholung (Mt 10,38; Lk 14,27; Joh 12,26) und an ihrer Rolle in der apostolischen Verkündigung (2 Kor 4,10f; 2 Petr 2,21ff).

Damals haben viele Juden im wörtlichen Sinne ihr »*Kreuz*« ge»*tragen*«, d.h. zu ihrer eigenen Hinrichtung. Gekreuzigt wurden sie von der römischen Besatzungsmacht. Viele mögen damals gedacht haben: »Wenn einmal der Messias kommt, dann ist unser Kreuztragen vorbei.« Statt dessen sagt der Messias jetzt: Ohne Kreuz gibt es keine Verbindung mit mir. Messianische Gemeinde ist immer eine Kreuztrage-Gemeinde. Wie quer liegt doch das göttliche Evangelium zu allen menschlichen – allzu menschlichen Vorstellungen!

Die Fortsetzung in V. 24 mutet zunächst wie ein Rätselwort an: »*Denn wer sein Leben retten will, der wird es verlieren. Wer aber sein Leben verliert um meinetwillen, der wird es retten.*« Man könnte auch übersetzen: »Denn wer sich selbst retten will« usw. Mt 16,25 und Mk 8,35 stimmen wieder fast wörtlich mit unserem Vers überein. »*Wer sein Leben retten will*«: Das ist der egoistisch Lebende (noch schärfer bei der Übersetzung: »wer sich selbst retten will«). Dieser egoistische Selbsterhaltungstrieb liegt seit dem Sündenfall im Menschen drin (1 Mo 3,6). Er ist geradezu zum Fundament der menschlichen Kultur geworden, die ohne Ehrgeiz, Profit, Durchsetzungsvermögen gar nicht vorstellbar ist. Deshalb sind die Strukturen unseres Lebens ebenfalls von der Sünde geprägt. Gibt es da überhaupt eine andere Möglichkeit? Ja, es gibt sie: Es ist die Hingabe an Gott. Diese Hingabe faßt Jesus in die Worte: »*Wer sein Leben (= freiwillig) verliert um meinetwillen.*« Was kommt bei diesen beiden grundsätzlichen Möglichkeiten heraus? Das Ende des Selbsterhaltungstriebes ist der Lebensverlust (»*der wird es verlieren*«). Das Ende der Hingabe an Gott und Jesus ist der Lebensgewinn (»*der wird es retten*«). Mensch, überlege! Die Wahl läßt uns Jesus frei. Man kann den 24. Vers noch konkreter fassen: Wer um Jesu willen (»*um meinetwillen*«) Kreuz und Martyrium auf sich nimmt, der wird das ewige Leben ernten. Wer die Jüngerschaft um des Leidens willen verweigert, der wird die ewige Verdammnis ernten (vgl. Mt 10,39; Lk 17,33; Joh 12,25; Offb 12,11).

Der 25. Vers gehört zu den berühmtesten Versen des Evangeliums: »*Denn welchen Nutzen hat ein Mensch, wenn er die ganze Welt ge-*

winnt, dafür aber sich selbst verliert oder für sich Schaden nimmt?« Die Antwort kann nur lauten: keinen. »*Die ganze Welt*« (»der ganze Kosmos«) wiegt seine Seele und sein Leben nicht auf. Was tun wir für unsere Seele? Für »*gewinnen*« steht ein typisches Wort der Wirtschaftssprache (vgl. Jak 4,13), für »*verlieren*« und »*Schaden nehmen*« ein meist religiöses Wort. Sinngemäß sagt also Jesus: Der aufs Materielle oder Irdische gerichtete Selbsterhaltungstrieb macht uns kaputt. Er führt nur zum Verlust des ewigen Lebens und zur Bestrafung durch Gott. Paulus hat daraus in Phil 3,8 die persönliche Konsequenz gezogen.

Der Mensch muß vorausdenken bis zum Tag des Jüngsten Gerichts. Dort gibt er Rechenschaft. Dort geht es um die Schlußbilanz. Hat er Jesus verlassen, hat er sein Kreuz nicht auf sich genommen, dann bleibt ihm das ewige Gottesreich verschlossen: »*Denn wer sich meiner und meiner Worte schämt, dessen wird sich auch der Menschensohn schämen, wenn er in seiner Herrlichkeit und der Herrlichkeit des Vaters und der heiligen Engel kommen wird*« (V. 26). Der »*Menschensohn*« ist Jesus. »*In seiner Herrlichkeit kommt er*« bei seiner Wiederkunft. Er kommt dann zum Gericht und zur sichtbaren Aufrichtung des Gottesreiches (vgl. Mt 13,37ff; 16,27f; 24,30; 26,64; Lk 17,22ff). Es ist »*die Herrlichkeit des Vaters*«, die ihn dann umgibt. In seiner Begleitung sind »*die heiligen Engel*«, d.h. die Gott treu gebliebenen Engel (vgl. dagegen die gefallenen Engel in 1 Mo 6,1ff; 1 Kor 6,3; 2 Petr 2,4; Jud 6; Offb 12,9). Was für ein Augenblick, wenn sich Jesus bei seiner Wiederkunft unserer »*schämen*« muß! »*Sich schämen*« heißt in diesem Zusammenhang: nicht als seine Jünger anerkennen (vgl. Mt 7,23; 10,33; 25,12; Lk 12,9; 2 Tim 2,12; 1 Joh 2,22f; Jud 4). Wer aber nicht sein Jünger ist, der glaubt auch nicht an ihn und geht infolgedessen verloren. Die Apostel haben daraus die Folgerung gezogen, daß sie sich des Evangeliums nicht schämen wollten (Röm 1,16; 2 Tim 1,8).

Mit einem weiteren Rätselwort schließt unser kleiner Abschnitt: »*Ich sage euch aber in Wahrheit: Es gibt unter denen, die hier stehen, einige, die den Tod nicht schmecken werden, bis sie das Reich Gottes sehen*« (V. 27). Jesus weiß, daß dieser Satz nicht sofort einleuchtet. Deshalb betont er seine Gültigkeit: »*Ich sage euch aber in Wahrheit*« (Vgl. 4,25). Über das, was nun folgt, tobt bis heute der helle Streit. Was meint denn die Aussage, es gäbe »*hier einige, die den Tod nicht schmecken werden, bis sie das Reich Gottes sehen*«? Glaubte Jesus, die völlige Aufrichtung des ewigen Gottesreiches erfolge schon binnen einer Generation? Hat er sich also getäuscht, da ja inzwischen runde zwei Jahrtausende verstrichen sind? In der Tat nimmt fast die gesamte historisch-kritische Forschung einen Irrtum Jesu an. Aber sehen wir noch einmal genauer hin. Jesus sagt ja nicht, daß »*einige*« überhaupt nicht sterben werden. Vielmehr werden sie »*den Tod schmecken*«. Aber erst nach einem bestimmten Zeitpunkt (»*bis*«). Wenn jedoch weiter gestorben wird, dann kann nicht die totale Neuschöpfung gemeint sein. Denn in der Neuschöpfung gibt es keinen Tod mehr (Offb 21,4). Dann aber muß das erst anbrechende und noch nicht vollendete »*Reich Gottes*« gemeint sein. Angebrochen ist das Reich Gottes mit Golgatha, mit der Auferstehung, mit der Himmelfahrt und mit Pfingsten. In diesem angebrochenen Reich Gottes leben wir schon jetzt. Von ihm schreibt Paulus in Röm 14,17: »Das Reich Gottes ist nicht Essen und Trinken, sondern Gerechtigkeit und Friede und Freude in dem heiligen Geist.« Von ihm schreibt Paulus an anderer Stelle: »Gott hat uns versetzt in das Reich seines lieben Sohnes« (Kol 1,13). Von ihm sagt Johannes, daß er zusammen mit allen Christen »Mitgenosse ... am Reich« sei (Offb 1,9). Von diesem anbrechenden Reich, das sich in seiner Person verkörpert, sagte Jesus selbst schon: »Es ist mitten unter euch« (Lk 17,21). Man muß also im Neuen Testament zwischen dem anbrechenden und dem vollendeten Reich Gottes unterscheiden. Ersteres ist schon da. Letzteres kommt erst noch (vgl. die Vaterunserbitte: »Dein Reich komme«). Kehren wir zurück zu Lk 9,27: Jesus spricht hier vom anbrechenden Gottesreich. Und dieses werden in der Tat »*einige unter denen, die hier stehen*«, erleben. Sagen wir es konkret: Einige werden Kreuz, Auferstehung, Himmelfahrt und Pfingsten erleben. Und das ist ja auch eingetroffen. Damit hat Jesus für die Leidensnachfolge seiner Jünger noch einmal ein lohnendes Ziel genannt. Wer um Jesu willen leidet, wird Mitgenosse am Reich Gottes, sein und zwar – sofern es das anbrechende Gottesreich betrifft – schon in allernächster Zukunft. »*Sehen*« drückt hier die innere Teilnahme aus (vgl. Mt 16,28; Mk 9,1).

Übrigens zeigen Mt 24,6.8; 25,1ff.14ff; Lk 19,11ff, daß Jesus mit einem langen Zeitraum bis zur völligen Aufrichtung des Gottesreiches gerechnet hat.

Im Rückblick auf Lk 9,22-27 werden uns noch einmal drei Dinge wichtig: 1) Jesu Weissagung von seinem Leiden. Er ist bewußt um unseretwillen in dieses Leiden hineingegangen. 2) Die Feststellung, daß auch seine Jünger leiden müssen. Jesus gehörte nicht zu den oberflächlichen Predigern, die nur vom Glück predigen. 3) Der Aufruf an unser Denken und an unsern Willen. Wir sollten nüchtern überlegen, wo wir am Ende unseres Lebens herauskommen.

Vorschlag zur Bibelarbeit über Lukas 9,18-27

1. Einleitung:

a) Wir sind hier an einem ganz zentralen Punkt des Evangeliums: Jesus wird als der Messias erkannt (von Juden!) und deckt auf, daß er nur ein sterbender, Sühne schaffender Messias sein kann. Das bestimmt auch den Weg seiner Nachfolger.
b) Wir suchen im AT zwei Linien auf: 1) Prophezeiung eines Messias überhaupt, und 2) Ankündigung des Sterbens des Erlösers.
c) Wir untersuchen, was man in unserer Zeit von Jesus sagt: Lehrer, Revolutionär, ein manchmal Irrender usw. Wie kommt man zur Klarheit in diesem Vielerlei der Meinungen?
d) Die Überschrift sollte unbedingt christologisch (christusbezogen) sein, z.B.: »Wer ist Jesus?«

2. Durchführung: »Wer ist Jesus?«

a) Darauf gibt es alle möglichen Antworten

Mit einem modernen Beispiel einsteigen! – Damals war das kein Haar anders – Interessant ist aber, daß Jesus selbst die Frage aufwirft: »Wer sagen die Leute, daß ich sei?« – Daraus kann man nur einen einzigen Schluß ziehen: nämlich daß ihm unsere Einschätzung nicht egal ist – Und noch etwas fällt uns auf: daß er wissen will, wie seine Jünger im Unterschied zu den anderen Leuten denken – Jünger und Nichtjünger ist eben nicht dasselbe – Vielleicht sollten wir noch ein Drittes registrieren: Die damaligen jüdischen Antworten lassen alle eine Hochschätzung erkennen – Selbst diejenigen, die ihn als Messias ablehnten, hatten einen gewaltigen Respekt vor ihm.

b) Für die Jünger gibt es aber nicht alle möglichen Antworten

Petrus formuliert, was damals für alle Jünger galt und was bis heute für alle Jünger gilt: Du bist der Messias! – Niemals wird Israel einen anderen Messias erhalten – Und auch wir selbst (d.h. wir als Völkerwelt) werden niemals einen anderen Erlöser erhalten – Wir hören noch das Wort, das neben dem Messias steht: »Gottes« – Es bedeutet, daß Jesus von Gott kommt – Vgl. die andern Evangelien, die noch vollständiger vom »Sohn Gottes« sprechen – Diese beiden Bezeichnungen Jesu sind also die wichtigsten: Messias und Gottessohn – Davon können wir niemals lassen, auch wenn man das Leben dafür geben müßte – Das bedeutet zugleich, daß es ewiges Leben und ewiges Heil nur durch Jesus gibt – Hier sind die Christen notwendigerweise intolerant – Aber als Christ spreche ich dieses Bekenntnis mit Freude, weil ich in Jesus ja die Erlösung habe.

c) Jesus ist der, der sein Leben für mich gab

Unmittelbar aufs Bekenntnis erfolgt die erste Leidensweissagung -Damit macht Jesus klar: Mich als Messias könnt ihr nur als Leidenden und Sterbenden haben – Warum? – Weil er unsere Sünde ans Kreuz trägt – Weil er uns durch sein Blut erlöst – Beachten wir: Er sagt nicht nur seine Passion voraus, sondern auch seine Auferstehung! – Wenn er selbst aber den Passionsweg gehen muß, dann schließt das den Passionsweg der Jünger ein – Kaum einmal hat jemand so offen die Karten auf den Tisch gelegt wie Jesus – Jede Verkündigung, die Jesus zu einer Art Glücksbringer oder Maskottchen macht, ist falsch – Nein, es wird uns allen klargemacht: Nachfolge und Gemeinschaft mit Jesus gibt es nur, wenn du leidensbereit bist – Aber es lohnt sich, denn dadurch werden wir zum ewigen Leben geführt! – Einige der damaligen Hörer haben schon den Anbruch des Reiches Gottes in Auferstehung und Geistausgießung erlebt (V.27) – Was hat der Mensch, der hier alles und dort nichts mehr hat? – Lassen wir uns von der Ewigkeit bestimmen! – Der Jesus, der sein Leben für mich gab, der wird mir auch das Reich Gottes verschaffen.

30. Die Verklärung Jesu (9,28-36)

Die Verklärung Jesu hat Lukas am ausführlichsten erzählt. Aber auch hier erstaunt die enge Parallelität zu Matthäus (17,1-9) und Markus (9,2-10).

9,28: **»Es geschah aber etwa acht Tage nach diesen Reden, daß er Petrus und Johannes und Jakobus mit sich nahm und auf einen Berg stieg, um zu beten.«**

In jener Zeit der Vorbereitung auf die Passion verstärken sich die Nachrichten über das *»Beten«* Jesu (vgl. 9,18.28). Der Herausforderung der Passion konnte Jesus nur durch das Gebet begegnen. Übrigens ist uns schon öfter deutlich geworden, daß Lukas auf den betenden Jesus Wert legt (3,21; 4,42; 5,16; 6,12; 9,18.28).

Seltsam ist die Zeitangabe *»etwa acht Tage nach diesen Reden«*. Sonst datiert Lukas viel unbestimmter (vgl. 5,1.12.17.27; 6,1.12; 7,1.11; 8,1.22; 9,18). Wir entdecken jedoch, daß auch Matthäus und Markus ähnlich datieren (vgl Mt 17,1; Mk 9,2). Allerdings sprechen sie von »sechs Tagen«, während Lukas *»etwa acht Tage«* nennt. Da aber Lukas nur eine *»etwa«*-ige Angabe macht, ist dies kein Widerspruch. Warum nun überhaupt die *»Tages«*-Datierung? Vermutlich waren die Jünger über die Leidensankündigungen (*»diese Reden«*) so erschüttert, daß die ungewöhnliche Bestätigung Jesu durch das Wunder der Verklärung sich tief in ihr Gedächtnis eingegraben hatte. Die Evangelisten wollen also sagen: Schon nach wenigen *»Tagen«* hat sich der Vater zu diesem leidenden Messias bekannt. Eine solche Deutung wird durch 2 Petr 1,16ff gestützt. Evtl. spielt aber auch eine Rolle, daß man in der Woche Cäsarea Philippi – Verklärungsberg (Leiden – Verklärung) eine Vorschattung der Passionswoche (Kreuz – Auferstehung) erblickte.

Jesus *»nahm«* nur *»Petrus, Johannes und Jakobus mit sich«*, ebenso wie in Gethsemane (Mt 26,37) und wie bei Jairus (Lk 8,51). Er hatte damit drei Zeugen nach alttestamentlichem Recht (5 Mo 17,6;

19,15). Der jüngere »*Johannes*« wird vor dem älteren »*Jakobus*« genannt, weil er offenbar bei den Lesern des Lukas der bekanntere war. Der Gang »*auf den Berg*« (so wörtlich) erinnert an Moses Gang mit Josua auf den Berg Sinai (2 Mo 24,13ff). Uns wird wieder klar, daß Jesus der zweite Mose ist (vgl. 5 Mo 18,15ff). Der »*Berg*« schafft die nötige Einsamkeit fürs Beten (vgl. Mt 14,23; Lk 6,12; Joh 6,15). Ob Jesus schon wußte, was auf dem Berg geschehen würde, bleibt offen.

Welcher Berg es war, wissen wir nicht mehr. Der Tabor bot zu wenig Einsamkeit. Er wäre auch zu weit vom Schauplatz des Messiasbekenntnisses entfernt gewesen. Eher wäre an den Hermon zu denken (vgl. Ps 89,13) bzw. an die in der Umgebung von Cäsarea Philippi bis zu 1250 m hoch aufragenden Berge.

9,29-36: **(29) »Und während er betete, veränderte sich das Aussehen seines Gesichts, und sein Gewand wurde blendend weiß. (30) Und plötzlich befanden sich zwei Männer im Gespräch mit ihm. Es waren Mose und Elia. (31) Sie erschienen in strahlendem Glanz und sprachen von seinem Ausgang, den er in Jerusalem erfüllen sollte. (32) Petrus aber und seine Gefährten waren in tiefen Schlaf gesunken. Doch als sie richtig aufgewacht waren, sahen sie seine Herrlichkeit und die zwei Männer, die bei ihm standen. (33) Als sie aber im Begriff waren, sich von ihm zu trennen, sagte Petrus zu Jesus: Meister, es ist gut, daß wir hier sind. So wollen wir drei Hütten bauen, eine für dich, und eine für Mose, und eine für Elia. Dabei wußte er nicht, was er sagte. (34) Während er aber noch redete, kam eine Wolke und warf ihren Schatten auf sie. Und als sie in die Wolke gerieten, ergriff sie die Furcht. (35) Und es geschah eine Stimme aus der Wolke, die sprach: Das ist mein auserwählter Sohn, auf ihn sollt ihr hören! (36) Und als die Stimme erschallte, da fand sich Jesus allein. Doch schwiegen sie darüber und erzählten in jenen Tagen niemand von dem, was sie gesehen hatten.«**

Den Bibelwissenschaftlern fällt auf, daß der Stil in diesen Versen aramäisch ist, d.h. der Muttersprache der Judenchristen entspricht. Man kann also mit Fug und Recht vermuten, daß Lukas hier eine mündliche oder schriftliche Überlieferung von Judenchristen in sein Evangelium aufgenommen hat. War seine Quelle Petrus selbst (vgl. 2 Petr 1,16ff)?

Sodann macht die Übersetzung ziemlich Mühe. Es ist, als ob die menschliche Sprache darum ringe, Übernatürliches auszudrücken.

Doch gehen wir nun in die Einzelheiten:

Unter dem Gebet (»*während er betete*«) »*veränderte sich das Aussehen*« des »*Gesichts*« Jesu (V. 29). Die drei Jünger konnten diese Veränderung beobachten (Mt 17,2; Mk 9,2), offenbar, weil sie in der Nähe waren. Die Veränderung war die Antwort des Vaters auf das Gebet des Sohnes. Daraus kann man schließen, daß Jesus schon damals im Gebet um den Passionsweg und um den Glauben seiner Jünger gerungen hat (vgl. Mt 26,36ff parr; Joh 17,9ff). Außerdem »*wurde sein Gewand blendend weiß*«. Matthäus ergänzt hier: »Sein Gesicht leuchtete wie die Sonne« (Mt 17,2; vgl. Mk 9,3). Sowohl der Zusammenhang als auch die biblischen Parallelstellen in Dan 12,3; Mt 13,43; 28,3; Offb 1,16 machen klar, daß Jesu Verklärung (mit dem Fremdwort: »Transfiguration«) das Eingetauchtwerden in himmlische Herrlichkeit bedeutete. Einen ähnlichen Vorgang finden wir bei Mose. Immer, wenn er mit Gott geredet hatte, glänzte sein Angesicht von himmlischer Herrlichkeit (2 Mo 34,29ff.34f; vgl. 2 Kor 3,7ff). Überraschend tritt nun Mose selbst auf:

»*Und plötzlich befanden sich zwei Männer im Gespräch mit ihm*« (V. 30). Auch diesen Vorgang konnten die drei Jünger offensichtlich beobachten. »*Es waren Mose und Elia*«. Woran die Jünger die beiden erkannten, wird nicht gesagt. In dieser himmlischen Klarheit gab es wohl auch nichts zu klären. »*Mose*« repräsentiert das Gesetz, »*Elia*« die Prophetie. Beide waren die leitenden Hauptgestalten des Alten Bundes. Man kann also sagen: Hier treten die Vertreter des Alten Bundes vor Jesus, die »*Männer*«, die nach vorne ausschauten, auf den kommenden Erlöser hin (vgl. 5 Mo 18,15ff; Mal 3,23f). Beide haben einen seltsamen Abschied von dieser Erde genommen (5 Mo 34,5f; 2 Kön 2,11f). Beide lebten nach den Worten Jesu in der unsichtbaren Welt weiter (Mt 22,31f; vgl. Weisheit Salomos 3,2; 7,6). Beide konnte Gott von dorther auf den Berg der Verklärung schicken. Was Saul im Ungehorsam mit Samuel versuchte (1 Sam 28,7ff), das gab Gott seinem angefochtenen Sohn aus Barmherzigkeit: nämlich eine Stärkung aus der überirdischen Welt.

Wie lange das »*Gespräch*« dauerte, wissen wir nicht. Übrigens ist die Formulierung im Urtext so, daß das Gespräch schon im Gange war (»*befanden sich im Gespräch mit ihm*«), als die Jünger den Sachverhalt zu registrieren begannen.

»*Sie erschienen in strahlendem Glanz*« bzw. »Sie wurden sichtbar in Herrlichkeit« (V. 31). Gottes Welt wird in der Bibel immer wieder mit

Licht, »*Glanz*«, »Herrlichkeit« verbunden. Die Gottesferne ist Nacht, ist Finsternis (vgl. Joh 8,12). Gerade für das Gebet (vgl. V. 29!) gilt, daß es uns mit Gottes Herrlichkeit verbindet. Nicht umsonst haben Leute, die vom Gebet kommen, oft ein strahlendes Leuchten auf dem Gesicht.

Wichtiger noch ist eine weitere Angabe, die Lk 9,31 macht: »*Sie sprachen von seinem Ausgang, den er in Jerusalem erfüllen sollte.*« Diese Angabe macht Lukas über die anderen Evangelien hinaus. Wir beachten: Seit V. 22 ist das Thema Passion und Tod auf der Tagesordnung (vgl. 9,31.44; 17,25; 18,32f). Dieses Thema bildete auch den Inhalt der Gebete Jesu. Jetzt wird noch einmal klar, daß sein Weg einen ganz bestimmten »Ausgang« nimmt, daß seine irdische Tätigkeit zum Abschluß kommt. Neu ist die Bemerkung, daß Jesus »*in Jerusalem*« sterben muß. Dagegen ist das »*sollte*« schon in dem göttlichen »Muß« von V. 22 enthalten. Mit dem Wort »*erfüllen*« kommt zum Ausdruck, daß Jesus die Prophezeiungen über den Tod des Messias (z.B. Ps 22; Jes 53) verwirklichen muß (vgl. Mt 26,54; Lk 24,25ff.44ff).

Doch warum diese Unterredung? Was hatten die Repräsentanten des Alten Bundes mit Jesus zu besprechen? Das Thema ist ja klar: Passion und Tod. Aus dem Zusammenhang ergibt sich weiter, daß Mose und Elia auf die Prophezeiungen des Alten Testaments hinwiesen (vgl. das Stichwort »*erfüllen*«). Für die Jünger ergibt sich daraus eine Bestätigung der Worte Jesu, die er nach V. 22-27 gesprochen hatte. Für Jesus selbst aber bedeutete das Gespräch mit Mose und Elia eine Stärkung auf den Passionsweg. Er sah erneut den Heilsplan des Vaters in aller Deutlichkeit vor sich. Das gab ihm Kraft, der Versuchung zu widerstehen, die ihn vom Passionsweg weglocken wollte (vgl. Mt 16,22f). Darüber hinaus enthüllt dieser Vorgang das eminente Interesse eines Mose und Elia, ja sogar aller Gerechten des Alten Bundes, daß die Erlösung durch Jesus zustande kommt. Stirbt er nicht den Sühnetod am Kreuz, dann sind sie wegen ihrer Sünden verloren. Denn auch für die Gerechten des Alten Bundes gilt das Wort Jesu : »Niemand kommt zum Vater denn durch mich« (Joh 14,6). Es geht um ihre ewige Existenz! Vgl. noch Lk 2,34.38; Joh 8,56.

»*Petrus aber und seine Gefährten waren in tiefen Schlaf gesunken*« (V. 32). Wann war das? Vermutlich schon beim vorausgehenden Gebet Jesu (V. 29, vgl. Mt 26,40ff; Mk 14,32ff; Lk 22,39ff). Ob es Abend oder Nacht war, wissen wir nicht. Durch die Voranstellung des

»Petrus« wird diesem, wie schon Bengel beobachtet hat, »ein Vorrang eingeräumt«. D.h. Petrus ist der Sprecher des Apostelkreises.

»Doch als sie richtig aufgewacht waren, sahen sie seine Herrlichkeit und die zwei Männer, die bei ihm standen« (V. 32). Das heißt, daß sie alles *»sahen«*, was in V. 29-32 geschildert wurde: Jesu Veränderung (V. 29); die *»zwei Männer«* bei ihm, die sie als »Mose und Elia« erkannten; das Gespräch, bei dem alle drei *»standen«*; den strahlenden Glanz, in den auch Mose und Elia getaucht waren. Außerdem hörten sie, daß sich das Gespräch um den Tod Jesu in Jerusalem drehte. Besonders eindrucksvoll war ihnen, daß sie Jesu *»Herrlichkeit sahen«*. Die Erinnerung daran prägt 2 Petr 1,16ff und vielleicht auch Joh 1,14. Man muß dabei bedenken, daß diese Herrlichkeit den schärfsten Kontrast zu der irdischen Niedrigkeit Jesu und seinen Leidensweissagungen bildete.

Warum erwähnt Lukas den tiefen Schlaf der Jünger? Will er uns zeigen, daß Menschen zu schwach waren, um Jesus wirklich zu begleiten? Zu schwach, um ihm beim Erlösungswerk zu helfen (vgl. 22,39ff)? Oder denkt er an Abraham, der auch nach einem Tiefschlaf eine Gottesoffenbarung empfing (1 Mo 15,12ff), so daß die Jünger in derselben Würde erscheinen wie die Patriarchen? Oder will er uns sogar an beides erinnern?

Es scheint, daß die Jünger erst gegen Ende des Gesprächs *»richtig aufgewacht«* sind. Denn die nächste Einzelheit des Berichts betrifft schon den Abschied Moses und Elias von Jesus: *»Als sie aber im Begriff waren, sich von ihm zu trennen, sagte Petrus zu Jesus: Meister, es ist gut, daß wir hier sind«* (V. 33). *»Meister«* das ist die gewohnte Anrede (vgl.5,5; 8,24.45; 9,49; 17,13), die freilich schlecht zu der himmlischen Herrlichkeit Jesu paßt. *»Es ist gut, daß wir hier sind«*: Das drückt die Zustimmung des Petrus zu dem ganzen Geschehen aus. Er ist froh, mit dabei sein zu dürfen. Hier möchte er bleiben, Ewigkeitsluft atmen, in himmlischer Klarheit leben, allem Streit und aller Passion enthoben sein. Er will sein Möglichstes tun, daß diese Augenblicke der Verklärung fortdauern: *»So wollen wir drei Hütten bauen, eine für dich, und eine für Mose, und eine für Elia.«* Das einfache Wort *»Hütte«* reißt eine ganze Reihe heilsgeschichtlicher Perspektiven auf. *»Hütte«* hieß die Stiftshütte. Drei Stiftshütten, für den Führer des Exodus aus Ägypten, für den prophetischen Führer gegen den Baalskult, und für den Messias – was wäre das für eine Sache!

»Hütten baute« man auch am Laubhüttenfest. Sie erinnerten an den Exodus, aber auch an die kommende Erlösung. Jetzt ist diese Erlösung Gegenwart! Eine *»Hütte«* baute sich Jona, um auf Gottes Eingreifen gegen Ninive zu warten (Jona 4,5). Sollten sie etwa hier auf dem Berg der Verklärung warten, bis Gottes Gericht über alle Feinde des Messias und über alle Gottlosen erging? Aber Petrus begriff kaum, was er sagte. *»Er wußte nicht, was er sagte«*, bemerkt Lukas (V. 33). Vermutlich ist dies die Selbstbeurteilung des Petrus aus der späteren Rückschau. Gut, daß unser kleiner Verstand nicht über Gottes Heilsplan bestimmt! Sonst würde alles falsch laufen.

»Während er aber noch redete, kam eine Wolke und warf ihren Schatten auf sie« (V. 34). Juden, die ihre Bibel kannten, sahen darin etwas anderes als ein mehr oder weniger gleichgültiges Naturereignis. Sie wußten, daß *»eine Wolke«* die Gegenwart Gottes anzeigen konnte: Eine Wolke bedeckte einst die Stiftshütte (2 Mo 40,34ff); eine Wolke leitete einst Israel beim Exodus (2 Mo 13,21; 40,36ff; 4 Mo 9,15ff; 10,34); eine Wolke erfüllte den salomonischen Tempel (1 Kön 8,10f); eine Wolke sollte am Ende der Tage, wenn der Messias käme, über dem Zion sein (Jes 4,5). Ja, nach Ps 104,3 sind die Wolken Gottes Gefährt (vgl. 2 Mo 16,10; 34,5; 5 Mo 5,22). In einer Wolke ging auch Mose zur Gottesbegegnung am Sinai (2 Mo 24,18). Der Ausdruck *»sie warf ihren Schatten auf sie«* verstärkt noch die Anzeichen für Gottes Gegenwart (vgl. 2 Mo 40,35; Lk 1,35). Deshalb versteht man *»die Furcht«*, die die Jünger *»ergriff, als sie in die Wolke gerieten«* (wörtlich: »als sie in die Wolke hineingingen«). Da Mose soeben anwesend war, mußten sie sich an Moses Gang auf den Gottesberg erinnert fühlen. Er *»ging«* ja ebenfalls »mitten in die Wolke hinein« (2 Mo 24,18). Was sollte das für eine Gottesbegegnung werden?

Wir müssen damit rechnen, daß damals schon das 2. Makkabäerbuch bekannt war. Dort heißt es im Blick auf die Endzeit: »Dann wird die Herrlichkeit des Herrn und die Wolke erscheinen, wie sie sich zu Moses Zeiten gezeigt hat und damals, als Salomo bat, daß die Stätte über die Maßen geheiligt würde« (2 Makk 2,8). So waren die Jünger innerlich schon auf eine Gottesoffenbarung eingestellt.

Jetzt beginnt Gott selbst zu reden:

»Und es geschah eine Stimme aus der Wolke, die sprach: Das ist mein auserwählter Sohn, auf ihn sollt ihr hören!« (V. 35).

Wie *»die Stimme«* im einzelnen *»geschah«*, sagt uns die Bibel nicht. In der Regel bleibt der Schleier des Geheimnisses über solchen Vorgängen, die unsere Neugierde anstacheln könnten.

Dagegen ist der Inhalt des Gesprochenen glasklar. Er wird bei Matthäus (17,5), Markus (9,7) und Lukas (9,35) in nahezu wortwörtlicher Übereinstimmung überliefert: »*Das ist mein Sohn.*« Ps 2,7 ist also in Jesus Wirklichkeit geworden. Jesus ist Messias und Gottessohn. Dasselbe hat Gottes Stimme bei der Taufe Jesu gesagt (3,22 parr). »*Auserwählt*« ist der Gottesknecht von Jes 42-53, der sein Leben zum Schuldopfer gibt (vgl. Jes 42,1 mit 53,10). Wenn Jesus der »*Auserwählte*« genannt wird, dann wiederholt sich hier der Auftrag zum Sühnetod, der schon in der Taufe ausgesprochen war (vgl. wieder 3,22 parr und die Erklärung dort). Damit hat sich der Vater selbst hinter die Weissagung des Sohnes in V. 22 gestellt. So unglaublich es den Jüngern damals geklungen hat: Der Vater will es tatsächlich, daß der Sohn, der der Messias ist, in den Tod geht. Und zwar zu unserer Erlösung! Die dritte Aussage in V. 35 lautet: »*Auf ihn sollt ihr hören!*« Diese Worte stammen aus 5 Mo 18,15, wo der zweite Mose prophezeit wird. Jesus ist also der zweite Mose. Alles hat darauf hingedeutet: der Berg, die Wolke, die Erscheinung der Herrlichkeit des Herrn, jetzt das Zitat aus 5 Mo 18,15. »*Auf ihn sollt ihr hören*« heißt: Er hat Gottes Wort in seinem Mund. Ihm sollen die Jünger gehorchen. Während aber der erste Mose nur aus der irdisch-politischen Gefangenschaft herausführte, wird der zweite Mose aus der Gefangenschaft der überirdischen Mächte (Sünde, Tod und Teufel) herausführen. Und während der erste Mose nur in ein irdisches Land führen konnte, wird der zweite Mose in ein himmlisches Land, zum himmlischen Jerusalem, führen.

Beachten wir noch eine Kleinigkeit: die Gottesstimme erklang »*aus der Wolke*«. Hier bestätigt sich die Deutung der Wolke, die wir oben gaben. Die Wolke war wirklich das äußere Zeichen der Gegenwart Gottes (vgl. 2 Mo 24,16).

Mit Recht nannte F. Godet die Verse 34 und 35 den »Gipfelpunkt des Vorgangs«.

V. 36 bildet nun den Abschluß:

»*Und als die Stimme erschallte, da fand sich Jesus allein.*« Offenbar nahm die Wolke Mose und Elia wieder hinweg in die jenseitige Welt (vgl. 2 Kön 2,11; Apg 1,9; Offb 11,12). »*Jesus allein*« mehr brauchen wir nicht.

»*Doch schwiegen sie darüber und erzählten in jenen Tagen nie-*

mand von dem, was sie gesehen hatten.« Vermutlich haben auch ihre Mitjünger erst später davon erfahren. Mt 17,9 und Mk 9,9 ergänzen Lk 9,36 insofern, als nach diesen Stellen Jesus selbst zu »schweigen« befohlen hat. Und zwar solange, bis er auferstanden sei. Erst nach der Auferstehung konnten auch andere Menschen einen inneren Zugang zu dieser Geschichte finden. Außerdem wollte Jesus nicht, daß vor seiner Bewährung am Kreuz mit solchen Wundern Propaganda gemacht würde (vgl. 9,36; 9,21). Dies hätte nur falsche Erwartungen und Entwicklungen ausgelöst (vgl. dazu Joh 6,14f).

Halten wir zu diesem wichtigen Vorgang fünf Punkte fest: 1) Jesus muß nach dem Willen Gottes leiden und sterben. 2) Die Gerechten des Alten Bundes erwarten sehnsüchtig ihre Erlösung am Kreuz. 3) Die Wiederholung des schon bei der Taufe Gesagten bekräftigt die Gottessohnschaft Jesu. 4) Jesus wird durch diese Ereignisse auf dem Berg der Verklärung gestärkt. Er kann jetzt getrost den Passionsweg antreten, mögen auch Freunde und Massen ihn verlassen. 5) Der Glaube der Jünger wird ebenfalls gestärkt. Sie brauchen sich am Leidensweg des Messias nicht zu stoßen. Statt dessen sind sie zum Gehorsam gegen Jesus und seine Weissagungen (V. 22!) aufgefordert.

Vorschlag zur Bibelarbeit über Lukas 9,28-36

1. Einleitung:

a) Die Verklärung Jesu bedeutet für viele Leser ein Rätsel. Was geschah da? Warum geschah das? Wir sind in der guten Lage, daß gerade das Lukasevangelium in 9,31 die notwendige Erklärung anbietet.

b) Wir sollten ferner überlegen, welche Bedeutung Mose und Elia haben, und dann auch die Frage anpacken, ob es für die sog. Gerechten des Alten Bundes eine Erlösung ohne Jesus gibt. Der Kommentar hat diese Frage mit aufgegriffen.

c) Bei 9,18-27 haben wir das Schweigegebot Jesu (9,21) zurückgestellt. Vielleicht wäre jetzt einmal der Platz, auch das Schweigen von damals zu erklären (zu 9,36).

d) Sicher gibt es auch hier eine ganze Reihe von möglichen Überschriften. Wir nehmen: »Warum Jesus leiden mußte«.

2. Durchführung: »Warum Jesus leiden mußte«

a) Ihn selbst trieb diese Frage um

Viele Leute sagen: »Mit Gott kann ich etwas anfangen, mit Jesus aber nicht. Was soll sein Blutvergießen?« – Man hätte sich allerdings den Messias ganz anders denken können: Einer, der alle Bösen bestraft und beseitigt; einer, der überall bloß siegt; einer, der uns die weltweiten Probleme löst usw. – Warum gerade das Leiden? – Und warum so betont in der Bibel? – Jesus bewegt diese Frage tief – Er sucht die Einsamkeit auf – Nicht einmal alle Zwölf dürfen mit, nur drei, nach dem alttestamentlichen Zeugenrecht – Jesus betet – Das heißt, er ringt um weitere Gewißheit – Muß er wirklich sterben?

b) Es gäbe sonst keinen erlösten Menschen

Die Barmherzigkeit des Vaters öffnet den Vorhang zwischen Diesseits und Jenseits, zwischen Gegenwart und Vergangenheit – Jesus wird in himmlische Herrlichkeit getaucht – Aus den Verstorbenen erscheinen Mose und Elia – Beide verkörpern gewissermaßen den Alten Bund: Gesetzgeber und Prophet – Beide sind die »Spitzen« der Gerechten des AT – Was haben sie zu sagen? – Es ist ein Thema: Der Gottessohn muß in die Passion, er muß in Jerusalem den Sühnetod leiden – Warum? – Weil sonst auch Mose und Elia unerlöst bleiben! – Denn »Es ist keiner, der gerecht ist, auch nicht einer« (Hiob 4,17; Ps 14,3; Röm 3,10f) – Alle brauchen den Sühnetod des Gottessohnes am Kreuz! – Auch die sog. Gerechten des Alten Bundes – Petrus aber sieht nur die Herrlichkeit – Deshalb will er bleiben und nicht weiter den Passionsweg wandern.

c) Es ist Gottes Heilsplan

Die Erscheinung Moses und Elias wird noch übertroffen durch die Erscheinung des himmlischen Vaters in der Wolke – Mit der Wolke gab Gott seit dem Alten Bund ein Zeichen seiner Gegenwart und machte sich so auch den Jüngern erkennbar –

Gott wird nicht gesehen – Aber die drei Zeugen Petrus, Johannes und Jakobus hören seine deutliche Stimme – Sie bezeichnet Jesus als Gottessohn (Ps 2,7), Gottesknecht (»auserwählt«, Jes 42,1) und Mensch Gottes (»den sollt ihr hören«) – Gerade also den leidenden und sterbenden Jesus – So also verläuft Gottes Heilsplan – Im Spiegel dieses Heilsplans erkennen wird unsere Schuld, die so groß ist, daß sie nur durch das Blut des sündlosen Gottessohnes weggewaschen werden kann – Die Zeugen reden erst später darüber – Erst mußte Jesus ja sein Ziel erreicht haben, bevor man darüber reden konnte – Hätte Jesus vor dem Ziel noch den Gehorsam verweigert, wäre ja alles umsonst gewesen – Aber wenn es Gottes Heilsplan war, dann darf ich auf diesen am Kreuz hängenden und für mich sterbenden Jesus auch ganz vertrauen.

31. Die Heilung eines besessenen Jungen (9,37-43a)

Die Überschrift für diese Geschichte lautet in den Bibelübersetzungen und Kommentaren verschieden, z.B. »Heilung eines epileptischen Kindes«, »Heilung eines Fallsüchtigen«, »Heilung des Mondsüchtigen«, »Die Ohnmacht der Jünger ohne Jesus«. Da die Ursache der Krankheit in einem Dämon liegt, trifft »Die Heilung eines besessenen Jungen« am ehesten zu.

9,37-43a: **(37) »Es geschah aber am folgenden Tag, als sie vom Berg herabstiegen, daß ihm eine große Menge entgegenkam. (38) Und siehe, jemand schrie aus der Menge heraus: Lehrer, ich bitte dich, schau doch nach meinem Sohn, denn es ist mein einziger. (39) Und siehe, ein Geist packt ihn, und plötzlich schreit er, und er reißt ihn, daß er Schaum vor dem Mund hat, und er weicht kaum einmal von ihm, so daß er ihn ans Ende seiner Kräfte bringt. (40) Und ich habe deine Jünger gebeten, ihn auszutreiben, aber sie konnten es nicht. (41) Jesus gab zur Antwort: O du ungläubiges und verkehrtes Geschlecht! Wie lange soll ich bei euch sein und euch ertragen! Bring deinen Sohn her! (42) Aber noch während er herbeikam, warf ihn der Dämon zu Boden und zerrte ihn hin und her. Jesus aber wehrte dem unreinen Geist und heilte den Jungen und gab ihn seinem Vater zurück. (43a) Da gerieten alle außer sich über die Größe Gottes.«**

Zunächst fällt etwas Äußerliches auf: Lukas nennt wie in V. 28 ein relatives Datum. Er schreibt ja vom *»folgenden Tag«* (V. 37). Diese Datierungen zeigen, wie wichtig den frühen Christen das Geschehen der Verklärung war.

Aus der Angabe *»am folgenden Tag«* kann man überdies schließen, daß Jesus und die drei Jünger die Nacht auf dem Berg verbracht haben.

Beim Herabsteigen *»kam ihm eine große Menge entgegen«* (V. 37). Sie bestand aus den übrigen Jüngern (vgl. Mt 17,19; Mk 9,14), einer Reihe Schriftgelehrter (Mk 9,14), einem Hilfesuchenden und seinem Sohn, sowie vielen weiteren Anwesenden (vgl. die folgenden Verse).

Aus der himmlischen Herrlichkeit *»steigt«* Jesus wieder *»herab«* in unsägliche menschliche Not.

Lukas erzählt so anschaulich, daß man es förmlich miterleben kann, wie *»jemand aus der Menge heraus schrie«* (V. 38). Wie ein Sturzbach stürzte die *»Menge«* auf Jesus zu, drückte und stieß. Und da ist nun dieser Mann mit seiner Not mittendrin eingekeilt (vgl. Mk 9,17). *»Lehrer«*, schreit er (in der Muttersprache Jesu zweifellos »Rabbi«), *»ich bitte dich, schau doch nach meinem Sohn, denn er ist mein einziger«* (V. 38). Wie oft ist uns schon in der Bibel die Not um den *»einzigen Sohn«* und das einzige Kind begegnet (vgl. 1 Kön 17,17ff; 2 Kön 4,18ff; Lk 7,12ff; 8,41ff). Bei all diesen Angaben sollten wir nie vergessen, daß auch Jesus der *»einzige Sohn«* des Vaters ist, der Sohn, der gerade jetzt vom Vater in Passion und Tod geschickt wird.

Übersehen wir aber auch nicht das große Vertrauen des Mannes. Er geht davon aus, daß Jcsus auch dort helfen kann, wo sonst niemand helfen kann.

V. 39 zeichnet ein erschütterndes Leiden: *»Ein Geist packt ihn, und plötzlich schreit er, und er reißt ihn, daß er Schaum vor dem Mund hat, und er weicht kaum einmal von ihm, so daß er ihn ans Ende seiner Kräfte bringt.«* Obwohl manche Merkmale an Epilepsie erinnern, sagen alle Evangelisten, daß die Ursache in einer Besessenheit und eben nicht in einer Epilepsie liegt.

Es gibt gute und böse *»Geister«*. Hier handelt es sich um einen bösen *»Geist«*, einen Dämon (V. 42). Das Ge-*»packt«*-werden, ohne daß man selbst etwas tun kann, ist typisch für die Besessenheit. Der geplagte

Junge *»schreit«*, *»er hat Schaum vor dem Mund«*. Der Dämon *»reißt ihn«*, d.h. der Geplagte macht unkontrollierbare Bewegungen und fällt immer wieder hin (vgl. Mt 17,15). Besonders schlimm ist es, daß der Dämon *»kaum einmal von ihm weicht«*. Das bedeutet einen extremen Erschöpfungszustand des Jungen. Der Dämon *»bringt ihn ans Ende seiner Kräfte«* (wörtlich: »er zerreibt ihn«, »er zerschlägt ihn«). Man kann sich die Verzweiflung der Eltern vorstellen, die so etwas immer wieder erleben müssen, ohne helfen zu können. Das Menschenherz war damals kein anderes als heute. Vgl. Mk 1,26; Lk 8,29.

»Und ich habe deine Jünger gebeten, ihn auszutreiben, aber sie konnten es nicht« (V. 40). Es stimmt, was die Ausleger schon so oft betont haben: Solange Jesus mit den drei Jüngern eine unbeschreibliche Herrlichkeit auf dem Verklärungsberg erlebte, enthüllte sich drunten am Fuße des Berges eine erschreckende Ohnmacht der restlichen Jünger – auch der restlichen Angehörigen des Zwölferkreises. Welche Schande! Aber sind wir heutigen Christen »erfolgreicher«? Wie oft stehen wir hilflos vor der Not (vgl. 2 Kön 4,31)? *»Sie konnten es nicht.«* Kurze Zeit vorher, bei der Aussendung der Zwölf, *»konnten sie es«* noch (V. 1ff.10). Aber Vollmacht ist kein stets abrufbares Konto, so wenig wie der Glaube. »Es muß erbeten sein« (EKG 294,2; vgl. Mk 9,29). Im übrigen müssen wir alle, ob Gläubige oder Nichtgläubige, es lernen, auf Jesus zu blicken (Hebr 12,2). Nicht der Aufblick zu einem Apostel hilft, nicht der Aufblick zu einem Heiligen oder zu einem Evangelisten, sondern nur der Aufblick zu Jesus (vgl. 4 Mo 21,8f).

»Jesu Antwort« war sehr scharf: *»O du ungläubiges und verkehrtes Geschlecht! Wie lange soll ich bei euch sein und euch ertragen!«* (V. 41). Bei *»Jesus«* meldet sich das Heimweh nach dem Sein beim Vater. Jünger und Gegner bereiten ihm gemeinsam den Passionsweg. Denn auch die Jünger zählen zu diesem *»ungläubigen und verkehrten Geschlecht«*. *»Geschlecht«* heißt hier: Generation Israels. Es mangelt der Glaube (vgl. Mt 17,19f). Es mangelt die geistliche Schlichtheit, die sich ganz auf Gott ausrichtet. Denn *»verkehrt«* bedeutet »verdreht«, »verbogen«, also in die falsche Richtung gehend. Mose hat über seine Generation ähnlich geklagt (5 Mo 32,5.20), ebenso Elia (1 Kön 18,21), ja sogar der Herr selbst (Jes 65,2; vgl. Ps 78,8). Jetzt wird es Jesu häufige Klage (Mt 12,39.45; 16,4; Mk 8,38; 13,30; vgl. Apg 2,40; Phil 2,15). *»Bei euch sein«* betrifft vermutlich die Jünger (vgl. Joh 14,9), das *»Ertragen«* die Nichtjünger.

Doch Jesus überläßt sich nicht dem Schmerz. Er folgt seinem Erbarmen. »*Bring deinen Sohn her*«, befiehlt er kurz (V.41).

Der Mann gehorcht. Er tritt aus der Menge heraus. Dieser kleine Vorgang hat eine wichtige symbolische Bedeutung. Denn wer zu Jesus will, muß sich von der Masse lösen. »*Aber noch während er herbeikam, warf ihn der Dämon zu Boden und zerrte ihn hin und her*« (V. 42). Die Worte »*er kam herbei*« beziehen sich auf den Sohn, der wohl vom Vater geführt wurde. Jetzt erfahren wir endgültig, daß ein »*Dämon*« die Ursache dieses Elends ist. Dieser Dämon bäumt sich zu seiner letzten Machtdemonstration auf: »*Er warf*« den Jungen »*zu Boden*« und verursachte ein krampfhaftes Zucken der Glieder bzw. Sichumherwälzen (»*zerrte ihn hin und her*«, vgl. Mk 9,20).

»*Jesus aber*« ist weit größer. Ohne Berührung, nur mit seinem Wort gebietet er dem Dämon Einhalt und läßt ihn ausfahren (»*wehrte und heilte*«). Wo wir »*wehren*« übersetzten, heißt es eigentlich »er drohte ihm« oder »schalt ihn«. Wir werden an Gottes Schelten der rebellierenden Wogen und an Jesu Drohen gegenüber Wind und Wellen erinnert (vgl. Ps 77,17ff; 89,10f; Lk 8,24 sowie Mk 1,25f; Lk 4,35.39.41).

Jesus als Herr über Dämonen, Krankheiten und Naturkräfte – so tritt er auch in dieser Begebenheit vor unsere Augen. »*Er gab ihn* (= den geheilten Jungen) *seinem Vater zurück*«: Der Vater empfängt sein Kind ganz neu aus Jesu göttlicher Hand. Ähnlich war es in Nain gewesen (7,15). Wer kann sich mit diesem Jesus vergleichen? Kein Augustus und kein Tiberius, kein Konfuzius und kein Buddha, kein Mohammed und kein Guru.

»*Da gerieten alle außer sich über die Größe Gottes*« (V. 43a). Die Fassungslosigkeit der Menschen hat Jesus durch sein ganzes irdisches Leben begleitet (vgl. 2,48; 4,32; 5,26; 8,25 sowie Mt 7,28; 13,54; 19,25; 22,33; Mk 1,22; 6,2; 7,37; 10,26; 11,18). »*Alle*«, also vermutlich auch die anwesenden Schriftgelehrten, (Mk 9,14) erkannten, daß »*Gott*« hier wirkte. Aber in welcher Beziehung Jesus zu diesem Gott stand, das wurde verschieden beurteilt.

Fassen wir noch einmal das Wesentliche zu Lk 9,37-43a zusammen: 1) Die Größe Gottes wird nicht nur bei der Verklärung offenbar, sondern auch beim Herabsteigen Jesu in die Tiefen menschlicher Not. 2) Gerade auf dem beginnenden Leidensweg bestätigt der Vater im Himmel den Sohn. 3) Wir sollen es lernen, uns nicht an den Jüngern zu orientieren, sondern an Jesus selbst. 4) Jesus ist Herr über alle Krankheiten und alle Dämonen. Er kann in jeder Situation helfen.

Vorschlag zur Bibelarbeit über Lukas 9,37-43*a*

1. Einleitung:

a) Wir überlegen zunächst: Worin hebt sich diese Heilung von anderen ab? Wir überlegen aber auch von der anderen Ecke her: Was hat diese Heilung mit anderen gemeinsam? Und was lernen wir auch aus den Wiederholungen in den biblischen Berichten?

b) Die Klage Jesu über das ungläubige und verkehrte Geschlecht macht uns deutlich, wie viel der Gottessohn unter dem Unglauben von Nichtjüngern und Jüngern zu leiden hatte. Es täte uns vielleicht gut, wenn wir einmal eine Liste alles dessen zusammenstellen würden, was Jesus zu leiden hatte und was er unseretwegen auf sich nahm.

c) Auch hier wird sich die Überschrift nach dem Hauptziel richten, das wir mit der Predigt verfolgen. Der Vorschlag in diesem Kommentar geht von dem Leiden Jesu aus und von der Geduld, die wir an ihm bemerken: »Jesu einzigartige Geduld«.

2. Durchführung: »Jesu einzigartige Geduld«

a) Man kann ihn immer neu anrufen

Haben wir nicht schon manches Mal gedacht, jetzt seien unsere Anliegen und Gebete bei Gott »ausgereizt«? Jetzt reiche es, was er geholfen habe? – Wir lernen hier in Lk 9,37-43, daß der Herr nicht nachrechnet und dann sagt: »Jetzt ist für eine Weile Schluß« – Jesus kommt vom schweren Gebetskampf und der himmlischen Herrlichkeit auf dem Berg der Verklärung – Da stürzt der Vater des dämonisch besessenen Jungen auf ihn zu – Er nennt die Not: einziger Sohn, total kaputt, die Eltern mit – Der Mann darf alles sagen – Jesus hat Zeit und Liebe für ihn.

b) Er erträgt das Versagen der Seinen

Da steht: »*Und ich habe deine Jünger gebeten*« – »*Deine Jünger*« heißt zugleich: es sind die Deinen; trage du, Jesus, also die Folgen – Dabei haben sie versagt: »*Sie konnten es nicht*« – Hat Jesus also so schwache Jünger? – Ja, bis heute! – Und dennoch hat er sie nicht entlassen – Dennoch arbeitet er mit ihnen! – Wie viel Geduld hat er da mit uns!

c) Er erträgt die Verkehrtheit der Menschen

Sie kommen, wenn sie Wünsche haben – Sie kommen, wenn es um die Gesundheit geht – Wo sie sich ändern sollen, wollen sie aber die Alten bleiben – Wo es um die Jüngerschaft geht, da verschieben sie es oder steigen wieder aus – Und Jesus wirkt weiter – Er predigt, heilt, ist Seelsorger und Arzt für Geist, Leib und Seele – Er bezwingt auch hier den Dämon – Er schenkt auch hier Heilung – Wie beim Jüngling von Nain erhalten die Eltern das Kind von neuem aus Gottes Hand – Wieder gibt es viele Zeugen – Wieder überlegen viele, was und wer dieser Jesus sei – Wieder spricht man viel von Gott – Aber wir lesen nichts über neue Jünger, die durch diese Heilung des dämonisch besessenen Jungen hinzugekommen wären – Ist dies bis heute nicht etwas vom Schwersten der Passion Jesu, daß er so viel Wunder tut und hilft, ohne daß man in seine Nachfolge tritt? – Es ist nur gut, daß er auch mit uns noch einzigartige Geduld hat.

32. Die zweite Leidensankündigung (9,43b-45)

Lukas verflicht die Leidensweissagungen aufs engste mit so wunderbaren Ereignissen wie dem Messiasbekenntnis (9,18ff) und der Heilung des Jungen (9,37ff). Es scheint, als wolle er sagen: Ein so wunderbarer Herr wurde ans Kreuz genagelt.

Auch diese zweite Leidensweissagung hat bei Matthäus und Markus ihre Parallele (Mt 17,22f; Mk 9,30-32).

9,43b-45: **(43b) »Als aber alle staunten über all das, was er tat, sagte er zu seinen Jüngern: (44) Nehmt ihr doch diese Worte zu Ohren: daß nämlich der Menschensohn in die Hände der Menschen ausgeliefert werden wird. (45) Sie aber verstanden dieses Wort nicht und es blieb ihnen verborgen, so daß sie es nicht begriffen. Aber sie fürchteten sich, ihn über dieses Wort zu befragen.«**

»*Staunen*« genügt nicht. »*Gestaunt*« haben damals »*alle*« (V. 43). »*Das, was er tat*« bedeutet nach der Grammatik des Urtextes: »Das, was er wieder und wieder tat«. Doch wo war der Glaube? Weil dieser Glaube fehlte, wurde auch ein so staunenswerter Mann wie Jesus ans Kreuz gehenkt.

Seine Jünger aber sollten es besser verstehen. Deshalb »*sagte er zu seinen Jüngern*«:

»*Nehmt ihr doch diese Worte zu Ohren: daß nämlich der Menschensohn in die Hände der Menschen ausgeliefert werden wird*« (V. 44). Es klingt wie eine flehentliche Bitte: »*Ihr*« solltet doch anders sein! Das »*Ihr*« ist im Urtext betont. »*Etwas zu Ohren nehmen*« (wörtlich: »Setzt ihr euch doch in eure Ohren«) heißt: Aufmerksam mit den äußeren und mit den inneren Ohren aufnehmen (vgl. 1,66; 21,14). Der Inhalt »*dieser Worte*« Jesu ist wie in V. 22 sein bevorstehendes Leiden. Er selbst ist ja »*der Menschensohn*« aus Daniel 7,13. Wie unfaßbar, daß »*Menschen*« ihre »*Hände*« an diesen göttlichen Menschensohn legen dürfen! Wie unfaßbar, daß er verraten (»*ausgeliefert*«) wird! Zum ersten Mal spricht Jesus vom Verrat. Seine Worte ließen sich übrigens leicht behalten, da sie auch im Hebräischen ein Wortspiel darstellen: »*der Menschensohn in die Hände von Menschen*«. Deshalb schreiben Matthäus und Markus an dieser Stelle fast wörtlich dasselbe (vgl. Mt 17,22; Mk 9,31).

Schlatter bemerkte zu V. 44: »Daß Gottes Größe immer wieder in Jesu Taten offenbar wird, darf die Jünger nicht zu der Hoffnung bewegen, daß ihm der Leidensweg erspart bleibe.«

Wie so manche Geschichte in den Evangelien schließt auch diese keineswegs mit einem beglückenden Ausgang. Vielmehr schließt Lukas mit einer dreifachen Betonung des Unverständnisses der Jünger: »*Sie verstanden nicht*« »*es blieb ihnen verborgen*« »*sie begriffen es nicht*« (V. 45). Die Evangelien sind voll solcher Notizen (vgl. Mt 15,16f; 16,9ff; Mk 4,13; 6,52; 8,17ff; 9,32; Lk 2,50; 18,34; 24,25.38ff; Joh 2,22; 4,33; 12,16; 13,6ff.28f; 14,9; 20,9).

Also nicht nur die Gegner, sondern auch die Jünger *»begriffen«* damals den Passionsweg nicht (*»dieses Wort«*)! Sie waren geistliche »Agnostiker« (so der Urtext). Sie lebten gewissermaßen unter einer Hülle (*»verborgen«*, »verhüllt«, vgl. 2 Kor 3,14ff). Es fehlte ihnen das notwendige Sensorium (*»begriffen nicht«*). Aus Scham über ihren Unverstand *»fürchteten sie sich«* überdies, *»ihn zu befragen«*. So tragen sie die Leidensweissagungen im Kopf mit sich herum, ohne daß ihr Denken davon geprägt wird (vgl. Joh 16,18f). Godet schreibt mit Recht: »Man muß den entscheidenden Einfluß des Willens auf die Thätigkeit des Verstandes wenig kennen, wenn man in dem V. 45 geschilderten Nichtverstehen der Jünger eine Schwierigkeit findet.« Weil kein Wille zur Passion in den Jüngern vorhanden war, war auch kein Verständnis vorhanden.

Wie sollte es mit dieser Jüngerschaft nun weitergehen?

33. Der Rangstreit der Jünger (9,46-48)

Die Abfolge der Ereignisse: Verklärung – Heilung des besessenen Jungen – zweite Leidensweissagung – Rangstreit der Jünger ist mit wenigen Änderungen bei allen »Synoptikern« (Matthäus, Markus, Lukas) gleich. Das spricht dafür, daß diese Ereignisse auch im irdischen Leben Jesu nahe aufeinander folgten.

9,46-48: **(46) »Es kam aber unter ihnen der Gedanke auf, wer von ihnen der Größte sei. (47) Jesus aber, der den Gedanken ihres Herzens kannte, nahm ein Kind und stellte es neben sich (48) und sagte zu ihnen: Wer dieses Kind in meinem Namen aufnimmt, der nimmt mich auf. Und wer mich aufnimmt, der nimmt den auf, der mich gesandt hat. Denn wer unter euch allen der Kleinste ist, der ist groß.«**

»Der Gedanke, wer von ihnen der Größte sei«, steckt seit dem Sündenfall im Menschen (vgl. 1 Mo 3,5). Er kommt auch nicht nur einmal, sondern immer wieder (vgl. 22,24). Die Jünger blieben auch nicht beim bloßen *»Gedanken«*. Vielmehr diskutierten sie darüber (vgl. Mt 18,1; Mk 9,33f). Übrigens drückt sich der Urtext psychologisch sehr interessant aus: »Es ging aber der Gedanke bei ihnen ein ...«

Verständlich ist dieser »*Gedanke*«. Will man vom Passionsweg nichts wissen (vgl. V. 45), dann muß man von der Herrlichkeit des nahen messianischen Reiches schwärmen (vgl. Mt 20,20ff par). Wer aber soll dort mitbestimmen? Welcher Jünger wird dort nach dem Messias »*der Größte*« sein? Merkwürdigerweise will auch heute jeder der Größte sein: im Sport, im Betrieb, in der Schule, bei den Dichtern, bei den Philosophen, bei den Schauspielern usw. Sogar unter Brüdern will man ein besonders bedeutender Bruder sein. Wehe, wenn ein anderer es besser macht! Dagegen will niemand der Kleinste sein.

Hier fällt der Unterschied zu Jesus, also der Unterschied zwischen Jünger und Meister, besonders ins Auge. Leon Morris notierte kurz: »Sie dachten an sich selbst, Er an andere«.

»*Jesus*« diskutierte hier nicht weitschweifig. Er moralisierte auch nicht. Er gab vielmehr nüchtern Auskunft. Diese Auskunft war zugleich höchst anschaulich: »*Er nahm ein Kind und stellte es neben sich*« (V. 47). Woher er »*den Gedanken ihres Herzens* (= des Herzens der Jünger) *kannte*«, wird hier nicht gesagt. Aus Mk 9,33f gewinnt man jedoch den Eindruck, daß er die Diskussion der Jünger unterwegs mit angehört hatte. Im Urtext bedeutet das Wort für »*Kind*« in der Regel ein kleines Kind.

»*Wer dieses Kind in meinem Namen aufnimmt, der nimmt mich auf, sagte Jesus*« (V. 48). Was soll dieser Satz beim Rangstreit der Jünger? Sein Sinn liegt darin, daß sich »*Jesus*« hier mit einem kleinen »*Kind*« identifiziert, nicht aber mit einem großmächtigen, ehrgeizigen Jünger! Wer schwach und abhängig ist wie ein kleines Kind, der ist ein echter Jünger. Der ist wahrhaftig, d.h. in einem geistlichen Sinne, »*groß*«. Deshalb lautet Jesu Urteil auch ganz konsequent: »*Wer der Kleinste ist, der ist groß*«.

Wir erinnern uns an dieser Stelle daran, daß »*Kleine*«, »Geringe«, »Geringste« typische Jüngerbezeichnungen sind (vgl. Mt 10,42; 18,6.10ff; 25,40.45). Dasselbe gilt für die Bezeichnung »*Kinder*« (vgl. Mt 18,1ff; Joh 21,5).

Nun schauen wir aber noch einmal auf die Verheißung, die in V. 48 liegt. »*Wer dieses Kind*«, d.h. einen demütigen Jünger, »*in meinem Namen aufnimmt, der nimmt mich auf,*« sagte Jesus: Im Jünger kommt Er selbst. »*In meinem Namen*« heißt: mit Rücksicht auf mich (vgl. Mt 10,42; »weil es ein Jünger ist«). So wie er sich mit dem Kind identifiziert, so mit dem Jünger (vgl. 10,16). Wer einen wahren Jünger verjagt, der verjagt Jesus (vgl. Mt 10,40ff; 25,31ff; Joh 13,20; Gal 4,14). Zugleich identifiziert sich Gott der Vater mit Jesus als dem Gottessohn: »*Wer mich aufnimmt, der nimmt den auf, der mich gesandt hat*« (= den Vater). Das Evangelium zeichnet also eine wunderbare Linie der Einheit: Vater – Sohn – Jünger.

Für die Jünger aber bleibt die Aufgabe, abhängig, schwach und demütig zu werden wie ein Kind. Ihr Weg heißt nicht: durch Triumph zur Größe, sondern: durch Passion zur Herrlichkeit.

Nun versagen die Jünger noch ein drittes Mal (nach 9,3ff und 9,46ff):

34. Die Unduldsamkeit der Jünger (9,49-50)

9,49-50: **(49) »Johannes aber ergriff das Wort und sagte: Meister, wir sahen einen, der in deinem Namen Dämonen austrieb, und wir versuchten, ihm zu wehren, weil er dir nicht mit uns nachfolgt.(50) Aber Jesus sagte zu ihm: Wehrt ihm nicht! Denn wer nicht gegen euch ist, der ist für euch.«**

Im Lukasevangelium ist es selten, daß »*Johannes das Wort ergreift*« (vgl. noch V. 54). Aber das Johannesevangelium zeigt, daß dies öfters geschah (vgl. Joh 13,23ff; 19,26ff; 20,2ff; 21,7.20ff).

»*Meister*« ist wieder die respektvolle Anrede, die wir aus 5,5; 8,24.45; 9,33 kennen.

»*Wir sahen einen*« (V. 49): War das auf ihrer Missionsreise (9,1ff)? Oder gerade in den letzten Tagen bei Cäsarea Philippi bzw. beim Hermon? Oder gar schon wieder bei Kapernaum? Auch Mk 9,38 gibt hier keine Antwort.

Daß auch Nichtjünger »*Dämonen im Namen Jesu austrieben*«, ergibt sich neben Lk 9,49 aus Mt 7,22; Apg 19,13. Verständlich, daß Johannes dies anstößig findet, »*weil er dir nicht mit uns nachfolgt*«. Kann man Jesu »*Namen*« benutzen, ohne Jesu Nachfolger zu sein? Tapfer, daß Johannes und andere Jünger »*ihm zu wehren versuchten*«. Wenigstens haben sie den Mund aufgemacht und blieben nicht stumme Hunde. Allerdings ohne Erfolg (»*versuchten*«).

Dennoch stimmt Jesus dem Johannes nicht zu. Er befiehlt sogar ausdrücklich: »*Wehrt ihm nicht!*« (V. 50). Weder in diesem Fall noch in ähnlich gelagerten Fällen sollen sie einschreiten. Warum nicht?

»Wer nicht gegen euch ist, der ist für euch«, lautet die Begründung. Mit anderen Worten: Was hat dieser Mann euch getan? Den Jüngern hat er doch nicht geschadet! Ein Schade ist nur ihre Unduldsamkeit und ihre Ehrsucht. Schauen wir uns die Verse 49 und 50 jetzt noch einmal genauer an. Johannes beklagt, daß der Betreffende *»nicht mit uns«* ist. Er spricht also nicht von Jesus, sondern nur von sich und den andern Jüngern! (Vgl. Mk 9,38). Ebenso betrifft die Antwort Jesu *»euch«*. Den Jüngern geht es also in diesem Zusammenhang um sie selbst, und nicht um Jesus. Ihr »Monopol« wird angetastet, wenn ein anderer, der nicht ihrem Kreis angehört, das tut, was nur sie tun wollen. Das ist der springende Punkt. Deshalb tritt Jesus ihrer Unduldsamkeit und ihrer Ehrsucht entgegen. Ganz anders lautet sein Urteil in 11,23, wo es um ihn selbst, um den Messias, geht.

Schauen wir von Lk 9,50 aus in den gesamtbiblischen Zusammenhang hinein, dann entdecken wir eine interessante Perspektive. Sowohl der erste Mose (4 Mo 11,27ff) als auch der zweite Mose = Jesus (Lk 9,50) haben jeder Eifersucht in geistlichen Dingen gewehrt. Sie freuten sich über alle Wirkungen des Geistes Gottes (vgl. auch Phil 1,18; 1 Thess 5,19). Das sollte für uns eine Lehre sein. Wir sollten uns über alle wahren Früchte des Reiches Gottes freuen; gleich, in welcher Konfession, bei welchem Reformator, in welcher Gruppe, bei welchem herzlich geliebten oder ungeliebten Menschen sie passieren. Wir sollten auch nicht so beständig auf unsere eigenen Rechte und geistlichen »Reviere« pochen. Wichtig ist nur, daß diese Ereignisse »echt«, d.h. schriftgemäß und jesusgemäß, sind. Und wichtig ist, daß der groß wird, dessen *»Name«* über alle Namen ist: Jesus.

Vorschlag zur Bibelarbeit über Lukas 9,43b-50

1. Einleitung:

a) Wie die Auslegung zeigt, handelt es sich hier eigentlich um drei Abschnitte: V.43b-45, V.46-48 und V.49-50. Wir nehmen aber diese Abschnitte zusammen, weil 1) jeder für sich zu klein für eine Bibelarbeit ist und weil 2) ein durchlaufendes Thema vorhanden ist, nämlich die notwendige Korrektur der Jünger durch Jesus.

b) Wir haben schon ein paar Mal in unseren Bibelarbeitsvorschlägen davon gesprochen, daß ein Abschnitt »zu klein« für eine Bibelarbeit sei. Wir möchten dies jetzt am Schluß des ersten Teilbandes zu Lukas abklären: Selbstverständlich kann man auch über jeden einzelnen Vers der Bibel, ja über jeden einzelnen Satz der Bibel schon eine Bibelarbeit halten. Denn die Bibel ist so reich, daß ein einziger Satz genug Stoff zum Nachdenken und vor allem zur Lebenserneuerung gibt. Jedoch gingen wir in unserem Kommentar davon aus, daß unter Umständen das ganze Evangelium oder doch wenigstens größere Teile davon fortlaufend ausgelegt werden. Und für diesen Fall kann und soll man sich nicht ständig wiederholen. Deshalb also haben wir den Bibelarbeitsvorschlägen etwas größere Abschnitte zugrundegelegt.

c) Speziell für Lk 9,43b-50 sind folgende Überlegungen wichtig: Wann und wo sind die Jünger trotz Belehrung durch Jesus unverständig geblieben (Kommentar heranziehen!)? Warum verstanden sie gerade den Leidensweg so wenig? Wo hat Jesus sonst noch Zeichenhandlungen wie die Herbeiziehung eines Kindes vorgenommen? In welchem Verhältnis stehen 9,50 und 11,23 zueinander?

d) Wir prüfen uns: Wo wollten und wollen wir selbst groß sein? In welche persönliche Situtation treffen diese Worte Jesu?

e) Die Überschrift ist nach dem oben Gesagten klar: »Jesus muß uns korrigieren«.

2. Durchführung: »Jesus muß uns korrigieren«

a) Er muß uns die selbstfabrizierten Jesusbilder nehmen

Mit Beispielen von heute einsetzen! Wo sind unsere eigenen selbstfabrizierten Jesusbilder? – Damals der »herrliche« Messias erwartet: Sieger über Rom, über die gottlosen Sünder, Aufrichtung eines herrlichen Reiches für Israel – Die zweite Leidensankündigung schlägt dieses Bild erneut aus der Hand – Menschen sollen den göttlichen Menschensohn aus Dan 7 töten? – Dreimal sagt Lukas: Unverstand der Jünger – Auch der

Unverstand des Petrus z.B. und des Johannes! – Eins haben sie dabei schlecht gemacht: Sie versäumten es, noch einmal direkt auf Jesus zuzugehen – Sie ließen es mit Fragezeichen versehen in der Schwebe – Wir sollten jedoch direkt zu Jesus (via Bibel!) gehen – Das Resultat für uns aus Lk 9,43-45 ist klar: eigene Jesusbilder fahren lassen, den am Kreuz gestorbenen Jesus lieben.

b) Er muß uns den Größenwahn nehmen

Wo gibt es Größenwahn auch geistlich (wieder Beispiele suchen!)? – Damals hingen die Jünger noch am selbstfabrizierten Bild vom Siegermessias und überlegten, wer im Messiasreich Premierminister usw. sein könnte – Natürlich dachten sie auch an ihre eigene Größe! – Jesus schritt scharf dagegen ein – Aber zugleich ungeheuer anschaulich! – Er nahm zeichenhaft das Kind – Wie Kinder sollen seine Jünger sein: abhängig, auf andere aufschauend – Im kindlichen Jünger kommt Jesus zu den Menschen dieser Welt, nicht im eingebildeten oder gar größenwahnsinnigen – Der Kleinste unter euch ist groß – Das gilt auch heute – Also weg mit dem Größenwahn, der entweder hochstapelt oder tiefstapelt.

c) Er muß uns die falsche Engherzigkeit nehmen

Wir verstehen ja Johannes so gut: Ist es nicht beinahe gemein, daß da einer den Jesusnamen gebraucht, ohne in die Gemeinschaft der Jünger einzutreten? – Seltsam, daß der »Erfolg« hatte! – Jesus packt die Jünger aber an dem »*Wir*«: »*wir wehrten*« / »*mit uns*« – Die Jünger dürfen da keine Monopolansprüche durchsetzen, wo es um sie selber geht – Es wäre etwas anderes, wenn es um Jesus ginge (11,23!) – Aber für sich selbst, ihre Gemeinde, ihre Kirche dürfen sie nicht in falscher Weise kämpfen, als ginge es darum, daß sie alles bestimmen könnten – Nein, sie müssen da ein weites Herz haben – Es kommt nur darauf an, daß der Eine großgemacht wird, der uns erlösen kann: Jesus!